D1687455

Steueränderungen 2019

pwc

Steueränderungen 2019

Autoren

Philipp Claussen	Martin Diemer	Frank Gehring	Claudia Lauten
RA StB	RA StB	StB	StB
Düsseldorf	Stuttgart	Frankfurt	Düsseldorf
Lukasz Mehl	Prof. Dr. Daniel Mohr	Anke Richert	Dr. Kévin P.-H. Tanguy
StB	RA StB	RA StB	RA
Hannover	Hamburg	Hamburg	Hamburg

Gunnar Tetzlaff	Margot Voß-Gießwein	Susanne Winter
Dipl.-Wjur. (FH)	StB	StB
Hannover	Düsseldorf	Hamburg

17. Auflage

Haufe Group
Freiburg • München • Stuttgart

Bibliografische Information der Deutschen Nationalbibliothek
Die Deutsche Nationalbibliothek verzeichnet diese Publikation in der Deutschen Nationalbibliografie; detaillierte bibliografische Daten sind im Internet über http://dnb.dnb.de abrufbar.

Print: ISBN: 978-3-648-11438-4   Bestell-Nr.: 03351-0019
ePUB: ISBN: 978-3-648-11723-1   Bestell-Nr.: 03351-0109
ePDF: ISBN: 978-3-648-11724-8   Bestell-Nr.: 03351-0159

Steueränderungen 2019
17. Auflage 2019
© 2019 Haufe-Lexware GmbH & Co. KG
www.haufe.de
info@haufe.de
Produktmanagement: Bettina Noé

Die Angaben entsprechen dem Wissensstand bei Redaktionsschluss im Januar 2019. Alle Angaben/Daten erfolgten nach bestem Wissen, jedoch ohne Gewähr für Vollständigkeit und Richtigkeit. Dieses Werk sowie alle darin enthaltenen einzelnen Beiträge und Abbildungen sind urheberrechtlich geschützt. Jede Verwertung, die nicht ausdrücklich vom Urheberrechtsgesetz zugelassen ist, bedarf der vorherigen Zustimmung des Verlags. Das gilt insb. für Vervielfältigungen, Bearbeitungen, Übersetzungen, Mikroverfilmungen, Auswertungen durch Datenbanken und für die Einspeicherung und Verarbeitung in elektronische Systeme.

Lektorat: Ulrike Fuldner, Rechtsanwältin, Fachanwältin für Steuerrecht, Aschaffenburg
DTP: Agentur: Satz & Zeichen, Karin Lochmann, Buckenhof

Editorial

Schenkt man dem Gutachten der fünf Wirtschaftsweisen Glauben, so ist Deutschlands Stern am Sinken. Da werden Wachstumsprognosen derzeit kräftig zurechtgestutzt, und auch im internationalen Wettbewerbsranking fällt die einstige Vorzeigevolkswirtschaft der Euro-Zone zurück. Mehr noch: Deutschland rückt bei den tariflichen Gewinnsteuersätzen im internationalen Vergleich allmählich wieder an die Spitze. Während die Bundesregierung in Berlin noch an den Eckpfeilern einer aktiven Industriepolitik laboriert, verklingt wieder einmal ungehört der Ruf nach verständlichen Steuerregeln. Das Thema Steuern ist immer mehr ein politisches und gesellschaftliches geworden – keine leichte Aufgabe für den Chronisten des Steuerjahres 2018, dies alles in die richtige Perspektive zu setzen. Mangelnde Aktivität kann man dem Gesetzgeber dabei nicht vorwerfen. Ganz im Gegenteil – die Intensität an Änderungen scheint sich weiter zu verstärken. Als namhafter Beleg für den neuerlichen Reformeifer sei an dieser Stelle das heimliche Jahressteuergesetz 2018 aufgeführt, das im Bundeskabinett seinen sperrigen Namen „Gesetz zur Vermeidung von Umsatzsteuerausfällen beim Handel mit Waren im Internet und zur Änderung weiterer Vorschriften" erhielt. Das Manko dieser Massenproduktion liegt aber in einer gewissen Konzeptlosigkeit. Zu Recht gilt der Vorwurf, der Gesetzgeber und die Finanzverwaltung verstrickten sich in Widersprüchen und widersetzten sich mit Nichtanwendungserlassen und Korrekturgesetzgebung der Rechtsprechung. Fazit: Die Zahl der Steueränderungen ist mittlerweile derart angestiegen, dass selbst mit der Materie Vertraute kaum Schritt halten können. Um allen Interessierten Orientierung zu bieten, bereitet das PwC-Steuerjahrbuch die wichtigsten Steueränderungen der letzten zwölf Monate wieder kompakt für Sie auf. Ziel und Aufbau des PwC Steuerführers bleiben auch in seiner neuen Auflage unverändert: Der Leser kann sich über alle Entwicklungen in Gesetzgebung, Verwaltung und Rechtsprechung informieren, die im zurückliegenden Jahr wichtig waren.

Die Erstellung eines solchen Manuskripts ist nur in Teamarbeit möglich. Der besondere Dank des Herausgebers gilt deshalb dem PwC-Autorenteam, dem es mit tiefem Sachverstand, Erfahrung und Engagement wieder gelungen ist, dem Leser ein topaktuelles Regelwerk an die Hand zu geben, das viele nützliche Praxishinweise enthält. Besten Dank auch allen beteiligten Mitarbeiterinnen und Mitarbeitern des Haufe-Verlags für das Lektorat sowie, last but not least, Gabriele Stein, die das Jahrbuch zum 17. Mal realisiert hat.

Frankfurt am Main, im Januar 2019   *Klaus Schmidt*

Inhaltsübersicht

Editorial 5

Inhaltsverzeichnis 7

Abkürzungsverzeichnis 17

A   Neue Steuergesetzgebung 25

B   Überblick über die Verwaltungsvorschriften 2018 91

C   Überblick über die Rechtsprechung 2018 149

D   Neuentwicklungen im internationalen Steuerrecht 319

E   Verrechnungspreise 349

F   Rechtsprechung im allgemeinen Wirtschaftsrecht aus 2018 363

Stichwortverzeichnis 382

PwC-Standorte (Steuerberatung) 397

Inhaltsverzeichnis

Editorial 5

Inhaltsübersicht 6

Abkürzungsverzeichnis 17

A	**Neue Steuergesetzgebung**	**25**
1	**Steuergesetze, die 2018 in Kraft getreten sind**	**25**
1.1	In 2017 verabschiedete Steuergesetze	25
1.2	In 2018 verabschiedete Steuergesetze	26
2	**Steuergesetze, die 2019 in Kraft treten**	**26**
2.1	Gesetz zur Stärkung und steuerlichen Entlastung der Familien sowie zur Anpassung weiterer steuerlicher Regelungen (Familienentlastungsgesetz – FamEntlastG)	26
2.1.1	Kinderfreibetrag und Kindergeld, § 32 Abs. 6 S. 1 EStG	26
2.1.2	Einkommensteuertarif, § 32a Abs. 1 EStG	26
2.1.3	Unterhaltsleistungen, § 33a Abs. 1 S. 1 EStG	27
2.1.4	§ 39b Abs. 2 S. 7 Halbs. 2 EStG	27
2.1.5	Befreiung von der Pflicht zur Abgabe von Einkommensteuererklärung, § 46 Abs. 2 Nr. 3 und Nr. 4 EStG	27
2.1.6	Zuschlagsteuern, § 51a Abs. 2a S. 1 EStG	27
2.1.7	Anwendungsvorschrift, § 52 Abs. 1 EStG	27
2.1.8	Erhöhung des Kindergeldes	27
2.1.9	Weitere Änderung ab 2020	28
2.2	Gesetz zur Vermeidung von Umsatzsteuerausfällen beim Handel mit Waren im Internet und zur Änderung weiterer steuerlicher Vorschriften (JStG 2018)	28
2.2.1	Einleitung	28
2.2.2	Änderungen bei Steuervergünstigungen	29
2.2.2.1	Nachverzinsung bei 6b-Rücklagen, § 6b Abs. 2a EStG	29
2.2.2.2	Maßnahmen zur Förderung der Mobilität	29
2.2.2.2.1	Nutzung des öffentlichen Personennahverkehrs, § 3 Nr. 15 EStG	29
2.2.2.2.2	Nutzung von Fahrrädern, § 3 Nr. 37 EStG, § 9 Abs. 1 S. 3 Nr. 4 S. 2 EStG	30
2.2.2.3	Begünstigungen für Elektro- und Hybridelektrofahrzeuge, § 6 Abs. 1 Nr. 4 S. 2 und S. 3 EStG	31
2.2.2.4	Maßnahmen zur Gesundheitsvorsorge und Pflege	32
2.2.2.4.1	Arbeitgeberleistungen zur Verhinderung von Krankheiten, § 3 Nr. 34 EStG	32
2.2.2.4.2	Entlastungsbetrag in der Pflege (Pflegegrad 1), § 3 Nr. 36 S. 1 und S. 2 EStG	33
2.2.2.4.3	Vorsorgeaufwendungen, § 10 Abs. 2 S. 1 Nr. 1 EStG	33
2.2.2.5	Sonstige Befreiungen und Entlastungsmaßnahmen	34
2.2.2.5.1	Übungsleiterfreibetrag, § 3 Nr. 26 und Nr. 26a EStG	34
2.2.2.5.2	Anwendungsregeln zum Sanierungsgewinn, §§ 3a, 3c EStG i. V. m. § 52 Abs. 4a S. 3 EStG	34
2.2.3	Änderungen bei der beschränkten Steuerpflicht	35
2.2.3.1	Veräußerung von Immobilien-Kapitalgesellschaften, § 49 Abs. 1 Nr. 2 Buchst. e Doppelbuchst. cc EStG	35
2.2.3.1.1	Hintergrund und Zielsetzung	35
2.2.3.1.2	Regelungsinhalt	35

2.2.3.1.3	Zeitlicher Anwendungsbereich	38
2.2.3.2	Veräußerung von Wirtschaftsgütern, § 49 Abs. 1 Nr. 2 Buchst. f Doppelbuchst. bb EStG	39
2.2.3.2.1	Hintergrund und Zielsetzung	39
2.2.3.2.2	Regelungsinhalt	39
2.2.3.2.3	Zeitlicher Anwendungsbereich	39
2.2.3.3	Erweiterung der Auslandeinkünfte, § 34d Nr. 4 EStG	39
2.2.4	Änderungen beim Quellensteuerabzug	40
2.2.4.1	Hintergrund und Zielsetzung	40
2.2.4.2	Beschränkungen bei steuerbegünstigten Anlegern, § 44a Abs. 10 S. 1 Nr. 3 und 44b Abs. 2 EStG	40
2.2.4.3	Erstattung und Anrechnung der Kapitalertragsteuer, § 45 S. 1, 2 EStG	40
2.2.4.3.1	Hintergrund	40
2.2.4.3.2	Regelungsinhalt	41
2.2.4.3.3	Zeitlicher Anwendungsbereich	41
2.2.5	Änderungen in der Körperschaftsteuer	41
2.2.5.1	Neufassung der Verlustbeschränkung, §§ 8c, 34 Abs. 6 KStG	41
2.2.5.1.1	Verfassungswidrigkeit der Verlustabzugsbeschränkung	41
2.2.5.1.2	Regelungsinhalt	42
2.2.5.1.3	Wiederanwendung der Sanierungsklausel, § 8c Abs. 1a KStG	43
2.2.5.2	Ertragsteuerliche Organschaft	43
2.2.5.2.1	Gewinnabführung und Ausgleichszahlungen, § 14 Abs. 2 KStG	43
2.2.5.2.2	Investmenterträge in der Organschaft, § 15 S. 1 Nr. 2a, S. 3 und S. 4 KStG	44
2.2.5.3	Steuerfreistellung von Sanierungsgewinnen, § 3a EStG, § 34 Abs. 6c KStG	45
2.2.5.4	Beitragsrückerstattungen bei Versicherungen und Pensionsfonds, § 21 KStG	46
2.2.5.4.1	Hintergrund und Zielsetzung	46
2.2.5.4.2	Regelungsinhalt	46
2.2.5.4.3	Zeitlicher Anwendungsbereich	48
2.2.6	Änderungen in der Gewerbesteuer	48
2.2.6.1	Steuerbefreiungen für Alten- und Pflegeheime, § 3 Nr. 20, § 36 Abs. 2 GewStG	48
2.2.6.1.1	Hintergrund und Regelungsinhalt	48
2.2.6.1.2	Zeitliche Anwendung	48
2.2.6.2	Steuerbefreiung für Kapitalbeteiligungsgesellschaften, § 3 Nr. 24 GewStG	48
2.2.6.3	Steuerfreistellung von Sanierungsgewinnen, §§ 7b, 36 Abs. 2c GewStG	48
2.2.7	Änderungen in der Umsatzsteuer	49
2.2.7.1	Wesentlicher Inhalt	49
2.2.7.2	Die Änderungen im Überblick	49
2.2.7.3	Die Änderungen im Einzelnen	50
2.2.7.3.1	Leistungen der Urheber und Verwertungsgesellschaften	50
2.2.7.3.2	Umsetzung der sog. Gutschein-Richtlinie, § 3 Abs. 13 bis 15 UStG n. F.	50
2.2.7.3.3	Elektronische Dienstleistungen an Nichtunternehmer, § 3a Abs. 5 S. 3 bis S. 5 UStG n. F.	53
2.2.7.3.4	Rechnungsstellung für Unternehmer, die am sog. MOSS-Verfahren teilnehmen, § 14 Abs. 7 S. 3 UStG n. F.	54
2.2.7.3.5	Erweiterung der Anwendung des MOSS-Verfahren für Drittlandunternehmer mit einer Mehrwertsteuer-Registrierung in einem einzigen Mitgliedstaat, § 18 Abs. 4c S. 1 UStG	55
2.2.7.3.6	Anpassung der Definition des Entgelts, § 10 Abs. 1 S. 2 UStG	55
2.2.7.3.7	Haftung für Betreiber von elektronische Markplätzen	56
2.2.8	Änderungen im Investmentsteuergesetz	60
2.2.8.1	Neudefinition des Aktien- und Mischfonds	61
2.2.8.2	Kein Verlust der Eigenschaft als Aktienfonds bei lediglich geringfügiger Abweichung	61
2.2.8.3	Erleichterungen für Dach-Investmentfonds	62
2.2.8.4	Definition des Aktivvermögens	63
2.2.8.5	Ermittlung des Werts von Alt-Anteilen, § 56 Abs. 2 S. 4 bis 7 InvStG n. F.	64
2.2.8.5.1	Bewertung von Alt-Anteilen mit fiktiven Anschaffungskosten	64
2.2.8.5.2	Sonderregelung zur Verhinderung zusätzlichen Abschreibungspotenzials	65
2.2.8.5.3	Geltung auch für die Veräußerung gleichgestellte Vorgänge	68

Inhaltsverzeichnis

2.2.8.6	Vereinfachung des Verfahrens zur Feststellung des fiktiven Veräußerungsgewinns, § 56 Abs. 5 InvStG	68
2.2.8.6.1	Beschränkung des Feststellungsverfahren auf betriebliche Anleger	68
2.2.8.6.2	Gegenstand der Feststellung	69
2.2.8.7	Inkrafttreten der Änderungen, § 56 Abs. 1 S. 5 InvStG	70
2.2.9	Änderung in der Abgabenordnung	71
2.2.9.1	Erweiterung der Gemeinnützigkeit, § 67a Abs. 4 AO	71
2.2.9.2	Rückwirkung der Umwandlung einer Lebenspartnerschaft, Art. 97 Abs. 9 EGAO	71
2.2.10	Änderungen in der Grunderwerbsteuer	71
2.2.10.1	Redaktionelle Anpassungen, § 1 Abs. 4, § 18 Abs. 2 S. 2 GrEStG	71
2.2.10.2	Erweiterungen beim Inhalt der Anzeigepflicht, § 20 GrEStG	71
2.2.10.3	Inkrafttreten	73
2.2.11	Änderungen in der Erbschaft- und Schenkungsteuer	73
2.2.11.1	Verschonungsbedarfsprüfung und Tarifbegrenzung, § 19a Abs. 5 S. 2 ErbStG	73
2.2.11.2	Anpassungen bei Verschonungsregelungen, §§ 28, 28a ErbStG	73
2.2.12	Änderungen im Altersvorsorge-Zertifizierungsgesetz	75
3	**Gesetzgebungsvorhaben mit steuerlicher Relevanz**	**75**
3.1	Brexit-Gesetzgebung	75
3.1.1	Gesetz für den Übergangszeitraum nach dem Austritt des Vereinigten Königreichs Großbritannien und Nordirland aus der Europäischen Union (Brexit-Übergangsgesetz – BrexitÜG)	75
3.1.1.1	Regelungsinhalt	75
3.1.1.2	Übergangszeitraum und Inkrafttreten	75
3.1.2	Gesetz über steuerliche und weitere Begleitregelungen zum Austritt des Vereinigten Königreichs Großbritannien und Nordirland aus der Europäischen Union (Brexit-Steuerbegleitgesetz – Brexit-StBG)	76
3.1.2.1	Einleitung	76
3.1.2.2	Anpassungen der steuerlichen Entstrickungsregelungen	76
3.1.2.2.1	Bildung eines Ausgleichspostens, § 4g Abs. 6 EStGEStG-neu	76
3.1.2.2.2	Bildung einer 6b-Rücklage, § 6b Abs. 2a S. 4 EStG-neu	76
3.1.2.2.3	Entstrickung bei Körperschaften und Einbringungen, § 12 Abs. 3 KStG-neu und § 22 Abs. 8 UmwStG-neu	76
3.1.2.2.4	Wegzug natürlicher Personen, § 6 Abs. 5 S. 4, Abs. 8 AStG-neu	77
3.1.2.2.5	Sonstige Entstrickungen im Zusammenhang mit der Altersvorsorge, § 92a, 93, 95 EStG-neu	77
3.1.2.3	Anpassungen im Zusammenhang mit Finanz- und Versicherungsdienstleistern	77
3.2	Gesetzesvorhaben zur steuerlichen Förderung	78
3.2.1	Gesetz zur steuerlichen Förderung des Mietwohnungsneubaus	78
3.2.1.1	Regelungsziel	78
3.2.1.2	Sonderabschreibung für Mietwohnungsneubau durch § 7b EStG-neu	79
3.2.1.3	Neue Wohnung	79
3.2.1.4	Anschaffung	79
3.2.1.5	Herstellung	79
3.2.1.6	Begünstigte Wohnungen	80
3.2.1.7	Anschaffungs- und Herstellungskosten	80
3.2.1.8	Wohnung muss zu Wohnzwecken dienen	81
3.2.1.9	Verstoß gegen die 10-Jahresfrist und die Baukostenobergrenze	82
3.2.1.10	Festsetzung von ESt-Vorauszahlungen	82
3.2.1.11	Anwendungsregelung	82
3.2.1.12	Kritik am Gesetzentwurf	83
3.2.2	Weitere Vorhaben zur Förderung des Wohnungsbaus	83
3.2.3	Einführung einer steuerlichen Forschungsförderung	84
3.3	Gesetzesinitiativen zur Steuergestaltung und Steuervermeidung	84
3.3.1	Überblick	84
3.3.2	Anzeigepflicht bei grenzüberschreitenden Steuergestaltungen	84

3.3.3	Regelungsinhalte	85
3.3.3.1	Anzeigepflicht, § 138d AO-E	85
3.3.3.1.1	Kennzeichen für die Annahme einer Steuergestaltung, § 138e AO-E	86
3.3.3.1.2	Verfahren zur Anzeige- bzw. Meldepflicht, § 138f AO-E	88
3.3.3.1.3	Sanktionen bei Verletzung der Anzeigepflicht	89
3.3.3.1.4	Inkrafttreten	90

B Überblick über die Verwaltungsvorschriften 2018 91

1 Änderungen bei der Einkommensteuer 91

1.1	Änderungen bei der Gewinn- und Einkunftsermittlung (§§ 2 bis 12 EStG)	91
1.1.1	Behandlung der Geldleistungen für Kindervollzeitpflege	91
1.1.2	Vordrucke zur Einnahmenüberschussrechnung (EÜR) für 2018 bekanntgegeben	91
1.1.3	Betrieblicher Schuldzinsenabzug nach § 4 Abs. 4a EStG	92
1.1.4	Verpflichtungsübernahmen, Schuldbeitritte und Erfüllungsübernahmen mit vollständiger oder teilweiser Schuldfreistellung	94
1.1.5	Rückstellungen für den sog. Nachteilsausgleich bei Altersteilzeitarbeiten	95
1.1.6	E-Bilanz – Veröffentlichung der Taxonomien 6.2	96
1.1.7	Bewertung mehrjähriger Kulturen in Baumschulbetrieben	96
1.1.8	Bewertung von Pensionsrückstellungen nach § 6a EStG	97
1.1.9	Zweifelsfragen im Zusammenhang mit § 6b Abs. 2a EStG	98
1.1.10	Arbeitshilfe zur Aufteilung eines Gesamtkaufpreises für ein bebautes Grundstück	98
1.1.11	Bindungswirkung der Bescheinigung nach § 7h Abs. 2/§ 7i Abs. 2 EStG	99
1.1.12	Steuerliche Anerkennung von Umzugskosten	100
1.1.13	Steuerliche Behandlung von Reisekosten und Reisekostenvergütungen	100
1.1.14	Aufteilung eines einheitlichen Sozialversicherungsbeitrags bei Vorsorgeaufwendungen	101
1.1.15	Steuerliche Förderung der privaten Altersvorsorge und der betrieblichen Altersversorgung	101
1.1.16	Spendenrechtliche Beurteilung von „Crowdfunding"	102
1.1.17	Feststellung des verbleibenden Verlustvortrags	102
1.2	Änderungen bei den Einkunftsarten (§§ 13 bis 23 EStG)	103
1.2.1	Besteuerung der Forstwirtschaft	103
1.2.2	Auswirkungen des MoMiG auf nachträgliche Anschaffungskosten gem. § 17 Abs. 2 EStG	104
1.2.3	Ausfall einer privaten Darlehensforderung als Verlust bei den Einkünften aus Kapitalvermögen	105
1.2.4	Einzelfragen zur Abgeltungsteuer	106
1.2.5	Ertragsteuerrechtliche Behandlung des Umtauschs von Wandelschuldverschreibungen in Aktien der ausgebenden Gesellschaft	107
1.2.6	Ertragsteuerliche Behandlung von virtuellen Währungen (Kryptowährungen)	108
1.3	Sonstige Schreiben und Verfügungen	109
1.3.1	Alterseinkünfte-Rechner	109
1.3.2	Anwendungsfragen zur Beschränkung der Anrechenbarkeit der Kapitalertragsteuer	110
1.3.3	Ausstellung von Steuerbescheinigungen für Kapitalerträge	110
1.3.4	Entlastung vom Steuerabzug vom Kapitalertrag bei ausländischen Gesellschaften – Unionsrechtskonforme Anwendung	111
1.3.5	Kindergeld – Familienleistungsausgleich	113
1.3.6	Anwendungsfragen zum InvStG 2018	113
1.4	Einkommensteuerrichtlinien und -hinweise	115
1.4.1	Einkommensteuerrichtlinien	115
1.4.2	Einkommensteuerhinweise	115

2	**Änderungen bei der Körperschaftsteuer**	**116**
2.1	Organträgereigenschaft eines BgA bzw. einer Eigengesellschaft	116
2.2	Passive Entstrickung aufgrund erstmaliger Anwendung eines Abkommens zur Vermeidung der Doppelbesteuerung (DBA)	118
3	**Änderungen bei der Lohnsteuer**	**119**
3.1	Lohnsteuerliche Behandlung der Überlassung eines betrieblichen Kraftfahrzeugs an Arbeitnehmer	119
3.2	Lohnsteuerliche Erfassung von Brennstoffzellenfahrzeugen	121
4	**Änderungen bei der Umsatzsteuer**	**123**
4.1	Grenzüberschreitende Lieferungen über Konsignationslager	123
4.2	Umsatzsteuerliche Behandlung sog. virtueller Währungen	125
4.3	Grenzüberschreitende Personenbeförderungen im Luftverkehr	126
4.4	Ort der „juristischen" grundstücksbezogenen sonstigen Leistungen: Nichtbeanstandungsregelung	127
4.5	Streichung des sog. „Pommes-Erlasses"	128
4.6	Steuerschuldnerschaft des Leistungsempfängers bei Anzahlungen	129
4.7	Steuerbefreiung der Umsätze für die Seeschifffahrt und Luftfahrt	130
4.8	Rabatte an private Krankenkassen in der Pharmaindustrie	132
4.9	Verlängerung der Übergangsregelung für Direktlieferungen in Konsignationslager	132
4.10	Zur Adresse auf der Vorsteuerrechnung	133
5	**Änderungen bei der Erbschaft- und Schenkungsteuer**	**134**
5.1	Wertsteigerung infolge des Kaufkraftschwundes	134
5.2	Gemeiner Wert von Erfindungen und Urheberrechten (R B 9.2 ErbStR 2011)	134
5.3	Ermittlung des Gebäudesachwerts nach § 190 BewG; Baupreisindizes	135
5.4	Bewertung des Nutzungsvorteils bei unverzinslichen und niedrig verzinslichen Darlehen	135
5.5	Anwendung des § 30 Abs. 1 ErbStG und des § 31 Abs. 1 ErbStG bei der Ersatzerbschaftsteuer nach § 1 Abs. 1 Nr. 4 ErbStG	136
5.6	Anwendung des § 10 Abs. 8 ErbStG bei der Ersatzerbschaftsteuer nach § 1 Abs. 1 Nr. 4 ErbStG	137
5.7	Allgemeine Verwaltungsanweisung für die Erbschaft- und Schenkungsteuer (ErbStVA) und Mitwirkungspflichten anderer Finanzämter	137
5.8	Bewertung einer lebenslänglichen Nutzung oder Leistung; Vervielfältiger für Bewertungsstichtage ab dem 1.1.2019	138
5.9	Berechnung des Ablösungsbetrags nach § 25 Abs. 1 S. 3 ErbStG a. F.	139
5.10	Erbschaftsteuerlich begünstigtes Vermögen bei einer Wohnungsvermietungsgesellschaft	140
	Konsequenzen aus dem BFH-Urteil vom 24.10.2017	140
5.11	Persönlicher Freibetrag nach § 16 Abs. 2 ErbStG bei beschränkter Steuerpflicht	141
	BFH, Urteile vom 10.5.2017, II R 53/14 und II R 2/16	141
5.12	Verfügung betr. Verwaltungsvermögen nach § 13b Abs. 2 S. 2 Nr. 1 ErbStG a. F. und § 13b Abs. 4 Nr. 1 S. 2 ErbStG n. F. „Überlassung von Grundstücken"	142
5.13	Bewertung von Anteilen und Aktien, die Rechte an einem Investmentvermögen i. S. d. Kapitalanlagengesetzbuchs (KAGB) verbriefen (Investmentfondsanteile)	143
5.14	Schenkungen unter Beteiligungen von Kapitalgesellschaften oder Genossenschaften	143
5.15	Einordnung von Wertpapieren im Rahmen von Umschichtungen als junges Verwaltungsvermögen	147

C	**Überblick über die Rechtsprechung 2018**	**149**
1	**Im Bereich der Einkommensteuer**	**149**
1.1	Entscheidungen zur Gewinn- und Einkunftsermittlung (§§ 2 bis 12 EStG)	149
1.1.1	Steuerfreie Beitragserstattung durch berufsständische Versorgungseinrichtung	149
1.1.2	Grundstückstausch – Ermittlung der Anschaffungskosten bei Grundstücksentnahme	150
1.1.3	Abzugsverbot für Schuldzinsen – Begrenzung auf Entnahmenüberschuss	152
1.1.4	Bilanzierung von Provisionszahlungen und damit in Zusammenhang stehender Aufwendungen	154
1.1.5	Abzinsung von Angehörigendarlehen	155
1.1.6	Wertaufholung einer GmbH-Beteiligung mindert steuerneutrale Gewinnübertragung	157
1.1.7	Kein Wechsel von der degressiven AfA zur AfA nach tatsächlicher Nutzungsdauer	159
1.1.8	Abzugsverbot bei Bildung einer Ansparabschreibung	160
1.1.9	Selbst getragene Krankheitskosten können nicht beim Sonderausgabenabzug berücksichtigt werden	161
1.1.10	Krankenversicherungsbeiträge nur für eine Basisabsicherung abziehbar	163
1.1.11	Verminderter Sonderausgabenabzug bei Prämiengewährung durch gesetzliche Krankenkassen	164
1.1.12	Kranken- und Pflegeversicherungsbeiträge des Kindes	165
1.1.13	Berücksichtigung einer USt-Vorauszahlung im Jahr der wirtschaftlichen Verursachung	167
1.2	Entscheidungen zu den Einkunftsarten (§§ 13 bis 23 EStG)	168
1.2.1	GewSt-Pflicht für Gewinne aus der Veräußerung von Anteilen an einer Mitunternehmerschaft	168
1.2.2	Keine Abfärbung bei Verlusten	169
1.2.3	Wirtschaftliches Eigentum an einem Mitunternehmeranteil	171
1.2.4	Einkünfte eines national und international tätigen Fußballschiedsrichters – Gewerblichkeit und abkommensrechtliche Behandlung	172
1.2.5	Übertragung von verrechenbaren Verlusten	174
1.2.6	Verlustabzug beim Anlagebetrug mit nicht existierenden Blockheizkraftwerken	175
1.2.7	Fondsetablierungskosten bei modellhafter Gestaltung	176
1.2.8	Vorab-Gewinnverteilungsbeschluss auch bei späterer Veräußerung der Beteiligung anzuerkennen	177
1.2.9	Gesellschaftereinlage zur Vermeidung einer Bürgschaftsinanspruchnahme als nachträgliche Anschaffungskosten	179
1.2.10	Deutsches Besteuerungsrecht bei Zahlung eines sog. Signing Bonus	180
1.2.11	Verlustberücksichtigung bei Aktienveräußerungen	182
1.2.12	Einlösung von Xetra-Gold Inhaberschuldverschreibungen ist nicht steuerbar	183
1.2.13	Schuldzinsenabzug bei steuerpflichtigen Erstattungszinsen	184
1.2.14	Abzug von Refinanzierungskosten für notleidende Gesellschafterdarlehen	186
1.2.15	Keine Kapitalertragsteuer auf Rücklagen bei Regiebetrieben	188
1.2.16	Werbungskosten für Homeoffice bei Vermietung an Arbeitgeber	189
1.2.17	Ortsübliche Marktmiete bei der Überlassung möblierter Wohnungen	190
1.2.18	Entschädigung für die Überspannung eines Grundstücks mit einer Stromleitung	191
1.2.19	Einnahmen aus sog. Break Fee nicht steuerbar	192
1.3	Sonstige Entscheidungen	194
1.3.1	Abfindungszahlung als Entschädigung – außerordentliche Einkünfte	194
1.3.2	Aufwendungen für heterologe künstliche Befruchtung in gleichgeschlechtlicher Partnerschaft als außergewöhnliche Belastung	195
1.3.3	Alten- und Pflegeheimunterbringung von Ehegatten – Kürzung um Haushaltsersparnis für beide Ehegatten	196
1.3.4	Höchstbetragsberechnung bei Anrechnung ausländischer Steuer	198
1.3.5	Keine begünstigte Handwerkerleistung bei Baukostenzuschuss für öffentliche Mischwasserleitung	199
1.3.6	Betriebsstättenzurechnung und Abgeltungswirkung bei gewerblich geprägter KG im Nicht-DBA-Fall	201

1.3.7	Ausbildungsende im Kindergeldrecht	202
1.3.8	Keine Verlängerung des Kindergeldanspruchs über die Vollendung des 25. Lebensjahrs hinaus wegen Dienst im Katastrophenschutz	203
1.3.9	Kindergeldanspruch eines Gewerbetreibenden bei fiktiver unbeschränkter Steuerpflicht	204

2 Im Bereich der Körperschaftsteuer ... 206

2.1	Schädlicher Beteiligungserwerb	206
	Kommissionsbeschluss zur Beihilferechtswidrigkeit der Sanierungsklausel gem. § 8c Abs. 1a KStG ist nichtig	206
2.2	Organschaft	208
	Keine finanzielle Eingliederung bei sog. Stimmbindungsvertrag	208
2.3	Allgemein	209
2.3.1	Körperschaftsteuerbefreiung für Abgabe von Faktorpräparaten zur Heimselbstbehandlung	209
2.3.2	Keine Abzinsung der Rückstellung für Verpflichtungen einer steuerbefreiten Unterstützungskasse	211
2.3.3	Kein Verlustausgleich bei echten Daytrading-Geschäften	212
2.3.4	Verdeckte Gewinnausschüttung bei Verschmelzung nach Forderungsverzicht mit Besserungsabrede	213
2.3.5	Keine Hinzurechnung passiver Einkünfte bei eigener wirtschaftlicher Tätigkeit	215

3 Im Bereich der Lohnsteuer ... 217

3.1	Kein Lohnzufluss bei einem GmbH-Fremd-Geschäftsführer durch Gehaltsumwandlung zwecks vorzeitigem Ruhestand	217
3.2	Steuerpauschalierung für betrieblich veranlasste Zuwendungen	218

4 Im Bereich der Umsatzsteuer ... 220

4.1	Zur Frage der bewegten Lieferung im Reihengeschäft	220
4.2	Reiseleistungen: EuGH bekräftigt sog. Kundenmaxime	222
4.3	Zur rückwirkenden Korrektur einer Rechnung ohne Steuerausweis	224
4.4	Rückwirkende Korrektur einer Rechnung mit falschem Steuersatz oder Steuerbetrag	227
4.5	Vorsteuerabzug bei Nichteinreichung von Steuererklärungen	229
4.6	Abschläge pharmazeutischer Unternehmer nach § 1 AMRabG	230
4.7	Zu den Voraussetzungen der Vereinfachungsregelung für innergemeinschaftliche Dreiecksgeschäfte	232
4.8	Vorsteuerabzug im Wege der Berichtigung bereits geprüfter Besteuerungszeiträume	234
4.9	Vorsteuerabzug bei Aufhebung eines langfristigen Pachtvertrags	236
4.10	Bezug von Reisevorleistungen aus einem anderen EU-Mitgliedsstaat	238
4.11	Vorsteuerabzug aus Anzahlungsrechnungen, wenn die Leistung ausbleibt	239
4.12	Zur Steuerbefreiung der Einfuhr bei nachfolgender innergemeinschaftlicher Lieferung	242
4.13	Ermittlung des Leistungszeitpunkts durch Auslegung	245
4.14	Eingriffe in die Verwaltung einer Holdinggesellschaft	248
4.15	Nachträgliche Geltendmachung des Vorsteuerabzugs bei Nutzungsänderung	251
4.16	Rechtsprechungsänderung zur Anschrift des leistenden Unternehmers auf der Rechnung	254
4.17	Vorsteuerabzug eines direkt registrierten Unternehmers mit Zweigniederlassung	256
4.18	Zur Korrektur eines unrichtigen Steuerausweises	257
4.19	Vorsteuerabzug und Weiterbelastungen einer Holding	259
4.20	Vorsteuerabzug aus den Aufwendungen einer fehlgeschlagenen Akquisition	261
4.21	Geschäftsveräußerung im Ganzen bei Übereignung des Gaststätteninventars	262
4.22	Steuerbefreiung von grenzüberschreitenden Beförderungen, die sich unmittelbar auf Gegenstände der Ausfuhr beziehen	264
4.23	Vorsteuerabzug mit Hilfe eines Sachverständigengutachtens	266
4.24	Vorsteuerabzug bei nicht durchgeführter Veräußerung von Anteilen einer Enkelgesellschaft	269
4.25	Bauträger kann Umsatzsteuer ohne Zusatzbedingungen zurückfordern	270
4.26	Zur Besteuerung von Ratenzahlungen	272
4.27	Anzahlungen auf Reiseleistungen	274

5	**Im Bereich der Erbschaft- und Schenkungsteuer**	**277**
5.1	Nach Erbfall aufgetretener Gebäudeschaden – kein Abzug der Reparaturaufwendungen als Nachlassverbindlichkeit	277
5.2	Steuerwert einer gemischten Schenkung	279
5.3	Keine Erbschaftsteuerbefreiung beim Erwerb eines Anspruchs auf Verschaffung des Eigentums am Familienheim	281
5.4	Berücksichtigung einer zukünftigen Steuerbelastung bei den Wertfeststellungen für Zwecke der Erbschaftsteuer	283
5.5	Kein Nachweis eines niedrigeren Grundstückswerts durch den Bilanzansatz oder durch Ableitung aus dem Kaufpreis für einen Gesellschaftsanteil	285
5.6	Erbschaftsteuerrechtlich begünstigtes Vermögen bei einer Wohnungsvermietungsgesellschaft	287
5.7	Feststellung der Ausgangslohnsumme und der Zahl der Beschäftigten für Zwecke der Schenkungsteuer	290
5.8	Schenkungsteuer bei Veruntreuung von Geldbeträgen zugunsten eines Dritten	293
5.9	Abzugsfähigkeit von Vorfälligkeitsentschädigungen für Darlehensablösung im Rahmen einer Nachlasspflegschaft	294
5.10	Rückwirkendes Erlöschen der Schenkungsteuer wegen Anrechnung von Zuwendungen auf einen Zugewinnausgleich	296
5.11	Keine Schenkungsteuer bei gemeinsamer Luxus-Kreuzfahrt	298
5.12	Einordnung von Wertpapieren im Rahmen von Umschichtungen als junges Verwaltungsvermögen	301
5.12.1	Gerichtsbescheide des FG München (Parallelentscheidungen)	302
5.12.2	Entscheidung des FG Rheinland-Pfalz	304
5.12.3	Entscheidung des FG Münster	306
5.13	Einheitlicher Schenkungswille bei der Übertragung von Anteilen an drei Kapitalgesellschaften am selben Tag	309
5.14	Einkommensteuervorauszahlung als Nachlassverbindlichkeit	311
5.15	Trotz Vorläufigkeitsvermerk kein Antrag auf Vollverschonung nach Unanfechtbarkeit	312
5.16	Maßgeblichkeit des zivilrechtlichen Grundstücksbegriffs für die Erbschaftsteuerbefreiung bei mit einem Familienheim bebauten Grundstück	314
5.17	Abschmelzmodell bei Eröffnung des Insolvenzverfahrens	316
D	**Neuentwicklungen im internationalen Steuerrecht**	**319**
1	**Einleitung**	**319**
2	**Tax Cuts and Jobs Act: Die US-Steuerreform**	**321**
2.1	Überblick	321
2.2	Maßnahmen zur Reduzierung der Steuerlast und Vereinfachung der Besteuerung	321
2.2.1	Steuersatzsenkung	321
2.2.1.1	Änderungen	321
2.2.1.2	Implikationen	322
2.2.2	Sofortabschreibung	322
2.2.2.1	Änderungen	322
2.2.2.2	Implikationen	322
2.2.3	Änderungen des Verlustabzugs	323
2.2.3.1	Änderungen	323
2.2.3.2	Implikationen	324
2.3	Systemwechsel bei der Besteuerung von Dividenden und Veräußerungsgewinnen	324
2.3.1	Änderungen	324
2.3.2	Implikationen	325
2.4	Zins- und Lizenzabzugsbeschränkungen	325
2.4.1	Änderungen	325

2.4.2	Implikationen	326
2.5	Maßnahmen zur Verhinderung von Gewinnverlagerungen ins Ausland	326
2.5.1	Base Erosion and Anti-Abuse Tax (BEAT)	326
2.5.1.1	Änderungen	326
2.5.1.2	Implikationen	327
2.5.2	Global Intangible Low-Taxed Income (GILTI)	327
2.5.2.1	Änderungen	327
2.5.2.2	Implikationen	327
2.5.3	Foreign-Derived Intangible Income (FDII)	328
2.5.3.1	Änderungen	328
2.5.3.2	Implikationen	328
2.6	Zusammenfassung	329
3	**§ 50d Abs. 3 EStG – quo vadis?**	**330**
3.1	Einleitung	330
3.2	§ 50d Abs. 3 EStG im Überblick	330
3.2.1	Regelungszweck	330
3.2.2	Entwicklung	330
3.3	Entscheidung zu § 50d Abs. 3 EStG (2007)	331
3.3.1	Sachverhalt	331
3.3.2	Entscheidung	332
3.4	Entscheidung zu § 50d Abs. 3 EStG (aktuelle Fassung)	332
3.4.1	Sachverhalt	332
3.4.2	Entscheidung	333
3.5	Die Reaktion – BMF-Schreiben vom 4.4.2018	333
3.6	Praktische Folgen	334
3.6.1	Auswirkungen	334
3.6.2	Ausblick	334
3.6.3	Fazit	335
4	**Besteuerung der digitalen Wirtschaft**	**336**
4.1	Politische Diskussion auf internationaler Ebene	336
4.1.1	OECD: Erarbeitung eines international abgestimmten Maßnahmenpakets	336
4.1.1.1	Anti-BEPS Maßnahme 1	336
4.1.1.2	Aktueller Diskussionsstand	337
4.1.2	Maßnahmenpaket der EU-Kommission	338
4.1.2.1	Hintergrund	338
4.1.2.2	Richtlinienentwurf zur Besteuerung digitaler Betriebsstätten	339
4.1.2.3	Richtlinienentwurf für eine europäische Digitalsteuer	340
4.1.2.4	Aktueller Diskussionsstand	341
4.1.2.4.1	Auf Ebene der EU	341
4.1.2.4.2	Auf nationaler Ebene (Beispiele)	343
4.2	Folgen einer Umsetzung der Reformpläne für die steuerliche Behandlung ausgewählter Geschäftsmodelle	343
4.2.1	Grundsätzliches	343
4.2.2	Signifikante digitale Präsenz	344
4.2.2.1	Anwendungsbereich	344
4.2.2.2	Praktische Herausforderungen	345
4.2.3	Digitale Dienstleistungssteuer (DST)	346
4.2.3.1	Anwendungsbereich	346
4.2.3.2	Praktische Herausforderungen	347
4.3	Einordnung und Ausblick	347

| E | **Verrechnungspreise** | **349** |

1	**Aktuelles zur OECD BEPS-Initiative (Stand November 2018)**	**349**
1.1	OECD Empfehlungen zur Gewinnaufteilungsmethode	350
1.2	OECD Empfehlungen zu Hard-to-Value Intangibles (HTVI)	350
1.3	OECD Empfehlungen zu Finanztransaktionen (Entwurf)	351
1.4	OECD Implementierungsberichte zur BEPS-Initiative	353
1.4.1	OECD Implementierungsbericht zum Country-by-Country-Reporting	353
1.4.2	OECD Implementierungsbericht zur Verbesserung von Streitbeilegungsmechanismen	354

2	**Die BEPS-Initiative auf Ebene der EU**	**355**
2.1	Besteuerung digitaler Dienstleistungen und signifikanter digitaler Präsenzen in der EU	355
2.2	Meldepflichten bei grenzüberschreitenden Gestaltungen in der EU	356
2.3	Einführung einer gemeinsamen (konsolidierten) Körperschaftsteuer-Bemessungsgrundlage	358

| 3 | **BMF-Schreiben zu Umlageverträgen** | **359** |

4	**Rechtsprechung mit Verrechnungspreisbezug**	**359**
4.1	EuGH Urteil zu § 1 AStG vom 31.5.2018	359
4.2	EuGH Urteil zur Zollwertermittlung bei nachträglichen Verrechnungspreisanpassungen vom 20.12.2017	360

| F | **Rechtsprechung im allgemeinen Wirtschaftsrecht aus 2018** | **363** |

| 1 | **Kaufrecht** | **363** |
| | Anforderungen an Art und Umfang einer Wareneingangsuntersuchung | 363 |

2	**Mietrecht**	**367**
2.1	Vermieterpfandrecht bei Insolvenz des Mieters	367
2.2	Verlängerung der Verjährungsfrist für Ansprüche des Vermieters wegen Beschädigung der Mietsache	369
2.3	Unwirksamkeit von Schriftformheilungsklauseln in Mietverträgen	371
2.4	Umlage der Betriebs- und Heizkosten nach tatsächlicher Fläche	373

| 3 | **Urheberrecht** | **375** |
| | Auskunft bei Filesharing – Benutzerkennung | 375 |

4	**Insolvenzrecht**	**377**
4.1	Bei der Feststellung der Zahlungsunfähigkeit sind die sog. Passiva II einzubeziehen	377
4.2	Haftung des Geschäftsleiters bei Eigenverwaltung gem. §§ 60, 61 InsO analog	378

| 5 | **Europarecht** | **379** |
| | Niederlassungsfreiheit erlaubt isolierte Verlegung des Satzungssitzes | 379 |

Stichwortverzeichnis ... **382**

PwC-Standorte (Steuerberatung) ... **397**

Abkürzungsverzeichnis

€	Euro (Währung)
a. A.	andere Auffassung
a. F.	alte Fassung
ABl.	Amtsblatt
Abs.	Absatz, Absätze
Abschn.	Abschnitt/e
AdV	Aussetzung der Vollziehung
AEUV	Vertrag über die Arbeitsweise der Europäischen Union
AfA	Absetzung für Abnutzung
AG	Aktiengesellschaft
AGB	Allgemeine Geschäftsbedingungen
AIF	alternative Investmentfonds
AIFM	Alternative Investment Fund Manager (Alternative-Investmentfonds-Manager)
AIFM-StAnpG	AIFM-Steuer-Anpassungsgesetz
AktG	Aktiengesetz
AMRabG	Arzneimittel-Rabattgesetz
AMT	Alternative Minimum Tax
AmtshilfeRLUmsG	Gesetz zur Umsetzung der Amtshilferichtlinie sowie zur Änderung steuerlicher Vorschriften (Amtshilferichtlinie-Umsetzungsgesetz)
Anm.	Anmerkung
AO	Abgabenordnung
AOA	Authorised OECD Approach
APA	Advance Pricing Agreement
Art.	Artikel
AStG	Außensteuergesetz
AVEÜR	Anlageverzeichnis EÜR, Vordruck zur EÜR
Az.	Aktenzeichen
B. V.	besloten vennootschap met beperkte aansprakelijkheid
BayLfSt	Bayerisches Landesamt für Steuern
BB	Betriebsberater (Fachzeitschrift)
BBergG	Bundesberggesetz
BBK	NWB Rechnungswesen (Fachzeitschrift)
beA	besonderes elektronische Anwaltspostfach
BEAT	Base Erosion and Anti-Abuse Tax
BeckRS	Beck-Rechtsprechung, beck-online (Datenbank)
BEPS	Base Erosion and Profit Shifting (OECD-Aktionsplan gegen Gewinnkürzungen und Gewinnverlagerungen)
BewG	Bewertungsgesetz
BFH	Bundesfinanzhof
BFH/NV	Sammlung der Entscheidungen des BFH, Haufe-Lexware, Freiburg

BFHE	Sammlung der Entscheidungen des BFH, herausgegeben von Mitgliedern des BFH
BgA	Betrieb gewerblicher Art
BGB	Bürgerliches Gesetzbuch
BGBl	Bundesgesetzblatt
BMF	Bundesministerium der Finanzen
BR-Drs.	Bundesrats-Drucksache
Brexit-StBG	Brexit-Steuerbegleitgesetz
BrexitÜG	Brexit-Übergangsgesetz
bspw.	beispielsweise
BStBl	Bundessteuerblatt
BT-Drs.	Bundestags-Drucksache
BuchO	Buchungsordnung für die Finanzämter
Buchst.	Buchstabe/n
BVerfG	Bundesverfassungsgericht
BvL	Aktenzeichen des Bundesverfassungsgerichts
BvR	Aktenzeichen einer Verfassungsbeschwerde zum Bundesverfassungsgericht
BZSt	Bundeszentralamt für Steuern
bzw.	beziehungsweise
ca.	circa
Carnet TIR	Carnet Transport international de marchandises par vehicules routiers
CbC	Country-by-Country
CbCR	Country-by-Country-Reporting
d. h.	das heißt
DB	Der Betrieb (Fachzeitschrift)
DBA	Doppelbesteuerungsabkommen
DM	Deutsche Mark (Währung)
DST	Digital Services Tax; digitale Dienstleistungssteuer
DStR	Deutsches Steuerrecht (Fachzeitschrift)
DStRE	Deutsches Steuerrecht Entscheidungsdienst
DStRK	Deutsches Steuerrecht kurz gefasst (Fachzeitschrift)
DStV	Deutsche Steuerberaterverband e. V.
DStZ	Deutsche Steuer-Zeitung (Fachzeitschrift)
DV	Durchführungsverordnung
E&P	earnings and profits
e. V.	eingetragener Verein
EAV	Ergebnis-Abführungsvertrag
EBITDA	Gewinn + Schuldzinsen + planmäßige Abschreibungen – Zinserträge
ECOFIN	Rat Wirtschaft und Finanzen
EDV	Elektronische Datenverarbeitung
e-EB	elektronisches Empfangsbekenntnis
EFG	Entscheidungen der Finanzgerichte (juristische Fachzeitschrift)
EG	Europäische Gemeinschaft
EGAO	Einführungsgesetz zur Abgabenordnung

EK	Eigenkapital
EmoG	Elektromobilitätsgesetz
ErbSt	Erbschaftsteuer
ErbStG	Erbschaftsteuer- und Schenkungsteuergesetz
ErbStR	Erbschaftsteuer-Richtlinien
ErbStVA	Allgemeine Verwaltungsanweisungen für die Erbschaftsteuer
ESt	Einkommensteuer
EStÄR	Einkommensteuer-Änderungsrichtlinien
EStB	Der Einkommensteuer-Berater (Fachzeitschrift)
EStDV	Einkommensteuer-Durchführungsverordnung
EStG	Einkommensteuergesetz
EStH	Einkommensteuer-Hinweise
EStR	Einkommensteuer-Richtlinien
etc.	et cetera
EU	Europäische Union
EUAHiG	Gesetz über die Durchführung der gegenseitigen Amtshilfe in Steuersachen zwischen den Mitgliedstaaten der Europäischen Union
EuGH	Europäischer Gerichtshof
EÜR	Einnahmenüberschussrechnung
EUSt	Einfuhrumsatzsteuer
EU-UStB	Der Informationsdienst zu EG-Richtlinien und EuGH-Rechtsprechung (Fachzeitschrift)
EUV	Vertrag über die Europäische Union
e-VD	elektronisches Verwaltungsdokument
EWR	Europäischer Wirtschaftsraum
EZ	Erhebungszeitraum
f.	folgende
FA	Finanzamt
FamEntlastG	Familienentlastungsgesetz
FDII	Foreign-Derived Intangible Income; Sonderabzug der US-Steuerreform
ff.	fortfolgende
FG	Finanzgericht
FGO	Finanzgerichtsordnung
FIFA	Fédération Internationale de Football Association
FinMin	Finanzministerium
G20	Abkürzung für Gruppe der zwanzig wichtigsten Industrie- und Schwellenländer)
GAFA	Google, Apple, Facebook und Amazon
GbR	Gesellschaft bürgerlichen Rechts
gem.	gemäß
GewSt	Gewerbesteuer
GewStG	Gewerbesteuergesetz
GG	Grundgesetz
ggf.	gegebenenfalls

GILTI	Global Intangible Low-Taxed Income; Ausweitung der bestehenden US-Regelungen zur Hinzurechnungsbesteuerung
GKB	Gemeinsame Körperschaftsteuer-Bemessungsgrundlage
GKKB	Gemeinsame konsolidierte Körperschaftsteuer-Bemessungsgrundlage
GKV	Gesetzliche Krankenversicherung
gl. A.	gleiche Ansicht/Auffassung
GmbH	Gesellschaft mit beschränkter Haftung
GmbH & Co. KG	Gesellschaft mit beschränkter Haftung & Compagnie Kommanditgesellschaft
GmbHG	Gesetz betreffend die Gesellschaften mit beschränkter Haftung
GmbHR	GmbH-Rundschau (Fachzeitschrift)
GmbH-StB	Der GmbH-Steuerberater (Fachzeitschrift)
grds.	grundsätzlich/e/er/en
GrESt	Grunderwerbsteuer
GrEStG	Grunderwerbsteuergesetz
Halbs.	Halbsatz
HGB	Handelsgesetzbuch
HTVI	Hard-to-Value Intangibles
HZA	Hauptzollamt
i. d. F.	in der Fassung
i. d. R.	in der Regel
i. H.	in Höhe
i. H. d.	in Höhe der/des
i. H. v.	in Höhe von
i. S.	im Sinne
i. S. d.	im Sinne der/des/dieser/dieses
i. S. v.	im Sinne von
i. V. m.	in Verbindung mit
ID-Nr.	Identifikationsnummer
IDW	Institut der Wirtschaftsprüfer in Deutschland e. V.
IF	Inclusive Framework on BEPS; Zusammenschluss von Vertretern aus 113 Staaten
insb.	insbesondere
InsO	Insolvenzordnung
InvSt	Investmentsteuer
InvStG	Investmentsteuergesetz
IP	Internet Protokoll
IStR	Internationales Steuerrecht (Fachzeitschrift)
IT	Informationstechnik
JStG	Jahressteuergesetz
jurisPR-BGHZivilR	juris PraxisReport BGH-Zivilrecht (Fachzeitschrift)
jurisPRMietR	juris PraxisReport Miet- und Wohnungseigentumsrecht (Fachzeitschrift)
KAGB	Kapitalanlagegesetzbuch
KapErtrSt	Kapitalertragsteuer
Kfz	Kraftfahrzeug
KG	Kommanditgesellschaft

KGaA	Kommanditgesellschaft auf Aktien
KiSt	Kirchensteuer
KSt	Körperschaftsteuer
KStG	Körperschaftsteuergesetz
KVBEVO	Krankenversicherungsbeitragsanteil-Ermittlungsverordnung
KWG	Kreditwesengesetz
LfSt	Landesamt für Steuern
LG	Landgericht
LMK	Lindenmaier-Möhring – Kommentierte BGH Rechtsprechung (Fachdienst Beck-Online)
LPartG	Gesetz über die Eingetragene Lebenspartnerschaft
Ls.	Leitsatz
LSt	Lohnsteuer
LStR	Lohnsteuer-Richtlinien
Ltd.	Limited
m. a. W.	mit anderen Worten
m. E.	meines Erachtens
m. w. N.	mit weiteren Nachweisen
MAP	Mutual Agreement Procedure
max.	maximal/e
MietPrax-AK	MietPrax Arbeitskommentar
MietRB	Der Miet-Rechts-Berater (Fachzeitschrift)
Mio.	Million, Millionen
MoMiG	Gesetz zur Modernisierung des GmbH-Rechts und zur Bekämpfung von Missbräuchen
MüKoBGB	Münchener Kommentar zum Bürgerlichen Gesetzbuch
MwSt	Mehrwertsteuer
MwStR	MehrwertSteuerrecht (Fachzeitschrift)
MwStSystRL	Mehrwertsteuer-Systemrichtlinie
n. F.	neue Fassung
n. v.	nicht (amtlich) veröffentlicht
NJW	Neue Juristische Wochenschrift (Fachzeitschrift)
Nr.	Nummer/n
nwb	Neue Wirtschaftsbriefe (Fachzeitschrift)
NZG	Neue Zeitschrift für Gesellschaftsrecht (Fachzeitschrift)
NZI	Neue Zeitschrift für Insolvenz- und Sanierungsrecht (Fachzeitschrift)
NZM	Neue Zeitschrift für Miet- und Wohnungsrecht (Fachzeitschrift)
o. Ä.	oder Ähnliches
o. g.	oben genannt/en
OECD	Organisation for Economic Cooperation and Development (Organisation für wirtschaftliche Zusammenarbeit und Entwicklung)
OECD-MA	Musterabkommen zur Regelung von Doppelbesteuerungsfällen zwischen Staaten
OFD	Oberfinanzdirektion
OGAW	Organismen für gemeinsame Anlagen in Wertpapieren

OLG	Oberlandesgericht
PE	Referenznummer für eine Studie, die der Think Tank des Europäischen Parlaments dem Dokument vergeben hat – vgl. http://www.europarl.europa.eu/RegData/etudes/STUD/2016/556960/IPOL_STU(2016)556960_EN.pdf
PIStB	Praxis Internationale Steuerberatung (Fachzeitschrift)
PKV	Private Krankenversicherung
Pkw	Personenkraftwagen
PM	Pressemitteilung
rkr.	rechtskräftig
RL	Richtlinie
Rn.	Randnummer/n
Rs.	Rechtssache/n
Rspr.	Rechtsprechung
Rz.	Randziffer
s.	siehe
S.	Seite, Seiten oder Satz, Sätze (in Normenzitaten)
s. a.	siehe auch
s. o.	siehe oben
s. u.	siehe unten
SGB	Sozialgesetzbuch
sog.	sogenannte/n/r/s
SolZ	Solidaritätszuschlag
st. Rspr.	ständige Rechtsprechung
StB	Steuerberater
StEd	Steuer-Eildienst (Fachzeitschrift)
StuB	Unternehmensteuern und Bilanzen (Fachzeitschrift)
StUmgBG	Steuerumgehungsbekämpfungsgesetz
SZE	Anlage zur Ermittlung der nichtabziehbaren Schuldzinsen bei Einzelunternehmen, Vordruck zur EÜR
TKG	Telekommunikationsgesetz
Tz.	Teilziffer, Teilziffern
u. a.	unter anderem
u. E.	unseres Erachtens
u. U.	unter Umständen
UEFA	Union of European Football Associations
UmwStG	Umwandlungssteuergesetz
UN	United Nations
UR	Umsatzsteuer-Rundschau (Fachzeitschrift)
UrhG	Gesetz über Urheberrecht und verwandte Schutzrechte
US	United Staates
USA	United States of America
USt	Umsatzsteuer
UStAE	Umsatzsteuer-Anwendungserlass
UStB	Umsatz-Steuer-Berater (Fachzeitschrift)
UStDV	Umsatzsteuer-Durchführungsverordnung

UStG	Umsatzsteuergesetz
USt-ID-Nr.	Umsatzsteuer-Identifikationsnummer
UStZustV	Verordnung über die örtliche Zuständigkeit für die Umsatzsteuer im Ausland ansässiger Unternehmer (Umsatzsteuerzuständigkeitsverordnung)
UVR	Umsatzsteuer- und Verkehrsteuer-Recht (Fachzeitschrift)
v.	vom
vGA	verdeckte Gewinnausschüttung
vgl.	vergleiche
VO	Verordnung
VZ	Veranlagungszeitraum
WM	Wertpapiermitteilungen (Fachzeitschrift)
WuM	Wohnungswirtschaft und Mietrecht (Fachzeitschrift)
z. B.	zum Beispiel
ZEuP	Zeitschrift für Europäisches Privatrecht (Fachzeitschrift)
ZEV	Zeitschrift für Erbrecht und Vermögensnachfolge (Fachzeitschrift)
ZGR	Zeitschrift für Unternehmens- und Gesellschaftsrecht (Fachzeitschrift)
ZHR	Zeitschrift für das gesamte Handels- und Wirtschaftsrecht (Fachzeitschrift)
ZInsO	Zeitschrift für das gesamte Insolvenzrecht (Fachzeitschrift)
ZIP	Zeitschrift für Wirtschaftsrecht (Fachzeitschrift)
zzgl.	zuzüglich
zzt.	zurzeit

A Neue Steuergesetzgebung

Während der Jahresausklang 2017 noch von den gescheiterten Verhandlungen der sog. Jamaika-Koalition gezeichnet war, konnte die Große Koalition zwischen CDU und SPD, die sich im ersten Quartal 2018 konstituierte, der gesetzgeberischen Lethargie ein Ende setzen. Die Koalition hat sich zunächst auf – aus ihrer Sicht – dringliche Angelegenheiten beschränkt. Dazu zählt vornehmlich die Umsetzung der sozialpolitischen Forderung nach größerer steuerlicher Entlastung für Familien. Sonstige notwendige Anpassungen, die sich z. B. aufgrund der Rspr. ergaben, wurden zunächst in dem üblichen „Omnibus-Gesetz" unter dem Arbeitstitel „Jahressteuergesetz 2018" erfasst. Dieses Gesetz wurde im Laufe des Gesetzgebungsverfahrens, das mit der Bekanntgabe des Gesetzes am 14.12.2018 endete, erheblich erweitert, vornehmlich, um einen Weg zu finden, die „Digital Economy" besser steuerlich zu erfassen.

Das Jahr 2018 zeichnet sich auch durch eine Vielzahl von Gesetzesinitiativen aus. Hier stehen vor allem Fragen des Internationalen Steuerrechts und dort vornehmlich die Auswirkungen des Austritts des Vereinigten Königreiches aus der EU im Vordergrund. Dieser in der Geschichte der EU (bislang) einmalige Schritt nach dem Referendum in Großbritannien in 2017 erfordert Anpassungen, um steuerliche Folgen, die an die bisherige Mitgliedschaft Großbritanniens in der EU anknüpfen, abzumildern. Hier liegen den Gesetzgebungsgremien mehrere Gesetzespakete, wie z. B. das Brexit-Steuerbegleitgesetz und das entsprechende Ergänzungsgesetz zur weiteren Verhandlung vor.

Auch mit Blick auf die Erhöhung der Transparenz bei steuerlichen Gestaltungen hat sich in 2018 einiges getan. So trat am 25.6.2018 die 6. Richtlinie zur Änderung der Richtlinie 2011/16/EU bezüglich des verpflichtenden automatischen Informationsaustauschs im Bereich der Besteuerung über meldepflichtige grenzüberschreitende Gestaltungen in Kraft (sog. DAC 6-Richtlinie), die nun binnen zwei Jahren in nationales Recht umgesetzt werden muss. Auch hierauf werden wir eingehen (siehe dazu A.3.3.2).

1 Steuergesetze, die 2018 in Kraft getreten sind

1.1 In 2017 verabschiedete Steuergesetze

Zu den Steuergesetzen, die 2018 in Kraft traten, hatten wir in der Vorauflage „Steueränderungen 2017/2018" bereits umfänglich berichtet.

Beispielhaft herauszustellen sind hier zum einen das „Gesetz gegen schädliche Steuerpraktiken im Zusammenhang mit Rechteüberlassungen"[1], in welchem die sog. Lizenzschranke (§ 4j EStG) eingeführt wurde. Zum anderen wurden mit dem „Gesetz zur Bekämpfung und Änderung weiterer steuerlicher Vorschriften (StUmgBG)"[2] umfangreiche Mitwirkungspflichten erweitert bzw. neu geregelt (z. B. bei der Anzeigepflicht in § 138 AO und die Einführung einer Anzeigepflicht in § 138b AO).

Zur Vermeidung von Wiederholungen verweisen wir hier unsere Ausführungen in Kapital A der „Steueränderungen 2017/2018".

---

[1] Gesetz v. 27.6.2017, BGBl I 2017, S. 2074.
[2] Gesetz v. 23.6.2017, BGBl I 2017, S. 1682.

1.2 In 2018 verabschiedete Steuergesetze

Das als JStG 2018 zunächst konzipierte Gesetzgebungsvorhaben (s. u. Ziffer 2.2) enthält nach Maßgabe seiner Anwendungsregelung in Art. 20 Abs. 2 auch Regelungen, die rückwirkend zum 1.1.2018 gelten.

Der Übersichtlichkeit halber haben wir diese Regelungen hier nicht gesondert aufgenommen, sondern bei den Erläuterungen zum JStG 2018 (s. dort) in den jeweiligen Einzelregelungen dargestellt.

2 Steuergesetze, die 2019 in Kraft treten

2.1 Gesetz zur Stärkung und steuerlichen Entlastung der Familien sowie zur Anpassung weiterer steuerlicher Regelungen (Familienentlastungsgesetz – FamEntlastG)

Das am 6.12.2018 verkündeten FamEntlastG[3] dient den sozialpolitischen Vorgaben, Familien und Kinder steuerlich zu entlasten bzw. zu begünstigen.

Das FamEntlastG sieht im Wesentlichen drei Maßnahmen vor, die zu einer steuerlichen Entlastung der Familien führen soll:

- Anhebung des Kindergelds ab 1.7.2019 um 10 € pro Monat
- Anhebung der Kinderfreibeträge
- Anhebung der Grundfreibeträge und Verschiebung der Eckwerte des ESt-Tarifs um rund 1,84 %

2.1.1 Kinderfreibetrag und Kindergeld, § 32 Abs. 6 S. 1 EStG

Zur steuerlichen Entlastung und Förderung der Familien werden der Freibetrag für das sächliche Existenzminimum des Kindes (Kinderfreibetrag) und das Kindergeld erhöht. Der Kinderfreibetrag wird für jeden Elternteil auf 2.490 € (insgesamt 4.980 €) erhöht. Die steuerliche Entlastungswirkung der Erhöhung des Kinderfreibetrags um jeweils 96 € (insgesamt 192 €) entspricht dem Jahresbetrag der Kindergelderhöhung (60 €).

Zugleich stellt die Erhöhung des Kinderfreibetrags die verfassungskonforme Besteuerung von Eltern für den VZ 2019 auf der Basis der aktuellen Daten zum Kinderexistenzminimum sicher.

2.1.2 Einkommensteuertarif, § 32a Abs. 1 EStG

Mit der Neufassung des § 32a Abs. 1 EStG wird der für den VZ 2019 geltende ESt-Tarif normiert. Dabei werden der steuerliche Grundfreibetrag und die Eckwerte des ESt-Tarifs 2018 um 1,84 % (voraussichtliche Inflationsrate des Jahres 2018 – Basis: Aktuelle Frühjahrsprojektion der Bundesregierung) nach rechts verschoben. Die Freistellung des Existenzminimums ist damit sichergestellt.

---

[3] Gesetz v. 29.11.2018, BGBl I 2018, S. 2210.

2.1.3 Unterhaltsleistungen, § 33a Abs. 1 S. 1 EStG

Der Abzug von Unterhaltsleistungen gem. § 33a Abs. 1 S. 1 EStG orientiert sich der Höhe nach am steuerlichen Existenzminimum. Mit der Anhebung des Grundfreibetrags für den VZ 2019 auf 9.168 € wird daher auch die Anhebung des Höchstbetrags für den Abzug von Unterhaltsleistungen für den VZ 2019 vorgenommen.

2.1.4 § 39b Abs. 2 S. 7 Halbs. 2 EStG

Durch die Regelung in § 39b Abs. 2 S. 7 Halbs. 2 EStG wird verhindert, dass beim LSt-Abzug nach den Steuerklassen V und VI in einzelnen Teilbereichen eine zu niedrige Durchschnittssteuer- bzw. eine zu hohe Grenzsteuerbelastung eintritt. Die Zahlenwerte hängen mit den Tarifeckwerten in § 32a EStG unmittelbar zusammen und werden für den LSt-Abzug in 2019 angepasst (Folgeänderung zur Tarifänderung).

2.1.5 Befreiung von der Pflicht zur Abgabe von Einkommensteuererklärung, § 46 Abs. 2 Nr. 3 und Nr. 4 EStG

Durch die Regelung werden Arbeitnehmer mit geringem Jahresarbeitslohn (für 2018: 11.400 € bzw. 21.650 €, wenn die Voraussetzungen für die Zusammenveranlagung vorliegen) von der Pflicht zur Abgabe einer ESt-Erklärung allein wegen einer zu hohen Mindestvorsorgepauschale befreit, da bei Arbeitnehmern mit den genannten Arbeitslöhnen die ESt regelmäßig 0 € beträgt.

Die Arbeitslohngrenzen für das Kalenderjahr 2019 ändern sich durch die Tarifänderungen in § 32a EStG geringfügig (Folgeänderung zur Tarifänderung). Die Änderungen traten parallel zur Tarifanpassung in § 32a EStG am 1.1.2019 in Kraft.

2.1.6 Zuschlagsteuern, § 51a Abs. 2a S. 1 EStG

Mit der Änderung werden Folgeänderungen im Zusammenhang mit der Erhöhung des Kinderfreibetrags vorgenommen.

Die Bemessungsgrundlage für die KiSt ist danach für Arbeitnehmer die LSt, die sich nach Berücksichtigung des von 4.788 € um 192 € auf 4.980 € erhöhten Kinderfreibetrags bzw. des entsprechenden Anteils ergibt.

2.1.7 Anwendungsvorschrift, § 52 Abs. 1 EStG

Die vorstehend ausgeführten Änderungen sind nach der allgemeinen Anwendungsregelung in § 52 Abs. 1 EStG in der am 1.1.2019 geltenden Fassung erstmals für den VZ 2019 und den LSt-Abzug 2019 anzuwenden. § 52 Abs. 1 EStG wird entsprechend fortgeschrieben.

2.1.8 Erhöhung des Kindergeldes

Um Familien in unteren und mittleren Einkommensbereichen steuerlich zu entlasten und zu fördern, wird das Kindergeld ab dem 1.7.2019 für jedes zu berücksichtigende Kind um 10 € monatlich erhöht (§§ 52 Abs. 49 S. 9, 66 EStG n. F.).

2.1.9 Weitere Änderung ab 2020

Der Kinderfreibetrag wird für den VZ 2020 erneut angehoben, um der zum 1.7.2019 vorgenommenen Kindergelderhöhung zu entsprechen, die sich im Jahr 2020 mit insgesamt 120 € pro Kind erstmals auf das gesamte Jahr auswirkt. Der Kinderfreibetrag wird für jeden Elternteil auf 2.586 € (insgesamt 5.172 €) erhöht.

Mit der Neufassung des § 32a Abs. 1 EStG wird der für den VZ 2020 geltende ESt-Tarif normiert. Dabei wird der steuerliche Grundfreibetrag entsprechend der voraussichtlichen Vorgaben des Existenzminimumberichts erhöht. Zudem werden die übrigen Eckwerte des ESt-Tarifs 2019 um 1,95 % (voraussichtliche Inflationsrate des Jahres 2019 – Basis: Aktuelle Frühjahrsprojektion der Bundesregierung) nach rechts verschoben.

Ab 2020 beträgt der Höchstbetrag für den Abzug von Unterhaltsleistungen 9.408 € (§ 33a Abs. 1 S. 1 EStG).

Da die Zahlenwerte der § 39b Abs. 2 S. 7 Halbs. 2 und § 46 Abs. 2 Nr. 3 und Nr. 4 EStG mit den Tarifeckwerten in § 32a EStG unmittelbar zusammenhängen, werden diese für das Kalenderjahr 2020 ebenso angepasst (Folgeänderung zur Tarifänderung).

Mit der Änderung in § 51a Abs. 2a S. 1 EStG werden die Folgeänderungen im Zusammenhang mit der Erhöhung des Kinderfreibetrags vorgenommen. Die Bemessungsgrundlage für die KiSt ist danach für Arbeitnehmer die LSt, die sich nach Berücksichtigung des auf 5.172 € erhöhten Kinderfreibetrags bzw. des entsprechenden Anteils ergibt.

Diese Folgeänderungen sind nach der allgemeinen Anwendungsregelung in § 52 Abs. 1 EStG in der am 1.1.2020 geltenden Fassung erstmals für den VZ 2020 und den LSt-Abzug 2020 anzuwenden.

2.2 Gesetz zur Vermeidung von Umsatzsteuerausfällen beim Handel mit Waren im Internet und zur Änderung weiterer steuerlicher Vorschriften (JStG 2018)

2.2.1 Einleitung

Mit dem vormals unter dem Arbeitstitel JStG 2018 in Gang gesetzten Vorhaben sollten zunächst die fachlich gebotenen und notwendigen Anpassungen an das EU-Recht und die Rspr. des EuGH erfolgen sowie Judikate des BVerfG und BFH umgesetzt werden. Wie so oft bediente sich der Gesetzgeber hierzu eines sog. Omnibusgesetzes.

Im Verlaufe des Gesetzgebungsvorhabens zeichnete sich weiterer gesetzgeberischer Handlungsbedarf ab, der sich vor allem auf die sog. digitale Wirtschaft konzentrierte und den Handel mit Waren über das Internet unter Nutzung von elektronischen Marktplätzen umsatzsteuerlich erfassen sollte. Zum Schutz vor Steuerausfällen und um die Wettbewerbsfähigkeit anderer Unternehmen sicherzustellen, soll vor allem der Handel mit Waren aus Drittländern einer besonderen umsatzsteuerlichen Erfassung unterworfen werden. Insoweit wurde das ursprüngliche Gesetzesvorhaben erheblich erweitert.

2.2.2 Änderungen bei Steuervergünstigungen

2.2.2.1 Nachverzinsung bei 6b-Rücklagen, § 6b Abs. 2a EStG

Inhalt der Regelung

§ 6b Abs. 2a EStG soll Reinvestitionen in der EU und im EWR erleichtern. Die auf den begünstigten Veräußerungsgewinn entfallende festgesetzte Steuer kann zinslos in fünf gleichen Jahresraten gezahlt werden.

Wird indes eine Reinvestition nicht oder in vollständig vorgenommen, fehlt es an einem Grund zur zinslosen Stundung. Insoweit wird § 6b Abs. 2a EStG um eine Verzinsungsregelung bei ganz oder teilweise ausbleibender Reinvestition ergänzt. Zinsen werden danach auf den Unterschiedsbetrag, der sich aus den Anschaffungs-/Herstellungskosten der angeschafften/hergestellten Wirtschaftsgüter und dem Gewinn nach § 6b Abs. 2 EStG ergibt, erhoben.

Zeitlicher Anwendungsbereich

Die Norm tritt gem. Art. 20 Abs. 2 JStG rückwirkend zum 1.1.2018 in Kraft und ist auf Gewinne anzuwenden, die in den nach dem 31.12.2017 beginnenden Wirtschaftsjahren entstanden sind (§ 52 Abs. 14 EStG).

2.2.2.2 Maßnahmen zur Förderung der Mobilität

Der Gesetzgeber rief verschiedene Lenkungsmaßnahmen auf den Plan, um i. S. d. Umweltschutzes und der Energiesenkung das Verhalten von Steuerpflichtigen zu beeinflussen und zu honorieren. Hierzu gehören die Erweiterung und Überarbeitung von Steuerbefreiungsvorschriften sowie Anpassungen bei der sog. Dienstwagenbesteuerung.

2.2.2.2.1 Nutzung des öffentlichen Personennahverkehrs, § 3 Nr. 15 EStG

Hintergrund und Zielsetzung

Nach bislang geltendem Recht gehören die seitens eines Arbeitgebers gewährten Zuschüsse oder Sachbezüge für Fahrten eines Arbeitnehmers

- zwischen Wohnung und erster Tätigkeitsstätte
- zu einem weiträumigen Tätigkeitsgebiet oder
- zu einem vom Arbeitgeber dauerhaft festgelegten Sammelpunkt

zum steuerpflichtigen Arbeitslohn. Mit dem Standortsicherungsgesetz (Gesetz vom 13.9.1993) war ab 1994 in § 3 Nr. 34 EStG a. F. eine Begünstigung bei Nutzung des öffentlichen Nahverkehrs vorhanden. Diese wurde jedoch im Zuge der Umsetzung von Einsparvorschlägen durch das Haushaltsbegleitgesetz 2004 gestrichen.

Nunmehr wird jene Begünstigung in § 3 Nr. 15 EStG wiederbelebt und zugleich auf private Fahrten im öffentlichen Personennahverkehr ausgeweitet. Damit soll lenkend in Verhaltensweisen eingegriffen und Arbeitnehmer verstärkt zur Nutzung öffentlicher Verkehrsmittel angehalten werden, um die Umwelt- und Verkehrsbelastung sowie den Energieverbrauch zu senken. Insoweit bedient sich der Gesetzgeber der gleichen Begründung wie im Standortsicherungsgesetz.[4]

---

[4] BT-Drs. 12/5016, S. 85.

Regelungsinhalt

Mit der Steuerbegünstigung für Arbeitgeberleistungen werden Sachbezüge in Form der unentgeltlichen oder verbilligten Zurverfügungstellung von Fahrausweisen, Zuschüsse des Arbeitgebers zum Erwerb von Fahrausweisen und Leistungen Dritter, die mit Rücksicht auf das Dienstverhältnis erbracht werden, begünstigt.

Die Vergünstigungen beziehen sich auf Leistungen, die im Linienverkehr abgewickelt werden, wobei der Luftverkehr ausgenommen ist. Nicht zum Linienverkehr gehört zudem die Nutzung von Taxen.

Begünstigt werden nur solche Leistungen, die seitens des Arbeitgebers zusätzlich zum Lohn bzw. Gehalt gezahlt werden, nicht jedoch solche, die durch Gehaltsumwandlungen eines ohnehin geschuldeten Arbeitslohns finanziert werden.

Um systemwidrige Überbegünstigungen gegenüber Arbeitnehmern zu verhindern, die Aufwendungen selbst aus ihrem versteuerten Einkommen bezahlen, werden die gewährten steuerfreien Leistungen auf die Entfernungspauschale angerechnet.

Zeitlicher Anwendungsbereich

Der neue § 3 Nr. 15 EStG tritt nach Art. 20 Abs. 3 des JStG 2018 zum 1.1.2019 in Kraft und ist somit ab dem VZ 2019 anzuwenden.

2.2.2.2.2 Nutzung von Fahrrädern, § 3 Nr. 37 EStG, § 9 Abs. 1 S. 3 Nr. 4 S. 2 EStG

Hintergrund und Zielsetzung

Durch die in § 3 Nr. 37 EStG geregelten Steuerbefreiung des geldwerten Vorteils aus Überlassungen eines betrieblichen Fahrrads vom Arbeitgeber an den Arbeitnehmer, soll umweltfreundliches Engagement honoriert werden. Zugleich stellt dies einen Beitrag zur Förderung der Elektromobilität und der umweltverträglichen Mobilität dar.

Regelungsinhalt

Als steuerfreie Arbeitgeberleistungen sind die zusätzlich zum ohnehin geschuldeten Arbeitslohn vom Arbeitgeber gewährte Vorteile für die Überlassung eines betrieblichen Fahrrads einzuordnen. Dies gilt ebenso für Elektrofahrräder, soweit diese nicht als Kfz einzustufen sind.

Anders als bei der Steuerbefreiungsnorm des § 3 Nr. 15 EStG soll keine Anrechnung dieser steuerfreien Leistungen, die auch die Privatnutzung des betrieblichen Fahrrads oder des Elektrofahrrads erfassen, auf die Entfernungspauschale erfolgen (§ 9 Abs. 1 S. 3 Nr. 4 S. 2 EStG). Zudem unterfallen die (arbeitgeberseitigen) Aufwendungen für die Zurverfügungstellung eines Fahrrads nicht der Abzugsbeschränkung nach § 3c Abs. 1 EStG.

Mit Blick auf die Bewertung des Nutzungsvorteils wurde in § 6 Abs. 1 Nr. 4 EStG ein neuer S. 6 eingefügt, sodass die Steuerbefreiung gem. § 3 Nr. 37 EStG auch im Rahmen der Gewinnermittlung angewendet wird. Insoweit bleibt eine Entnahme für die private Nutzung eines betrieblichen Fahrrads, das verkehrsrechtlich kein Kfz ist, bleibt außer Ansatz.

Wird indes ein Elektrofahrrad verkehrsrechtlich als Kfz eingeordnet, gelten für die Bewertung des geldwerten Vorteils die Regeln der Dienstwagenbesteuerung.

Zeitlicher Anwendungsbereich

Die Steuerbefreiung selbst ist nach der allgemeinen Anwendungsregelung (§ 52 Abs. 1 S. 1 EStG) gem. Art. 20 Abs. 3 des Gesetzes ab dem VZ 2019 anzuwenden.

Die Vergünstigung durch die Nichteinbeziehung der Privatentnahme gem. § 6 Abs. 1 Nr. 4 S. 6 EStG ist indes gem. § 52 Abs. 12 S. 1 EStG bis zum 31.12.2021 beschränkt. Gleiches gilt für die Steuervorteile, die nach Maßgabe des § 3 Nr. 37 EStG gewährt werden (§ 52 Abs. 4 S. 7 EStG).

2.2.2.3 Begünstigungen für Elektro- und Hybridelektrofahrzeuge, § 6 Abs. 1 Nr. 4 S. 2 und S. 3 EStG

Die steuerliche Förderung der sog. Elektromobilität findet sich bereits in § 6 Abs. 1 Nr. 4 S. 2 und S. 3 EStG. Anpassungen hierzu erfolgten in 2013 und 2015 mit Wirkung für die VZ 2014 und 2016. Nunmehr sind – zeitliche beschränkte – Weiterungen betreffend die Ermittlung des privaten Nutzungsvorteils von Elektro- bzw. Hybridfahrzeugen vorgesehen.

Hintergrund und Zielsetzung

Die private Nutzung eines betrieblichen Fahrzeugs stellt einen geldwerten Vorteil dar, der vom Arbeitnehmer zu versteuern ist. Dieser wird bekanntermaßen unter Anwendung der 1%-Regelung (§ 6 Abs. 1 Nr. 4 S. 2 EStG) oder abweichend davon mit der Führung eines Fahrtenbuchs (§ 6 Abs. 1 Nr. 4 S. 3 EStG) geltend gemacht.

In § 6 Abs. 1 Nr. 4 S. 2 Halbs. 2 EStG wurde durch das AmtshilfeRLUmsG vom 26.6.2013 für Elektro- und Hybridelektrofahrzeuge ein Abzug vom Listenpreis für die Anschaffungskosten des Batteriesystems pauschal nach der Kapazität des Batteriesystems vorgesehen. Die Erleichterung für Elektro- und Hybridelektrofahrzeuge wurde als eine wesentliche Maßnahme zur Reduktion des CO_2-Ausstoßes angesehen. Die Verbreitung solcher Kfz sollte daher durch den Ansatz des höheren Listenpreises nicht behindert werden, weil gerade Dienstwagenflotten ein wichtiges potenzielles Marktsegment für solche Elektrofahrzeuge darstellen. Die Änderung diente dem Abbau der zu dem Zeitpunkt bestehenden steuerlichen Wettbewerbsnachteile für die Kfz gegenüber vergleichbaren Kfz mit Verbrennungsmotor.[5]

Regelungsinhalt

Das AmtshilfeRLUmsG vom 26.6.2013 sah eine Erleichterung für Elektro- und Hybridelektrofahrzeuge vor, die vor dem 1.1.2023 angeschafft werden. Es werden nunmehr weitere Erleichterungen geschaffen.

- Neufassung der Bemessungsgrundlage für die private Nutzung

    Für nach dem 31.12.2018 und vor dem 1.1.2022 angeschaffte Elektro- und Hybridelektrofahrzeuge, die zu mehr als 50 % betrieblich genutzt werden, ist der zur Bemessung der Privatnutzung anzusetzende Listenpreis nur zur Hälfte anzusetzen (§ 6 Abs. 1 Nr. 4 S. 2 Nr. 2 EStG).

    Werden derartige Fahrzeuge nach dem 31.12.2021 bis zum 31.12.2023 angeschafft, bestimmt sich die Bemessungsgrundlage nach § 6 Abs. 1 Nr. 4 S. 2 Nr. 1 EStG. Danach werden die Kosten des Batteriesystems herausgerechnet und zwar um 500 €/kWh Batteriekapazität. Dieser Betrag mindert sich für in den Nach dem 31.12.2013 angeschaffte Fahrzeuge um 50 €/kWh Batteriekapazität, sodass Fahrzeuge, die nach dem 31.12.2013 angeschafft werden, keine Förderung mehr erhalten.

    Der max. Minderungsbetrag beträgt 10.000 €, der sich wiederum nach dem 31.12.2013 angeschaffte Fahrzeuge 500 € pro Folgejahr mindert.

---

[5] BT-Drs. 17/12375, S. 36.

- Fahrtenbuchregelung

Ungeachtet dieser Listenpreisanpassungen kann der Anteil der privaten Nutzung auch nach Maßgabe der Fahrtenbuchmethode bemessen werden (§ 6 Abs. 1 Nr. 4 S. 3 EStG), wobei die insoweit zu berücksichtigenden Aufwendungen ebenso um die Kosten des Batteriesystems zu mindern sind.

In zeitlicher Hinsicht wird die Begünstigung nach dem Zeitpunkt der Anschaffung gestaffelt. Bei Fahrzeugen, die

- vor dem 31.12.2013 angeschafft wurden, erfolgt eine vollständige Minderung der Batteriesystemkosten;
- nach dem 31.12.2018 und vor dem 1.1.2022 angeschafft werden, erfolgt eine hälftige Minderung der Batteriesystemkosten
- nach dem 31.12.2022 angeschafft werden, erfolgt keine Minderung mehr.

Zu beachten ist, dass bei extern aufladbaren Elektrofahrzeugen zusätzlich die besonderen Voraussetzungen des Elektromobilitätsgesetzes (EmoG) erfüllt sein müssen. D. h., das Fahrzeug muss entweder eine Kohlendioxidemission von höchstens 50 Gramm je gefahrenen Kilometer haben oder dessen Reichweite muss unter ausschließlicher Nutzung der elektrischen Antriebsmaschine mindestens 40 Kilometer betragen (§ 3 Abs. 2 Nr. 1 oder Nr. 2 EmoG).

Weitere Anwendungsbereiche

Die Änderungen wirken sich durch die Verweise des § 6 Abs. 1 Nr. 4 S. 2 oder S. 3 EStG auch aus bei

- der Ermittlung des Aufwands für Fahrten zwischen Wohnung und Betriebsstätte
- für Familienheimfahrten im Rahmen einer doppelten Haushaltsführung
- der Ermittlung des geldwerten Vorteils beim Dienstwagensachbezug.

Zeitlicher Anwendungsbereich

Die Änderungen traten nach dem Tag der Verkündung, also am 15.12.2018 in Kraft (Art. 20 Abs. 1 JStG 2018).

2.2.2.4 Maßnahmen zur Gesundheitsvorsorge und Pflege

2.2.2.4.1 Arbeitgeberleistungen zur Verhinderung von Krankheiten, § 3 Nr. 34 EStG

Inhalt der Neuregelung

Die Anpassung des § 3 Nr. 34 EStG, der die steuerfreien Arbeitgeberleistungen im Bereich der betrieblichen Gesundheitsförderung regelt, enthält noch einen Verweis auf die alten Regelungen der §§ 20 und 20a SGB V. Durch das Präventionsgesetz[6], mit welchen u. a. ein Zertifizierungsverfahren für die förderungswürdigen Maßnahmen zur individuellen, verhaltensbezogenen Prävention durch den Spitzenverband Bund der Krankenkassen eingeführt, ist nun eine Anpassung erforderlich Die vorliegende Änderung verweist nun zutreffend auf die §§ 20 und 20b SGB V.

Gesundheitsförderliche Maßnahmen in Betrieben müssen den vom Bund der Krankenkassen festgelegten Kriterien entsprechen sowie Maßnahmen zur verhaltensbezogenen Prävention er-

---

[6] Gesetz v. 17.7.2015, BGBl I 2015, S. 1368.

füllen. Diese Maßnahmen sind zu zertifizieren, damit sie unter die Steuerbefreiung des § 3 Nr. 34 EStG fallen.

Die Maßnahme darf EUR 500 im Kalenderjahr nicht übersteigen.

Zeitlicher Anwendungsbereich

Die Neuregelung ist nach Maßgabe des § 52 Abs. 4 S. 5 EStG erstmals für Sachbezüge maßgeblich, die nach dem 31.12.2019 gewährt werden.

2.2.2.4.2 Entlastungsbetrag in der Pflege (Pflegegrad 1), § 3 Nr. 36 S. 1 und S. 2 EStG

Inhalt der Neuregelung

Die Anpassung setzt die Anpassungen im Bereich der Pflege um. Bis zum 31.12.2016 wurden Pflegebedürftige einer von drei Pflegestufen (Pflegestufen 1 bis 3) zugewiesen. Bislang konnten alle Pflegebedürftigen das in § 3 Nr. 36 S. 1 EStG als Höchstgrenze in Bezug genommene Pflegegeld in Anspruch nehmen.

Die bisherigen drei Pflegestufen wurden zum 1.1.2017 durch fünf neue Pflegegrade abgelöst. Das Pflegegeld nach § 37 SGB XI können nur Pflegebedürftige mit den Pflegegraden 2 bis 5 beanspruchen. Pflegebedürftigen mit Pflegegrad 1 steht hingegen, neben z. B. dem Anspruch auf Pflegeberatung und dem Anspruch auf Versorgung mit Pflegehilfsmitteln als geldmäßiger Anspruch primär der Entlastungsbetrag[7] zu. Insoweit läuft die Bezugnahme auf die Höhe des Pflegegeldes als Höchstgrenze für die Steuerfreiheit der Einnahmen leer. Diese Regelungslücke wird geschlossen. Zukünftig sollen auch Pflegebedürftige mit Pflegegrad 1 den Entlastungsbetrag nach § 45b Abs. 1 S. 1 SGB XI erhalten von der Steuerbefreiung nach § 3 Nr. 6 S. 1 EStG erfasst werden können.

Erfasst werden sollen auch das Pflegegeld aus privaten Versicherungsverträgen und die Pauschalbeihilfe nach den Beihilfevorschriften für häusliche Pflege.

Zeitlicher Anwendungsbereich

Die Neuregelung trat am 15.12.2018 in Kraft (Art. 20 Abs. 1 JStG 2018) und kann damit im VZ 2018 noch angewendet werden.

2.2.2.4.3 Vorsorgeaufwendungen, § 10 Abs. 2 S. 1 Nr. 1 EStG

Hintergrund

Voraussetzung für den Sonderausgabenabzug von Vorsorgeaufwendungen i. S. d. § 10 Abs. 1 Nr. 1 und Nr. 3 sowie Nr. 3a EStG ist, dass sie nicht in „unmittelbarem wirtschaftlichen Zusammenhang" mit steuerfreien Einnahmen stehen.

Der EuGH stellte fest, dass dieses Sonderausgabenabzugsverbot in bestimmten Fällen unionsrechtswidrig ist.[8] Er hatte entschieden, dass die unionsrechtliche Arbeitnehmerfreizügigkeit dieser Regelung entgegensteht, nach der Altersvorsorgeaufwendungen und Krankenversicherungsbeiträge von in einem EU-Mitgliedstaat tätigen, aber in Deutschland wohnenden Arbeitnehmern, deren Arbeitslohn nach einem DBA von der inländischen Besteuerung freigestellt ist, vom Sonderausgabenabzug ausgenommen sind, während für vergleichbare Beiträge eines in Deutschland tätigen Arbeitnehmers zur deutschen Sozialversicherung dieser Abzug gestattet wird. Zwar bezog sich der Fall nur auf eine Tätigkeit für die öffentliche Verwaltung Aus der

---

[7] § 45b Abs. 1 S. 1 SGB XI i. V. m. § 28a Abs. 2 SGB XI.
[8] EuGH, Urteil v. 22.6.2017, C–20/16, *Bechtel*, BStBl II 2017, S. 1271.

Urteilsbegründung wird aber deutlich, dass die rechtliche Natur des Beschäftigungsverhältnisses kaum entscheidend sein dürfte. Insoweit setzt die nunmehrige Änderung diese Entscheidung um.

Regelungsinhalt

Die Norm sieht nun vor, dass die der Sonderausgabenabzug möglich ist, soweit die Vorsorgeaufwendungen mit Einnahmen im unmittelbaren Zusammenhang mit einer nicht selbstständigen Tätigkeit, die in einem EU- oder EWR-Staat ausgeübt wird, stehen. Die Einnahmen müssen nach Maßgabe eines DBA im Inland steuerfrei sein und der Beschäftigungsstaat darf diese Aufwendungen im Rahmen der Besteuerung der Einnahmen nicht berücksichtigen.

Zeitliche Anwendung

Die Norm tritt zum 15.12.2018 in Kraft (Art. 20 Abs. 1 JStG 2018). Die Änderungen sind auf alle offenen Fälle anzuwenden (§ 52 Abs. 18 S. 4 EStG).

2.2.2.5 Sonstige Befreiungen und Entlastungsmaßnahmen

Das JStG 2018 sieht weitere Steuervergünstigungen vor.

2.2.2.5.1 Übungsleiterfreibetrag, § 3 Nr. 26 und Nr. 26a EStG

Inhalt der Neuregelung

Hier erfolgt eine Ausweitung des Gebiets, aus dem Einnahmen erzielt werden können, die der Steuerbefreiung unterfallen. Neben der EU und des EWR wird auch explizit die Schweiz genannt.

Mit der Änderung wird zukünftig der Übungsleiterfreibetrag auch für nebenberufliche bzw. ehrenamtliche Tätigkeiten im Dienst oder im Auftrag einer juristischen Person des öffentlichen Rechts gewährt, die in der Schweiz belegen ist. Diese Änderung dient der Umsetzung der EuGH-Entscheidung vom 21.9.2016 in der Rs. C–478/15.

Zeitlicher Anwendungsbereich

Die Neuregelung trat am 15.12.2018 in Kraft (Art. 20 Abs. 1 JStG) und gilt in allen noch offenen Fällen (§ 52 Abs. 4 S. 5 EStG).

2.2.2.5.2 Anwendungsregeln zum Sanierungsgewinn, §§ 3a, 3c EStG i. V. m. § 52 Abs. 4a S. 3 EStG

In § 52 Abs. 4a EStG wird die Anwendung der Steuerbefreiung für Sanierungserträge gem. § 3a EStG erweitert. Die Norm ist auf Antrag des Steuerpflichtigen auch in den Fällen anzuwenden, in denen der Schuldenerlass vor dem 9.2.2017 stattgefunden hat. Damit erfasst sind nunmehr auch die sog. Altfälle, sodass dem betroffenen Steuerpflichtigen auch in Altfällen ausreichende Rechtssicherheit und die Eröffnung des Rechtswegs bei Inanspruchnahme eines begünstigten Sanierungsertrags durch die Finanzverwaltung gegeben ist.

Zudem wird durch die Ergänzung von § 52 Abs. 4a S. 5 EStG sichergestellt, dass auch in den Fällen, in denen der Steuerpflichtige die Steuerbefreiung des § 3a EStG in Anspruch genommen hat, das Betriebsausgabenabzugsverbot nach § 3c Abs. 4 EStG greift.

Die rückwirkende Anwendung gilt auch

- für die KSt (§ 34 Abs. 3b KStG) und dort die entsprechenden Einzelregelungen gem.
  - § 8 Abs. 8 S. 6 KStG
  - § 8 Abs. 9 S. 9 KStG
  - § 8c Abs. 2 KStG
  - § 8d Abs. 1, S. 9 KStG
  - § 15 S. 1 Nr. 1a KStG und
- die GewSt (§ 36 Abs. 2b GewStG i. V. m. § 7b GewStG).

2.2.3 Änderungen bei der beschränkten Steuerpflicht

2.2.3.1 Veräußerung von Immobilien-Kapitalgesellschaften, § 49 Abs. 1 Nr. 2 Buchst. e Doppelbuchst. cc EStG

2.2.3.1.1 Hintergrund und Zielsetzung

Hintergrund der Neuregelung ist, dass Deutschland in vielen DBA eine Regelung entsprechend Art. 13 Abs. 4 OECD-MA 2014 vereinbart hat, wonach bestimmte Veräußerungsgewinne aus Anteilen an Kapitalgesellschaften im Belegenheitsstaat des unbeweglichen Vermögens besteuert werden können. Teilweise hat Deutschland auch bereits eine Regelung, die die Änderungsvorgaben des Multilateralen Instruments berücksichtigt, welche auch in die geänderte Fassung von Art. 13 Abs. 4 OECD-MA 2017 übernommen wurden, vereinbart.

Deutschland konnte dieses Besteuerungsrecht in Ermangelung eines Besteuerungstatbestands in § 49 EStG nur dann wahrnehmen, wenn die Voraussetzungen von § 49 Abs. 1 Nr. 2 Buchst. e Doppelbuchst. aa EStG vorlagen, also Anteile i. S. d. § 17 EStG an einer Kapitalgesellschaft gegeben waren, die ihren Sitz oder ihre Geschäftsleitung im Inland hat.

2.2.3.1.2 Regelungsinhalt

Anteile an ausländischer Immobilien-Kapitalgesellschaft

Eine beschränkte Steuerpflicht tritt nunmehr bei Erfüllung der Voraussetzungen auch dann ein, wenn es sich um nicht eine im Inland ansässige Kapitalgesellschaft handelt. Die beschränkte Steuerpflicht ist nunmehr auch gegeben, wenn Anteile i. S. v. § 17 EStG an einer im Ausland ansässigen ausländischen Kapitalgesellschaft veräußert werden. Die Neuregelung soll allerdings nachrangig zu § 49 Abs. 1 Nr. 2 Buchst. e Doppelbuchst. aa EStG zur Anwendung gelangen.

Auf einer Erfassung von Gewinnen aus der Veräußerung von Beteiligungen unter 1 % wurde, entgegen der ursprünglichen Absicht nicht aufgenommen.

Grundbesitzbezogener Beobachtungszeitraum

Der Anteilswert der Kapitalgesellschaft muss sich zu irgendeinem Zeitpunkt innerhalb eines Beobachtungszeitraums von 365 Tagen vor der Veräußerung unmittelbar oder mittelbar zu mehr als 50 % auf inländisches unbewegliches Vermögen beziehen.

Ermittlung der Immobilienquote

Voraussetzung für die beschränkte Steuerpflicht der Veräußerungsgewinne ist, dass der Anteilswert der veräußerten Anteile unmittelbar oder mittelbar zu mehr als 50 % auf inländischen unbeweglichen Vermögen beruht. Für die Ermittlung der Quote sind die aktiven Wirtschaftsgüter des Betriebsvermögens mit den Buchwerten, die zu diesem Zeitpunkt anzusetzen gewesen wären, zugrundezulegen. Passive Wirtschaftsgüter, z. B. Schulden, bleiben außer Ansatz.

Nach der Gesetzesbegründung[9] soll in dem Fall, dass die veräußerten Anteile zumindest auch aufgrund mittelbarer Beteiligung die 50%-Grenze überschreiten, eine konsolidierte Betrachtung der aktiven Wirtschaftsgüter der unmittelbar und mittelbar am inländischen unbeweglichen Vermögen beteiligten Gesellschaften erfolgen. Welche Buchwerte hier bei der Bewertung des ausländischen Betriebsvermögens zu berücksichtigen sind (die nach ausländischem Steuerrecht angesetzten oder fiktive nach inländischem Steuerrecht ermittelte), ergibt sich indes weder aus dem vorgesehenen Gesetzeswortlaut noch aus der Gesetzesbegründung.

Zurechnung der Anteile

Das Tatbestandsmerkmal, dass die Anteile dem Veräußerer zum Zeitpunkt des Überschreitens der 50%-Grenze zuzurechnen waren, soll (wohl) sicherstellen, dass der einjährige Beobachtungszeitraum nicht auch Zeiträume umfasst, in denen der Veräußerer gar nicht beteiligt war und somit keinen Einfluss auf die Vermögenszusammensetzung der veräußerten Kapitalgesellschaft hatte.

Nicht erforderlich soll es sein, dass der Veräußerer zu diesem Zeitpunkt auch zu mindestens einem Prozent an der Kapitalgesellschaft beteiligt war, also die Voraussetzungen des § 17 EStG erfüllt waren. Diese Voraussetzung muss vielmehr im Veräußerungszeitpunkt erfüllt sein.

Ist eine Kapitalgesellschaft Veräußerer der Anteile dürfte die beschränkte Steuerpflicht nach § 49 Abs. 1 Nr. 2 Buchst. e Doppelbuchst. cc EStG in vielen Fällen vor dem Hintergrund der BFH-Entscheidung 31.5.2017[10] ins Leere laufen. Danach hatte der BFH entscheiden, dass das Einkommen einer ausländischen, im Inland nur beschränkt steuerpflichtigen Kapitalgesellschaft nach Maßgabe des § 8b Abs. 3 S. 1 KStG nicht zu erhöhen ist. Es sind keine pauschalierten, nicht abziehbaren Betriebsausgaben dem Einkommen hinzuzurechnen, wenn diese ausländische Kapitalgesellschaft keine inländische Betriebsstätte hat. Die Finanzverwaltung, gegen die sich der BFH ausdrücklich wandte, hat das Urteil anerkannt.

Problempunkt Entstrickung

Fraglich ist, ob nach einem Absinken der Quote des inländischen Grundbesitzes unter die 50 %-Grenze der Ablauf der 365-Tage-Frist in bestimmten Fällen zu einer Entstrickungsbesteuerung aufgrund des Ausschlusses oder der Beschränkung des Besteuerungsrechts Deutschlands hinsichtlich des Gewinns aus der Veräußerung der Anteile führen kann.

■ Natürliche Personen als Anteilseigner

Eine Anwendung der Entnahmefiktion nach § 4 Abs. 1 S. 3 EStG bei einer natürlichen Person als Anteilseigner sollte ausscheiden, da § 49 Abs. 1 Nr. 2 Buchst. e Doppelbuchst. cc EStG an die Voraussetzungen des § 17 EStG anknüpft. Es wird damit kein inländisches Betriebsvermögen, anders als § 49 Abs. 1 Nr. 2 Buchst. f S. 2 EStG fingiert.[11] In der Literatur wird dies z. T. anders gesehen und auf die Anwendung von § 6 Abs. 1 S. 2 Nr. 4 AStG verwiesen, wonach § 17 EStG aufgrund eines Ausschlusses oder einer Beschränkung des Besteuerungsrechts Deutschlands ohne tatsächliche Veräußerung in Betracht kommt und eine Anwendung der Ersatztatbestände des § 6 Abs. 1 S. 2 AStG auch bei beschränkter Steuerpflicht denkbar wäre.[12] Voraussetzung für die Anwendung dieser

---

[9] BR-Drs. 372/18, S. 50.
[10] BFH, Urteil v. 31.5.2017, I R 37/15, BStBl II 2018, S. 144.
[11] BFH, Urteil v. 7.12.2016, I R 76/14, BFH/NV 2017, S. 847.
[12] *Meier*, ISR 2018, S. 347, S. 353 f.

Vorschrift ist allerdings, dass (irgendwann) zuvor für 10 Jahre eine unbeschränkte Steuerpflicht in Deutschland bestanden hat. Eine Anwendung käme daher nur in einem sehr begrenzten Fällen in Betracht.

- **Kapitalgesellschaften als Anteilseigner**

    Bei einer Kapitalgesellschaft als Anteilseigner könnte § 12 Abs. 1 KStG zu einer Entstrickungsbesteuerung führen. Die beschränkte Steuerpflicht läuft aber derzeit ins Leere, wenn Veräußerer der Anteile eine Kapitalgesellschaft ist.[13] Ausgenommen davon sind die unter den Anwendungsbereich des § 8b Abs. 7, 8 KStG fallenden Steuersubjekte, da bei beschränkter Steuerpflicht die Fiktion nichtabziehbarer Betriebsausgaben nach § 8b Abs. 3 KStG nicht anwendbar ist.

- **Ausschluss oder Beschränkung des Besteuerungsrechts**

    Ob ein Ausschluss oder eine Beschränkung des Besteuerungsrechts im Falle einer sog. passiven Entstrickung (z. B. Abschluss und erstmalige Anwendung eines DBA) vorliegen kann, ist äußerst umstritten.

    Die Finanzverwaltung bejaht dies.[14] In der Literatur wird diese Frage kritisch diskutiert.[15] Es ist daher sehr zweifelhaft, ob das Absinken der Immobilienquote durch (z. B. Veräußerungs-)Handlungen der Gesellschaft oder nachgeordneter Gesellschaften zu einer Entstrickungsbesteuerung im Hinblick auf die Anteile auf Ebene des Gesellschafters führen kann. Im Hinblick auf den Ablauf der 365-Tage-Frist nach einem Absinken der Immobilienquote gilt dies umso mehr, da der „Beobachtungszeitraum" gerade eine Frist definiert, innerhalb derer es (noch) zu einer Besteuerung kommen soll. Eine Schlussbesteuerung bei Ablauf dieser Frist würde diesem Zweck zuwiderlaufen.

    Sollte das Absinken der Immobilienquote auf Ebene der Gesellschaft zu einer Entstrickungsbesteuerung beim Gesellschafter führen können, könnte ein Ausschluss oder eine Beschränkung des Besteuerungsrechts Deutschlands nach § 12 Abs. 1 KStG oder § 6 Abs. 1 S. 2 Nr. 4 AStG z. B. dann gegeben sein, wenn Deutschland aufgrund des anwendbaren DBAs den Gewinn aus der Veräußerung von Anteilen unmittelbar nach dem Absinken der Immobilienquote unter eine bestimmte Grenze nicht mehr besteuern darf, während die Voraussetzungen für eine beschränkte Steuerpflicht nach § 49 Abs. 1 Nr. 2 Buchst. e Doppelbuchst. cc EStG z. B. aufgrund des Beobachtungszeitraums von 365 Tagen (noch) erfüllt bleiben.

    Ist kein DBA anwendbar, ist fraglich, ob die Voraussetzung des Ausschlusses oder Beschränkung des Besteuerungsrechts Deutschlands nach § 12 Abs. 1 KStG oder § 6 Abs. 1 S. 2 Nr. 4 AStG erfüllt sein können, wenn lediglich die innerstaatlichen Voraussetzungen der beschränkten Steuerpflicht entfallen. Zumindest die Gesetzesbegründung geht davon aus, dass der Tatbestand des § 12 Abs. 1 KStG auch bei Beendigung der Steuerpflicht erfüllt sein kann.[16] Dagegen lässt sich auch vertreten, dass der Begriff des Besteuerungsrechts ausschließlich das völkerrechtliche bzw. nach DBA verbleibende Recht eines Staates, bestimmte Sachverhalte der eigenen Steuergewalt zu unterwerfen, umfasst.[17] Ein Ausschluss oder eine Beschränkung des Besteuerungsrechtes kann nach dieser Auffassung nur gegeben sein, wenn das Besteuerungsrecht nach dem jeweilig anwendbaren DBA eingeschränkt wird. Die Beendigung der beschränkten Steuerpflicht führt dann gerade nicht zu einem Ausschluss oder der Beschränkung des Besteuerungsrechts.

---

[13] BFH, Urteil v. 31.5.2017, I R 37/15, BStBl II 2018, S. 144.
[14] BMF, Schreiben v. 26.10.2018, IV B 5 – S 1348/07/10002 – 01, DStR 2018, S. 2339.
[15] Vgl. z. B. *Bode*, in Kirchhof, 17. Aufl., EStG, § 4 EStG, Rn. 107.
[16] BT-Drs. 16/2710, S. 31; so auch *Pfirrmann*, in Blümich, EStG/KStG/GewStG, § 12 KStG, Rn. 41; *Mössner*, in Mössner/Seeger, § 12 KStG, Rn. 169 und Rn. 188, *Benecke/Staats*, in D/P/M, § 12 KStG, Rn. 349.
[17] So *Pohl*, in Blümich, AStG, § 6 AStG, Rn. 55 ff.; gl. A. wohl *Loschelder*, in Schmidt, EStG, § 4 EStG, Rn. 331.

Ob die Voraussetzung des Ausschlusses oder der Beschränkung des Besteuerungsrechts erfüllt sein könnte, wenn gleichzeitig die Voraussetzungen der beschränkten Steuerpflicht aufgrund des Ablaufs des Beobachtungszeitraums von 365 Tagen nicht mehr erfüllt sind und das Besteuerungsrecht nach dem anwendbaren DBA entfällt, weil das DBA eine § 49 Abs. 1 Nr. 2 Buchst. e Doppelbuchst. cc EStG entsprechende Regelung enthält, ist fraglich. In diesem Fall ist zwar ein Ausschluss des Besteuerungsrechts gegeben, allerdings bezieht sich dieser auf zukünftige Veräußerungsgewinne, für die bereits kein innerstaatlicher Besteuerungstatbestand mehr gegeben wäre.

- **Wertansatz bei Verstrickung**

Maßgeblich für die Ermittlung des Veräußerungsgewinns nach § 49 Abs. 1 Nr. 2 Buchst. e Doppelbuchst. cc EStG i. V. m. § 17 Abs. 2 EStG sind immer der Veräußerungspreis und die tatsächlichen Anschaffungskosten für die Anteile. Über die Einschränkung aufgrund der Anwendungsregelung auf Wertänderungen, die nach dem 31.12.2018 entstanden sind, hinaus (siehe dazu gesonderte Ausführungen oben), gibt es keine Grundlage für den Ansatz höherer fingierter „Anschaffungskosten" aufgrund einer Verstrickung der Anteile z. B. beim Überschreiten der 50%-Grenze für inländischen Grundbesitz.

2.2.3.1.3 Zeitlicher Anwendungsbereich

Die Vorschriften sind erstmals auf Veräußerungen nach dem 31.12.2018 anzuwenden und nur soweit den Gewinnen nach dem 31.12.2018 eingetretene Wertänderungen zugrunde liegen (§ 52 Abs. 45a S. 1 EStG). Die Anwendungsregelung führt dazu, dass im ersten Schritt der Veräußerungsgewinn (oder -verlust) nach den Vorschriften des § 17 EStG zu ermitteln ist, d. h. der Veräußerungsgewinn ermittelt sich aus der Differenz zwischen Veräußerungspreis und (tatsächlichen) Anschaffungskosten[18], abzüglich der Veräußerungskosten (§ 17 Abs. 2 S. 1 EStG).

Übersteigt der Veräußerungsgewinn die Wertänderung, die nach dem 31.12.2018 entstanden ist, ist nur die Wertänderung nach diesem Datum steuerpflichtig. Gleiches sollte umgekehrt für einen Veräußerungsverlust gelten, der die Wertänderung, die nach dem 31.12.2018 entstanden ist, übersteigt. Übersteigt dagegen die Wertänderung nach dem 31.12.2018 den tatsächlichen Veräußerungsgewinn oder -verlust, unterliegt nur der tatsächlich erzielte Veräußerungsgewinn oder -verlust der Steuerpflicht.

Dies soll folgendes Beispiel verdeutlichen:

Beispiel

Veräußerungspreis 30.6.2019	300	300	100	150
./. Anschaffungskosten 1.7.2018	100	200	300	200
Wert am 1.1.2019	150	150	150	300
= Veräußerungsgewinn	200	100	./. 200	./. 50
Wertänderungen nach dem 31.12.2018	150	150	./. 50	./. 150
Steuerpflichtig	150	100	./. 50	./. 50

---

[18] Zum Ansatz der historischen Anschaffungskosten im Fall des Überschreitens der 1%-Grenze des § 17 EStG durch Hinzuerwerb im Erbfall vgl. BFH, Beschluss v. 23.1.2003, VIII B 121/01, BFH/NV 2003, S. 767.

2.2.3.2 Veräußerung von Wirtschaftsgütern, § 49 Abs. 1 Nr. 2 Buchst. f Doppelbuchst. bb EStG

2.2.3.2.1 Hintergrund und Zielsetzung

§ 49 Abs. 1 Nr. 2 Buchst. f EStG setzt weder das Vorliegen einer Betriebsstätte voraus, noch wird eine Betriebsstätte fingiert. Davon zu unterscheiden ist die Frage, nach der Qualifizierung von Wirtschaftsgütern als Betriebsvermögen. Nach dem Quellenprinzip sind nur diejenigen Wirtschaftsgüter als Bestandteil des inländischen Betriebsvermögens zu qualifizieren, die in wirtschaftlichem Zusammenhang mit inländischen Einkunftsquellen stehen.[19] Auf das Vorliegen einer Betriebsstätte kommt es nicht an. Wirtschaftsgüter, die ausschließlich und unmittelbar für eigenbetriebliche Zwecke des Steuerpflichtigen genutzt werden oder dazu bestimmt sind, sind notwendiges Betriebsvermögen.[20]

Der BFH hat entschieden, dass der gläubigerseitige Verzicht auf die Rückzahlung eines Darlehens nicht zu inländischen Einkünften des Darlehensnehmers i. S. führt, auch wenn die zuvor mit diesem Darlehen finanzierte Immobilie der Erzielung von Einkünften diente. Damit wurde das Vorliegen von Betriebsvermögen verneint. Dem tritt die Gesetzesänderung entgegen, da anderenfalls Grundstücksinvestitionen ausländischer Gesellschaften gegenüber Investitionen inländischer Gesellschaften begünstigt werden würden. Denn der Ertrag aus dem gläubigerseitigen Verzicht auf die Darlehensforderung würde nicht steuerlich nicht erfasst werden.

2.2.3.2.2 Regelungsinhalt

Mit der Ergänzung des § 49 Abs. 1 Nr. 2 EStG werden Wertveränderungen von Wirtschaftsgütern, die mit dem inländischen unbeweglichen Vermögen in wirtschaftlichem Zusammenhang stehen, ebenfalls von § 49 Abs. 1 Nr. 2 Buchst. f Doppelbuchst. bb EStG erfasst. Eine solche Wertveränderung soll auch den Wegfall des Darlehens erfassen.[21]

Offen ist, was mit dem Terminus „Wertveränderungen" gemeint ist, z. B. ob auch Änderungen einer Bewertung, z. B. bei Ab- oder Aufzinsungen oder Ansatzvorbehalte wie z. B. § 5 Abs. 2a EStG erfasst sein sollen. Gleichermaßen offen ist, ob unter der Geltung eines DBA ein deutsches Besteuerungsrecht an diesen „Wertveränderungen" überhaupt besteht.

2.2.3.2.3 Zeitlicher Anwendungsbereich

Die Regelungen traten zum 1.1.2019 in Kraft (Art. 20. Abs. 3 JStG) und gelten nach § 52 Abs. 45a S. 1 EStG erstmals für Wertänderungen, die nach dem 31.12.2018 eintreten.

2.2.3.3 Erweiterung der Auslandeinkünfte, § 34d Nr. 4 EStG

Infolge der Erweiterungen der beschränkten Steuerpflicht sowohl für die Veräußerungsgewinne aus Immobilien-Kapitalgesellschaften als auch für Wertveränderungen bei Veräußerungen von Wirtschaftsgütern i. S. d. § 49 Abs. 1 Nr. 2 Buchst. f EStG wird § 34d EStG für Zwecke der Anrechnung ausländischer Steuern nach § 34c EStG auch für Sachverhalte nachvollzogen, in denen kein DBA besteht.

Die Norm ist entsprechend der Anwendungsregelung des § 52 Abs. 34b EStG im Gleichlauf mit der Anwendung der Erweiterungen nach § 49 EStG anzuwenden.

---

[19] So BFH, Beschluss v. 4.7.1990, GrS 2 – 3/88, BStBl II 1990, S. 817.
[20] Vgl. auch R 4.2 Abs. 1 EStR 2012.
[21] BT-Drs. 19/4858, 2; zu Ziff. 10.

2.2.4 Änderungen beim Quellensteuerabzug

2.2.4.1 Hintergrund und Zielsetzung

Der Gesetzgeber ergreift weitere Maßnahmen im Bereich des Quellensteuerabzugs bei der KapErtrSt gegen Cum/Ex und Cum/Cum-Gestaltungen. Ziel der Neuregelungen ist es, einerseits die Erzielung nicht dem Steuerabzug unterliegender Kapitalerträge im Rahmen von sog. Cum/Cum-Geschäften durch Einschaltung steuerbegünstigter Körperschaften zu unterbinden. Und andererseits klarzustellen, dass neben der Erstattung auch die Anrechnung von KapErtrSt ausgeschlossen ist, sofern die Dividende an einen anderen als den Anteilseigner ausgezahlt wird. Damit sollen Gestaltungen verhindert werden, bei denen über die Abtrennung von Dividendenscheinen die Beschränkung der Anrechnungsvoraussetzungen nach § 36a EStG umgangen wird.

2.2.4.2 Beschränkungen bei steuerbegünstigten Anlegern, § 44a Abs. 10 S. 1 Nr. 3 und 44b Abs. 2 EStG

Regelungsinhalt

Die Norm des § 44a EStG regelt den KapErtrSt-Abzug. Die Norm des § 44b EStG die Erstattung der einbehaltenen KapErtrSt. Steuerbegünstigte Anleger, also gemeinnützig tätige KSt-Subjekte, (§§ 52 bis 54 AO), die insoweit auch von der KSt befreit sind (§ 5 Abs. 1 Nr. 9 KStG) erfahren hinsichtlich der Abstandnahme vom Steuerabzug bei Dividendenerträgen aus der Girosammelverwahrung und hinsichtlich der Erstattung abgeführter KapErtrSt Einschränkungen. Damit soll dem Umstand Rechnung getragen werden, dass diesen Anlegern die Dividendenerträge nur dann steuerlich unbelastet zufließen sollen, wenn keine Cum/Cum-Gestaltungen vorliegen.

- **Begrenzung der Abstandnahme vom Kapitalertragsteuerabzug**

  Der Abzug der KapErtrSt wird auf 2/5 der KapErtrSt begrenzt, soweit die Erträge 20.000 € übersteigen und der Gläubiger nicht seit mindestens einem Jahr ununterbrochen wirtschaftlicher Eigentümer der Aktien oder Genussscheine ist. Übersteigen die Dividendenerträge 20.000 €, wird i. H. v. 3/5 des KapErtrSt-Satzes von 25 % die KapErtrSt einbehalten. Das entspricht dem inländischen KSt-Satz von 15 %.

- **Begrenzung der Erstattung**

  Nach § 44b Abs. 2 wird die gem. § 44a Abs. 10 S. 1 Nr. 3 EStG einbehaltene KapErtrSt bei steuerbegünstigten Anlegern i. S. d. § 44a Abs. 7 S. 1 Nr. 1 EStG auf Antrag nur erstattet, wenn die Voraussetzungen für eine volle Anrechnung der KapErtrSt nach § 36a EStG erfüllt werden. Er muss also u. a. wirtschaftliches Eigentum während der Mindesthaltedauer von 45 Tagen und Tragen des Mindestwertrisikos erfüllen.

  Zuständig für die Erstattung ist das FA, in dessen Bezirk sich die Geschäftsleitung oder der Sitz des steuerbegünstigten Gläubigers befindet (§ 44b Abs. 2 EStG).

2.2.4.3 Erstattung und Anrechnung der Kapitalertragsteuer, § 45 S. 1, 2 EStG

2.2.4.3.1 Hintergrund

Nach dem bisherigen Wortlaut des Gesetzes ist es unklar, ob bei der Erstattung der KapErtrSt an den Erwerber des Dividendenscheines die beschränkte Anrechnung der KapErtrSt nach § 36a EStG zu berücksichtigen ist. Dagegen spricht die alleinige Anknüpfung an § 20 Abs. 2 S. 1 Nr. 2 Buchst. a EStG. Nach der Systematik des Gesetzes sind aber die Beteiligungseinnahmen gem. § 20 Abs. 5 EStG dem Anteilseigner zuzurechnen und § 36a EStG macht beim Anteilseigner die Anrechenbarkeit der KapErtrSt u. a. von der Einhaltung einer Mindesthaltedauer und der Tragung eines Mindestwertänderungsrisikos aus den Kapitalerträgen zugrunde liegenden Anteilen abhängig.

Da der Erwerber eines Dividendenscheins gar keine Anteile hat und er selbst lediglich die Forderung des Anteilseigners einzieht, ist es ihm selbst unmöglich, diese Voraussetzungen zu erfüllen. Würde nunmehr § 36a EStG beim Erwerber des Dividendenscheins keine Berücksichtigung finden, entstünde allerdings die Gefahr, dass über das Erstattungsverfahren die Regelungen zur beschränkten Anrechenbarkeit der KapErtrSt unterlaufen werden.

2.2.4.3.2 Regelungsinhalt

Daher wird die Anrechnung oder Erstattung der KapErtrSt beim Erwerber eines Dividendenscheins auf einen Betrag von max. 2/5 begrenzt, auch wenn bei der vorhergehenden Veräußerung des Dividendenscheins eine Besteuerung erfolgt ist. Damit wird auch bei diesen Fallgestaltungen entsprechend der Bestimmungen des § 36a EStG gewährleistet, dass auf die Dividendenzahlungen 15 % KapErtrSt einbehalten wird.

2.2.4.3.3 Zeitlicher Anwendungsbereich

Die Änderungen für steuerbegünstigte Anleger nach § 44a und § 44b EStG traten gem. Art. 20 Abs. 3 JStG zum 1.1.2019 in Kraft und gelten nach der allgemeinen Anwendungsregelung in § 52 Abs. 1 EStG in der am 1.1.2019 geltenden Fassung erstmals für nach dem 31.12.2018 zufließende Kapitalerträge.

Die Änderung des § 45 EStG tritt gem. Art. 20 Abs. 1 JStG nach der Verkündung in Kraft und ist damit nach der allgemeinen Anwendungsregelung in § 52 Abs. 1 EStG in der am 1.1.2018 geltenden Fassung für den VZ 2018 anzuwenden.

2.2.5 Änderungen in der Körperschaftsteuer

2.2.5.1 Neufassung der Verlustbeschränkung, §§ 8c, 34 Abs. 6 KStG

2.2.5.1.1 Verfassungswidrigkeit der Verlustabzugsbeschränkung

Das BVerfG hat entschieden, dass der Verlustabzug bei Kapitalgesellschaften nach § 8c S. 1 KStG a. F. bzw. § 8c Abs. 1 S. 1 KStG (Anteilseignerwechsel zwischen 25 % bis 50 %) verfassungswidrig ist.[22] Dabei gab das BVerfG dem Gesetzgeber auf, den Verfassungsverstoß bis zum 31.12.2018 rückwirkend für die Zeit ab dessen Inkrafttreten (1.1.2008) bis 31.12.2015 zu beseitigen, anderenfalls ab dem 1.1.2019 im Umfang der festgestellten Unvereinbarkeit die rückwirkende Nichtigkeit der Norm eintritt. Die Übertragung von bis zu 50 % der Anteile biete keine Rechtfertigung dafür, entweder von einem typischen Missbrauchsfall i. S. einer sog. Mantelkaufgestaltung oder von einem typischen Fall der Änderung der wirtschaftlichen Identität der Verlustkörperschaft ausgehen.

Indes hat das BVerfG ausdrücklich nur unmittelbare Anteilsübertragung an einer Kapitalgesellschaft vor dem 1.1.2016 und damit vor der erstmaligen Anwendung des § 8d KStG als mit dem GG unvereinbar eingestuft. Eine Entscheidung zur Übertragung von mehr 50 % der

---

[22] Beschluss v. 29.3.2017, 2 BvL 6/11, BGBl I 2017, S. 1289.

Anteile hat es ausdrücklich offengelassen. Insofern verfolgt der Gesetzgeber hier weiterhin seine Linie und tritt damit auch der Vorlagefrage des FG Hamburg an das BVerfG[23] entgegen.

2.2.5.1.2 Regelungsinhalt

Die Norm des § 8c KStG wird dahingehend neu gefasst, dass die bisherige Regelung zur Anteilsübertragung von bis zu 50 % der Anteile ersatzlos aufgehoben. Damit sieht das KStG nur noch eine Verlustversagung bei Übertragungen und Erwerben von mehr als 50 % vor.

- **Keine Fortgeltung des bisherigen § 8c Abs. 1 S. 1 KStG**

    Nach der Anwendungsregelung des § 34 Abs. 6 S. 1 KStG wird in Umsetzung der Vorgaben des BVerfG § 8c S. 1 KStG a. F. bzw. § 8c Abs. 1 S. 1 KStG für den Zeitraum 2008 bis 2015 ersatzlos aufgehoben. Dadurch darf § 8c Abs. 1 S. 1 KStG praktisch erst auf schädliche Beteiligungserwerbe anzuwenden, die nach dem 31.12.2015 stattgefunden haben. Dies gilt für sämtliche schädliche Beteiligungserwerbe unabhängig davon, welche Beteiligungsform zugrunde lag und ob der schädliche Beteiligungserwerb sich als unmittelbar oder mittelbar darstellt. Gleichwohl können Beteiligungserwerbe, die vor dem 1.1.2016 erfolgt sind, Zählerwerbe für Zwecke der Norm darstellen.

- **Handlungsnotwendigkeiten**

    Aus der Neuregelung ergeben sich in der Praxis verschiedene Handlungsnotwendigkeiten, um eine Änderung der bislang ergangenen Bescheide, die einen partiellen Verlustuntergang bescheinigten, zu erreichen.

Praxishinweis

Sind Verluste aufgrund eines Beteiligungserwerbs von weniger als 50 % gem. § 8c Abs. 1 S. 1 KStG in der Vergangenheit weggefallen, sollten folgende Bescheide auf Änderungsmöglichkeiten hin überprüft werden:

- KSt-Bescheide,
- Verlustfeststellungsbescheide zum körperschaftsteuerlichen Verlustvortrag
- GewSt-Messbescheide
- Bescheide zur Feststellung des vortragsfähigen Gewerbeverlustes (§ 10a GewStG).

Gegen welche(n) Bescheid(e) im Einzelnen vorzugehen ist bzw. gegen welche(n) Bescheid(e) ein entsprechender Änderungsantrag zu richten ist, hängt davon ab, wann die Steuererklärung abgegeben wurde und ob es sich um den Wegfall laufender Verluste und/oder des Verlustvortrags handelt.

Im Hinblick auf die Abgabe der Steuererklärung sind die folgenden beiden Fallgruppen zu unterscheiden:

- Abgabe Steuererklärung bis einschließlich 13.12.2010[24]
- Abgabe Steuererklärung nach dem 13.12.2010.

- **Änderungsantrag**

    Es kommt, soweit § 164 AO greift, ein Änderungsantrag nach § 164 Abs. 2 AO in Betracht. Bezieht sich der Antrag auf einen Verlustfeststellungsbescheid, in dem das schädliche Ereignis verarbeitet wurde, bedarf es für die Folgejahre keines weiteren Antrags. Der zu ändernde Feststellungsbescheid hat Grundlagenwirkung für die folgenden Festsetzungen bzw. Feststellungen (§§ 171 Abs. 10, 175 Abs. 1 Nr. 1, 182 Abs. 1 AO).

---

[23] FG Hamburg, Beschluss v. 20.8.2017, 2 K 245/27, EFG 2017, S. 1906.
[24] Vgl. § 52 Abs. 25 S. 5 EStG i. d. F. des JStG 2010.

- Inanspruchnahme des fortführungsgebundenen Verlustvortrags, § 8d KStG

  Wurde ein Antrag nach § 8d Abs. 1 KStG auf Feststellung eines fortführungsgebundenen Verlustvortrags gestellt, was erstmals bei schädlichen Beteiligungserwerben nach dem 31.12.2015 möglich war, sollte im Hinblick auf die auf dieser Basis ergangenen Verlustfeststellungsbescheide (KSt und GewSt) ebenfalls ein Antrag auf Aufhebung der gesonderten Feststellung des fortführungsgebundenen Verlustvortrags (§ 8d Abs. 1 S. 7 KStG) nach § 164 Abs. 2 S. 2 AO sowie auf den Erlass eines Bescheids über die gesonderte Feststellung des verbleibenden Verlustvortrags bzw. des vortragsfähigen Fehlbetrags gestellt werden.

Praxishinweis

Falls Bescheide noch nicht formell bestandkräftig sind, also die Einspruchsfrist noch läuft, sollte Einspruch gegen Bescheide über die gesonderte Feststellung des fortführungsgebundenen Verlustvortrags (§ 8d Abs. 1 S. 7 KStG) eingelegt und stattdessen der Erlass eines Bescheids über die gesonderte Feststellung des verbleibenden Verlustvortrags bzw. des vortragsfähigen Fehlbetrags beantragt werden.

Sollte über einen Antrag auf Feststellung eines fortführungsgebundenen Verlustvortrags noch nicht entschieden worden sein, ist ein solcher Antrag also noch anhängig, empfiehlt sich die Rücknahme des Antrags unter Hinweis auf die aktuellen Entwicklungen.

2.2.5.1.3 Wiederanwendung der Sanierungsklausel, § 8c Abs. 1a KStG

Die EU-Kommission hatte am 26.1.2011[25] die in § 8c Abs. 1a KStG eingeführte Sanierungsklausel für nichtig erklärt. Sie war der Ansicht, dass diese eine mit dem gemeinsamen Markt nicht zu vereinbarende rechtswidrige Beihilfe darstelle. Insoweit hatte der Gesetzgeber mit dem BeitrRLUmsG[26] den Beschluss der EU Kommission zunächst umgesetzt und die Sanierungsklausel bis zur Entscheidung des EuGH suspendiert. Die zwischenzeitlich gewährten Beihilfen wurden zurückgefordert. Der EuGH hat den Beschluss der EU-Kommission mit Urteilen vom 28.6.2018 aufgehoben.[27]

Nach dem rechtskräftigen Abschluss des EuGH-Verfahrens soll die Sanierungsklausel nach § 8c Abs. 1a KStG wieder zur Anwendung gelangen. Insoweit ordnet § 34 Abs. 6 S. 2 KStG deren rückwirkende Anwendung an. Durch die Wiederanwendung der Sanierungsklausel liegt bei Vorliegen ihrer Voraussetzungen kein schädlicher Beteiligungserwerb nach § 8c Abs. 1 KStG vor.

2.2.5.2 Ertragsteuerliche Organschaft

2.2.5.2.1 Gewinnabführung und Ausgleichszahlungen, § 14 Abs. 2 KStG

Regelungsinhalt

Die Neuregelung des § 14 Abs. 2 KStG sieht vor, dass Unternehmen innerhalb einer Organschaft die Möglichkeit haben, an außenstehende Gesellschafter als Investoren Ausgleichszahlungen i. S. d. § 16 KStG zu leisten. Hiernach ist es für die Anerkennung einer ertragsteuerlichen Organschaft bei gleichzeitiger Vereinbarung von Ausgleichszahlungen an außenstehende

---

[25] Beschluss v. 26.1.2011, K(2011)275, ABl. L 235 v. 10.9.2011, S. 26.
[26] BeitrRLUmsG v. 7.12.2011, BGBl I 2011, S. 2592.
[27] EuGH, Urteil v. 28.6.2018, C–203/16 P, *Dirk Andres Insolvenzverwalter Heitkamp BauHolding*, GmbHR 2018, S. 824; EuGH, Urteil v. 28.6.2018, C–219/16, *P, Lowell Financial Services GmbH*, DStR 2018, S. 1434.

Gesellschafter unschädlich, wenn neben dem festen Betrag nach § 304 Abs. 2 S. 1 AktG ein weiterer Zahlungsbestandteil hinzutritt. Dies gilt jedoch nur, wenn die Ausgleichszahlung insgesamt den dem Anteil am Grundkapital entsprechenden handelsrechtlichen Gewinnanteil des außenstehenden Gesellschafters nicht übersteigt, der diesem ohne Gewinnabführungsverpflichtung hätte zufließen können. Die Ausgleichszahlung unterliegt des Weiteren dem sog. Kaufmannstest, d. h., sie muss nach vernünftiger kaufmännischer Beurteilung wirtschaftlich begründet sein.

Hintergrund der Neuregelung ist, dass der BFH am 10.5.2017 entschieden hatte, dass die Vereinbarung von variablen Ausgleichszahlungen eines beherrschenden Unternehmens an einen außenstehenden Gesellschafter der Anerkennung einer steuerlichen Organschaft entgegensteht.[28] Der BFH kam zu dem Ergebnis, dass im entschiedenen Fall nicht von der Abführung des gesamten Gewinns i. S. d. § 14 Abs. 1 S. 1 KStG auszugehen sei.

Da derartige Ausgleichszahlungen meist Versorgungsunternehmen betreffen, in denen Ausgleichszahlungen an Investoren geleistet werden, sollte hier der Rspr. entgegengetreten werden.

Zeitliche Anwendung

Nach § 34 Abs. 6b KStG soll die neu geschaffene Regelung des § 14 Abs. 2 KStG rückwirkend in allen offenen Fällen angewendet werden, weil dieser Regelungsgehalt langjähriger betrieblicher Übung entspreche und seitens der Finanzverwaltung bisher auch anerkannt wurde.[29] Die Ausweitung der Regelungen der Organschaft auf Fälle, in denen Ausgleichszahlungen in einem gewissen Umfang über den Mindestschutz des § 304 Abs. 2 S. 1 AktG hinausgehen, stellt eine Erweiterung der steuerbegünstigenden Sonderregelung der ertragsteuerlichen Organschaft dar und ist daher auch als begünstigende Rückwirkung zulässig.[30]

2.2.5.2.2 Investmenterträge in der Organschaft, § 15 S. 1 Nr. 2a, S. 3 und S. 4 KStG

Hintergrund

§ 20 InvStG 2018 sieht eine von der Rechtsform des Anlegers abhängige Steuerbefreiung für Erträge aus Aktien-, Misch- oder Immobilienfonds i. S. d. § 16 InvStG 2018 (sog. Aktienteilfreistellung) vor. Damit werden Kapitalgesellschaften grds. eine höhere Steuerbefreiung gewährt als natürlichen Personen. Korrespondierend zur Teilfreistellung sieht § 21 InvStG 2018 ein entsprechendes Teilabzugsverbot ähnlich dem § 3c Abs. 2 EStG vor.

Um systemwidrige Ergebnisse im Rahmen einer ertragsteuerlichen Organschaft bei der Zurechnung von teilfreigestellten Beträgen nach § 20 InvStG 2018 zu vermeiden, war eine Anpassung nötig. Denn Organträger können sowohl natürliche Personen und Personengesellschaften als auch Kapitalgesellschaften sein.

Durch die Anpassung des § 15 KStG soll zudem sichergestellt werden, dass auch die rechtsformabhängigen Steuerbefreiungen im InvStG 2018 (z. B. bei Spezial-Investmentfonds) in die Systematik der ertragsteuerlichen Organschaft eingebunden werden.

---

[28] BFH, Urteil v. 10.5.2017, I R 93/15, BFH/NV 2018, S. 144.
[29] BMF, Schreiben v. 20.4.2010, IV C 2 – S 2770/08/10006, BStBl I 2010, S. 372.
[30] BVerfG, Urteil v. 7.2.1968, 1 BvR 628/66, BVerfGE 23, S. 85 bzw. S. 93.

Regelungsinhalt

Gem. der Neuregelung des § 15 S. 1 Nr. 2a KStG werden Investmenteinkünfte i. S. d. §§ 20 Abs. 1 S. 1 bis 3, Abs. 2 bis Abs. 4, die §§ 21, 30 Abs. 2, die §§ 42 und 43 Abs. 3, § 44 sowie § 49 Abs. 1 InvStG entsprechend der sog. Bruttomethode nicht bei der Einkommensermittlung der Organgesellschaft, sondern erst auf Ebene des Organträgers berücksichtigt. Der Organträger gilt dabei als Anleger i. S. d. § 2 Abs. 10 InvStG 2018. In der Folge ist auch der sog. Anlegernachweis (vgl. § 20 Abs. 4 InvStG 2018) für eine Teilfreistellung in bestimmten Fällen vom Organträger zu führen.

Des Weiteren soll die bloße Begründung oder Beendigung einer Organschaft nach § 14 Abs. 1 S. 1 KStG nicht zu einer fiktiven Veräußerung gem. § 22 Abs. 3 InvStG 2018 führen, auch wenn damit eine Änderung des Teilfreistellungssatzes i. S. d. § 22 Abs. 1 InvStG 2018 verbunden ist.

Bruttomethode auf DBA-Schachteldividenden

Nach dem neuen § 15 S. 3 und S. 4 KStG sollen bei der Anwendung des DBA-Schachtelprivilegs auf Ebene des Organträgers nach § 15 S. 2 KStG i. V. m. § 15 S. 1 Nr. 2 KStG für Gewinnanteile der Organgesellschaft aus der Beteiligung an einer ausländischen Kapitalgesellschaft die §§ 16 Abs. 4, 43 Abs. 1 S. 3 InvStG 2018 auf Ebene des Organträgers zur Anwendung kommen. Nach § 16 Abs. 4 InvStG wird die abkommensrechtliche Freistellung für Ausschüttungen eines ausländischen Investmentfonds – ungeachtet des DBA – nur dann gewährt, wenn

- der Investmentfonds in dem Staat, dem nach dem Abkommen das Besteuerungsrecht zusteht, der allgemeinen Ertragsbesteuerung unterliegt und

- die Ausschüttung zu mehr als 50 % auf nicht steuerbefreiten Einkünften des Investmentfonds beruht.

Das Vorliegen der allgemeinen Ertragsbesteuerung gem. § 16 Abs. 4 S. 3 InvStG 2018 (Investmentfonds unterliegt einer Ertragsbesteuerung i. H. v. mindestens 10 % und ist nicht von ihr befreit) soll dabei durch den Organträger nachgewiesen werden, der auch diesbezüglich als Anleger i. S. d. § 2 Abs. 10 InvStG 2018 qualifiziert.[31]

Sonderregelungen für Finanz- und Versicherungsunternehmen

Handelt es sich bei der Organgesellschaft um ein Unternehmen oder Institut i. S. d. § 20 Abs. 1 S. 4 InvStG 2018 (Lebens-/Krankenversicherungsunternehmen, Kredit-/Finanzdienstleistungsinstitut, Finanzunternehmen i. S. d. § 3 Nr. 40 S. 3 oder S. 34 EStG bzw. § 8b Abs. 7 KStG), sind abweichend die §§ 20 bis 22 InvStG 2018 auf Ebene der Organgesellschaft anzuwenden (§ 15 S. 1 Nr. 2a S. 5 KStG).

Zeitlicher Anwendungsbereich

Die Änderungen traten am Tage nach der Verkündung des JStG in Kraft (Art. 20 Abs. 1 JStG 2018) und gelten gem. der allgemeinen Anwendungsregelung bereits für den VZ 2018.

2.2.5.3 Steuerfreistellung von Sanierungsgewinnen, § 3a EStG, § 34 Abs. 6c KStG

Die Anwendung der Steuerbefreiung für Sanierungserträge gem. § 3a EStG wird erweitert. Die Norm des § 3a EStG ist auf Antrag des Steuerpflichtigen auch in den Fällen anzuwenden, in

---

[31] BT-Drs. 19/4455, S. 53.

denen der Schuldenerlass vor dem 9.2.2017 stattgefunden hat. Die rückwirkende Anwendung gilt gem. § 34 Abs. 3b KStG für

- § 8 Abs. 8 S. 6 KStG
- § 8 Abs. 9 S. 9 KStG
- § 8c Abs. 2 KStG
- § 8d Abs. 1 S. 9 KStG
- § 15 S. 1 Nr. 1a KStG.

2.2.5.4 Beitragsrückerstattungen bei Versicherungen und Pensionsfonds, § 21 KStG

2.2.5.4.1 Hintergrund und Zielsetzung

Die bisherige Fassung des § 21 KStG zu den Beitragsrückerstattungen und den Rückstellungen für Beitragsrückerstattungen stammt im Grundsatz aus dem Jahre 1977. Zwischenzeitlich haben sich u. a. die aufsichtsrechtlichen Rahmenbedingungen verändert. Es hat sich auch gezeigt, dass allgemeine Veränderungen im Versicherungsmarkt in der Besteuerungspraxis zunehmend Zweifelsfragen bei der Anwendung der Regelung aufwerfen. Der seit Jahren anhaltenden Niedrigzinsphase und deren Auswirkungen auf die Besteuerung von Versicherungsunternehmen hat der Gesetzgeber bisher durch eine Übergangsregelung zum steuerlichen Höchstbetrag der Rückstellungen für Beitragsrückerstattungen in § 34 Abs. 8 KStG Rechnung getragen. Diese wurde mehrfach verlängert. Die Übergangsregelung lief zum 31.12.2018 aus. Vor diesen Hintergründen war eine Anpassung des § 21 KStG geboten.

2.2.5.4.2 Regelungsinhalt

Allgemeines

Die Neufassung des § 21 KStG behält grds. die bisherige Grundstruktur der steuerlichen Sonderregelungen für die aufwandmäßige Berücksichtigung von Beitragsrückerstattungen bei.

Die Höhe der vom Versicherungsunternehmen gewinnmindernd gebuchten Beitragsrückerstattungen wird mit einem steuerlichen Höchstbetrag verglichen, der sich nach Maßgabe von § 21 Abs. 1 S. 1 Nr.1 und 2 KStG ermittelt.

Steuerlich abziehbar sind Beitragsrückerstattungen nur bis zu diesem Höchstbetrag. Soweit die gebuchten Beitragsrückerstattungen den Höchstbetrag übersteigen, liegen steuerlich nicht abziehbare Betriebsausgaben vor. Unterschreiten die gebuchten Beitragsrückerstattungen den Höchstbetrag, sind die gebuchten Beitragsrückerstattungen steuerlich uneingeschränkt abziehbar.

Die bisherigen Regelungen in § 21 Abs. 2 KStG zum steuerlichen Höchstbetrag von Rückstellungen für Beitragsrückerstattungen entfallen. Die im handelsrechtlichen Jahresabschluss enthaltenen Rückstellungen für Beitragsrückerstattungen entsprechen denen der Steuerbilanz. Zuführungen zu den Rückstellungen führen, soweit sie nichtabziehbare Betriebsausgaben nach § 21 Abs. 1 KStG darstellen, steuerlich zu einer außerbilanziellen Gewinnkorrektur.

Das bisherige Abzinsungsverbot in § 21 Abs. 3 KStG wird beibehalten.

Änderungen im Einzelnen

- Erfolgsabhängige Erstattungen

  § 21 KStG galt bisher nur für erfolgsabhängige Beitragsrückerstattungen. Für erfolgsunabhängige Beitragsrückerstattungen gab es keine Sonderregelung, diese waren folglich auch nach allgemeinen Grundsätzen abzuzinsen. Indes wurde die Unterscheidung zwischen erfolgsabhängig und erfolgsunabhängig in der Praxis zunehmend schwieriger.

  Nunmehr wird gem. § 21 Abs. 1 KStG künftig nicht mehr nach erfolgsabhängigen und erfolgsunabhängigen Beitragsrückerstattungen unterschieden. § 21 KStG gilt künftig für beide Varianten.

- Direktgutschriften

  Ebenso war zweifelhaft, ob § 21 KStG nur für Beitragsrückerstattungen oder auch für Direktgutschriften gilt. Es wird daher klargestellt, dass auch Direktgutschriften als Beitragsrückerstattungen unter die Norm fallen.

- Unterscheidung bei Versicherungen

  § 21 Abs. 1 KStG unterschied bisher nach Lebens- und Krankenversicherungen und Schaden- und Unfallversicherungen. Die Unterscheidung wird als nicht mehr zeitgemäß und in der Praxis nicht mehr sachgerecht handhabbar angesehen.

  Künftig wird differenziert nach Versicherungen, die nach Art der Lebensversicherung betrieben werden (Nummer 1), und den übrigen Versicherungsgeschäften (Nummer 2). Zu ersterer Gruppe gehören auch weiterhin die Krankenversicherung und nunmehr rechtssicher auch die Unfallversicherung mit Beitragsrückgewähr.

- Höhe der abziehbaren Beitragsrückerstattung

  Für die Höhe der abziehbaren Beitragsrückerstattungen ist für

  – Lebensversicherungen (§ 21 Abs. 1 S. 1 Nr. 1 KStG) weiterhin das Jahresergebnis
  – andere Versicherungen (§ 21 Abs. 1 S. 1 Nr. 2 KStG), weiterhin der versicherungstechnische Überschuss maßgebend.

  Diese Zuordnung wurde aber deutlicher ausformuliert.

- Bezugsgrößen und Höchstbetragsberechnung

  Statt bisher auf Bezugsgrößen des handelsrechtlichen Jahresabschlusses und Größen der Steuerbilanz abzustellen, sind künftig vereinfacht nur noch handelsrechtliche Größen bei der Ermittlung des Höchstbetrags maßgeblich.

  Ist das Versicherungsunternehmen eine Organgesellschaft, wird klargestellt, dass für das Jahresergebnis, das sich nach handelsrechtlichen Vorschriften ergibt, das Ergebnis vor Gewinnabführung maßgeblich ist. Dies entspricht der Handhabung in der bisherigen Steuerpraxis.

  Aufsichtsrechtlich sind die Versicherungsunternehmen gezwungen, aus dem Kapitalanlage-, dem Risikoergebnis und dem übrigen Ergebnis (§§ 4 ff. Mindestzuführungsverordnung) Beitragsrückerstattungen in bestimmten Umfang zu gewähren. Diese aufsichtsrechtliche Vorgabe wird künftig auch steuerlich im Rahmen der Höchstbetragsberechnung berücksichtigt.

  Die Systematik der Höchstbetragsberechnung wird geändert. Der maßgebliche Betrag an Beitragsrückerstattung (die tatsächlich gebuchten Beträge, der Höchstbetrag oder die Mindestbeitragsrückerstattung) wird nur in dem Verhältnis zum Abzug zugelassen, wie er nicht auf steuerfreien Erträgen beruht (§ 21 Abs. 1 S. 2 und S. 3 KStG). Dies verhindert, dass neben einer steuerfreien Vereinnahmung der Erträge zusätzlich eine steuerwirksame

Beitragsrückerstattung bezogen auf diese Erträge tritt. Die Berechnungsvorgaben für die Ermittlung des „steuerfreien Anteils" der Beitragsrückerstattung werden unter Bezugnahme auf die hier maßgebenden Erträge zudem konkretisiert. Entsprechendes gilt für den Fall, in dem sich die Beitragsrückerstattungen an den aufsichtsrechtlichen Vorgaben der Mindestzuführungsverordnung richten.

Durch die Höchstbetragsberechnung soll u. a. sichergestellt werden, dass steuerlich der Nettoertrag nach Maßgabe des handelsrechtlichen EK nicht durch Beitragsrückerstattungen vermindert wird. Bei der Ermittlung des Nettoertrags sind künftig nur noch handelsrechtliche Größen maßgeblich. Maßgebend sind weiterhin die Verhältnisse zu Beginn des Wirtschaftsjahres.

2.2.5.4.3 Zeitlicher Anwendungsbereich

Die Änderungen sind grds. erstmals für den VZ 2019 anzuwenden (§ 34 Abs. 8 S. 2 Nr. 1 KStG).

Auf (unwiderruflichen) Antrag kann § 21 KStG bereits für den VZ 2018 in Anspruch genommen werden. Der Antrag ist bis zum 30.6.2019 zu stellen. Der Antrag kann nur gestellt werden, wenn es im Vz2018 sonst zu einer Auflösung der Rückstellung für Beitragsrückerstattung kommen würde (§ 34 Abs. 8 S. 2 Nr. 2 KStG).

2.2.6 Änderungen in der Gewerbesteuer

2.2.6.1 Steuerbefreiungen für Alten- und Pflegeheime, § 3 Nr. 20, § 36 Abs. 2 GewStG

2.2.6.1.1 Hintergrund und Regelungsinhalt

Altenheime, Altenpflegeheime und Pflegeheime konnten bis zum EZ 2016 die Steuerbefreiung nach § 3 Nr. 20 Buchst. c GewStG insb. dann in Anspruch nehmen, wenn die Bewohner die in § 61 Abs. 1 SGB XII in der seinerzeit geltenden Fassung enthaltenen Kriterien der Pflegebedürftigkeit erfüllten. Durch das dritte Gesetz zur Stärkung der pflegerischen Versorgung und zur Änderung weiterer Vorschriften (PSG III) wurden diese Kriterien in § 61a SGB XII übernommen, ohne dass dies in § 3 Nr. 20 Buchst. c GewStG in der ab EZ 2017 geltenden Fassung entsprechend nachvollzogen wurde. Mit der Änderung wird sichergestellt, dass diese Änderung des SGB XII für Zwecke der GewSt-Befreiung nachvollzogen wird.

2.2.6.1.2 Zeitliche Anwendung

Die Änderung ist ab dem EZ 2017 anzuwenden (§ 36 Abs. 2 GewStG), sodass es insoweit zu keiner Änderung der gewerbesteuerlichen Rechtslage bei der Steuerbefreiung kommt.

2.2.6.2 Steuerbefreiung für Kapitalbeteiligungsgesellschaften, § 3 Nr. 24 GewStG

Neben der Streichung der nicht mehr existenten „Kapitalbeteiligungsgesellschaft für die mittelständische Wirtschaft Bayern mbH" wird die „BTG Beteiligungsgesellschaft Hamburg mbH" in den Befreiungskatalog des § 3 Nr. 24 GewStG aufgenommen.

2.2.6.3 Steuerfreistellung von Sanierungsgewinnen, §§ 7b, 36 Abs. 2c GewStG

Die Anwendung der Steuerbefreiung für Sanierungserträge gem. § 3a EStG wird erweitert. Die Norm des § 3a EStG ist auf Antrag des Steuerpflichtigen auch in den Fällen anzuwenden, in denen der Schuldenerlass vor dem 9.2.2017 stattgefunden hat.

In § 7b GewStG ist ebenso eine Regelung zu Sanierungsgewinnen enthalten, die rückwirkend Anwendung finden soll.

2.2.7 Änderungen in der Umsatzsteuer

2.2.7.1 Wesentlicher Inhalt

Mit dem vorliegenden Änderungsgesetz werden gesetzliche Regelungen zur Vermeidung von USt-Ausfällen im Zusammenhang mit dem Handel von Waren im Internet eingeführt. Betreiber von elektronischen Marktplätzen sollen zum einen künftig Angaben ihrer Nutzer, für deren Umsätze in Deutschland eine Steuerpflicht in Betracht kommt, vorhalten sowie zum anderen für die entstandene und nicht abgeführte USt aus den auf ihrem elektronischen Marktplatz ausgeführten Umsätzen in Haftung genommen werden können, insb. dann, wenn sie Unternehmer, die im Inland steuerpflichtige Umsätze erzielen und hier steuerlich nicht registriert sind, auf ihrem Marktplatz Waren anbieten lassen.

Ab 1.1.2019 sind den Haftungsvorschriften zunächst Aufzeichnungsregelungen vorgeschaltet. Ab dem 1.3.2019 bzw. 1.10.2019 können Marktplatzbetreiber in Haftung genommen werden, sollten die Händler gegen die Vorgaben verstoßen und nicht vom Marktplatz entfernt werden. Konkret greift die Haftung bei Drittlands-Unternehmern ab dem 1.3.2019 und bei inländischen und EU/EWR-Unternehmern erst ab dem 1.10.2019.

Ferner erfolgte mit dem Änderungsgesetz die fristgerechte Umsetzung der Gutscheinrichtlinie in deutsches Recht, um eine einheitliche steuerliche Behandlung von im europäischen Binnenmarkt gehandelten Gutscheinen zu bewirken.

Die dritte wesentliche Änderung ist die Umsetzung der ersten Stufe des sog. Digitalpakets.[32] Die zweite Stufe des Digitalpakets soll nach derzeitigem Kenntnisstand in 2021 mit weitreichenden Änderungen der Vorschriften zu grenzüberschreitenden Fernverkäufen und Dienstleistungen in Kraft treten.

2.2.7.2 Die Änderungen im Überblick

Die Änderungen des UStG sind in Art. 9 des Gesetzes enthalten. Zum 1.1.2019 wurden folgende Neuerungen wirksam:

- § 3 Abs. 9 UStG wird wegen Unvereinbarkeit mit EU-Recht aufgehoben.

- Die sog. Gutschein-Richtlinie[33] wird in nationales Recht umgesetzt, wodurch § 3 UStG um die Absätze 13 bis 15 ergänzt wird.

- § 3a Abs. 5 UStG wird um einen Schwellenwert für elektronische Dienstleistungen an Nichtunternehmer i. H. v. 10.000 € p. a. ergänzt.

- Die Definition des Entgelts in § 10 Abs. 1 UStG wird angepasst.

- § 14 Abs. 7 UStG wird dahingehend ergänzt, dass die Rechnungsstellung für Unternehmer, die am sog. MOSS-Verfahren teilnehmen und hierfür in einem anderen EU-Mitgliedstaat registriert sind, den Vorschriften dieses Registrierungsmitgliedstaates unterliegt.

---

[32] Durchführungsverordnung (EU) 2017/2459 des Rates vom 5.12.2017 zur Änderung der Durchführungsverordnung (EU) 282/2011.
[33] RL (EU) 2016/1065.

- In § 18 Abs. 4c S. 1 und Abs. 4d UStG wird das Wort „ausschließlich" und die Formulierung „in keinem anderen Mitgliedstaat für Zwecke der Umsatzsteuer erfasst ist" gestrichen.

- Die wohl wichtigste und für das Gesetz namensgebende Neuerung enthalten die §§ 22f und 25e UStG. Diese Regelungen betreffen besondere Aufzeichnungspflichten und Haftungstatbestände für Betreiber elektronischer Markplätze.

2.2.7.3 Die Änderungen im Einzelnen

2.2.7.3.1 Leistungen der Urheber und Verwertungsgesellschaften

Bislang bestimmt § 3 Abs. 9 S. 3 UStG, dass Urheber und Verwertungsgesellschaften in den Fällen der §§ 27 und 54 UrhG sonstige Leistungen ausführen. Nach dem EuGH-Urteil vom 18.1.2017, C–37/16, *SAWP*, ist diese Regelung nicht mit dem Unionsrecht vereinbar und daher aufzuheben. Die Aufhebung von § 3 Abs. 9 S. 3 UStG dient der Umsetzung der Rspr. des EuGH. Mit Urteil vom 18.1.2017, C–37/16, *SAWP*[34], hat der EuGH in einem polnischen Vorabentscheidungsverfahren entschieden, dass gesetzlich festgelegte Abgaben auf den Verkauf von unbespielten Datenträgern und Geräten zur Aufzeichnung und Vervielfältigung urheberrechtlich geschützter Werke, die Hersteller und Importeure solcher Geräte entrichten, nicht der MwSt unterliegen, weil die Inhaber der Vervielfältigungsrechte insoweit keine Dienstleistung i. S. d. MwStSystRL erbringen. Vergleichbare Vergütungen sind in § 54 UrhG geregelt. Auch hier haben Urheber einen Vergütungsanspruch gegen Hersteller und Importeure bestimmter Vervielfältigungsgeräte. Die Grundsätze des Urteils sind daher auf das nationale Recht übertragbar. Gleiches gilt für § 27 UrhG, der eine entsprechende Vergütung für Urheber vorsieht, deren Werke durch eine der Öffentlichkeit zugängliche Einrichtung verliehen werden.

2.2.7.3.2 Umsetzung der sog. Gutschein-Richtlinie, § 3 Abs. 13 bis 15 UStG n. F.

Die Änderung soll eine einheitliche steuerliche Behandlung von im europäischen Binnenmarkt gehandelten Gutscheinen gewährleisten. Sie dient der Umsetzung von Art. 30a, 30b und 73a MwStSystRL i. d. F. der sog. Gutschein-Richtlinie (RL (EU)2016/1065) in nationales Recht. Die Umsetzung musste bis zum 31.12.2018 erfolgen.

Bisherige Rechtslage

Bei Gutscheinen wurde bisher im USt-Recht zwischen Wertgutscheinen und Waren- oder Sachgutscheinen unterschieden. Während Wertgutscheine über einen bestimmten Nennbetrag bei dem ausstellenden Händler gegen eine beliebige Ware oder Dienstleistung eingetauscht werden können, beziehen sich Waren- oder Sachgutscheine auf eine konkret bezeichnete Ware oder Dienstleistung.

Die Ausgabe eines Wertgutscheins wurde bislang lediglich als Tausch von Zahlungsmitteln behandelt und stellte selbst keine Leistung im umsatzsteuerlichen Sinne dar. Die USt entstand erst im Fall der Einlösung des Wertgutscheins und damit bei Ausführung des konkreten Umsatzes.

Bei Waren- oder Sachgutscheinen ist der Bezug zu der im Gutschein bezeichneten Leistung bereits bei Ausgabe des Gutscheins gegeben. Daher stellte der bei Erwerb eines Warengutscheins gezahlte Betrag eine Anzahlung auf die bezeichnete Leistung dar, die der Anzahlungsbesteuerung nach § 13 Abs. 1 Nr. 1 Buchst. a S. 4 UStG unterlag.

---

[34] MwStR 2017, S. 163.

Differenzierung des EuGH

Der EuGH differenziert hingegen nicht nach Wert- und Warengutscheinen. Er stellt darauf ab, ob ein Gutschein nur für einen bestimmten Zweck eingelöst werden kann. So ist z. B. die Ausgabe von Telefonkarten bereits im Zeitpunkt der Ausgabe als Telekommunikationsdienstleistung anzusehen (EuGH, Urteil v. 3.5.2012, C–520/10, *Lebara*, BStBl II 2012, S. 755). Auch die Art. 30a und 30b sehen diese Unterscheidung vor, die durch die Gutschein-Richtlinie (RL (EU) 2016/1065) in die MwStSystRL eingefügt wurden. Die Umsetzung der RL musste bis zum 31.12.2018 erfolgen.

Neuregelung

Nach § 3 Abs. 13 UStG handelt es sich dann um einen Gutschein, wenn der Inhaber berechtigt ist, diesen an Zahlungsstatt zur Einlösung gegen Gegenstände oder Dienstleistungen zu verwenden. Die Regelung gilt ausdrücklich nicht für Instrumente, die den Erwerber zu einem Preisnachlass berechtigen, ihm aber nicht das Recht verleihen, solche Gegenstände oder Dienstleistungen zu erhalten.

§ 3 Abs. 14 und 15 UStG grenzen Einzweck- und Mehrzweck-Gutscheine voneinander ab und bestimmen den Zeitpunkt der Steuerentstehung.

Ein Einzweck-Gutschein ist danach ein Gutschein, bei dem bereits bei dessen Ausstellung alle Informationen vorliegen, die benötigt werden, um die umsatzsteuerliche Behandlung der zugrunde liegenden Umsätze mit Sicherheit zu bestimmen. Die Besteuerung soll demzufolge bereits im Zeitpunkt der Ausgabe bzw. Übertragung des Gutscheins erfolgen.

Alle anderen Gutscheine, bei denen im Zeitpunkt der Ausstellung nicht alle Informationen für die zuverlässige Bestimmung der USt vorliegen, sind Mehrzweck- Gutscheine. Bei dieser Art von Gutscheinen unterliegt erst die tatsächliche Lieferung bzw. die tatsächliche Ausführung der sonstigen Leistung der USt, die Besteuerung wird also erst bei Einlösung des Gutscheins, nicht schon bei dessen Ausgabe durchgeführt.

Übergangsvorschrift, § 27 Abs. 23 UStG

Die Neuregelung in § 3 Abs. 13 bis 15 sowie § 10 Abs. 1 S. 6 UStG findet auf Gutscheine Anwendung, die nach dem 31.12.2018 ausgestellt werden. Für vor dem 1.1.2019 ausgegebene Gutscheine gelten die bisherigen Regelungen fort.

Praxishinweis

Zu beachten ist, dass ertragsteuerlich der Umsatz aus der Lieferung oder der Erbringung der Dienstleistung erst dann auszuweisen ist, wenn die Lieferung erfolgt ist bzw. die Leistung erbracht wurde. Erst dann ist der Umsatz im bilanzsteuerlichen Sinne realisiert. Der Ausweis der USt und die Buchung des Umsatzes können also bei Einzweck-Gutscheinen zeitlich auseinanderfallen.

Übersicht zur Erleichterung der Abgrenzung und Handhabung:

	Einzweck-Gutschein	**Mehrzweck-Gutschein**
Abgrenzung	Ein Einzweck-Gutschein ist „ein Gutschein, bei dem der Ort der Lieferung der Gegenstände oder der Erbringung der Dienstleistungen, auf die sich der Gutschein bezieht, und die für diese Gegenstände oder Dienstleistungen geschuldete MwSt zum Zeitpunkt der Ausstellung des Gutscheins feststehen".	Liegt vor, wenn mindestens ein Kriterium für den Einzweck-Gutschein nicht erfüllt ist – im Zeitpunkt der Ausgabe liegen also nicht alle Informationen vor, um eine Umsatzbesteuerung vorzunehmen.
Beispielfälle	■ Buchgutschein für eine bestimmte Buchhandlung ■ Thermalbad-Gutschein für eine Wellnessmassage ■ Gutschein für einen Kinofilm	■ Prepaid-Telefonkarten ■ Gutschein eines Warenhauses/ Onlineportals für den Erwerb beliebiger Waren – im Angebot sind sowohl regelbesteuerte Waren als auch ermäßigt besteuerte Waren (z. B. Bücher) ■ Gutschein eines Kinos, der beliebig für den Erwerb einer Kinokarte oder von Speisen/ Getränken eingelöst werden kann
Ausgabe des Gutscheins	Die Ausgabe eines Einzweck-Gutscheins gilt als eine Lieferung der Gegenstände oder Erbringung der Dienstleistungen, zu der der Gutschein berechtigt, sodass mit der Ausgabe des Gutscheins die USt ausgelöst wird.	Umsatzsteuerlich nicht relevant
Einlösung des Gutscheins	Die tatsächliche Übergabe der Gegenstände oder die tatsächliche Erbringung der Dienstleistungen bei der späteren Einlösung des Gutscheins ist ohne umsatzsteuerliche Konsequenzen.	Steuerbar ist erst die Einlösung des Gutscheins zur Erbringung der Leistung, für die der leistende Unternehmer den Gutschein als Gegenleistung annimmt.
Nichteinlösung des Gutscheins	Keine USt-Berichtigung beim leistenden Unternehmer bzw. Gutscheinaussteller, da fingierte Leistung bereits bei Übertragung des Gutscheins vorliegt.	Keine Umsatzbesteuerung; keine Anzahlungsbesteuerung

	Einzweck-Gutschein	**Mehrzweck-Gutschein**
Rückerstattung des Gutscheins	Korrektur der USt, da Leistung rückgängig gemacht wird.	Umsatzsteuerlich nicht relevant
Gutscheinhandel in fremdem Namen	Verkäufer des Gutscheins nicht Teil der Leistungskette; nur Vermittlungsleistung	Wie Tausch von Bargeld in ein anderes Zahlungsmittel (Gutschein): bloße Übertragung des Gutscheins nicht steuerbar
Gutscheinabgabe im eigenen Namen	Erfolgt die Gutscheinabgabe im eigenen Namen, wohingegen die eigentliche Leistungserbringung durch einen anderen Unternehmer erfolgt, liegt eine Kommissionskonstellation vor. Dies hat zur Konsequenz, dass zwei steuerbare Umsätze vorliegen, nämlich a) vom leistungserbringenden Unternehmer an den gutscheinausgebenden Unternehmer und b) von diesem an den Endverbraucher.	

2.2.7.3.3 Elektronische Dienstleistungen an Nichtunternehmer, § 3a Abs. 5 S. 3 bis S. 5 UStG n. F.

Nach § 3a Abs. 5 UStG in der seit dem 1.1.2015 geltenden Fassung befindet sich der Leistungsort bei Telekommunikationsdienstleistungen, bei Rundfunk- und Fernsehdienstleistungen und bei auf elektronischem Weg erbrachten sonstigen Leistungen, die an Nichtunternehmer erbracht werden, stets an dem Ort, an dem der Leistungsempfänger seinen Wohnsitz, seinen gewöhnlichen Aufenthaltsort oder seinen Sitz hat. Folglich müssen Unternehmer mit grenzüberschreitenden Leistungen ihre Leistungen ab dem ersten Euro im jeweiligen Bestimmungsland deklarieren. Da die Kleinunternehmerregelung grenzüberschreitend nicht anwendbar ist, sind diese davon auch betroffen.

Die Änderung von Art. 58 der RL 2006/112/EG durch die RL (EU) 2017/2455 hat das Ziel, dass Kleinstunternehmen mit Sitz in nur einem EU-Mitgliedstaat, die solche Dienstleistungen an Nichtunternehmer in anderen Mitgliedstaaten erbringen, von der Erfüllung mehrwertsteuerlicher Pflichten in anderen Mitgliedstaaten entlastet werden. Daher wurde ein unionsweit geltender Schwellenwert i. H. v. 10.000 € eingeführt, bis zu dem diese Dienstleistungen nun wieder der MwSt im Mitgliedstaat der Ansässigkeit des leistenden Unternehmers unterliegen.

Die Umsetzung dieser Vorgaben wird durch die Änderung von § 3a Abs. 5 UStG umgesetzt.

Nach § 3a Abs. 5 S. 3 UStG ist das Bestimmungslandprinzip nicht anzuwenden, wenn

- der leistende Unternehmer seinen Sitz, seine Geschäftsleitung, eine Betriebsstätte oder in Ermangelung eines Sitzes, einer Geschäftsleitung seinen Wohnsitz oder gewöhnlichen Aufenthalt in nur einem Mitgliedstaat hat und

- der Gesamtbetrag der Entgelte der für Telekommunikationsdienstleistungen, Rundfunk und Fernsehdienstleistungen und auf elektronischem Weg erbrachten sonstigen Leistungen an Nichtunternehmer mit Wohnsitz, gewöhnlichem Aufenthalt oder Sitz in anderen Mitgliedstaaten insgesamt 10.000 € im vorangegangenen Kalenderjahr nicht überschritten hat und im laufenden Kalenderjahr nicht überschreitet.

Der Ort der sonstigen Leistung bestimmt sich in diesem Fall nach § 3a Abs. 1 UStG (Ort, von dem aus der Unternehmer sein Unternehmen betreibt oder Betriebsstätte, von der die sonstige Leistung ausgeführt wird).

Der leistende Unternehmer kann nach § 3a Abs. 5 S. 4 UStG auf die Anwendung dieser Umsatzschwelle verzichten mit der Folge, dass sich der Leistungsort der bezeichneten Leistungen (weiterhin) stets an dem Ort befindet, an dem der Leistungsempfänger seinen Wohnsitz, seinen gewöhnlichen Aufenthaltsort oder seinen Sitz hat. Die Verzichtserklärung bindet den Unternehmer mindestens für zwei Kalenderjahre (§ 3a Abs. 5 S. 5 UStG).

Die Grenze von 10.000 € betrifft ihrem Wortlaut nach die Summe aller grenzüberschreitenden Umsätze i. S. d. § 3a Abs. 5 S. 2 UStG in allen anderen Mitgliedstaaten. Sie soll offensichtlich nicht pro Bestimmungsland gelten.

Ferner kann die Bagatellgrenze von 10.000 € dem Wortlaut nach auch dann nicht angewendet werden, wenn der leistende Unternehmer neben seinem Sitzstaat über eine feste Niederlassung in einem anderen Mitgliedstaat verfügt. Dies dürfte jedoch eher ein seltener Ausnahmefall sein.

Durch die Änderung des § 3a Abs. 5 UStG wird Art. 1 der RL (EU) 2017/2455 des Rates vom 5.12.2017 zur Änderung der RL 2006/112/EG und der RL 2009/132/EG in Bezug auf bestimmte mehrwertsteuerliche Pflichten für die Erbringung von Dienstleistungen und für Fernverkäufe von Gegenständen[35], mit dem Art. 58 der RL 2006/112/EG neu gefasst wurde, umgesetzt.

2.2.7.3.4 Rechnungsstellung für Unternehmer, die am sog. MOSS-Verfahren teilnehmen, § 14 Abs. 7 S. 3 UStG n. F.

Die Neuregelung dient dazu, die Belastung der Unternehmen so gering wie möglich zu halten. Daher sollen für alle den besonderen Besteuerungsverfahren entsprechend Titel XII Kapitel 6 der RL 2006/112/EG des Rates vom 28.11.2006 über das gemeinsame Mehrwertsteuersystem (ABl. EU Nr. L 347 S. 1) in der jeweils gültigen Fassung unterfallenden Umsätze in allen Mitgliedstaaten einheitlich die Vorschriften über die Rechnungsstellung anwendbar sein, die im Mitgliedstaat der Identifizierung des Lieferers bzw. Leistungserbringers gelten, der an den besonderen Besteuerungsverfahren teilnimmt.

Für die Rechnungsstellung gelten somit ausdrücklich die Vorschriften des Mitgliedstaats der Niederlassung, wenn für die Umsätze der sog. Mini-One-Stop-Shop genutzt wird. Die Rechnungsstellungsregelungen des Ziellands müssen Unternehmer mit grenzüberschreitenden B2C-Dienstleistungen i. S. d. § 3a Abs. 5 UStG damit nicht mehr beachten.

Durch die Änderung des § 14 Abs. 7 UStG wird Art. 1 der RL (EU) 2017/2455 des Rates vom 5.12.2017 zur Änderung der RL 2006/112/EG und der RL 2009/132/EG in Bezug auf bestimmte mehrwertsteuerliche Pflichten für die Erbringung von Dienstleistungen und für Fernverkäufe von Gegenständen[36], mit dem Art. 219a der RL 2006/112/EG neu gefasst wurde, umgesetzt.

---

[35] ABl. L 348 v. 29.12.2017, S. 7.
[36] ABl. L 348 v. 29.12.2017, S. 7.

Nach § 27 Abs. 24 S. 1 UStG ist die Änderungen des § 3a Abs. 5 UStG und des § 14 Abs. 7 UStG erstmals auf Umsätze anzuwenden sind, die nach dem 31.12.2018 ausgeführt werden.

2.2.7.3.5 Erweiterung der Anwendung des MOSS-Verfahren für Drittlandunternehmer mit einer Mehrwertsteuer-Registrierung in einem einzigen Mitgliedstaat, § 18 Abs. 4c S. 1 UStG

Durch die Änderung wird Art. 1 der RL (EU) 2017/2455 des Rates vom 5.12.2017 zur Änderung der RL 2006/112/EG und der RL 2009/132/EG in Bezug auf bestimmte mehrwertsteuerliche Pflichten für die Erbringung von Dienstleistungen und für Fernverkäufe von Gegenständen[37], mit dem Art. 358a Nr. 1 der RL 2006/112/EG neu gefasst wurde, umgesetzt.

Die Änderung des § 18 Abs. 4c S. 1 und Abs. 4d UStG war erforderlich, um die Korrekturen des Mini-One-Stop-Shops für Drittlandunternehmer umzusetzen, die auf der Änderung des Art. 358a Nr. 1 MwStSystRL durch die RL (EU) 2017/2455 des Rates v. 5.12.2017 beruhen.

Bisher konnten nur solche nicht im Gemeinschaftsgebiet ansässigen Unternehmer das Mini-One-Stop-Shop Verfahren nutzen, die

- ausschließlich elektronische Dienstleistungen nach § 3 Abs. 5 UStG erbrachten und
- in keinem anderen Mitgliedsstaat für Zwecke der USt erfasst waren.

Unternehmer die über eine einzige Mehrwertsteuer-Registrierung in einem einzigen Mitgliedstaat verfügten, weil sie z. B. gelegentlich in diesem Mitgliedstaat andere steuerbare Umsätze tätigten, erfüllten diese Voraussetzungen nicht. Sie konnten weder das besondere Besteuerungsverfahren für nicht im Gemeinschaftsgebiet ansässige Unternehmer, noch das besondere Besteuerungsverfahren für im Gemeinschaftsgebiet ansässige Unternehmer nutzen. Ihnen blieb nur, sich auch in allen anderen Mitgliedsstaaten registrieren zu lassen.

Die Streichung des Begriffs „ausschließlich" und der Formulierung „in keinem anderen Mitgliedstaat für Zwecke der Umsatzsteuer erfasst" eröffnet jetzt auch diesen Unternehmern das MOSS-Verfahren. Somit kann die USt auf elektronische Dienstleistungen unabhängig von ansonsten bestehenden Registrierungen über das MOSS-Verfahren gemeldet werden.

Nach § 27 Abs. 24 S. 2 UStG ist Änderung des § 18 Abs. 4c S. 1 und Abs. 4d UStG erstmals auf Besteuerungszeiträume anzuwenden ist, die nach dem 31.12.2018 enden.

2.2.7.3.6 Anpassung der Definition des Entgelts, § 10 Abs. 1 S. 2 UStG

Im Zuge der Änderung des § 10 UStG wird der Begriff des Entgelts stärker an die Formulierung in Art. 73 MwStSystRL angepasst. Der Entgeltbegriff im nationalen Recht wird bisher aus der Sicht des Empfängers bestimmt, während das Unionsrecht auf die Sicht des leistenden Unternehmers und auf den Wert der Gegenleistung abstellt. Eine materiell-rechtliche Änderung soll mit der Regelung nicht verbunden sein, da bereits die bisherige Regelung unionsrechtskonform ausgelegt wurde.

Nach der neuen gesetzlichen Definition des Entgelts nach § 10 Abs. 1 S. 2 UStG, ist Entgelt alles, was den Wert der Gegenleistung bildet, die der leistende Unternehmer vom Leistungsempfänger oder von einem anderen als dem Leistungsempfänger für die Leistung erhält oder erhalten soll, einschließlich der unmittelbar mit dem Preis dieser Umsätze zusammenhängenden Subventionen, jedoch abzüglich der für diese Leistung gesetzlich geschuldeten USt.

---

[37] ABl. L 348 v. 29.12.2017, S. 7.

Der bisher in den § 10 S. 2 und S. 3 UStG definierte Begriff des Entgelts wird durch die neue Definition in S. 2 zusammengefasst, sodass § 10 Abs. 1 S. 3 UStG entbehrlich und aufgehoben wurde.

Nach § 10 Abs. 1 S. 6 UStG n. F. wird das Entgelt nach dem Gutscheinwert selbst oder nach dem in den damit zusammenhängenden Unterlagen angegebenen Geldwert bemessen, abzüglich der USt, die danach auf die gelieferten Gegenstände oder die erbrachten Dienstleistungen entfällt, wenn bei der Entgegennahme eines Mehrzweck-Gutscheins (§ 3 Abs. 15 UStG) keine Angaben über die Höhe der für den Gutschein erhaltenen Gegenleistung nach § 10 Abs. 1 S. 2 UStG vorliegen.

Zur Umsetzung der unionsrechtlichen Vorgaben war die Aufnahme einer Ersatz-Bemessungsgrundlage in § 10 Abs. 1 S. 6 UStG notwendig. Der neue Art. 73a MwStSystRL regelt die Bemessungsgrundlage bei Umsätzen, die gegen die Einlösung eines Mehrzweck-Gutscheins erbracht werden. Art. 73a Halbs. 1 MwStSystRL stellt klar, dass die Bemessungsgrundlage bei diesen Umsätzen dem Betrag entspricht, den der Käufer des Gutscheins für den Gutschein gezahlt hat. Nur in den Fällen, in denen keine Informationen über diesen Betrag vorliegen, wird auf den auf dem Gutschein selbst oder in den damit zusammenhängenden Unterlagen angegebenen Geldwert abgestellt (Art. 73a Halbs. 2 MwStSystRL).

2.2.7.3.7 Haftung für Betreiber von elektronische Markplätzen

Hintergrund

Betreiber von elektronischen Marktplätzen bieten ein modernes Medium an, über das Unternehmer, die im Inland, in der Europäischen Union oder im Drittland ansässig sind, Waren anbieten und verkaufen. Sie treten dabei nur als Dienstleister und Vermittler auf und stellen lediglich das Know-how und die Plattform zur Verfügung, über die Händler die Möglichkeit haben ihre Waren direkt an den Endkunden zu verkaufen.

Dabei werden der zivilrechtliche Kaufvertrag und somit auch die Leistungsbeziehung i. S. der USt zwischen dem Händler und dem Kunden begründet. In der Regel ist der Plattformbetreiber, selbst wenn diese dem Kunden nicht bewusst ist, nicht in die Leistungskette einbezogen. Bei Plattformbetreibern, die ihre Onlineshops auch für Drittanbieter geöffnet haben, gehen selbst angebotene Produkte und Produkte von Fremdanbietern im Onlineshop oft nahtlos ineinander über.

Nach § 13a Abs. 1 Nr. 1 UStG bleibt stets der eigentliche Händler der Schuldner der USt. Viele dieser Händler sind im Drittland, z. B. Asien, ansässig und müssten sich im Inland umsatzsteuerlich registrieren lassen.[38]

Da die Bereitschaft zur umsatzsteuerlichen Registrierung wohl nur gering ist, sodass seit geraumer Zeit vermehrt Anhaltspunkte dafür vorliegen, dass es beim Handel mit Waren über das Internet unter Nutzung von elektronischen Marktplätzen verstärkt zu USt-Hinterziehungen kommt, insb. beim Handel mit Waren aus Drittländern. Die Möglichkeit des Fiskus, die geschuldete USt zu erheben ist in diesen Fällen praktisch bislang beschränkt. Der entstandene USt-Schaden soll Schätzungen nach dreistellige Millionensummen bis hin zu einer Milliarde Euro betragen.

Zur Sicherstellung dieser USt-Einnahmen, zum Schutz vor weiteren USt-Ausfällen sowie zum Schutz und zur Wahrung der Wettbewerbsfähigkeit von steuerehrlichen Unternehmen wurde

---

[38] Für in Asien ansässige Händler ist das FA Berlin – Neukölln zuständig, vgl. Umsatzsteuerzuständigkeitsverordnung – UStZustV.

mit den neu eingefügten §§ 22f und 25e UStG eine Haftungsnorm für Betreiber von elektronischen Marktplätzen geschaffen.

Betreiber von elektronischen Marktplätzen sollen zum einen künftig Angaben ihrer Nutzer, für deren Umsätze in Deutschland eine Steuerpflicht in Betracht kommt, vorhalten (§ 22 f UStG) sowie zum anderen für die entstandene und nicht abgeführte USt aus den auf ihrem elektronischen Marktplatz ausgeführten Umsätzen in Haftung genommen werden können, insb. dann, wenn sie Unternehmer, die im Inland steuerpflichtige Umsätze erzielen und hier steuerlich nicht registriert sind, auf ihrem Marktplatz Waren anbieten lassen (§ 25e UStG).

§ 22f UStG Besondere Pflichten für Betreiber eines elektronischen Markplatzes

Durch die Vorschrift des § 22f Abs. 1 S. 1 UStG werden Betreiber eines elektronischen Marktplatzes i. S. d. § 25e Abs. 5 und 6 USTG dazu verpflichtet für Lieferungen eines Unternehmers, die auf dem von ihm bereitgestellten Marktplatz rechtlich begründet worden sind und bei denen die Beförderung oder Versendung im Inland beginnt oder endet, folgende Unterlagen vorzuhalten:

- den vollständigen Namen und die vollständige Anschrift des liefernden Unternehmers,
- die dem liefernden Unternehmer von dem nach § 21 AO zuständigen FA erteilte Steuernummer und soweit vorhanden die ihm vom BZSt erteilte USt-Id-Nr.,
- das Beginn- und Enddatum der Gültigkeit der Bescheinigung nach S. 2,
- den Ort des Beginns der Beförderung oder Versendung sowie den Bestimmungsort und
- den Zeitpunkt und die Höhe des Umsatzes.

Hierdurch wird der Finanzverwaltung die Möglichkeit eingeräumt, zu prüfen, ob der liefernde Unternehmer oder Nutzer seinen steuerlichen Pflichten ordnungsgemäß nachkommt bzw. nachgekommen ist.

Die nach § 22f UStG vorzuhaltenden Angaben unterliegen den steuerlichen Aufbewahrungspflichten nach § 147 AO. Die Aufbewahrungsfrist beträgt sechs Jahre (§ 147 Abs. 1 Nr. 5 i. V. m. Abs. 3 S. 1 AO).

§ 22f Abs. 1 S. 2 und S. 3 UStG beschreiben, wie der Unternehmer gegenüber dem Betreiber nachzuweisen hat, dass er steuerlich registriert ist. Die Angaben nach Nr. 1 bis 3 muss der Betreiber dadurch nachweisen, dass er sich vom leistenden Unternehmer die in Nr. 3 genannte Bescheinigung aushändigen lässt. Diese wird dem liefernden Unternehmer auf Antrag von seinem zuständigen FA erteilt und ist längstens drei Jahre gültig. Mit seinem Antrag auf Erteilung der Bescheinigung willigt der liefernde Unternehmer in die Speicherung seiner Daten in dem beim BZSt geführten Register und die Weitergabe der Daten an den Betreiber ein (§ 22f Abs. 1 S. 7 UStG).

Unternehmer ohne Wohnsitz oder gewöhnlichen Aufenthalt, Sitz oder Geschäftsleitung im Inland, einem anderen Mitgliedstaat der EU oder in einem Staat, auf den das Abkommen über den EWR anwendbar ist, müssen nach § 22f Abs. 1 S. 4 UStG spätestens mit der Antragstellung nach S. 3 einen Empfangsbevollmächtigten im Inland benennen.

Die Benennung des Empfangsbevollmächtigten durch den Unternehmer hat nach § 22f Abs. 1 S. 5 UStG abweichend von § 123 S. 1 AO bereits mit Beantragung der Bescheinigung nach § 22f Abs. 1 S. 3 UStG zu erfolgen und nicht erst auf Verlangen der Finanzbehörde.

Die Benennung des Empfangsbevollmächtigten gilt nicht nur für das Bescheinigungsverfahren, sondern hat Dauerwirkung. Hierdurch wird sichergestellt, dass spätestens ab Beantragung der Bescheinigung Bescheide gegenüber den liefernden Unternehmern einem Empfangsbevollmächtigten im Inland zugestellt werden können.

Nach Einrichtung des elektronischen Bescheinigungsverfahrens nach § 22f Abs. 1 S. 6 UStG erteilt das BZSt dem Betreiber eines elektronischen Markplatzes im Wege einer elektronischen Abfrage Auskunft über dort gespeicherte Bescheinigungen.

Auch wenn der Nutzer des elektronischen Markplatzes kein Unternehmer ist (z. B. weil er nur gelegentlich Gebrauchtwaren verkauft) hat der Betreiber eines elektronischen Marktplatzes neben dem vollständigen Namen und der vollständigen Anschrift (Abs. 1 S. 1 Nr. 1) und den verschiedenen Angaben zu den durchgeführten Lieferungen (S. 1 Nr. 4 und Nr. 5) auch das Geburtsdatum (S. 2) vorzuhalten. Das Geburtsdatum ist für die eindeutige Identifizierung des Anbieters durch die Finanzverwaltung erforderlich.

§22f Abs. 3 UStG regelt, dass der Betreiber eines elektronischen Marktplatzes die nach Abs. 1 S. 1 und Abs. 2 zu führenden Unterlagen über die auf seinem Marktplatz tätigen Anbieter auf Anforderung des FA elektronisch übermitteln muss.

Nach der Gesetzesbegründung ist es für den Betreiber zumutbar, die nach § 22f Abs. 1 und 2 UStG genannten Angaben vorzuhalten und diese auf Anforderung der Finanzverwaltung zur Verfügung zu stellen, da der Betreiber es den liefernden Unternehmern ermöglicht, steuerpflichtige Umsätze zu erzielen, er aufgrund der Ausgestaltungen der Rechtsbeziehungen zu den liefernden Unternehmern bereits über die unter § 22f UStG genannten Angaben verfügt oder sich diese vom Nutzer ohne großen Aufwand beschaffen kann.

Haftung bei Verstößen, § 25e Abs. 1 bis 4 UStG n. F.

a) Grundsatz, § 25e Abs. 1 UStG

Der Betreiber eines elektronischen Marktplatzes haftet für die nicht entrichtete USt aus der Lieferung eines Unternehmers, die auf dem von ihm bereitgestellten Marktplatz rechtlich begründet worden ist. Damit wird eine Gefährdungshaftung normiert. Ziel der Gefährdungshaftung ist es, Betreiber von elektronischen Marktplätzen, die damit ein modernes Medium anbieten, über das Unternehmer, die im Inland, in der EU oder im Drittland ansässig sind, Waren anbieten und Kaufverträge tätigen, neben ihren eigenen wirtschaftlichen Interessen unter bestimmten Voraussetzungen auch für die aus diesen Aktivitäten entstandene und nicht an den Fiskus abgeführte USt in Verantwortung zu nehmen.

b) Einschränkung der Gefährdungshaftung, § 25e Abs. 2 und 3 UStG

§ 25e Abs. 2 sieht eine Einschränkung der verschuldensunabhängigen Gefährdungshaftung nach Abs. 1 vor,

- wenn der Betreiber eine Bescheinigung nach § 22f Abs. 1 S. 2 UStG oder eine nach Bereitstellung eines elektronischen Abfrageverfahrens erteilte Bestätigung nach § 22f Abs. 1 S. 6 UStG vorlegt.

Dies bezieht sich auf die Verpflichtung zur steuerlichen Registrierung, die für Unternehmer besteht, die im Inland steuerpflichtige Umsätze erbringen.

Soweit der Betreiber allerdings Kenntnis davon hatte oder nach der Sorgfalt eines ordentlichen Kaufmanns hätte haben müssen, dass der liefernde Unternehmer seinen steuerlichen Verpflichtungen nicht oder nicht im vollen Umfang nachkommt, haftet er auch für die nicht entrichtete USt auf diese Umsätze. Unabhängig davon greift die Haftung nach Abs. 1 immer ein, wenn der Betreiber keine Bescheinigung nach § 22f Abs. 1 S. 2 UStG oder elektronische Bestätigung nach § 22f Abs. 1 S. 6 UStG vorlegt. In diesen Fällen kommt es auf eine Kenntnis des Betreibers, ob der liefernde Unternehmer seinen steuerlichen Verpflichtungen nachkommt, nicht an.

§ 25 Abs. 3 UStG sieht eine Einschränkung der Gefährdungshaftung nach Abs. 1 vor,

- soweit die Registrierung auf dem elektronischen Markplatz nicht als Unternehmer (sondern als Privatperson) erfolgt und der Betreiber die nach § 22f Abs. 2 UStG vorgesehenen Anforderungen (Aufzeichnungspflichten) erfüllt.

Soweit Art, Menge und Höhe der erzielten Umsätze allerdings den Schluss zulässt, dass die Umsätze im Rahmen eines Unternehmens erbracht wurden und der Betreiber nach der Sorgfalt eines ordentlichen Kaufmanns davon Kenntnis hätte haben müssen, haftet er in diesen Fällen auch für die nicht entrichtete USt auf diese Umsätze.

Der Betreiber haftet hingegen nicht, wenn er sich vom Unternehmer eine Bescheinigung über die steuerliche Registrierung nach § 22f Abs. 1 S. 2 UStG vorlegen lässt oder ihm eine elektronische Bestätigung nach § 22f Abs. 1 S. 6 UStG vorliegt. Soweit der Unternehmer keine Bescheinigung vorlegt, könnte der Betreiber diesen vom weiteren Handel auf seinem elektronischen Marktplatz ausschließen.

c) Verschärfte Haftung, § 25e Abs. 4 UStG

Durch § 25e Abs. 4 UStG wird das für den liefernden Unternehmer zuständige FA bei Vorliegen entsprechender Erkenntnisse, dass Unternehmer, die im Online-Handel Umsätze erbringen, ihre steuerlichen Pflichten nicht oder nicht in ausreichendem Maße erfüllen, berechtigt, dies dem Betreiber eines elektronischen Marktplatzes mitzuteilen, soweit andere Maßnahmen nicht unmittelbar zum Erfolg führen werden.

Das FA hat dem Betreiber mitzuteilen, wenn der Unternehmer seinen steuerlichen Pflichten nicht oder nicht in vollem Umfang nachkommt. Es handelt sich hierbei um eine Offenbarungsbefugnis nach § 30 Abs. 4 Nr. 2 AO. Das Steuergeheimnis steht der Mitteilung daher nicht entgegen.

Nach § 25e Abs. 4 UStG haftet der Betreiber eines elektronischen Marktplatzes für die entstandene USt, wenn die Finanzverwaltung ihn davon in Kenntnis gesetzt hat, dass ein auf seinem Marktplatz tätiger Unternehmer/Verkäufer dort steuerpflichtige Umsätze erbringt und die daraus entstandene USt nicht oder nicht vollständig abführt, unabhängig von einem Nachweis i. S. d. § 22f Abs. 1 S. 2 oder S. 6 UStG. Dem Betreiber des Marktplatzes wird innerhalb einer von der Finanzverwaltung gesetzten und ausreichend bemessenen Frist die Möglichkeit eingeräumt, dafür Sorge zu tragen, dass der betreffende Unternehmer über seinen Marktplatz keine entsprechenden Umsätze mehr tätigen kann. Kommt der Betreiber dieser Aufforderung in der gesetzten Frist nach, erfolgt keine Inanspruchnahme des Betreibers. Kommt der Betreiber des elektronischen Marktplatzes in der vom FA gesetzten Frist dieser Aufforderung jedoch nicht nach, haftet er für die Steuer aus den Umsätzen ab dem Zeitpunkt der Mitteilung.

Gleiches gilt für Fälle, in denen sich ein Unternehmer als Privatperson auf dem Marktplatz hat registrieren lassen. Die bis zum Zugang der Mitteilung des FA für entsprechende Umsätze entstandene USt, die von dem betreffenden Unternehmer nicht an die Finanzverwaltung abgeführt wurde, muss insoweit bei diesem auf der Grundlage der bestehenden rechtlichen Regelungen beigetrieben werden.

Definition des elektronischen Markplatzes und des Betreibers, § 25e Abs. 5 und Abs. 6 UStG n. F.

Ein elektronischer Markplatz i. S. d. § 25e UStG ist eine Website oder jedes andere Instrument, mit dessen Hilfe Informationen über das Internet zur Verfügung gestellt werden, die es einem Dritten, der nicht Betreiber des Marktplatzes ist, ermöglicht Umsätze auszuführen.

Betreiber ist, wer einen elektronischen Marktplatz unterhält und es Dritten ermöglicht, auf diesem Marktplatz Umsätze auszuführen.

Es handelt sich zwar um weit gefasste Definitionen, die jedoch eindeutig sein und somit wenig Raum für Zweifelsfälle lassen dürften.

Haftungsbescheid und Haftungsinanspruchnahme, § 25e Abs. 7 und 8 UStG n. F.

Nach § 25e Abs. 7 UStG ist für den Erlass des Haftungsbescheids das FA zuständig, das die Steuerschuld des liefernden Unternehmers festzusetzen hat. Der Haftungsbescheid muss schriftlich erlassen werden (§ 191 Abs. 1 S. 3 AO). Nach § 191 Abs. 1 AO steht der Erlass eines Haftungsbescheids im pflichtgemäßen Ermessen des zuständigen FA. Das FA muss darlegen, warum der Haftungsschuldner in Anspruch genommen wurde, insb. wenn er statt des Steuerschuldners in Anspruch genommen wird. Die Inanspruchnahme des Haftungsschuldners ist dabei grds. gegenüber der Inanspruchnahme des Steuerschuldners nachrangig. Wenn wie in den vorliegenden Fällen feststeht, dass der Steuerschuldner nicht ohne weiteres erreichbar ist, kann der Betreiber des elektronischen Marktplatzes in Ausübung des pflichtgemäßen Ermessens in Anspruch genommen werden.

Vor Erlass des Haftungsbescheids ist dem Haftungsschuldner gem. § 91 Abs. 1 S. 1 AO Gelegenheit zu geben, sich zu den für die Entscheidung erheblichen Tatsachen zu äußern.

§ 219 AO stellt für die Rechtmäßigkeit der Haftungsinanspruchnahme auf die vorgehende Vollstreckung in das bewegliche Vermögen des Steuerschuldners ab. Diese wird nach § 25e Abs. 8 UStG beschränkt auf Fälle, in denen der Steuerschuldner seinen Wohnsitz oder gewöhnlichen Aufenthalt, Sitz oder Geschäftsleitung im Inland, in einem anderen Mitgliedstaat der Europäischen Union oder in einem Staat, auf den das Abkommen über den europäischen Wirtschaftsraum anzuwenden ist, hat.

Übergangsregelung, § 27 Abs. 25 UStG n. F.

§ 27 Abs. 25 UStG regelt das Übergangsverfahren für die Anwendung der Regelungen in § 22f Abs. 1 S. 6 und Abs. 3 UStG sowie § 25e Abs. 1 bis Abs. 4 UStG.

Betreiber elektronischer Marktplätze haften für die nicht entrichtete USt im Hinblick auf Umsätze von in § 22f Abs. 1 S. 4 UStG genannten Unternehmern, soweit das dem Umsatz zugrunde liegende Rechtsgeschäft nach dem 28.2.2019 abgeschlossen wird; für die nicht entrichtete USt im Hinblick auf Umsätze von Unternehmern mit Sitz im Inland, in der EU oder in einem Staat, auf den das Abkommen über den EWR anwendbar ist, haften sie, soweit das dem Umsatz zugrunde liegende Rechtsgeschäft nach dem 30.9.2019 abgeschlossen wird.

Damit soll Betreibern elektronischer Marktplätze ausreichend Vorbereitungszeit auf die Anwendung des § 25e Abs. 1 bis Abs. 4 UStG eingeräumt werden.

2.2.8 Änderungen im Investmentsteuergesetz

Nach der Systemumstellung der Besteuerung von Erträgen aus Investmentvermögen unterliegen die Erträge je nach Fondskategorie einer bestimmten Teilfreistellungsquote (§ 20 InvStG, entsprechende Teilabzugsbeschränkungen, § 21 InvStG).

Durch das Gesetz zur Vermeidung von USt-Ausfällen beim Handel mit Waren im Internet und zur Änderung weiterer steuerlicher Vorschriften kommt es bezüglich der zu erfüllenden Anforderungen zu Änderungen. Die Änderungen des InvStG betreffen insb. Änderungen des § 2 InvStG 2018 zur Definition eines Aktien-, Misch- bzw. Immobilienfonds und der Übergangsregelung in § 56 Abs. 2 InvStG.

2.2.8.1 Neudefinition des Aktien- und Mischfonds

§ 2 Abs. 6 InvStG definiert den Begriff des Aktienfonds. Von den Voraussetzungen eines Aktienfonds hängt es ab, ob auf die Investmenterträge die Aktienteilfreistellung nach § 20 Abs. 1 InvStG 2018 anzuwenden ist.

Der bisherige § 2 Abs. 6 InvStG entspricht dem neuen S. 1 des § 2 Abs. 6 InvStG. Diese Vorschrift wird in zweierlei Hinsicht geändert:

Zum einen wird anstatt der bisher vorausgesetzten 51%igen Anlage in Kapitalbeteiligungen nunmehr eine mehr als 50%ige Anlage in Kapitalbeteiligungen als ausreichend erachtet.

Die 51%-Grenze war an der Kategorisierung der BaFin orientiert. Dagegen kann es sein, dass ausländische Investmentfonds keinen entsprechenden ausländischen aufsichtsrechtlichen Vorgaben unterliegen und daher bei einem Aktienfonds lediglich eine mehr als 50%ige Anlage in Kapitalbeteiligungen in den Anlagebedingungen vorgesehen ist. Um die ausländischen Investmentfonds nicht aufgrund von marginalen Unterschieden von der Aktienteilfreistellung auszuschließen, hat es die Finanzverwaltung bereits im Erlasswege nicht beanstandet, wenn die Anlagebedingungen i. S. d. § 2 Abs. 12 InvStG lediglich eine „überwiegende" (d. h. mehr als 50%ige) Anlage in Kapitalbeteiligungen vorsehen.

Durch die gesetzliche Änderung sollen nunmehr einheitliche Maßstäbe für inländische und ausländische Investmentfonds geschaffen werden. Darüber hinaus wird vermieden, dass Anleger die sich aus der Nichtbeanstandungsregelung ergebende Teilfreistellung nur bei positiven Investmenterträgen in Anspruch nehmen, während Verluste in voller Höhe geltend gemacht werden.

Nach dem Willen des Gesetzgebers führt diese Änderung aber nicht dazu, dass inländische Investmentfonds ihre Anlagebedingungen ändern müssten. Vielmehr erfüllt eine in den Anlagebedingungen geregelte mindestens 51%ige Anlage in Kapitalbeteiligungen erst recht die Anforderungen des geänderten § 2 Abs. 6 S. 1 InvStG.

Zum anderen wird in § 2 Abs. 6 S. 1 InvStG klargestellt, dass es für die Berechnung der Kapitalbeteiligungsquote nur auf den Wert der vom Investmentfonds gehaltenen Vermögensgegenstände ankommt und die Verbindlichkeiten des Investmentfonds unberücksichtigt bleiben. Dies gilt auch für Mischfonds, § 2 Abs. 7 InvStG.

Um deutlicher zum Ausdruck zu bringen, dass die Verbindlichkeiten bei der Ermittlung der Kapitalbeteiligungsquote grds. unberücksichtigt bleiben, wird auf das Aktivvermögen abgestellt. Der Begriff des Aktivvermögens wird in dem neuen § 2 Abs. 9a InvStG definiert.

2.2.8.2 Kein Verlust der Eigenschaft als Aktienfonds bei lediglich geringfügiger Abweichung

§ 2 Abs. 6 S. 4 InvStG stellt klar, dass nicht jedwede geringfügige Abweichung des tatsächlichen Anlageverhaltens von den Anlagebedingungen zum Verlust der Eigenschaft als Aktienfonds führt. Vielmehr liegt nur bei einem wesentlichen Verstoß gegen die Anlagebedingungen und einem tatsächlichen Unterschreiten der Aktien-Kapitalbeteiligungsquote kein Aktienfonds mehr vor.

Unbeachtlich ist hingegen ein kurzfristiges Unterschreiten der Aktien-Kapitalbeteiligungsquote aufgrund von Wertveränderungen der gehaltenen Vermögensgegenstände oder einer unbeabsichtigten oder unverschuldeten fehlerhaften Einstufung eines Vermögensgegenstands als Kapitalbeteiligung. Eine passive Grenzverletzung führt daher nicht zum Verlust des Status eines Aktienfonds, wenn der Investmentfonds unverzüglich nach Kenntnis der Grenzverletzung ihm mögliche und zumutbare Maßnahmen unternimmt, um die erforderliche Kapitalbeteiligungsquote wiederherzustellen.

Für Mischfonds wird in § 2 Abs. 7 S. 4 InvStG n. F. und für Immobilienfonds in § 2 Abs. 9 S. 3 InvStG n. F. auf die Regelung des § 2 Abs. 6 S. 4 InvStG n. F. verwiesen. Damit ist für alle Fondstypen klargestellt, dass es nur bei wesentlichen Verstößen gegen die Anlagebedingungen zu einem Verlust des steuerlichen Status des Investmentfonds und den damit verbundenen Folgewirkungen des § 19 Abs. 2 InvStG oder des § 22 InvStG auf der Anlegerebene kommt.

2.2.8.3 Erleichterungen für Dach-Investmentfonds

Zweck der Regelung des § 2 Abs. 6 S. 2 InvStG ist es, dass Dach-Investmentfonds die Kapitalbeteiligungsquote eines Aktienfonds leichter erreichen können. Voraussetzung für die Aktienfondseigenschaft ist, dass der Dach-Investmentfonds in seinen Anlagebedingungen regelt, dass er unmittelbar oder mittelbar mehr als 50 % seines Aktivvermögens in Kapitalbeteiligungen investiert. Außerdem müssen die Anlagebedingungen vorsehen, dass der Dach-Investmentfonds bei der mittelbaren Anlage in Ziel-Investmentfonds auf die bewertungstäglich von den Ziel-Investmentfonds veröffentlichten Kapitalbeteiligungsquoten abstellt. Dies wird in der Praxis i. d. R. so umgesetzt, dass die Ziel-Investmentfonds ihre bewertungstäglich ermittelten Kapitalbeteiligungsquoten einem Finanzinformationsdienstleister (z. B. WM-Datenservice) mitteilen, der wiederum diese Daten dem Dach-Investmentfonds zur Verfügung stellt.

Mit Bewertungstag ist jeder Tag gemeint, an dem ein Investmentfonds den Wert seiner Vermögensgegenstände ermittelt und unter Berücksichtigung der Verbindlichkeiten den Wert pro Investmentanteil berechnet. Bei Publikumsfonds wird i. d. R. an jedem Geschäftstag eine Bewertung vorgenommen.

Um etwaige Gestaltungen auszuschließen, bei denen ein Dach-Investmentfonds in nicht öffentlich vertriebene Ziel-Investmentfonds investiert, die z. B. nur einmal im Jahr eine Bewertung vornehmen und genau zu diesem Zeitpunkt eine hohe Kapitalbeteiligungsquote ausweisen, während die Kapitalbeteiligungsquote im Rest des Jahres wesentlich niedriger ist, setzt § 2 Abs. 6 S. 3 InvStG voraus, dass der Ziel-Investmentfonds mindestens einmal pro Woche eine Bewertung vornimmt. Investiert der Dach-Investmentfonds in einen Ziel-Investmentfonds, der weniger als einmal pro Woche eine Bewertung vornimmt, dann ist § 2 Abs. 6 S. 2 InvStG hinsichtlich dieses Ziel-Investmentfonds nicht anwendbar. Maßgebend für die Berechnung der Kapitalbeteiligungsquote des Dach-Investmentfonds sind dann nur die Anlagebedingungen des betreffenden Ziel-Investmentfonds.

Die Regelungen § 2 Abs. 8 S. 2 und S. 3 InvStG erleichtern es auch Dach-Investmentfonds die Kapitalbeteiligungsquote eines Aktien- oder Mischfonds zu erreichen.

Bei der Prüfung der Kapitalbeteiligungsquote eines Dach-Investmentfonds waren bislang die Investmentanteile an einem Ziel-Aktienfonds mit 51 % des Werts des Investmentanteils anzusetzen. Danach blieb es unberücksichtigt, wenn der Ziel-Aktienfonds in seinen Anlagebedingungen eine über die 51%-Grenze hinausgehende Mindestanlage in Aktien oder anderen Kapitalbeteiligungen vorsieht. Nunmehr hat der Dach-Investmentfonds auf solche höheren

Mindestanlagequoten der Ziel-Investmentfonds abzustellen. Wenn bspw. der Ziel-Investmentfonds in seinen Anlagebedingungen vorsieht, dass i. H. v. mindestens 75 % in Kapitalbeteiligungen investiert wird, dann hat der Dach-Investmentfonds 75 % des Werts des Investmentanteils an dem Ziel-Investmentfonds als Kapitalbeteiligung anzusetzen. Entsprechendes gilt für Beteiligungen eines Dach-Investmentfonds an Mischfonds.

Die Regelung ist nicht als Wahlrecht des Dach-Investmentfonds ausgestaltet, weil ansonsten nur bei positiven Investmenterträgen davon Gebrauch gemacht würde. Die Teilfreistellung soll jedoch einheitlich im Gewinn- oder Verlustfall angewendet werden.

Für Immobilienfonds gilt diese Neuregelung nicht, da die Quoten aufgrund der – typischerweise – langfristigen Investitionen in Immobilien keinen derartigen Schwankungen unterliegen.

Vor diesem Hintergrund dürfte es sinnvoll sein, für Investmentfonds, die nicht die Anforderungen an die Veröffentlichung der Kapitalbeteiligungsquoten erfüllen, eine explizite Aufnahme von dauerhaft erreichbaren höheren Kapitalbeteiligungsquoten in die Anlagebedingungen von Ziel-Investmentfonds aufzunehmen. So könnte ggf. eine höhere Attraktivität für Dach-Investmentfonds erreicht werden.

2.2.8.4 Definition des Aktivvermögens

§ 2 Abs. 9a InvStG definiert für Zwecke der Ermittlung der in § 2 Abs. 6 und 7 InvStG geregelten Kapitalbeteiligungsquote und der Immobilienquote nach § 2 Abs. 9 InvStG den Begriff des Aktivvermögens.

Maßgebend für die Höhe des Aktivvermögens ist der Wert der einzelnen vom Investmentfonds gehaltenen Vermögensgegenstände. Dazu zählen insb.:

- der Wert von Aktien,
- sonstigen Kapitalbeteiligungen,
- verzinslichen Wertpapieren,
- derivativen Finanzprodukten,
- Beteiligungen an Personengesellschaften und
- Beteiligungen an Immobilien,

also das, was bei Bilanzierung der Aktivseite der Bilanz entsprechen würde.

Dagegen bleiben Verbindlichkeiten, die bei einer Bilanzierung auf der Passivseite zu erfassen wären, bei der Ermittlung des Aktivvermögens unberücksichtigt.

Klarstellend ist darauf hinzuweisen, dass Investmentfonds i. d. R. keine Bilanz erstellen, sondern eigenständigen Rechnungslegungsvorschriften unterliegen. Anders als in einer Bilanz ist für die Ermittlung der Höhe des Aktivvermögens auch nicht auf die (fortgeführten) Anschaffungskosten, sondern auf die jeweiligen tagesaktuellen Verkehrswerte der von dem Investmentfonds gehaltenen Vermögensgegenstände abzustellen.

Investmentfonds, deren Kreditaufnahme gesetzlich oder durch deren Anlagebedingungen begrenzt ist, dürfen für die Ermittlung der Kapitalbeteiligungs- und Immobilienquote auf den Nettoinventarwert abstellen. Der Nettoinventarwert ist der Gesamtwert aller vom Investmentfonds gehaltenen Vermögensgegenstände abzüglich der Verbindlichkeiten des Investmentfonds. Die Regelung reduziert den administrativen Aufwand insoweit, dass der Nettoinventarwert ohnehin für die Ermittlung des Anteilspreises ermittelt wird und auf eine davon abweichende Ermittlung des Aktivvermögens verzichtet wird.

§ 2 Abs. 9 S. 2 InvStG ist anwendbar, wenn der Investmentfonds nur kurzfristige Kredite aufnehmen darf und die Kreditaufnahme auf max. 30 % des Werts des Investmentfonds begrenzt ist. Dieses Kriterium erfüllen alle OGAW, da in § 199 KAGB und Art. 83 Abs. 2 Buchst. a der OGAW-Richtlinie (RL 2009/65/EG vom 13.7.2009 zur Koordinierung der Rechts- und Verwaltungsvorschriften betreffend bestimmte Organismen für gemeinsame Anlagen in Wertpapieren) die Kreditaufnahme auf kurzfristige Kredite i. H. v. max. 10 % des Werts des OGAW begrenzt wird.

§ 2 Abs. 9 S. 3 und S. 4 InvStG modifizieren die Berechnung der Kapitalbeteiligungsquote und der Immobilienquote, wenn der Nettoinventarwert als Aktivvermögen angesetzt wird. Bei der Berechnung ist davon auszugehen, dass alle Vermögensgegenstände des Investmentfonds in gleichem Verhältnis durch Kredite finanziert werden und bei der Ermittlung der Quoten ist der Wert der Kapitalbeteiligungen und Immobilien entsprechend zu kürzen. Die Regelung stellt sicher, dass auch bei dem Ansatz des Nettoinventarwerts ein Aktienfonds nur dann vorliegt, wenn überwiegend in Aktien investiert wird. Entsprechendes gilt für Misch- und Immobilienfonds.

Beispiel

Der Investmentfonds I, der den Regelungen des § 199 KAGB unterliegt, besitzt Aktien im Wert von 460 € und verzinsliche Wertpapiere im Wert von 540 €. Außerdem hat der I kurzfristige Kredite i. H. v. 100 € aufgenommen.
Der Nettoinventarwert beträgt 460 € + 540 € – 100 € = 900 €.
Auf die Aktien entfallen anteilig 100 x 460/1.000 = 46 € Kredite. Nach Abzug der Kredite verbleibt ein Wert der Aktien i. H. v. 460 € – 46 € = 414 €. Die Kapitalbeteiligungsquote beträgt 414/900 = 46 %. Es wird damit nur die Kapitalbeteiligungsquote eines Mischfonds i. S. d. § 2 Abs. 7 InvStG und nicht die eines Aktienfonds i. S. d. § 2 Abs. 6 InvStG erreicht.

Im Ergebnis führen das Abstellen auf das Aktivvermögen nach S. 1 und das modifizierte Abstellen auf den Nettoinventarwert nach den Sätzen 2 bis 4 zum gleichen Ergebnis.

2.2.8.5 Ermittlung des Werts von Alt-Anteilen, § 56 Abs. 2 S. 4 bis 7 InvStG n. F.

2.2.8.5.1 Bewertung von Alt-Anteilen mit fiktiven Anschaffungskosten

Nach § 56 Abs. 2 S. 1 InvStG gelten die vor dem 1.1.2018 angeschafften Anteile mit Ablauf des 31.12.2017 als veräußert und mit Beginn des 1.1.2018 als angeschafft.

Zur Veränderung der Bezugsgröße für eventuelle Teilwertabschreibungen oder -zuschreibungen bestimmt § 56 Abs. 2 S. 4 InvStG n. F. dass bei Alt-Anteilen im Betriebsvermögen die für den 1.1.2018 ermittelten fiktiven Anschaffungskosten an die Stelle der fortgeführten ursprünglichen Anschaffungskosten von Alt-Anteilen treten. Der Begriff der Alt-Anteile ist in § 56 Abs. 2 S. 1 InvStG definiert und umfasst insb. Investmentanteile und Spezial-Investmentanteile. Die Alt-Anteile sind ab dem 1.1.2018 in der Steuerbilanz i. H. d. fiktiven Anschaffungskosten anzusetzen. Die fiktiven Anschaffungskosten bilden die „neue" Bewertungsobergrenze. Dadurch ändert sich die Bezugsgröße für etwaige Teilwertab- oder Teilwertzuschreibungen.

Die Regelung führt zu einer von der Handelsbilanz abweichenden Bewertung in der Steuerbilanz. Ein Ausweis latenter Steuern in der Handelsbilanz nach § 274 HGB wird dadurch nicht erforderlich, weil es zu keiner abweichenden Ertragsrealisation kommt; denn durch die Einstellung des aufgedeckten, noch nicht zu versteuernden Gewinns in eine steuerliche Rücklage wird der Gewinn sowohl handels- als auch steuerrechtlich zeitgleich bei Veräußerung der Alt-Anteile realisiert.

Die Regelung soll steuerliche Verzerrungen aufgrund des Übergangs zwischen dem alten und dem neuen Recht vermeiden. Eine einheitliche Anwendung der Regelung für alle Fondstypen (auch Fondstypen, z. B. reine Rentenfonds, bei denen steuerliche Verzerrungen nicht auftreten) soll jedoch Abgrenzungsprobleme vermeiden und die Administration durch die einheitlichen Regelungen vereinfachen.

2.2.8.5.2 Sonderregelung zur Verhinderung zusätzlichen Abschreibungspotenzials

Nach § 56 Abs. 2 S. 5 und S. 6 InvStG n. F sind im Rahmen der Bewertung nach dem 1.1.2018 eingetretene Wertminderungen i. S. d. § 6 Abs. 1 Nr. 2 S. 2 EStG und im Rahmen dieser Wertminderungen liegende Werterhöhungen i. S. v. § 6 Abs. 1 Nr. 2 S. 3 EStG erst zu dem Zeitpunkt der tatsächlichen Veräußerung des Alt-Anteils zu berücksichtigen, wenn die fiktiven Anschaffungskosten zum 1.1.2018 höher sind als die fortgeführten ursprünglichen Anschaffungskosten, also der Buchwert am 31.12.2017.

Nach § 56 Abs. 2 S. 1 InvStG gelten die Alt-Anteile mit Ablauf des 31.12.2017 als veräußert und mit Beginn des 1.1.2018 als angeschafft. Diese Veräußerungs- und Anschaffungsfiktion des § 56 Abs. 2 S. 1 InvStG dient nur als technisches Hilfsmittel, um die nach altem Recht entstandene Erträge von den Erträgen des neuen Rechts abzugrenzen. Tatsächlich werden die Alt-Anteile durchgehend von den Anlegern gehalten und sind bei bilanzierenden Anlegern auch durchgehend in der Bilanz zu erfassen und zu bewerten. Dies gilt insb. auch bei einem Wirtschaftsjahresende bzw. Bilanzstichtag zum 31.12.2017. Die Veräußerungsfiktion führt daher nicht zu einem Buchwert von 0 € zum 31.12.2017.

Durch die Veräußerungs- und Anschaffungsfiktion soll kein zusätzliches Abschreibungspotenzial geschaffen werden.

Beispiel

Die A-GmbH erwirbt am 15.6.2016 einen Spezial-Investmentanteil zu einem Preis von 1.000 €. Seitdem ist der Wert nicht unter die Anschaffungskosten gesunken. Der letzte in 2017 festgestellte Rücknahmepreis beträgt 1.500 €.

Variante 1:

Am Ende des Jahres 2018 ist der Rücknahmepreis auf 1.200 € gesunken. Die Voraussetzungen für eine Teilwertabschreibung (BMF, Schreiben vom 2.9.2016, IV C 6 – S 2171-b/09/10002 :002, BStBl I, S. 995, Rz. 17 ff.) liegen vor.

Zum 31.12.2017 ergibt sich ein Veräußerungsgewinn i. H. v. 500 €, der nach § 56 Abs. 3 S. 1 InvStG erst bei tatsächlicher Veräußerung steuerwirksam wird. Nach § 56 Abs. 2 S. 4 InvStG n. F. betragen die neuen Anschaffungskosten am 1.1.2018 i. S. d. § 6 Abs. 1 Nr. 2 EStG 1.500 €. Nach § 56 Abs. 2 S. 5 InvStG n. F. wirkt sich eine Teilwertabschreibung bis zur H. v. 500 € erst bei tatsächlicher Veräußerung aus, weil in dieser Höhe die aufgedeckten stillen Reserven wegen § 56 Abs. 3 S. 1 InvStG noch nicht steuerwirksam wurden.

Erwerb am 15.6.2016: Spezial-Investmentanteil 1.000 €.

| 1. | Spezial-Investmentanteil | 1.000 € | an | Bank | 1.000 € |

Buchung der fiktiven Veräußerung am 31.12.2017:

| 1. | Spezial-Investmentanteil | 500 € | an | Ertrag | 500 € |
| 2. | Ertrag | 500 € | an | Rücklage § 56 Abs. 3 S. 1 InvStG | 500 € |

Buchung der Teilwertabschreibung am 31.12.2018:

| 1. | Aufwand aus Abschreibung | 300 € | an | Spezial-Investmentanteil | 300 € |
| 2. | Rücklage § 56 Abs. 2 S. 5 und S. 6 InvStG | 300 € | an | Aufwand aus Abschreibung | 300 € |

Beispiel

1a – Weiterführung zu Variante 1:

Am Ende des Jahres 2019 ist der Rücknahmepreis auf 1.300 € gestiegen.

Zum 31.12.2018 steht der Investmentanteil mit 1.200 € in der Bilanz. Ebenso sind ein fiktiver Veräußerungsgewinn i. H. v. 500 € und eine Teilwertminderung i. H. v. 300 € bilanziert, aber noch nicht gewinnwirksam geworden. Die Wertaufholung beim Investmentanteil muss zwingend zum 31.12.2019 vorgenommen werden. Die daraus resultierende Gewinnerhöhung um 100 € (Buchwert des Investmentanteils am 31.12.2019 – 1.300 € – abzüglich Buchwert des Investmentanteils am 31.12.2018 – 1.200 € – = 100 €) ist mit der noch nicht gewinnwirksamen Teilwertminderung zu verrechnen. Damit erscheint am 31.12.2019 der Investmentanteil mit 1.300 €, der fiktive noch nicht steuerwirksame Veräußerungsgewinn mit 500 € und die noch nicht steuerwirksame Teilwertminderung mit 200 € in der Steuerbilanz.

Buchung der Teilwertzuschreibung am 31.12.2019:

| 1. | Spezial-Investmentanteil | 100 € | an | Ertrag aus Zuschreibung | 100 € |
| 2. | Ertrag aus Zuschreibung | 100 € | an | Rücklage § 56 Abs. 2 S. 5 und S. 6 InvStG | 100 € |

Beispiel

1b – Weiterführung zu Variante 1a:

Im Jahr 2020 wird der Anteil für 1.300 € verkauft.

Der Investmentanteil i. H. v. 1.300 € muss ausgebucht werden. Des Weiteren sind die Rücklagen für den fiktiven Veräußerungsgewinn i. H. v. 500 € und für die Teilwertminderung i. H. v. 200 € aufzulösen. Die Veräußerung ist mit 300 € gewinnwirksam (Ertrag aus dem fiktiven Veräußerungsgewinn 500 € abzüglich 200 € nachgeholte Teilwertabschreibung = 300 €).

Buchung der Veräußerung in 2020:

1.	Bank	1.300 €	an	Spezial-Investmentanteil	1.300 €
2.	Aufwand	200 €	an	Rücklage § 56 Abs. 2 S. 5 und S. 6 InvStG	200 €
3.	Rücklage § 56 Abs. 3 S. 1 InvStG	500 €	an	Ertrag	500 €

Beispiel

Variante 2:

Am Ende des Jahres 2018 ist der Rücknahmepreis auf 800 € gesunken. Die Voraussetzungen für eine Teilwertabschreibung (BMF, Schreiben vom 2.9.2016, IV C 6 - S 2171-b/09/10002:002, BStBl I S. 995, Rz. 17 ff.) liegen vor.

Wie bei Variante 1 beträgt der noch nicht steuerwirksame fiktive Veräußerungsgewinn 500 €. Bis zur Höhe von 500 € wirkt sich eine Teilwertabschreibung erst bei tatsächlicher Veräußerung – also dann, wenn auch der fiktive Veräußerungsgewinn steuerwirksam wird, aus. Über diesen Betrag hinaus lässt § 56 Abs. 2 S. 5 InvStG n. F. weiterhin eine Teilwertabschreibung zu, hier i. H. v. 200 € (1.500 € „neue" Anschaffungskosten abzüglich 800 € Teilwert = 700 € Teilwertabschreibung gesamt abzüglich 500 € Teilwertabschreibung, die erst bei tatsächlicher Veräußerung wirksam werden darf = 200 € Teilwertabschreibung, die am 31.12.2018 gewinnwirksam berücksichtigt werden darf).

Am Ende des Jahres 2019 ist der Rücknahmepreis auf 1.100 € gestiegen.

Zum 31.12.2018 steht der Investmentanteil mit 800 € in der Bilanz. Ebenso sind ein fiktiver Veräußerungsgewinn i. H. v. 500 € und eine Teilwertminderung i. H. v. 500 € verbucht, aber noch nicht gewinnwirksam geworden. Die Teilwertminderung i. H. v. 200 € ist gewinnwirksam verbucht. Die Wertaufholung beim Investmentanteil muss zwingend zum 31.12.2019 vorgenommen werden. Die daraus resultierende Gewinnerhöhung um 300 € (Buchwert des Investmentanteils am 31.12.2019 – 1.100 € – abzüglich Buchwert des Investmentanteils am 31.12.2018 – 800 € – = 300 €) ist i. H. v. 200 € gewinnwirksam und i. H. v. 100 € mit der noch nicht gewinnwirksamen Teilwertminderung zu verrechnen. Damit erscheint am 31.12.2019 der Investmentanteil mit 1.100 €, der fiktive noch nicht steuerwirksame Veräußerungsgewinn mit 500 € und die noch nicht steuerwirksame Teilwertminderung mit 400 € in der Steuerbilanz.

Die Regelung in § 56 Abs. 2 S. 6 InvStG n. F. stellt damit sicher, dass zuerst eine steuerwirksame Wertaufholung bis zu der Höhe des Buchwerts zum 31.12.2017 vor der fiktiven Veräußerung vorzunehmen ist und erst dann der darüberhinausgehende Teil der Wertaufholung – bis zur tatsächlichen Veräußerung – steuerneutral zu behandeln ist.

2.2.8.5.3 Geltung auch für die Veräußerung gleichgestellte Vorgänge

Die Berücksichtigung dieser Wertminderungen und Werterhöhungen zum Zeitpunkt der tatsächlichen Veräußerung des Alt-Anteils erfolgt auch bei den der Veräußerung gleichgestellten Vorgängen nach § 2 Abs. 13 InvStG. Danach gilt als Veräußerung von Investmentanteilen und Spezial-Investmentanteilen auch deren Rückgabe, Abtretung, Entnahme oder verdeckte Einlage in eine Kapitalgesellschaft.

Ferner gilt dies auch nach Übertragung der Anteile in ein anderes Betriebsvermögen desselben Anlegers in den Fällen des § 6 Abs. 5 EStG sowie für den Rechtsnachfolger nach Übertragung der Anteile in den Fällen des § 6 Abs. 3 und 5 EStG und §§ 20 und 24 UmwStG.

In den Fällen des § 6 Abs. 3 und Abs. 5 EStG tritt als Rechtsfolge Buchwertfortführung ein. In Fällen des §§ 20, 24 UmwStG gilt dies nur, wenn gem. § 20 Abs. 2 S. 2 oder § 24 Abs. 2 S. 2 UmwStG die Voraussetzungen für eine Buchwertfortführung gegeben sind und diese auch beantragt wurde. Unter diesen Voraussetzungen tritt die übernehmende Gesellschaft in die Rechtsstellung der Übertragenden ein (§ 23 Abs. 1 i. V. m. § 12 Abs. 3 UmwStG oder § 24 Abs. 4 i. V. m. § 23 Abs. 1 i. V. m. § 12 Abs. 3 UmwStG).

Darüber hinaus stellt § 56 Abs. 2 S. 7 InvStG klar, dass der für die Regelungen in § 56 Abs. 2 S. 5 und S. 6 InvStG relevante Buchwert der Alt-Anteile zum 31.12.2017 den bisherigen fortgeführten Anschaffungskosten entspricht und dass die in § 56 Abs. 2 S. 1 InvStG geregelte fiktive Veräußerung keinen Einfluss auf diesen Buchwert hat.

Vielmehr ist davon auszugehen, dass zuerst eine Bewertung und der Ansatz der Alt-Anteile in einer zum 31.12.2017 zu erstellenden Bilanz nach den bisherigen Grundsätzen erfolgt und erst in einem nachfolgenden Schritt von einer fiktiven Veräußerung auszugehen ist. Hierfür spricht insb., dass für die Bilanz der Wert der „am" Bilanzstichtag vorhandenen Alt-Anteile maßgebend ist und die fiktive Veräußerung nach § 56 Abs. 2 S. 1 InvStG mit Ablauf des 31.12.2017 also erst in der letzten juristischen Sekunde des Jahres 2017 angenommen wird.

2.2.8.6 Vereinfachung des Verfahrens zur Feststellung des fiktiven Veräußerungsgewinns, § 56 Abs. 5 InvStG

2.2.8.6.1 Beschränkung des Feststellungsverfahren auf betriebliche Anleger

Der mit dem Investmentsteuerreformgesetz eingeführte § 56 Abs. 5 InvStG regelt die Feststellung des fiktiven Veräußerungsgewinns von Alt-Anteilen. Bisher war der Gewinn gesondert festzustellen, wenn er der Besteuerung nach dem Einkommen unterliegt. Durch die Änderung dieser Norm soll die Zahl der Fälle, in denen eine Feststellung vorzunehmen ist, reduziert und das Verfahren vereinfacht.

Die Feststellungserklärung ist keine Voraussetzung für die Besteuerung des fiktiven Veräußerungsgewinns im Zeitpunkt der tatsächlichen Veräußerung, sondern soll lediglich die Ermittlung der zutreffenden Bemessungsgrundlage erleichtern. Dies ist insb. dann geboten, wenn sehr lange Zeiträume zwischen dem Zeitpunkt der fiktiven Veräußerung und dem Zeitpunkt der tatsächlichen Veräußerung liegen. Dagegen ist keine Feststellung hinsichtlich solcher Alt-Anteile geboten, die der Anleger bereits vor der Abgabe der Feststellungserklärung veräußert hat.

Nach § 56 Abs. 5 S. 1 InvStG wird grds. nur in den Fällen ein Feststellungsverfahren durchgeführt, in denen die Alt-Anteile zu einem Betriebsvermögen gehören. Außerdem wird ein Feststellungsverfahren durchgeführt, wenn die Alt-Anteile von einer Gesamthand gehalten werden und für diese ohnehin ein Feststellungsverfahren nach § 180 Abs. 1 S. 1 Nr. 2 AO durchzuführen ist.

Bei Privatanlegern ist bereits nach der bisherigen Fassung des § 56 Abs. 5 InvStG grds. kein Feststellungsverfahren vorgesehen, wenn die Alt-Anteile in einem inländischen Depot gehalten werden. Bei einer Verwahrung in einem inländischen Depot übernimmt das depotführende Kreditinstitut die Ermittlung des fiktiven Veräußerungsgewinns und wendet im Zeitpunkt der tatsächlichen Veräußerung auch auf den fiktiven Veräußerungsgewinn einen abgeltenden Abzug der KapErtrSt an. Aufgrund der Abgeltungswirkung entfallen im Regelfall, falls keine Antragsveranlagung oder Günstigerprüfung erfolgt, das Veranlagungsverfahren und damit der Bedarf für ein Feststellungsverfahren.

Nach der bisherigen Gesetzesfassung war bei Privatanlegern nur in den Fällen der Auslandsverwahrung eine Feststellung vorzunehmen. Hierauf wird nun aus verfahrensökonomischen Gründen mit der Neuregelung verzichtet.

Bei betrieblichen Anlegern besteht ein stärkerer Bedarf für ein Feststellungsverfahren, weil die Ermittlung des fiktiven Veräußerungsgewinns aufgrund des Aktiengewinns komplexer und streitanfälliger ist. Darüber hinaus können die Kreditinstitute – anders als bei Privatanlegern – bei betrieblichen Anlegern nicht den zutreffenden fiktiven Veräußerungsgewinn ermitteln, weil ihnen insb. die hierzu erforderlichen Informationen zum Buchwert der Alt-Anteile bzw. zu etwaigen Teilwertabschreibungen und Wertaufholungen sowie zum Aktiengewinn fehlen. Schließlich ist aus verfahrensökonomischer Sicht zu berücksichtigen, dass betriebliche Anleger typischerweise in größerem Umfang in Fondsprodukte investieren. Aus diesen Gründen wird nur bei betrieblichen Anlegern das Feststellungsverfahren beibehalten und bei Privatanlegern grds. darauf verzichtet.

Eine Ausnahme stellen lediglich die Fälle des § 180 Abs. 1 S. 1 Nr. 2 AO dar. Wenn ohnehin ein Feststellungsverfahren durchzuführen ist, dann erzeugt es nur geringen Mehraufwand, eine Feststellung des fiktiven Veräußerungsgewinns vorzunehmen, unabhängig davon, ob nur Privatanleger oder auch betriebliche Anleger an der Gesamthand beteiligt sind.

2.2.8.6.2 Gegenstand der Feststellung

Festzustellen ist nicht nur der fiktive Veräußerungsgewinn als Gesamtgröße, sondern festzustellen sind auch dessen Berechnungsbestandteile, unabhängig davon, ob diese Berechnungsbestandteile bilanziell erfasst oder nur außerbilanziell berücksichtigt werden.

Berechnungsbestandteile sind insb.

- der Aktiengewinn,
- der Immobiliengewinn,
- der Zwischengewinn,
- die ausschüttungsgleichen Erträge,
- die (in nachfolgenden Jahren) ausgeschütteten ausschüttungsgleichen Erträge,
- die Erträge nach § 6 InvStG 2004,
- die Steuern auf ausschüttungsgleiche Erträge,
- die ausgeschütteten steuerfreien Altveräußerungsgewinne i. S. d. § 8 Abs. 5 S. 5 InvStG 2004,

- die steuerneutrale Substanzauskehr und
- die ausgeschütteten Absetzungsbeträge für Abnutzung.

Nach § 56 Abs. 5 S. 2 InvStG ist die Feststellungserklärung in elektronischer Form abzugeben. Damit die hierfür erforderlichen IT-technischen Voraussetzungen geschaffen werden können, sieht die Neuregelung vor, dass frühestens ab dem Jahr 2020 eine Feststellungserklärung abgegeben werden kann. Spätestens ist die Feststellungserklärung bis Ende des Jahres 2022 abzugeben. D. h. der Anleger hat drei Jahre Zeit für die Abgabe der Erklärung.

Um das Feststellungsverfahren zu beschleunigen und zu vereinfachen, wird das Verfahren als Steueranmeldung ausgestaltet.

§ 56 Abs. 5 S. 4 InvStG sieht vor, dass die Feststellungserklärung einer Steuerfestsetzung unter Vorbehalt der Nachprüfung gleichsteht. Die Feststellungserklärung hat damit bereits die Wirkung einer Steuerfestsetzung, sodass die Finanzämter grds. auf einen Feststellungsbescheid verzichten können. Dem FA bleibt es jedoch unbenommen, einen Feststellungsbescheid zu erlassen, z. B. wenn es Fehler in der Feststellungserklärung erkennt.

Solange der Vorbehalt der Nachprüfung besteht, kann die Finanzverwaltung nach § 164 Abs. 2 AO den Feststellungsbescheid ändern oder aufheben. Ein Nachprüfungsvorbehalt wird entweder durch Aufhebung (§ 164 Abs. 3 S. 1 AO) oder durch Ablauf der regulären Festsetzungsfrist (§ 164 Abs. 4 AO) unwirksam.

Wenn der Steuerpflichtige einen Fehler in seiner Feststellungserklärung erkennt und eine berichtigte Feststellungserklärung abgibt, gilt diese als Antrag auf Änderung i. S. d. § 164 Abs. 2 S. 2 AO. Eine vergleichbare Regelung war bereits in § 15 Abs. 1 S. 3 Halbs. 2 InvStG 2004 enthalten. Erst wenn das FA dem Änderungsantrag nachkommt und einen Feststellungsbescheid erlässt, ersetzt dieser die als Festsetzung wirkende ursprüngliche Feststellungserklärung.

Dahinter steht die Erwägung, dass im Falle einer Berichtigung ein gesteigertes Interesse an einer Überprüfung des Sachverhalts durch die Finanzverwaltung besteht.

Zuständig für die Feststellung ist grds. das für die Einkommensbesteuerung des Anlegers nach § 19 AO oder § 20 AO zuständige FA. Nur wenn für die Einkünfte des Anlegers nach § 180 Abs. 1 S. 1 Nr. 2 AO ein Feststellungsverfahren durchzuführen ist, richtet sich gem. § 56 Abs. 5 S 8 InvStG das für die Feststellung des fiktiven Veräußerungsgewinns zuständige FA nach § 18 AO und § 180 Abs. 1 S. 2 AO.

Keine Feststellungserklärung ist abzugeben und es unterbleibt eine Feststellung, soweit der Anleger Alt-Anteile vor dem 1.1.2023 und vor der Abgabe der Feststellungserklärung veräußert hat. Die Feststellung dient nur der Beweiserleichterung in den Fällen, in denen lange Zeiträume zwischen der Veräußerungsfiktion zum 31.12.2017 und der tatsächlichen Veräußerung liegen.

2.2.8.7 Inkrafttreten der Änderungen, § 56 Abs. 1 S. 5 InvStG

Die Änderungen des Investmentsteuergesetzes sind bereits auf Investmenterträge anzuwenden, die nach dem Zeitpunkt der Zuleitung des Gesetzentwurfs durch die Bundesregierung an den Bundesrat[39] zufließen oder als zugeflossen gelten. Dadurch werden rückwirkend auch Sachverhalte innerhalb eines noch nicht abgeschlossenen VZ einbezogen, die zwischen dem Anwendungsbeginn und dem Inkrafttreten des Änderungsgesetzes verwirklicht werden.

---

[39] 10.8.2018, BR-Drs. 372/18.

Es handelt sich nach Ansicht des Gesetzgebers um eine unechte Rückwirkung. Nach der Rspr. des BVerfG[40] ist die unechte Rückwirkung mit den Grundsätzen des Vertrauensschutzes vereinbar, wenn sie zur Förderung des Gesetzeszwecks geeignet und erforderlich ist und wenn bei einer Gesamtabwägung zwischen dem Gewicht des enttäuschten Vertrauens und dem Gewicht und der Dringlichkeit der die Rechtsänderung rechtfertigenden Gründe die Grenze der Zumutbarkeit gewahrt bleibt. Ein etwaiges schützenswertes Vertrauen der Steuerpflichtigen in den Bestand der alten Rechtslage kann durch die Zuleitung des Gesetzentwurfs durch die Bundesregierung an den Bundesrat durchbrochen werden.[41] Ob diese Entscheidung auf die nun vorliegende Änderung übertragen werden kann, ist u. E. jedoch fraglich.

2.2.9 Änderung in der Abgabenordnung

2.2.9.1 Erweiterung der Gemeinnützigkeit, § 67a Abs. 4 AO

Die organisatorische Leitung eines Sportdachverbandes zur Durchführung von sportlichen Veranstaltungen wird als Zweckbetrieb definiert, wenn überwiegend Sportler teilnehmen, die keine Lizenzsportler sind. Dabei gelten alle sportlichen Veranstaltungen in der Saison einer Liga als eine sportliche Veranstaltung i. S. v. § 67a Abs. 1 AO.

Die Erweiterung gilt nach Maßgabe des Art. 20 Abs. 4 Abs. 4 JStG 2018 ab dem VZ 2021.[42]

2.2.9.2 Rückwirkung der Umwandlung einer Lebenspartnerschaft, Art. 97 Abs. 9 EGAO

Wird bis zum 31.12.2019 eine Lebenspartnerschaft in eine Ehe nach Maßgabe des § 20a LPartG umgewandelt, soll dies als rückwirkendes Ereignis i. S. d. § 175 Abs. 1 S. 1 Nr. 2 AO sowie § 233a AO gelten.

2.2.10 Änderungen in der Grunderwerbsteuer

2.2.10.1 Redaktionelle Anpassungen, § 1 Abs. 4, § 18 Abs. 2 S. 2 GrEStG

§ 1 Abs. 4 Nr. 1 sowie § 18 Abs. 2 S. 2 GrEStG benennen noch immer die bergrechtlichen Gewerkschaften. Diese wurden bereits gem. § 163 BBergG spätestens zum 1.1.1994 aufgelöst. Insoweit wurden die Normen redaktionell angepasst und der Begriff gestrichen.

2.2.10.2 Erweiterungen beim Inhalt der Anzeigepflicht, § 20 GrEStG

In § 20 GrEStG ist der Inhalt der nach Maßgabe des GrEStG bestehenden Anzeigepflichten benannt. Die Norm wird insoweit erweitert, als Anzeigepflichtige künftig zusätzliche Daten übermitteln müssen.

Die Erweiterung dient der Umsetzung eines Verfahrens zur elektronischen Übermittlung der Veräußerungsanzeigen der Notare i. S. d. § 22a GrEStG. Damit müssen Notare zusätzliche Daten übermitteln, um eine elektronische Zuordnung und Weiterverarbeitung der Veräußerungsanzeigen sicherzustellen.

---

[40] Zuletzt BVerfG, Urteil vom 10.4.2018, 1 BvR 1236/11, BStBl I 2018, S. 303.
[41] BVerfG, Urteil v. 10.4.2018, 1 BvR 1236/11, BStBl I 2018, S. 303.
[42] Gesetz v. 11.12.2018, BGBl I 2018, S. 2338.

Nunmehr sind nach § 20 GrEStG folgende Daten zu übermitteln:

- **Personenbezogene Daten:**
    - Angaben zu Veräußerer und Erwerber
        - Name, Vorname
        - Anschrift
        - Geburtsdatum
        - Identifikationsnummer (§ 139b AO) oder Wirtschafts-Identifikationsnummer (§ 139c AO),
    - Namen des vertraglich vereinbarten Trägers der GrESt
    - Name und Anschrift des gesetzlichen Vertreters
    - ggf. Angabe, ob es sich um eine nach § 3 Nr. 3-7 GrEStG begünstigte Person handelt
        - Bundesvereinigung für einigungsbedingte Sonderaufgaben
        - Hauberg-, Wald- und Forstgenossenschaften etc.
        - gemeinnützige Einrichtungen
        - Hochsee- und Küstenfischerei).

    Zusätzlich muss bei nicht natürlichen Personen angegeben werden:
    - Wirtschafts-Identifikationsnummer (§ 139c AO)
    - die Registernummer und
    - Steuernummer des Veräußerers und des Erwerbers.

    Daten sind natürlich nur dann zu übermitteln, wenn und soweit diese objektiv vorhanden sind.

- **Grundstücksbezogene Angaben:**
    - Bezeichnung des Grundstücks nach Grundbuch und Kataster
    - Straße und Hausnummer
    - den Anteil des Veräußerers
    - Anteil des Erwerbers am Grundstück
    - bei Wohnungs- und Teileigentum die genaue Bezeichnung des Wohnungs- und Teileigentums sowie den Miteigentumsanteil
    - Grundstücksgröße
    - Art der Bebauung

- **Vorgangsbezogene Angaben:**
    - Art des anzeigepflichtigen Vorgangs
    - Tag der Beurkundung
    - Urkundennummer
    - bei genehmigungsabhängigen Vorgängen Bezeichnung desjenigen, dessen Genehmigung erforderlich ist
    - Bezeichnung der Bedingung, Vorgang unter einer Bedingung steht
    - den Kaufpreis oder die sonstige Gegenleistung
    - den Namen und die Anschrift der Urkundsperson

Sind Geschäfts- oder Gesellschaftsanteile von einem Vorgang betroffen, ist zusätzliches folgendes anzugeben:
- Firma
- Ort der Geschäftsführung
- Wirtschafts-Identifikationsnummer der Gesellschaft (§ 139c AO) bzw. bis dahin
  - Registernummer und
  - Steuernummer der Gesellschaft
- Bezeichnung des oder der Gesellschaftsanteile
- Beteiligungsübersicht, wenn mehrere Rechtsträger beteiligt sind.

2.2.10.3 Inkrafttreten

Die redaktionellen Änderungen des § 1 Abs. 4, § 18 Abs. 2 S. 2 GrEStG sind mit der Verkündung des G. v. 11.12.2018[43] in Kraft getreten und auf alle Erwerbsvorgänge anzuwenden, die nach dem 14.12.2018 verwirklicht werden (§ 23 Abs. 16 S. 1 GrEStG).

Die erweiterten Anzeigepflichten gem. § 20 GrEStG sollen erst angewendet werden, wenn das Verfahren zur elektronischen Übermittlung der Veräußerungsanzeigen der Notare eingeführt wird. Mittels Verweis auf die § 22a GrEStG vorgesehene Rechtsverordnung wird der Zeitpunkt der erstmaligen Anwendung festlegt (§ 23 Abs. 16 S. 2 GrEStG)

2.2.11 Änderungen in der Erbschaft- und Schenkungsteuer

2.2.11.1 Verschonungsbedarfsprüfung und Tarifbegrenzung, § 19a Abs. 5 S. 2 ErbStG

Um in den Genuss der Verschonung nach § 28a Abs. 1 ErbStG zu gelangen, sieht diese Norm eine Behaltensfrist von sieben Jahren vor. Dagegen ist bei der Ermittlung des Steuertarifs lediglich für Fälle des § 13a Abs. 10 ErbStG bei der sog. Optionsverschonung eine verlängerte Behaltensfrist von sieben Jahren angeordnet.

Mit der Änderung wird diese Anordnung auf Fälle des § 28a Abs. 1 S. 1 ErbStG für die sog. Verschonungsbedarfsprüfung erweitert. Damit gilt eine einheitliche Behaltensfrist. Zugleich wird den Erwägungen im Rahmen des Gesetzes zur Anpassung des ErbStG an die Rspr. des BVerfG[44] Rechnung getragen.

2.2.11.2 Anpassungen bei Verschonungsregelungen, §§ 28, 28a ErbStG

Redaktionelle Anpassungen der Stundungsregelung, § 28 ErbStG

Zum einen enthält die Norm redaktionelle Anpassungen. So kam es bei der Anpassung des ErbStG[45] in § 28 Abs. 1 S. 6 ErbStG zu einem fehlerhaften Verweis, der nunmehr korrigiert wird.

Ebenso war die Verweisung in § 28 Abs. 3 S. 5 ErbStG auf § 28 Abs. 1 S. 2 und 3 ErbStG fehlerhaft, was nunmehr korrigiert wird. Die Stundungsregelung in § 28 Abs. 3 ErbStG sollte sowohl für Erwerbe von Todes wegen und für Zuwendungen unter Lebenden gelten. Die antragsgebundene Stundung ist für bis zu zehn Jahre auszusprechen, wenn die Voraussetzungen vorliegen. Zudem sollte die Stundung bei Erwerben von Todes wegen zinslos erfolgen.

---

[43] BGBl I 2018, S. 2338.
[44] BT-Drs. 18/5923, S. 34.
[45] Gesetz v. 4.11.2016, BGBl I 2016, S. 2464.

Wegfall des Erlasses, § 28a Abs. 4 S. 1 Nr. 3 und 4 bis 6 ErbStG

Wurde eine Steuerschuld erlassen, ist diese erloschen. Sie lebt nur dann wieder auf, wenn der Erlass mit Wirkung für die Vergangenheit beseitigt wird. Für den Fall des Erlasses der ErbSt-Schuld hat sich ergeben, dass bei bestimmten Fallkonstellationen dieser nicht gerechtfertigt scheint. Ein gewährter Erlass soll mit Wirkung für die Vergangenheit wieder beseitigt werden. Daher sieht § 28a Abs. 4 ErbStG auflösende Bedingungen für den Erlass vor. Dieser soll nach der nunmehrigen Gesetzeslage keine Wirkung entfalten, wenn

- die maßgebenden jährlichen Lohnsummen innerhalb der Lohnsummenfrist (sieben Jahre nach Erwerb) insgesamt die Mindestlohnsumme nach § 13a Abs. 10 Nr. 3 bis Nr. 5 ErbStG unterschreitet;

- der Erwerber innerhalb der Behaltensfrist von sieben Jahren gegen die Behaltensbedingungen (§ 13a Abs. 6 S. 1 ErbStG verstößt;

- innerhalb von zehn Jahren nach Steuerentstehung i. S. d. § 9 ErbStG der Erwerber X mittels Schenkung oder von Todes wegen weiteres Vermögen erhält, und es sich hierbei um sog. verfügbares Vermögen (§ 28a Abs. 2 ErbStG) handelt;

- nachträglich für die Erlasshöhe entscheidende Wertansätze erstmalig zum Ansatz kommen oder geändert werden;

- die dem Erlass zugrundeliegende Steuerfestsetzung geändert wird oder

- begünstigtes Vermögen (§ 13b Abs. 2 ErbStG) aufgrund einer Verpflichtung nach Maßgabe des § 28a Abs. 1 S. 2 und S. 3 ErbStG an Dritte weiterübertragen wird.

Dies dient der Rechtssicherheit der betroffenen Bürger.

Erweiterung der Ablaufhemmung, § 28a Abs. 6 ErbStG

Es wird eine zusätzliche Ablaufhemmung für die Zahlungsverjährungsfrist eingeführt. Dies ist eine Folgeänderung zur Erweiterung des § 28a Abs. 4 ErbStG. Denn § 28a Abs. 4 S. 1 Nr. 4 und 5 ErbStG bilden das Verhältnis von Grundlagen- und Folgebescheiden ab (§ 171 Abs. 10, § 175 Abs. 1 S. 2 Nr. 1 AO), sodass insoweit eine Ablaufhemmung von zwei Jahren ausreichend ist.

Inkrafttreten, § 37 Abs. 16 ErbStG

Der Inkrafttretens-Regelung des Art. 20 Abs. 1 JStG 2018[46] folgend, gelten die Änderungen nach der Verkündung, also ab dem 15.12.2018.

§ 37 Abs. 16 ErbStG ordnet insoweit an, dass die geänderten §§ 19a und 28 ErbStG auf Erwerbe Anwendung finden, die nach dem 14.12.2018 erfolgen.

Die Änderungen zum Wegfall des Erlasses nach § 28a ErbStG finden auf Erwerbe Anwendung, für die ein Erlass nach dem 14.12.2018 ausgesprochen wurde. Auf diese Weise werden noch mehr Fälle von der für notwendig erachteten Gesetzesänderung erfasst.

---

[46] Gesetz zur Vermeidung von Umsatzsteuerausfällen beim Handel mit Waren im Internet und zur Änderung weiterer steuerlicher Vorschriften, BGBl I 2018, S. 2338.

2.2.12 Änderungen im Altersvorsorge-Zertifizierungsgesetz

Es wurden umfangreiche Änderungen im Altersvorsorge-Zertifizierungsgesetz vorgenommen, die auch auf andere Gesetze, z. B. das EStG im Rahmen der Regelungen zur Altersvorsorge (§§ 82 ff. EStG; vgl. dazu Art. 2 des JStG 2018) und das Finanzverwaltungsgesetz auswirken. Bei letzterem wird in § 5 Abs. 1 S. 1 Nr. 34 FVG die Zuständigkeit des BZSt für die Zertifizierung von Verträgen und die Durchführung von Bußgeldverfahren erweitert.

Auf eine Einzeldarstellung der Regelungen wird wegen Besonderheit der Materie verzichtet.

3 Gesetzgebungsvorhaben mit steuerlicher Relevanz

3.1 Brexit-Gesetzgebung

Der zum Stichtag des 29.3.2019 bevorstehende Austritt des Vereinigten Königreiches aus der EU erfordert umfangreiche Neuregelungen bzw. Anpassungen von Gesetzen, weil mit dem Wirksamwerden des Austritts Großbritannien künftig als sog. Drittstaat zu behandeln ist.

3.1.1 Gesetz für den Übergangszeitraum nach dem Austritt des Vereinigten Königreichs Großbritannien und Nordirland aus der Europäischen Union (Brexit-Übergangsgesetz – BrexitÜG)[47]

3.1.1.1 Regelungsinhalt

Am 29.3.2017 unterrichtete das Vereinigte Königreich den Europäischen Rat von seiner Absicht, aus der EU auszutreten. Es hatte damit offiziell das Verfahren nach Art. 50 AEUV eingeleitet, wonach die Mitgliedschaft des Vereinigten Königreichs in der EU zwei Jahre später endet. Nach dem derzeitigen Verhandlungstand mit der EU ist nicht davon auszugehen, dass der Europäische Rat im Einvernehmen mit Großbritannien diese Frist verlängern wird. Vielmehr ist die Position der EU derzeit die, dass die Verhandlungen beendet sind, sodass davon ausgegangen werden kann, dass Großbritannien mit Ablauf des 29.3.2019 aus der EU ausscheidet. Damit gleichzeitig verbunden ist ein Austritt aus dem EWR.

Für diesen (höchstwahrscheinlichen) Austrittsfall sieht der Entwurf des BrexitÜG vor, für einen im Austrittabkommen vorgesehenen Übergangszeitraum die innerstaatlichen Bestimmungen im Bundesrecht, die auf eine Mitgliedschaft in der EU oder der Europäischen Atomgemeinschaft Bezug nehmen, während des Übergangszeitraums grds. so zu verstehen sind, dass auch das Vereinigte Königreich erfasst ist (§ 1 BrexitÜG). Von der Übergangsfrist nicht erfasst werden selbstverständlich solche Regelungen, die den Austritt umsetzen sollen.

3.1.1.2 Übergangszeitraum und Inkrafttreten

Der Entwurf des Abkommen über den Austritt Großbritanniens sieht einen Übergangszeitraum bis zum 31.12.2020 vor.[48]

Das BrexitÜG soll an dem Tag in Kraft treten, an dem das Austrittsabkommen in Kraft tritt.

---

[47] BReg, Entwurf v. 29.10.2018, BT-Drs. 19/5313.
[48] Art. 126 des Entwurfs zum Austritt (Draft Agreement on the withdrawal of the United Kingdom of Great Britain and Northern Ireland from the European Union and the European Atomic Energy Community, as agreed at negotiators' level on 14.11.2018), abrufbar unter https://ec.europa.eu/commission/sites/beta-political/files/draft_withdrawal_agreement_0.pdf (abgerufen am 17.12.2019).

3.1.2 Gesetz über steuerliche und weitere Begleitregelungen zum Austritt des Vereinigten Königreichs Großbritannien und Nordirland aus der Europäischen Union (Brexit-Steuerbegleitgesetz – Brexit-StBG)[49]

3.1.2.1 Einleitung

Der Austritt Großbritanniens aus der EU erfordert Anpassungen der steuerlichen und finanzmarktrechtlichen Regelungen, die regelmäßig aufgrund des unionsrechtlichen Primär- und Sekundärrechts für EU-/EWR-Sachverhalte günstigere Rechtsfolgen vorsehen als für Drittstaaten-Sachverhalte. Diese Normen werden gem. dem jeweiligen Wortlaut künftig im Verhältnis zum Vereinigten Königreich keine Anwendung mehr finden, weil mit der Wirksamkeit des Austritts Großbritannien im Verhältnis zur Deutschland und der EU zum Drittstaat wird.

Vom Austritt betroffen sein können auch Sachverhalte, in denen der Steuerpflichtige bzw. Finanzmarktteilnehmer bereits in der Vergangenheit alle relevanten Handlungen vollzogen hat und nunmehr allein die Wirkung des Austritts nachteilige Rechtsfolge auslöst und sich der Austritt damit als schädliches Ereignis darstellen würde.

3.1.2.2 Anpassungen der steuerlichen Entstrickungsregelungen

Der Austritt Großbritanniens soll nicht zu bestimmten steuerlichen Folgewirkungen führen, wenn die Voraussetzungen für die Inanspruchnahme bestimmter Vergünstigungen vor dem Austritt Großbritanniens gegeben waren.

3.1.2.2.1 Bildung eines Ausgleichspostens, § 4g Abs. 6 EStG-neu

Wurde ein steuerlicher Ausgleichsposten gebildet, ist dieser gem. § 4g Abs. 2 Nr. 2 EStG gewinnerhöhend aufzulösen, wenn das als entnommen geltende Wirtschaftsgut aus der Besteuerungshoheit eines EU-Mitgliedstaates ausscheidet. Mit der Einführung eines Abs. 6 soll diese Voraussetzung mit dem den Austritt Großbritanniens als nicht eingetreten gelten.

3.1.2.2.2 Bildung einer 6b-Rücklage, § 6b Abs. 2a S. 4 EStG-neu

Auch bei einem vor dem Austritt wirksam gestellten Antrag betreffend die Bildung einer Rücklage nach § 6b EStG soll der Austritt keine negativen Folgen haben, wenn die Wirtschaftsgüter einem Betriebsvermögen in Großbritannien zugeordnet waren.

3.1.2.2.3 Entstrickung bei Körperschaften und Einbringungen, § 12 Abs. 3 KStG-neu und § 22 Abs. 8 UmwStG-neu

Verlegt ein KSt-Subjekt seinen Sitz oder seine Geschäftsleitung und scheidet dadurch aus der EU oder dem EWR aus, gilt sie als aufgelöst (§ 12 Abs. 3 S. 1 KStG). Diese Auflösungsfiktion soll allein durch den Austritt vermieden und erst dann eintreten, wenn die Körperschaft ihren Sitz oder ihre Geschäftsleitung aus dem Vereinigten Königreich verlegt und dadurch in einem Drittstaat ansässig wird.

Eine Entstrickungsregelung sehen auch § 22 Abs. 1 S. 6 Nr. 6 UmwStG und § 22 Abs. 2 S. 6 UmwStG vor, wenn nach einer Einbringung i. S. d. § 20 UmwStG oder einem Anteilstausch i. S. d. § 21 UmwStG die Körperschaft nicht mehr i. S. d. § 1 Abs. 4 UmwStG in der EU bzw. im EWR ansässig ist. Dies hat zur Folge, dass sich der Einbringungsgewinn bei Einbringungen

---

[49] BReg, Entwurf v. 12.12.2018 – in BT-Drs. noch nicht veröffentlicht.

bzw. Anteilstauschen unter dem gemeinen Wert rückwirkend erhöht, wenn das Ereignis binnen sieben Jahren eintritt.

Gesellschaften, die vor dem Brexit bereits im Vereinigten Königreich im Zuge einer Einbringung bzw. eines Anteilstauschs errichtet wurden, sollen so behandelt werden als wären sie noch in der EU ansässig.

3.1.2.2.4 Wegzug natürlicher Personen, § 6 Abs. 5 S. 4, Abs. 8 AStG-neu

Natürliche Personen, die ihren Wohnsitz aus dem Inland in das Ausland verlegen und damit aus der unbeschränkten in die beschränkte Steuerpflicht wechseln, unterliegen unter bestimmten Voraussetzungen nach Maßgabe des AStG der Wegzugsbesteuerung. Halten diese Personen Anteile i. S. d. § 17 EStG, sind auch diese Anteile von der Wegzugsbesteuerung erfasst (§ 6 Abs. 1 AStG). Angehörige eines Mitgliedstaates der EU oder des EWR werden von den Folgen der Wegzugsbesteuerung insofern verschont, als die nach § 6 Abs. 1 AStG geschuldete Steuer unter den weiteren Voraussetzungen des § 6 Abs. 5 S. 2 AStG zinslos gestundet wird (§ 6 Abs. 5 S. 1 AStG). Weil Stundungsvoraussetzungen während des gesamten Stundungszeitraums vorliegen müssen, würde das nachträgliche Entfallen der Voraussetzungen einen eigenständigen Widerrufstatbestand darstellen. Die Änderung des Satzes 4 stellt dies klar. Demzufolge führt z. B. auch eine der Einlage i. S. d. § 6 Abs. 5 S. 3 Nr. 3 AStG nachfolgende Überführung der Anteile in eine Drittstaats-Betriebsstätte zum Widerruf der Stundung.

Indes soll diese in § 6 Abs. 5 S. 4 AStG angeordnete Rechtsfolge für den Brexit nicht gelten (§ 6 Abs. 8 AStG), wenn allein aufgrund dessen die Stundungsvoraussetzungen entfallen. Dementsprechend kann aber der spätere Übergang der Anteile von einem im Vereinigten Königreich ansässigen Steuerpflichtigen, für den zunächst die Fortgeltung der Stundung gilt, auf eine andere im Vereinigten Königreich ansässige Person zum Widerruf der Stundung führen.

3.1.2.2.5 Sonstige Entstrickungen im Zusammenhang mit der Altersvorsorge, § 92a, 93, 95 EStG-neu

Ähnliche Unschädlichkeiten sollen auch die Altersvorsorge betreffen, bei denen Zulagen in Anspruch genommen wurden. Von der Übergangsregelung ausgenommen werden indes Verträge betreffend Wohnungen, die nach dem 23.6.2016 und damit in Kenntnis des bevorstehenden Austritts abgeschlossen wurden (§ 95 Abs. 1 EStG-neu)

3.1.2.3 Anpassungen im Zusammenhang mit Finanz- und Versicherungsdienstleistern

Anpassungen sind letztlich auch vor dem Hintergrund der Sicherung und Stabilisierung des Finanzsektors und der diesbezüglichen Marktteilnehmer erforderlich. So würde ein ungeregelter Austritt aus der EU im Finanzmarktbereich dazu führen, dass Unternehmen des Finanzsektors aus dem Vereinigten Königreich, die bislang das grenzüberschreitende Betreiben von Bankgeschäften, Finanzdienstleistungen oder Versicherungsgeschäften an die Bundesanstalt für Finanzdienstleistungsaufsicht notifiziert haben (sog. Europäischer Pass), dieses Marktzutrittsrecht mit dem Wirksamwerden des Brexit verlieren.

Wären betreffende Finanzunternehmen ausnahmslos gezwungen, ihre grenzüberschreitenden Vertragsbeziehungen im Inland nach dem Brexit unverzüglich abzuwickeln, könnte dies absehbar in vielen Fällen nicht nur für diese Unternehmen, sondern auch für deren inländische Geschäftspartner nachteilige Auswirkungen haben. Die Funktionsfähigkeit der Finanzmärkte, insb. die Möglichkeit inländischer Marktteilnehmer zu geregelter Kapitalallokation, einschließlich der Möglichkeit zur Absicherung von Risiken für Unternehmen der Finanz- und der Realwirtschaft, könnte erheblich beeinträchtigt werden.

Nach Ansicht des Gesetzgebers ist es wegen der zu erwartenden Auswirkungen des Brexit auf die Finanzmärkte notwendig, die Stabilität des Finanzstandorts Deutschland zu sichern und weiter zu stärken. Aus diesem Grunde sind auch umfängliche Anpassungen in diesem Bereich vorgesehen. Änderungen betreffen nach den bisherigen Plänen

- das Pfandbriefgesetz, um im weitesten Sinne den Verlust der Deckungsfähigkeit von Forderungen mit Grundpfandrechten von im vereinigten Königreich belegenem Grundbesitz zu vermeiden;

- das Kreditwesengesetz: Hier ist vorgesehen, den Kündigungsschutz bei bestimmten sog. Risikoträgern zu modifizieren. Ebenso sollen Regelungen geschaffen werden, die es bestimmten Unternehmen mit Bank- bzw. Finanzdienstleistungstätigkeiten i. S. d. KWG für eine Übergangszeit zu gestatten, auch nach dem Brexit in Deutschland fortzusetzen, wenn dies zur Vermeidung von Nachteilen für die Funktionsfähigkeit und Stabilität des Finanzmarktes erforderlich ist.

- das Versicherungsaufsichtsgesetz, in dem vorgesehen ist, dass wegen des Problems der Vertragskontinuität die Versicherungsverträge innerhalb einer Übergangsfrist zu beenden oder möglichst abzuwickeln sind.

Ebenso sind Anpassungen im Bausparkassengesetz, der Anlageverordnung und der Pensionsfonds-Aufsichtsverordnung vorgesehen.

Auf eine Einzeldarstellung dieser technischen und ausschließlich Finanz- und Versicherungsdienstleister betreffenden spezifischen Regelungen wir hier verzichtet, zumal weitere Anpassungen nach Maßgabe eines am 20.11.2018 vom BMF veröffentlichten Referentenentwurf eines Gesetzes zur Ergänzung des Brexit-Steuerbegleitgesetzes zu erwarten sind.

3.2 Gesetzesvorhaben zur steuerlichen Förderung

3.2.1 Gesetz zur steuerlichen Förderung des Mietwohnungsneubaus

3.2.1.1 Regelungsziel

Ziel des Gesetzentwurfs ist es, die im Rahmen der von der Bundesregierung gestarteten Wohnraumoffensive vorgesehenen steuerlichen Anreize umzusetzen. Es sollen möglichst zeitnah private Investoren zum Neubau von Mietwohnungen im bezahlbaren Mietsegment angeregt werden. Dies soll durch die Einführung einer Sonderabschreibung für den Mietwohnungsneubau in einem neuen § 7b EStG erreicht werden. Die Verabschiedung des Gesetzentwurfs war ursprünglich für den 14.12.2018 im Bundesrat geplant, wurde jedoch kurzfristig von der Tagesordnung genommen.

Das Gesetzgebungsverfahren ist damit allerdings nicht beendet. Auf Antrag eines Landes oder der Bundesregierung kann der Gesetzesbeschluss auf eine der nächsten Tagesordnungen des Bundesrates genommen werden. Das Gesetz benötigt die Zustimmung des Bundesrates, um in Kraft zu treten.

3.2.1.2 Sonderabschreibung für Mietwohnungsneubau durch § 7b EStG-neu

§ 7b Abs. 1 EStG neu regelt die grds. Inanspruchnahme von Sonderabschreibungen, den Abschreibungszeitraum und die Abschreibungssätze. Die Sonderabschreibungen sollen im Jahr der Anschaffung oder Herstellung und in den folgenden drei Jahren bis zu jährlich 5 % betragen. Zugleich ist die reguläre lineare Absetzung für Abnutzung (AfA) nach § 7 Abs. 4 EStG vorzunehmen. Somit können innerhalb des Abschreibungszeitraums insgesamt bis zu 28 % der förderfähigen Anschaffungs- oder Herstellungskosten steuerlich berücksichtigt werden. Nach Ablauf des Begünstigungszeitraums richtet sich die AfA nach § 7a Abs. 9 EStG (Restwert-AfA).

Gem. § 7b Abs. 2 EStG-neu können die Sonderabschreibungen nur in Anspruch genommen werden, wenn

- durch Baumaßnahmen aufgrund eines nach dem 31.8.2018 und vor dem 1.1.2022 gestellten Bauantrags oder einer in diesem Zeitraum getätigten Bauanzeige neue, bisher nicht vorhandene, Wohnungen geschaffen werden, die die Voraussetzungen des § 181 Abs. 9 BewG erfüllen; hierzu gehören auch die zu einer Wohnung gehörenden Nebenräume,
- die Anschaffungs- oder Herstellungskosten 3.000 € je qm Wohnfläche nicht übersteigen und
- die Wohnung im Jahr der Anschaffung oder Herstellung und in den folgenden neun Jahren der entgeltlichen Überlassung zu Wohnzwecken dient.

Die Bemessungsgrundlage für die Sonderabschreibungen wird auf max. 2.000 € je qm Wohnfläche begrenzt (§ 7b Abs. 3 EStG-neu). Liegen die Anschaffungs- oder Herstellungskosten darunter, sind diese in der tatsächlich angefallenen Höhe den Sonderabschreibungen zugrunde zu legen. Die förderfähige Bemessungsgrundlage ist ausschließlich auf die Anschaffungs- oder Herstellungskosten der begünstigten Investition bezogen.

Eine mehrfache Inanspruchnahme der Sonderabschreibungen für dieselben Anschaffungs- oder Herstellungskosten soll dadurch ausgeschlossen sein, dass die Sonderabschreibungen ausschließlich für neue Wohnungen in Anspruch genommen werden können (vgl. Abs. 2) und die Sonderabschreibung auch nur greift, soweit für das Gebäude, in dem die neue Wohnung belegen ist, eine Abschreibung nach § 7 Abs. 4 EStG zulässig ist.

3.2.1.3 Neue Wohnung

Sonderabschreibungen kommen nur in Betracht, wenn durch Baumaßnahmen neue Wohnungen hergestellt werden oder diese bis zum Ende des Jahres der Fertigstellung angeschafft werden.

3.2.1.4 Anschaffung

Im Fall der Anschaffung ist eine Wohnung neu, wenn die Anschaffung bis zum Ende des Jahres der Fertigstellung erfolgt.

3.2.1.5 Herstellung

Die Wohnung muss zusätzlich und erstmalig und damit neu geschaffen werden. Baumaßnahmen, die zu einer Verlegung von Wohnraum oder Erweiterung der Wohnfläche innerhalb eines Gebäudes führen, erfüllen die Fördervoraussetzungen nicht. Die neu geschaffene Wohnung muss die bewertungsrechtlichen Anforderungen an eine Wohnung i. S. d. § 181 Abs. 9 BewG erfüllen. Danach ist eine Wohnung die Zusammenfassung einer Mehrheit von Räumen, die in ihrer Gesamtheit so beschaffen sein müssen, dass die Führung eines selbstständigen

Haushalts möglich ist. Die Zusammenfassung einer Mehrheit von Räumen muss eine von anderen Wohnungen oder Räumen, insb. Wohnräume, baulich getrennte, in sich abgeschlossene Wohneinheit bilden und einen selbstständigen Zugang haben. Außerdem ist erforderlich, dass die für die Führung eines selbstständigen Haushalts notwendigen Nebenräume (Küche, Bad oder Dusche, Toilette) vorhanden sind. Die Wohnfläche muss mindestens 23 Quadratmeter (qm) betragen. Anschaffungs- oder Herstellungskosten, die auf nicht zu Wohnzwecken dienende Räume, die der Wohnung zuzurechnen sind, entfallen, sind in die Bemessungsgrundlage für die Sonderabschreibungen einzubeziehen.

3.2.1.6 Begünstigte Wohnungen

Für die Inanspruchnahme der Sonderabschreibung ist es nicht erforderlich, dass die Wohnung ein selbstständiges unbewegliches Wirtschaftsgut darstellt. Begünstigt sind Wohnungen in neuen oder vorhandenen Gebäuden und andere Gebäudeteile, die selbstständige unbewegliche Wirtschaftsgüter sind (Gebäude) sowie Eigentumswohnungen und im Teileigentum stehende Räume. Teileigentum ist das Sondereigentum an nicht zu Wohnzwecken dienenden Räumen eines Gebäudes i. V. m. dem Miteigentum an dem gemeinschaftlichen Eigentum, zu dem es gehört.

Dabei kommt es nicht darauf an, in welchem Nutzungs- und Funktionszusammenhang die Wohnung zu dem restlichen Gebäude steht. Somit ist eine Wohnung auch dann begünstigt, wenn in einem bisher nicht ausgebauten Dachgeschoss eine Wohnung entsteht, die in einem einheitlichen Nutzungs- und Funktionszusammenhang mit dem übrigen Gebäude steht (d. h. in dem Gebäude gibt es bereits Wohnungen, die der entgeltlichen Überlassung zu Wohnzwecken dienen). Eine förderfähige neue Wohnung entsteht auch durch Baumaßnahmen an einem bestehenden Gebäude, wenn dadurch erstmals Wohnungen entstehen, z. B. durch Umbaumaßnahmen an einem bisher betrieblich genutzten Gebäude zu einem Gebäude, das (auch) der entgeltlichen Überlassung zu Wohnzecken dient.

Nach dem Urteil des EuGH vom 15.10.2009 in der Rs. C–35/08, *Grundstücksgemeinschaft Busley/Cibrian*[50], dürfte es gegen den durch Art. 63 AEUV weltweit gewährleisteten freien Kapitalverkehr verstoßen, die Abschreibung auf im Inland belegene Wohnungen zu begrenzen. Die Sonderabschreibung kann daher auch für Wohnungen in Anspruch genommen werden, die in einem anderen Mitgliedstaat der EU oder einem Staat belegen sind, der in vergleichbarer Weise Amtshilfe leistet, um die Möglichkeit zur Überprüfung der Einhaltung der Voraussetzungen der Sonderabschreibung im jeweiligen Staat sicherzustellen.

3.2.1.7 Anschaffungs- und Herstellungskosten

Begünstigt sind nur die Anschaffungs- oder Herstellungskosten, soweit sie zur Anschaffung oder Herstellung einer neuen Wohnung, einschließlich der zur Wohnung gehörenden Nebenräume entstehen. Aufwendungen für das Grundstück und für die Außenanlagen sind – auch im Falle der Anschaffung – nicht begünstigt. Die Anschaffungs- oder Herstellungskosten werden gem. § 255 HGB und den für die Einkommensbesteuerung maßgebenden Grundsätzen ermittelt. Wird ein Gebäude neu errichtet und dient dieses neue Gebäude ausschließlich der entgeltlichen Überlassung zu Wohnzwecken, dann sind die gesamten, der linearen AfA zugrunde liegenden, Anschaffungs- oder Herstellungskosten des Gebäudes grds. förderfähig. Eine Aufteilung der Kosten auf die einzelnen Wohnungen ist nicht erforderlich. Aus der förderfähigen Bemessungsgrundlage sind prozentual nur die Flächen herauszunehmen, die eigen- oder fremdbetrieblichen Zwecken oder eigenen Wohnzwecken dienen.

---

[50] BFH/NV 2009, S. 2091.

Von der Inanspruchnahme der Förderung ausgeschlossen ist die Anschaffung und Herstellung von Wohnungen jedoch dann, wenn die abschreibungsfähigen Anschaffungs- oder Herstellungskosten mehr als 3.000 € je qm Wohnfläche betragen. Fallen höhere Anschaffungs- oder Herstellungskosten an, führt dies ohne weiteren Ermessensspielraum zum vollständigen Ausschluss der Förderung. Mit dieser Begrenzung soll die Anschaffung oder Herstellung hochpreisigen Mietwohnraums vermieden werden. Mietwohnungen mit hohem Standard (Luxusausstattung) bedürfen keiner staatlichen Förderung und werden somit vollständig von der Förderung ausgeschlossen. Die Toleranzgrenze zwischen förderfähiger Bemessungsgrundlage und max. Anschaffungs- oder Herstellungskosten dient zum einem dem Härteausgleich bei Kostensteigerungen z. B. während der Bauphase. Mit dem höheren Ansatz einer Kappungsgrenze im Vergleich zur max. förderfähigen Bemessungsgrundlage (Abs. 3) sollen insb. auch regionale Unterschiede in den Baupreisen berücksichtigt werden.

Die Herstellungs- oder Anschaffungskosten je qm Wohnfläche ermitteln sich dabei aus dem Quotient der abschreibungsfähigen Kosten und der Gesamtfläche, auf die diese Kosten entfallen.

3.2.1.8 Wohnung muss zu Wohnzwecken dienen

Die begünstigten Wohnungen müssen mindestens zehn Jahre nach Anschaffung oder Herstellung der entgeltlichen Überlassung zu Wohnzwecken dienen. Ein Gebäude dient auch der entgeltlichen Überlassung zu Wohnzwecken, soweit es zwar vorübergehend leer steht, aber zur entgeltlichen Überlassung zu Wohnzwecken bereitgehalten wird. Werden für die Überlassung des Gebäudes weniger als 66 % der ortsüblichen Marktmiete gezahlt, ist die Nutzungsüberlassung als unentgeltlich anzusehen.

Die Einhaltung der Voraussetzung der mindestens zehnjährigen Nutzung zur entgeltlichen Überlassung zu Wohnzwecken ist vom Anspruchsberechtigten nachzuweisen, und zwar auch dann, wenn das Gebäude innerhalb dieses Zeitraumes veräußert wird.

Eine Wohnung dient Wohnzwecken, wenn sie dazu bestimmt und geeignet ist, Menschen auf Dauer Aufenthalt und Unterkunft zu ermöglichen. Wohnungen dienen nicht Wohnzwecken, soweit sie zur vorübergehenden Beherbergung von Personen bestimmt sind, wie z. B. Ferienwohnungen. Wohnzwecken dienen auch Wohnungen, die aus besonderen betrieblichen Gründen an Betriebsangehörige überlassen werden, z. B. Wohnungen für den Hausmeister, für das Fachpersonal, für Angehörige der Betriebsfeuerwehr und für andere Personen, auch wenn diese aus betrieblichen Gründen unmittelbar im Werksgelände ständig zum Einsatz bereit sein müssen. Zu den Wohnzwecken dienenden Räumen gehören z. B. Wohn- und Schlafräume, Küchen und Nebenräume einer Wohnung, die zur räumlichen Ausstattung einer Wohnung gehörenden Räume, wie Bodenräume, Waschküchen, Kellerräume, Trockenräume, Speicherräume, Vorplätze, Bade- und Brauseräume, Fahrrad- und Kinderwagenräume usw., gleichgültig, ob sie zur Benutzung durch den einzelnen oder zur gemeinsamen Benutzung durch alle Hausbewohner bestimmt sind, und die zu einem Wohngebäude gehörenden Garagen.

Räume, die sowohl Wohnzwecken als auch betrieblichen oder beruflichen Zwecken dienen, sind je nachdem, welchem Zweck sie überwiegend dienen, entweder ganz den Wohnzwecken oder ganz den betrieblichen oder beruflichen Zwecken dienenden Räumen zuzurechnen. Das häusliche Arbeitszimmer des Mieters ist aus Vereinfachungsgründen den den Wohnzwecken dienenden Räumen zuzurechnen.

3.2.1.9 Verstoß gegen die 10-Jahresfrist und die Baukostenobergrenze

§ 7b Abs. 4 EStG-neu regelt, dass bei einem Verstoß gegen die zehnjährige Nutzungsfrist (entgeltliche Überlassung zu Wohnzwecken) oder bei Überschreitung der Baukostenobergrenze nach Abs. 2 Nr. 2 innerhalb der ersten drei Jahre nach Anschaffung oder Herstellung durch nachträgliche Anschaffungs- oder Herstellungskosten die bereits in Anspruch genommenen Sonderabschreibungen rückgängig zu machen sind.

Wird die begünstigte Wohnung innerhalb der zehnjährigen Nutzungsfrist veräußert, hat der Begünstigte die Nutzung der begünstigten Wohnung zu fremden Wohnzwecken durch den Erwerber nachzuweisen. Daher ist es grds. möglich, ein Gebäude nach Ablauf des vierjährigen Abschreibungszeitraums und Inanspruchnahme der Sonderabschreibungen noch innerhalb der zehnjährigen Nutzungsfrist zu veräußern, ohne dass Sonderabschreibungen rückgängig zu machen sind. Dem Erwerber steht die lineare AfA nach § 7 Abs. 4 EStG von den vollen Anschaffungskosten zu.

Damit die Regelung nicht zur gezielten Steuergestaltung genutzt werden kann, führt allerdings eine Veräußerung innerhalb der zehnjährigen Nutzungsfrist, bei der der Veräußerungsgewinn nicht der ESt oder KSt unterliegt, zu einer Rückgängigmachung der in Anspruch genommenen Sonderabschreibungen. Das ist insb. bei langfristig gehaltenen Grundstücken des Privatvermögens der Fall, die der Steuerpflichtige neu bebaut hat. Die Voraussetzungen des § 23 EStG (Einkünfte aus privaten Veräußerungsgeschäften) sind insoweit nicht erfüllt, weil bei der Berechnung der dort vorgesehenen zehnjährigen Veräußerungsfrist ausschließlich an den Zeitpunkt der Anschaffung des Grund und Bodens und nicht an den Zeitpunkt der Herstellung des Gebäudes angeknüpft wird.

Im Falle der Rückgängigmachung der in Anspruch genommenen Sonderabschreibungen sind Steuer- oder Feststellungsbescheide insoweit aufzuheben oder zu ändern. Das gilt auch dann, wenn die Steuer- oder Feststellungsbescheide bestandskräftig geworden sind; die Festsetzungsfristen für das Jahr der Anschaffung oder Herstellung und für die folgenden drei Kalenderjahre beginnen insoweit mit Ablauf des zehnten Kalenderjahres nach dem Kalenderjahr der Anschaffung oder Herstellung. § 233a Abs. 2a AO ist insoweit nicht anzuwenden.

3.2.1.10 Festsetzung von ESt-Vorauszahlungen

§ 37 Abs. 3 S. 10 EStG ermöglicht eine Berücksichtigung negativer Einkünfte aus Vermietung und Verpachtung bei der Festsetzung der Vorauszahlungen abweichend von der Regelung in § 37 Abs. 3 S. 8 und S. 9 EStG bereits im Jahr der Anschaffung oder Herstellung des Gebäudes. Hierdurch soll ein weiterer Anreiz für Investoren geschaffen werden. Entsprechendes gilt für das LSt-Ermäßigungsverfahren, für das es aufgrund des Verweises in § 39a Abs. 1 S. 1 Nr. 5 Buchst. b EStG auf § 37 EStG keiner gesonderten Reglung bedarf.

3.2.1.11 Anwendungsregelung

Die Inanspruchnahme der Sonderabschreibungen wird durch § 52 Abs. 15a EStG neu zeitlich begrenzt auf im Jahr 2026 endende Wirtschafts- oder Kalenderjahre. Ab dem VZ 2027 sind Sonderabschreibungen auch dann nicht mehr möglich, wenn der vorgesehene Abschreibungszeitraum noch nicht abgelaufen ist. Die mit der Regelung bezweckte zügige Schaffung von Mietwohnraum soll hierdurch forciert werden.

Die Begrenzung der zeitlichen Anwendung des § 7b EStG-neu hat zum Ziel, den Fokus der Förderung auf möglichst zeitnahe Bauinvestitionen sowohl in der Planung wie auch in der Umsetzung zu legen. Die Festlegung, solche Investitionen zu fördern, die zwischen dem 1.9.2018 und dem 31.12.2021 begonnen werden, führt nicht zwangsläufig auch zur unmittelbaren Baufertigstellung und somit zu einer Erhöhung der zur Verfügung stehenden Mietwohnungen. Um Gestaltungsspielräume diesbezüglich einzugrenzen, wird die letztmalige Inanspruchnahme der Sonderabschreibungen auf das Jahr 2026 beschränkt. Damit soll ein Anreiz gesetzt werden, die dringend benötigten Mietwohnungen spätestens im Jahr 2023 fertig zu stellen, um noch in den Genuss des vierjährigen Abschreibungszeitraums zu kommen. Durch die Begrenzung der zeitlichen Komponente für die Inanspruchnahme der Sonderabschreibungen soll vermieden werden, dass es auf den Fertigstellungszeitpunkt ankommt. Denn eine Abgrenzung nach dem Zeitpunkt der Fertigstellung eines Gebäudes würde zu zusätzlichem Verwaltungsaufwand in Bezug auf die Nachprüfung führen. Zudem bestünde die Gefahr einer „vorgezogenen" Abnahme, ohne dass bestimmte Wohnstandards oder Qualitätsstandards eingehalten würden.

3.2.1.12 Kritik am Gesetzentwurf

Der Gesetzentwurf wird von Sachverständigen zum Teil scharf kritisiert:

Es wird in Zweifel gezogen, dass die Maßnahme dort für zusätzliche Neubauinvestitionen sorgen wird, wo sie nachgefragt werden. Ferner werden hohe Mitnahmeeffekte, weiter steigende Bau- und Immobilienpreise sowie räumlichen Fehllenkungen befürchtet (Claus Michelsen vom Deutschen Institut für Wirtschaftsforschung (DIW)). Auch der Zentrale Immobilien Ausschuss (ZIA) meint, dass in Zeiten einer konjunkturellen Hochphase, dass das Mittel der zeitlich begrenzten Sonderabschreibung zu weiter steigenden Baupreisen führen könnte. Besser seien längerfristige Maßnahmen. Der Verband „Haus und Grund" hingegen kritisiert, dass die Höhe der Abschreibung im Hinblick auf das verfolgte Ziel der Wohnraumschaffung angesichts der weiter steigenden Baukosten unzureichend sei. Die Begrenzung der Anschaffungs- und Herstellungskosten auf max. 3.000 € pro qm wird zudem für Praxisfern gehalten. Der Bundesverband deutscher Immobilien- und Wohnungsunternehmen (GDW) glaubt, dass die Sonderabschreibungen, wie sie die Regierung vorschlage, nur einen kurzfristigen Effekt bieten würde und die Gefahr bestünde in der überhitzten Baukonjunktur „zu verpuffen". Eine Mietobergrenze in dem Entwurf vermisst Der Deutsche Mieterbund: *„Damit kann nicht sichergestellt werden, dass die steuerlich geförderten Mietwohnungen nach Fertigstellung tatsächlich im bezahlbaren Mietsegment angeboten werden."*

Nach Ansicht des Bundesrechnungshofs ist die Neuregelung für die Finanzämter nur schwer nachzuvollziehen und wird mit einem hohen Verwaltungsaufwand verbunden sein. Zudem bestünden Probleme bei der Vereinbarkeit mit europäischem Recht.

3.2.2 Weitere Vorhaben zur Förderung des Wohnungsbaus

Der Freistaat Bayern hatte am 9.8.2018 einen Entschließungsantrag in den Bundesrat eingebracht, der vorsieht, die Aufstockungen bei bestehenden Gebäuden steuerlich zu fördern.[51] Nachdem der Antrag zunächst am 21.9.2018 an die Ausschüsse, federführend an den Finanzausschuss überwiesen wurde, wurde der Antrag selbst ohne Angabe von Gründen von der Tagesordnung des Bundesrates für den 19.10.2018 gestrichen. Die Zukunft des Vorhabens ist damit ungewiss.

---

[51] BR-Drs. 395/18.

3.2.3 Einführung einer steuerlichen Forschungsförderung

Die Gesetzesinitiative zur Einführung einer steuerlichen Forschungsförderung geht auf mehrere Anträge der Oppositionsparteien zurück.[52] Ziel der Initiativen ist es eine (indirekte) steuerliche Förderung für Forschungsvorhaben zu implementieren. Die Vorschläge reichen von der Gewährung einer Steuergutschrift (tax credits) bis hin zu einer Zulagenförderung.

Der Bundestag hat die Anträge und Entwürfe der einzelnen Fraktionen am 11.10.2018 an seine Ausschüsse (federführend ist der Finanzausschuss) überwiesen. Dem Vernehmen soll das Vorhaben in 2019 nähere Gestalt annehmen und der Weg einer Zulagengewährung beschritten werden.

3.3 Gesetzesinitiativen zur Steuergestaltung und Steuervermeidung

3.3.1 Überblick

Dem Ansinnen von BEPS und dem Bedürfnis nach mehr Transparenz folgend wurden verschiedene Vorhaben initiiert, die Maßnahmen zur Anzeige und Vermeidung von Steuergestaltungen zum Inhalt haben. Die Vorschläge kommen teilweise aus dem Plenum des Bundestags oder beruhen auf Länderinitiativen.

In der parlamentarischen Diskussion bzw. in den Ausschüssen verhandelt werden bspw. derzeit Maßnahmen betreffend

- Steuervermeidung und Steuerhinterziehung
- Steuergestaltungen im Rahmen von Share Deals
- Straftaten und Gemeinnützigkeit
- die Transparenz bei der Auslandsfinanzierung von gemeinnützigen Körperschaften.

Wir verzichten indes auf eine Vorstellung jeder einzelnen dieser Initiativen und konzentrieren uns stattdessen auf ein aus unserer Sicht wesentliches Thema, nämlich die Pläne zur Einführung einer Anzeigepflicht für grenzüberschreitende Steuergestaltungen. Diese Initiative befindet sich derzeit zwar im noch im Diskussionsstadium. Die weitere Entwicklung bleibt daher abzuwarten. Indes trat die entsprechende RL der EU am 24.6.2019 in Kraft, sodass das Thema dem Vernehmen nach alsbald auf der gesetzgeberischen Agenda stehen wird.

3.3.2 Anzeigepflicht bei grenzüberschreitenden Steuergestaltungen

Hintergrund und Regelungsziele

Weil Steuergestaltungen immer ausgefeilter werden und sich diese zudem die höhere Mobilität von Kapital und Personen zunutze machen, sind auf EU-Ebene bereits mit der Verabschiedung der EU-RL 2018/822[53] Vorgaben gesetzt worden, die in nationales Recht umzusetzen sind.

Die sog. DAC 6-Richtlinie zum verpflichtenden automatischen Informationsaustausch im Bereich der Besteuerung über meldepflichtige grenzüberschreitende Gestaltungen knüpft daran an, dass Steuergestaltungen regelmäßig die Unterschiede der Steuerrechtsordnungen mehrerer

---

[52] Antrag der Fraktion der FDP v. 3.7.2018, BT-Drs. 19/3175; Gesetzentwurf von BÜNDNIS 90/DIE GRÜNEN v. 9.10.2018, BT-Drs. 19/4827 und Antrag der AFD v. 10.10.2018, BT-Drs. 19/4844.
[53] RL/EU 2018/822 v. 25.5.2018, ABl. L 139 v. 5.6.2018, S. 1 (DAC 6-Richtlinie).

Staaten ausnutzen, was dazu führt, dass steuerpflichtige Gewinne in Staaten mit vorteilhafteren Steuersystemen verlagert oder die Gesamtsteuerbelastung der Steuerpflichtigen verringert werden. Einem daraus folgenden Rückgang der Steuereinnahmen soll begegnet werden.

Mit Blick auf die innerstaatliche Umsetzung existiert derzeit lediglich ein verwaltungsinterner Diskussionsentwurf eines Gesetzes zur Einführung einer Pflicht zur Mitteilung von grenzüberschreitenden Steuergestaltungen, der Neuregelungen in §§ 138d bis § 138f AO vorsieht. Dem Ziel der DAC 6-Richtlinie folgende, sollen mittels der Melde- bzw. Anzeigepflicht Steuerumgehungen und Gewinnverlagerungen zeitnah identifiziert und verringert werden, um die Erosion des deutschen Steuersubstrats zu verhindern. Darauf haben sich die EU-Mitgliedstaaten verständigt, weil auch diese sich davor schützen wollen, dass dem Grunde nach steuerpflichtige Gewinne durch Steuergestaltungen in ausländische Niedrig- oder Nullsatzjurisdiktionen verlagert werden.

3.3.3 Regelungsinhalte

Mit dem aktuellen Vorschlag sollen zunächst grenzüberschreitende Gestaltungen einer Meldepflicht unterworfen werden. Ob es daneben auch Meldepflichten für innerstaatliche Gestaltungen geben soll, ist noch Gegenstand von Diskussionen.

3.3.3.1 Anzeigepflicht, § 138d AO-E

In Anlehnung an die DAC 6-Richtlinie ist in § 138d AO-E vorgesehen, dass derjenige, der eine grenzüberschreitende Steuergestaltung konzipiert, vermarktet, organisiert oder zur Nutzung bereitstellt oder die Umsetzung einer solchen Steuergestaltung verwaltet (sog. Intermediär), einer Mitteilungspflicht gegenüber den Finanzbehörden unterliegt (§ 138d Abs. 1 AO-E).

Eine grenzüberschreitende Gestaltung soll vorliegen, wenn diese Gestaltung eine oder mehrere Steuern zum Gegenstand hat, auf die das EUAHiG anzuwenden ist, die entweder mehr als einen Mitgliedstaat oder einen Mitgliedstaat und einen Drittstaat oder mehrere Drittstaaten betrifft und mindestens eine der folgenden Bedingungen erfüllt ist sowie die besonderen in § 138e AO-E genannten Kennzeichen vorliegen.

Dabei kann eine Steuergestaltung auch aus einer Reihe von Gestaltungen bestehen. Indes muss mindestens ein Schritt oder Teilschritt grenzüberschreitend sein. Ist das der Fall, ist die gesamte Steuergestaltung von der Anzeigepflicht erfasst.

Anzeigepflichtige Personen

Die Anzeigepflicht knüpft zuvorderst an Tätigkeiten und nicht an Personen an. Einer Anzeigepflicht unterliegt nach § 138d Abs. 1 AO-E derjenige, der

- eine grenzüberschreitende Steuergestaltung konzipiert, vermarktet, organisiert oder zur Nutzung bereitstellt oder
- die Umsetzung einer solchen Steuergestaltung verwaltet.

Die Anzeigepflicht erfasst damit vor allem Dritte, z. B. Steuerberater, Rechtsanwälte, aber auch Banken, Versicherungen, Unternehmensberater, die sog. Intermediäre. Das Gesetz nennt des Weiteren den Nutzer.

- Intermediär

  Ein Intermediär ist gegeben, wenn
  - er im Inland ansässig ist
  - oder er zwar nicht in einem EU-Mitgliedstaat ist, aber
    - eine inländische Betriebsstätte unterhält, durch die die Dienstleistungen im Zusammenhang mit der grenzüberschreitenden Steuergestaltung erbringt, oder
    - im Inland in ein öffentliches Register eingetragen ist, oder
    - dem deutschen Recht unterliegt, oder
    - im Inland bei einem Berufsverband für juristische oder beratende Dienstleistungen registriert ist.

- Der Nutzer

Nach Maßgabe des § 138d Abs. 6 AO-E ist Nutzer die Person oder Personenmehrheit, der eine mitteilungspflichtige grenzüberschreitende Steuergestaltung zur Umsetzung bereitgestellt wird, oder die bereit ist, eine grenzüberschreitende Steuergestaltung umzusetzen oder die den ersten Schritt zur Umsetzung einer solchen Steuergestaltung gemacht hat.

Insoweit wird die Person des Nutzers i. d. R. identisch mit dem Steuerpflichtigen sein. Sie kann aber auch mit einem Intermediär identisch sein.

Bedingungen für die Annahme einer Steuergestaltung:

- **Unterschiedliche Ansässigkeiten**
  - Nicht alle an der Gestaltung Beteiligten sind im selben Steuerhoheitsgebiet steuerlich ansässig oder
  - einer oder mehrere der an der Gestaltung Beteiligten sind gleichzeitig in mehreren Steuerhoheitsgebieten steuerlich ansässig.

- **Betriebsstätte und Geschäftstätigkeit**

  Einer oder mehrere der an der Gestaltung Beteiligten
  - gehen in einem anderen Steuerhoheitsgebiet über eine dort belegene Betriebsstätte Geschäftstätigkeiten nach und die Gestaltung ist Teil der Geschäftstätigkeiten der Betriebsstätte oder macht deren gesamte Geschäftstätigkeiten aus oder
  - gehen in einem anderen Steuerhoheitsgebiet einer Tätigkeit nach, ohne dort steuerlich ansässig zu sein oder eine Betriebsstätte zu begründen.

- **Informationsaustausch und Identifikation des wirtschaftlich Berechtigten**

  Die Steuergestaltung hat möglicherweise Auswirkungen auf den automatischen Informationsaustausch oder die Identifizierung der wirtschaftlichen Eigentümer.

3.3.3.1.1 Kennzeichen für die Annahme einer Steuergestaltung, § 138e AO-E

Die im Diskussionsentwurf vorgesehenen Kennzeichen entsprechen im Wesentlichen denen der DAC 6-Richtlinie (sog. Hallmarks). Sie sind im Grunde sehr weit gefasst und beinhalten mehrfach unbestimmte Rechtsbegriffe.

Die Intention, die auch die DAC 6-Richtlinie verfolgt, wird damit sehr deutlich, nämlich weitgreifend alle möglichen Gestaltungen bzw. Gestaltungsideen zu erfassen. Die Regelungen zur den Kennzeichen, insb. die zu den besonderen Kennzeichen sind sehr detailreich und werden aufgrund der Vielzahl der unbestimmten Rechtsbegriffe aller Voraussicht nach streitanfällig sein.

Allgemeine Kennzeichen, § 138e Abs. 1 AO-E

- **Vereinbarungen mit besonderen Inhalten**

  Eine Vereinbarung, die

  – entweder eine Vertraulichkeitsklausel enthält, wonach eine Offenlegung, auf welche Weise aufgrund der Gestaltung ein steuerlicher Vorteil erlangt wird, gegenüber anderen Intermediären oder den Finanzbehörden verboten ist oder

  – oder in der eine Gebühr oder sonstigen Vergütung in Bezug auf den steuerlichen Vorteil der Steuergestaltung festsetzt wird,

  ist eines der Kennzeichen. Wird gar eine Erstattungsverpflichtung dieses Entgelts vereinbart, falls der mit der Gestaltung zu erwartende steuerliche Vorteil ganz oder teilweise nicht erzielt wird, ist dies ein Hinweis auf das Vorliegen einer Steuergestaltung.

- **Standardisierte Strukturen**

  Ein weiteres Kennzeichen ist eine standardisierte Dokumentation und Struktur der Gestaltung, die für mehr als einen Nutzer verfügbar ist, ohne dass eine wesentliche individuelle Anpassung erfolgen muss.

- **Erlangung eines steuerlichen Vorteils**

  Liegen diese allgemeinen Kennzeichen, muss die Gestaltung auf die Erlangung eines steuerlichen Vorteils gerichtet ein. Dieser muss der oder einer der Hauptvorteile der Gestaltung sein, wobei auf die Perspektive eines an der Gestaltung nicht beteiligten Dritten abzustellen ist.

  Ein steuerlicher Vorteil i. d. S. (§ 138d Abs. 3 AO-E) liegt vor, wenn durch die Steuergestaltung

  – Steuern erstattet,

  – Steuervergütungen gewährt,

  – Steueransprüche verringert oder

  – die Entstehung von Steueransprüchen in andere Besteuerungszeiträume oder auf andere Besteuerungszeitpunkteverschoben

  werden sollen. Maßgebend ist dabei auch ein steuerlicher Vorteil, der außerhalb des Geltungsbereichs dieses Gesetzes entsteht, sodass nicht allein auf das inländische Steuersystem abgestellt wird.

Besondere Kennzeichen, § 138e Abs. 2 AO-E

Ungeachtet der Erlangung eines steuerlichen Vorteils ist eine Meldepflicht anzunehmen, wenn die Gestaltung besondere Kennzeichen aufweist. Die besonderen Kennzeichen knüpfen entweder an den Gegenstand der Gestaltung oder an grenzüberschreitende Transaktionen an.

Hier sehen § 138e Abs. 1 und Abs. 2 AO-E umfang- und detailreiche Einzelmerkmale vor. So ist vorgesehen, dass u. a. dann eine Meldepflicht besteht, wenn

- die Nutzung von Verlusten im Wege des Unternehmenserwerbs mit Zielrichtung einer Steuerentlastung,

- die Umwandlung von Einkünften in steuerbefreites oder steuerbegünstigtes Vermögen

- die Nutzung von Unternehmen ohne primäre wirtschaftliche Funktionen für zirkuläre Vermögenstransaktionen,

betroffen ist. Auch Gestaltungen, die zum Ziel haben dazu

- Mitteilungspflichten nach den Rechtsvorschriften zur Umsetzung des Standards für den automatischen Austausch von Informationen über Finanzkonten in Steuersachen (gemeinsamer Meldestandard) auszuhöhlen, oder

- rechtlich oder wirtschaftlich intransparenter Eigentumsketten einbeziehen, oder

- Verrechnungspreise betreffen, hier vor allem bei der Übertragung von immateriellen Wirtschaftsgütern,

sollen der Meldepflicht unterliegen.

3.3.3.1.2 Verfahren zur Anzeige- bzw. Meldepflicht, § 138f AO-E

In § 138f AO-E ist das Verfahren zur Meldung der grenzüberschreitenden Gestaltung beschrieben. Danach haben der Intermediär oder der Nutzer (z. B. bei Übergang der Meldepflicht) binnen einer Anzeigefrist die folgenden Angaben zu machen:

Zuständige Behörde

Die Anzeige des Intermediärs ist bei dem für ihn zuständigen FA einzureichen.

Pflichtangaben und Aktualisierungspflicht

Die Anzeige muss folgende Pflichtangaben (auf amtlich vorgeschriebenem Vordruck) enthalten (§ 138f Abs. 4 AO-E):

- Angaben zum Intermediär als natürliche Person
    - Vor- und Familiennamen,
    - Anschrift,
    - Geburtstag und -ort
    - Steueransässigkeit und Steueridentifikationsmerkmal,

- Angaben zum Intermediär als nicht-natürliche Person:
    - die Firma oder den Namen,
    - die Anschrift,
    - die Steueransässigkeit,
    - das Steueridentifikationsmerkmal oder die Wirtschafts-Identifikationsnummer (§ 139c AO) oder, wenn diese noch nicht vergeben wurde, die Steuernummer;

- Angaben zum Nutzer als natürliche Person:
    - Vor- und Familiennamen
    - Anschrift,
    - Geburtstag und Geburtsort,
    - Steueransässigkeit und das Steueridentifikationsmerkmal,

- Angaben zum Nutzer als nicht-natürliche Person:
    - Firma oder den Namen,
    - Anschrift,
    - die Steueransässigkeit und die Wirtschafts-Identifikationsnummer (§ 139c AO) oder, wenn diese noch nicht vergeben wurde, die Steuernummer

- Angaben zu Personen, die als verbundene Unternehmen des Nutzers gelten,

- Mitteilung der verpflichtenden Kennzeichen i. S. d. § 138e AO,

- Zusammenfassung des Inhalts der grenzüberschreitenden Steuergestaltung mit
- abstrakter Beschreibung der relevanten Geschäftstätigkeiten oder Gestaltungen
- ohne Offenlegung von Handels-, Gewerbe- oder Berufsgeheimnisses oder eines Geschäftsverfahrens oder von Informationen, deren Offenlegung die öffentliche Ordnung verletzen würde,
- Datum, an dem der erste Schritt der Umsetzung der Steuergestaltung gemacht wurde oder voraussichtlich gemacht werden wird,
- die einschlägigen Vorschriften, die die Grundlage der Steuergestaltung bilden,
- den tatsächlichen oder voraussichtlichen Wert der Steuergestaltung,
- die Mitgliedsstaaten, die wahrscheinlich von der Steuergestaltung betroffen sind,
- alle anderen in einem Mitgliedstaat ansässigen Personen, die wahrscheinlich von der betroffen sind, einschließlich der Angaben darüber, zu welchen Mitgliedstaaten sie in Beziehung stehen, soweit dies bekannt ist.

Geht eine solche Mitteilung ein erhält sie eine Vergabenummer, unter der die Gestaltung erfasst wird.

Aktualisierungspflicht des Intermediärs bei marktgängigen Gestaltungen

Bei marktgängigen Steuergestaltungen, als Gestaltungen, die konzipiert oder vermarktet werden, nutzungsbereit sind oder zur Nutzung bereitgestellt werden, ohne dass sie individuell angepasst werden müssen), muss der Intermediär seine Mitteilung aktualisieren, soweit neue mitteilungspflichtige Umstände vorliegen. Er hat hier die erteilte Vergabenummer anzugeben.

Meldefrist

Die Mitteilung hat innerhalb von 30 Tagen zu erfolgen. Die Frist beginnt an dem Tag, nach dem ein mitteilungspflichtiges Ereignis erstmals eintritt. Ein mitteilungspflichtiges Ereignis liegt vor, wenn die Steuergestaltung einem Nutzer zur Umsetzung bereitgestellt wird, sie für den Nutzer umsetzungsbereit ist oder der erste Schritt zur Umsetzung durch den Nutzer gemacht wurde. Das Ereignis, welches zuerst eintritt, ist das fristauslösende Ereignis.

Suspendierung des Intermediärs von der Meldepflicht

Der Intermediär ist von der Meldepflicht (nur) suspendiert,

- wenn er diese in einem anderen EU-Staat erfüllt hat oder
- ein daneben ebenso verpflichteter Intermediär seinerseits die ihm obliegende Verpflichtung erfüllt hat (§ 138d Abs. 4 AO-E) und dies nachgewiesen wird oder
- die Meldung zu einer Verschwiegenheitsverpflichtungsverletzung führt und der Intermediär den Nutzer der Steuergestaltung über den Übergang der Meldepflicht informiert hat.

3.3.3.1.3 Sanktionen bei Verletzung der Anzeigepflicht

Die Verletzung der Anzeigepflicht soll sanktioniert werden. Hierzu ist eine Änderung des § 379 AO vorgesehen. Danach kann das Unterlassen oder die unvollständige oder nicht rechtzeitige Erfüllung der Mitteilungspflichten als Ordnungswidrigkeit mit einem Bußgeld von bis zu 25.000 € belegt werden, wenn nicht sogar eine Verfolgung der Tat als leichtfertige Steuerverkürzung nach Maßgabe des § 378 AO in Frage kommt.

3.3.3.1.4 Inkrafttreten

Die DAC 6-Richtlinie ist binnen zwei Jahren umzusetzen. Sie selbst erfasst alle Gestaltungen die nach ihrem Inkrafttreten der Richtlinie am 24.6.2018 entweder konzipiert oder vorher bereits konzipiert und nach Inkrafttreten deren umgesetzt werden.

Entsprechend knüpft auch der Diskussionsentwurf an eine solche weitreichende Inkraftsetzungsregelung an. Er sieht vor, dass die Mitteilungspflicht in allen Fällen anzuwenden, in denen der erste Schritt einer mitteilungspflichtigen grenzüberschreitenden Steuergestaltung nach dem 24.6.2018 umgesetzt wurde. Wurde der erste Schritt nach dem 24.6.2018 und vor dem 1.7.2020 umgesetzt, ist die Mitteilung abweichend von der in § 138f Abs. 2 AO-E vorgesehenen Ereignisfrist innerhalb von zwei Monaten nach dem Ablauf des 30.6.2020 zu erstatten.

B Überblick über die Verwaltungsvorschriften 2018

1 Änderungen bei der Einkommensteuer

1.1 Änderungen bei der Gewinn- und Einkunftsermittlung (§§ 2 bis 12 EStG)

1.1.1 Behandlung der Geldleistungen für Kindervollzeitpflege

> **BMF, Schreiben v. 22.10.2018, IV C 3 – S 2342/07/0001:138, BStBl I 2018, S. 1109**
>
> **Das BMF hat eine neue Verwaltungsanweisung zur einkommensteuerrechtlichen Behandlung von Geldleistungen für Kinder in der Vollzeitpflege veröffentlicht.**
>
> **Normen:** §§ 3 Nr. 9 und Nr. 11, 18 Abs. 1 Nr. 1 EStG

Das BMF nimmt umfassend zur einkommensteuerrechtlichen Behandlung von Geldleistungen nach dem SGB VIII für Kinder in Vollzeitpflege, für die Erziehung in einer Tagesgruppe, für Heimerziehung/Erziehung in sonstiger betreuter Wohnform, für die intensive sozialpädagogische Einzelbetreuung sowie für die Unterbringung/Betreuung bei Inobhutnahme von Kindern und Jugendlichen Stellung und äußert sich außerdem zu Leistungen des Jugendamts über einen zwischengeschalteten Träger der freien Jugendhilfe sowie zu Erstattungen nachgewiesener Aufwendungen zu einer Unfallversicherung oder einer angemessenen Altersvorsorge der Pflegeperson.

Praxishinweis

➡ Die neue Verwaltungsanweisung ersetzt die Schreiben vom 21.4.2011[54] und 27.11.2012[55].

1.1.2 Vordrucke zur Einnahmenüberschussrechnung (EÜR) für 2018 bekanntgegeben

> **BMF, Schreiben v. 17.10.2018, IV C 6 – S 2142/17/10002:012, BStBl I 2018, S. 1038**
>
> **Die Vordrucke der Anlage EÜR sowie die Vordrucke für die Sonder- und Ergänzungsrechnungen für Mitunternehmerschaften wurden mit den dazugehörigen Anleitungen für das Jahr 2018 bekannt gegeben.**
>
> **Normen:** § 60 Abs. 4 EStDV; § 4 Abs. 3 EStG

---

[54] BMF, Schreiben v. 21.4.2011, IV C 3 – S 2342/07/0001:126, BStBl I 2011, S. 487.
[55] BMF, Schreiben v. 27.11.2012, IV C 3 – S 2342/07/0001:126, BStBl I 2012, S. 1226.

Der amtlich vorgeschriebene Datensatz, der nach § 60 Abs. 4 S. 1 EStDV i. V. m. § 87a Abs. 6 AO durch Datenfernübertragung authentifiziert zu übermitteln ist, wird nach § 87b Abs. 2 AO im Internet unter www.elster.de zur Verfügung gestellt. Für die authentifizierte Übermittlung ist ein Zertifikat notwendig. Dieses wird nach Registrierung unter www.elster.de ausgestellt. Der Registrierungsvorgang kann bis zu zwei Wochen in Anspruch nehmen.

Die Anlage AVEÜR sowie bei Mitunternehmerschaften die entsprechenden Anlagen sind notwendiger Bestandteil der Einnahmenüberschussrechnung.

Auf Antrag kann das FA entsprechend § 150 Abs. 8 AO in Härtefällen auf die Übermittlung der standardisierten EÜR nach amtlich vorgeschriebenem Datensatz durch Datenfernübertragung verzichten. Für die EÜR sind in diesen Fällen Papiervordrucke zur Anlage EÜR zu verwenden.

Praxishinweis

Die Anlage SZE sowie die Anleitung zur Anlage EÜR mussten aufgrund des BFH-Urteils vom 14.3.2018[56] für den VZ 2018 erst noch einmal überarbeitet werden. Sie wurden am 26.11.2018 nachträglich veröffentlicht.[57]

Vgl. hierzu auch die Verfügung der OFD NRW zu Ausnahmefällen in Bezug auf die Nutzung/elektronische Übermittlung der Anlage EÜR ab dem VZ 2017.[58]

1.1.3 Betrieblicher Schuldzinsenabzug nach § 4 Abs. 4a EStG

> **BMF, Schreiben v. 2.11.2018, IV C 6 – S 2144/07/10001:007, BStBl I 2018, S. 1207**
>
> **Das BMF hat seine Anwendungsschreiben zum betrieblichen Schuldzinsenabzug nach § 4 Abs. 4a EStG überarbeitet und dabei auch die aktuelle BFH-Rspr. berücksichtigt.[59]**
>
> **Norm:** § 4 Abs. 4a EStG

Der Regelung unterliegen nur Schuldzinsen, die betrieblich veranlasst sind. Dies erfordert im Hinblick auf die steuerliche Abziehbarkeit eine zweistufige Prüfung. In einem ersten Schritt ist zu ermitteln, ob und inwieweit Schuldzinsen zu den betrieblich veranlassten Aufwendungen gehören. In einem zweiten Schritt muss geprüft werden, ob der Betriebsausgabenabzug im Hinblick auf Überentnahmen eingeschränkt ist.

Das neue, mit vielen Beispielen versehene BMF-Schreiben gliedert sich in folgende Abschnitte:

- Betrieblich veranlasste Schuldzinsen
- Überentnahme (§ 4 Abs. 4a S. 2 EStG) – Begriffe Gewinn, Entnahme, Einlage
- Ermittlung des Hinzurechnungsbetrags (§ 4 Abs. 4a S. 3 und 4 EStG)
- Schuldzinsen aus Investitionsdarlehen (§ 4 Abs. 4a S. 5 EStG)

---

[56] BFH, Urteil v. 14.3.2018, X R 17/16, BStBl II 2018, S. 744; vgl. auch im vorliegenden Werk C.1.1.3.
[57] BMF, Schreiben v. 26.11.2018, IV C 6 – S 2142/17/10002:013, BStBl I 2018, S. 1216.
[58] OFD NRW, Kurzinformation ESt Nr. 03/1018 v. 20.4.2018, DB 2018, S. 1116.
[59] Vgl. auch hierzu im vorliegenden Werk C.1.1.3.

Änderungen bei der Einkommensteuer 93

- Schuldzinsen bei Mitunternehmerschaften
  - Gesellschafts-/Gesellschafterbezogene Betrachtungsweise
  - Schuldzinsen
    - o Gewinnermittlung der Mitunternehmerschaft
    - o Darlehen im Sonderbetriebsvermögen
  - Entnahmen/Einlagen
  - Umwandlungen nach dem UmwStG
    - o Einbringung in eine Personengesellschaft (§ 24 UmwStG)
    - o Einbringung in eine Kapitalgesellschaft (§ 20 UmwStG)
- Gewinnermittlung nach § 4 Abs. 3, § 5a und § 13a EStG

Zu den Anwendungsregelungen wird folgendes ausgeführt:

- Die Regelung der Einschränkung des Schuldzinsenabzugs ist erstmals für Wirtschaftsjahre anzuwenden, die nach dem 31.12.1998 enden (§ 52 Abs. 6 S. 5 EStG). Die Über- oder Unterentnahmen in Wirtschaftsjahren, die vor dem Jahr 1999 geendet haben, bleiben unberücksichtigt. Bei einem vom Kalenderjahr abweichenden Wirtschaftsjahr bleiben die vor dem 1.1.1999 getätigten Über- und Unterentnahmen unberücksichtigt.[60] Der Anfangsbestand ist daher mit 0 DM anzusetzen (§ 52 Abs. 6 S. 6 EStG).

- Nach § 52 Abs. 6 S. 7 EStG gilt bei Betrieben, die vor dem 1.1.1999 eröffnet worden sind, abweichend von Rn. 9 Folgendes:
  - Im Fall der Betriebsaufgabe sind bei der Überführung von Wirtschaftsgütern aus dem Betriebsvermögen in das Privatvermögen die Buchwerte nicht als Entnahme anzusetzen. Im Fall der Betriebsveräußerung ist nur der Veräußerungsgewinn als Entnahme anzusetzen.
  - § 52 Abs. 6 S. 7 EStG gilt nicht für die Entnahme von Wirtschaftsgütern außerhalb einer Betriebsaufgabe oder -veräußerung, auch wenn diese bereits vor dem 1.1.1999 zum Betriebsvermögen gehörten.[61]

- Bei Gewinnermittlung nach § 4 Abs. 3 EStG sind die Entnahmen und Einlagen für das Wirtschaftsjahr, das nach dem 31.12.1998 endet, und für den Zeitraum bis zum 31.12.1999 zu schätzen, sofern diese nicht gesondert aufgezeichnet sind.

Praxishinweis

Das neue BMF-Schreiben tritt an die Stelle der BMF-Schreiben vom 17.11.2005[62], vom 7.5.2008[63] und vom 18.2.2013[64] und ist in allen offenen Fällen anzuwenden. Die Rn. 30 bis 32d des BMF-Schreibens vom 17.11.2005 können auf gemeinsamen Antrag der Mitunternehmer letztmals für das Wirtschaftsjahr angewandt werden, das vor dem 1.5.2008 beginnt. Die Verlustberücksichtigung gem. Tz. II. 2. des BMF-Schreibens vom 17.11.2005 kann abweichend von Rn. 8 S. 3 und Rn. 16 S. 2 auf Antrag des Steuerpflichtigen letztmalig für das Wirtschaftsjahr angewendet werden, das vor dem 1.1.2018 begonnen hat; bei Mitunternehmerschaften ist ein einvernehmlicher Antrag aller Mitunternehmer erforderlich. Die Regelungen in

---

[60] BFH, Urteil v. 23.3.2011, X R 28/09, BStBl II 2011, S. 753.
[61] BFH, Urteil v. 24.11.2016, IV R 46/13, BStBl II 2017, S. 268.
[62] BMF, Schreiben v. 17.11.2005, IV B 2 – S 2144 – 50/05, BStBl I 2005, S. 1019.
[63] BMF, Schreiben v. 7.5.2008, IV B 2 – S 2144/07/0001, BStBl I 2008, S. 588.
[64] BMF, Schreiben v. 18.2.2013, IV C 6 – S 2144/07/10001, BStBl I 2013, S. 197.

Rn. 8 bis 10 des BMF-Schreibens vom 10.11.1993[65] sind durch die BFH-Rspr. überholt und nicht mehr anzuwenden.

1.1.4 Verpflichtungsübernahmen, Schuldbeitritte und Erfüllungsübernahmen mit vollständiger oder teilweiser Schuldfreistellung

> **BMF, Schreiben v. 30.11.2017, IV C 6 – S 2133/14/10001, BStBl I 2017, S. 1619**
>
> Das BMF hat anlässlich mehrerer BFH-Urteile in einem Anwendungsschreiben zur steuerlichen Gewinnermittlung bei Verpflichtungsübernahmen, Schuldbeitritten und Erfüllungsübernahmen mit vollständiger oder teilweiser Schuldfreistellung Stellung genommen.
>
> **Normen:** §§ 4f, 5 Abs. 7 EStG

Der BFH hat in mehreren Urteilen entschieden, dass übernommene Verpflichtungen beim Übernehmer keinen Ansatz- und Bewertungsbeschränkungen unterliegen, sondern als ungewisse Verbindlichkeiten auszuweisen und mit den „Anschaffungskosten" oder dem höheren Teilwert zu bewerten sind.[66] Tritt ein Dritter neben dem bisherigen Schuldner in die Verpflichtung ein (sog. Schuldbeitritt) und verpflichtet sich der Dritte, den bisherigen Schuldner von der Verpflichtung freizustellen, kann der bisherige Schuldner mangels Wahrscheinlichkeit der Inanspruchnahme weder eine Rückstellung für die Verpflichtung passivieren, noch einen Freistellungsanspruch gegenüber dem Schuldbeitretenden ansetzen.[67]

Der BFH weicht somit von den BMF-Schreiben vom 16.12.2005[68] und 24.6.2011[69] ab. Für Wirtschaftsjahre, die nach dem 28.11.2013 enden, sind indes die Regelungen des § 5 Abs. 7 EStG i. d. F. des AIFM-StAnpG vom 18.12.2013[70] zu beachten, wonach der Übernehmer einer Verpflichtung die gleichen Bilanzierungsvorschriften zu beachten hat, die auch für den ursprünglich Verpflichteten gegolten haben.

Das nimmt das BMF zum Anlass, zur Anwendung der Grundsätze der BFH-Rspr. und zu den Auswirkungen auf seine bisherigen Schreiben im Zusammenhang mit den gesetzlichen Neuregelungen in den §§ 4f und 5 Abs. 7 EStG ausführlich und mit Beispielen untermauert Stellung zu beziehen.

Praxishinweis

Das neue Schreiben gilt in allen noch offenen Fällen. Die beiden bisherigen Schreiben werden aufgehoben.

> **Literaturhinweise:** *Bolik/Selig-Kraft*, nwb 2018, S. 851; *Weber-Grellet*, DB 2018, S. 661

---

[65] BMF, Schreiben v. 10.11.1993, IV B 2 – S 2144 – 94/93, BStBl I 1993, S. 930.
[66] BFH, Urteil v. 14.12.2011, I R 72/10, BStBl II 2017, S. 1226; BFH, Urteil v. 12.12.2012, I R 69/11, BStBl II 2017, S. 1232, BFH, Urteil v. 12.12.2012, I R 28/11, BStBl II 2017, S. 1265.
[67] BFH, Urteil v. 26.4.2012, IV R 43/09, BStBl II 2017, S. 1228.
[68] BMF, Schreiben v. 16.12.2005, IV B 2 – S 2176 – 103/05, BStBl I 2005, S. 1052.
[69] BMF, Schreiben v. 24.6.2011, IV C 6 – S 2137/0 – 03, BStBl I 2011, S. 627.
[70] BStBl I 2014, S. 2.

1.1.5 Rückstellungen für den sog. Nachteilsausgleich bei Altersteilzeitarbeiten

> **BMF, Schreiben v. 22.10.2018, IV C 6 – S 2175/07/10002, BStBl I 2018, S. 1112**
>
> **Das BMF hat in Anlehnung an ein BFH-Urteil aus September 2017 eine Randnummer in seinem Schreiben zur bilanzsteuerlichen Berücksichtigung von Altersteilzeitvereinbarungen aus März 2007 geändert.**
>
> **Normen:** § 5 Abs. 1 S. 1 und Abs. 4 EStG; § 249 Abs. 1 S. 1 HGB; § 5 Abs. 7 TV ATZ

Der BFH hat mit Urteil vom 27.9.2017[71] entschieden, dass für den sog. Nachteilsausgleich bei Altersteilzeitregelungen nach § 5 Abs. 7 TV ATZ mangels wirtschaftlicher Verursachung keine Rückstellungen passiviert werden dürfen. Nach Ansicht des I. Senats ist der tatsächliche Eintritt der Rentenkürzung wesentliche Tatbestandsvoraussetzung für die Entstehung des Abfindungsanspruchs.

Die Entscheidung steht im Widerspruch zu Rn. 15 des BMF-Schreibens vom 28.3.2007,[72] wonach für den Nachteilsausgleich im Zusammenhang mit einer Minderung der Ansprüche aus der gesetzlichen Rentenversicherung eine ratierlich anzusammelnde Rückstellung gebildet werden kann.

Nach Abstimmung mit den obersten Finanzbehörden der Länder wurde die Rn. 15 wie folgt neu gefasst:

„4. Ausgleichszahlungen des Arbeitgebers (sog. Nachteilsausgleich)

Verpflichtet sich der Arbeitgeber, in der Freistellungsphase oder nach dem Ende des Altersteilzeitarbeitsverhältnisses einen zusätzlichen Ausgleichsbetrag zu zahlen (sog. Nachteilsausgleich, z. B. für finanzielle Nachteile im Zusammenhang mit der vorzeitigen Beendigung der beruflichen Tätigkeit), ist es nicht zu beanstanden, diese Verpflichtung erstmals am Ende des Wirtschaftsjahres, in dem die Beschäftigungsphase beginnt, mit dem versicherungsmathematischen Barwert nach § 6 EStG unter Zugrundelegung eines Zinssatzes von 5,5 % zurückzustellen und bis zum Ende der Beschäftigungsphase ratierlich anzusammeln.

Für Nachteilsausgleichsverpflichtungen, die den Eintritt eines bestimmten Ereignisses voraussetzen, dürfen keine Rückstellungen passiviert werden. Das gilt auch dann, wenn am Bilanzstichtag der Eintritt des Ereignisses wahrscheinlich ist (z. B. Nachteilsausgleichsansprüche aufgrund einer Minderung der Ansprüche aus der gesetzlichen Rentenversicherung).“

Praxishinweis

→ Die Neufassung von Rn. 15 des bisherigen BMF-Schreibens ist erstmals bei Altersteilzeitarbeitsverhältnissen anzuwenden, die nach dem Tag der Veröffentlichung des neuen Schreibens im BStBl beginnen. Die auf Basis der bisherigen Rn. 15 passivierten Rückstellungen können planmäßig bis zur Auszahlung oder dem Wegfall des Nachteilsausgleichs weitergeführt werden.

> **Literaturhinweise:** *Bolik*, nwb 2018, S. 3288; *IDW-Mitteilung* v. 23.10.2018, DB 2018, M16

---

[71] BFH, Urteil v. 27.9.2017, I R 53/15, DB 2018, S. 357.
[72] BMF, Schreiben v. 28.3.2007, IV B 2 – S 2175/07/0002, BStBl I 2007, S. 297.

1.1.6 E-Bilanz – Veröffentlichung der Taxonomien 6.2

> **BMF, Schreiben v. 6.6.2018, IV C 6 – S 2133-b/18/10001, BStBl I 2018, S. 714**
>
> Das BMF hat das aktualisierte Datenschema der Taxonomien (Version 6.2) als amtlich vorgeschriebenen Datensatz veröffentlicht.
>
> **Norm:** § 5b EStG

Die Taxonomien der Version 6.2 sind grds. für die Bilanzen der Wirtschaftsjahre zu verwenden, die nach dem 31.12.2018 beginnen. Sie gelten entsprechend für die in Rn. 1 des BMF-Schreibens vom 28.9.2011[73] genannten Bilanzen sowie für Eröffnungsbilanzen, sofern diese nach dem 31.12.2018 aufzustellen sind. Es wird nicht beanstandet, wenn diese auch für das Wirtschaftsjahr 2018 oder 2018/2019 verwendet werden. Die Übermittlungsmöglichkeit mit diesen neuen Taxonomien wird für Testfälle voraussichtlich ab November 2018 und für Echtfälle ab Mai 2019 gegeben sein.

Die aktualisierten Taxonomien (Kern-, Ergänzungs- und Spezialtaxonomien) stehen unter www.esteuer.de zur Ansicht und zum Abruf bereit.

Das BMF weist in seinem Schreiben insb. auf folgende Neuerungen hin

- Änderung der Auszeichnungen
- Fachliche Änderungen
- Abbau von Redundanzen
- Neuer Berichtsteil „steuerlicher Betriebsvermögensvergleich"

1.1.7 Bewertung mehrjähriger Kulturen in Baumschulbetrieben

> **BMF, Schreiben v. 5.10.2018, IV C 7 – S 2163/18/10001, BStBl I 2018, S. 1037**
>
> Das BMF hat die zeitliche Anwendung des BMF-Schreibens vom 27.6.2014[74] zur Bewertung mehrjähriger Kulturen in Baumschulbetrieben gem. § 6 Abs. 1 Nr. 2 EStG verlängert.
>
> **Norm:** § 6 Abs. 1 Nr. 2 EStG

Nach Tz. 3.2 des BMF-Schreibens aus Juni 2014 gilt die Vereinfachungsregelung für das Wirtschaftsjahr 2017/2018 bzw. für das mit dem Kalenderjahr 2018 übereinstimmende Wirtschaftsjahr.

Zur Schaffung der statistisch notwendigen Datengrundlagen und der dazu notwendigen elektronischen Datenwege im Projekt „Betriebsvergleich 4.0" wurde die Geltungsdauer der Verwaltungsregelung abweichend von Tz. 3.2 des o. g. BMF-Schreibens wie folgt geändert:

Die Regelungen sind bis zum Ablauf des Wirtschaftsjahrs 2020/2021 bzw. bis zum Ablauf des mit dem Kalenderjahr 2021 übereinstimmenden Wirtschaftsjahrs weiterhin in ihrer bisherigen Fassung anzuwenden.

---

[73] BMF, Schreiben v. 28.9.2011, IV C 6 – S 2133-b/11/10009, BStBl I 2011, S. 855.
[74] BMF, Schreiben v. 27.6.2014, IV D 4 – S 2163/14/10001, BStBl I 2014, S. 1094.

Darüber hinaus sind die Regelungen bis zum Ablauf des Wirtschaftsjahrs 2022/2023 bzw. bis zum Ablauf des mit dem Kalenderjahr 2023 übereinstimmenden Wirtschaftsjahrs weiter anzuwenden, wenn nach erfolgreicher Einführung des Projekts „Betriebsvergleich 4.0" ab dem Kalenderjahr 2021 statistisch repräsentative Daten von Baumschulbetrieben der Bundesrepublik vorliegen.

1.1.8 Bewertung von Pensionsrückstellungen nach § 6a EStG

> **BMF, Schreiben v. 19.10.2018, IV C 6 – S 2176/07/10004, DB 2018, S. 2667**
>
> Das BMF äußert sich zum Übergang auf die „Heubeck-Richttafeln 2018 G".
>
> **Norm:** § 6a EStG

Bei der Bewertung von Pensionsrückstellungen sind u. a. die anerkannten Regeln der Versicherungsmathematik anzuwenden (§ 6a Abs. 3 S. 3 EStG). Sofern in diesem Zusammenhang bislang die „Richttafeln 2005 G" von Professor Klaus Heubeck verwendet wurden, ist zu beachten, dass diese durch die „Heubeck-Richttafeln 2018 G" ersetzt wurden.

Das BMF-Schreiben vom 16.12.2005[75] nimmt unter Bezugnahme auf das BMF-Schreiben vom 13.4.1999[76] zum Übergang auf neue oder geänderte biometrische Rechnungsgrundlagen bei der Bewertung von Pensionsrückstellungen Stellung.

Unter Berücksichtigung der in diesen Schreiben dargelegten Grundsätze hat sich das BMF jetzt zur Anwendung der neuen „Heubeck-Richttafeln 2018 G" in der steuerlichen Gewinnermittlung geäußert. Dabei geht es auf folgende Themenbereiche ein:

- Steuerliche Anerkennung der „Heubeck-Richttafeln 2018 G"
- Zeitliche Anwendung
- Verteilung des Unterschiedsbetrags nach § 6a Abs. 4 S. 2 EStG
- Andere Verpflichtungen, die nach § 6a EStG bewertet werden.

Praxishinweis

Vgl. hierzu auch den Beschluss des FG Köln vom 12.10.2017. Der 10. Senat des FG hält den Rechnungszinsfuß von 6 % zur Ermittlung von Pensionsrückstellungen in § 6a EStG im Jahr 2015 für verfassungswidrig. Er hat deshalb beschlossen, das Klageverfahren auszusetzen und eine Entscheidung des BVerfG über die Verfassungsmäßigkeit des Rechnungszinsfußes einzuholen.[77]

> **Literaturhinweise:** *Bartsch/Steudel*, BBK 2018, S. 1019; *Hennigfeld*, DB 2018, S. 156; *Höfer*, DB 2018, S. 1698; *Höfer/Hagemann/Neumeier*, DB 2018, S. 2709; *Thunes/Rasch/Ricken*, DB 2018, S. 3001 und DB 2019, S. 8; *Zwirner*, DB 2018, S. 2518

---

[75] BMF, Schreiben v. 16.12.2005, IV B 2 – S 2176 – 106/05, BStBl I 2005, S. 1054.
[76] BMF, Schreiben v. 13.4.1999, IV C 2 – S 2176 – 33/99, BStBl I 1999, S. 436.
[77] FG Köln, Beschluss v. 12.10.2017, 10 K 977/17, EFG 2018, S. 287, Vorlage an das BVerfG, Az. 2 BvL 22/17.

1.1.9 Zweifelsfragen im Zusammenhang mit § 6b Abs. 2a EStG

> **BMF, Schreiben v. 7.3.2018, IV C 6 – S 2139/17/10001:001, BStBl I 2018, S. 309**
>
> Das BMF hat eine Entscheidung des BFH aus Juni 2017 zum Anlass genommen, zu Zweifelsfragen im Zusammenhang mit der Vorschrift des § 6b Abs. 2a EStG Stellung zu nehmen.
>
> **Norm:** § 6b Abs. 2a EStG

Nach § 6b Abs. 2a S. 1 EStG i. d. F. des StÄndG 2015 kann die festgesetzte Steuer, die auf einen Gewinn i. S. d. § 6b Abs. 2 EStG entfällt, auf Antrag des Steuerpflichtigen in fünf gleichen Jahresraten entrichtet werden. Voraussetzung hierfür ist, dass im Jahr der Veräußerung eines nach § 6b Abs. 1 S. 1 EStG begünstigten Wirtschaftsguts oder in den folgenden vier Jahren ein in § 6b Abs. 1 S. 2 EStG bezeichnetes Wirtschaftsgut angeschafft oder hergestellt wird oder werden soll, das einem Betriebsvermögen des Steuerpflichtigen in einem anderen Mitgliedstaat EU oder des EWR zuzuordnen ist. § 36 Abs. 5 S. 2 bis 5 EStG ist sinngemäß anzuwenden (§ 6b Abs. 2a S. 3 EStG i. d. F. des StÄndG 2015). § 6b Abs. 2a EStG gilt über § 31 Abs. 1 S. 1 KStG auch für KSt-Pflichtige.

Nach dem BFH-Urteil vom 22.6.2017[78] bestehen gegen die Regelung des § 6b Abs. 2a EStG keine unionsrechtlichen Bedenken. Im Anschluss an dieses Urteil hat das BMF zur Anwendung dieser Vorschrift Stellung bezogen und geht im Detail auf folgende Themen ein:

- Stellung des Antrags nach § 6b Abs. 2a S. 2 EStG
- Verhältnis des § 6b Abs. 2a EStG zu § 6b Abs. 1 EStG und § 6b Abs. 3 EStG
- Behandlung von „Altfällen
- Reinvestitionsabsicht im Rahmen des § 6b Abs. 2a S. 2 EStG
- Partielle oder ausbleibende Reinvestition im Rahmen des § 6b Abs. 2a S. 2 EStG

> **Literaturhinweise:** *Geserich*, nwb 2017, S. 2901; *Kanzler*, nwb 2018, S. 1668

1.1.10 Arbeitshilfe zur Aufteilung eines Gesamtkaufpreises für ein bebautes Grundstück

> **BMF online v. 28.3.2018, http://www.bundesfinanzministerium.de**
>
> Das BMF stellt bereits seit einigen Jahren eine Arbeitshilfe zur Aufteilung eines Gesamtkaufpreises für ein bebautes Grundstück (Kaufpreisaufteilung) auf seiner Internetseite zur Verfügung. Sie wurde zuletzt im März 2018 aktualisiert.
>
> **Norm:** § 7 Abs. 4 bis 5a EStG

Zur Ermittlung der Bemessungsgrundlage für die AfA von Gebäuden ist es in der Praxis häufig erforderlich, einen Gesamtkaufpreis für ein bebautes Grundstück auf das Gebäude, das der Abnutzung unterliegt, sowie den nicht abnutzbaren Grund und Boden aufzuteilen. Nach der höchstrichterlichen Rspr. ist ein Gesamtkaufpreis für ein bebautes Grundstück nicht nach der

---
[78] BFH, Urteil v. 22.6.2017, VI R 84/14, BStBl II 2018, S. 171.

sog. Restwertmethode, sondern nach dem Verhältnis der Verkehrswerte oder Teilwerte auf den Grund und Boden einerseits sowie das Gebäude andererseits aufzuteilen.[79]

Die obersten Finanzbehörden von Bund und Ländern stellen eine Arbeitshilfe als xls-Datei zur Verfügung, die es unter Berücksichtigung der höchstrichterlichen Rspr. ermöglicht, in einem typisierten Verfahren entweder eine Kaufpreisaufteilung selbst vorzunehmen oder die Plausibilität einer vorliegenden Kaufpreisaufteilung zu prüfen. Zusätzlich steht eine Anleitung für die Berechnung zur Aufteilung eines Grundstückskaufpreises zur Verfügung.

Praxishinweis

> In dem Zusammenhang sei auf ein BFH Urteil v. 16.9.2015[80] mit folgendem Leitsatz hingewiesen: Eine vertragliche Kaufpreisaufteilung von Grundstück und Gebäude ist der Berechnung der AfA auf das Gebäude zugrunde zu legen, sofern sie zum einen nicht nur zum Schein getroffen wurde sowie keinen Gestaltungsmissbrauch darstellt und zum anderen das FG auf der Grundlage einer Gesamtwürdigung von den das Grundstück und das Gebäude betreffenden Einzelumständen nicht zu dem Ergebnis gelangt, dass die vertragliche Kaufpreisaufteilung die realen Wertverhältnisse in grds. Weise verfehlt und wirtschaftlich nicht haltbar erscheint.

1.1.11 Bindungswirkung der Bescheinigung nach § 7h Abs. 2/§ 7i Abs. 2 EStG

> **OFD Frankfurt am Main, Verfügung v. 24.5.2018, S 2198b A – 16 – St 242, DB 2018, S. 1831**
>
> **Die OFD Frankfurt am Main nimmt in ihrer Verfügung anlässlich diverser erledigter oder anhängiger Revisionsverfahren zu Themen rund um die §§ 7h und 7i EStG und der Bindungswirkung diesbezüglicher Bescheinigungen Stellung.**
>
> **Normen:** §§ 7h, 7i EStG

Die Verfügung ist in folgende Abschnitte gegliedert:

- Förderung nach § 7i EStG
  - Steuerbegünstigung bei Entstehen eines Neubaus im bautechnischen Sinn oder neuer Wirtschaftsgüter
  - Bindungswirkung der Bescheinigung bezüglich der Höhe der begünstigten Herstellungskosten

- Förderung nach § 7h EStG
  - Bindungswirkung der Bescheinigung nach § 7h Abs. 2 EStG
  - Keine Bindungswirkung bezüglich der Höhe der begünstigten Herstellungskosten
  - Erledigte Revisionsverfahren
  - Hinweis auf ein neues Revisionsverfahren

---

[79] BFH, Urteil v. 10.10.2000, IX R 86/97, BStBl II 2001, S. 183.
[80] BFH, Urteil v. 16.9.2015, IX R 12/14, BStBl II 2016, S. 397.

Praxishinweis

Das in der Verfügung erwähnte „neue" Revisionsverfahren ist zwischenzeitlich durch Urteil vom 17.4.2018 erledigt.[81]

1.1.12 Steuerliche Anerkennung von Umzugskosten

> **BMF, Schreiben v. 21.9.2018, IV C 5 – S 2353/16/10005, BStBl I 2018, S. 1027**
>
> **Das BMF weist auf die Änderung der maßgebenden Beträge für umzugsbedingte Unterrichtskosten und sonstige Umzugsauslagen hin.**
>
> **Normen:** §§ 6 bis 10 BUKG; § 9 EStG

Im Einvernehmen mit den obersten Finanzbehörden der Länder gilt zur Anwendung der §§ 6 bis 10 BUKG für Umzüge ab 1.3.2018, 1.4.2019 und ab 1.3.2020 jeweils Folgendes:

Der Höchstbetrag, der für die Anerkennung umzugsbedingter Unterrichtskosten für ein Kind nach § 9 Abs. 2 BUKG maßgebend ist, beträgt bei Beendigung des Umzugs ab 1.3.2018 1.984 €, ab 1.4.2019 2.045 € sowie ab 1.3.2020 2.066 €.

Der Pauschbetrag für sonstige Umzugsauslagen nach § 10 Abs. 1 BUKG beträgt für Verheiratete, Lebenspartner und Gleichgestellte i. S. d. § 10 Abs. 2 BUKG bei Beendigung des Umzugs ab 1.3.2018 1.573 €, ab 1.4.2019 1.622 € sowie ab 1.3.2020 1.639 € und für Ledige, die die Voraussetzung des § 10 Abs. 2 BUKG nicht erfüllen, ab 1.3.2018 787 €, ab 1.4.2019 811 € sowie ab 1.3.2020 820 €.

Der Pauschbetrag erhöht sich für jede in § 6 Abs. 3 Sätze 2 und 3 BUKG bezeichnete weitere Person mit Ausnahme des Ehegatten oder Lebenspartners zum 1.3.2018 um 347 €, ab 1.4.2019 357 € sowie zum 1.3.2020 um 361 €.

Das BMF-Schreiben vom 18.10.2016[82] ist auf Umzüge, die nach dem 28.2.2018 beendet werden, nicht mehr anzuwenden.

1.1.13 Steuerliche Behandlung von Reisekosten und Reisekostenvergütungen

> **BMF, Schreiben v. 28.11.2018, IV C 5 – S 2353/08/10006:009, BStBl I 2018, S. 1354**
>
> **Das BMF hat die Pauschbeträge für Verpflegungsmehraufwendungen und Übernachtungskosten für beruflich und betrieblich veranlasste Auslandsdienstreisen ab 1.1.2019 bekannt gemacht.**
>
> **Norm:** § 9 Abs. 4a S. 5 ff. EStG

Änderungen gegenüber der Übersicht ab 1.1.2018[83] sind durch Fettdruck gekennzeichnet.

Für die in der Bekanntmachung nicht erfassten Länder ist der für Luxemburg geltende Pauschbetrag maßgebend, für nicht erfasste Übersee- und Außengebiete eines Landes ist der für das Mutterland geltende Pauschbetrag maßgebend.

---

[81] BFH, Urteil v. 17.4.2018, IX R 27/17, BStBl II 2018, S. 597.
[82] BMF, Schreiben v. 18.10.2016, IV C 5 – S 2353/16/10005, BStBl I 2016, S. 1147.
[83] BMF, Schreiben v. 8.11.2017, IV C 5 – S 2353/08/10006:008, BStBl I 2017, S. 1457.

1.1.14 Aufteilung eines einheitlichen Sozialversicherungsbeitrags bei Vorsorgeaufwendungen

> **BMF, Schreiben v. 17.9.2018, IV C 3 – S 2221/09/10013, BStBl I 2018, S. 1024**
>
> **Das BMF hat die Aufteilung der an ausländische Sozialversicherungsträger geleisteten Globalbeiträge zur Berücksichtigung der Vorsorgeaufwendungen im Rahmen des Sonderausgabenabzugs für den VZ 2019 angepasst.**
>
> **Norm:** § 10 Abs. 1 und Abs. 3 EStG

Die geleisteten einheitlichen Sozialversicherungsbeiträge (Globalbeiträge) sind staatenbezogen aufzuteilen. Das BMF-Schreiben enthält entsprechende Tabellen zur Ermittlung der steuerlich berücksichtigungsfähigen Vorsorgeaufwendungen. Die Tabellen sind für den gesamten VZ 2019 anzuwenden.

Die Aufteilung von Globalbeiträgen, die an Sozialversicherungsträger in Ländern außerhalb Europas geleistet werden, ist nach den Umständen des Einzelfalls vorzunehmen.

1.1.15 Steuerliche Förderung der privaten Altersvorsorge und der betrieblichen Altersversorgung

> **BMF, Schreiben v. 21.12.2017[84], IV C 3 – S 2015/17/10001:005, BStBl I 2018, S. 93;**
> **BMF, Schreiben v. 6.12.2017[85], IV C 5 – S 2333/17/10002, BStBl I 2018, S. 1417**
>
> **Aufgrund von Gesetzesänderungen wurden die BMF-Schreiben vom 24.7.2013[86] und 13.1.2014[87] zur steuerlichen Förderung der privaten Altersvorsorge und betrieblichen Altersversorgung überarbeitet und beide Bereiche nunmehr in getrennten Schreiben behandelt.**
>
> **Normen:** §§ 3 Nr. 63 und Nr. 66, 10a, 22 Nr. 5, 82, 92a EStG

Die beiden ausführlichen Schreiben sind jeweils mit Wirkung ab 1.1.2018 anzuwenden. Die Änderungen gegenüber der Vorversion sind fett markiert.

Weitere Anwendungsregelungen finden sich in Abschn. C des Schreibens zur privaten Altersvorsorge sowie Abschn. V des Schreibens zur betrieblichen Altersvorsorge.

---

[84] Erst in 2018 veröffentlicht.
[85] Erst in 2018 veröffentlicht.
[86] BMF, Schreiben v. 24.7.2013, IV C 3 – S 2015/11/10002, BStBl I 2013, S. 1022.
[87] BMF, Schreiben v. 13.1.2014, IV C 3 – S 2015/11/10002:018, BStBl I 2014, S. 97.

1.1.16 Spendenrechtliche Beurteilung von „Crowdfunding"

> **BMF, Schreiben v. 15.12.2017[88], IV C 4 – S 2223/17/10001, BStBl I 2018, S. 246**
>
> Das BMF-Schreiben regelt die spendenrechtliche Beurteilung der unterschiedlichen Erscheinungsformen des Crowdfunding.
>
> **Norm:** § 10b EStG

Crowdfunding bezeichnet eine Form der Mittelakquise unter Nutzung internetbasierter Strukturen, die die Beteiligung einer Vielzahl von Personen (der „Crowd") ermöglicht. Dabei werden die einzelnen durch einen Dritten („Projektveranstalter") durchzuführenden Projekte oder zu entwickelnden Produkte auf einer Internetplattform (sog. „Crowdfunding-Portal") vorgestellt und gezielt Gelder zur Erreichung eines häufig festen Finanzierungsziels eingeworben. Organisation und Abwicklung der einzelnen Akquisemethoden können dabei sehr unterschiedlich gestaltet sein.

Das BMF nimmt im Detail zu den folgenden Punkten Stellung:

- Klassisches Crowdfunding
- Spenden Crowdfunding
    - das Crowdfunding-Portal als Treuhänder
    - das Crowdfunding-Portal als Förderkörperschaft nach § 58 Nr. 1 AO
    - das Crowdfunding-Portal als steuerbegünstigter Zuwendungsempfänger
- Crowdinvesting, -lending

1.1.17 Feststellung des verbleibenden Verlustvortrags

> **OFD Frankfurt am Main, Verfügung v. 8.5.2018, S 2225 A – 009 – St 213, StEd 2018, S. 374**
>
> Die OFD Frankfurt am Main äußert sich ausführlich zu Verfahrensfragen im Zusammenhang mit der Feststellung verbleibender Verlustvorträge.
>
> **Norm:** § 10 d EStG

Die Verfügung der OFD Frankfurt am Main gliedert sich in folgende Abschnitte:

- Antragstellung
    - vor dem 14.12.2010
    - nach dem 13.12.2010
- Verlustkompensation durch bereits festsetzungsverjährte ESt-Veranlagungen
- Verhältnis zwischen ESt-Bescheid und Verlustfeststellungsbescheid
    - Antragstellung vor dem 14.12.2010
    - Antragstellung nach dem 13.12.2010

---

[88] Erst in 2018 veröffentlicht.

- Anfechtbarkeit von Verlustfeststellungsbescheiden
  - Antragstellung vor dem 14.12.2010
  - Antragstellung nach dem 13.12.2010
- Verjährung
  - Antragstellung vor dem 14.12.2010
  - Antragstellung nach dem 13.12.2010
- Begründung von Ablehnungen
- Verlustrücktrag
- Anwendbarkeit auf KSt-Fälle

Praxishinweis

Die zeitliche Unterscheidung resultiert aus den Änderungen des § 10d EStG im Rahmen des JStG 2010, das am 13.10.2010 verkündet wurde.

Vgl. hierzu auch die Urteile des IX. Senats des BFH vom 10.2.2015[89] und 12.7.2016[90] sowie des XI. Senats vom 16.5.2018.[91]

1.2 Änderungen bei den Einkunftsarten (§§ 13 bis 23 EStG)

1.2.1 Besteuerung der Forstwirtschaft

> **BMF, Schreiben v. 18.5.2018, IV C 7 – S 2232/0 – 02, BStBl I 2018, S. 689**
>
> Das BMF nimmt zur ertragsteuerrechtlichen Behandlung von forstwirtschaftlichen Flächen als Betriebsvermögen eines Erwerbsbetriebs Stellung.
>
> **Norm:** § 13 EStG

In seinem Schreiben nimmt das BMF zu folgenden Punkten Stellung:

- Grundsätze
  - forstwirtschaftliche Tätigkeit und forstwirtschaftliche Fläche
  - Voraussetzungen für einen ertragsteuerrechtlichen Betrieb der Forstwirtschaft
  - Umfang eines ertragsteuerrechtlichen Betriebs der Forstwirtschaft
- Betriebsvermögenseigenschaft von forstwirtschaftlichen Flächen
  - forstwirtschaftliche Flächen, die einem landwirtschaftlichen Betrieb zuzuordnen sind
  - forstwirtschaftliche Flächen, die nicht Teil eines landwirtschaftlichen Betriebs sind
- Teilbetriebseigenschaft einzelner forstwirtschaftlicher Flächen
- Abgrenzung Erwerbsbetrieb
- Entnahmemöglichkeit kleiner forstwirtschaftlicher Flächen

---

[89] BFH, Urteil v. 10.2.2015, IX R 6/14, BFH/NV 2015, S. 812.
[90] BFH, Urteil v. 12.7.2016, IX R 31/15, BStBl II 2018, S. 699.
[91] BFH, Urteil v. 16.5.2018, XI R 50/17, BStBl II 2018, S. 752.

Praxishinweis

Die Regelungen dieses Schreibens sind in allen offenen Fällen anzuwenden.

Vgl. in dem Zusammenhang auch das BMF-Schreiben vom 18.11.2018 zur Abgrenzung und Anerkennung von Rotfäule als Holznutzung infolge höherer Gewalt (Kalamitätsnutzung nach §34b EStG).[92]

1.2.2 Auswirkungen des MoMiG auf nachträgliche Anschaffungskosten gem. § 17 Abs. 2 EStG

> **OFD NRW, Kurzinformation ESt v. 20.3.2018, DB 2018, S. 801**
>
> **Die OFD NRW äußert sich zur Anwendung des BFH-Urteils vom 11.7.2017.**
>
> **Norm:** § 17 Abs. 2 EStG

Der BFH hat mit Urteil vom 11.7.2017[93] entschieden, dass mit der Aufhebung des Eigenkapitalersatzrechts durch das MoMiG die gesetzliche Grundlage für die bisherige Rspr. zur Berücksichtigung von Aufwendungen des Gesellschafters aus eigenkapitalersetzenden Finanzierungshilfen als nachträgliche Anschaffungskosten gem. § 17 Abs. 2 EStG entfallen sei. Nachträgliche Anschaffungskosten einer wesentlichen Beteiligung i. S. d. § 17 EStG seien nach der Aufhebung des Eigenkapitalersatzrechts durch das MoMiG deshalb nur noch nach Maßgabe der handelsrechtlichen Begriffsdefinition des § 255 HGB anzuerkennen. Gleichzeitig urteilte der BFH, dass aus Gründen des Vertrauensschutzes diese Rspr.-Änderung zeitlich erst ab dem Tag der Veröffentlichung des BFH-Urteils am 27.9.2017 anzuwenden sei.

Da der BFH mit seinem Urteil der Auffassung der Finanzverwaltung lt. BMF-Schreiben vom 21.10.2010[94] widerspricht, war dessen Anwendung Gegenstand der Erörterungen auf Bund-Länder-Ebene.[95] Die abschließende Erörterung wurde jedoch vertagt.

Fälle, in denen Gesellschafter nachträgliche Anschaffungskosten aus eigenkapitalersetzenden Finanzierungshilfen (Darlehen oder Bürgschaften) geltend machen, sind weiterhin nach der fortgeltenden Verwaltungsauffassung lt. BMF-Schreiben vom 21.12.2010 zu beurteilen, wenn der Gesellschafter die eigenkapitalersetzende Finanzierungshilfe bis zum 27.9.2017 geleistet hat oder wenn eine Finanzierungshilfe bis zu diesem Tag eigenkapitalersetzend geworden ist.

Fälle, in denen Gesellschafter nachträgliche Anschaffungskosten aus eigenkapitalersetzenden Finanzierungshilfen geltend machen, die nach dem 27.9.2017 geleistet wurden oder nach diesem Tag eigenkapitalersetzend geworden sind, sind bis zur abschließenden Erörterung auf Bund-Länder-Ebene zurückzustellen.

Praxishinweis

Zu dieser Thematik waren zum Zeitpunkt der obengenannten Verfügung noch drei Revisionsverfahren beim BFH anhängig. Der IX. Senat des BFH hat seine diesbezüglichen Urteile im Juli 2018 gefällt.[96] Vgl. hierzu im vorliegenden Werk die Ausführungen in C.1.2.9.

---

[92] BMF, Schreiben v. 18.11.2018, IV C 7 – S 2291/18/10001, BStBl I 2018, S. 1214.
[93] BFH, Urteil v. 11.7.2017, IX R 36/15, DB 2017, S. 2330.
[94] BMF, Schreiben v. 21.10.2010, IV C 6 – S 2244/08/10001, BStBl I 2010 I., S. 832.
[95] ESt V/2017, Top 20.
[96] BFH, Urteil v. 20.7.2018, IX R 5/15, DB 2018, S. 2911; BFH, Urteil v. 20.7.2018, IX R 6/15, BFH/NV 2019, S. 19; BFH, Urteil v. 20.7.2018, IX R 7/15, BFH/NV 2019, S. 22; vgl. hierzu im vorliegenden Werk C.1.2.9.

Da die Entscheidungen noch nicht im BStBl veröffentlicht sind, ist davon auszugehen, dass der verwaltungsinterne Abstimmungsprozess noch andauert und sich die OFD NRW erst nach Abschluss der Erörterungen hierzu äußert. Das dürfte auch für die Verfügung der OFD Frankfurt am Main vom 6.12.2017[97] sowie die Verfügung des LfSt Niedersachsen vom 27.4.2018[98] gelten, die sich beide hinsichtlich der Verfahrensruhe damals auf die drei Verfahren berufen haben.

Literaturhinweise: *Förster*, DB 2018, S. 336; *Moritz/Strohm*, DB 2018, S. 86

1.2.3 Ausfall einer privaten Darlehensforderung als Verlust bei den Einkünften aus Kapitalvermögen

> **OFD NRW, Kurzinformation ESt v. 23.1.2018, DB 2018, S. 415**
>
> **Die OFD NRW äußert sich zur Anwendung des BFH-Urteils vom 24.10.2017[99] zum insolvenzbedingten Ausfall einer privaten Darlehensforderung als Verlust bei den Einkünften aus Kapitalvermögen.**
>
> **Norm:** § 20 Abs. 2 S. 1 Nr. 7 und S. 2 sowie Abs. 4 EStG

Das FG Düsseldorf hat mit Urteil vom 11.3.2015[100] entschieden, dass der Totalausfall einer privaten Darlehensforderung im Streitjahr 2012 infolge einer Insolvenz des Darlehensnehmers nicht als Verlust bei den Einkünften aus Kapitalvermögen zu berücksichtigen ist. Als Veräußerung (§ 20 Abs. 2 S. 2 EStG) gelte zwar auch die Einlösung, Rückzahlung, Abtretung oder verdeckte Einlage in eine Kapitalgesellschaft, der Ausfall einer Kapitalforderung erfülle jedoch keinen dieser Tatbestände. Insb. stelle ein Forderungsausfall keine Veräußerung i. S. d. § 20 Abs. 2 S. 1 Nr. 7 EStG dar. Damit hat das FG Düsseldorf die Verwaltungsauffassung gem. Rn. 60 des BMF-Schreibens vom 18.1.2016 bestätigt.[101]

Der BFH hat im anschließenden Revisionsverfahren entschieden, dass der endgültige Ausfall einer Kapitalforderung i. S. d. § 20 Abs. 1 Nr. 7 EStG zu einem steuerlich zu berücksichtigenden Verlust nach § 20 Abs. 2 S. 1 Nr. 7, S. 2, Abs. 4 EStG führt.[102] Wann der endgültige Ausfall der Kapitalforderung im vorliegenden Fall eingetreten ist, wurde bisher nicht durch das FG festgestellt. Das Verfahren wurde deshalb an das FG Düsseldorf zurückverwiesen.

Der BFH widerspricht damit der Verwaltungsauffassung, wonach der Forderungsausfall keine Veräußerung i. S. d. § 20 Abs. 2 S. 2 EStG darstellt. Das Urteil wurde bisher nicht amtlich im BStBl veröffentlicht, da dies einer Abstimmung der obersten Finanzbehörden des Bundes und der Länder bedarf. Da dies noch nicht erfolgt ist, ist das BFH-Urteil daher – so die OFD NRW – über den entschiedenen Einzelfall hinaus nicht anwendbar.

Das FG Düsseldorf hat der Klage zwischenzeitlich in zweiter Instanz stattgegeben[103] und entschieden, dass der Verlust der Kapitalforderung mit Anzeige der Masseunzulänglichkeit (hier bereits im Streitjahr 2012) berücksichtigt werden könne. Auf den weiteren Fortgang des Ver-

---

[97] OFD Frankfurt am Main, Verfügung v. 6.12.2017, S 2244 A – 61 – St 215, DB 2018, S. 97.
[98] LfSt Niedersachsen, Verfügung v. 27.4.2018, S 2244 – 118 – St 244.
[99] BFH, Urteil v. 24.10.2017, VIII R 13/15, DB 2017, S. 3035; vgl. auch BFH, PM Nr. 77 v. 20.10.2017.
[100] FG Düsseldorf, Urteil v. 11.3.2015, 7 K 3661/14 E, DStZ 2015, S. 697, aufgehoben und Zurückverweisung an das FG durch BFH, Urteil v. 24.10.2017, VIII R 13/15, BFH/NV 2018, S. 280.
[101] BMF, Schreiben v. 18.1.2016, IV C 1 – S 2252/08/10004:017, BStBl I 2016, S. 85.
[102] BFH, Urteil v. 24.10.2017, VIII R 13/15, DB 2017, S. 3035; vgl. auch BFH, PM Nr. 77 v. 20.10.2017.
[103] FG Düsseldorf, Urteil v. 18.7.2018, 7 K 3302/17 E, EFG 2018, S. 1645.

fahrens und etwaige Änderungen der Vermögenslage bis zum Abschluss des Insolvenzverfahrens komme es nicht an. Das FG hat die Revision zum BFH erneut zugelassen.[104]

Praxishinweis

In verfahrensrechtlich noch offenen Fällen sollten bislang nicht erklärte oder nicht anerkannte Forderungsverluste unter Verweis auf die diversen anhängigen Verfahren nachträglich geltend gemacht werden.

Vgl. in dem Zusammenhang auch die Rspr.-Änderung zu eigenkapitalersetzenden Finanzierungshilfen.[105]

> **Literaturhinweise:** *Amann*, DB 2018, S. 2404; *Deutschländer*, nwb 2018, S. 3531; *DStV*, PM v. 7.5.2018; *Weiss*, nwb 2018, S. 544

1.2.4 Einzelfragen zur Abgeltungsteuer

> **BMF, Schreiben v. 12.4.2018, IV C 1 – S 2252/08/10004, BStBl I 2018, S. 624**
>
> Das BMF hat sein Anwendungsschreiben zur Abgeltungsteuer vom 18.1.2016[106] geändert bzw. ergänzt.
>
> **Normen:** §§ 20, 23, 32d, 43, 43a, 44, 44a, 44b Abs. 5, 45a, 49 Abs. 1 Nr. 5, 52 EStG

Das BMF hat in seinem Anwendungsschreiben zur Abgeltungsteuer mehrere Randziffern geändert oder ergänzt, insb. zu folgenden Themen:

- Rz. 8b: Nutzungsersatz bei Rückabwicklung von Darlehensverträgen und auf rückerstattete Kreditbearbeitungsgebühren sowie gezahlte Prozess- und Verzugszinsen,

- Rz. 27: Verfall einer Kaufoption,

- Rz. 32: Verfall einer Verkaufsoption,

- Rz. 100a (neu): Barausgleich beim Anteilstausch,

- Rz. 108 und 110 (mit neuem Beispiel zum Bezugsrecht): Kapitalerhöhung gegen Einlage,

- Rz. 166: Unentgeltliche Depotüberträge,

- Rz. 174: Ausnahmen vom Steuerabzug,

- Rz. 184a (neu): Übermittlung der Anschaffungsdaten bei Übertragung von Investmentanteilen von einem anderen inländischen Institut ohne Gläubigerwechsel sowie mit Gläubigerwechsel bei einem unentgeltlichen Erwerb i. S. d. § 43 Abs. 1 S. 5 EStG,

- Rz. 193: Übermittlung der Anschaffungsdaten bei Übertrag ohne Gläubigerwechsel von einem ausländischen Institut,

---

[104] Az. VIII R 28/18; vgl. auch weitere anhängige Verfahren unter Az. VIII R 34/16, Vorinstanz: FG Düsseldorf, Urteil v. 23.11.2016, 7 K 2175/16 F, BB 2017, S. 1319; Az. X R 9/17, Vorinstanz: FG Köln, Urteil v. 18.1.2017, 9 K 267/14; Az. IX R 9/18, Vorinstanz: FG Münster, Urteil v. 12.3.2018, 2 K 3127/15 E, EFG 2018, S. 947; Az. IX R 17/18, Vorinstanz: Hessisches FG, Urteil v. 12.4.2018, 9 K 1053/15, DB 2018, S. 2404.
[105] Vgl. hierzu im vorliegenden Werk B.1.2.2 sowie C.1.2.9.
[106] BMF, Schreiben v. 18.1.2016, IV C 1 – S 2252/08/10004:017, BStBl I 2016, S. 85.

- Rz. 251d (neu): Meldung nach § 44 Abs. 1 S. 10 EStG
- **sowie weitere Rz., zum Teil auch mit Verweis auf aktuelle Rspr.**

Die Änderungen der Rz. 26, 34 und 44 – und damit die Regelungen zur Anwendung des BFH-Urteils vom 20.10.2016[107] zur Berücksichtigung des Barausgleichs des Stillhalters bei Optionsgeschäften als Verlust bei den Einkünften aus Kapitalvermögen – sind für die KapErtrSt-Erhebung i. d. F. des BMF-Schreibens vom 12.4.2018 erstmals ab dem 1.1.2018 anzuwenden.

Es wird nicht beanstandet, wenn die Änderungen der Rz. 100a, 108 und 110 bezüglich § 20 Abs. 4a S. 2 und 4 EStG bei Kapitalerhöhungen nach dem 31.12.2018 für die KapErtrSt-Erhebung erstmals ab dem 1.1.2019 angewendet werden.

Praxishinweis

➡ Vgl. hierzu auch die Ergänzung des BMF-Schreibens vom 18.1.2016 betreffend die Beschränkung der Abstandnahme vom KapErtrSt-Abzug bei Vorlage eines Feststellungsbescheids nach § 60a AO.[108]

1.2.5 Ertragsteuerrechtliche Behandlung des Umtauschs von Wandelschuldverschreibungen in Aktien der ausgebenden Gesellschaft

> **FinMin Schleswig-Holstein, Kurzinformation ESt Nr. 2018/11 v. 16.3.2018, VI 3012 – S 2332 – 184, DB 2018, S. 734**
>
> Das FinMin nimmt zur ertragsteuerrechtlichen Behandlung des Umtauschs von Wandelschuldverschreibungen in Aktien der ausgebenden Gesellschaft im Zeitpunkt der Wandelung Stellung.
>
> **Normen:** §§ 20 Abs. 2, 22 Nr. 2, 23 Abs. 1 S. 1 Nr. 2 EStG

Es ist weiterhin davon auszugehen, dass der Umtausch von Wandelschuldverschreibungen in Aktien der ausgebenden Gesellschaft aufgrund der in den Anleihebedingungen gewährten Befugnis nicht zu einer Gewinnverwirklichung führt. Insoweit wird auch nach Ergehen des BFH-Urteils vom 1.10.2014[109] an der bisherigen Verwaltungsauffassung festgehalten.

Der Anleihegläubiger tauscht in diesem Fall nicht seine Wandelschuldverschreibungen ein und verzichtet auch nicht auf sein Recht aus den Wandelschuldverschreibungen, sondern verlangt die Aktien als Inhalt seines Rechts aus den Wandelschuldverschreibungen, da er schon mit dem Erwerb der Wandelschuldverschreibungen das feste Recht auf den Erwerb der Aktien erlangt hat. Die Begebung der Wandelschuldverschreibungen und die spätere Lieferung der Aktien stellen danach steuerrechtlich einen einheitlichen Rechtsvorgang dar.

---

[107] BFH, Urteil v. 20.10.2016, VIII R 55/13, BStBl II 2017, S. 264.
[108] BMF, Schreiben v. 19.12.2017, IV C 1 – S 2405/0:008, BStBl I 2018, S. 52.
[109] BFH, Urteil v. 1.10.2014, IX R 55/13, BStBl II 2015, S. 265.

Praxishinweis

Der BFH hat in seinem Urteil aus Oktober 2014 zu einem Sachverhalt aus dem Jahr 2001 – also aus der Zeit vor Einführung der Abgeltungsteuer – wie folgt entschieden:

Wird ein durch die Zeichnung von Wandelschuldverschreibungen begründetes Wandelungsrecht dadurch ausgeübt, dass der Steuerpflichtige Aktien des Emittenten unter Zuzahlung des festgesetzten Wandelungspreises erwirbt, schafft er diese i. S. d. § 23 Abs. 1 S. 1 Nr. 2 EStG an. Veräußert er die Aktien innerhalb der Jahresfrist wieder, so liegt ein privates Veräußerungsgeschäft gem. § 22 Nr. 2 EStG i. V. m. § 23 Abs. 1 S. 1 Nr. 2 EStG vor.

1.2.6 Ertragsteuerliche Behandlung von virtuellen Währungen (Kryptowährungen)

> **OFD NRW, Kurzinformation ESt Nr. 04/2018 v. 20.4.2018, DB 2018, S. 1185**
>
> **Die OFD NRW nimmt zur ertragsteuerliche Behandlung von virtuellen Währungen (Kryptowährungen) Stellung.**
>
> **Normen:** §§ 15 Abs. 2 S. 1, 22 Nr. 2, 23 Abs. 1 S. 1 Nr. 2 S. 1 und S. 3 EStG

Virtuelle Währungen wie z. B. Bitcoins basieren auf der Idee einer staatlich nicht kontrollierten Ersatzwährung mit begrenzter Geldmenge. Die Verwaltung und Schöpfung neuer Werteinheiten erfolgt über ein vorbestimmtes mathematisches Verfahren in einem dezentralen Rechnernetz. Eine Zentralbank, die diese Aufgabe bei realen Währungen wahrnimmt, existiert nicht. Durch diese kryptografischen Berechnungen kann prinzipiell jeder Teilnehmer an der „Geldschöpfung" (sog. Mining) teilhaben. Mit virtuellen Währungen können inzwischen zahlreiche Waren, Dienstleistungen etc. erworben werden.

Bitcoins und andere Kryptowährungen stellen zwar kein gesetzliches Zahlungsmittel dar, wurden aber durch die BaFin als Rechnungseinheit i. S. d. § 1 Abs. 11 S. 1 Nr. 7 KWG qualifiziert. Da diese Rechnungseinheiten mit Devisen vergleichbar sind, gelten für den Kauf und Verkauf von Kryptowährungen dieselben Grundsätze, die auch für Fremdwährungsgeschäfte maßgeblich sind.

In den weiteren Ausführungen differenziert die OFD zwischen

- dem Kauf und Verkauf von Bitcoin und anderen Kryptowährungen im Privatvermögen => hier gilt die Anschaffung und Veräußerung von Bitcoins und anderen Kryptowährungen als privates Veräußerungsgeschäft i. S. d. § 23 Abs. 1 S. 1 Nr. 2 S. 1 EStG, sofern der Zeitraum zwischen Anschaffung und Veräußerung nicht mehr als ein Jahr beträgt,

- den Anschaffungs- und Veräußerungsvorgängen im Betriebsvermögen => diese unterliegen nicht den Regelungen des § 23 EStG, sondern den allgemeinen Bewertungs- und Bilanzierungsgrundsätzen. Gewinne und Verluste in diesem Bereich sind im Rahmen der jeweiligen Gewinneinkunftsart zu berücksichtigen. Insb. ist hierbei zu beachten, dass die Jahresfrist und die Freigrenze von 600 € nicht anwendbar sind,

- dem Mining von Kryptowährungen und der Veräußerung selbst geschöpfter Rechnungseinheiten => diese unterliegen nicht den Regelungen des § 23 EStG, da kein Anschaffungsvorgang vorliegt. Aufgrund der erforderlichen Anfangsinvestitionen (insb. hohe Rechnerleistungen sowie hohe Stromkosten) ist insoweit regelmäßig von Einkünften aus Gewerbebetrieb i. S. d. § 15 Abs. 2 S. 1 EStG auszugehen.

Änderungen bei der Einkommensteuer

Praxishinweis

Auch das FinMin Hamburg hat sich zur ertragsteuerlichen Behandlung des Handels mit Bitcoins auf der privaten Vermögenssphäre geäußert.[110]

Zur umsatzsteuerlichen Behandlung vgl. das BMF-Schreiben vom 27.2.2018.[111]

Das FG Baden-Württemberg hat sich in seinem Urteil vom 2.3.2018 nicht nur zum strukturellen Erhebungsdefizit bei der Versteuerung des Verkaufs von hochpreisigen Fußball-Eintrittskarten sondern zugleich auch von Kryptowährungen geäußert. Die Revision wurde zugelassen.[112]

> **Literaturhinweise:** *Beer*, DB 2018, S. 859; *Beyer*, nwb 2018, S. 999 und S. 3513; *Burchert/Böser*, DB 2018, S. 857; *Heuel/Matthey*, nwb 2018, S. 1037; *Loitz*, DB 2018, M4; *Moritz/Strohm*, DB 2018, S. 3012

1.3 Sonstige Schreiben und Verfügungen

1.3.1 Alterseinkünfte-Rechner

> **BayLfSt, online**
>
> **Das BayLfSt hat am 23.10.2018 seinen Alterseinkünfte-Rechner um das Kalenderjahr 2019 ergänzt**
>
> **Normen:** §§ 2, 32a EStG

Mit Wirkung ab dem VZ 2005 wurde die Besteuerung von Alterseinkünften neu geregelt und ein schrittweiser Abbau der unterschiedlichen Steuervergünstigungen für Renten und Versorgungsbezüge bis zum Jahr 2040 eingeleitet.

Mit dem Alterseinkünfte-Rechner des BayLfSt können Seniorinnen und Senioren ihre ESt ermitteln und sich so einen Eindruck von ihrer steuerlichen Situation verschaffen. Der Rechner berücksichtigt dabei die gängigen, für Bezieher von Alterseinkünften bedeutsamen Sachverhalte. Im Vordergrund stehen die persönlichen Freibeträge bei Renten und Pensionen, sowie der Abzug von Pauschbeträgen und Aufwendungen. Erläuterungen und Hinweise, sowie Links zu weiteren Informationsquellen helfen beim Ausfüllen des Eingabeformulars. Die Berechnung der einzelnen, für die ESt-Besteuerung maßgeblichen Beträge wird detailliert dargestellt.

Praxishinweis

Der Alterseinkünfte-Rechner ist abrufbar unter:
https://www.finanzamt.bayern.de/Informationen/Steuerinfos/Steuerberechnung/Alterseinkuenfte-Rechner/

---

[110] FinMin Hamburg, Erlass v. 11.12.2017, S 2256 – 2017/003 – 52, DB 2018, S. 159.
[111] BMF, Schreiben v. 27.2.2018, III C 3 – S 7160-b/13/10001, BStBl I 2018, S. 316; vgl. hierzu im vorliegenden Werk B.4.2.
[112] FG Baden-Württemberg, Urteil v. 2.3.2018, 5 K 2508/17, EFG 2018, S. 1167, Revision anhängig beim BFH, Az. IX R 10/18.

1.3.2 Anwendungsfragen zur Beschränkung der Anrechenbarkeit der Kapitalertragsteuer

> **BMF, Schreiben v. 20.2.2018, IV C 1 – S 2299/16/10002, BStBl I 2018, S. 308**
>
> Das BMF hat sein Schreiben aus April 2017[113] zur Beschränkung der Anrechenbarkeit der KapErtrSt nach § 36a EStG in einigen Punkten geändert.
>
> **Norm:** § 36a EStG

Das BMF stellt mit diesem Schreiben klar, dass die in Rz. 15 genannten Positionen (z. B. Optionen, Optionsscheine, Futures, Forwards) auch dann als gegenläufige Ansprüche in Betracht kommen, wenn sie einen Aktienindex ganz oder auch nur teilweise umgekehrt proportional abbilden. Darüber hinaus ergeben sich bei der Anzeigepflicht (Rz. 114) geringfügige Änderungen.

1.3.3 Ausstellung von Steuerbescheinigungen für Kapitalerträge

> **BMF, Schreiben v. 15.12.2017[114], IV C 1 – S 2401/08/10001:018, BStBl I 2018, S. 13**
>
> Das BMF-Schreiben vom 3.12.2014[115] wurde komplett überarbeitet und neu gefasst.
>
> **Norm:** § 45a Abs. 2 und Abs. 3 EStG

Für Kapitalerträge, die nach § 43 Abs. 1 EStG dem Steuerabzug unterliegen, haben der Schuldner der Kapitalerträge, die die Kapitalerträge auszahlende Stelle oder die zur Abführung der Steuer verpflichtete Stelle dem Gläubiger der Kapitalerträge auf Verlangen eine Steuerbescheinigung nach amtlich vorgeschriebenem Muster auszustellen, die die nach § 32d EStG erforderlichen Angaben enthält. Die Verpflichtung besteht unabhängig von der Vornahme eines Steuerabzugs.

In den Fällen des § 56 Abs. 3 S. 4 InvStG 2018 (Ansatz der Ersatzbemessungsgrundlage als Gewinn aus der fiktiven Veräußerung von Investmentanteilen) ist der Entrichtungspflichtige nach § 56 Abs. 3 S. 5 InvStG 2018 zur Ausstellung einer Steuerbescheinigung verpflichtet.

Mit dem überarbeiteten Schreiben nimmt das BMF ausführlich zur Ausstellung derartiger Steuerbescheinigungen Stellung und stellt entsprechende Muster zur Verfügung.

---

[113] BMF, Schreiben v. 3.4.2017, IV C 1 – S 2299/16/10002, BStBl I 2017, S. 726.
[114] Erst in 2018 veröffentlicht.
[115] BMF, Schreiben v. 3.12.2014, IV C 1 – S 2401/08/10001:011, BStBl I 2014, S. 1586.

Praxishinweis

Im Juni 2018[116] gab es nachträglich noch zwei Ergänzungen (Rz. 32 und 77).

Vgl. hierzu auch die Verfügung der OFD NRW vom 21.9.2018 zu Einzelfragen zur Ausstellung von Bescheinigungen gem. § 44a Abs. 5 EStG und Abstandnahme vom Steuerabzug bei Dauerüberzahlern.[117]

Das BMF hat am 18.12.2018 dann auch noch zur Ausstellung von Steuerbescheinigungen bei American Deposit Receipts (ADRs) auf inländische Aktien Stellung bezogen.[118]

1.3.4 Entlastung vom Steuerabzug vom Kapitalertrag bei ausländischen Gesellschaften – Unionsrechtskonforme Anwendung

> **BMF, Schreiben v. 4.4.2018, IV B 3 – S 2411/07/10016 – 14, BStBl I 2018, S. 589**
>
> **Das BMF nimmt sich in dem Anwendungsschreiben dem Urteil des EuGH zur Unionsrechtswidrigkeit der bis 2011 geltenden deutschen Treaty-Shopping-Regelung an und bezieht zu ausgewählten Punkten der aktuell geltenden Gesetzesfassung Stellung.**
>
> **Normen:** §§ 43b, 50d Abs. 3 EStG

Der EuGH hat mit Urteil vom 20.12.2017 in den verbundenen Rs. C–504/16 und C–613/16[119] entschieden, dass Art. 1 Abs. 2 i. V. m. Art. 5 Abs. 1 der RL 90/435/EWG sowie Art. 49 AEUV einer nationalen Vorschrift wie § 50d Abs. 3 EStG i. d. F. des JStG 2007 vom 13.12.2006[120] entgegenstehen.

Diese verbindliche Auslegung des Unionsrechts ist auf die gleich lautenden Bestimmungen der aktuell geltenden Art. 1 Abs. 4 und Art. 5 der RL 2011/96/EU sowie insoweit auf § 50d Abs. 3 EStG in der aktuell geltenden Fassung des BeitrRLUmsG vom 7.12.2011[121] zu übertragen, als diese Fassung des § 50d Abs. 3 EStG mit der Fassung des JStG 2007 übereinstimmt.

Unter Bezugnahme auf das Ergebnis der Erörterungen mit den Vertretern der obersten Finanzbehörden der Länder gilt deshalb für die Anwendung von § 50d Abs. 3 EStG das Folgende:

- § 50d Abs. 3 EStG i. d. F. des JStG 2007 ist in den Fällen, in denen der Gläubiger der Kapitalerträge einen Anspruch auf Entlastung nach § 43b EStG geltend macht, nicht mehr anzuwenden.

- § 50d Abs. 3 EStG i. d. F. des BeitrRLUmsG ist in den Fällen, in denen der Gläubiger der Kapitalerträge einen Anspruch auf Entlastung nach § 43b EStG geltend macht, mit der Maßgabe anzuwenden, dass S. 2 keine Anwendung findet. Gleichwohl fehlen wirtschaftliche oder sonst beachtliche Gründe i. S. d. § 50d Abs. 3 S. 1 Nr. 1 EStG, wenn sich aus einer Gesamtwürdigung der Umstände des Einzelfalls ergibt, dass mit der Einschaltung der ausländischen Gesellschaft im Wesentlichen nur ein steuerlicher Vorteil bezweckt wird.

---

[116] BMF, Schreiben v. 27.6.2018, IV C 1 – S 2401/08/10001:019, BStBl I 2018, S. 805.
[117] OFD NRW, Verfügung v. 21.9.2018, S 2404a-2018/0001 – St 224.
[118] BMF, Schreiben v. 18.12.2018, IV C 1 – S 2204/12/10003, BStBl I 2018, S. 1400.
[119] EuGH, Urteil v. 20.12.2017, C–504/16 und C–613/16, *Deister Holding/Juhler Holding*, BB 2018, S. 672.
[120] BGBl I 2006, S. 2878.
[121] BGBl I 2011, S. 2592.

Das BMF-Schreiben vom 24.1.2012[122] zur Entlastungsberechtigung ausländischer Gesellschaften ist in den Fällen, in denen der Gläubiger der Kapitalerträge einen Anspruch auf Entlastung nach § 43b EStG geltend macht, mit der Maßgabe anzuwenden, dass

- eine Gesellschaft auch insoweit i. S. d. § 50d Abs. 3 S. 1 Nr. 2 EStG am allgemeinen wirtschaftlichen Verkehr teilnimmt, als sie ihre Bruttoerträge aus der Verwaltung von Wirtschaftsgütern erzielt; dies gilt im Fall einer passiven Beteiligungsverwaltung (Tz. 5.2) nur dann, wenn die Gesellschaft ihre Rechte als Gesellschafterin tatsächlich ausübt;

- für den Geschäftszweck der Verwaltung von Wirtschaftsgütern ein i. S. d. § 50d Abs. 3 S. 1 Nr. 2 EStG angemessen eingerichteter Geschäftsbetrieb nicht zwingend voraussetzt, dass die Gesellschaft im Ansässigkeitsstaat für die Ausübung ihrer Tätigkeit ständig sowohl geschäftsleitendes als auch anderes Personal beschäftigt (betrifft Tz. 7);

- die § 50d Abs. 3 S. 2 EStG betreffenden Ausführungen keine Anwendung finden (betrifft Tz. 6 und 8).

Die vorstehenden Regelungen sind in allen noch offenen Fällen anzuwenden.

Praxishinweis

Kurz nach dem BMF-Schreiben ist der Beschluss des EuGH vom 14.6.2018[123] veröffentlicht worden, in dem dieser entschieden hat, dass auch § 50d Abs. 3 EStG in der aktuellen Fassung ab VZ 2012 sowohl gegen die Mutter-Tochter-Richtlinie als auch gegen die Niederlassungsfreiheit verstößt. Nun bleibt abzuwarten, Nun bleibt abzuwarten, wie der Gesetzgeber und das BMF hierauf reagieren.

Beim BFH ist noch eine Revision anhängig, bei der es um die Frage geht, ob eine ausländische Gesellschaft, die über eine GbR Anteile an einer deutschen Kapitalgesellschaft hält, für Zwecke der KapErtrSt-Erstattung als „unmittelbar" an der Kapitalgesellschaft i. S. v. § 43b Abs. 2 Nr. 2 EStG beteiligt anzusehen ist, soweit ihr Anteil an der Kapitalgesellschaft rechnerisch mindestens 10 % beträgt.[124]

Vgl. hierzu im vorliegenden Werk auch die Ausführungen in D.3.

Literaturhinweise: *Hennigfeld*, DB 2018, S. 285 und S. 1760; *Kahlenberg*, nwb 2018, S. 3524; *Sumalvico*, DB 2018, S. 1761

---

[122] BMF, Schreiben v. 24.1.2012, IV B 3 – S 2411/07/10016, BStBl I 2012, S. 171.
[123] EuGH, Beschluss v. 14.6.2018, C–440/17, *GS*, DB 2018, S. 1712.
[124] Az. beim BFH I R 77/17; Vorinstanz: FG Köln, Urteil v. 13.9.2017, 2 K 2933/15, EFG 2018, S. 383.

Änderungen bei der Einkommensteuer

1.3.5 Kindergeld – Familienleistungsausgleich

> **BZSt online, www.bzst.de**
>
> **Die Fachaufsicht über den Familienleistungsausgleich hat die neuen Kindergeld-Merkblätter für 2018 herausgegeben.**
>
> **Normen:** §§ 62 ff. EStG

Die Merkblätter sollen Eltern einen Überblick über das Kindergeldrecht nach dem EStG geben. Das Merkblatt sowie eine Kurzfassung hiervon sind auf der Homepage des BZSt veröffentlicht.[125]

Praxishinweis

Vgl. hierzu auch

- die Liste der festzusetzenden Familienkassen i. S. d. § 5 Abs. 1 Nr. 11 S. 12 FVG[126]
- die Neufassung der Dienstanweisung zum Kindergeld nach dem EStG[127]
- die Listen der Körperschaften, Anstalten und Stiftungen des öffentlichen Rechts, die auf ihre Zuständigkeit nach § 72 Abs. 1 EStG verzichtet haben[128]
- die Verordnung über den automatisierten Abruf von Kindergelddaten durch die Bezügestellen des öffentlichen Dienstes.[129]

Das Bundesministerium für Familie, Senioren, Frauen und Jugend hat ein neues Online-Portal für Familien gestartet. Dort sollen Nutzer nicht nur Informationen über sämtliche staatlichen Familienleistungen erhalten. Darüber hinaus sind dort wichtige Hinweise zu weiteren Leistungen wie Ausbildungsförderung, Arbeitslosengeld oder Sozialhilfe veröffentlicht. Das Portal ist unter https://familienportal.de/familienportal erreichbar.

1.3.6 Anwendungsfragen zum InvStG 2018

> **BMF, Schreiben v. 21.12.2017[130], IV C 1 – S 1980 – 1/16/10010:016, DB 2018, S. 225;**
> **BMF, Schreiben v. 15.5.2018, IV C 1 – S 1980 – 1/16/10010:013, DB 2018, S. 1374;**
> **BMF, Schreiben v. 28.8.2018, IV C 1 – S 1980 – 1/16/10010:011, DB 2018, S. 2214**
>
> **Das BMF hat in mehreren Schreiben weitere Anwendungsfragen zum neuen InvStG 2018 geklärt.**
>
> **Normen:** InvStG 2018

Ab dem 1.1.2018 hat der Steuergesetzgeber die Besteuerung von Investmentfonds grundlegend reformiert. Das BMF hat nun (erneut) Anwendungsfragen zum neuen Regelwerk beantwortet.

---

[125] Abrufbar unter: http://www.bzst.de.
[126] BZSt, Schreiben v. 22.3.2018, St II 2 – S 2479 – PB/18/00001, BStBl I 2018, S. 490.
[127] BZSt, Schreiben v. 10.7.2018, St II 2 – S 2280 – DA/18/00001, BStBl I 2018, S. 822.
[128] BZSt, Schreiben v. 10.4.2018, St II 2 – S 2479 – PB/17/00002, BStBl I 2018, S. 744; BZSt, Schreiben v. 27.8.2018, St II 2 – S 2479 – PB/18/00003, BStBl I 2018, S. 986 und S. 997.
[129] KiGAbV, BStBl I 2018, S. 1022.
[130] Erst in 2018 veröffentlicht.

In den Schreiben geht es u. a. um folgende Themen:

- Kapitalbeteiligungsquote von Dach-Investmentfonds
- Zuordnung von Kapitalbeteiligungen bei Wertpapierleihe und Wertpapierpensionsgeschäften
- vereinfachtes elektronisches Verfahren zur Abstandnahme vom Steuerabzug gegenüber Investmentfonds
- Erstattungsverfahren durch den Entrichtungspflichtigen
- zulässige Vermögensgegenstände oder Immobiliengesellschaften eines Spezial-Investmentfonds
- Ermittlung des Fonds-Aktiengewinns
- diverse verfahrensrechtliche und Zurechnungsfragen.

Praxishinweis

Vgl. in dem Themenzusammenhang auch

- das BMF-Schreiben vom 4.1.2018[131] zur Bekanntgabe des Basiszinses, der für die Berechnung der Vorabpauschale gem. § 18 InvStG erforderlich ist,
- das BMF-Schreiben vom 9.4.2018[132] betreffend die Fristverlängerung zur Veröffentlichung der Besteuerungsgrundlagen bei Investmentfonds mit kalendergleichem Geschäftsjahr,
- das BMF-Schreiben vom 28.9.2018[133] zum Investmentanteil-Bestandsnachweis nach § 9 Abs. 1 Nr. 3 InvStG mit amtlichem Muster,
- das BMF-Schreiben vom 2.11.2018[134] zur Verlängerung der Frist zur Veröffentlichung der Unterschiedsbeträge nach Tz. 13 seines Schreibens vom 8.11.2017 vom 31.12.2018 auf den 30.6.2019,
- die Änderungen im InvStG durch das JStG 2019.[135]

Literaturhinweise: *Bindl/Leidel*, DB 2018, S. 722; *Delp*, DB 2018, S. 447; *Schwarz/Kohl*, DB 2018, S. 2214; *Stadler/Lechner*, DB 2018, S. 218

---

[131] BMF, Schreiben v. 4.1.2018, IV C 1 – S 1980 – 1/14/10001:038, BStBl I 2018, S. 249.
[132] BMF, Schreiben v. 9.4.2018, IV C 1 – S 1980 – 1/16/10010:020, DB 2018, S. 924.
[133] BMF, Schreiben v. 28.9.2018, IV C 1 – S 1980 – 1/16/10012:009, BStBl I 2018, S. 1085.
[134] BMF, Schreiben v. 2.11.2018, IV C 1 – S 1980 – 1/16/10010:010, DB 2018, S. 2796.
[135] Vgl. hierzu im vorliegenden Werk A.2.2.8.

1.4 Einkommensteuerrichtlinien und -hinweise

1.4.1 Einkommensteuerrichtlinien

Anpassungen an die vorherige Richtlinienfassung 2008, die wegen zwischenzeitlich erfolgter Änderungen im EStG notwendig geworden sind, erfolgten zuletzt durch die EStÄR 2012[136]. Sie beinhalten darüber hinaus Klarstellungen und Gesetzesauslegungen durch die Finanzverwaltung sowie entsprechende Berücksichtigung aktueller BFH-Entscheidungen.

Die EStÄR 2012 sind grds. ab dem VZ 2012 anzuwenden. Soweit sie lediglich eine Erläuterung der bestehenden Rechtslage darstellen, sind sie auch für frühere Zeiträume anzuwenden. Anordnungen, die mit den neuen Richtlinien im Widerspruch stehen, sind nicht mehr anzuwenden. Die Anordnungen, die in den Vorschriften über den Steuerabzug vom Arbeitslohn und in den dazu ergangenen LStR über die Ermittlung der Einkünfte aus nichtselbstständiger Arbeit enthalten sind, gelten entsprechend auch für die Veranlagung zur ESt.

1.4.2 Einkommensteuerhinweise

Das BMF gibt die Einkommensteuer-Hinweise (EStH) für jedes Jahr i. d. F. des Amtlichen Einkommensteuer-Handbuchs heraus.

Das aktuelle Handbuch enthält die für den VZ 2017 geltenden Vorschriften des EStG, der EStDV und der EStR. Zudem enthält es überarbeitete Hinweise des Bundes und der Länder. Sie machen den Rechtsanwender aufmerksam auf höchstrichterliche Rspr., BMF-Schreiben und Rechtsquellen außerhalb des ESt-Rechts, die in das ESt-Recht hineinwirken. Das BMF präsentiert das Handbuch in digitaler Version mit vielen neuen Funktionen und Extras. Es ist unter www.bmf-esth.de abrufbar.

---

[136] Veröffentlichung v. 25.3.2013, BStBl I 2013, S. 276.

2 Änderungen bei der Körperschaftsteuer

2.1 Organträgereigenschaft eines BgA bzw. einer Eigengesellschaft

> **OFD Karlsruhe, Verfügung v. 19.7.2018, S 270.6/57 – St 213, DB 2018, S. 1953**
>
> Die Verfügung der OFD Karlsruhe befasst sich mit der Frage, ob und unter welchen Voraussetzungen ein Betrieb gewerblicher Art (BgA) bzw. eine Eigengesellschaft Organträger einer ertragsteuerlichen Organschaft sein kann.
>
> **Normen:** § 2 Abs. 2 S. 2 GewStG; § 14 KStG

Die folgenden Punkte werden von der OFD ausgeführt:

- Betrieb gewerblicher Art als Organträger

  Auch ein BgA kann grds. Organträger sein. Voraussetzung für die Annahme eines Organschaftsverhältnisses ist jedoch zwingend, dass der Organträger ein gewerbliches Unternehmen ist. Während ein BgA nach seiner Definition in § 4 Abs. 1 S. 2 KStG nur eine Einnahmeerzielungsabsicht nachweisen muss, ist für die Organträgereigenschaft eine Gewinnerzielungsabsicht und die Beteiligung am allgemeinen wirtschaftlichen Verkehr erforderlich (§ 2 Abs. 1 GewStG i. V. m. § 15 Abs. 2 EStG). Diese Voraussetzungen werden folglich nicht von jedem BgA erfüllt. Als Organträger kommen somit weder BgA mit Dauerverlustgeschäften in Betracht noch reine Verpachtungs-BgA, da diese selbst im Gewinnfall eine nicht gewerbesteuerpflichtige Vermögensverwaltung ausüben.

- Beurteilung der Gewinnerzielungsabsicht

  Dauerverlustgeschäfte können für das Vorliegen einer gewerblichen Tätigkeit eines BgA unschädlich sein, wenn zu seinem notwendigen oder gewillkürten Betriebsvermögen eine (gewinnbringende) Beteiligung an einer Kapitalgesellschaft gehört. Zwingende Voraussetzung ist jedoch, dass die durch die Beteiligung erwirtschafteten Erträge (Gewinnausschüttungen, Dividenden) die Verluste aus der Dauerverlusttätigkeit übersteigen. Abzustellen ist dabei auf den Unterschiedsbetrag nach § 4 Abs. 1 S. 1 EStG, also den bilanziellen Gewinn. Somit bleiben alle Regelungen, die erst im Rahmen der steuerlichen Einkommensermittlung berücksichtigt werden, wie z. B. die Steuerbefreiung nach § 8b KStG oder nicht abzugsfähige Betriebsausgaben, in der Berechnung außer Ansatz. Auch Beteiligungserträge, die der BgA aus der zukünftigen Organgesellschaft erhalten hat, sind in die Ermittlung einzubeziehen. Handelt es sich nach dieser Prüfung bei dem BgA um ein gewerbliches Unternehmen, ist dieser auch tauglich als Organträger.

- Eigengesellschaften

  Für eine Eigengesellschaft ist keine Gewinnerzielungsabsicht erforderlich, da eine Kapitalgesellschaft i. S. d. § 1 Abs. 1 Nr. 1 KStG unabhängig von der Art ihrer Tätigkeit stets und in vollem Umfang einen Gewerbebetrieb begründet (§ 2 Abs. 2 S. 1 GewStG; § 8 Abs. 2 KStG). Somit kann auch eine rein vermögensverwaltende Kapitalgesellschaft oder eine dauerdefizitäre Kapitalgesellschaft als tauglicher Organträger i. S. d. § 14 KStG fungieren.

- Steuerliche Folgen der Organschaft

  Während es bei einer Organschaft im Grundsatz zur vollumfänglichen Gewinn- und Verlustverrechnung kommt, können bei einer Beteiligung der öffentlichen Hand Gewinne und Verluste im Organkreis nur insoweit verrechnet werden, als Organträger und Organgesellschaft (unterstellt beide wären BgA) auch als BgA nach § 4 Abs. 6 KStG i. V. m. R 4.2 KStR hätten zusammengefasst werden können (§ 15 S. 1 Nr. 5 KStG i. V. m. R 4.2 S. 4 und 5 KStR). Die Ergebnisse können somit nur dann miteinander verrechnet werden, wenn es sich um gleichartige Betriebe handelt bzw. nach dem Gesamtbild der Verhältnisse objektiv eine enge wechselseitige technisch-wirtschaftliche Verflechtung von einigem Gewicht besteht oder es sich um sog. Querverbundunternehmen i. S. d. § 4 Abs. 3 KStG handelt.

- Dauerdefizitäre Tätigkeit i. S. d. § 8 Abs. 7 KStG

  Bei der Ermittlung des Einkommens der Organgesellschaft ist gem. § 15 S. 1 Nr. 4 S. 1 KStG die Sonderregelung des § 8 Abs. 7 S. 2 KStG nicht anzuwenden, da ihre Anwendung über § 15 S. 1 Nr. 4 S. 2 KStG erst auf Ebene des Organträgers erfolgt. Ob ein Organträger, der dauerdefizitär i. S. d. § 8 Abs. 7 KStG ist, sein Einkommen mit dem der Organgesellschaft zusammenfassen kann, ist auf Grundlage der Zusammenfassungskriterien in R 4.2 KStR zu prüfen.

- Spartentrennung gem. § 8 Abs. 9 KStG in Organschaftsfällen

  Kapitalgesellschaften mit Dauerverlusten müssen die Sparten nach § 8 Abs. 9 KStG berücksichtigen. Diese ist jedoch nicht auf Ebene der Organgesellschaft, sondern erst auf Ebene des Organträgers durchzuführen, unabhängig davon, ob der Organträger selbst eine Kapitalgesellschaft oder ein BgA ist (§ 15 S. 1 Nr. 5 KStG). Wird dem Organträger-BgA positives Einkommen der Organgesellschaft zugerechnet, dürfen hiermit nur eigene Verluste des Organträgers oder anderer Organgesellschaften verrechnet werden, soweit für diese eine Verrechnung nach § 4 Abs. 6 KStG zulässig wäre. Die Einzelheiten werden von der OFD in zwei umfangreichen Beispielen umfassend dargestellt.

Praxishinweis

Eine Beteiligung einer juristischen Person des öffentlichen Rechts an einer Kapitalgesellschaft, die selbst keinen BgA darstellt, kann grds. als gewillkürtes Betriebsvermögen in einen BgA eingelegt werden. Die Grundsätze des § 4 Abs. 6 KStG finden hier keine Anwendung. Dies gilt auch für Beteiligungen, die 100 % des Nenn- oder Stammkapitals umfassen.

2.2 Passive Entstrickung aufgrund erstmaliger Anwendung eines Abkommens zur Vermeidung der Doppelbesteuerung (DBA)

> **BMF, Schreiben v. 26.10.2018, IV B 5 – S 1348/07/10002 – 01, DStR 2018, S. 2339**
>
> **Passive Entstrickung und Entstrickungszeitpunkt sowie Mitteilungspflichten nach § 138 Abs. 2 AO.**
>
> **Normen:** Art. 13 Abs. 4 DBA; §§ 4 Abs. 1 S. 3, 6 Abs. 1 S. 2 Nr. 4 EStG; § 12 Abs. 1 KStG

Der Tatbestand des Ausschlusses oder der Beschränkung des Besteuerungsrechts der Bundesrepublik Deutschland i. S. d. § 6 Abs. 1 S. 2 Nr. 4 AStG, § 4 Abs. 1 S. 3 EStG, § 12 Abs. 1 KStG oder gleichlautender Vorschriften setzt keine Handlung des Steuerpflichtigen voraus. Er kann unabhängig von einer Handlung des Steuerpflichtigen durch eine Änderung der rechtlichen Ausgangssituation ausgelöst werden. Eine solche sog. passive Entstrickung liegt etwa vor bei der erstmaligen Anwendbarkeit eines erstmals abgeschlossenen oder revidierten DBA, das eine mit Art. 13 Abs. 4 OECD-MA vergleichbare Regelung enthält. In diesen Fällen treten die Rechtsfolgen der Entstrickung im Zeitpunkt der erstmaligen Anwendbarkeit des erstmals abgeschlossenen oder revidierten DBA ein. Die Mitteilungspflichten nach § 138 Abs. 2 AO sind zu beachten.

3 Änderungen bei der Lohnsteuer

3.1 Lohnsteuerliche Behandlung der Überlassung eines betrieblichen Kraftfahrzeugs an Arbeitnehmer

> **BMF, Schreiben v. 4.4.2018, IV C 5 – S 2334/18/10001, BStBl I 2018, S. 592**
>
> **Das BMF fasst mit seinem Schreiben die Gesamtheit der Verwaltungsregelungen zur lohnsteuerlichen Behandlung der Überlassung eines betrieblichen Kfz an Arbeitnehmer zusammen und nimmt zu weiteren Zweifelsfragen Stellung.**
>
> **Norm:** § 40 Abs. 2 S. 2 EStG

Das BMF-Schreiben vom 4.4.2018 führt keine bedeutsamen Änderungen der Verwaltungsauffassung an. Stattdessen trägt es durch Zusammenfassung der Verwaltungsregelungen zum Bürokratieabbau bei. Das Schreiben konsolidiert und ersetzt die Verwaltungsregelungen aus den nachfolgenden BMF-Schreiben und ist in allen offenen Fällen anzuwenden:

- BMF-Schreiben vom 28.5.1996 zur steuerlichen Behandlung der Überlassung eines betrieblichen Kfz an Arbeitnehmer
- BMF-Schreiben vom 1.4.2011 zur lohnsteuerlichen Behandlung der Überlassung eines betrieblichen Kfz für Fahrten zwischen Wohnung und erster Tätigkeitsstätte
- BMF-Schreiben vom 15.7.2014 zum geldwerten Vorteil für die Gestellung eines Kfz mit Fahrer
- BMF-Schreiben vom 15.12.2016 zur Dienstwagenbesteuerung in Leasingfällen
- BMF-Schreiben vom 21.9.2017 zur lohnsteuerlichen Behandlung vom Arbeitnehmer selbst getragener Aufwendungen bei Überlassung eines betrieblichen Kfz

Die BMF-Schreiben zur einkommen- und lohnsteuerlichen Behandlung der Überlassung eines betrieblichen Elektro- und Hybridelektrofahrzeugs an Arbeitnehmer vom 5.6.2014 ergänzt durch das Schreiben vom 24.1.2018 und das Schreiben vom 14.12.2016 ergänzt durch das Schreiben vom 26.10.2017 gelten demgegenüber unverändert weiter.

Nachfolgend die wesentlichen Regelungen im Überblick.

Ermittlung des pauschalen Nutzungswerts

Bei reimportierten Kfz ist für die Ermittlung des pauschalen Nutzungswerts nicht der ausländische Bruttolistenpreis zzgl. Zöllen und Importkosten maßgebend, sondern der inländische Listenpreis des Kfz im Zeitpunkt seiner Erstzulassung, orientiert an den typischen Bruttoabgabepreisen eines Importfahrzeughändlers. Enthält das reimportierte Kfz zusätzliche Sonderausstattungen, die vom inländischen Listenpreis nicht erfasst sind, ist der Wert der Sonderausstattungen zusätzlich einzubeziehen. Sofern das Kfz weniger wertig ausgestattet ist, kann eine angemessene Berücksichtigung des Werts der „Minderausstattung" durch einen Vergleich mit einem entsprechenden inländischen Kfz erfolgen.

Fahrten zwischen Wohnung und erster Tätigkeitsstätte

Steht das Fahrzeug dem Arbeitnehmer auch für Fahrten zwischen Wohnung und erster Tätigkeitsstätte zur Verfügung, erhöht sich der pauschale Nutzungswert für jeden Kalendermonat um 0,03 % des Listenpreises multipliziert mit den Entfernungskilometern. Statt der Bewertung von Fahrten zwischen Wohnung und erster Tätigkeitsstätte mit dem 0,03%-Ansatz, ist eine Einzelbewertung der Fahrten mit 0,002 % unter der Voraussetzung möglich, dass der Arbeitnehmer dem Arbeitgeber kalendermonatlich fahrzeugbezogen schriftliche Erklärungen abgibt, an welchen Tagen (Datumsangabe) das Kfz tatsächlich für Fahrten zwischen Wohnung und erster Tätigkeitsstätte genutzt wurde. Diesbezüglich ergeben sich für den Arbeitgeber keine weiteren Ermittlungspflichten. Die Erklärungen sind als Belege zum Lohnkonto aufzubewahren. Für den laufenden LSt-Abzug kann aus Vereinfachungsgründen die Erklärung des Vormonats zugrunde gelegt werden. Der Arbeitgeber hat die Fahrten jährlich auf 180 zu begrenzen.

Die Vereinfachungsregel in Tz. 5.2 Abs. 1 S. 2 des BMF-Schreibens vom 31.10.2013[137], dass nur an 15 Arbeitstagen im Monat von Fahrten zwischen Wohnung und erster Tätigkeitsstätte ausgegangen werden kann, ist nicht anzuwenden. Stattdessen ist die vom Arbeitnehmer erklärte Anzahl der Tage für die LSt-Pauschalierung nach § 40 Abs. 2 S. 2 EStG maßgebend.

Darüber hinaus ist der Arbeitgeber auf Verlangen des Arbeitnehmers ab dem 1.1.2019 zur Durchführung der Einzelbewertung im LSt-Abzugsverfahren verpflichtet, wenn sich aus der arbeitsvertraglichen oder einer anderen arbeits- oder dienstrechtlichen Rechtsgrundlage nichts Anderes ergibt und der Arbeitnehmer ihm die o. g. schriftlichen Erklärungen monatlich zur Verfügung stellt.

Bei Arbeitnehmern, die durch zuständige Sicherheitsbehörden der Gefährdungsstufe 1, 2 oder 3 zugeordnet sind, kann bei der Ermittlung des pauschalen Nutzungswerts für Fahrten zwischen Wohnung und erster Tätigkeitsstätte die kürzeste benutzbare Straßenverbindung angesetzt werden, auch wenn aus Sicherheitsgründen tatsächlich eine längere Fahrtstrecke gewählt wird. Bedingung dafür ist, dass bei der Ermittlung der Werbungskosten entsprechend die kürzeste Fahrtstrecke angesetzt wird.

Unbefugte Privatnutzung

Wird dem Arbeitnehmer das betriebliche Kfz mit einem Nutzungsverbot für Privatfahrten, Fahrten zwischen Wohnung und erster Tätigkeitsstätte oder mehr als eine Familienheimfahrt wöchentlich überlassen und ist dieses Nutzungsverbot durch entsprechende Unterlagen nachgewiesen, braucht kein pauschaler Nutzungswert angesetzt zu werden. Dem Nutzungsverbot eines Arbeitgebers steht ein schriftlich erklärter Nutzungsverzicht des Arbeitnehmers gleich. In dem Fall hat die unbefugte Privatnutzung eines betrieblichen Kfz keinen LSt-Charakter. Zum Zufluss von Arbeitslohn kommt es erst bei Verzicht des Arbeitgebers auf eine ihm zustehende Schadenersatzforderungen gegenüber dem Arbeitnehmer.

Fahrzeugpool

Stehen Nutzungsberechtigten in einem Fahrzeugpool mehrere Kfz zur Verfügung, so ergibt sich der pauschale Nutzungswert für Privatfahrten aus der Summe von 1 % der Listenpreise aller Kfz aufgeteilt auf die entsprechende Zahl der Nutzungsberechtigten. Der 0,03%-Ansatz für Fahrten zwischen Wohnung und erster Tätigkeitsstätte ist entsprechend zu ermitteln und der sich daraus ergebende Wert ist beim einzelnen Arbeitnehmer mit der Zahl seiner Entfernungskilometer zu multiplizieren.

---

[137] Az. IV C 5 – S 2351/09/10002, BStBl I 2013, S. 1376.

Wird ein einziges Kfz an mehrere Arbeitnehmer überlassen, so ergibt sich der pauschale Nutzungswert für Privatfahrten für den einzelnen Arbeitnehmer aus 1 % des Listenpreises aufgeteilt auf die Nutzungsberechtigten. Der pauschale Nutzungswert für Fahrten zwischen Wohnung und erster Tätigkeitsstätte ist bei jedem Arbeitnehmer mit 0,03 % des Listenpreises multipliziert mit den jeweiligen Entfernungskilometern geteilt durch die Zahl der Nutzungsberechtigten anzusetzen.

Im Rahmen der ESt-Veranlagung hat der Nutzungsberechtigte in beiden Fällen die Möglichkeit zu der Einzelbewertung seiner tatsächlichen Fahrten zwischen Wohnung und erster Tätigkeitsstätte überzugehen.

3.2 Lohnsteuerliche Erfassung von Brennstoffzellenfahrzeugen

> **BMF, Schreiben v. 24.1.2018, IV C 6 – S 2177/13/10002, BStBl I 2018, S. 272**
>
> **Das BMF hatte bereits mit Schreiben vom 5.6.2014 (IV C 6 – S 2177/13/10002) zu Fragen der Ermittlung des maßgebenden Listenpreises sowie des zu versteuernden Nutzungswerts betreffend Elektrofahrzeuge und extern aufladbare Hybridelektrofahrzeuge Stellung genommen. Dort wurde auch ausgeführt, dass für Brennstoffzellenfahrzeuge ergänzende Regelungen aufgenommen werden, sobald diese allgemein marktgängig sind. Das BMF-Schreiben vom 24.1.2018 konkretisiert diese Regelungen und weitet sie auch auf Brennstoffzellenfahrzeuge aus.**
>
> **Norm:** § 6 Abs. 1 S. 1 Nr. 4 S. 2 EStG

Die in Elektro- sowie Elektrohybridfahrzeugen verbauten Batteriesysteme sind im Vergleich zu „konventionellen" Antriebsformen regelmäßig mit deutlich höheren Anschaffungskosten verbunden. Dies würde zu einer Erhöhung des lohnsteuerlich zu erfassenden Nutzungswerts solcher Fahrzeuge führen. Der Gesetzgeber erkannte diese Problematik und regelte in § 6 Abs. 1 S. 1 Nr. 4 S. 2 EStG einen entsprechenden Nachteilsausgleich. Dieser sieht im Förderzeitraum 2013 bis 2022 sowohl für den Bereich der Gewinn- als auch der Überschusseinkünfte vor, dass durch den Ansatz gestaffelter Abschläge eine Abmilderung oder gar gänzliche Verhinderung einer etwaigen steuerlichen Mehrbelastung für Nutzer von Elektrofahrzeugen herbeigeführt wird.

Pauschale Ermittlung des Nutzungswerts für Elektro- und Elektrohybridfahrzeuge

Der Bruttolistenpreis ist Ausgangsgröße für die Ermittlung des geldwerten Vorteils nach der sog. 1%-Methode. Maßgeblich ist hierbei der inländische Listenpreis im Zeitpunkt der Erstzulassung des Kfz zzgl. der Kosten für eine Sonderausstattung einschließlich der insgesamt anfallenden USt.

Nach Feststellung des so ermittelten Bruttolistenpreises ist dieser anschließend pauschal für die darin enthaltenen Kosten des Batteriesystems zu mindern. Der Minderungs- und der Höchstbetrag richten sich nach dem Anschaffungsjahr und der Batteriekapazität des jeweiligen Kfz und können anhand einer im BMF-Schreiben enthaltenen Übersicht abgelesen werden. Für ein im Jahr 2018 angeschafftes Fahrzeug beträgt der Minderungsbetrag z. B. 250 € je kWh der Batteriekapazität; max. darf der Bruttolistenpreis für in 2018 angeschaffte oder erstzugelassene Fahrzeuge um 7.500 € gemindert werden. Klarstellend führt das BMF aus, dass eine Minderung der Bemessungsgrundlage nur dann vorzunehmen ist, wenn der Bruttolistenpreis die Kosten des Batteriesystems bereits bei Anschaffung beinhaltet. Wird das Batteriesystem folglich nicht zusammen mit dem Kfz angeschafft, sondern ist für dessen Überlassung ein zusätzliches Entgelt, z. B. in Form von Leasingraten, zu entrichten, kommt eine Minderung der Bemessungsgrundlage nicht in Betracht. Nach den ergänzenden Regelungen im aktuellen BMF-Schreiben ist die Batteriekapazität von Elektro- und Elektrohybridfahrzeugen die im Brennstoffzellenfahrzeug gespeicherte Energie vergleichbar. Dieser Wert wird in der Zulassungsbescheinigung Teil 1 in Ziffer 22 angegeben und ist für die Ermittlung des jeweiligen Minderungsbetrags heranzuziehen. Im Übrigen gelten die Ausführungen im Bezugsschreiben aus 2014 analog auch für Brennstoffzellenfahrzeuge.

4 Änderungen bei der Umsatzsteuer

4.1 Grenzüberschreitende Lieferungen über Konsignationslager

> **OFD Frankfurt am Main, Verfügung v. 8.11.2018, S 7100a A – 004 – St 110**
>
> **Die OFD Frankfurt am Main wendet die vom BMF in seinem Schreiben vom 10.10.2017[138] verfügten neuen Regelungen zu Direktlieferungen in Konsignationslager auch auf Lieferungen aus Deutschland in das Ausland an.**
>
> **Normen:** §§ 1a Abs. 1, 3 Abs. 1 UStG

Nach Meinung des BFH[139] und des BMF können unter gewissen Voraussetzungen Lieferungen aus dem übrigen Gemeinschaftsgebiet in inländische Konsignationslager als (innergemeinschaftliche) Direktlieferung behandelt werden. Vor den Urteilen des BFH hatte die Finanzverwaltung sich auf den Standpunkt gestellt, dass solche Lieferungen von einem EU-Mitgliedsstaat in den anderen in grds. allen Fällen als innergemeinschaftliche Verbringung mit anschließender Inlandslieferung zu behandeln seien. Die OFD Frankfurt am Main befasst sich in ihrem Schreiben auch mit Lieferungen aus dem Drittland nach Deutschland sowie aus Deutschland in das EU-Ausland.

Praxishinweis

Die OFD Frankfurt am Main hat die bestehende Verfügung zu Konsignationslagern in den Jahren 2017 und 2018 nicht weniger als fünfmal geändert[140], weitere Änderungen sind wohl nicht ausgeschlossen. Die beschriebene neue Auffassung des BMF (nebst Ausführungen zu Warenlieferungen aus dem Drittland) wurde mit Fassung vom 7.12.2017[141] in der Verfügung berücksichtigt, mit Fassung vom 18.5.2018[142] wurden soweit ersichtlich neben einer kurzen Ergänzung zu einer Vereinfachungsregelung in Bulgarien Ausführungen zu Konsignationslagern in Zollagern für Drittlandswaren aufgenommen. Die bei Redaktionsschluss letzte Fassung der OFD-Verfügung vom 8.11.2018 fügt soweit ersichtlich Äußerungen zu der in Rumänien anwendbaren Vereinfachungsregelung ein, zusammen mit Klarstellungen, dass die Äußerungen zu Konsignationslagern in anderen EU-Mitgliedsstaaten Fälle betrifft, in denen ein Unternehmer Waren aus dem Inland in ein Konsignationslager verbringt.

Die Grundsätze des BFH lassen sich über innergemeinschaftliche Sachverhalte hinaus verallgemeinern; auch das BMF hat die Anwendung der BFH-Rechtsprechung in seinem Schreiben nicht auf innergemeinschaftliche Sachverhalte eingeschränkt, da es nicht lediglich die Vorschriften des UStAE änderte, die sich mit der innergemeinschaftlichen Verbringung befassen.

Die OFD hatte bislang schon in Ausnahmefällen innergemeinschaftliche Lieferungen aus Deutschland in Konsignationslager in anderen EU-Mitgliedsstaaten erlaubt. Diese Fälle waren jedoch auf Sachverhalte beschränkt, bei denen der Zielstaat im übrigen Gemeinschaftsgebiet eine Vereinfachungsregelung anwendete, die vorsah, dass der Leistungsempfänger im Zielstaat einen innergemeinschaftlichen Erwerb erklärte. In solchen Fällen hätte der deutsche

---

[138] Az. III C 3 – S 7103-a/15/10001, BStBl I 2017, S. 1442.
[139] BFH, Urteil v. 16.11.2016, V R 1/16, UR 2017, S. 354; BFH, Urteil v. 20.10.2016, V R 31/15, UR 2017, S. 185, mit Anm. *Montfort*; vgl. Steueränderungen 2018, C.5.5, S. 284.
[140] Abgesehen von den im Weiteren erwähnten Daten außerdem zum 23.2.2017, vgl. UStB 2017, S. 144, und zum 21.4.2017, DStZ 2017, S. 469, vgl. auch Steueränderungen 2018, B.5.11, S. 151.
[141] UR 2018, S. 573.
[142] UVR 2018, S. 292 m. Anm. *Kraeusel*.

Lieferer sich vergebens um eine Registrierung für seinen Verbringungserwerb bemüht und mangels einer USt-ID-Nr. des Zielstaats den Vorgaben des deutschen Fiskus nicht nachkommen können. Ein solches Vorgehen, das ausdrücklich einer Zulassung im Einzelfall bedarf, ist auch weiterhin vorgesehen; es ist jedoch ausweislich der Begründung, die die OFD unverändert anführt, offenbar auch weiterhin (nur) für Fälle vorgesehen, in denen aus deutscher Sicht zunächst eine innergemeinschaftliche Verbringung in das EU-Ausland durchgeführt wird.

Unklar bleibt demgegenüber das Zusammenspiel ausländischer Vereinfachungsregelungen mit der neuen deutschen Auffassung zu Direktlieferungen im Falle der Beschickung von Konsignationslagern in anderen EU-Mitgliedsstaaten. In seinem Verbändeschreiben vom 29.3.2018 hat das BMF zwar mitgeteilt, dass das BMF-Schreiben vom 10.10.2018 nur Fälle regele, in denen Waren in deutsche Konsignationslager geliefert würden. Diese Begründung ist zweifelhaft, schon weil die Rspr. hier keinerlei Unterscheidung getroffen hat: der Umstand, dass bislang nur über Lieferungen über deutsche Konsignationslager zu entscheiden war, schließt nicht aus, dass die Finanzgerichtsbarkeit nicht auch den umgekehrten Fall in gleicher Weise entscheiden würde.

Außerdem stellt die OFD Frankfurt am Main in ihrer Verfügung fest, dass die Behandlung der betreffenden Transaktionen als innergemeinschaftliche Verbringungen mit anschließender Inlandslieferung oder aber als Direktlieferung davon abhänge, ob der Abnehmer im Bestimmungsmitgliedstaat bereits verbindlich feststeht – ohne aber mitzuteilen, wie eine Direktlieferung nach deutscher Auffassung mit bestehenden oder auch nicht bestehenden Vereinfachungsregelungen in anderen EU-Mitgliedsstaaten korrespondiert.

Auch von dieser Rechtsunsicherheit abgesehen bleibt das Problem bestehen, dass die ausländischen Vereinfachungsregelungen in aller Regel von anderen Voraussetzungen abhängen, als BFH und BMF sie für die Annahme von Direktlieferungen postulieren.

Selbst dann, wenn eine Lösung des Problems gefunden wird, sollte eingehend geklärt sein, welche umsatzsteuerlichen Implikationen die konkreten Lieferungen im Zielstaat auslösen: Die umsatzsteuerliche Beurteilung von Konsignationsgeschäften ist in besonderem Maße auf eine unzweifelhafte rechtliche Basis angewiesen, da Konsignationslager im Rahmen längerfristiger Geschäftsverbindungen beschickt werden, häufig eine große Zahl von Lieferungen über solche Lager abgewickelt werden und daher bereits in Anbetracht der in Rede stehenden Summen bei fehlerhafter umsatzsteuerlicher Behandlung erhebliche Konsequenzen die Folge sein können. Nicht zuletzt deshalb sollte im Zweifel um professionelle Beratung nachgesucht werden.

Vom Jahr 2020 an soll eine Vereinfachungsregelung für Konsignationslager in die MwStSystRL eingefügt werden.[143] Da das BMF eine Verlängerung der Übergangsfrist für Konsignationslager von Ende 2018 auf Ende 2019 verfügt hat[144], wird die Frage, ob eine Direktlieferung vorliegt oder nicht, jedenfalls für Fälle der Beschickung inländischer Konsignationslager zumeist dahinstehen können.

> **Literaturhinweise:** *Gerhards*, Umsatzsteuerliche Behandlung von Konsignationslagern in Deutschland im Lichte aktueller Rspr. und Verwaltungsanweisungen, DStZ 2018, S. 733; *Meyer-Burow/Connemann*, Umsatzsteuerrechtliche Behandlung von Lieferungen über Konsignationsläger, UStB 2018, S. 148

---

[143] Art. 1 Abs. 1, 4 und 5 der RL (EU) 2018/1910 des Rates v. 4.12.2018 (betr. Art. 17a, 243 und 262 der RL 2006/112/EG), ABl. L 311 v. 7.12.2018, S. 3; Art. 1 Abs. 2 der DVO (EU) 2018/1912 des Rates v. 4.12.2018 (betr. Art. 54a der DVO (EU) 282/2011), ABl. L 311 v. 7.12.2018, S. 10; vgl. *Sterzinger*, Umsatzsteuersofortmaßnahmen (sog. Quick-Fixes) im Handel zwischen Mitgliedstaaten, UR 2018, S. 893.

[144] BMF, Schreiben v. 31.10.2018, III C 3 – S 7103-a/15/10001, BStBl I 2018, S. 1203; s. Kap. B. 4.9.

4.2 Umsatzsteuerliche Behandlung sog. virtueller Währungen

> **BMF, Schreiben v. 27.2.2018, III C 3 – S 7160-b/13/10001, BStBl I 2018, S. 316**
>
> **Das BMF hat sich zur umsatzsteuerlichen Behandlung virtueller Währungen geäußert. In einem Schreiben nimmt es außerdem Stellung zum sog. Mining, zu Wallets und zu Handelsplattformen.**
>
> **Norm:** § 4 Nr. 8 Buchst. b UStG

Der Bitcoin und andere virtuelle Währungen werden vom BMF gesetzlichen Zahlungsmitteln gleichgestellt, soweit diese Währungen von den an der Transaktion Beteiligten als alternatives vertragliches und unmittelbares Zahlungsmittel akzeptiert worden sind und keinem anderen Zweck als der Verwendung als Zahlungsmittel dienen. Dies gelte nicht für virtuelles Spielgeld, da dieses kein Zahlungsmittel i. S. d. MwStSystRL darstellt. Das BMF ändert den UStAE entsprechend. Es setzt damit das EuGH-Urteil in der Rs. *Hedqvist*[145] um. Das Schreiben ist in allen offenen Fällen anzuwenden.

Weiter teilt das BMF mit: Bei dem Umtausch von konventionellen Währungen (gesetzlichen Zahlungsmitteln) in Bitcoin und umgekehrt handele es sich um eine steuerbare sonstige Leistung, die im Rahmen einer richtlinienkonformen Gesetzesauslegung nach § 4 Nr. 8 Buchst. b UStG umsatzsteuerfrei sei. Die Hingabe von Bitcoins zur bloßen Entgeltentrichtung sei nicht steuerbar. Was die Umrechnung der Bitcoins betrifft, so bestimme sich das Entgelt beim Leistenden grds. nach dem Gegenwert in der Währung des Mitgliedsstaats, in dem die Leistung erfolgt, und zu dem Zeitpunkt, zu dem diese Leistung ausgeführt wird. In analoger Anwendung des Art. 91 Abs. 2 MwStSystRL solle die Umrechnung zum letzten veröffentlichten Verkaufskurs (z. B. auf entsprechenden Umrechnungsportalen im Internet) erfolgen, was der leistende Unternehmer zu dokumentieren hat.

Das Mining der Bitcoins sei ein nicht steuerbarer Vorgang. Die sog. Transaktionsgebühr, welche die Miner von anderen Nutzern des Systems erhalten können, werde freiwillig gezahlt und stehe in keinem unmittelbaren Zusammenhang mit den Leistungen der Miner. Dasselbe gelte – mangels eines identifizierbaren Leistungsempfängers – für die Entlohnung in Form des Erhalts neuer Bitcoins durch das System selbst. Soweit Entgelte für sog. digitale Wallets (Apps usw. zur Aufbewahrung der elektronischen Zahlungsmittel) verlangt werden, liegen auf elektronischem Wege erbrachte sonstige Leistungen vor. Soweit der Betreiber einer Handelsplattform seine Internetseite als Marktplatz für den Handel mit Bitcoins zur Verfügung stellt, handele es sich um die Ermöglichung der rein EDV-technischen Abwicklung, für die eine Steuerbefreiung nach § 4 Nr. 8 UStG nicht in Betracht kommt. Anders verhalte es sich, wenn der Betreiber der Plattform den Kauf und Verkauf von Bitcoins als Mittelsperson im eigenen Namen vornimmt: Hier komme die Steuerbefreiung nach § 4 Nr. 8 Buchst. b UStG in Betracht.

---

[145] Urteil v. 22.10.2015, C–264/14, UR 2015, S. 864, mit Anm. *Beck/König*; vgl. Steueränderungen 2016, C.5.21, S. 390.

Praxishinweis

Es sei zunächst darauf hingewiesen, dass das BMF-Schreiben Ausführungen zum Cloud Mining vermissen lässt.[146]

Angeblich wurde der Mehrwertsteuerausschuss[147] bereits mit der Frage der umsatzsteuerlichen Beurteilung des Mining befasst,[148] eine Leitlinie dazu gibt es allerdings noch nicht. Dass das Mining jedenfalls nach Meinung des BMF ein nicht steuerbarer Vorgang ist, schließt grds. den Vorsteuerabzug des Miners aus, der nicht unbeträchtliche Strom- und Materialaufwendungen haben kann. Doch selbst wenn sich die Meinung durchsetzen sollte, dass das Mining ein steuerbarer Vorgang sei, könnte der Vorsteuerabzug immer noch daran scheitern, dass das Mining im nächsten Schritt als grds. steuerfreier Umsatz betrachtet wird – sei es als Umsatz im Zahlungsverkehr oder als Umsatz mit gesetzlichen Zahlungsmitteln.[149]

Literaturhinweise: *Behrendt/Janken*, Kryptowährung – das digitale Fremdwährungskonto, DStZ 2018, S. 342; *Dietsch*, Umsatzsteuerliche Behandlung von Bitcoin-Mining, MwStR 2018, S. 250; *Pielke*, Besteuerung digitaler Währungen – Steuerliche Aspekte von Bitcoin und anderen blockchainbasierten Zahlungsmitteln, IWB 2018, S. 234

4.3 Grenzüberschreitende Personenbeförderungen im Luftverkehr

BMF, Schreiben v. 7.2.2018, III C 3 – S 7433/15/10001, BStBl I 2018, S. 302

Unter bestimmten Voraussetzungen kann die USt für grenzüberschreitende Beförderungen von Personen im Luftverkehr niedriger festgesetzt oder ganz oder teilweise erlassen werden. Das BMF nimmt Stellung insb. zu Vereinfachungsregelungen für im Ausland ansässige Luftverkehrsunternehmer.

Norm: § 26 Abs. 3 UStG

Das BMF-Schreiben enthält insb. Ausführungen zu den Aufzeichnungs- und Erklärungspflichten der begünstigten Luftverkehrsunternehmer. Im Ausland ansässige Luftverkehrsunternehmer, die im Inland ausschließlich grenzüberschreitende Personenbeförderungen im Luftverkehr erbringen, können unter im Schreiben näher bestimmten Voraussetzungen Vereinfachungsregelungen anwenden. Gegenüber dem noch bis zum 31.12.2018 anwendbaren BMF-Schreiben vom 2.2.1998 haben ausländische Luftverkehrsunternehmer nunmehr einen Antrag zu stellen, um von einer Angabe der Entgelte in der USt-Voranmeldung in Hinblick auf eine niedrigere Festsetzung oder einen Erlass absehen zu können. Erst die Angabe der auf den inländischen Streckenanteil entfallenden Umsätze in der USt-Jahreserklärung soll dann als Antrag auf Erlass oder niedrigere Festsetzung gelten. Eine niedrigere Festsetzung oder ein Erlass der Steuer soll grds. im Festsetzungsverfahren erfolgen; vor Steuerentstehung ist eine niedrigere Festsetzung oder ein Erlass nicht möglich, kann aber unter bestimmten Voraussetzungen verbindlich zugesagt werden. In regelmäßigen Abständen ist von der Finanzbehörde zu prüfen, ob der begünstigte Unternehmer die Voraussetzungen der niedrigeren Steuerfest-

---

[146] Dazu vgl. im Einzelnen den Aufsatz von *Behrendt/Janken* (s. Literaturverzeichnis).
[147] Art. 398 MwStSystRL.
[148] BT-Drs. 19/370, Antwort des Parlamentarischen Staatssekretärs Dr. Michael Meister v. 29.12.2017 auf eine Anfrage der Abgeordneten Lisa Paus (Bündnis 90/Die Grünen).
[149] Dazu vgl. im Detail den Aufsatz von *Dietsch* (s. Literaturverzeichnis).

setzung oder des Steuererlasses noch erfüllt. Die Grundsätze des Schreibens sind für nach dem 31.12.2018 bewirkte Umsätze anzuwenden.

Praxishinweis

> Die Anwendung des § 26 Abs. 3 UStG erfordert nach Meinung der Finanzverwaltung grds. Gegenseitigkeit.[150]

4.4 Ort der „juristischen" grundstücksbezogenen sonstigen Leistungen: Nichtbeanstandungsregelung

> **BMF, Schreiben v. 13.2.2018, III C 3 – S 7117-a/16/10001, BStBl I 2018, S. 304**
>
> **Das BMF hat eine Übergangsregelung für bestimmte Beratungsleistungen im Zusammenhang mit einem Grundstück veröffentlicht – ihre Anwendung ist allerdings stark eingeschränkt.**
>
> **Norm:** § 3a Abs. 3 Nr. 1 UStG

Das BMF-Schreiben vom 5.12.2017[151] (mit Präzisierungen vor allem zu den „juristischen" Dienstleistungen in Zusammenhang mit einem Grundstück) war auf alle offenen Fälle anzuwenden. Nach Ergänzung durch ein jetzt veröffentlichtes weiteres Schreiben wird es nicht beanstandet, wenn auf bis zum 31.12.2016 erbrachte juristische Dienstleistungen von Angehörigen der rechts- und steuerberatenden Berufe, die nicht Notare sind, die bisherige Regelung nach Abschn. 3a.3 Abs. 7 UStAE angewendet wird.

Praxishinweis

> Diese Regelung sah (in aller Kürze) insb. vor, dass der Leistungsort der selbstständigen Beratungsleistungen der Notare, die nicht im Zusammenhang mit der Beurkundung von Grundstückskaufverträgen oder Grundstücksrechten stehen, sich nach allgemeinen Grundsätzen richtet. Mit dem Schreiben vom 5.12.2017 wurde diese Regelung dahin abgeändert, dass bei juristischen Dienstleistungen zu prüfen ist, ob diese im Zusammenhang mit Grundstücksübertragungen oder mit der Begründung oder Übertragung von bestimmten Rechten an Grundstücken stehen. Dazu wird auf Abschn. 3a.3 Abs. 9 Nr. 9 sowie Abs. 10 Nr. 7 UStAE in ihrer (ebenfalls geänderten) Fassung verwiesen.
>
> Man beachte, dass die Nichtbeanstandungsregelung auf Angehörige der rechts- und steuerberatenden Berufe, die nicht Notare sind, beschränkt ist, während im BMF-Schreiben vom 5.12.2017 ausdrücklich vermerkt ist, dass „die Erbringung sonstiger Leistungen juristischer Art [...] nicht auf bestimmte Berufsgruppen beschränkt" sei. Der Grund für diese Ungleichbehandlung ist unbekannt.

> **Literaturhinweis:** *Raudszus/Grebe*, Aktuelles zu Umsätzen im Zusammenhang mit Grundstücken, UStB 2018, S. 177

---

[150] Vgl. im Einzelnen Abschn. 26.4 UStAE; BMF, Schreiben v. 18.4.2017, III C 3 – S 7433/11/10005, BStBl I 2017, S. 713, Stand zum 1.4.2017.

[151] BMF, Schreiben v. 5.12.2017, III C 3 – S 7117-a/16/10001, BStBl I 2017, S. 1658; vgl. Steueränderungen 2018, B.5.11, S. 151.

4.5 Streichung des sog. „Pommes-Erlasses"

> **BMF, Schreiben v. 23.4.2018, III C 3 – S 7103-a/17/10001, BStBl I 2018, S. 638**
>
> **Für die grenzüberschreitende Belieferung einer großen Zahl von Abnehmern sah die deutsche Finanzverwaltung bisher eine Vereinfachungsregelung vor: unter bestimmten weiteren Voraussetzungen war es in solchen Fällen grds. möglich, bei Beförderung durch den Lieferer eine innergemeinschaftliche Verbringung zu erklären – gefolgt von Inlandslieferungen an die Abnehmer. Die Regelung wurde abgeschafft, eine Übergangsregelung bis zum 31.12.2018 wurde eingeräumt.**
>
> **Norm:** § 1a Abs. 1 UStG

Mit Schreiben vom 23.4.2018 hat das BMF zur Vermeidung des Risikos eines Steuerausfalls die bisherige Vereinfachungsregelung der Finanzverwaltung für das sog. innergemeinschaftliche Verbringen im grenznahen Bereich (Abschn. 1a.2 Abs. 14 UStAE) vollständig aufgehoben. Für vor dem 1.1.2019 ausgeführte Umsätze wird es für Zwecke des Vorsteuerabzugs beim Leistungsempfänger allerdings nicht beanstandet, wenn der Leistende nach Abschnitt 1a.2 Abs. 14 UStAE in der bisherigen Fassung verfährt.

Praxishinweis

Der sog. Pommes-Erlass (Abschn. 1a.2 Abs. 14 UStAE) hat keine Stütze in der Richtlinie. Er sah seit Einführung der Regelungen zum EU-Binnenmarkt im Jahr 1993 vor, dass unter bestimmten Voraussetzungen bei regelmäßiger grenzüberschreitender Belieferung einer größeren Anzahl von Abnehmern der Lieferer anstelle einer innergemeinschaftlichen Lieferung eine innergemeinschaftliche Verbringung mit anschließender Inlandslieferung erklären durfte.

Die Vereinfachungsregelung sollte vor allem die tägliche Belieferung von Läden im grenznahen Ausland (oder aus dem Ausland heraus im grenznahen Inland) mit frischer Ware wie Lebensmitteln und Schnittblumen oder auch mit Zeitungen erleichtern. Bei Anwendung der Vereinfachungsregelung erklärte der Lieferer (und nicht der Abnehmer) einen innergemeinschaftlichen Erwerb im Bestimmungsland, gefolgt von Inlandslieferungen an seine Abnehmer. Die Abnehmer – zumeist steuerlich wenig versierte kleine Betriebe oder sogar Kleinunternehmer i. S. d. § 19 UStG – benötigten dann keine USt-ID-Nr. und müssen keine Erwerbsbesteuerung durchführen, sondern erhielten eine „normale" Rechnung über eine Inlandslieferung, aus der sie unter den üblichen Voraussetzungen wie gewohnt den Vorsteuerabzug geltend machen konnten. Der Lieferer war der Notwendigkeit enthoben, die USt-ID-Nrn. aller seiner Abnehmer aufzuzeichnen und den Nachweis der Voraussetzungen für steuerbefreite innergemeinschaftliche Lieferungen für jede einzelne Lieferung geringer Warenmengen im Ausland führen zu müssen, und konnte sich auf den Nachweis der innergemeinschaftlichen Verbringung beschränken.

Die endgültige Aufhebung dieser Vereinfachungsregelung zum 1.1.2019 bedeutete sowohl für die Lieferanten als auch für die Warenempfänger Handlungsbedarf. In der Praxis machten viele Lieferanten von dieser Vereinfachungsregelung Gebrauch. Diese Lieferanten mussten ab dem 1.1.2019 in jedem Fall die Abrechnung an die Kunden (Angabe von USt-ID-Nr., Hinweis auf die Steuerbefreiung für innergemeinschaftliche Lieferungen etc.) ändern und die Vorschriften des Abgangslandes über den Belegnachweis berücksichtigen, sofern es sich bei den Kunden um Unternehmer im umsatzsteuerlichen Sinne handelt oder diese Abnehmer aufgrund entsprechender Option als solche galten.

Was die Kunden angeht, so sollten sie bei fortlaufender Belieferung unter USt-Ausweis Erkundigungen anstellen, ob die Belieferung fortan aus dem Inland oder weiterhin aus dem Ausland erfolgt, und sich die Auskunft zu Dokumentationszwecken schriftlich geben lassen. Entsprechend sollten die Rechnungseingangsprozesse angepasst werden. Denn abgesehen davon, dass sie bei Belieferung aus dem Ausland grds. einen innergemeinschaftlichen Erwerb zu erklären haben, tragen die Abnehmer ein neues Vorsteuerrisiko: Wird die Aufhebung der Vereinfachungsregelung nicht beachtet und zu Unrecht angewendet, so stellen die Rechnungen mit deutscher USt Rechnungen i. S. d. § 14c Abs. 1 UStG (sog. unrichtiger Steuerausweis) dar, für den kein Vorsteuerabzug besteht. Es sollte dann auf eine Korrektur der Rechnung hingewirkt werden.

> **Literaturhinweis:** *Sterzinger*, Aufhebung der Vereinfachungsregelung für innergemeinschaftliches Verbringen im grenznahen Bereich, UR 2018, S. 475

4.6 Steuerschuldnerschaft des Leistungsempfängers bei Anzahlungen

> **BMF, Schreiben v. 18.5.2018, III C 3 – S 7279/11/10002 – 10, BStBl I 2018, S. 695**
>
> **Stellen sich die Voraussetzungen für den Übergang der Steuerschuldnerschaft erst nach einer bereits vereinnahmten Anzahlung ein, geht in Hinblick auf diese Anzahlung die Steuerschuldnerschaft nicht nachträglich auf den Leistungsempfänger über.**
>
> **Normen:** §§ 13 Abs. 1 Buchst. a S. 4, 13b UStG

Lagen die Voraussetzungen für die Steuerschuld des Leistungsempfängers im Zeitpunkt der Vereinnahmung der Anzahlungen nicht vor, schuldet der leistende Unternehmer die USt. Erfüllt der Leistungsempfänger im Zeitpunkt der Leistungserbringung die Voraussetzungen als Steuerschuldner, bleibt dem BMF zufolge die bisherige Besteuerung der Anzahlungen beim leistenden Unternehmer bestehen. Die Grundsätze dieses Schreibens sind in allen offenen Fällen anzuwenden. Es wird nicht beanstandet, wenn Steuerpflichtige für bis zum 31.12.2018 geleistete Anzahlungen die bisherige Fassung des UStAE anwenden.

Praxishinweis

Die Überschrift des Schreibens legt zwar nahe, dass diese Regelung nur im Falle von Bauleistungen gelten soll. Aus den durch das Schreiben geänderten Passagen des UStAE ergibt sich das aber nicht explizit. Offenbar soll es sich um eine allgemeine Regelung handeln – mag sie auch für Bauleistungen (wo Abschlagzahlungen zum Alltag gehören) praktisch auch am relevantesten sein.

Mögliche Anwendungsfälle für das Schreiben könnten z. B. lange Jahre in Anspruch nehmende Bauprojekte sein, in deren Verlauf sich die Voraussetzungen des Reverse-Charge-Verfahrens für Bauleistungen – besonders die im UStAE vorgesehene Bestimmung, wonach 10 % des Weltumsatzes als Bauleistungen erbracht werden – unversehens einstellen. Es sollte allerdings beachtet werden, dass sich das Schreiben nur mit Anzahlungen und nicht mit Teilleistungen befasst.

4.7 Steuerbefreiung der Umsätze für die Seeschifffahrt und Luftfahrt

> **BMF, Schreiben v. 5.9.2018, III C 3 – S 7155/16/10002, BStBl I 2018, S. 1012**
>
> Das BMF hat einige Zweifelsfragen aus der Praxis aufgegriffen und den UStAE entsprechend angepasst. Das Landesamt für Steuern Niedersachsen[152] hat einige dieser Ausführungen des BMF näher erläutert und geht darüber hinaus auf weitere Fragen der Steuerbefreiung ein.
>
> **Norm:** § 8 UStG

Offenbar infolge von Unklarheiten bei der Anwendung der Steuerbefreiung der Umsätze für die Seeschifffahrt i. S. d. § 8 Abs. 1 UStG auf vorangehenden Umsatzstufen hat das BMF die entsprechenden Regelungen deutlicher gefasst. Für eine Steuerbefreiung der Umsätze auf den Vorstufen wird – unter den weiteren Voraussetzungen – festgeschrieben, dass im Leistungszeitpunkt die endgültige Verwendung der Leistung für den Bedarf eines konkreten, eindeutig identifizierbaren Seeschiffs feststehen muss. Außerdem muss die endgültige Zweckbestimmung der Leistung ausdrücklich bereits aufgrund der Befolgung der steuerlichen Buchführungs- und Aufzeichnungspflichten (Beleg- und Buchnachweis) sowie der Befolgung der Aufbewahrungspflichten nachvollziehbar sein. Nicht nur für die Steuerbefreiung auf den Vorstufen gilt: Die begünstigten Wasserfahrzeuge müssen bereits vorhanden sein. Ein Wasserfahrzeug ist nach Auffassung des BMF frühestens ab dem Zeitpunkt seines (klassischen) Stapellaufs oder seines Aufschwimmens im Trockendock als „vorhanden" anzusehen. Diese Einschränkung wird an anderer Stelle noch entsprechend auf den Fall der Lieferung von Teilen von Schiffen und anderen Gegenständen bezogen, die in ein bestimmtes begünstigtes Wasserfahrzeug eingebaut werden sollen oder die zum Ersatz von Teilen oder zur Reparatur eines begünstigten Wasserfahrzeugs bestimmt sind. Die vorstehenden Regelungen sind in allen offenen Fällen anzuwenden.

Das Landesamt für Steuern Niedersachsen hat in einer eigenen Verfügung[153] u. a. zu dem vom BMF aufgeworfenen Fragen detailliert Stellung genommen.

Darin stellt es u. a. klar, dass die Wortwahl, wonach das Schiff „frühestens" zu den oben angegebenen Zeitpunkten vorhanden sei, kein Wahlrecht verschaffe. Sie verweist darauf, dass die zollrechtlichen Vorschriften für die Einordnung eines Schiffes als begünstigtes Schiff ebenfalls maßgeblich seien (Abschn. 8.1 Abs. 2 S. 1 Halbs. 2 UStAE). Hiernach fallen unter den Begriff des Wasserfahrzeuges nicht nur vollständige betriebsfähige Wasserfahrzeuge, sondern auch unvollständige oder unfertige Fahrzeuge, wenn sie im vorliegenden Zustand die wesentlichen Beschaffensmerkmale der vollständigen oder fertigen Ware haben.

Was die Vorstufenumsätze angeht, so sei Voraussetzung zunächst, dass die Leistung auch dann steuerfrei wäre, wenn sie direkt an den Betreiber eines Seeschiffs bewirkt werden würde. Das Landesamt geht im Weiteren – auch anhand von Beispielen – recht detailliert auf die weiteren Voraussetzungen ein, unter denen solche Leistungen seiner Meinung nach als Vorstufenumsätze steuerfrei sein könnten. Das schließt neben Aussagen darüber, unter welchen materiellen Voraussetzungen die Vorstufenbefreiung zu gewähren sei, auch eingehende Hinweise zur Nachweisführung im o. g. Sinne sowie zu einem Gutglaubensschutz ein. Die Verfügung enthält ferner Hinweise für die Erteilung von Anzahlungsrechnungen zu einem

---

[152] Verfügung v. 19.11.2018, S 7155 – 83 St 185.
[153] Vom 19.11.2018, S 7155 – 83 St 185, DATEV-Dok.-Nr. 5236746.

Zeitpunkt, zu dem die Voraussetzungen der Steuerbefreiung noch nicht vorliegen bzw. das noch nicht abzusehen ist, bei Ausführung der Leistung zu einem Zeitpunkt, zu dem die Voraussetzungen der Steuerbefreiung bereits vorliegen.

Bemerkenswert sind schließlich die Ausführungen des Landesamts für den Fall, dass sowohl die Voraussetzungen der Steuerbefreiung für Umsätze der Seeschifffahrt (§ 4 Nr. 2 i. V. m. § 8 Abs. 1 UStG) auch die Vorschriften der Steuerbefreiung für Ausfuhrlieferungen (§ 4 Nr. 1a Buchst. a i. V. m. § 6 UStG) und/oder der Steuerbefreiung für innergemeinschaftliche Lieferungen (§ 4 Nr. 1 Buchst. b i. V. m. § 6a UStG) erfüllt sind. Die Vorschriften stünden gleichrangig nebeneinander. Je nachdem, über welchen Nachweis der Unternehmer verfügt, liege die Entscheidungsbefugnis, welche dieser Steuerbefreiungen er in Anspruch nehmen will, bei ihm.

Praxishinweis

Die Regelungen sowohl des BMF als auch des Landesamts für Steuern Niedersachsen sollten wegen Abschn. 8.2 Abs. 1 UStAE auch für die Steuerbefreiung der Umsätze für die Luftfahrt i. S. d. § 8 Abs. 2 UStG gelten. Da der Stapellauf in den meisten Fällen durchaus nicht die Herstellung eines Schiffs abschließt, können Unklarheiten entstehen, ob die Lieferung zu einer Zeit erfolgte, als das Schiff nach Definition des BMF bereits „vorhanden" war. Was Luftfahrzeuge betrifft, bleibt offen, wie die vom BMF verwendeten Begriffe aus dem Bereich der Schifffahrt wie „Stapellauf" oder „Aufschwimmen" in ihrem Falle entsprechend zu verstehen sind, zumal sich Schiffe zum Zeitpunkt des Stapellaufs nicht unbedingt bereits aus eigenem Antrieb fortbewegen. Das Landesamt führt jedoch aus, dass es für das Vorhandensein eines Wasserfahrzeugs unerheblich sei, dass es mit dem Aufschwimmen im Trockendock noch nicht fertig sei: ursächlich dafür seien zollrechtliche Vorschriften, „die für die Einordnung eines Schiffes als begünstigtes Schiff ebenfalls maßgeblich sind". Möglicherweise ließe sich im Falle eines unfertigen Luftfahrzeugs in Hinblick auf sein „Vorhandensein" in ähnlicher Weise mit der zolltariflichen Einordnung argumentieren; hier ist das BMF-Schreiben vom 5.9.2018 aber nicht ganz eindeutig, und in § 8 Abs. 2 UStG werden anders als in § 8 Abs. 1 UStG keine Zolltarifnummern begünstigter Fahrzeuge aufgezählt. Im Zweifel sollte eine verbindliche Auskunft eingeholt werden.

Literaturhinweis: *Huschens*, Steuerbefreiung der Vorumsätze in der Seeschifffahrt und Luftfahrt – Mögliche offene Fragen für die Besteuerungspraxis nach Ergehen des BMF-Schreibens vom 6.10.2017, UVR 2018, S. 154

4.8 Rabatte an private Krankenkassen in der Pharmaindustrie

> **BMF, Schreiben v. 4.10.2018, III C 2 – S 7200/08/10005:002, BStBl I 2018, S. 1090**
>
> Das BMF hat die Aussage des Folgeurteils des BFH auf das EuGH-Urteil in der Rs. *Boehringer Ingelheim* in den UStAE übernommen.
>
> **Norm:** § 17 Abs. 1 UStG

Ebenso wie der BFH hat das BMF die umsatzsteuerliche Relevanz von Rabatten an Dritte, die jedenfalls nach bisheriger Auffassung nicht Teil der Leistungskette sind, strikt auf den Anwendungsfall von Rabatten nach § 1 AMRabG beschränkt. Dem Schreiben zufolge mindern Zahlungen des Herstellers auf Grundlage dieser Vorschrift an die privaten Krankenversicherungen und an die Träger der Kosten in Krankheits-, Pflege- und Geburtsfällen nach beamtenrechtlichen Vorschriften die Bemessungsgrundlage für die gelieferten Arzneimittel. Das Schreiben ist in allen offenen Fällen anwendbar – soweit das BMF-Schreiben vom 14.11.2012 hierzu eine anderslautende Aussage trifft, ist dieses nicht mehr anzuwenden.[154]

4.9 Verlängerung der Übergangsregelung für Direktlieferungen in Konsignationslager

> **BMF, Schreiben vom 31.10.2018, III C 3 – S 7103-a/15/10001, BStBl I 2018, S. 1203**
>
> Wie erwartet hat das BMF die Übergangsregelung für sein Schreiben über Direktlieferungen in Konsignationslager um ein weiteres Jahr verlängert.
>
> **Normen:** §§ 1a Abs. 1, 3 Abs. 1 UStG

Die im BMF-Schreiben vom 10.10.2017 bis zum 31.12.2017 gewährte Übergangsfrist hatte das BMF gut zwei Monate später um ein Jahr auf den 31.12.2018 verlängert. Offenbar um es den Beteiligten zu ersparen, ihre Lieferverträge in kurzen Abständen neu aushandeln zu müssen, wurde die Frist nun um ein weiteres Jahr auf den 31.12.2019 verlängert. Damit schließt die Übergangsregelung zeitlich direkt an das Jahr 2020 an, in dem nach derzeitigem Stand eine auf EU-Ebene harmonisierte Vereinfachungsregelung durch die Mitgliedsstaaten anzuwenden ist.

Praxishinweis

➡ Auf die Ausführungen oben B.4.1 wird verwiesen, insb. auch auf die in einem Verbändeschreiben des BMF vertretene Auffassung, dass nur die Fälle der grenzüberschreitenden Lieferungen in inländische Konsignationslager geregelt seien, sodass die Anwendung der Übergangsregelung auf diese Fälle begrenzt sein könnte.

---

[154] BMF, Schreiben v. 4.10.2018, III C 2 – S 7200/08/10005:002, BStBl I 2018, S. 1090; BMF, Schreiben v. 14.11.2012, IV D 2 – S 7200/08/10005, BStBl I 2012, S. 1170; BFH, Urteil v. 8.2.2018, V R 42/15, UR 2018, S. 322; EuGH, Urteil v. 20.12.2017, C–462/16, *Boehringer Ingelheim*, MwStR 2018, S. 168, vgl. Steueränderungen 2018, C.5.30, S. 332.

4.10 Zur Adresse auf der Vorsteuerrechnung

> **BMF, Schreiben v. 7.12.2018, III C 2 – S 7280-a/07/10005:003, BStBl I 2018, S. 1401**
>
> Mit einem Schreiben vollzieht das BMF die Rspr. des EuGH aus dem Urteil *Geissel und Butin*[155] sowie die darauf erfolgte Rspr.-Änderung des BFH[156] nach und lässt unter nur wenigen weiteren Voraussetzungen jede Art von Anschrift auf der Rechnung zu.
>
> **Normen:** §§ 14 Abs. 4 Nr. 1, 15 Abs. 1 Nr. 1 UStG

Nachdem der BFH aufgrund der Rspr. des EuGH von der Auffassung Abstand nehmen musste, dass eine Vorsteuerrechnung die Anschrift des leistenden Unternehmers ausweisen muss, unter der dieser seine wirtschaftliche Tätigkeit entfaltet, hat das BMF nunmehr den UStAE unter Berücksichtigung der neuen Rspr. entsprechend geändert.

Dem Schreiben zufolge reicht jede Art von Anschrift und damit auch eine Briefkastenanschrift, sofern der leistende Unternehmer bzw. der Leistungsempfänger unter dieser Anschrift (postalisch) erreichbar sind. Dabei ist es unerheblich, ob die wirtschaftlichen Tätigkeiten des leistenden Unternehmers unter der Anschrift ausgeübt werden, die in der von ihm ausgestellten Rechnung angegeben ist.

Die Grundsätze dieses Schreibens sind in allen offenen Fällen anzuwenden.

Praxishinweis

Erfreulicherweise werden neben der Erwähnung eines Postfachs und einer Großkundenadresse auch c/o-Adressen ausdrücklich in den Kreis der zulässigen Adressen aufgenommen. Die entgegenstehende Regelung wird gestrichen. Allerdings scheint das BMF im Gegenzug die Angabe der Adressen von Zweigniederlassungen, Betriebsstätten und Betriebsteilen als Rechnungsadresse auf Leistungen beschränken zu wollen, die unter dem Namen und der Anschrift dieser Unternehmensteile erbracht bzw. bezogen wurden.

---

[155] Urteil v. 15.11.2017, C–374/16 und C–375/16, UR 2017, S. 970, m. Anm. *Jacobs/Zitzl*, vgl. Steueränderungen 2018, C.5.28, S. 329.

[156] BFH, Urteil v. 13.6.2018, XI R 20/14, BFH/NV 2018, S. 1208; BFH, Urteil v. 21.6.2018, V R 25/15, V R 28/16, BFH/NV 2018, S. 1053; vgl. im vorliegenden Werk C.4.16.

5 Änderungen bei der Erbschaft- und Schenkungsteuer

5.1 Wertsteigerung infolge des Kaufkraftschwundes

> **BMF, Schreiben v. 5.3.2018, IV C 7 – S 3804/08/10001, BStBl I 2018, S. 311**
>
> Das BMF-Schreiben hat die Zusammenstellung der Verbraucherpreisindizes für Deutschland aktualisiert. Es umfasst nunmehr den Zeitraum 1958 bis Februar 2018.
>
> **Norm:** § 5 Abs. 1 ErbStG

Bei der Berechnung der Zugewinnausgleichsforderung nach § 5 Abs. 1 ErbStG ist der auf dieser Geldentwertung beruhende unechte Zuwachs des Anfangsvermögens zu eliminieren.

Auf das BMF Schreiben vom 20.3.2017[157] wird Bezug genommen.

5.2 Gemeiner Wert von Erfindungen und Urheberrechten (R B 9.2 ErbStR 2011)

> **LfSt Bayern, Verfügung v. 12.3.2018, S 3101.1.1. – 9/8 St 34, DStR 2018, S. 1127**
>
> Für Erwerbe mit einer Steuerentstehung ab dem 1.1.2018 ergibt sich ein Kapitalisierungszinssatz von 5,37 %.
>
> **Normen:** §§ 9, 203 Abs. 1 BewG

Nach R B 9.2 ErbStR 2011 ist der gemeine Wert von Erfindungen und Urheberrechten, die in Lizenz vergeben oder in sonstiger Weise gegen Entgelt einem Dritten zur Ausnutzung überlassen sind, in der Weise zu ermitteln, dass der Anspruch auf die in wiederkehrenden Zahlungen bestehende Gegenleistung kapitalisiert wird, soweit keine anderen geeigneten Bewertungsgrundlagen vorhanden sind.

Der Kapitalisierung ist der marktübliche Zinssatz zugrunde zu legen.

Mit Schreiben vom 4.1.2018[158] hat das BMF für das Jahr 2018 einen Basiszinssatz von 0,87 % bekanntgegeben. Unter Einbeziehung des Zuschlags von 4,5 % ergibt sich damit ein Kapitalisierungszinssatz von 5,37 %.

---

[157] BStBl I 2017, S. 434.
[158] BStBl I 2018, S. 249.

5.3 Ermittlung des Gebäudesachwerts nach § 190 BewG; Baupreisindizes

> **BMF, Schreiben v. 22.1.2018, IV C 7 – S 3225/16/10001, BStBl I 2018, S. 205**
>
> Der jeweilige Baupreisindex (2010 = 100) zur Anpassung der Regelherstellungskosten aus der Anlage 24 BewG für Bewertungsstichtage im Kalenderjahr 2018 beträgt für Gebäudearten 1.01. bis 5.1. Anlage 24, Teil II., BewG: 116,8 und für Gebäudearten 5.2. bis 18.2. Anlage 24, Teil II., BewG: 117,4.
>
> **Norm:** § 190 BewG

Die jährliche Anpassung der Regelherstellungskosten erfolgt für Besteuerungsstichtage nach dem 31.12.2015 gem. § 205 Abs. 10 BewG.

5.4 Bewertung des Nutzungsvorteils bei unverzinslichen und niedrig verzinslichen Darlehen

> **LfSt Bayern, Verfügung v. 21.3.2018, S 3103.1.1 – 1/3 St 34, DStR 2018, S. 1127; OFD Frankfurt am Main, Verfügung v. 24.4.2018, S 3104 A – 001 – St 114, StEd 2018, S. 346**
>
> **Weist der Steuerpflichtige nach, dass der marktübliche Zinssatz für die Aufnahme eines vergleichbaren Darlehens unter dem gesetzlichen Zinssatz von 5,5 % liegt, kann für die Bewertung des Nutzungsvorteils von dem nachgewiesenen Zinssatz ausgegangen werden.**
>
> **Norm:** § 15 Abs. 1 BewG

Nach § 15 Abs. 1 BewG beträgt der Jahreswert der Nutzung einer Geldsumme, wenn kein anderer Wert feststeht, 5,5 % der überlassenen Geldsumme. Weist ein Steuerpflichtiger nach, dass der marktübliche Zinssatz für die Aufnahme eines vergleichbaren Darlehens unter dem gesetzlich festgelegten Zinssatz von 5,5 % liegt, kann für die Bewertung des Nutzungsvorteils von dem nachgewiesenen Zinssatz ausgegangen werden.

Bei einem niedrig verzinslichen Darlehen ist in diesen Fällen der schenkungsteuerlich maßgebende Nutzungsvorteil aus der Differenz zwischen dem nachgewiesenen marktüblichen Darlehenszinssatz und dem vereinbarten Zinssatz zu berechnen. Liegt der vereinbarte Zinssatz nur unwesentlich unter dem marktüblichen Zins, ist eine freigebige Zuwendung nicht anzunehmen.

Entsprechend ist bei unverzinslichen Darlehen zu verfahren. Hier ergibt sich der Nutzungsvorteil aus der Höhe des nachgewiesenen marktüblichen Darlehenszinses.

Vergleichsmaßstab ist nach Auffassung des LfSt Bayern der marktübliche Zinssatz, der bei der Gewährung oder Aufnahme eines Darlehens bei einem Kreditinstitut zu abgesehen von der Zinslosigkeit vergleichbaren Bedingungen (insb. Höhe, Besicherung, Laufzeit, Kündbarkeit) zu entrichten gewesen wäre und verweist auf das Urteil des BFH v. 27.11.2013, II R 25/12.[159]

---

[159] BFH/NV 2014, S. 537.

Die Verfügung der OFD ist im Wesentlichen inhaltsgleich.

Praxishinweis

→ Die Verfügungen stellen nochmals klar, dass als Vergleichsmaßstab nicht auf den erzielbaren Zinssatz bei einer verzinslichen Anlage des Darlehensbetrags bei einem Kreditinstitut zu marktüblichen Bedingungen abgestellt werden kann. Vielmehr sind die sonstigen Darlehensbedingungen, insb. Höhe, Besicherung, Laufzeit, Kündbarkeit, als Vergleichsmaßstab einzubeziehen.

5.5 Anwendung des § 30 Abs. 1 ErbStG und des § 31 Abs. 1 ErbStG bei der Ersatzerbschaftsteuer nach § 1 Abs. 1 Nr. 4 ErbStG

> **LfSt Bayern, Verfügung v. 20.3.2018, S 3800.1.1 – 5/8 St 34, ZEV 2018, S. 304**
>
> **Die Anzeigepflicht eines Erwerbs nach § 30 ErbStG und die Pflicht zur Abgabe der Steuererklärung nach § 31 ErbStG besteht auch in Fällen der Ersatzerbschaftsteuer nach § 1 Abs. 1 Nr. 4 ErbStG.**
>
> **Normen:** §§ 1 Abs. 1 Nr. 4, 30, 31 ErbStG

Die Auffassung des LfSt Bayern steht im Widerspruch zu der teilweise in der Literatur vertretenen Meinung, wonach die Ersatzerbschaftsteuer i. S. d § 1 Abs. 1 Nr. 4 ErbStG keinen, die Anzeigepflicht nach § 30 ErbStG auslösenden Erwerb darstellt.

Praxishinweis

→ Vor dem Hintergrund, dass die Entstehung der Ersatzerbschaftsteuer in den meisten Fällen des § 1 Abs. 1 Nr. 4 ErbStG unstreitig sein dürfte, ist nicht auszuschließen, dass die Finanzverwaltung bei Unterlassung der Anzeige nach § 30 ErbStG oder Nichtabgabe einer Steuererklärung nach § 31 ErbStG die Festsetzung von Hinterziehungszinsen nach § 235 AO bei Vorliegen der weiteren Tatbestandsvoraussetzungen verstärkt in Betracht ziehen wird.

Zur Vermeidung steuerstrafrechtlicher Diskussionen sollten Fälle des § 1 Abs. 1 Nr. 4 ErbStG nach § 30 ErbStG angezeigt werden.

> **Literaturhinweise:** *Fischer/Pahlke/Wachter/Pahlke*, ErbStG, § 30 Rn. 17; a. A. *Erkis*, BeckOK ErbStG, § 1 Rn. 70; *Hinkers*, BeckOK ErbStG, 1. Edition, § 30 Rn. 11; *Moench/Weinmann/Weinmann*, ErbStG, § 1 Rn. 20; *Troll/Gebel/Jülicher/Gottschalk/Jülicher*, ErbStG, § 30 Rn. 10

5.6 Anwendung des § 10 Abs. 8 ErbStG bei der Ersatzerbschaftsteuer nach § 1 Abs. 1 Nr. 4 ErbStG

> **LfSt Bayern, Verfügung v. 20.3.2018, S 3800.1.1 – 5/6 St 34, ZEV 2018, S. 304**
>
> In den Fällen des § 1 Abs. 1 Nr. 4 ErbStG mindert die zu entrichtende Ersatzerbschaftsteuer die steuerliche Bemessungsgrundlage nicht.
>
> **Normen:** §§ 1 Abs. 1 Nr. 4, 10 Abs. 8 ErbStG

Gemäß § 10 Abs. 8 ErbStG ist die vom Erwerber zu entrichtende eigene Erbschaftsteuer nicht abzugsfähig.

Die Verfügung des LfSt Bayern hat hinsichtlich der durch die Stiftung oder den Verein nach § 1 Abs. 1 Nr. 4 ErbStG i. V. m. § 20 Abs. 1 S. 1 ErbStG geschuldeten Ersatzerbschaftsteuer lediglich klarstellende Bedeutung.

5.7 Allgemeine Verwaltungsanweisung für die Erbschaft- und Schenkungsteuer (ErbStVA) und Mitwirkungspflichten anderer Finanzämter

> **Oberste Finanzbehörden der Länder, gleich lautende Erlasse v. 7.12.2017, BStBl I 2018, S. 53**
>
> Der gleichlautende Ländererlass (ErbStVA) beinhaltet ausführliche Regelungen zu den Aufgaben und Mitwirkungspflichten der Finanzbehörden im Rahmen des Ermittlungsverfahrens, des Festsetzungs-verfahrens, des Erhebungsverfahrens sowie der Steuerüberwachung.
>
> **Normen:** AO; BewG; BuchO; ErbStDV; ErbStG

Die ErbStVA führen zunächst die verschiedenen Anzeigepflichten des ErbStG bzw. der ErbStDV für Zwecke des Ermittlungsverfahrens bei Erwerben von Todes wegen und Zweckzuwendungen von Todes wegen auf. Für Schenkungen und Zweckzuwendungen unter Lebenden folgen nach einer entsprechenden Zusammenfassung der verschiedenen Anzeigepflichten ausführliche Hinweise zur Führung einer Kartei bzw. eines Verzeichnisses der Schenkungsfälle, die für die Besteuerung noch von Bedeutung sein können, etwa als Vorerwerb bei zeitlich nachfolgenden Erwerbsvorgängen (Tz. 1.2.2).

Darüber hinaus werden Mitteilungspflichten anderer Finanzämter (einschließlich der Prüfungsdienste und der Steuerfahndung) gegenüber den Erbschaft- und Schenkungsteuerfinanzämtern aufgelistet (Tz. 1.3.1) und die Pflichten der für die Feststellungen nach § 151 Abs. 1 BewG zuständigen Finanzämter dargestellt (Tz. 1.3.2). Dies betrifft insb. Grundbesitzwertfeststellungen als auch sämtliche Feststellungen, die im Rahmen der erbschaft- bzw. schenkungsteuerlichen Begünstigung der Übertragung von land- und forstwirtschaftlichem Vermögen, Betriebsvermögen und Anteilen an Kapitalgesellschaften i. R. d. §§ 13a, 13b, 13c sowie 28a ErbStG von Bedeutung sind. Darüber hinaus enthalten die ErbStVA auch Pflichten zur Mitteilungen von nachrichtlichen Angaben, bspw. bzgl. der Aufteilung von Grundbesitzwerten bei nicht ausschließlich betrieblicher Nutzung sowie der Verwaltungsfinanzämter für vermögensverwaltende Gemeinschaften/Gesellschaften. Auch zur Überwachung der nachlaufenden Verschonungsvoraussetzungen der §§ 13a, 13c, 19a und 28a ErbStG enthalten die ErbStVA ausführliche Regelungen zur Zusammenarbeit der Finanzämter im Wege der Amtshilfe.

Außerdem enthalten die ErbStVA Regelungen zur Zuständigkeit der Finanzämter im Rahmen von Anträgen auf Erteilung einer verbindlichen Auskunft (Tz. 1.3.2.6). Richtet sich der jeweilige Antrag auf festzustellende Merkmale, wie die Zugehörigkeit von Vermögensgegenständen zu einem Betrieb, die Vermögensart, die Bewertung, die Ausgangslohnsumme, die Anzahl der Beschäftigten, die Summe der maßgebenden jährlichen Lohnsummen sowie das Verwaltungsvermögen, das junge Verwaltungsvermögen, die Finanzmittel, die jungen Finanzmittel, die Schulden und/oder das Vorliegen von Rückausnahmetatbeständen bei solchen Wirtschaftsgütern, so hat – auch bei mehrstufigen Strukturen – das Betriebs-/Lagefinanzamt über den Antrag zu entscheiden. Dagegen entscheidet das ErbSt-FA, sofern die Rechtsfrage, zu denen eine verbindliche Auskunft beantragt wird, allein darauf gerichtet ist, ob begünstigungsfähiges Vermögen nach § 13b Abs. 1 ErbStG oder begünstigtes Vermögen nach § 13b Abs. 2 ErbStG vorliegt, die Voraussetzungen des Vorwegabschlags nach § 13a Abs. 9 ErbStG erfüllt sind oder eine schädliche Verfügung i. S. d. § 13a Abs. 6 ErbStG gegeben ist.

Daneben sehen die ErbStVA auch Mitteilungspflichten der Erbst-Finanzämter an die ESt-Finanzämter des Erblassers bzw. des Erwerbers vor, wenn der Reinwert des Nachlasses bzw. der erbschaftsteuerliche Bruttowert mehr als 250.000 € beträgt. Zudem sind auf Anfrage die für die Steuerermäßigung nach § 35b EStG erforderlichen Angaben mitzuteilen.

Schließlich sind Fälle, in denen die Versteuerung ausgesetzt ist oder in denen aus anderen Gründen eine Steuerfestsetzung nachträglich erforderlich werden kann, in einer gesonderten Überwachungsliste zu erfassen und in regelmäßigen Abständen von höchstens drei Jahren zu prüfen.

Die ErbStVA sind auf alle Erwerbe anzuwenden, für die die Steuer nach dem 30.6.2016 entsteht. Die ErbStVA i. d. F. vom 21.6.2012[160] ist auf vorangegangene Erwerbe weiter anzuwenden.

5.8 Bewertung einer lebenslänglichen Nutzung oder Leistung; Vervielfältiger für Bewertungsstichtage ab dem 1.1.2019

> **BMF, Schreiben vom 22.11.2018, IV C 7 – S 3104/09/10001, BB 2018, S. 2902**
>
> **Das BMF hat gem. § 14 Abs. 1 S. 4 BewG die Vervielfältiger zur Berechnung des Kapitalwerts lebenslänglicher Nutzungen und Leistungen bekannt gegeben, die nach der am 18.10.2018 veröffentlichten Sterbetafel 2015/2017 des Statistischen Bundesamtes ermittelt wurden und für Bewertungsstichtage ab dem 1.1.2019 anzuwenden sind.**
>
> **Norm:** § 14 Abs. 1 S. 2 und S. 4 BewG

---

[160] BStBl I 2012, S. 712.

5.9 Berechnung des Ablösungsbetrags nach § 25 Abs. 1 S. 3 ErbStG a. F.

> **Oberste Finanzbehörden der Länder, gleich lautende Erlasse v. 7.12.2017, BStBl I 2017, S. 1625;**
> **OFD Frankfurt am Main, Verfügung v. 14.3.2018, S 3837 A – 008 – St 119, StEd 2018, S. 382**
>
> **Das Statistische Bundesamt hat im Jahr 2017 keine aktuelle Sterbetafel veröffentlicht. Daher bleiben die nach der am 20.10.2016 veröffentlichten Sterbetafel 2013/2015 des Statistischen Bundesamtes ermittelten und mit den gleich lautenden Erlassen der obersten Finanzbehörden der Länder vom 18.11.2016[161] veröffentlichten Vervielfältiger auch für Ablösungsstichtage ab dem 1.1.12018 anzuwenden.**
>
> **Norm:** § 25 Abs. 1 S. 3 ErbStG a. F.

§ 25 ErbStG wurde durch das Gesetz zur Reform des Erbschaftsteuer- und Bewertungsrechts v. 24.12.2008[162] aufgehoben. Nach § 37 Abs. 2 S. 2 ErbStG ist in Erbfällen, die vor dem 1.1.2009 eingetreten sind, und für Schenkungen, die vor diesem Zeitpunkt ausgeführt worden sind, weiterhin § 25 Abs. 1 S. 3 ErbStG i. d. F. der Bekanntmachung v. 27.1.1997[163] anzuwenden.

Nach § 25 Abs. 1 S. 3 ErbStG a. F. kann die gestundete Steuer auf Antrag des Erwerbers jederzeit mit ihrem Barwert nach § 12 Abs. 3 BewG abgelöst werden. Zur Berechnung der Laufzeit ist von der mittleren Lebenserwartung der betreffenden Person auszugehen, die sich aus der Sterbetafel des Statistischen Bundesamtes ergibt, deren EZ dem Bewertungsstichtag vorangeht.

Die OFD Frankfurt am Main hat mit Verfügung v. 14.3.2018 für die einzelnen Bewertungsstichtage die maßgeblichen Sterbetafeln und deren Fundstellen zusammengefasst. Gleichzeitig enthält die Verfügung Hinweise dazu, wie mit nicht bestandskräftigen und bestandskräftigen Ablösungsbescheiden zu verfahren ist.

Im Hinblick auf das BMF Schreiben vom 22.11.2018[164] zur Bewertung einer lebenslänglichen Nutzung oder Leistung für Bewertungsstichtage ab dem 1.1.2019 sind Ablösungen nach diesem Stichtag nach den entsprechend aktualisierten Vervielfältigern zu ermitteln.

---

[161] BStBl I 2016, S. 1246.
[162] BGBl I 2008, S. 3018.
[163] BGBl I 1997, S. 378.
[164] Vgl. im vorliegenden Werk B.5.8.

5.10 Erbschaftsteuerlich begünstigtes Vermögen bei einer Wohnungsvermietungsgesellschaft

Konsequenzen aus dem BFH-Urteil vom 24.10.2017[165]

> **Oberste Finanzbehörden der Länder, gleich lautende Erlasse v. 23.4.2018, DStR 2018, S. 1024**
>
> Mit Urteil v. 24.10.2017[166] hat der BFH entschieden, dass Wohnungen, die eine Wohnungsvermietungsgesellschaft an Dritte überlässt, nur zum begünstigten Vermögen i. S. d. § 13b Abs. 2 S. 2 Nr. 1 S. 2 Buchst. d ErbStG a. F. gehören, wenn die Gesellschaft neben der Vermietung im Rahmen eines wirtschaftlichen Geschäftsbetriebes Zusatzleistungen erbringt, die das bei langfristigen Vermietungen übliche Maß überschreiten.
>
> Seine Entscheidung hat der BFH maßgeblich damit begründet, dass die Vermietungstätigkeit nach ertragsteuerlichen Grundsätzen die Grenze der privaten Vermögensverwaltung überschreiten und als originär gewerblich i. S. d. § 15 Abs. 1 S. 1 Nr. 1 und Abs. 2 EStG zu qualifizieren sein müsse. Hierfür reiche die bloße Verwaltung und Bewirtschaftung von Wohnungen nicht aus. Auch auf die Anzahl der vermieteten Wohnungen komme es entgegen der Verwaltungsauffassung nicht an.
>
> Das Urteil ist über den entschiedenen Einzelfall hinaus nicht anzuwenden. An der bisherigen typisierenden Betrachtungsweise in R E 13b.13 Abs. 3 ErbStR 2011 ist weiterhin festzuhalten.
>
> **Norm:** § 13b Abs. 2 S. 2 Nr. 1 S. 2 Buchst. d ErbStG a. F.

Die Finanzverwaltung hat auf das Urteil des BFH zum erbschaftsteuerlich begünstigten Vermögen bei einer Wohnungsvermietungsgesellschaft mit einem Nichtanwendungserlass reagiert.

Damit sind die getroffenen Grundsätze des BFH nicht über den entschiedenen Einzelfall hinaus anzuwenden.

Es ist davon auszugehen, dass die Finanzverwaltung an der Nichtbeanstandungsgrenze von 300 Wohnungen weiterhin festhalten wird.

Zur Urteilsbesprechung und weiteren Hinweisen siehe im vorliegenden Werk C.5.6.

---

[165] Az. II R 44/15, BStBl II 2018, S. 358; vgl. im vorliegenden Werk C.5.6.
[166] II R 44/15, BStBl II 2018, S. 358.

5.11 Persönlicher Freibetrag nach § 16 Abs. 2 ErbStG bei beschränkter Steuerpflicht

BFH, Urteile vom 10.5.2017, II R 53/14[167] und II R 2/16[168]

> **FM Schleswig-Holstein, Verfügung v. 9.1.2018, VI 353 – S 3822 – 001, IStR 2018, S. 360**
>
> Der BFH hatte mit Urteil v. 10.5.2017[169] entschieden, dass bei beschränkt Steuerpflichtigen für den Erwerb von Todes wegen eines überlebenden Ehegatten der Freibetrag nach § 16 Abs. 1 Nr. 1 ErbStG i. H. v. 500.000 € unabhängig vom Anteil des erworbenen inländischen Vermögens am Gesamterwerb in voller Höhe zu gewähren ist (ebenso Parallelentscheidung II R 2/16).
>
> Mit dieser Entscheidung hat der BFH den bisherigen Referatsleiterbeschluss zur Proportionalaufteilung des Freibetrags „verworfen". Die Grundsätze des o. g. Urteils sind auf alle persönlichen Freibeträge i. S. d. § 16 Abs. 1 ErbStG anzuwenden, unabhängig vom persönlichen Verhältnis des Erwerbers zum Erblasser oder Schenker.
>
> **Norm:** § 16 Abs. 2 ErbStG

Betroffen sind die Erwerbsfälle, für die die Steuer vor dem 25.6.2017 entstanden ist, da § 16 Abs. 2 ErbStG durch das StUmgBG v. 23.6.2017[170] geändert wurde, sodass in Fällen der beschränkten Steuerpflicht nicht mehr ein Freibetrag i. H. v. 2.000 € gilt, sondern der jeweilige Freibetrag nach § 16 Abs. 1 ErbStG um einen Teilbetrag gemindert wird, der dem Verhältnis der Summe der Werte des in demselben Zeitpunkt erworbenen, nicht der beschränkten Steuerpflicht unterliegenden Vermögens und derjenigen, nicht der beschränkten Steuerpflicht unterliegenden Vermögensvorteile, die innerhalb von zehn Jahren von derselben Person angefallen sind, zum Wert des Vermögens, das insgesamt innerhalb von zehn Jahren von derselben Person angefallen ist, entspricht.

Praxishinweis

Es bleibt abzuwarten, ob § 16 Abs. 2 ErbStG i. d. F. des StUmgBG v. 23.6.2017 einer gerichtlichen Überprüfung standhalten wird, da der BFH bereits zur Vorgängernorm einen Verstoß gegen die europarechtlich garantierte Kapitalverkehrsfreiheit gesehen hat und die Neuregelung im Ergebnis eine ähnliche Wirkung erzeugt.

---

[167] BStBl II 2017, S. 1200; zur Urteilsbesprechung s. Steueränderungen 2017/2018, 16. Auflage, Abschnitt C.7.6.
[168] BFH/NV 2017, S. 1319.
[169] Az. II R 53/14, BFH/NV 2017, S. 1389.
[170] BGBl I 2017, S. 1682.

5.12 Verfügung betr. Verwaltungsvermögen nach § 13b Abs. 2 S. 2 Nr. 1 ErbStG a. F. und § 13b Abs. 4 Nr. 1 S. 2 ErbStG n. F. „Überlassung von Grundstücken"

> **LfSt Bayern, Verfügung v. 17.1.2018, S 3812a.2.1 – 3/6 St 34, DStR 2018, S. 355**
>
> Gem. § 13 b Abs. 4 Nr. 1 S. 2 Buchst. e ErbStG n. F. sind Grundstücke, die überlassen werden, um im Rahmen von Lieferungsverträgen dem Absatz eigener Erzeugnisse und Produkte zu dienen, kein Verwaltungsvermögen i. S. v. § 13b Abs. 4 Nr. 1 S. 1 ErbStG n. F.
>
> Brauereigaststätten sind demnach bei einer mit Getränkelieferungsverträgen verbundenen Verpachtung gem. § 13b Abs. 4 Nr. 1 S. 2 Buchst. e ErbStG n. F. nicht als Verwaltungsvermögen zu qualifizieren.
>
> Die Logistikbranche ist dagegen mangels eigener Erzeugnisse und Produkte von § 13b Abs. 4 Nr. 1 S. 2 Buchst. e ErbStG n. F. nicht erfasst. Dritten zur Nutzung überlassene Grundstücke der Logistikbranche sind, soweit § 13b Abs. 4 Nr. 1 S. 2 Buchst. a bis Buchst. d sowie Buchst. f ErbStG nicht einschlägig ist, nicht vom Verwaltungsvermögen ausgenommen.
>
> **Normen:** § 13 b Abs. 2 S. 2 Nr. 1 ErbStG a. F., § 13b Abs. 4 Nr. 1 S. 2 ErbStG n. F.

Das LfSt Bayern stellt klar, dass aufgrund der Änderung der neuen Verschonungsregeln des ErbStG die nachstehenden Regelungen für Erwerbe, für die die Steuer nach dem 30.6.2016 entsteht, folglich nicht mehr anzuwenden sind.

Danach gilt für Besteuerungszeitpunkte bis zum 30.6.2016 unverändert:

- Zum Verwaltungsvermögen gehören nach § 13b Abs. 2 S. 2 Nr. 1 ErbStG auch Dritten zur Nutzung überlassene Grundstücke und Grundstücksteile.

- Werden neben der Überlassung von Grundstücksteilen weitere gewerbliche Leistungen einheitlich angeboten und in Anspruch genommen, führt die Überlassung der Grundstücksteile nicht zu Verwaltungsvermögen, wenn die Tätigkeit nach ertragsteuerlichen Gesichtspunkten insgesamt als originär gewerbliche Tätigkeit einzustufen ist (z. B. bei Beherbergungsbetrieben wie Hotels und Pensionen, vgl. R 15.7 (2) EStR).

- Hierunter fällt auch die mit Getränkelieferungsverträgen verbundene Verpachtung von brauereieigenen Gaststätten.

- Auch bei einer formal in Form eines Mietvertrags vereinbarten Überlassung von Grundstücks- und Gebäudeflächen in der Logistikbranche sind diese dann nicht als Verwaltungsvermögen anzusehen, wenn sie in einem Geflecht von gewerblichen Leistungen stehen, bei denen die Flächenüberlassung nur einen Teil der vereinbarten und vom Vertragspartner erwarteten Leistungen darstellt. Nur bei einer reinen Vermietung von Lagerräumen ohne ein entsprechendes Leistungspaket müsste von Verwaltungsvermögen ausgegangen werden.

5.13 Bewertung von Anteilen und Aktien, die Rechte an einem Investmentvermögen i. S. d. Kapitalanlagengesetzbuchs (KAGB) verbriefen (Investmentfondsanteile)

> **LfSt Bayern, Verfügung v. 17.1.2018, S 3102.1.1 – 14/4 St 34, DStR 2018, S. 414**
>
> Investmentfondsanteile (z. B. Anteilscheine) sind Wertpapiere, die Rechte der Anleger (Anteilschein-inhaber) gegen eine Kapitalverwaltungsgesellschaft oder einen sonstigen Fonds (Investmentvermögen) verbriefen (z. B. Anteile an einem Wertpapier- oder Immobilienfonds).
>
> Diese sind grds. gem. § 11 Abs. 4 BewG mit dem Rücknahmepreis zu bewerten.
>
> Abweichend davon sind Investmentfondsanteile nach § 11 Abs. 1 BewG mit dem Kurswert zu bewerten, wenn für diese am Bewertungsstichtag eine Börsennotierung vorliegt.
>
> **Norm:** § 11 Abs. 1 und Abs. 4 BewG

5.14 Schenkungen unter Beteiligungen von Kapitalgesellschaften oder Genossenschaften

> **Oberste Finanzbehörden der Länder, gleich lautende Erlasse v. 20.4.2018, DStR 2018, S. 1178**
>
> Der gleichlautende Ländererlass behandelt die Rechtsbeziehungen zwischen Kapitalgesellschaften oder Genossenschaften und ihren Gesellschaftern oder nahestehenden Personen und Leistungen zwischen Kapitalgesellschaften unter schenkungsteuerrechtlichen Gesichtspunkten.
>
> **Norm:** § 7 Abs. 1 Nr. 1 und Abs. 7 sowie Abs. 8 ErbStG

Die wichtigsten Punkte des gleichlautenden Ländererlasses werden nachstehend zusammengefasst dargestellt:

1. Überblick

Zunächst wird unter Bezugnahme auf die Rspr. des BFH klargestellt, dass es im Verhältnis einer Kapitalgesellschaft zu ihren Gesellschaftern neben betrieblich veranlassten Rechtsbeziehungen lediglich offene und verdeckte Gewinnausschüttungen sowie Kapitalrückzahlungen, aber keine nach § 7 Abs. 1 Nr. 1 ErbStG freigebigen Zuwendungen gibt. Allerdings können Leistungen **an** Kapitalgesellschaften eine Steuerbarkeit nach § 7 Abs. 8 ErbStG für Erwerbe begründen, für die die Steuer nach dem 13.12.2011 entsteht.

Für die Steuerbarkeit nach § 7 Abs. 8 S. 1 ErbStG reicht die bloße Werterhöhung von Anteilen an einer Kapitalgesellschaft aus, um einen gem. § 7 Abs. 8 S. 1 ErbStG schenkungsteuerbaren Vorgang auslösen zu können. VGA und verdeckte Einlagen zwischen verbundenen Körperschaften stellen jedoch keine freigebigen Zuwendungen dar (§ 7 Abs. 8 S. 2 ErbStG).

§ 7 Abs. 8 S. 1 ErbStG ist vorrangig vor § 7 Abs. 1 Nr. 1 ErbStG, sodass Erwerbe, die die Tatbestandsvoraussetzungen beider vorgenannter Normen erfüllen, ausschließlich nach § 7 Abs. 8 S. 1 ErbStG zu behandeln sind. Demgegenüber ist § 7 Abs. 7 ErbStG als speziellere Norm vorrangig vor § 7 Abs. 8 S. 1 ErbStG anzuwenden.

2. Allgemeine Grundsätze zur Schenkung bei Einlagen und Gewinnausschüttungen

Offene oder verdeckte Einlagen eines Gesellschafters in eine Kapitalgesellschaft, die Werterhöhung des gemeinen Werts der Anteile an der Kapitalgesellschaft zur Folge haben, stellen grds. keine steuerbare Zuwendung i. S. d. § 7 Abs. 1 Nr. 1 ErbStG an die Kapitalgesellschaft oder die übrigen Gesellschafter dar. Es kann sich jedoch eine Steuerbarkeit gem. § 7 Abs. 8 S. 1 ErbStG ergeben.

Besteht dagegen zwischen der Einlage eines Gesellschafters und einer offenen oder verdeckten Gewinnausschüttung ein zeitlicher Zusammenhang, ist regelmäßig von einer – durch die Kapitalgesellschaft weitergeleiteten – Zuwendung des Einlegenden an den Ausschüttungsbegünstigten auszugehen.

Weiter wird auf die Fälle der Neugründung einer Kapitalgesellschaft mit Stammeinlagen ohne gleichwertige Kapitalbeteiligung, den Erwerb neuer Anteile durch Kapitalerhöhung gegen Einlage, die den Wert der Anteile übersteigt bzw. unterschreitet, die freiwillige Übernahme eines Gesellschafters einer Einlageverpflichtung eines Mitgesellschafters und Vermächtnisse zugunsten einer Kapitalgesellschaft, deren (mittelbarer) Alleingesellschafter der Erblasser war, eingegangen. In den genannten Fällen kommt i. d. R. eine Steuerbarkeit nach § 7 Abs. 1 Nr. 1 ErbStG oder nach § 7 Abs. 8 S. 1 ErbStG in Betracht.

Bei nicht verhältniswahrenden Verschmelzungen von Kapitalgesellschaften liegen unmittelbar Zuwendungen der Gesellschafter der übernehmenden Gesellschaft an die Gesellschafter der übertragenden Gesellschaft i. S. d. § 7 Abs. 1 Nr. 1 ErbStG vor, wenn der Wert der anlässlich der Verschmelzung gewährten Anteile an der übernehmenden Gesellschaft den Wert der Anteile an der übertragenden Gesellschaft übersteigt. Im umgekehrten Fall (Wert der erhaltenen Anteile unterschreitet den Wert der Anteile an der übertragenden Gesellschaft) liegt dagegen keine freigebige Zuwendung i. S. d. § 7 Abs. 1 Nr. 1 ErbStG vor, jedoch ist die Steuerbarkeit nach § 7 Abs.8 S. 1 ErbStG zu prüfen.

Freigebige Zuwendungen i. S. d. § 7 Abs. 1 Nr. 1 ErbStG können schließlich auch im Verzicht auf Bezugsrechte anlässlich von Kapitalerhöhungen sowie bei Erwerb der Anteile durch die Kapitalgesellschaft durch Abfindung unter dem gemeinen Wert der Anteile vorliegen. Dagegen ist der Verkauf der Anteile an die Gesellschaft zu einem zu niedrigen Preis weder nach § 7 Abs. 1 Nr. 1 noch nach § 7 Abs. 7 S. 1 ErbStG, kann jedoch nach § 7 Abs. 8 S. 1 ErbStG steuerbar sein. Die Einziehung von Anteilen an einer Kapitalgesellschaft gegen eine unter dem gemeinen Wert liegende Abfindung ist gem. § 7 Abs. 7 S. 2 ErbStG steuerbar.

Bei einer vGA der Kapitalgesellschaft, die zu einem Vermögensvorteil des Gesellschafters führt, liegt **keine** freigebige Zuwendung im Verhältnis der Kapitalgesellschaft zum Gesellschafter vor.

Zahlt eine Kapitalgesellschaft auf Veranlassung eines Gesellschafters einer dieser nahestehenden Person, die nicht Gesellschafter ist, überhöhte Vergütungen, liegt regelmäßig keine freigebige Zuwendung der Gesellschaft an die nahestehende Person vor. Dies gilt auch, wenn auf Veranlassung eines Gesellschafters eine dieser nahestehenden Person an die Kapitalgesellschaft für eine erbrachte Leistung der Kapitalgesellschaft eine zu geringe oder keine Vergütung zahlt. Hierbei handelt es sich regelmäßig um vGA an den Gesellschafter. In diesen Fällen liegt regelmäßig eine freigebige Zuwendung i. S. d § 7 Abs. 1 Nr. 1 ErbStG zwischen dem

Gesellschafter und der nahestehenden Person vor. Ausnahmsweise liegt keine freigebige Zuwendung zwischen dem Gesellschafter und der nahestehenden Person vor, wenn nach der Ausgestaltung der zwischen ihnen bestehenden Rechtsbeziehung eine Gegenleistung für die überhöhte, zu geringe oder fehlende Vergütung vorliegt.

In den vorgenannten Fällen der vGA an Gesellschafter bzw. diesen nahestehenden Personen kommt bei Vorliegen der Voraussetzungen ein Erlöschen der Schenkungsteuer gem. § 29 Abs. 1 Nr. 1 ErbStG in Betracht.

3. Leistungen an eine Kapitalgesellschaft (§ 7 Abs. 8 S. 1 ErbStG)

§ 7 Abs. 8 S. 1 ErbStG besteuert im Wege einer Fiktion die Werterhöhung von Anteilen an einer Kapitalgesellschaft, sofern die Werterhöhung auf einer Leistung die Kapitalgesellschaft beruht.

Der Leistende (Zuwendende) kann eine natürliche Person oder eine juristische Person, z. B. auch eine Kapitalgesellschaft, sein; Leistungen einer Personengesellschaft sind den hinter der Personengesellschaft stehenden Gesellschaftern zuzurechnen. Auch Leistungen gesellschaftsfremder Dritter an die Kapitalgesellschaft können den Tatbestand des § 7 Abs. 8 S. 1 ErbStG erfüllen. Sofern die Leistung auf eine unmittelbare Bereicherung der Kapitalgesellschaft abzielt, liegt stattdessen eine steuerbare Zuwendung i. S. d. § 7 Abs. 1 Nr. 1 ErbStG an die Kapitalgesellschaft selbst vor. „Beschenkte" i. S. v. § 7 Abs. 8 S. 1 ErbStG können dagegen nur natürliche Personen oder Stiftungen sein.

Ob eine Leistung i. S. d. § 7 Abs. 8 S. 1 ErbStG vorliegt, ist im Rahmen einer Gesamtbetrachtung festzustellen, wobei nicht nur Leistungen der anderen Gesellschafter, sondern auch solche zwischen den Gesellschaftern untereinander bzw. gegenüber dem die Leistung erbringenden, gesellschaftsfremden Dritten zu berücksichtigen sind. Eine gem. § 7 Abs. 8 S. 1 ErbStG vorausgesetzte Werterhöhung kann auch durch Zusatzabreden zwischen der Gesellschaft, dem Einlegenden und den übrigen Gesellschaftern ausgeschlossen sein.

Die Bereicherung richtet sich nach der Erhöhung des gemeinen Werts der Anteile an der Kapitalgesellschaft, nicht nach dem Wert der Leistung des Zuwendenden, ist jedoch auf den Wert der Leistung begrenzt, da die Werterhöhung durch die Leistung kausal veranlasst sein muss.

Bei mehrstufigen Strukturen ist auf die Werterhöhung in den Anteilen an der die Leistung empfangenden Kapitalgesellschaft, nicht auf eine Werterhöhung auf darüber liegenden Gesellschaftsebenen abzustellen.

Da in den Fällen des § 7 Abs. 8 S. 1 ErbStG die bloße Werterhöhung, nicht jedoch der Erwerb der Anteile der Besteuerung unterworfen wird, kommen die Steuerbegünstigungen nach §§ 13, 13c oder 28a ErbStG nicht in Betracht.

4. Leistungen zwischen Kapitalgesellschaften (§ 7 Abs. 8 S. 2 ErbStG)

§ 7 Abs. 8 S. 2 ErbStG erfordert zusätzlich die Absicht zur Bereicherung und begründet keine über § 7 Abs. 8 S. 1 ErbStG hinausgehende Steuerbarkeit. Die Norm ist daher nur insoweit anwendbar, wie an der leistenden und der begünstigten Kapitalgesellschaft unmittelbar oder mittelbar nicht dieselben natürlichen Personen oder Stiftungen im gleichen Beteiligungsverhältnis beteiligt sind.

5. Entsprechende Anwendung bei Genossenschaften (§ 7 Abs. 8 S. 3 ErbStG)

Die vorstehenden Grundsätze gelten für Genossenschaften entsprechend.

6. Steuerklasse bei Zuwendungen von Kapitalgesellschaften und Genossenschaften (§ 15 Abs. 4 ErbStG)

Gem. § 15 Abs. 4 ErbStG ist bei einer Schenkung durch eine Kapitalgesellschaft oder Genossenschaft das persönliche Verhältnis des Erwerbers zu derjenigen unmittelbar oder mittelbar an der beteiligten natürlichen Person oder Stiftung) zugrunde zu legen, durch die sie veranlasst war. Dies gilt auch in den Fällen des § 7 Abs. 8 ErbStG, in denen eine Kapitalgesellschaft die Leistung erbracht hat, die zur Werterhöhung der Anteile geführt hat.

Praxishinweis

Im Vergleich zu dem gleichlautenden Ländererlass v. 14.3.2012 hat die Finanzverwaltung insb. ihre Rechtsauffassung zu Leistungen von Kapitalgesellschaften an Gesellschafter oder an nahestehende Personen an die Rspr. des BFH[171] angepasst und aufgenommen, dass es im Verhältnis einer Kapitalgesellschaft zu ihren Gesellschaftern neben betrieblich veranlassten Rechtsbeziehungen lediglich offene und verdeckte Gewinnausschüttungen sowie Kapitalrückzahlungen, aber keine nach § 7 Abs. 1 Nr. 1 ErbStG freigebigen Zuwendungen geben kann. Damit liegt im Verhältnis der Kapitalgesellschaft zum Gesellschafter keine freigebige Zuwendung bei einer vGA der Kapitalgesellschaft vor, die zu einem Vermögensvorteil des Gesellschafters führt. Nach der geänderten Rspr. des BFH geht die Finanzverwaltung bei Fällen der Zuwendung eines Vorteils durch eine Kapitalgesellschaft an eine dem Gesellschafter nahestehende Person wieder regelmäßig von einer freigebigen Zuwendung i. S. d. § 7 Abs. 1 Nr. 1 ErbStG durch den Gesellschafter an die nahestehende Person aus.

Literaturhinweis: *Kotzenberg/Lorenz*, DStR 2018, S. 1346

---

[171] BFH, Urteil v. 13.9.2017, II R 32/16, DStRE 2018, S. 227; BFH, Urteil v. 13.9.2017, II R 42/16, DStR 2018, S. 185; BFH, Urteil v. 13.9.2017, II R 54/15, DStRE 2018, S. 224.

5.15 Einordnung von Wertpapieren im Rahmen von Umschichtungen als junges Verwaltungsvermögen

> **OFD Frankfurt am Main, Verfügung v. 24.8.2018, S 3812b A – 17 – St 115; DB 2018, S. 2336**
>
> Strittig ist, ob Wertpapiere als junges Verwaltungsvermögen nach § 13b Abs. 2 S. 3 ErbStG a. F. zu qualifizieren sind. Mit Gerichtsbescheiden vom 7.5.2018 hat das FG München (10 K 468/17[172] und 10 K 470/17[173]) entschieden, dass zum jungen Verwaltungsvermögen nicht nur das innerhalb des Zweijahreszeitraums eingelegte Verwaltungsvermögen, sondern auch das innerhalb dieses Zeitraums in einem bestehenden Wertpapierdepot umgeschichtete oder zugekaufte Verwaltungsvermögen (sog. Umschichtungsfälle) gehört.
>
> Gegen die o. g. Gerichtsentscheide wurde Revision eingelegt. Die Verfahren werden beim BFH unter den Aktenzeichen II R 21/18 und II R 18/18 geführt.
>
> Zu der gleichen Frage sind im Hinblick auf die Entscheidung des FG Münster (Urteil v. 30. 11.2017[174]) und des FG Rheinland-Pfalz (Urteil v. 14.3.2018[175]) zwei weitere Revisionsverfahren (II R 8/18 bzw. II R 13/18) anhängig.
>
> In Fällen, in denen sich Einspruchsführer auf diese BFH-Verfahren berufen, ruhen die Verfahren nach § 363 Abs. 2 S. 2 AO kraft Gesetzes.
>
> **Norm:** § 13b Abs. 2 S. 3 ErbStG a. F.

Bei den beiden Gerichtsbescheiden handelt es sich um zwei Parallelentscheidungen des Gerichts.

Die Gerichtsbescheide betrafen geänderte Bescheide über die gesonderte Feststellung des Werts des Anteils am Betriebsvermögen nach einer Betriebsprüfung. Zum Betriebsvermögen gehörte vorliegend ein Wertpapierdepot. Der Betriebsprüfer verwies hinsichtlich der Qualifizierung als junges Verwaltungsvermögen auf R E 13b.19 Abs. 1 S. 2 ErbStR.

Das FG hat die Verwaltungsauffassung bestätigt. Für das Verwaltungsvermögen i. S. d. § 13b Abs. 2 S. 2 Nr. 4 a ErbStG a. F. wurde entgegen der in der Literatur überwiegend vertretenen Ansicht eine Qualifizierung als junges Verwaltungsvermögen i. S. d. § 13b Abs. 2 S. 3 ErbStG a. F. bekräftigt.

Die geäußerte Rechtsauffassung gilt für altes und neues Recht, da sich die Voraussetzungen für junges Verwaltungsvermögen durch die neuen Verschonungsregelungen nicht geändert haben.

Die aufgeführten FG-Entscheidungen werden im vorliegenden Werk unter C.5.12 zusammengefasst dargestellt.

---

[172] FG München, Gerichtsbescheid v. 7.5.2018, 10 K 468/17; BeckRS 2018, S. 12941; vgl. im vorliegenden Werk C.5.12.
[173] FG München, Gerichtsbescheid v. 7.5.2018, 10 K 470/17; BeckRS 2018, S. 12939; vgl. im vorliegenden Werk C.5.12.
[174] FG Münster, Urteil v. 30.11.2017, 3 K 2867/15 Erb; BeckRS 2017, S. 140926; vgl. im vorliegenden Werk C.5.12.
[175] FG Rheinland-Pfalz, Urteil v. 14.3.2018, 2 K 1056/15; BeckRS 2018, S. 11405; vgl. im vorliegenden Werk C.5.12.

Praxishinweis

Es bleibt abzuwarten, wie der BFH in dieser umstrittenen Rechtsfrage entscheiden wird. Bereits ergangene Feststellungs- bzw. Steuerbescheide, in denen junges Verwaltungsvermögen, insb. aus der Umschichtung von betrieblichen Wertpapierbeständen enthalten ist, sollten daher möglichst offen gehalten werden.

Eine differenzierte Betrachtung erfolgt im vorliegenden Werk unter C.5.12.

C Überblick über die Rechtsprechung 2018

1 Im Bereich der Einkommensteuer

1.1 Entscheidungen zur Gewinn- und Einkunftsermittlung (§§ 2 bis 12 EStG)

1.1.1 Steuerfreie Beitragserstattung durch berufsständische Versorgungseinrichtung

> **BFH, Urteil v. 10.10.2017[176], X R 3/17, DB 2018, S. 423;**
> **Vorinstanz: FG Rheinland-Pfalz, Urteil v. 13.12.2016, 3 K 1266/15, EFG 2017, S. 283**
>
> **Die Erstattung von Pflichtbeiträgen zu einer berufsständischen Versorgungseinrichtung ist auch vor Ablauf einer Wartefrist von 24 Monaten nach dem Ende der Beitragspflicht gem. § 3 Nr. 3 Buchst. c EStG steuerfrei.**
>
> **Normen:** §§ 3 Nr. 3 Buchst. c, 10 Abs. 4b S. 2 und S. 3 EStG

Sachverhalt

Im Streitfall hatte der Kläger als angestellter Rechtsanwalt Pflichtbeiträge zu einem berufsständischen Versorgungswerk geleistet. Nach seinem Ausscheiden aus der Anwaltschaft – er wurde Beamter und damit versicherungsfrei – wurden ihm antragsgemäß 90 % seiner Pflichtbeiträge erstattet. Das FA unterwarf die Beitragsrückerstattung entsprechend Rz. 205 des BMF-Schreibens vom 19.8.2013[177] der Besteuerung, da zwischen dem Ende der Beitragspflicht und der Erstattung keine 24 Monate vergangen seien.

Entscheidung

Dem folgte der BFH nicht. Eine Beitragsrückgewähr aus berufsständischen Versorgungseinrichtungen sei nicht von der Einhaltung einer Wartefrist zwischen dem Ende der Beitragspflicht und der Erstattung abhängig. Eine Verrechnung der Erstattungsleistung mit im Streitjahr geleisteten Sonderausgaben kam zudem nicht in Betracht. § 10 Abs. 4b S. 2 EStG beschränkt die Sonderausgabenverrechnung auf die „jeweilige Nummer" und der Kläger machte nach seinem Wechsel in das Beamtenverhältnis nur noch Krankenversicherungsbeiträge nach § 10 Abs. 1 Nr. 3 EStG geltend, nicht jedoch Vorsorgeaufwendungen i. S. v. § 10 Abs. 1 Nr. 2 EStG.

Da sich der Rechtsstreit nur auf den VZ 2013 bezog, musste der BFH die Frage offenlassen, ob die Beitragsrückerstattung zu einer Kürzung des Sonderausgabenabzugs in den Jahren führt, in denen der Kläger Pflichtbeiträge zum berufsständischen Versorgungswerk geleistet hat.

---

[176] Erst in 2018 veröffentlicht; vgl. auch BFH, PM Nr. 9 v. 21.2.2018.
[177] BMF, Schreiben v. 19.8.2013, IV C 3 – S 2221/12/10010:004, BStBl I 2013, S. 1087.

1.1.2 Grundstückstausch – Ermittlung der Anschaffungskosten bei Grundstücksentnahme

> BFH, Urteil v. 6.12.2017[178], VI R 68/15, DB 2018, S. 739;
> Vorinstanz: FG Rheinland-Pfalz, Urteil v. 14.5.2014, 2 K 1454/13, EFG 2015, S. 1685
>
> **Wird ein Grundstück aus dem Betriebsvermögen entnommen, ist bei einer Gewinnermittlung nach § 4 Abs. 3 EStG der Entnahmegewinn durch Abzug der Anschaffungskosten vom Entnahmewert (Teilwert) des Grundstücks zu ermitteln. Dies gilt auch dann, wenn es vor Jahren im Wege der Tauschs gegen ein anderes betriebliches Grundstück erworben, der hierbei erzielte Veräußerungsgewinn seinerzeit aber nicht erklärt wurde.**
>
> **Der Steuerpflichtige ist in diesem Fall nicht so zu stellen, als habe er bei dem Grundstückstausch von seinem Wahlrecht nach § 6c i. V. m. § 6b EStG Gebrauch gemacht.**
>
> **Normen:** §§ 4 Abs. 1 S. 2 und Abs. 3 S. 4, 6 Abs. 1 Nr. 4 S. 1 und Abs. 6 S. 1, 6b, 6c, 7, 55 EStG

Sachverhalt

Im Urteilsfall stritten die Beteiligten über die Höhe eines Entnahmegewinns. Kläger ist der Alleinerbe seiner im Jahr 2010 verstorbenen Ehefrau. Diese hatte bis zu ihrem Tod aus der Verpachtung landwirtschaftlicher Flächen sowie einer in geringem Umfang betriebenen Eigenbewirtschaftung Einkünfte aus Land- und Forstwirtschaft erzielt, die sie nach § 4 Abs. 3 EStG ermittelte. Die Verstorbene war seit Anfang der sechziger Jahre Alleineigentümerin verschiedener Ackerflächen in der Gemarkung N gewesen. Nach deren Einbringung in ein im Jahr 1972 durchgeführtes Umlegungsverfahren gingen hieraus u. a. die Flurstücke A (Ackerland) sowie B (Bauplatz) hervor. Die Ackerfläche A wurde im Jahr 1984 aufgeteilt in die Flurstücke C (Streifen von 120 qm) sowie D (Weingarten von 1.895 qm). Mit notariellem Vertrag aus Januar 1984 tauschte die Eigentümerin den Bauplatz sowie das Grundstück C gegen die Flurstücke F (Ackerland, später Bauplatz von 556 qm) sowie G (Weingarten von 1.023 qm). Dabei gingen die Beteiligten des Grundstückstauschs von einem Wert der Tauschobjekte i. H. v. 50.000 DM aus. Die Ehefrau erklärte weder im Wirtschaftsjahr 1983/1984 noch in einem späteren Wirtschaftsjahr einen Gewinn aus dem Grundstückstausch. Im August 2008 übertrug sie die Grundstücke D und F unentgeltlich ihrem Sohn.

Das FA sah darin eine Entnahme. Die Übertragung des Weinbergs ließ das Amt erklärungsgemäß unberücksichtigt, weil sich hieraus ein nach § 55 Abs. 6 EStG nicht abzugsfähiger Entnahmeverlust ergab. Den Wert des Bauplatzes ermittelte es im Einspruchsverfahren zuletzt mit 108.225 € (555 qm x 195 €), wovon es einen nach § 55 EStG ermittelten Buchwert zum 1.1.1970 von 963 € abzog. Diesen Wert hatte es anteilig aus der Summe der Buchwerte nach § 55 EStG der im Tauschvertrag hingegebenen Flurstücke errechnet. Den sich hieraus ergebenden Entnahmegewinn i. H. v. 107.262 € berücksichtigte die Finanzverwaltung dabei gem. § 4a Abs. 2 Nr. 1 EStG je zur Hälfte in den ESt-Bescheiden 2008 und 2009 (Streitjahre). Die hiergegen gerichtete Klage wies das FG ab. Zu Unrecht, wie der BFH entschied.

---

[178] Erst in 2018 veröffentlicht.

Entscheidung

Nach Auffassung der obersten Finanzrichter hat das FG rechtsfehlerhaft die tatsächlichen Anschaffungskosten des Flurstücks F nicht ermittelt und seiner Entscheidung damit einen unzutreffenden Entnahmegewinn zugrunde gelegt. Von dem Teilwert des entnommenen Wirtschaftsguts sind – so der BFH – bei einer Gewinnermittlung nach § 4 Abs. 3 EStG die Anschaffungskosten für den Grund und Boden im Zeitpunkt der Entnahme als Betriebsausgaben abzuziehen. Da die Mutter das ihrem Sohn übertragene Grundstück im Wege des Tauschs erworben hat, bemessen sich die Anschaffungskosten nach dem gemeinen Wert der hingegebenen Wirtschaftsgüter. Diese jetzt in § 6 Abs. 6 S. 1 EStG enthaltene Regelung galt auch schon vor Einführung des § 6 Abs. 6 EStG. Da die Frau im Gegenzug für den Erwerb der Grundstücke F und G die betrieblichen Flurstücke B und C übereignen musste, betrugen demnach die Anschaffungskosten für die beiden erworbenen Grundstücke die Summe der gemeinen Werte der hingegebenen Grundstücke.

Die Beteiligten selbst haben in der Urkunde keinen Aufteilungsmaßstab festgelegt, sodass der gemeine Wert der beiden hingegebenen Grundstücke nach dem Verhältnis der gemeinen Werte der erworbenen Grundstücke aufzuteilen ist. Das FG hat abweichend hiervon vom Entnahmewert nur die anteiligen Anschaffungskosten der im Wege des Tauschs veräußerten Flurstücke B und C abgezogen und dies damit begründet, die Ermittlung des gemeinen Werts der hingegebenen Grundstücke sei entbehrlich, weil der Kläger so zu stellen sei, als habe die Ehefrau den aus dem Grundstückstausch erzielten Veräußerungsgewinn neutralisiert. Nach Ansicht des VI. Senats hält diese Rechtsauffassung einer revisionsrechtlichen Prüfung jedoch nicht stand.

§ 6b EStG räumt Steuerpflichtigen, die ihren Gewinn nach § 4 Abs. 1 EStG oder § 5 EStG ermitteln, hinsichtlich der Übertragung stiller Reserven Wahlrechte ein. Der Steuerpflichtige kann stille Reserven unter den in § 6b EStG näher beschriebenen Voraussetzungen übertragen oder in eine Rücklage stellen, er muss es aber nicht. Im Streitfall wies die Ehefrau im Wirtschaftsjahr 1983/1984 weder einen Gewinn aus dem Grundstückstausch aus, noch hat sie die Anschaffungskosten der erworbenen Flurstücke durch Ansatz einer Betriebsausgabe in nämlicher Höhe gemindert. Somit hat sie ihr Wahlrecht nach § 6c Abs. 1 S. 1 i. V. m. § 6b Abs. 1 EStG nicht ausgeübt.

Der Steuerpflichtige ist nach Ansicht der BFH-Richter in diesem Fall auch nicht so zu stellen, als habe er bei dem Grundstückstausch von seinem Wahlrecht nach den einschlägigen Vorschriften im EStG Gebrauch gemacht. Aus dem BFH-Urteil vom 14.12.1999[179] könne überdies kein allgemeiner Grundsatz abgeleitet werden, dass Steuerpflichtige, die in ihrer ESt-Erklärung aufgedeckte stille Reserven aus einer Veräußerung oder Entnahme nicht erklärt haben, hinsichtlich weiterer Geschäftsvorfälle so zu stellen sind, als habe es die Gewinnrealisierung nicht gegeben.

Da der Senat mangels hinreichender Feststellungen des FG in der Sache selbst nicht entscheiden konnte, hob er das angefochtene Urteil auf und verwies die Sache an die Vorinstanz zurück. Das FG hat nun im zweiten Rechtsgang Gelegenheit, Feststellungen zu den Anschaffungskosten des streitbefangenen Flurstücks zu treffen.

Literaturhinweis: *Penner/Rennar*, nwb 2018, S. 990

---

[179] BFH, Urteil v. 14.12.1999, IX R 62/96, BStBl II 2000, S. 656.

1.1.3 Abzugsverbot für Schuldzinsen – Begrenzung auf Entnahmenüberschuss

> **BFH, Urteil v. 14.3.2018[180], X R 17/16, BStBl II 2018, S. 744;**
> **Vorinstanz: FG München, Außensenate Augsburg, Urteil v. 17.12.2015, 15 K 1238/14, EFG 2017, S. 456**
>
> **Für die Berechnung der Überentnahme nach § 4 Abs. 4a S. 2 EStG ist zunächst vom einkommensteuerrechtlichen Gewinn auszugehen. Dieser Begriff umfasst auch Verluste.**
>
> **Verluste führen für sich genommen nicht zu Überentnahmen. Die Bemessungsgrundlage für die nicht abziehbaren Schuldzinsen ist im Wege teleologischer Reduktion zu begrenzen.**
>
> **Die Bemessungsgrundlage für die nicht abziehbaren Schuldzinsen ist begrenzt auf den Entnahmenüberschuss des Zeitraums von 1999 bis zum aktuellen Wirtschaftsjahr.**
>
> **Norm:** § 4 Abs. 1 und Abs. 4a EStG

Beim Abzugsverbot für betrieblich veranlasste Schuldzinsen ist die Bemessungsgrundlage auf den periodenübergreifenden Entnahmenüberschuss zu begrenzen. Das hat der BFH entgegen der Auffassung der Finanzverwaltung zu § 4 Abs. 4a EStG entschieden.[181]

Nach § 4 Abs. 4a EStG sind – unter den dort im Einzelnen bezeichneten Voraussetzungen – betrieblich veranlasste Schuldzinsen nicht abziehbar, sondern dem Gewinn hinzuzurechnen, wenn die Entnahmen die Summe aus Gewinn und Einlagen übersteigen und damit sog. Überentnahmen vorliegen. Die Bemessungsgrundlage für das Abzugsverbot ergibt sich aus der Summe von Über- und Unterentnahmen während einer Totalperiode beginnend mit dem ersten Wirtschaftsjahr, das nach dem 31.12.1998 geendet hat, bis zum aktuellen Wirtschaftsjahr. § 4 Abs. 4a EStG beruht auf der gesetzgeberischen Vorstellung, dass der Betriebsinhaber dem Betrieb bei negativem EK nicht mehr Mittel entziehen darf als er erwirtschaftet und eingelegt hat. Damit kommt es zu einer Einschränkung des Schuldzinsenabzugs für den Fall, dass der Steuerpflichtige mehr entnimmt als ihm hierfür an EK zur Verfügung steht.

Die Beschränkung des Schuldzinsenabzugs bei Überentnahmen stellte bei ihrer Einführung zum VZ 1999 eine Antwort des Gesetzgebers auf Steuergestaltung durch Zwei- und Mehrkontenmodelle (Verlagerung privat veranlasster Schuldzinsen in die betriebliche Sphäre) dar. Sie ist nach einhelliger Auffassung im Wortlaut zu weit geraten, weil bei ihrer mechanischen Anwendung bereits ein betrieblicher Verlust ohne jede Entnahme zur teilweisen Versagung des Schuldzinsenabzugs führen könnte.

Sachverhalt

Im Streitfall führte der Kläger einen Kfz-Handel. Er erzielte in den Jahren von 1999 bis 2008 teils Gewinne, teils Verluste, und tätigte Entnahmen und Einlagen in ebenfalls stark schwankender Höhe. Zugleich waren im Betrieb Schuldzinsen angefallen. Das FA und mit ihm das FG versagte in den beiden Streitjahren 2007 und 2008 für einen Teil der Schuldzinsen den Betriebsausgabenabzug, weil Überentnahmen i. S. d. § 4 Abs. 4a EStG vorgelegen hätten. Die Berechnung des FA entsprach den Vorgaben des BMF-Schreibens vom 17.11.2005.[182] Daher

---

[180] Vgl. auch BFH, PM Nr. 39 v. 18.7.2018 sowie das im Wesentlichen inhaltsgleiche Urteil, BFH, Urteil v.14.3.2018, X R 16/16, BFH/NV 2018, S. 939.
[181] BMF, Schreiben v. 17.11.2005, IV B 2 – S 2144 – 50/05, BStBl I 2005, S. 1019, Rz. 11 f.
[182] BMF, Schreiben v. 17.11.2005, IV B 2 – S 2144 – 50/05, BStBl I 2005, S. 1019, Rz. 11 f.

kam es zu einer Verrechnung mit in den Vorjahren unberücksichtigt gebliebenen Verlusten im Wege einer formlosen Verlustfortschreibung.

Entscheidung

Der BFH ist dem nicht gefolgt. Er begrenzt im Wege der teleologischen Reduktion die nach den Überentnahmen ermittelte Bemessungsgrundlage der nicht abziehbaren Schuldzinsen auf den von 1999 bis zum Beurteilungsjahr erzielten Entnahmenüberschuss und damit auf den Überschuss aller Entnahmen über alle Einlagen. So wird sichergestellt, dass ein in der Totalperiode erwirtschafteter Verlust die Bemessungsgrundlage für § 4 Abs. 4a EStG nicht erhöht und damit der Gefahr vorgebeugt, dass ein betrieblicher Verlust ohne jede Entnahme zur teilweisen Versagung des Schuldzinsenabzugs führen kann.

Zudem wird der Verlust des aktuellen Jahres nicht anders bewertet als der Verlust aus Vorjahren. Dies kann für den Steuerpflichtigen in bestimmten Jahren günstiger, in anderen Jahren aber auch nachteiliger sein als der Verrechnungsmodus des BMF. Die Entscheidung ist insb. für Einzelunternehmer und Personengesellschaften im Bereich des Mittelstands von großer Bedeutung. Da es gleichgültig ist, in welchem Jahr innerhalb der Totalperiode Gewinne oder Verluste erzielt sowie Entnahmen oder Einlagen getätigt wurden, ist der Steuerpflichtige zu einer vorausschauenden Planung seiner Entnahmen auch in Gewinnjahren veranlasst, damit diese sich nicht durch spätere Verluste in steuerschädliche Überentnahmen verwandeln.

Im Streitfall hat der BFH der Klage des Steuerpflichtigen entgegen dem FG-Urteil teilweise stattgegeben. Zwar lagen kumulierte Überentnahmen im Zeitraum zwischen 1999 und dem Streitjahr 2007 i. H. v. 696.931 € (zwischen 1999 und dem Streitjahr 2008 i. H. v. 630.908 €) vor. Der Kläger hatte in diesem Zeitraum aber nur insgesamt 391.467 € (zwischen 1999 und dem Streitjahr 2008 419.913 €) mehr entnommen als eingelegt. Da dieser Entnahmenüberschuss die kumulierten Überentnahmen unterschreitet, bildet er die Bemessungsgrundlage für die nach § 4 Abs. 4a EStG nicht abziehbaren Schuldzinsen. Die beim Steuerpflichtigen entstandenen Verluste führen somit nicht zu Überentnahmen i. S. d. § 4 Abs. 4a EStG. Die nicht abziehbaren Schuldzinsen beliefen sich damit im Streitjahr 2007 auf 23.488,02 € (6 % von 391.467 €) und im Streitjahr 2008 auf 25.194,78 € (6 % von 419.913 €).

Praxishinweis

Da der BFH mit dieser Grundsatzentscheidung weder der Vorinstanz noch der Verwaltungsauffassung gefolgt ist, blieb zunächst abzuwarten, ob das BMF sein Schreiben aus November 2005 entsprechend ändert. Das ist am 2.11.2018 geschehen.[183]

Von dem Urteil betroffene Steuerpflichtige, die in der Vergangenheit überhöhte nicht abziehbare Schuldzinsen versteuert haben, sollten prüfen, ob die Gewinnfeststellungen bzw. Steuerfestsetzungen für die Vergangenheit verfahrensrechtlich noch änderbar sind.

Literaturhinweise: *Hallerbach*, nwb 2018, S. 3220; *Korn*, nwb 2018, S. 2374

---

[183] Vgl. hierzu im vorliegenden Werk B.1.1.3.

1.1.4 Bilanzierung von Provisionszahlungen und damit in Zusammenhang stehender Aufwendungen

> **BFH, Urteil v. 26.4.2018, III R 5/16, BStBl II 2018, S. 536;**
> **Vorinstanz: Niedersächsisches FG, Urteil v. 12.1.2016, 13 K 12/15, EFG 2016, S. 1158**
>
> Solange der Provisionsanspruch des Handelsvertreters noch unter der aufschiebenden Bedingung der Ausführung des Geschäfts steht, ist er nicht zu aktivieren. Provisionsvorschüsse sind beim Empfänger als „erhaltene Anzahlungen" zu passivieren.
>
> Aufwendungen, die im wirtschaftlichen Zusammenhang mit den Provisionsvorschüssen stehen, sind nicht als „unfertige Leistung" zu aktivieren, wenn kein Wirtschaftsgut entstanden ist.
>
> **Normen:** §§ 4 Abs. 1, 5 Abs. 1 und Abs. 2 EStG

Sachverhalt

Vor dem BFH war zu klären, ob Aufwendungen eines Reisebüros, die im Zusammenhang mit der Vermittlung von erst im Folgejahr angetretenen Reisen angefallen sind, als unfertige Leistungen zu aktivieren sind. Der Kläger betrieb das Reisebüro als Franchiseunternehmen und erhielt für „alle zur Ausführung gelangten Buchungsgeschäfte" eine Provision, die ursprünglich erst ca. drei Wochen vor dem Reiseantritt des Kunden ausbezahlt wurde. Nach Umstellung des Abrechnungsmodus wurden die Agenturabrechnungen bereits im Monat nach der Festbuchung erstellt und die Provisionen ausgezahlt, sobald die Anzahlung oder der vollständige Reisepreis eingegangen war. Der Kläger buchte die erhaltenen Provisionen zunächst als passive Rechnungsabgrenzung, diese wurde dann zum Reisedatum des Kunden auf das Erlöskonto umgebucht.

Das FA folgte zwar der Ansicht des Klägers, wonach die gezahlten Provisionen für die erst im Folgejahr angetretenen Reisen passiv abzugrenzen seien. Es war aber der Auffassung, dass die Betriebsausgaben, die mit diesen Provisionen im Zusammenhang standen, als unfertige Leistungen zu aktivieren seien. Das FA begründete diese Ansicht damit, dass sämtliche Leistungen des Klägers hinsichtlich der Vermittlung oder des Verkaufs der Reise bereits im Zeitpunkt der Buchung erbracht worden seien, sodass auch die damit zusammenhängenden Aufwendungen bereits entstanden seien. Um diese – ebenso wie den Ertrag aus den Aufwendungen – periodengerecht zuzuordnen, seien die Aufwendungen ebenfalls aktiv abzugrenzen, soweit die Gewinnrealisation erst im Folgejahr eingetreten sei. Die nach erfolglosem Einspruchsverfahren erhobene Klage hatte Erfolg. Der BFH hat die anschließende Revision des FA als unbegründet zurückgewiesen.

Entscheidung

Vor Ausführung des vermittelten Geschäfts handelt es sich um ein schwebendes Geschäft. Ist die Provision bereits vorher gezahlt worden, ist sie – wie vom Kläger erklärt – zum Stichtag passiv abzugrenzen. Dies wurde vom FA nicht beanstandet. Es vertrat jedoch die Auffassung, dass die rechnerisch auf die noch nicht realisierten Provisionen entfallenden Aufwendungen den Gewinn nicht mindern dürften, weil die gewinnmindernde Berücksichtigung der Aufwendungen gegen den Grundsatz der Nichtbilanzierung schwebender Geschäfte verstoße. Das FG hatte der Klage stattgegeben und entschieden, dass zum einen für die geleisteten Anzahlungen auf die Provisionsansprüche keine Gewinne realisiert wurden und dass zweitens die damit verbundenen Aufwendungen nicht als unfertige Leistungen aktiviert werden müssen. Dem pflichtete der BFH im Ergebnis vollumfänglich bei.

Soweit bezüglich der erhaltenen Provisionen noch keine Gewinnrealisierung eingetreten ist, habe das FG zu Recht entschieden, dass die damit im Zusammenhang stehenden Aufwendungen nicht als „unfertige Leistungen" zu aktivieren sind. Der Bilanzposten „unfertige Leistungen" setzt die Eigenschaft als Wirtschaftsgut voraus. Durch die laufenden Betriebsausgaben habe sich kein solches Wirtschaftsgut herausgebildet, das als „unfertige Leistung" zu aktivieren wäre. Selbst wenn für einen erlangten Vorteil die künftigen Erträge ausreichen, fehlt es an der für die Aktivierung als unfertige Leistung erforderlichen Voraussetzung, dass die Aufwendungen dem Kaufmann einen objektiv werthaltigen (greifbaren) Vermögenswert verschaffen.

Die hier streitigen Aufwendungen beurteilt der BFH als laufende Ausgaben, die ihrer Natur nach regelmäßig wiederkehren und sich auch in ihrer Höhe, wenn auch mit gewissen Schwankungen, im Wesentlichen gleichmäßig entwickeln. Darüber hinaus sind die Auswirkungen der einzelnen Betriebsfaktoren (z. B. Miet-/Personalaufwand) auf einen möglicherweise aktivierungsfähigen Vorteil nicht hinreichend objektivierbar. Zudem habe sich aufgrund der getätigten Aufwendungen keine objektiv werthaltige Position für den Betrieb des Klägers gebildet. Die Aufwendungen haben sich vielmehr zu einer endgültigen „wirtschaftlichen Belastung verdichtet", da den Aufwendungen im Falle der Nichtausführung der Reise – worauf das FG zutreffend hingewiesen hat – kein Aufwendungsersatzanspruch nach §§ 670, 677, 683 BGB (vgl. § 87d HGB) gegenübersteht.

Praxishinweis

Vgl. hierzu auch ein beim BFH noch anhängiges Revisionsverfahren, bei dem es um die Frage geht, ob bei einer fehlenden Gewinnrealisierung aufgrund einer für einen Provisionsanspruch vereinbarten aufschiebenden Bedingung die jeweils bis zum Bilanzstichtag angefallenen und den bis dahin erbrachten Vermittlungsleistungen zuordenbaren Aufwendungen als „unfertige Leistungen" zu aktivieren sind.[184]

1.1.5 Abzinsung von Angehörigendarlehen

> **BFH, Urteil v. 13.7.2017[185], VI R 62/15, BStBl II 2018, S. 15;**
> **Vorinstanz: FG München, Urteil v. 26.6.2014, 11 K 877/11, EFG 2015, S. 1084**
>
> **Unverzinsliche (betriebliche) Verbindlichkeiten aus Darlehen, die ein Angehöriger einem Gewerbetreibenden, Selbstständigen oder Land- und Forstwirt gewährt, sind nach § 6 Abs. 1 Nr. 3 EStG abzuzinsen, wenn der Darlehensvertrag unter Heranziehung des Fremdvergleichs steuerrechtlich anzuerkennen ist.**
>
> **Verfassungsrechtliche Bedenken hiergegen bestehen nicht.**
>
> **Normen:** §§ 4 Abs. 1 und Abs. 4, 5 Abs. 1 S. 1 und Abs. 6, 6 Abs. 1 Nr. 3, 9 Abs. 1, 12 Nr. 1 und Nr. 2 EStG

Sachverhalt

Im entschiedenen Fall war streitig, ob Darlehen zwischen Ehegatten gem. § 6 Abs. 1 Nr. 3 EStG den Gewinn erhöhend abzuzinsen sind. Konkret stellte die Ehefrau dem Kläger am 2.1.2006 Geldbeträge, welche sie aus privaten Verkäufen erzielt hatte, für den Gewerbebetrieb und für den land- und forstwirtschaftlichen Betrieb zur Verfügung. In der Bilanz zum

---

[184] Az. XI R 32/16; Vorinstanz: FG Münster, Urteil v. 28.4.2016, 9 K 843/14 K,G,F,Zerl, EFG 2016, S. 1284.
[185] Erst in 2018 veröffentlicht.

30.6.2006 wurde letzterer Betrag als Einlage erfasst. In den Bilanzen des Gewerbebetriebs zum 31.12.2006 und des land- und forstwirtschaftlichen Betriebs für das Wirtschaftsjahr 2006/07 wurden die Geldbeträge demgegenüber als Darlehen ausgewiesen.

Im Zuge weiterer Ermittlungen ergab sich, dass die Darlehensverträge erst im Jahr 2008 schriftlich fixiert wurden, aber bereits bei Hingabe der Beträge am 2.1.2006 eine Darlehensvereinbarung bestanden hatte. Die Ehefrau erklärte, dass es sich bei den Geldzuwendungen nicht um Schenkungen, sondern um ein Darlehen an ihren Mann gehandelt habe. Zwar seien die Geldzuwendungen zunächst als Einlage verbucht worden, im folgenden Wirtschaftsjahr seien jedoch Berichtigungsbuchungen vorgenommen worden. Das FA ging deshalb davon aus, dass die Geldbeträge als Darlehen zur Finanzierung der beiden Betriebe gewährt worden und steuerlich anzuerkennen seien. Wegen der Unverzinslichkeit seien die Darlehen aber gem. § 6 Abs. 1 Nr. 3 EStG mit einem Zinssatz von 5,5 % abzuzinsen. Die nach erfolglosem Vorverfahren erhobene Klage wies das FG ab.

Entscheidung

Dieser Auffassung folgte auch der BFH und wies die anschließende Revision als unbegründet zurück. Die Vorinstanz habe zu Recht darauf erkannt, dass die streitigen Darlehensverbindlichkeiten gewinnerhöhend abzuzinsen seien. Nach § 6 Abs. 1 Nr. 3 EStG sind (betriebliche) Verbindlichkeiten unter sinngemäßer Anwendung des § 6 Abs. 1 Nr. 2 EStG anzusetzen und mit einem Zinssatz von 5,5 % abzuzinsen. Ausgenommen von der Abzinsung sind Verbindlichkeiten, deren Laufzeit am Bilanzstichtag weniger als 12 Monate beträgt, und Verbindlichkeiten, die verzinslich sind oder auf einer Auszahlung oder Vorauszahlung beruhen. Die Verpflichtung zur Abzinsung gilt für Sachleistungs- ebenso wie bei Geldleistungsverpflichtungen.

Eine betriebliche Verbindlichkeit liegt vor, wenn der auslösende Vorgang einen tatsächlichen oder wirtschaftlichen Zusammenhang mit dem Betrieb aufweist. Demgemäß sind Darlehensverbindlichkeiten dem Betriebsvermögen zuzuordnen, wenn die Kreditmittel für betriebliche Zwecke, bspw. zur Anschaffung von Wirtschaftsgütern oder zur Ablösung anderer Betriebsschulden, verwendet werden. Auf die Person des Gläubigers oder seine Beweggründe kommt es nicht an, sodass auch bei einem „Gefälligkeitsdarlehen" unter Verwandten allein der vom Darlehensnehmer mit der Darlehensaufnahme verfolgte Zweck entscheidend ist.

Darlehen, die einem Betriebsinhaber von einem Angehörigen gewährt werden, sind allerdings nicht dem Betriebsvermögen, sondern dem Privatvermögen des Betriebsinhabers zuzuordnen, wenn sie zwar zivilrechtlich, aber unter Heranziehung des Fremdvergleichs steuerrechtlich nicht anzuerkennen sind. Daraus folgt nicht nur, dass Zinsen hierfür nicht als Betriebsausgaben abzugsfähig sind, sondern auch, dass die Darlehensvaluta selbst dem Privatvermögen des Betriebsinhabers zuzuordnen ist. Wenn und soweit der Darlehensbetrag dem betrieblichen Konto gutgeschrieben wird, ist dieser in der Bilanz daher zwingend als Einlage zu erfassen. Eine Abzinsung scheidet in diesem Fall notwendigerweise aus.

Maßgebend für die Beurteilung, ob Verträge zwischen nahen Angehörigen durch die Einkunftserzielung veranlasst oder aber durch private Zuwendungsüberlegungen motiviert sind, ist seit der Neuausrichtung der höchstrichterlichen Rspr. im Anschluss an den Beschluss des BVerfG vom 7.11.1995[186] die Gesamtheit der objektiven Gegebenheiten. Zwar ist weiterhin Voraussetzung, dass die vertraglichen Hauptpflichten klar und eindeutig vereinbart sowie entsprechend dem Vereinbarten durchgeführt werden. Jedoch schließt nicht mehr jede Abweichung einzelner Sachverhaltsmerkmale vom Üblichen die steuerrechtliche Anerkennung des Vertragsverhältnisses aus. Von wesentlicher Bedeutung ist, ob die Vertragschancen und -risiken in fremdüberlicher Weise verteilt sind.

---

[186] BVerfG, Beschluss v. 7.11.1995, 2 BvR 802/90, BStBl II 1996, S. 34, hier unter B.1.2. im Urteilstext.

Der Abzinsungsbetrag kann auch nicht durch Buchung einer Einlage neutralisiert werden. Zwar ist die Zinslosigkeit des Darlehens außerbetrieblich motiviert, bloße Nutzungsvorteile sind jedoch nicht einlagefähig. Ebenso scheidet die Bildung eines passiven Rechnungsabgrenzungspostens aus, denn der fiktive Zinsertrag stellt „kein vorab vereinnahmtes Entgelt" i. S. d. § 5 Abs. 5 S. 1 Nr. 2 EStG dar.

Praxishinweis

Gegen das Urteil des BFH wurde inzwischen Verfassungsbeschwerde eingelegt.[187]

Beim BFH ist noch ein Revisionsverfahren zu der Frage anhängig, ob innerhalb von entfernten Familien- und Verwandtenverhältnissen gewährte langfristige Darlehen aus zunächst zinslos abgeschlossenen Darlehensverträgen, die nach Beanstandungen durch die Betriebsprüfung einvernehmlich aufgehoben und rückwirkend durch neue Verträge über verzinste Darlehen ersetzt wurden, gem. § 6 Abs. 1 Nr. 3 EStG abzuzinsen sind. In dem Streitfall geht es zudem um die Frage, ob die Vorschrift – insb. seit der nunmehr seit Jahren andauernden Niedrigzinsphase – verfassungswidrig ist.[188]

Literaturhinweise: *Ahrensfeld/Hilbert*, nwb 2018, S. 731; *Werth*, DB 2018, S. 3028

1.1.6 Wertaufholung einer GmbH-Beteiligung mindert steuerneutrale Gewinnübertragung

> **BFH, Urteil v. 9.11.2017[189], IV R 19/14, BStBl II 2018, S. 575;**
> **Vorinstanz: Niedersächsisches FG, Urteil v. 1.4.2014, 13 K 315/120, EFG 2014, S. 1463**
>
> **Der BFH hat entschieden, dass die Übertragung eines (Veräußerungs-)Gewinns nach § 6b EStG auch im Rahmen der Veräußerung eines begünstigten Wirtschaftsguts an eine Schwesterpersonengesellschaft möglich ist. Er hat aber auch klargestellt, dass der im Streitfall für eine steuerneutrale Übertragung nach § 6b EStG zur Verfügung stehende Gewinn aus der Veräußerung der Beteiligung an einer GmbH um den Betrag einer Wertaufholung für eine früher vorgenommene Teilwertabschreibung zu mindern ist.**
>
> **Normen:** §§ 3 Nr. 40 Buchst. a S. 2, 6 Abs. 1 Nr. 1 S. 4 und Nr. 2 S. 3, 6b Abs. 2 und Abs. 10 S. 4, 16 Abs. 1 S. 1 Nr. 1 S. 2 und Abs. 2 EStG

Sachverhalt

Streitig war, ob im Jahr 2006 eine Wertaufholung für eine Teilwert-AfA, die im Jahr 1996 auf eine Beteiligung an einer Kapitalgesellschaft erfolgte, vorzunehmen ist. Die Klägerin (eine KG) war an einer GmbH beteiligt und hatte in 1996 wegen der Verlustsituation der GmbH eine Teilwert-AfA auf ihre Beteiligung vorgenommen. Nachfolgend wurden weitere Anteile an der GmbH erworben, diese zusammengelegt, das Kapital herabgesetzt und später wieder erhöht. In 2006 veräußerte die Klägerin ihre Beteiligung an eine weitere KG. Der auf deren Kommanditisten entfallende anteilige Veräußerungsgewinn sollte nun nach § 6b EStG auf dessen Anschaffungskosten der Anteile an der GmbH steuerneutral übertragen werden. Das FA minderte

---
[187] Az. 2 BvR 2706/17.
[188] Az. X R 19/17; Vorinstanz: FG Köln, Urteil v. 1.9.2016, 12 K 3383/14, EFG 2017, S. 1412.
[189] Erst in 2018 veröffentlicht.

diesen Gewinn um den Betrag der vorzunehmenden Wertaufholung. Der BFH schloss sich dieser Auffassung an

Entscheidung

Nach § 6 Abs. 1 Nr. 2 S. 1 EStG ist eine zu einem Betriebsvermögen gehörende Beteiligung grds. mit den Anschaffungskosten zu bewerten, es sei denn, der Steuerpflichtige weist nach, dass ein niedrigerer Teilwert angesetzt werden kann. Teilwert-AfA aus den Vorjahren sind also durch eine Zuschreibung bis zur Obergrenze der Anschaffungskosten rückgängig zu machen, soweit nicht der Steuerpflichtige auch im jeweiligen Folgejahr einen niedrigeren Teilwert am Bilanzstichtag nachweisen kann. Das Wertaufholungsgebot des § 6 Abs. 1 Nr. 2 S. 3 i. V. m. Nr. 1 S. 4 EStG erstreckt sich dabei auch auf Teilwert-AfA, die bereits vor Inkrafttreten der Regelung am 1.1.1999 vorgenommen worden sind

Veräußert eine Personengesellschaft ein Wirtschaftsgut des Gesamthandsvermögens an eine andere Personengesellschaft, an der einer ihrer Gesellschafter ebenfalls als Mitunternehmer beteiligt ist, kann der auf den Doppelgesellschafter entfallende Veräußerungsgewinn unter den Voraussetzungen des § 6b EStG im Umfang des Anteils des Doppelgesellschafters am Gesamthandsvermögen der Schwestergesellschaft auf die Anschaffungskosten des betreffenden Wirtschaftsguts übertragen werden.

Der nach § 6b EStG übertragbare Gewinn ergibt sich aus dem Betrag, um den der Veräußerungspreis nach Abzug der Veräußerungskosten den Buchwert übersteigt, mit dem das veräußerte Wirtschaftsgut im Zeitpunkt der Veräußerung anzusetzen gewesen wäre. Bei der danach erforderlichen Ermittlung des fiktiven Buchwerts auf den Zeitpunkt der Veräußerung sind alle Bewertungsregeln des § 6 EStG zu beachten, auch die Regelungen zur Wertaufholung.

Eine Wertaufholung scheitert nach Ansicht der obersten Richter auch nicht daran, dass der im Jahr 1996 teilweise abgeschriebene Anteil zwischenzeitlich ganz oder teilweise vernichtet worden wäre. Die Anteile an der D-GmbH befanden sich als eine einzige, aufgestockte Beteiligung im Betriebsvermögen der Klägerin. Weder die Zusammenlegung von Anteilen noch die im Rahmen des Verfahrens nach §§ 58a ff. GmbHG vorgenommene Kapitalherabsetzung und -erhöhung bewirkten eine Vernichtung der Beteiligung der Klägerin oder der dieser zuzuordnenden Anschaffungskosten.

Zutreffend hat das FG auch angenommen, dass der auf den Beigeladenen entfallende Gewinn aus der Veräußerung der Beteiligung, soweit er auf einer fiktiven Wertaufholung beruht, nicht anteilig steuerbefreit ist. Zwar ist nach § 3 Nr. 40 Buchst. a EStG die Hälfte der Betriebsvermögensmehrung nach einer Wertaufholung steuerfrei. Dies gilt laut BFH allerdings nicht, soweit der Ansatz des niedrigeren Teilwerts in vollem Umfang zu einer Gewinnminderung geführt hat und soweit diese Gewinnminderung nicht durch Ansatz eines nachzuweisenden höheren Teilwerts ausgeglichen worden ist. Dieses Prinzip gilt nach dem Verständnis des IV. Senats auch für den Fall, dass der Anteil nach der Teilwert-AfA veräußert wird.

Literaturhinweise: *Kanzler*, nwb 2018, S. 534; *Strahl*, nwb 2018, S. 1290

1.1.7 Kein Wechsel von der degressiven AfA zur AfA nach tatsächlicher Nutzungsdauer

> BFH, Urteil v. 29.5.2018[190], IX R 33/16, BStBl II 2018, S. 646;
> Vorinstanz: FG Baden-Württemberg, Urteil v. 27.10.2015, 5 K 1909/12, EFG 2017, S. 25
>
> **Ein Wechsel von der in Anspruch genommenen degressiven AfA gem. § 7 Abs. 5 EStG zur AfA nach der tatsächlichen Nutzungsdauer gem. § 7 Abs. 4 S. 2 EStG ist nicht möglich.**
>
> **Norm:** § 7 Abs. 4 S. 1 Nr. 2 und S. 2 Buchst. a sowie Abs. 5 S. 1 Nr. 2 EStG

Wer die degressive Gebäude-AfA in Anspruch genommen hat, kann nach dem Urteil des BFH nicht nachträglich zur AfA nach der tatsächlichen Nutzungsdauer übergehen.

Bei der degressiven AfA handelt es sich um die Abschreibung der Anschaffungs- oder Herstellungskosten eines Wirtschaftsguts nach fallenden Staffelsätzen. Diese beliefen sich nach § 7 Abs. 5 S. 1 Nr. 2 EStG in seiner im Streitfall maßgeblichen Fassung bei Gebäuden in den ersten 8 Jahren auf jeweils 5 %, in den darauf folgenden 6 Jahren auf jeweils 2,5 % und in den darauf folgenden 36 Jahren auf jeweils 1,25 %. Die degressive AfA führt zu einer Steuerstundung durch Vorverlagerung von Abschreibungsbeträgen.

Aufgrund der degressiven Ausgestaltung wäre es für die Steuerpflichtigen vorteilhaft, zunächst die degressive AfA in Anspruch zu nehmen und später auf die lineare AfA von z. B. 3 % für Gebäude überzugehen, die zu einem Betriebsvermögen gehören und nicht Wohnzwecken dienen (§ 7 Abs. 4 S. 1 EStG). Einen derartigen Wechsel hatte der BFH allerdings bereits in der Vergangenheit ausgeschlossen.

Offen war bislang demgegenüber, ob ein Wechsel von der degressiven AfA zur AfA nach der tatsächlichen Nutzungsdauer (§ 7 Abs. 4 S. 2 EStG) möglich ist. Bei Gebäuden mit einer tatsächlichen Nutzungsdauer von weniger als 50 Jahren kann die AfA danach entsprechend dieser verkürzten Nutzungsdauer vorgenommen werden.

Dies machte die Klägerin in dem vom BFH jetzt entschiedenen Streitfall geltend. Sie vermietete ein im Jahr 1994 bebautes Grundstück an ihren Ehemann zum Betrieb eines Autohauses. Bei ihren Einkünften aus Vermietung und Verpachtung nahm sie die degressive AfA in Anspruch (8 x 5 %, 6 x 2,5 % und 36 x 1,25 %). Nach Ablauf der ersten 14 Jahre, im Jahr 2009, errichtete die Klägerin auf dem Grundstück u. a. einen Anbau und machte im Übrigen geltend, die Nutzungsdauer sämtlicher Gebäude betrage nur noch 10 Jahre. Sie begehrte nunmehr eine AfA entsprechend der tatsächlichen Nutzungsdauer.

Die von der Klägerin erstrebte Kombination von degressiver AfA und AfA nach der tatsächlichen Nutzungsdauer hat der IX. Senat verworfen. Der BFH begründet dies damit, dass § 7 Abs. 5 EStG die Nutzungsdauer eines Gebäudes typisiert und damit der Rechtsvereinfachung dient. Bei Wahl der degressiven AfA nach § 7 Abs. 5 EStG erübrige sich die Feststellung der tatsächlichen Nutzungsdauer des Gebäudes. Der Steuerpflichtige entscheide sich bei Wahl der degressiven AfA bewusst dafür, die Herstellungskosten des Gebäudes in 50 der Höhe nach festgelegten Jahresbeträgen geltend zu machen. Die Vereinfachung trete nur ein, wenn die Wahl über die gesamte Dauer der Abschreibung bindend sei. Die Wahl der degressiven AfA ist deshalb im Grundsatz unabänderlich.

---

[190] Vgl. auch BFH, PM Nr. 38 v. 11.7.2018.

Praxishinweis

Die Entscheidung betrifft auslaufendes Recht, das für Neubaumaßnahmen nach dem 31.12.2005 nicht mehr anzuwenden ist.

1.1.8 Abzugsverbot bei Bildung einer Ansparabschreibung

> **BFH, Urteil v. 10.10.2017[191], X R 33/16, BStBl II 2018, S. 185;**
> **Vorinstanz: FG München, Außensenate Augsburg, Urteil v. 1.3.2016, 6 K 2162/14, EFG 2017, S. 720**
>
> **Die Bildung einer den Gewinn mindernden Rücklage nach § 7g Abs. 3 EStG a. F. ist ausgeschlossen, soweit die geplanten Aufwendungen (hier: Anschaffung mehrerer PKW aus dem höchsten Preissegment) als unangemessen i. S. v. § 4 Abs. 5 S. 1 Nr. 7 EStG anzusehen sind.**
>
> **Normen:** § 4 Abs. 4 und Abs. 5 S. 1 Nr. 7 EStG; § 7g Abs. 3 bis Abs. 7 EStG a. F.

Sachverhalt

Die Klägerin erzielte gewerbliche Einkünfte aus der Vermittlung von Finanzanlagen (§ 15 EStG). Im Streitfall hatte sie bei ihrer Gewinnermittlung nach § 4 Abs. 3 EStG eine Ansparabschreibung von insgesamt 307.000 € geltend gemacht, und zwar hinsichtlich der Anschaffung mehrerer Pkw aus dem höchsten Preissegment. Das FA versagte die Ansparabschreibung für eine Limousine (Anschaffungskosten 400.000 €) und für einen Sportwagen (Anschaffungskosten 450.000 €). Das FG hatte die Auffassung des FA bestätigt. Wie bei der tatsächlichen Anschaffung könne auch bei der geplanten Anschaffung eines ausschließlich betrieblich genutzten Pkw die Lebensführung i. S. d. § 4 Abs. 5 S. 1 Nr. 7 EStG berührt sein, wenn sie durch die persönlichen Motive des Steuerpflichtigen mit veranlasst ist, ohne dass deshalb die betriebliche Veranlassung zu verneinen ist. Die anschließende Revision wurde vom BFH zurückgewiesen.

Entscheidung

Eine Rücklage nach § 7g Abs. 3 EStG a. F. kann nicht gebildet werden, wenn hierdurch unangemessene Aufwendungen steuermindernd berücksichtigt würden. Der Begriff der „Aufwendungen" wird im EStG als Oberbegriff für „Ausgaben" und „Aufwand" verwendet und ist nach der auch vom erkennenden Senat geteilten Rspr. des BFH und der im Schrifttum überwiegenden Auffassung i. S. aller Wertabflüsse zu verstehen, die nicht Entnahmen sind. Er umfasst daher nicht nur tatsächliche Abflüsse in Geld oder Geldeswert, sondern bspw. auch Abschreibungen, Rechnungsabgrenzungsposten oder Rückstellungen für bereits entstandene Verbindlichkeiten.

Aufwendungen i. S. v. § 4 Abs. 5 S. 1 Nr. 7 EStG umfassen auch die AfA gem. § 7 Abs. 1 S. 1 EStG. Dies gilt insb. auch für unangemessene Kfz-Aufwendungen. Da aber § 4 Abs. 5 S. 1 Nr. 7 EStG grds. den Abzug von AfA gem. § 7 EStG einschränkt, muss das Abzugsverbot auch beim Ansatz der erhöhten Absetzungen bzw. Sonder-AfA beachtet werden. Die durch die Bildung einer Rücklage nach § 7g Abs. 3 EStG a. F. eintretende Gewinnminderung fällt ebenfalls in den Anwendungsbereich des § 4 Abs. 5 S. 1 Nr. 7 EStG.

---

[191] Erst in 2018 veröffentlicht.

Bei dem Abzugsverbot für Repräsentationsaufwendungen handelt es sich – so der BFH – um eine Art Generalklausel, die als Auffangtatbestand alle die Privatsphäre berührenden Aufwendungen erfasst. Zwar ist die Anschaffung eines teuren und schnellen Pkw nicht stets unangemessen. Die Umstände des Streitfalls sprechen jedoch eine andere, eindeutige Sprache. Unter Berücksichtigung der Tatsache, dass die Klägerin in ihrem Betrieb keine Mitarbeiter beschäftigt hat, war für die Richter nicht ersichtlich, weshalb neben einem Pkw SUV (Kaufpreis 120.000 €) zwei weitere Fahrzeuge im Wert von 400.000 € bzw. 450.000 € für den Betrieb angemessen sein sollten. In den Jahren des Bestehens des Betriebs von 2004 bis 2012 sind tatsächlich keine Repräsentationsaufwendungen angefallen. Deswegen könne nicht davon ausgegangen werden, dass Repräsentationsaufwendungen für den Geschäftserfolg besonders bedeutsam waren. Darüber hinaus hätte ein ordentlicher und gewissenhafter Unternehmer bei Einnahmen im Streitjahr von 106.000 € (neben der Auflösung einer früheren Ansparabschreibung) nicht die Anschaffung dreier Pkw zum Preis von fast einer Million € geplant.

Praxishinweis

§ 7g Abs. 3 EStG a. F. soll der Gesetzesbegründung zufolge zwar kleinen und mittleren Unternehmen im Wege einer Steuerstundung die Finanzierung von Investitionen erleichtern. Die Norm bezweckt jedoch nicht die Förderung unangemessener Repräsentationsaufwendungen, die grds. nicht abzugsfähig sind. Es bedarf keiner Erleichterung für die Finanzierung derartiger Aufwendungen. Der besondere Zweck der Ansparabschreibung kann nicht als Begründung dazu dienen, dass unangemessene, die private Sphäre des Steuerpflichtigen berührende Aufwendungen entgegen der Wertung des § 4 Abs. 5 S. 1 Nr. 7 EStG steuerlich anzuerkennen wären.

1.1.9 Selbst getragene Krankheitskosten können nicht beim Sonderausgabenabzug berücksichtigt werden

> **BFH, Urteil v. 29.11.2017[192], X R 3/16, BStBl II 2018, S. 384;**
> **Vorinstanz: FG Baden-Württemberg, Urteil v. 25.1.2016, 6 K 864/15, EFG 2016, S. 1515**
>
> **Verzichtet ein Steuerpflichtiger auf die Erstattung seiner Krankheitskosten, um von seiner privaten Krankenversicherung eine Beitragserstattung zu erhalten, können diese Kosten nicht von den erstatteten Beiträgen abgezogen werden, die ihrerseits die Höhe der abziehbaren Krankenversicherungsbeiträge gem. § 10 Abs. 1 Nr. 3 S. 1 Buchst. a S. 3 EStG reduzieren.**
>
> **Normen:** §§ 10 Abs. 1 Nr. 3 S. 1 Buchst. a, 33 EStG

Sachverhalt

Im Urteilsfall hatten der Kläger und seine Ehefrau Beiträge an ihre privaten Krankenversicherungen zur Erlangung des Basisversicherungsschutzes gezahlt. Um in den Genuss von Beitragserstattungen zu kommen, hatten sie angefallene Krankheitskosten selbst getragen und nicht bei ihrer Krankenversicherung geltend gemacht. In der ESt-Erklärung kürzte der Kläger zwar die Krankenversicherungsbeiträge, die als Sonderausgaben angesetzt werden können, um die erhaltenen Beitragserstattungen, minderte diese Erstattungen aber vorher um die selbst ge-

---
[192] Erst in 2018 veröffentlicht; vgl. auch BFH, PM Nr. 19 v. 11.4.2018.

tragenen Krankheitskosten, da er und seine Ehefrau insoweit wirtschaftlich belastet seien. Weder das FA noch das FG folgten seiner Auffassung.

Entscheidung

Der BFH sah das ebenso. Es könnten nur die Ausgaben als Beiträge zu Krankenversicherungen abziehbar sein, die im Zusammenhang mit der Erlangung des Versicherungsschutzes stünden und letztlich der Vorsorge dienten. Daher hatte der BFH bereits entschieden, dass Zahlungen aufgrund von Selbst- bzw. Eigenbeteiligungen an entstehenden Kosten keine Beiträge zu einer Versicherung sind.[193] Zwar werde bei den selbst getragenen Krankheitskosten nicht – wie beim Selbstbehalt – bereits im Vorhinein verbindlich auf einen Versicherungsschutz verzichtet, vielmehr könne man sich bei Vorliegen der konkreten Krankheitskosten entscheiden, ob man sie selbst tragen wolle, um die Beitragserstattungen zu erhalten. Dies ändere aber nichts daran, dass in beiden Konstellationen der Versicherte die Krankheitskosten nicht trage, um den Versicherungsschutz „als solchen" zu erlangen.

Ob die Krankheitskosten als einkommensmindernde außergewöhnliche Belastungen gem. § 33 EStG anzuerkennen seien, musste der BFH nicht entscheiden. Da die Krankheitskosten der Kläger die sog. zumutbare Eigenbelastung des § 33 Abs. 3 EStG wegen der Höhe ihrer Einkünfte nicht überstiegen haben, kam bereits aus diesem Grunde ein Abzug nicht in Betracht.

Praxishinweis

Mit dem Urteil führte der BFH seine Rspr. zur insoweit vergleichbaren Kostentragung bei einem sog. Selbstbehalt fort.[194]

Und auch das BMF hat in seinem Schreiben vom 19.8.2013[195] hierzu in Rz. 69 explizit formuliert: Die aufgrund eines tariflichen Selbstbehalts oder wegen der Wahl einer Beitragsrückerstattung selbst getragenen Krankheitskosten sind keine Beiträge zur Krankenversicherung.

Literaturhinweis: *Baltromejus*, nwb 2018, S. 1278

---

[193] BFH, Urteil v. 1.6.2016, X R 43/14, BStBl II 2017, S. 55.
[194] BFH, Urteil v. 18.7.2012, X R 41/11, BStBl II 2012, S. 821; BFH, Urteil v. 1.6.2016, X R 43/14, BStBl II 2017, S. 55.
[195] BMF, Schreiben v. 19.8.2013, IV C 3 – S 2221/12/10010:004, BStBl I 2013, S. 1087.

1.1.10 Krankenversicherungsbeiträge nur für eine Basisabsicherung abziehbar

> BFH, Urteil v. 29.11.2017[196], X R 5/17, BStBl II 2018, S. 230;
> Vorinstanz: FG Berlin-Brandenburg, Urteil v. 30.11.2016, 7 K 7099/15, EFG 2017, S. 209
>
> **Ist ein Steuerpflichtiger sowohl Pflichtmitglied in einer gesetzlichen Krankenkasse als auch freiwillig privat krankenversichert, kann er lediglich die Beiträge gem. § 10 Abs. 1 Nr. 3 S. 1 Buchst. a EStG abziehen, die er an die gesetzliche Krankenversicherung entrichtet.**
>
> **Der Abzug der nicht als Sonderausgaben abziehbaren Krankenversicherungsbeiträge als außergewöhnliche Belastung scheidet ebenfalls aus.**
>
> **Normen:** §§ 10 Abs. 1 Nr. 3 S. 1 Buchst. a, 33 Abs. 2 EStG

Mit dem Bürgerentlastungsgesetz Krankversicherung hat der Gesetzgeber den Sonderausgabenabzug für Krankenversicherungsbeiträge ab 2010 grundlegend neu geregelt. Seither sind Beiträge zu Basiskrankenversicherungen grds. unbeschränkt abzugsfähig, egal ob es sich um Beiträge zur gesetzlichen oder privaten Krankenversicherung handelt.

Sachverhalt

Die Kläger im vorliegenden Fall waren allerdings in der GKV pflichtversichert und hatten sich zusätzlich in vollem Umfang (einschließlich Basisabsicherung) bei der PKV versichert, Nun wollten sie den unbeschränkten Sonderausgabenabzug der Beiträge zu beiden Versicherungen (soweit sie auf die Basisabsicherung entfielen) erreichen. Die Klage vor dem FG hatte keinen Erfolg. Und der BFH hat anschließend die von der Vorinstanz vertretene Rechtsauffassung bestätigt.

Entscheidung

Im Streitfall sind nur die in die gesetzliche Krankenkasse gezahlten Beiträge gem. § 10 Abs. 1 Nr. 3 S. 1 Buchst. a EStG unbeschränkt abziehbar. Beiträge für eine weitere Basisabsicherung durch eine PKV können nicht zugleich und ebenfalls uneingeschränkt geltend gemacht werden. Diese Beiträge sind nur im Rahmen der für Vorsorgeaufwendungen in § 10 Abs. 4 bzw. § 10 Abs. 4a EStG vorgesehenen Höchstgrenze nach einer sog. „Günstigerprüfung" abzugsfähig.

Der Zweck des Bürgerentlastungsgesetzes Krankenversicherung ist es, die durch das Sozialstaatsprinzip geforderte steuerliche Verschonung des Existenzminimums zu gewährleisten. Diesem Zweck widerspräche es, wenn es Steuerpflichtigen möglich wäre, durch den Abschluss mehrerer Krankenversicherungen eine über das Erforderliche hinausgehende Steuerverschonung zu erhalten. Wenn ein solches Absicherungsniveau bereits durch eine Pflichtmitgliedschaft in der GKV erreicht ist, sind die Beiträge zur zusätzlich abgeschlossenen PKV hierzu nicht mehr erforderlich. Einen Teilerfolg konnten die Kläger aber im Rahmen der Günstigerprüfung nach § 10 Abs. 4a EStG erzielen. Hier waren die Basis-PKV-Beiträge sehr wohl in die Ausgangsgröße der Höchstbetragsregelung einzubeziehen.

Die als Sonderausgaben nicht berücksichtigten Krankenversicherungsbeiträge können auch nicht als außergewöhnliche Belastungen in Abzug gebracht werden. Im Hinblick auf die ge-

---

[196] Erst in 2018 veröffentlicht.

setzlich normierte Nachrangigkeit der außergewöhnlichen Belastungen gegenüber den Sonderausgaben (§ 33 Abs. 2 S. 2 EStG) können Aufwendungen, die ihrer Art nach Sonderausgaben sind, insoweit nicht als außergewöhnliche Belastung berücksichtigt werden. Unerheblich ist, so der BFH, ob die Aufwendungen im Einzelfall als Sonderausgaben abziehbar sind oder ob sie sich wegen Überschreitens der gesetzlichen Höchstgrenzen steuerlich nicht auswirken.

Praxishinweis

Vgl. in dem Zusammenhang auch das nicht veröffentlichte Senats-Urteil vom selben Tag[197] mit folgenden Leitsätzen:

- Werden in einem Versicherungstarif einer privaten Krankenkasse sowohl Leistungen versichert, die der Basisabsicherung dienen, als auch nicht gem. § 10 Abs. 1 Nr. 3 S. 1 Buchst. a S. 3 EStG begünstigte Wahlleistungen, bedarf es einer Aufteilung der Beiträge auf der Grundlage der KVBEVO.
- Selbst wenn der so ermittelte Beitrag zur Basisabsicherung geringer sein sollte als ein vergleichbarer Beitrag zur gesetzlichen Krankenversicherung bzw. als ein vergleichbarer Basistarif gem. § 12 Abs. 1a und Abs. 1c VAG a. F., sind lediglich die auf der Grundlage der KVBEVO ermittelten Beiträge zur Basisabsicherung gem. § 10 Abs. 1 Nr. 3 S. 1 Buchst. a S. 3 EStG abziehbar.

1.1.11 Verminderter Sonderausgabenabzug bei Prämiengewährung durch gesetzliche Krankenkassen

> BFH, Urteil v. 6.6.2018[198], X R 41/17, BStBl II 2018, S. 648;
> Vorinstanz: FG Berlin-Brandenburg, Urteil v. 10.10.2017, 6 K 6119/17, EFG 2018, S. 104
>
> Prämienzahlungen, die eine gesetzliche Krankenkasse ihren Mitgliedern gem. § 53 Abs. 1 SGB V gewährt, stellen Beitragsrückerstattungen dar, die die wirtschaftliche Belastung der Mitglieder und damit auch ihre Sonderausgaben gem. § 10 Abs. 1 Nr. 3 S. 1 Buchst. a EStG reduzieren.
>
> **Normen:** § 10 Abs. 1 Nr. 3 S. 1 Buchst. a EStG; § 53 Abs. 1, 65 a SGB V

Seit April 2007 haben die gesetzlichen Krankenkassen die Möglichkeit, ihren Versicherten sog. Wahltarife, d. h. Selbstbehaltungstarife in begrenzter Höhe oder Kostenerstattungstarife anzubieten. Erhält ein Steuerpflichtiger von seiner gesetzlichen Krankenkasse eine Prämie, die auf einem Wahltarif gem. § 53 Abs. 1 SGB V beruht, mindern sich die als Sonderausgaben abziehbaren Krankenversicherungsbeiträge.

Sachverhalt

Im Streitfall hatte der Kläger einen Wahltarif mit Selbstbehalten gewählt, aufgrund dessen er eine Prämie je Kalenderjahr bis zur Höhe von 450 € erhalten konnte. Die von ihm im Gegenzug zu tragenden Selbstbehalte waren auf 550 € begrenzt, sodass er seiner Krankenkasse in dem für ihn ungünstigsten Fall weitere 100 € zu zahlen hatte. Im Streitjahr 2014 erhielt der Kläger eine Prämie von 450 €, die er bei den von ihm geltend gemachten Krankenversicherungsbeiträgen nicht berücksichtigte. Das FA sah in der Prämienzahlung eine Beitragsrück-

---

[197] BFH, Urteil v. 29.11.2017, X R 26/16, BFH/NV 2018, S. 424.
[198] Vgl. auch BFH, PM Nr. 45 v. 5.9.2018.

erstattung und setzte dementsprechend geringere Sonderausgaben gem. § 10 Abs. 1 Nr. 3 S. 1 Buchst. a S. 2 EStG an. Einspruch und Klage des Klägers blieben ohne Erfolg.

Entscheidung

Der BFH bestätigte das finanzgerichtliche Urteil. Danach ist die Prämienzahlung nach § 53 Abs. 1 SGB V eine Beitragsrückerstattung, die die Vorsorgeaufwendungen des Steuerpflichtigen mindert. Der BFH begründet dies damit, dass sich die wirtschaftliche Belastung des Steuerpflichtigen reduziere. Diese sei wesentliche Voraussetzung für den Sonderausgabenabzug.

Die Prämie ist damit anders zu behandeln als Bonusleistungen, die gesetzliche Krankenkassen ihren Mitgliedern zur Förderung gesundheitsbewussten Verhaltens gem. § 65a SGB V gewähren. Diese mindern die als Sonderausgaben abziehbaren Krankenversicherungsbeiträge nicht.[199] Den Unterschied sieht der BFH darin, dass der Bonus eine Erstattung der vom Versicherten selbst getragenen gesundheitsbezogenen Aufwendungen ist und damit nicht im unmittelbaren Zusammenhang mit den Beiträgen zur Erlangung des Basiskrankenversicherungsschutzes steht. Demgegenüber beruhe die Prämie auf der Übernahme des Risikos, der Krankenkasse ggf. weitere, jedoch der Höhe nach begrenzte Beitragszahlungen leisten zu müssen.

Die Beurteilung der Prämie entspricht damit der einer Beitragsrückerstattung einer privaten Krankenversicherung. In beiden Fällen erhält der Versicherte eine Zahlung von seiner Krankenkasse, da diese von ihm nicht oder in einem geringeren Umfang in Anspruch genommen wurde. Dadurch werden im Ergebnis seine Beitragszahlungen reduziert. Im Falle der Beitragserstattungen erkauft der Versicherte dies mit selbst getragenen Krankheitskosten. Im streitgegenständlichen Wahltarif ist der Preis des Klägers das Risiko, weitere Zahlungen i. H. v. max. 100 € erbringen zu müssen.

Literaturhinweis: *Gerauer*, nwb 2018, S. 2912

1.1.12 Kranken- und Pflegeversicherungsbeiträge des Kindes

BFH, Urteil v. 13.3.2018[200], X R 25/15, BFH/NV 2018, S. 1313;
Vorinstanz: FG Köln, Urteil v. 13.5.2015, 15 K 1965/12, EFG 2015, S. 1916

Tragen Steuerpflichtige aufgrund einer Unterhaltsverpflichtung die Kranken- und Pflegeversicherungsbeiträge des Kindes, können sie diese als eigene Beiträge nach § 10 Abs. 1 Nr. 3 S. 2 EStG absetzen.

Die Unterhaltsverpflichtung der Eltern ist zwingende Tatbestandsvoraussetzung und daher positiv festzustellen.

Die Erstattung der eigenen Beiträge des Kindes ist nur im Wege des Barunterhalts möglich.

Die Steuerpflichtigen können auch die vom Arbeitgeber von der Ausbildungsvergütung des Kindes einbehaltenen Kranken- und Pflegeversicherungsbeiträge als Sonderausgaben geltend machen, soweit sie diese Beiträge dem unterhaltsberechtigten Kind erstattet haben.

Norm: § 10 Abs. 1 Nr. 3 S. 2 EStG

---

[199] BFH, Urteil v. 1.6.2016, X R 17/15, BStBl II 2016, S. 989.
[200] Vgl. auch BFH, PM Nr. 51 v. 8.10.2018.

Tragen Eltern, die ihrem Kind gegenüber unterhaltsverpflichtet sind, dessen Kranken- und Pflegeversicherungsbeiträge, können diese Aufwendungen die ESt der Eltern mindern. Der Steuerabzug setzt aber voraus, dass die Eltern dem Kind die Beiträge tatsächlich gezahlt oder erstattet haben.

Eltern können gem. § 10 Abs. 1 Nr. 3 S. 2 EStG auch die Beiträge ihres Kindes, für das sie einen Anspruch auf einen Kinderfreibetrag gem. § 32 Abs. 6 EStG oder auf Kindergeld haben, als (eigene) Beiträge im Rahmen der Sonderausgaben ansetzen. Voraussetzung ist aber, dass die Eltern zum Unterhalt verpflichtet sind und sie durch die Beitragszahlung oder -erstattung tatsächlich und endgültig wirtschaftlich belastet sind.

Sachverhalt

Im Streitfall hatte zunächst das Kind der Kläger, das sich in einer Berufsausbildung befand, die von seinem Arbeitgeber einbehaltenen Beiträge zur gesetzlichen Kranken- und Pflegeversicherung für das Streitjahr 2010 als Sonderausgaben geltend gemacht, ohne dass diese sich im Rahmen seiner ESt-Festsetzung auswirkten. Daraufhin machten seine Eltern die Aufwendungen im Rahmen ihrer ESt-Erklärung für das Streitjahr mit der Begründung geltend, sie hätten ihrem Kind, das noch bei ihnen wohne, schließlich Naturalunterhalt gewährt. Sowohl das FA als auch das FG lehnten den Sonderausgabenabzug der Eltern jedoch ab.

Entscheidung

Der BFH bestätigte im Ergebnis das FG-Urteil. Die im Rahmen der Ausnahmevorschrift des § 10 Abs. 1 Nr. 3 S. 2 EStG von den unterhaltsverpflichteten Eltern ansetzbaren eigenen Beiträge des Kindes umfassten zwar auch die vom Arbeitgeber des Kindes im Rahmen einer Berufsausbildung einbehaltenen Kranken- und Pflegeversicherungsbeiträge. Sie müssten jedoch dem Kind im VZ aufgrund einer bestehenden Unterhaltsverpflichtung tatsächlich bezahlt oder erstattet werden. Da dies im Fall der Gewährung von Naturalunterhalt nicht geschieht, hatte die Revision der Kläger keinen Erfolg.

Praxishinweis

Das Urteil enthält eine eindeutige Handlungsempfehlung für Eltern, die ihren Kindern gegenüber unterhaltspflichtig sind. Wenn sie die Versicherungsbeiträge ihres Kindes unmittelbar selbst zahlen oder ihrem Kind erstatten, nachdem sie von der Ausbildungsvergütung einbehalten wurden, sind sie selbst zum Sonderausgabenabzug berechtigt.

Dieses Abstellen auf die tatsächliche Zahlung der Versicherungsbeiträge des Kindes durch die Eltern schließt im Übrigen eine Doppelberücksichtigung der gleichen Beiträge bei den Eltern und dem Kind aus.

Literaturhinweis: *Reddig*, nwb 2018, S. 3136

1.1.13 Berücksichtigung einer USt-Vorauszahlung im Jahr der wirtschaftlichen Verursachung

> **BFH, Urteil v. 27.6.2018[201], X R 44/16, BStBl II 2018, S. 781;**
> **Vorinstanz: Thüringer FG, Urteil v. 27.1.2016, 3 K 791/15, EFG 2016, S. 1425**
>
> Eine USt-Vorauszahlung, die innerhalb von zehn Tagen nach Ablauf des Kalenderjahrs gezahlt wird, ist auch dann im Jahr ihrer wirtschaftlichen Zugehörigkeit abziehbar, wenn der 10. Januar des Folgejahrs auf einen Sonnabend, Sonntag oder gesetzlichen Feiertag fällt.
>
> **Normen:** § 108 Abs. 3 AO; § 11 Abs. 1 S. 2 und Abs. 2 S. 2 EStG; § 18 Abs. 1 S. 4 UStG

Grds. sind Betriebsausgaben und Werbungskosten in dem Kalenderjahr abzusetzen, in dem sie geleistet worden sind. Ausnahmsweise gelten regelmäßig wiederkehrende Ausgaben, die beim Steuerpflichtigen kurze Zeit, d. h. zehn Tage, nach Beendigung des Kalenderjahrs angefallen sind, gem. § 11 Abs. 2 S. 2 EStG als in dem Kalenderjahr abgeflossen, zu dem sie wirtschaftlich gehören. Sie können damit bereits in diesem Jahr abgezogen werden. Auch die vom Unternehmer an das FA gezahlte USt ist eine Betriebsausgabe, die dieser Regelung unterliegt.

Sachverhalt

Im Streitfall hatte die Klägerin die USt-Vorauszahlung für Dezember 2014 am 8.1.2015 geleistet und diese Zahlung unter Bezugnahme auf § 11 Abs. 2 S. 2 EStG als Betriebsausgabe des Jahres 2014 geltend gemacht. Das FA meinte demgegenüber, diese Vorschrift sei nicht anzuwenden. Die Klägerin habe zwar innerhalb des Zehn-Tages-Zeitraums geleistet, die USt-Vorauszahlung müsse aber auch innerhalb dieses Zeitraums fällig gewesen sein. Daran fehle es. Die Vorauszahlung sei wegen § 108 Abs. 3 AO nicht am Sonnabend, dem 10.1.2015, sondern erst an dem folgenden Montag, dem 12.1.2015 und damit außerhalb des Zehn-Tages-Zeitraums fällig geworden.

Entscheidung

Der BFH gab der Klägerin Recht und gewährte den Betriebsausgabenabzug für 2014. Auch wenn man fordere, dass die USt-Vorauszahlung innerhalb des Zehn-Tages-Zeitraums fällig sein müsse, sei diese Voraussetzung im Streitfall erfüllt. Denn bei der Ermittlung der Fälligkeit sei allein auf die gesetzliche Frist des § 18 Abs. 1 S. 4 UStG abzustellen, nicht hingegen auf eine mögliche Verlängerung der Frist gem. § 108 Abs. 3 AO. Diese Verlängerung sei im Zusammenhang mit § 11 Abs. 2 EStG nicht anwendbar, da es sich um eine Zufluss- und Abflussfiktion, nicht aber um eine Frist handele, sodass sich die Frage nach einer Verlängerung erübrige.

Praxishinweis

Mit seiner Entscheidung wendet sich der BFH gegen die Auffassung des BMF (Amtliches ESt-Handbuch 2017 § 11 EStG H 11, Stichwort Allgemeines, „Kurze Zeit").

Das Urteil ist immer dann von Bedeutung, wenn der 10. Januar auf einen Sonnabend oder Sonntag fällt, das nächste Mal somit im Januar 2021.

Zum Begriff „kurze Zeit" sind noch zwei weitere Verfahren anhängig.[202]

---

[201] Vgl. auch BFH, PM Nr. 54 v. 24.10.2018.
[202] Az. VIII R 23/17, Vorinstanz: Sächsisches FG, Urteil v. 30.11.2016, 2 K 1277/16, EFG 2017, S. 227; Az. VIII R 10/18, Vorinstanz: FG München, Urteil v. 7.3.2018, 13 K 1029/16, EFG 2018, S. 1033.

> Literaturhinweis: *Korn*, nwb 2018, S. 3360

1.2 Entscheidungen zu den Einkunftsarten (§§ 13 bis 23 EStG)

1.2.1 GewSt-Pflicht für Gewinne aus der Veräußerung von Anteilen an einer Mitunternehmerschaft

> **BFH, Urteil v. 19.7.2018, IV R 39/10, DB 2018, S. 2477;**
> **Vorinstanz: FG Bremen, Urteil v. 18.8.2010, 2 K 94/09, EFG 2011, S. 723**
>
> Bei einer doppelstöckigen Personengesellschaft gehört zum Gewerbeertrag der Untergesellschaft nach § 7 S. 2 Nr. 2 GewStG der Gewinn der Obergesellschaft aus der Veräußerung ihres Mitunternehmeranteils auch dann, wenn die Obergesellschaft nur in Folge ihrer gewerblichen Beteiligungseinkünfte insgesamt gewerbliche Einkünfte erzielt und an ihr ausschließlich natürliche Personen beteiligt sind.
>
> **Normen:** §§ 15 Abs. 3 Nr. 1 Alternative 2, 52 Abs. 32a EStG; § 7 S. 2 Nr. 2 GewStG

Sachverhalt

Die als Kommanditistin an der gewerblich tätigen A-KG (Klägerin) beteiligte W-KG übertrug ihren Kommanditanteil mit Wirkung zum 1.1.2002 an eine weitere Kommanditistin der A-KG, die W-GmbH. Dabei erzielte die W-KG einen Veräußerungsgewinn. Bis zur Mitte des Streitjahrs 2002 waren an der W-KG ausschließlich natürliche Personen als Komplementäre und Kommanditisten beteiligt. Im September 2002 traten alle bisherigen Kommanditisten aus der W-KG aus und eine GmbH als Komplementärin und die C-GmbH & Co. KG als Kommanditistin ein. Neben ihrer Beteiligung an der A-KG war die W-KG ausschließlich vermögensverwaltend tätig.

Das FA war der Auffassung, der Gewinn der W-KG aus der Veräußerung des KG-Anteils gehöre nach § 7 S. 2 Nr. 2 GewStG zum Gewerbeertrag. Die Klägerin wollte hier eine Gleichstellung einer vermögensverwaltend tätigen Personengesellschaft mit unmittelbar an einer Mitunternehmerschaft beteiligten natürlichen Personen erreichen und sah die im Zuge des JStG 2007 angeordnete Rückwirkung als unzulässig. Dies war jedoch vor den Gerichten nicht haltbar.

Entscheidung

Laut BFH ist dem Antrag der Klägerin schon deshalb nicht zu folgen, weil es sich bei der W-KG im Streitjahr nicht um eine vermögensverwaltende Personengesellschaft gehandelt hat. Die W-KG war als Mitunternehmerin an der gewerblich tätigen A-KG beteiligt (doppelstöckige Personengesellschaft). Als solche erzielte sie bereits aus ihrer Beteiligung an der A-KG gem. § 15 Abs. 1 S. 1 Nr. 2 S. 1 EStG Einkünfte aus Gewerbebetrieb.

Der erkennende Senat hatte das Revisionsverfahren zuvor mit Beschluss vom 3.12.2013 bis zu einer Entscheidung des BVerfG über die gegen das BFH-Urteil vom 22.7.2010[203] erhobene Verfassungsbeschwerde ausgesetzt. Mit Urteil vom 10.4.2018[204] hat das BVerfG jene Verfassungsbeschwerde als unbegründet zurückgewiesen.

---

[203] BFH, Urteil v. 22.7.2010, IV R 29/07, BStBl II 2011, S. 511.
[204] BVerfG, Urteil v. 10.4.2018, 1 BvR 1236/11, BStBl II 2018, S. 303.

Der im Streitfall anzuwendende § 7 S. 2 Nr. 2 GewStG ist verfassungsgemäß. Seine Anwendung auf den EZ 2002 (Streitjahr) entfaltet laut BFH zwar unechte Rückwirkung. Anders als die Klägerin meint, wird sie hierdurch jedoch nicht in ihrem verfassungsrechtlich durch Art. 2 Abs. 1 i. V. m. Art. 20 Abs. 3 GG geschützten Vertrauen verletzt, nicht mit in unzulässiger Weise rückwirkenden Gesetzen belastet zu werden

Aus der Vorschrift gehe auch nicht hervor, dass eine als Mitunternehmerin an einer anderen Personengesellschaft beteiligte, im Übrigen „vermögensverwaltende" Personengesellschaft nicht von der Regelung erfasst würde. Die Ausnahme des § 7 S. 2 Nr. 2 GewStG ordnet Veräußerungsgewinne aus Mitunternehmeranteilen nicht dem Gewerbeertrag zu, soweit es sich bei dem Mitunternehmer um eine unmittelbar beteiligte natürliche Person handelt, weshalb keine Anwendung der Ausnahme bei mittelbarer Beteiligung erfolgen darf. Die Zielrichtung der gesetzlichen Norm, welche Steuergestaltungen entgegentreten soll, resultiere nicht in einer Gleichstellung von unmittelbarer und mittelbarer Beteiligung. Sie diene auch der Verwaltungsvereinfachung, da eine Beurteilung bei mehrstufigen Personengesellschaften unverhältnismäßig aufwendig wäre.

Praxishinweis

> Der IV. Senat hat im zweiten Leitsatz des Urteils festgestellt, dass der in § 52 Abs. 32a EStG angeordnete zeitliche Anwendungsbereich des § 15 Abs. 3 Nr. 1 Alternative 2 EStG i. d. F. des JStG 2007 nicht gegen das verfassungsrechtliche Rückwirkungsverbot verstößt.

1.2.2 Keine Abfärbung bei Verlusten

> BFH, Urteil v. 12.4.2018, IV R 5/15, DB 2018, S. 1768;
> Vorinstanz: FG Münster, Urteil v. 9.12.2014, 15 K 1556/11 F, EFG 2015, S. 473
>
> **Negative Einkünfte aus einer gewerblichen Tätigkeit führen nicht zur Umqualifizierung der vermögensverwaltenden Einkünfte einer GbR.**
>
> **Norm:** § 15 Abs. 3 Nr. 1 Halbs. 1 EStG

Sachverhalt

Die Klägerin ist eine GbR, die in den Streitjahren Einkünfte aus Vermietung und Verpachtung von Immobilien erzielte. Die Gesellschafter der GbR waren im gleichen Beteiligungsverhältnis ebenfalls an der IM GbR und der B&S GmbH beteiligt. Die Klägerin überließ Räume unentgeltlich an die IM GbR, sowie an die B&S GmbH. Die mit den unentgeltlich überlassenen Räumen in Zusammenhang stehenden Aufwendungen zog die Klägerin nicht als Werbungskosten bei der Ermittlung der Einkünfte aus Vermietung und Verpachtung ab. Das FG bestätigte in erster Instanz die Auffassung des FA, dass eine Betriebsaufspaltung zwischen der Klägerin als Besitzunternehmen und der B&S GmbH bzw. der IM GbR als Betriebsunternehmen vorliegt, die zu einer Umqualifizierung der Einkünfte der Klägerin in solche aus Gewerbebetrieb führe. Der BFH vertrat hingegen eine andere Rechtsauffassung.

Entscheidung

Hinsichtlich der angenommenen Betriebsaufspaltung mit der IM GbR fehle es an der Gewinnabsicht der Klägerin. Die Gewinnerzielungsabsicht des Besitzunternehmens fehlt grds. dann, wenn der mit Gewinnerzielungsabsicht tätigen Betriebsgesellschaft die wesentlichen Betriebsgrundlagen unentgeltlich oder zu einem nicht kostendeckenden Entgelt überlassen werden. Ist Betriebsgesellschaft – wie im Streitfall – eine Personengesellschaft, der die wesentliche Betriebsgrundlage von einer Besitzpersonengesellschaft unentgeltlich oder zu einem nicht kostendeckenden Entgelt überlassen wird, kann ein höherer Gewinn der Betriebsgesellschaft nicht auf die Besitzgesellschaft durchschlagen.

Bezüglich der (unentgeltlichen) Überlassung an die B&S GmbH habe die Klägerin in den Streitjahren keine positiven Einkünfte aus gewerblicher Tätigkeit erzielt, sodass eine Umqualifizierung der übrigen Einkünfte der Klägerin – nach der für Personengesellschaften geltenden Abfärberegelung des § 15 Abs. 3 Nr. 1 EStG – nicht in Betracht komme. Die Klägerin hatte für die Überlassung der Räumlichkeiten an die B&S-GmbH kein Entgelt erhalten. Durch die Überlassung sind ihr lediglich Aufwendungen entstanden, die insoweit zu negativen – im Fall des Bestehens einer Betriebsaufspaltung gewerblichen – Vermietungseinkünften geführt haben.

Bei besonders geringfügiger gewerblicher Betätigung soll es nach der Rspr. des BFH aus Gründen der Verhältnismäßigkeit nicht zu einer Abfärbung auf die übrigen Einkünfte kommen. Es könne offen bleiben, so der IV. Senat im Streitfall, ob die für die Abfärbung auf freiberufliche Einkünfte entwickelte relative Bagatellgrenze von 3 % der schädlichen Nettoerlöse auch auf vermögensverwaltende Einkünfte übertragen werden kann und welcher Einkunftsart die schädlichen Einkünfte bei Unterschreiten einer Bagatellgrenze zuzuordnen wären. Denn es können allenfalls positive gewerbliche Einkünfte zu einer Abfärbung auf ansonsten vermögensverwaltende Einkünfte einer GbR führen.

Mit der Typisierung des § 15 Abs. 3 Nr. 1 EStG verfolge der Gesetzgeber neben der Vereinfachung der Ermittlung der Einkünfte das Ziel, das GewSt-Aufkommen zu schützen. Ist eine vermögensverwaltende GbR u. a. auch in einer Weise tätig, die nach den Grundsätzen des § 15 Abs. 2 EStG als gewerblich zu beurteilen ist, ohne daraus aber positive Einkünfte zu erzielen, kann nach höchstrichterlicher Überzeugung das GewSt-Aufkommen dadurch nicht gefährdet sein. Da eine solche Personengesellschaft handelsrechtlich nicht zur Führung von Büchern und zur Aufstellung einer einheitlichen Bilanz verpflichtet ist, bedarf es einer einheitlichen Qualifikation der Einkünfte auch nicht zur Vereinfachung der Gewinnermittlung. Ein Rechtfertigungsgrund für die Ungleichbehandlung gegenüber Einzelpersonen, die in gleicher Weise tätig werden und für die das EStG eine Abfärbung gewerblicher Einkünfte nicht vorsieht, ist danach nicht ersichtlich. Bei verfassungskonformer Auslegung ist § 15 Abs. 3 Nr. 1 EStG auf derartige Fallgestaltungen deshalb nicht anzuwenden.

Literaturhinweis: *Weiss*, nwb 2018, S. 2302

1.2.3 Wirtschaftliches Eigentum an einem Mitunternehmeranteil

> **BFH, Urteil v. 1.3.2018, IV R 15/15, BStBl II 2018, S. 539;**
> **Vorinstanz: FG Hamburg, Urteil v. 2.2.2015, 6 K 277/12, EFG 2015, S. 976**
>
> **Dem Erwerber eines Anteils an einer Personengesellschaft kann die Mitunternehmerstellung bereits vor der zivilrechtlichen Übertragung des Gesellschaftsanteils zuzurechnen sein. Voraussetzung dafür ist, dass der Erwerber rechtsgeschäftlich eine auf den Erwerb des Gesellschaftsanteils gerichtete, rechtlich geschützte Position erworben hat, die ihm gegen seinen Willen nicht mehr entzogen werden kann, und Mitunternehmerrisiko sowie Mitunternehmerinitiative vollständig auf ihn übergegangen sind.[205]**
>
> **Normen:** § 39 Abs. 2 Nr. 1 S. 1 AO; §§ 15 Abs. 1 S. 1 Nr. 2, 16 Abs. 1 Nr. 2 EStG

Nach der Entscheidung des BFH wird bei einer Veräußerung von Mitunternehmeranteilen, die nach dem Kaufvertrag in zwei Teilschritten vollzogen wurde, bereits bei Übergang des ersten Teilanteils der Veräußerungsgewinn für den gesamten Anteil realisiert, weil auch der Kaufpreis für die zweite Tranche bereits feststeht und das Mitunternehmerrisiko der veräußernden Kommanditisten vollständig entfallen ist, bzw. weil der Erwerber zugleich das wirtschaftliche Eigentum auch an den später übergehenden Teilanteilen erlangt hat.

Sachverhalt

Kommanditisten der A-GmbH & Co. KG (A-KG) waren u. a. die B-KG, D und E. Mit notariell beurkundetem Vertrag vom 13.1.2000 erwarb die K-AG in zwei Tranchen und zeitversetzt sämtliche Kommanditanteile der A-KG und sämtliche Geschäftsanteile der Komplementär-GmbH. Zunächst erwarb die K-AG gegen Zahlung des Kaufpreises per 31.1.2000 75 % des Kommanditkapitals der A-KG (Übergangsstichtag I). Die restlichen Kommanditanteile i. H. v. 25 % des Kommanditkapitals der A-KG gingen schuldrechtlich zum 31.1.2001 über (Übergangsstichtag II). Die A-KG hatte ein abweichendes Wirtschaftsjahr vom 1.10. bis 30.9. Dabei wurde seitens des FA die Veräußerung der Beteiligungen in vollem Umfang bereits als im Streitjahr 2000 vollzogen angesehen. Die Betroffenen klagten und monierten, dass für 2000 von einer Veräußerung von lediglich 75 % der Anteile auszugehen sei. Das FG hatte daraufhin die Klage abgewiesen.

Entscheidung

Auch nach Auffassung des BFH sind die von der B-KG, D und E erzielten Gewinne bereits in 2000 vollständig als Veräußerungsgewinne gem. § 16 Abs. 1 Nr. 2 EStG zu erfassen. Denn alle drei ehemaligen Kommanditisten der A-KG haben bereits im Streitjahr nicht nur das Eigentum an ihren Mitunternehmeranteilen zu 75 %, sondern darüber hinaus das wirtschaftliche Eigentum an den restlichen 25 % ihrer Mitunternehmeranteile an die K-AG übertragen. Der steuerlich maßgebliche Zeitpunkt der Veräußerung des Anteils an einer Personengesellschaft kann bereits vor der zivilrechtlichen Übertragung des Gesellschaftsanteils liegen, wenn der Erwerber aufgrund eines zivilrechtlichen Rechtsgeschäfts bereits eine rechtlich geschützte, auf den Erwerb des Rechts gerichtete Position erworben hat, die ihm gegen seinen Willen nicht mehr entzogen werden kann, und Mitunternehmerrisiko sowie Mitunternehmerinitiative vollständig auf ihn übergegangen sind. Dies sah der IV. Senat im Streitfall als gegeben.

---

[205] Anschluss an BFH, Urteil v. 22.6.2017, IV R 42/13, DB 2017, S. 2907.

Die Altgesellschafter, darunter die B-KG, D und E, hatten ihre vollständigen Gewinnansprüche schon im Streitjahr wirksam für die Zeit ab dem 1.2.2000 an die Erwerberin abgetreten und waren von diesem Zeitpunkt an nicht mehr an künftigen wirtschaftlichen Chancen und Risiken der A-KG beteiligt.

Im Zeitpunkt der Übertragung des wirtschaftlichen Eigentums entsteht der Veräußerungsgewinn, und zwar unabhängig davon, ob der vereinbarte Kaufpreis sofort fällig, in Raten zahlbar oder langfristig gestundet ist und wann der Verkaufserlös dem Veräußerer tatsächlich zufließt. Dieser Gewinn ist bei Veräußerung eines gesamten Mitunternehmeranteils auch dann im Kalenderjahr des Ausscheidens des Mitunternehmers zu erfassen, wenn die Mitunternehmerschaft – wie im Streitfall die A-KG – ihren Gewinn für ein abweichendes Wirtschaftsjahr ermittelt, denn § 4a Abs. 2 Nr. 2 EStG, wonach der Gewinn in dem Kalenderjahr bezogen gilt, in dem das abweichende Wirtschaftsjahr endet, ist auf den ausscheidenden Mitunternehmer nicht anwendbar.

Praxishinweis

Vgl. hierzu auch das im ersten Leitsatz gleichlautende BFH-Urteil vom 20.9.2018.[206] Der IV. Senat hat aber darüber hinaus auch noch entschieden, dass der Gewinn aus der Veräußerung des Mitunternehmeranteils unter Einschluss des zum Sonderbetriebsvermögen II gehörenden Anteils an einer Kapitalgesellschaft gem. § 7 S. 2 Nr. 2 GewStG zum Gewerbeertrag gehört.

1.2.4 Einkünfte eines national und international tätigen Fußballschiedsrichters – Gewerblichkeit und abkommensrechtliche Behandlung

> **BFH, Urteil v. 20.12.2017[207], I R 98/15, DB 2018, S. 482;**
> **Vorinstanz: FG Rheinland-Pfalz, Urteil v. 18.7.2014, 1 K 2552/11, EFG 2014, S. 2065**
>
> **Fußballschiedsrichter sind selbstständig tätig und nehmen am allgemeinen wirtschaftlichen Verkehr teil.**
>
> **Ein international tätiger Schiedsrichter begründet am jeweiligen Spielort keine Betriebsstätte.**
>
> **Bei den von Schiedsrichtern erzielten Einkünften handelt es sich nicht um solche eines Sportlers.**
>
> **Normen:** § 10, 12 S. 1 und S. 2 Nr. 1 AO; § 15 Abs. 2 EStG; §§ 2, 9 Nr. 3 S. 1 GewStG; § 1 Abs. 1 und Abs. 2 LStDV; Art. 17 OECD-MA

Wie der I. Senat des BFH entschieden hat, sind Fußballschiedsrichter steuerrechtlich als Gewerbetreibende tätig, die bei internationalen Einsätzen auch nicht am jeweiligen Spielort eine Betriebsstätte begründen. Dies rechtfertigt die Festsetzung (nationaler) GewSt auch für die im Ausland erzielten Einkünfte. Diesem nationalen Besteuerungsrecht stehen abkommensrechtliche Hürden (hier: sog. Sportlerbesteuerung im jeweiligen Tätigkeitsstaat) nicht entgegen.

---

[206] BFH, Urteil v. 20.9.2018, IV R 39/11, DB 2018, S. 3100.
[207] Erst in 2018 veröffentlicht; vgl. auch BFH, PM Nr. 12 v. 27.2.2018.

Sachverhalt

Der Kläger war in den Streitjahren 2001 bis 2003 als Fußballschiedsrichter sowohl im Inland als auch im Ausland tätig. Er leitete neben Spielen der Fußball-Bundesliga u. a. Spiele im Rahmen einer von der Fédération Internationale de Football Association (FIFA) veranstalteten Weltmeisterschaft sowie – jeweils von der Union of European Football Associations (UEFA) durchgeführt – der Qualifikation zu einer Europameisterschaft, der UEFA Champions-League und des UEFA Cup. Mit seiner Klage gegen die Festsetzung von GewSt war er beim FG erfolgreich.

Entscheidung

Der BFH hat zum Nachteil des Klägers entschieden. Die Schiedsrichtertätigkeit begründet steuerrechtlich einen Gewerbebetrieb, weil eine selbstständige nachhaltige Betätigung vorliegt, die in Gewinnerzielungsabsicht und unter Teilnahme am allgemeinen wirtschaftlichen Verkehr unternommen wird. Dabei folgt die Selbstständigkeit daraus, dass ein Schiedsrichter bei der Einkünfteerzielung auf eigene Rechnung und Gefahr tätig ist und Unternehmerinitiative entfalten kann. Ein „Anstellungsverhältnis" liegt nicht vor, auch wenn (nach der Zusage, die Spielleitung zu übernehmen) die Tätigkeit hinsichtlich des Ortes und der Zeit im Rahmen der Ansetzung zu den einzelnen Spielen durch die Fußball-Verbände bestimmt wird. Jedenfalls besteht während des Fußballspiels (als Schwerpunkt der Tätigkeit) keine Weisungsbefugnis eines Verbands. Nicht zuletzt entspricht die Tätigkeit des Klägers ihrer Art und ihrem Umfang nach dem Bild einer unternehmerischen Marktteilnahme. Die Anzahl der Vertragspartner ist hierbei unerheblich. Deshalb kann sich aus Sicht des BFH bereits die Schiedsrichtertätigkeit für einen (einzigen) Landes- oder Nationalverband (z. B. Deutscher Fußball-Bund e. V.) bei der gebotenen Gesamtbetrachtung als unternehmerische Marktteilnahme darstellen.

Der BFH macht auch deutlich, dass der Kläger nur eine einzige Betriebsstätte hatte, nämlich in seiner inländischen Wohnung als Ort der „Geschäftsleitung". An den Spielorten (in der jeweiligen Schiedsrichterkabine) unterhält er hingegen keine „feste Geschäftseinrichtung oder Anlage, die der Tätigkeit eines Unternehmens dient" und damit auch keine Betriebsstätte. Schließlich ist das innerstaatliche (nationale) Besteuerungsrecht auch nicht nach einem Abkommen zur Vermeidung der Doppelbesteuerung ausgeschlossen. Auch wenn sich der Fußballschiedsrichter (im Gegensatz zu Schiedsrichtern mancher anderer Sportarten) bei der Berufsausübung körperlich betätigt, übt er keine Tätigkeit „als Sportler" aus. Zwar wird seine Tätigkeit von den Zuschauern des Fußballspiels wahrgenommen, sie ermöglicht aber lediglich anderen Personen (den Spielern), diesen sportlichen Wettkampf zu bestreiten. Damit ist die Besteuerung abkommensrechtlich nicht dem (ausländischen) Tätigkeitsstaat vorbehalten.

Literaturhinweis: *Hagemann*, nwb 2018, S. 918

1.2.5 Übertragung von verrechenbaren Verlusten

> **BFH, Urteil v. 1.3.2018, IV R 16/15, BStBl II 2018, S. 527;**
> **Vorinstanz: FG Düsseldorf, Urteil v. 22.1.2015, 16 K 3127/12 F, EFG 2015, S. 813**
>
> **Überträgt ein Kommanditist unentgeltlich einen Teil seiner Beteiligung an der KG, geht der verrechenbare Verlust anteilig auf den Übernehmer über, wenn diesem auch das durch die Beteiligung vermittelte Gewinnbezugsrecht übertragen wird.**
>
> **Norm:** § 15a Abs. 2 S. 1 EStG

Gem. § 15a Abs. 1 S. 1 EStG darf der einem Kommanditisten zuzurechnende Anteil am Verlust der KG weder mit anderen Einkünften aus Gewerbebetrieb noch mit Einkünften aus anderen Einkunftsarten ausgeglichen werden, soweit ein negatives Kapitalkonto des Kommanditisten entsteht oder sich erhöht; er darf insoweit auch nicht nach § 10d EStG abgezogen werden. Der nicht ausgleichs- oder abzugsfähige Verlust, vermindert um die nach § 15a Abs. 2 EStG abzuziehenden und vermehrt um die nach § 15a Abs. 3 EStG hinzuzurechnenden Beträge (verrechenbarer Verlust), ist jährlich gesondert festzustellen (§ 15a Abs. 4 S. 1 EStG). Er mindert nach § 15a Abs. 2 EStG a. F. bzw. § 15a Abs. 2 S. 1 EStG n. F. die Gewinne, die dem Kommanditisten in späteren Wirtschaftsjahren aus seiner Beteiligung an der KG zuzurechnen sind.

Sachverhalt

Die Klägerin war neben ihrem Ehemann Kommanditistin einer GmbH und Co KG. Zum 1.1.2007 schenkte ihr Ehemann ihr einen Teil seines Kommanditanteils. Im Schenkungsvertrag hieß es u. a. „... das für den Schenker geführte Privatkonto verbleibt dem Schenker und wird von diesem/für diesen unverändert fortgeführt ..." Auf diesem Privatkonto wurden Entnahmen, Einlagen, Gewinn/Verluste verbucht. Das FA vertrat die Auffassung, ein anteiliger Übergang des verrechenbaren Verlustes habe nicht stattgefunden, da die Ursache für den verrechenbaren Verlust in Gestalt des negativen Kapitalkontos nicht mitübertragen worden sei. Aufgrund seiner zivilrechtlichen Ausgestaltung stelle das zurückbehaltene Kapitalkonto II ein EK-Konto i. S. d. § 15a EStG dar. Es liege daher keine vollständige Übertragung des anteiligen Kommanditkapitals vor. Ein Übergang des verrechenbaren Verlustes liefe zudem dem Leistungsfähigkeitsprinzip zuwider. Das FG gab der Klage statt. Dem folgte auch der BFH.

Entscheidung

Sinn und Zweck des § 15a EStG ist es, dem Kommanditisten einen steuerlichen Verlustausgleich und -abzug nur insoweit zu gewähren, als er wirtschaftlich durch den Verlust belastet wird. Bei einer unentgeltlichen Anteilsübertragung geht ein verrechenbarer Verlust i. S. d. § 15a EStG auf den Übernehmer der Beteiligung an einer KG über, wenn jener durch diesen Verlust künftig wirtschaftlich belastet wird. Wenn der verrechenbare Verlust nach dem Wortlaut des § 15a Abs. 2 S. 1 EStG nur beteiligungsbezogen abgezogen werden darf, muss ein nach einer unentgeltlichen Übertragung verbleibender verrechenbarer Verlust demjenigen zugeordnet werden, der später aus der nämlichen Beteiligung Gewinne erzielt.

Bei der entgeltlichen Übertragung eines Mitunternehmeranteils kann der Veräußerer hingegen „seinen" verrechenbaren Verlust mit dem Gewinn aus der Veräußerung seiner Beteiligung verrechnen, der u. a. daraus entsteht, dass die Belastung des Kommanditisten, das Kapitalkonto mit zukünftigen Gewinnen auszugleichen, mit der Veräußerung entfällt und auf den Anteilserwerber übergeht

Die Zuordnung des verrechenbaren Verlustes zum (unentgeltlichen) Übernehmer bedeutet nicht, dass „echte" negative Einkünfte einer Person auf eine andere verlagert werden. Die das ESt-Recht beherrschenden Grundsätze der Individualbesteuerung und der Besteuerung nach der persönlichen Leistungsfähigkeit werden nicht durchbrochen. Die Zuordnung des verrechenbaren Verlustes i. S. d. § 15a EStG beim Übernehmer des Kommanditanteils hängt allein davon ab, ob das (zukünftige) Gewinnbezugsrecht (Anspruch auf künftige anteilige Zuteilung des Gewinns) auf ihn übergegangen ist.

Dies gilt unabhängig davon, ob ein Kommanditanteil im Ganzen oder nur teilweise übertragen wird. Wendet der Kommanditist dem Übernehmer lediglich einen Teil seiner Beteiligung zu, geht der verrechenbare Verlust nach den vorgenannten Maßstäben anteilig auf den Übernehmer über. Denn insoweit trägt der Übernehmer künftig (anteilsmäßig) eine wirtschaftliche Belastung, wenn das entsprechende Gewinnbezugsrecht auf ihn übergegangen ist.

War im Zuge der unentgeltlichen Anteilsübertragung das Gewinnbezugsrecht anteilig auf die Klägerin übergegangen, so traf die Klägerin insoweit die Verpflichtung, künftige Gewinne zum Auffüllen des negativen Kapitalkontos zu verwenden. Dies rechtfertigt es nach den vorgenannten Grundsätzen, der Klägerin den für ihren Ehemann gem. § 15a Abs. 4 S. 1 EStG festgestellten verrechenbaren Verlust anteilig zuzuordnen.

> **Literaturhinweis:** *Siegmund/Hautkappe*, nwb 2018, S. 3150

1.2.6 Verlustabzug beim Anlagebetrug mit nicht existierenden Blockheizkraftwerken

> **BFH, Urteil v. 7.2.2018[208], X R 10/16, BStBl II 2018, S. 630;**
> **Vorinstanz: FG Münster, Urteil v. 11.3.2016, 4 K 3365/14 E, EFG 2016, S. 807**
>
> **Der BFH äußert sich zur einkommensteuerrechtlichen Behandlung von vergeblichen Investitionen in betrügerische Modelle über den Erwerb von tatsächlich nicht existierenden Blockheizkraftwerken.**
>
> **Normen:** §§ 15b, 20 Abs. 1 Nr. 4 und Nr. 7 sowie Abs. 9, 22 Nr. 3 EStG

Beteiligt sich der Anleger an einem von ihm nicht erkannten Schneeballsystem, das aus seiner Sicht zu gewerblichen Einkünften führen soll, ist er berechtigt, den Verlust seines Kapitals steuerlich geltend zu machen. Dies hat der BFH in einem Musterverfahren für mehr als 1.400 geschädigte Anleger entschieden.

Sachverhalt

Im Streitfall hatte der Kläger mit mehreren Gesellschaften der X-Gruppe Verträge über den Erwerb von Blockheizkraftwerken abgeschlossen und die Kaufpreise gezahlt. Den späteren Betrieb der Blockheizkraftwerke hatte er vertraglich an die X-Gruppe übertragen. Die wirtschaftlichen Chancen und Risiken aus dem Betrieb sollten beim Kläger liegen. Tatsächlich hatten die Verantwortlichen der X-Gruppe jedoch niemals beabsichtigt, die Blockheizkraftwerke zu liefern. Sie hatten vielmehr ein betrügerisches „Schneeballsystem" aufgezogen und wurden hierfür später strafrechtlich verurteilt. Wenige Monate nachdem der Kläger die Kaufpreise gezahlt hatte, wurden die Gesellschaften der X-Gruppe insolvent. Die vom Kläger geleisteten Zahlungen waren verloren.

---
[208] Vgl. auch BFH, PM Nr. 24 v. 14.5.2018.

Das FA wollte die Verluste des Klägers einkommensteuerlich nicht berücksichtigen, weil es ihn als bloßen Kapitalgeber ansah und bei den Einkünften aus Kapitalvermögen kein Abzug von Werbungskosten möglich ist.

Entscheidung

Dem ist der BFH nicht gefolgt. Er hat vielmehr entschieden, dass die einkommensteuerrechtliche Qualifikation der Einkunftsart, der die verlorenen Aufwendungen zuzuordnen sind, nach der Sichtweise des Steuerpflichtigen im Zeitpunkt des Abschlusses der maßgeblichen Verträge vorzunehmen ist. Die besseren objektiv-rückblickenden Erkenntnisse sind hingegen nicht maßgeblich. Aufgrund der Verträge über den Erwerb und den Betrieb der Blockheizkraftwerke durfte der Kläger hier davon ausgehen, Gewerbetreibender zu sein. Gewerbetreibende dürfen Verluste auch dann – als vorweggenommene Betriebsausgaben – abziehen, wenn letztlich niemals Einnahmen erzielt werden.

Die Entscheidung des BFH beschränkt sich auf das sog. „Verwaltungsvertragsmodell" der X-Gruppe. Über das von dieser Gruppe ebenfalls angebotene „Verpachtungsmodell" brauchte der X. Senat in diesem Urteil hingegen nicht zu entscheiden.

Gleichwohl wird sich das erstinstanzlich tätig gewesene FG Münster nochmals mit dem Verfahren befassen müssen. Denn der BFH hat es als möglich angesehen, dass die beabsichtigte Investition als Steuerstundungsmodell (§ 15b EStG) anzusehen ist. In diesem Fall wäre ein Abzug der Verluste nicht zulässig. Ob es sich tatsächlich um ein Steuerstundungsmodell handelt, wird in einem gesonderten Verfahren zu entscheiden sein.

Literaturhinweis: *Heinmüller*, BB 2018, S. 1576

1.2.7 Fondsetablierungskosten bei modellhafter Gestaltung

BFH, Urteil v. 26.4.2018[209], IV R 33/15, DB 2018, S. 2089;
Vorinstanz: FG Hamburg, Urteil v. 18.6.2015, 2 K 145/13, EFG 2015, S. 1911

Für Jahre seit Inkrafttreten des § 15b EStG kann die auf § 42 AO gestützte Rspr. zur Berücksichtigung von Fondsetablierungskosten bei modellhafter Gestaltung nicht mehr angewendet werden.

Normen: § 42 AO; § 15b EStG

Kosten bei der Auflegung eines geschlossenen Fonds mit gewerblichen Einkünften können grds. sofort als Betriebsausgaben abgezogen werden. Wie der IV. Senat allerdings zugleich entschieden hat, stehen dabei anfallende Verluste im Fall des § 15b Abs. 3 EStG nur zur Verrechnung mit künftigen Gewinnen aus dem Fonds zur Verfügung. Damit hat der BFH seine bisherige Rspr., die insoweit von Anschaffungskosten ausging, als durch die Einführung des § 15b EStG im Jahr 2005 überholt angesehen.

Geschlossene Personengesellschaftsfonds (z. B. Schiffsfonds, Filmfonds, Windkraftfonds) waren in der Vergangenheit meist so konzipiert, dass sich in der Anfangsphase aus einer Vielzahl von Verträgen Kosten ergaben, die den Anlegern regelmäßig hohe Verluste vermittelten. Dabei konnte es sich z. B. um Provisionen für die EK-Vermittlung, um Kosten für die Fondskonzeption oder um Prospektkosten handeln. Der BFH sah hierin einen Gestaltungsmissbrauch

---

[209] Vgl. auch BFH, PM Nr. 37 v. 11.7.2018.

i. S. d. § 42 AO und behandelte die streitigen Aufwendungen als Anschaffungskosten der vom Fonds beschafften Anlagegüter, die nur im Wege der AfA verteilt über die Nutzungsdauer abgezogen werden konnten.

Mit § 15b EStG hat der Gesetzgeber allerdings Ende 2005 grds. angeordnet, dass Verluste im Zusammenhang mit Steuerstundungsmodellen im Jahr ihrer Entstehung nicht mehr mit anderen Einkünften ausgeglichen werden dürfen, sondern nur mit Einkünften, die der Anleger in den Folgejahren aus dem Steuerstundungsmodell erzielt.

Nach dem Urteil des BFH erkennt der Gesetzgeber damit Steuerstundungsmodelle an, die dem Anleger aufgrund eines vorgefertigten Konzepts die Möglichkeit bieten, in der Anfangsphase der Investition seine Steuerlast zu senken. Derartige Vorteile sind daher auch bei modellhafter Gestaltung nicht mehr als Missbrauch rechtlicher Gestaltungsmöglichkeiten anzusehen. Nach dem Urteil des BFH kommt es dabei nicht darauf an, ob im Einzelfall die Voraussetzungen des § 15b EStG tatsächlich vorliegen. Etablierungskosten eines gewerblichen Fonds sind danach sofort abzugsfähige Betriebsausgaben. Allerdings besteht eine Verlustverrechnungsbeschränkung, wenn Verluste bei Anwendung von § 15b Abs. 3 EStG die dort aufgeführten Grenzen überschreiten.

1.2.8 Vorab-Gewinnverteilungsbeschluss auch bei späterer Veräußerung der Beteiligung anzuerkennen

> **BFH, Urteil v. 13.3.2018, IX R 35/16, BFH/NV 2018, S. 936;**
> **Vorinstanz: FG Köln, Urteil v. 21.9.2016, 14 K 3263/13, EFG 2016, S. 1949**
>
> **Erwirbt bei einer GmbH der eine Gesellschafter vom anderen dessen Geschäftsanteil mit dinglicher Wirkung zum Bilanzstichtag und vereinbaren die Gesellschafter zugleich, dass dem ausscheidenden Gesellschafter der laufende Gewinn der Gesellschaft noch bis zum Bilanzstichtag zustehen und nach Aufstellung der nächsten Bilanz an ihn ausgeschüttet werden soll, kann ein zivilrechtlich wirksamer und steuerlich anzuerkennender Gewinnverteilungsbeschluss vorliegen mit der Folge, dass der im Folgejahr von der Gesellschaft an den ausgeschiedenen Gesellschafter ausgeschüttete Betrag diesem als (nachträgliche) Einkünfte aus Kapitalvermögen zuzurechnen ist; damit scheidet eine Zurechnung beim erwerbenden Gesellschafter ebenso aus wie eine nachträgliche Erhöhung des Veräußerungserlöses beim ausgeschiedenen Gesellschafter.**
>
> **Normen:** §§ 17 Abs. 1, 20 Abs. 1 Nr. 1 EStG

Sachverhalt

Der Kläger und sein Bruder waren im Streitjahr 2007 zu je 50 % an der A-GmbH (GmbH) beteiligt. Mit notariellem Vertrag vom 26.10.2007 veräußerte der Kläger seinen Anteil an seinen Bruder. Die Übertragung des Geschäftsanteils erfolgte mit dinglicher Wirkung zum 31.12.2007. Laut Vertrag sollten die Gewinne, die bis einschließlich 31.12.2007 erwirtschaftet werden, dem Kläger hälftig zustehen und vollständig in 2008 als Dividende ausgeschüttet werden. Das FA sah darin keinen wirksamen Ausschüttungs- bzw. Gewinnverwendungsbeschluss, sondern einen gesellschaftsrechtlich unverbindlichen Ergebnisverwendungsvorschlag. Da im Zeitpunkt der Ausschüttungsbeschlüsse in 2008 nicht der Kläger, sondern dessen Bruder alleiniger Anteilseigner der GmbH gewesen sei, seien diesem (und nicht dem Kläger) die Ausschüttungsbeträge zuzurechnen. Der Bruder habe lediglich die ihm selbst zuzurechnenden Ausschüttungen einkommensteuerrechtlich „verwendet", indem er sie an den Kläger weiterleitete. Der Kläger seinerseits habe dadurch einen zusätzlichen Veräußerungserlös für die Abtretung seiner Gesellschaftsanteile erhalten.

Entscheidung

Das FG hatte der Klage stattgegeben und entschieden, dass der Kläger als Anteilseigner Einkünfte aus Kapitalvermögen erzielte, da er im Zeitpunkt des Gewinnverteilungsbeschlusses Inhaber der GmbH-Anteile war. Unerheblich sei, dass der (wirksame) Gewinnverteilungsbeschluss vor der Feststellung des Jahresgewinns erfolgte. Aus § 46 Nr. 1 GmbHG lasse sich nämlich nicht herleiten, dass der Feststellungsbeschluss stets vor dem Gewinnverteilungsbeschluss gefasst werden muss. Der BFH folgte diesem Ergebnis und wies die Revision des FA ab. Es handele sich bei dem an den Kläger in 2008 ausgeschütteten Betrag, so der IX. Senat, aufgrund der dinglichen Übertragung des Geschäftsanteils erst zum 31.12.2007 um nachträgliche Einkünfte aus Kapitalvermögen.

Der Gewinnverteilungsbeschluss im Geschäftsanteilsübertragungsvertrag entspricht den einschlägigen gesellschaftsrechtlichen Bestimmungen und ist daher zivilrechtlich wirksam. Denn die Verteilung des Ergebnisses einer GmbH, die dem Grunde nach im Verhältnis der Geschäftsanteile vorzunehmen ist, kann mit Zustimmung aller Gesellschafter auch abweichend von dieser gesetzlichen Grundregel und – im Falle notarieller Beurkundung – grds. auch abweichend von eventuellen anderslautenden Satzungsbestimmungen erfolgen.

Eine derartige, von allen an der GmbH beteiligten Gesellschaftern einstimmig beschlossene Gewinnverteilung kann gesellschaftsrechtlich auch schon vor Ablauf des Geschäftsjahrs und Feststellung des Jahresabschlusses vorgenommen werden. Eine entsprechende, zivilrechtlich wirksame Vorab-Gewinnverteilung ist grds. steuerrechtlich anzuerkennen. Die Voraussetzungen für eine von der gesetzlichen Grundregel oder eventueller Satzungsbestimmungen abweichende schriftliche Beschlussfassung ohne vorherige Einberufung einer Gesellschafterversammlung bei gleichzeitiger Anwesenheit aller Gesellschafter waren im Streitfall ebenfalls erfüllt.

Praxishinweis

Durch eine entsprechende Zusatzvereinbarung im Kaufvertrag können die gewünschten wirtschaftlichen und steuerlichen Ergebnisse sowohl für den ausscheidenden als auch den neuen Gesellschafter erreicht werden. Wenn die Vereinbarungen zivilrechtlich wirksam und fremdüblich sind, dürfte die Finanzverwaltung es nach dem Urteil schwer haben, nachträgliche Zahlungen an den ausgeschiedenen Gesellschafter als zusätzlichen Teil des Veräußerungserlöses zu behandeln.

1.2.9 Gesellschaftereinlage zur Vermeidung einer Bürgschaftsinanspruchnahme als nachträgliche Anschaffungskosten

> BFH, Urteil v. 20.7.2018[210], IX R 5/15, DB 2018, S. 2911;
> Vorinstanz: FG Düsseldorf, Urteil v. 18.12.2014, 11 K 3617/13 E, Haufe-Index 8732157
>
> **Mit der Aufhebung des Eigenkapitalersatzrechts durch das MoMiG ist die gesetzliche Grundlage für die bisherige Rechtsprechung zur Berücksichtigung von Aufwendungen des Gesellschafters aus eigenkapitalersetzenden Finanzierungshilfen als nachträgliche Anschaffungskosten i. R. d. § 17 EStG entfallen.**
>
> **Aufwendungen des Gesellschafters aus einer Einzahlung in die Kapitalrücklage zur Vermeidung einer Bürgschaftsinanspruchnahme führen zu nachträglichen Anschaffungskosten auf seine Beteiligung.**
>
> **Normen:** § 17 Abs. 1 und Abs. 2 EStG; §§ 255, 272 Abs. 2 Nr. 4 HGB; § 26 GmbHG; § 32a Abs. 1 und Abs. 3 GmbHG a. F.

Sachverhalt

Im Streitfall hatte ein GmbH-Gesellschafter eine Bürgschaft für Bankverbindlichkeiten der Gesellschaft übernommen. Mit Blick auf die drohende Inanspruchnahme aus der Bürgschaft, die bevorstehende Vollstreckung in ein als Sicherheit dienendes privates Grundstück sowie die drohende Liquidation der Gesellschaft leistete er – ebenso wie weitere Familiengesellschafter – eine Zuführung in die Kapitalrücklage der GmbH. Ein Teil der Einzahlung stammte aus der mit der Gläubigerbank abgestimmten Veräußerung des besicherten Grundstücks. Die GmbH verwendete das Geld planmäßig dazu, ihre Bankverbindlichkeiten zu tilgen. Durch Erfüllung der Hauptschuld wurden auch die Bürgen von der Haftung frei. Der Kläger und seine Mitgesellschafter veräußerten im Anschluss daran ihre Geschäftsanteile für 0 €. In seiner ESt-Erklärung für das Streitjahr 2010 machte der Gesellschafter einen Verlust aus der Veräußerung seines GmbH-Anteils i. S. d. § 17 EStG geltend, der sich aus der übernommenen GmbH-Stammeinlage und der Kapitalzuführung ergab. Das FA berücksichtigte demgegenüber lediglich den Verlust der eingezahlten Stammeinlage.

Entscheidung

Der BFH gab dem Gesellschafter recht und führte damit seine vor dem Hintergrund der Aufhebung des Eigenkapitalersatzrechts durch das MoMiG geänderte Rspr. zur Anerkennung nachträglicher Anschaffungskosten i. R. d. § 17 EStG[211] fort. Nachträgliche Anschaffungskosten auf die Beteiligung sind nach dieser Rspr. nur solche Aufwendungen des Gesellschafters, die nach handels- und bilanzsteuerrechtlichen Grundsätzen (§ 255 HGB) zu einer offenen oder verdeckten Einlage in das Kapital der Gesellschaft führen. Hierzu zählen u. a. auch freiwillige und ohne Gewährung von Vorzügen seitens der Kapitalgesellschaft erbrachte Einzahlungen in die Kapitalrücklage nach § 272 Abs. 2 Nr. 4 HGB, wie sie der klagende Gesellschafter in Streitfall geleistet hatte. Der von ihm insoweit getragene Aufwand war daher bei der Berechnung seines Verlusts aus der Veräußerung der GmbH-Anteile als nachträgliche Anschaffungskosten zu berücksichtigen.

Der steuerrechtlichen Anerkennung stand auch nicht entgegen, dass die der Kapitalrücklage zugeführten Mittel von der GmbH gerade dazu verwendet wurden, jene betrieblichen Verbind-

---

[210] Vgl. auch BFH, PM Nr. 61 v. 21.11.2018.
[211] BFH, Urteil v. 11.7.2017, IX R 36/15, DB 2017, S. 2330; BFH, PM Nr. 60 v. 27.9.2017.

lichkeiten abzulösen, für die der Gesellschafter gegenüber der Gläubigerbank Sicherheiten gewährt hatte. Unerheblich war auch, mit welchem Wert ein Rückgriffanspruch des Gesellschafters gegen die GmbH zu bewerten gewesen wäre (oder ob er mit einem solchen Anspruch ausgefallen wäre), wenn die Gläubigerbank in die von ihm gegebenen Sicherheiten vollstreckt oder ihn im Rahmen seiner Bürgschaftsverpflichtung in Anspruch genommen hätte. Schließlich vermochte der BFH in der vom Gesellschafter gewählten Vorgehensweise auch keinen Missbrauch von Gestaltungsmöglichkeiten des Rechts i. S. d. § 42 Abs. 1 S. 1 AO zu erkennen, da die Ausstattung einer Gesellschaft mit Eigenkapital nicht den Wertungen des Gesellschaftsrechts widerspricht.

Praxishinweis

Vgl. hierzu auch zwei inhaltsgleiche Urteile vom selben Tag[212] sowie im vorliegenden Werk die Ausführungen in B.1.2.2 und B.1.2.3.

Literaturhinweis: *Fuhrmann*, nwb 2018, S. 3880

1.2.10 Deutsches Besteuerungsrecht bei Zahlung eines sog. Signing Bonus

BFH, Urteil v. 11.4.2018, I R 5/16, BStBl II 2018, S. 761;
Vorinstanz: FG München, Urteil v. 13.3.2015, 8 K 3098/13, EFG 2015, S. 1100

Deutschland steht das Besteuerungsrecht hinsichtlich der Zahlung eines sog. Signing Bonus – eine bei Abschluss des Arbeitsvertrags fällige Einmalzahlung, die dem im Ausland ansässigen Arbeitnehmer für eine künftig in Deutschland auszuübende Tätigkeit vorab gewährt wurde – nach Art. 15 Abs. 1 S. 2 DBA-Schweiz 1971/2010 zu.

Normen: Art. 15 DBA-Schweiz 1971/2010; §§ 19 Abs. 1 S. 1 Nr. 1, 39b Abs. 6, 41c Abs. 3 S. 1, 42d EStG; § 2 Abs. 2 Nr. 1 LStDV

Sachverhalt

Der bis Ende September 2012 in der Schweiz wohnhafte Wissenschaftler hatte mit dem Kläger, einer gemeinnützigen Forschungseinrichtung, im Dezember 2011 einen Arbeitsvertrag geschlossen, aufgrund dessen er zunächst nebenamtlich und ab 1.10.2012 hauptamtlich an dessen Institut tätig werden sollte. Der Kläger hatte den Wissenschaftler bereits im November 2011 über das Vertragsangebot mit Hinweis auf eine Einmalzahlung von 200.000 € informiert. Die von einer öffentlichen gemeinnützigen Stiftung des bürgerlichen Rechts zu gewährende Einmalzahlung sollte dem Wissenschaftler die Entscheidung erleichtern, das Stellenangebot eines hauptamtlichen Direktors anzunehmen und seine bisherige Stelle aufzugeben. Daneben sollte es den Forscher für einige Jahre an den Kläger binden. Der Betrag wäre deshalb zurückzuzahlen, wenn er vor Ablauf von fünf Jahren ab voller Aufnahme seiner Tätigkeit am Institut aus dem Dienst ausscheidet. Das FA hatte den Antrag des Klägers auf Erteilung einer Freistellungsbescheinigung für die Einmalzahlung abgelehnt. Der BFH gab dem FA Recht.

---

[212] BFH, Urteil v. 20.7.2018, IX R 6/15, BFH/NV 2019, S. 19; BFH, Urteil v. 20.7.2018, IX R 7/15, BFH/NV 2019, S. 22.

Entscheidung

Die Einmalzahlung ("Signing Bonus") ist Arbeitslohn. Zum Arbeitslohn gehören auch Einnahmen im Hinblick auf ein künftiges Dienstverhältnis. Es sei unzweifelhaft, so der BFH, dass z. B. vor Arbeitsvertragsschluss geleistete Handgelder und Antrittsprämien zu den Einkünften aus nichtselbstständiger Arbeit rechnen, und zwar auch dann, wenn der Arbeitnehmer – wie im Streitfall – zum Zeitpunkt der Zahlung lediglich der beschränkten Steuerpflicht und dem damit verbundenen LSt-Abzug unterliegt. Mit der Zahlung sollte der Wissenschaftler nämlich dazu bewegt werden, das Arbeitsverhältnis über mindestens fünf Jahre aufrechtzuerhalten und in diesem Zeitraum für den Kläger zu arbeiten.

Für das Besteuerungsrecht Deutschlands kommt es nach Art. 15 Abs. 1 S. 1 Halbs. 2 DBA-Schweiz darauf an, dass die Arbeit im anderen als dem Ansässigkeitsstaat ausgeübt wird. Wird die Arbeit dort ausgeübt, so können die dafür bezogenen Vergütungen im anderen Staat besteuert werden. Der BFH ist der Auffassung, dass der Wissenschaftler die Einmalzahlung für eine in Deutschland ausgeübte Tätigkeit bezogen hat, sodass Deutschland das Besteuerungsrecht zusteht. Die Tatsache, dass im Falle der Beendigung der Tätigkeit vor Ablauf der Fünfjahresfrist eine Rückzahlung vorgesehen war, spreche ebenfalls für ein vorausgezahltes Arbeitsentgelt.

Das zeitliche Auseinanderfallen von Zahlung und Ausübung der Tätigkeit ist dabei unschädlich. Dem Abkommenswortlaut ist nicht zu entnehmen, dass Vergütungen, die im Hinblick auf ein zukünftiges Arbeitsverhältnis oder eine künftige Arbeitsausübung gezahlt werden, vom Anwendungsbereich des Art. 15 DBA-Schweiz ausgenommen sein sollen. Eine vorab gewährte Vergütung könne nicht anders behandelt werden als nachträglich ausgezahlter Arbeitslohn, der dem Besteuerungsrecht des früheren Tätigkeitsstaats unterliegt.

Auch die in Art. 15a DBA-Schweiz enthaltene Grenzgängerregelung führt laut BFH zu keinem abweichenden Ergebnis. Selbst wenn der Wissenschaftler in der Zeit seiner nebenamtlichen Tätigkeit von seinem (nebenberuflichen) Arbeitsort in Deutschland regelmäßig an seinen schweizerischen Wohnsitz zurückgekehrt sein sollte, müsste die streitige Einmalzahlung veranlassungsbezogen entweder der nebenamtlich ausgeübten Grenzgängertätigkeit oder der ab Oktober 2012 ausgeübten hauptamtlichen Tätigkeit eines inländischen Institutsdirektors zugeordnet werden.

Praxishinweis

> Bei der vom FG herangezogenen Rspr. zur Verteilung des Besteuerungsrechts an Abfindungszahlungen hat der Senat das Tatbestandsmerkmal „dafür bezogen" in Art. 15 Abs. 1 S. 2 DBA-Schweiz im Wesentlichen deswegen verneint, weil Abfindungen nicht für das Tätigwerden des Arbeitnehmers, sondern als Entschädigung für den Arbeitsplatzverlust, also für das Nicht-Mehr-Tätigwerden als Arbeitnehmer gezahlt werden. Auf die vom Kläger durchweg als Signing Bonus bezeichnete Vergütung, die gerade die Arbeitsaufnahme bewirken sollte, ist die Rspr. daher nicht übertragbar.
>
> Die zu Abfindungen ergangene Rspr. ist im Übrigen mit Wirkung ab 2017 durch den neuen § 50d Abs. 12 EStG ausgehebelt worden.

1.2.11 Verlustberücksichtigung bei Aktienveräußerungen

> **BFH, Urteil v. 12.6.2018[213], VIII R 32/16, DB 2018, S. 2278;**
> **Vorinstanz: Niedersächsisches FG, Urteil v. 26.10.2016, 2 K 12095/15, EFG 2017, S. 132**
>
> Eine Veräußerung i. S. d. § 20 Abs. 2 S. 1 Nr. 1 EStG ist weder von der Höhe der Gegenleistung noch von der Höhe der anfallenden Veräußerungskosten abhängig.
>
> Es steht grds. im Belieben des Steuerpflichtigen, ob, wann und mit welchem Ertrag er Wertpapiere erwirbt und wieder veräußert. Dadurch macht der Steuerpflichtige lediglich von gesetzlich vorgesehenen Gestaltungsmöglichkeiten Gebrauch, missbraucht diese aber nicht.
>
> **Normen:** §§ 20 Abs. 2 S. 1 Nr. 1 und Abs. 4 S. 1 sowie Abs. 6 S. 6, 32d Abs. 4, 43a Abs. 3 S. 4 EStG

Die steuerliche Berücksichtigung eines Verlusts aus der Veräußerung von Aktien hängt nicht von der Höhe der anfallenden Veräußerungskosten ab. Nach dem Urteil des BFH gilt dies unabhängig von der Höhe der Gegenleistung und der anfallenden Veräußerungskosten. Damit wendet sich der VIII. Senat gegen die Auffassung der Finanzverwaltung.[214]

Sachverhalt

Im Streitfall hatte der Kläger in den Jahren 2009 und 2010 Aktien zum Preis von 5.759,78 € erworben und diese im Jahr 2013 zu einem Gesamtverkaufspreis von 14,00 € an eine Sparkasse wieder veräußert, die Transaktionskosten in dieser Höhe einbehielt. In seiner ESt-Erklärung 2013 machte der Kläger den Verlust i. H. v. 5.759,78 € bei den Einkünften aus Kapitalvermögen geltend und stellte u. a. den Antrag auf Überprüfung des Steuereinbehalts gem. § 32d Abs. 4 EStG. Das FA berücksichtigte die Verluste nicht. Den Einspruch des Klägers wies es als unbegründet zurück. Der dagegen gerichteten Klage gab das FG statt.

Entscheidung

Dem folgte der BFH. Er entschied, dass jede entgeltliche Übertragung des – zumindest wirtschaftlichen – Eigentums auf einen Dritten eine Veräußerung i. S. d. § 20 Abs. 2 S. 1 Nr. 1 EStG darstellt. Weitere Tatbestandsmerkmale nennt das Gesetz nicht. Die Erfüllung des Tatbestands der Veräußerung ist entgegen der Sichtweise der Finanzverwaltung weder von der Höhe der Gegenleistung noch von der Höhe der anfallenden Veräußerungskosten abhängig.

Auch einen Missbrauch von Gestaltungsmöglichkeiten i. S. d. § 42 AO verneinte der BFH. Der Kläger hat nicht gegen eine vom Gesetzgeber vorgegebene Wertung verstoßen, sondern lediglich von einer ihm durch das Gesetz eingeräumten Möglichkeit Gebrauch gemacht. Es steht grds. im Belieben des Steuerpflichtigen, ob, wann und mit welchem erzielbaren Ertrag er Wertpapiere erwirbt und wieder veräußert.[215]

Dass der Kläger keine Steuerbescheinigung der Sparkasse über den entstandenen Verlust vorlegen konnte (§ 20 Abs. 6 S. 6 EStG), stand der Verlustverrechnung nach der bereits gefestigten Rspr. des Senats nicht entgegen. Die Bescheinigung ist entbehrlich, wenn – wie vorliegend – keine Gefahr der Doppelberücksichtigung des Verlusts besteht.

---

[213] Vgl. auch BFH, PM Nr. 49 v. 19.9.2018.
[214] BMF, Schreiben v. 18.1.2016, IV C 1 – S 2252/08/10004:017, BStBl I 2016, S. 85, Rz. 59.
[215] BFH, Urteil v. 25.8.2009, IX R 55/07, BFH/NV 2010, S. 387, Rz. 13.

Der VIII. Senat hat damit weitere Zweifelsfragen im Zusammenhang mit der Abgeltungsteuer auf Kapitalerträge geklärt. Wie die bloße Ausbuchung von wertlos gewordenen Aktien aus dem Wertpapierdepot des Steuerpflichtigen steuerrechtlich zu beurteilen ist, hat der BFH mangels Entscheidungserheblichkeit im vorliegenden Urteil dagegen (noch) offengelassen.

Praxishinweis

> Vgl. in den Zusammenhang auch ein beim BFH noch anhängiges Revisionsverfahren, bei dem es um die Frage geht, ob ein Verlust aus der Veräußerung wertloser Aktien nach § 20 Abs. 2 S. 1 Nr. 1 S. 1 EStG berücksichtigt werden kann, wenn die Übertragung mit der Verpflichtung zum Erwerb wertloser Aktien der Käuferin verknüpft wird, oder dem § 42 AO entgegen steht.[216]

Literaturhinweise: *Jachmann-Michel*, DB 2018, S. 2777; *Steinhauff*, nwb 2018, S. 2984

1.2.12 Einlösung von Xetra-Gold Inhaberschuldverschreibungen ist nicht steuerbar

> **BFH, Urteil v. 6.2.2018[217], IX R 33/17, BStBl II 2018, S. 525;**
> **Vorinstanz: Schleswig-Holsteinisches FG, Urteil v. 6.9.2017, 5 K 152/16, EFG 2018, S. 113**
>
> **Die Einlösung einer Xetra-Gold Inhaberschuldverschreibung, indem diese auf ein Sperrkonto übertragen und das Gold in Erfüllung des Sachleistungsanspruchs an den Steuerpflichtigen ausgeliefert wird, stellt keine entgeltliche Veräußerung i. S. d. § 23 Abs. 1 S. 1 Nr. 2 EStG des Steuerpflichtigen dar.**
>
> **Normen:** §§ 20 Abs. 1 Nr. 7 und Abs. 2 S. 1 Nr. 7 sowie S. 2, 22 Nr. 2, 23 Abs. 1 S. 1 Nr. 2 EStG

Bei Xetra-Gold Inhaberschuldverschreibungen handelt es sich um börsenfähige Wertpapiere. Diese gewähren dem Inhaber das Recht auf Auslieferung eines Gramms Gold, das jederzeit unter Einhaltung einer Lieferfrist von zehn Tagen gegenüber der Bank geltend gemacht werden kann. Daneben besteht die Möglichkeit, die Wertpapiere an der Börse zu handeln. Zur Besicherung und Erfüllbarkeit der Auslieferungsansprüche war die Inhaberschuldverschreibung jederzeit durch physisch eingelagertes Gold zu mindestens 95 % gedeckt.

Sachverhalt

Die Kläger erwarben Xetra-Gold Inhaberschuldverschreibungen und ließen sich das verbriefte Gold innerhalb eines Jahrs nach dem Erwerb physisch aushändigen. Das FA besteuerte die Wertsteigerung im Zeitraum zwischen dem Erwerb der Xetra-Gold Inhaberschuldverschreibungen und der Auslieferung des physischen Goldes als Einkünfte aus privaten Veräußerungsgeschäften i. S. v. § 22 Nr. 2 und § 23 Abs. 1 S. 1 Nr. 2 EStG. Die dagegen erhobene Klage war vor dem FG erfolgreich. Die Revision des FA wurde vom BFH als unbegründet zurückgewiesen.

---

[216] Az. VIII R 9/17; Vorinstanz: FG München, Urteil v. 17.7.2017, 7 K 1888/16, EFG 2017, S. 1792.
[217] Vgl. auch BFH, PM Nr. 15 v. 14.3.2018.

Entscheidung

Nach dem Urteil des IX. Senats haben die Kläger durch die innerhalb eines Jahrs nach dem Erwerb der Xetra-Gold Inhaberschuldverschreibungen erfolgte Einlösung mit Auslieferung des physischen Goldes keine Veräußerung i. S. d. § 22 Nr. 2 EStG i. V. m. § 23 Abs. 1 S. 1 Nr. 2 EStG verwirklicht. Es fehlt an der entgeltlichen Übertragung der angeschafften Xetra-Gold Inhaberschuldverschreibungen, weil die Kläger lediglich ihren verbrieften Anspruch auf Lieferung des Goldes eingelöst und gegen Rückgabe der Inhaberschuldverschreibungen ihr Gold empfangen haben. Hierdurch habe sich ihre wirtschaftliche Leistungsfähigkeit nicht gesteigert, da sie auch danach das Risiko eines fallenden Goldpreises trugen. Das ausgelieferte Gold befand sich im Eigentum der Kläger und wurde in ihrem Bankdepot verwahrt. Eine Veräußerung des gelieferten Goldes habe nicht stattgefunden.

Die zwischen dem Erwerb der Xetra-Gold Inhaberschuldverschreibungen und der Auslieferung physischen Goldes eingetretenen Wertsteigerungen führten auch nicht zu steuerbaren Einkünften aus Kapitalvermögen, da die Schuldverschreibungen keine Kapitalforderungen verbrieften, sondern Ansprüche auf die Lieferung physischen Goldes.

Praxishinweis

Nicht zu entscheiden hatte der BFH im Streitfall über die Veräußerung oder Verwertung der Xetra-Gold Inhaberschuldverschreibungen an der Börse oder an andere Erwerber.

In seinem ausführlichen Anwendungsschreiben zur Abgeltungsteuer hat das BMF lediglich zur Einlösung von Zertifikaten Stellung genommen, die nicht durch Goldbestände oder einen anderen Rohstoff physisch gedeckt sind oder auch einen Anspruch auf Geldzahlung gewähren. In diesen Fällen hält die Finanzverwaltung die Einlösung nach § 20 Abs. 2 S. 1 Nr. 7 EStG für steuerbar.[218]

1.2.13 Schuldzinsenabzug bei steuerpflichtigen Erstattungszinsen

> **BFH, Urteil v. 28.2.2018, VIII R 53/14, BStBl II 2018, S. 687;**
> **Vorinstanz: FG München, Urteil v. 15.10.2014, 1 K 1008/14**
>
> **Schuldzinsen für ein Darlehen, das zur Finanzierung einer ESt-Nachzahlung aufgenommen worden ist, können als Werbungskosten bei den Einkünften aus Kapitalvermögen abzugsfähig sein, wenn die ESt später wieder herabgesetzt und hierfür steuerpflichtige Erstattungszinsen i. S. d. § 233a AO i. V. m. § 20 Abs. 1 Nr. 7 S. 3 EStG gezahlt werden. Insoweit liegt ein Fall erzwungener Kapitalüberlassung vor, bei dem es zur Begründung des wirtschaftlichen Zusammenhangs zwischen Kreditaufnahme und späteren Zinseinnahmen ausreicht, wenn das Darlehen zu dem Zweck aufgenommen und verwendet worden ist, eine (letztlich nicht gerechtfertigte) Forderung zu erfüllen.[219]**
>
> **Normen:** § 175 Abs. 1 S. 1 Nr. 2, 233a AO; §§ 9 Abs. 1 S. 1 und S. 3 Nr. 1, 12 Nr. 3, 20 Abs. 1 Nr. 7 S. 3 EStG

---

[218] BMF, Schreiben v. 18.1.2016, IV C 1 – S 2252/08/10004:017, BStBl I 2016, S. 85, Rz. 57.
[219] Anschluss an BFH, Urteil v. 24.5.2011, VIII R 3/09, BStBl II 2012, S. 254.

Sachverhalt

Der Kläger war an zwei Personengesellschaften beteiligt, für die das FA nach einer Außenprüfung geänderte Feststellungsbescheide für 1994 bis 1998 erlassen hatte, die zu Steuernachzahlungen von ca. 284.000 € beim Kläger führten. Die in 2002 geleisteten Steuernachzahlungen finanzierte er zum größten Teil durch verzinsliche Bankdarlehen. In 2004 wurden die Nachzahlungen aufgrund eingelegter Einsprüche reduziert, es kam zu Rückerstattungen von insgesamt ca. 265.000 € inklusive Erstattungszinsen und Erstattung von Nachzahlungszinsen.

Der Kläger machte den Zinsaufwand und die Gebühren als Werbungskosten bei den Einkünften aus Kapitalvermögen geltend, die er in Gestalt der Erstattungszinsen erzielt habe. Das FA lehnte eine Berücksichtigung des Zinsaufwands als Werbungskosten in den Jahren 2002 bis 2004 ab, behandelte aber die Erstattungszinsen im Jahr 2004 als steuerpflichtige Einkünfte aus Kapitalvermögen. Die daraufhin eingelegten Einsprüche wies das FA als unbegründet zurück.

Auch die Klage, mit welcher der Kläger nur noch den anteiligen Abzug von 84 % des Zinsaufwands (im Verhältnis der Steuererstattung zur Darlehenssumme) sowie hilfsweise die Nichtberücksichtigung der Erstattungszinsen bei den Einkünften aus Kapitalvermögen forderte, blieb erfolglos. Das FG urteilte, ein Abzug des Zinsaufwands als Werbungskosten komme bereits wegen § 12 Nr. 3 EStG in der für das jeweilige Streitjahr geltenden Fassung nicht in Betracht. Darüber hinaus fehle der erforderliche wirtschaftliche Zusammenhang zwischen dem streitigen Zinsaufwand und den Erstattungszinsen. Schließlich habe zum Zeitpunkt der Aufnahme des ersten Darlehens keine Einkünfteerzielungsabsicht bestanden.

Der BFH hingegen bejahte im Hinblick auf die zu versteuernden Erstattungszinsen die Werbungskosteneigenschaft des Zinsaufwands, und zwar sowohl bei noch nicht bestandskräftigen als auch bei bereits bestandskräftigen Steuerbescheiden. In letzterem Fall komme es zu einer Änderung aufgrund § 175 Abs. 1 S. 1 Nr. 2 AO wegen rückwirkendem Ereignis.

Entscheidung

Der VIII. Senat sieht die ursprüngliche Steuernachzahlung als „erzwungene Kapitalüberlassung" an das FA. Bei erzwungenen Kapitalüberlassungen reicht es zur Begründung des wirtschaftlichen Zusammenhangs zwischen Kreditaufnahme und späteren Zinseinnahmen aus, wenn das Darlehen zu dem Zweck aufgenommen und verwendet worden ist, eine (letztlich nicht gerechtfertigte) Forderung zu erfüllen. In den betreffenden Darlehensverträgen ist als Verwendungszweck konkret auf die Steuernachzahlungen Bezug genommen worden. Diese Steuernachzahlungen haben sich unter Berücksichtigung der späteren Änderungsbescheide als teilweise nicht gerechtfertigt herausgestellt.

Das FG hatte die Versagung des Werbungskostenabzugs auf § 12 Nr. 3 EStG gestützt, der die Nichtabzugsfähigkeit der Steuern vom Einkommen sowie der auf diese Steuern entfallenden Nebenleistungen (wozu auch Nachzahlungszinsen gehören) anordnet. Diese gesetzlichen Voraussetzungen sind laut BFH im Streitfall aber nicht erfüllt. Denn es gehe weder um den Abzug der (nachgeforderten) ESt noch um den Abzug der darauf entfallenden Nachzahlungszinsen, sondern allein um den Abzug des Zinsaufwands für ein Darlehen, das der Kläger zur Refinanzierung der Zahlung der nachgeforderten ESt und der darauf entfallenden Nachzahlungszinsen aufgenommen hatte.

Das FG hatte auch die fehlende subjektive Einkünfteerzielungsabsicht des Klägers moniert. Darauf kommt es in den Fällen erzwungener Kapitalüberlassungen allerdings nicht an. Maßgebend ist allein die objektive Steigerung der finanziellen Leistungsfähigkeit, d. h. die Frage, ob die Erstattungszinsen nach Abzug des als Werbungskosten zu berücksichtigenden Zinsaufwands bei objektiver (nachträglicher) Betrachtung zu einem Totalüberschuss führen.

Dies lag hier vor, da die vom Kläger insgesamt geltend gemachten Werbungskosten nicht den Betrag der erzielten Erstattungszinsen erreichen. Hierfür sei der objektive periodenübergreifende Totalüberschuss entscheidend.

Praxishinweis

> Der Rechtsstreit betraf die Jahre 2002 bis 2004, in denen das ab 2009 erst geltende Werbungskostenabzugsverbot des § 20 Abs. 9 EStG noch keine Gültigkeit hatte.

Literaturhinweis: *Brandt*, DB 2018, S. 2851

1.2.14 Abzug von Refinanzierungskosten für notleidende Gesellschafterdarlehen

> BFH, Urteil v. 24.10.2017[220], VIII R 19/16, DB 2018, S. 2853;
> Vorinstanz: FG Düsseldorf, Urteil v. 24.5.2016, 13 K 3369/14 E, EFG 2016, S. 1781
>
> **Verzichtet ein Gesellschafter unter der auflösenden Bedingung der Besserung der wirtschaftlichen Lage der Gesellschaft auf sein Gesellschafterdarlehen, um deren Eigenkapitalbildung und Ertragskraft zu stärken, sind bei ihm weiterhin anfallende Refinanzierungszinsen nicht als Werbungskosten im Zusammenhang mit früheren Zinseinkünften abziehbar. Die nunmehr durch die Beteiligungserträge veranlassten Refinanzierungszinsen sind vielmehr nur auf Antrag zu 60 % als Werbungskosten abziehbar.**
>
> **Normen:** §§ 3 Nr. 40, 3c Abs. 2, 20 Abs. 1 Nr. 1 und Nr. 7 sowie Abs. 9 S. 1 Halbs. 2, 32d Abs. 2 Nr. 1 S. 1 Buchst. b S. 1 ferner S. 2 EStG

Sachverhalt

Die Kläger sind zusammen zur ESt veranlagte Eheleute. In den Streitjahren 2009 und 2010 waren der Kläger zu 66 % und die Klägerin zu 8 % an einer GmbH beteiligt. Seit 1997 hatten die Kläger der GmbH mehrere verzinsliche Gesellschafterdarlehen gewährt, die sie zum größten Teil bei Banken refinanziert hatten. Für ausgereichte Gesellschafterdarlehen hatten die Kläger auf Zinsen und Rückzahlung gegen Besserungsabrede verzichtet. In den Streitjahren waren die Voraussetzungen der Besserungsabrede nicht erfüllt. Das FA verneinte aufgrund der Verzichte der Kläger auf Zins- und Darlehensrückzahlungsansprüche für die Gesellschafterdarlehen jeweils die Überschusserzielungsabsicht und versagte die Berücksichtigung der Schuldzinsen als Werbungskosten. Hiergegen wandten sich die Kläger. Einspruch und Klage blieben aber erfolglos.

Entscheidung

Die Revision war begründet. Sie führte zur Aufhebung der Vorentscheidung und zur Zurückverweisung an das FG zur anderweitigen Verhandlung und Entscheidung. Nach Ansicht des BFH tragen die Feststellungen des FG dessen Würdigung, dass ein Abzug der Schuldzinsen aus den Refinanzierungsdarlehen und der übrigen Aufwendungen als Werbungskosten in den Streitjahren ausgeschlossen ist, nicht vollständig. Die Sache war nicht spruchreif und daher an das FG zurückzuverweisen.

---

[220] Erst in 2018 veröffentlicht; vgl. auch BFH, PM Nr. 56 v. 31.10.2018.

Nimmt für die VZ ab 2009 ein mindestens zu 10 % am Stammkapital beteiligter Gesellschafter einer Kapitalgesellschaft ein Darlehen bei einer Bank auf, um selbst ein verzinsliches Gesellschafterdarlehen an die Kapitalgesellschaft auszureichen, sind die Schuldzinsen für das Refinanzierungsdarlehen grds. als Werbungskosten durch die Erträge aus dem Gesellschafterdarlehen (§ 20 Abs. 1 Nr. 7 EStG) veranlasst. Diese Werbungskosten können ohne die Beschränkungen des ansonsten geltenden Werbungskostenabzugsverbots (§ 20 Abs. 9 S. 1 Halbs. 2 EStG) bei den tariflich besteuerten Kapitaleinkünften des Gesellschafters abgezogen werden (§ 32d Abs. 2 Nr. 1 S. 1 Buchst. b S. 1, § 32d Abs. 2 Nr. 1 S. 2 EStG). Dies gilt, wie der BFH jetzt klargestellt hat, auch, wenn die Kapitalgesellschaft die geschuldeten Zins- und Tilgungszahlungen aus dem Gesellschafterdarlehen nicht erbringt.

Verzichtet der Gesellschafter aber gegenüber der Kapitalgesellschaft auf sein Gesellschafterdarlehen gegen Besserungsschein, kann dies für Schuldzinsen, die auf das Refinanzierungsdarlehen gezahlt werden, bis zum Eintritt des Besserungsfalls zu einem Wechsel des Veranlassungszusammenhangs der Aufwendungen weg von den Kapitalerträgen aus dem Gesellschafterdarlehen hin zu den Beteiligungserträgen gem. § 20 Abs. 1 Nr. 1 EStG führen. Ein solcher Wechsel des Veranlassungszusammenhangs tritt insb. ein, wenn der Gesellschafter durch den Verzicht auf Zins- und Tilgungsansprüche aus dem Gesellschafterdarlehen die EK-Bildung und Ertragskraft der Gesellschaft stärken will. Der Wechsel des Veranlassungszusammenhangs hat zur Folge, dass die Schuldzinsen aus dem Refinanzierungsdarlehen nunmehr dem Werbungskostenabzugsverbot des § 20 Abs. 9 S. 1 Halbs. 2 EStG unterliegen.

Praxishinweis

Um wenigstens 60 % der Refinanzierungszinsen abziehen zu können, muss der Gesellschafter spätestens mit Abgabe der ESt-Erklärung für das Jahr des Forderungsverzichts gem. § 32d Abs. 2 Nr. 3 EStG die Anwendung des sog. Teileinkünfteverfahrens (§§ 3 Nr. 40, 3c Abs. 2 EStG) für die Dividenden aus der Kapitalgesellschaft und die damit im Zusammenhang stehenden Werbungskosten beantragen, was im Streitfall nicht erfolgt war. Dies sollte zur Vermeidung von Nachteilen in der Sanierungspraxis bedacht werden.

Literaturhinweis: *Weiss*, nwb 2018, S. 3504

1.2.15 Keine Kapitalertragsteuer auf Rücklagen bei Regiebetrieben

> BFH, Urteil v. 30.1.2018[221], VIII R 75/13, DB 2018, S. 1310;
> Vorinstanz: FG Münster, Urteil v. 14.11.2012, 10 K 3378/09, EFG 2013, S. 619;
> BFH, Urteil v. 30.1.2018[222], VIII R 42/15, DB 2018, S. 1245;
> Vorinstanz: Hessisches FG, Urteil v. 24.3.2015, 4 K 1187/11, EFG 2015, S. 1274;
> BFH, Urteil v. 30.1.2018[223], VIII R 15/16, DB 2018, S. 1248;
> Vorinstanz: FG Düsseldorf, Urteil v. 18.3.2016, 6 K 2099/13, EFG 2016, S. 1179
>
> **Die Bildung einer Rücklage i. S. d. § 20 Abs. 1 Nr. 10 Buchst. b EStG ist auch im Fall des Regiebetriebs einer kommunalen Gebietskörperschaft zulässig. Mangels gesetzlicher Beschränkungen reicht für deren steuerliche Anerkennung jedes „Stehenlassen" der handelsrechtlichen Gewinne als EK aus, sofern anhand objektiver Umstände nachvollzogen und überprüft werden kann, dass dem Regiebetrieb die entsprechenden Mittel weiterhin als EK zur Verfügung stehen sollen.**
>
> **Normen:** §§ 20 Abs. 1 Nr. 10 Buchst. b, 43 Abs. 1 S. 1 Nr. 7c, 43a Abs. 1 Nr. 6, 44 Abs. 1 und Abs. 6, 52 Abs. 37a S. 2 EStG; §§ 4, 27 Abs. 1 und Abs. 7 KStG

Gemeinden dürfen bei ihren Regiebetrieben Rücklagen bilden, die bis zu ihrer Auflösung die KapErtrSt mindern. Damit wendet sich der BFH mit seinem Urteil, VIII R 42/15 gegen die Auffassung der Finanzverwaltung, die dies von weiteren Voraussetzungen abhängig macht. Das Urteil ist für die öffentliche Hand im Rahmen des Wettbewerbs ihrer wirtschaftlichen Tätigkeiten mit privatwirtschaftlichen Unternehmen von großer praktischer Bedeutung.

Sachverhalt

Im Streitfall hatte die klagende Stadt die handelsrechtlichen Jahresüberschüsse ihres Betriebs gewerblicher Art (BgA) Schwimmbäder, der als Regiebetrieb geführt wurde, in den Jahren 2005 und 2006 als Gewinnvortrag ausgewiesen. Die Gewinne stammten maßgeblich aus Dividendeneinnahmen, die zwar auf das Bankkonto der Klägerin flossen, aber vom BgA in einem verzinsten Verrechnungskonto erfasst waren. Die Klägerin ging davon aus, dass insoweit keine der KapErtrSt unterliegenden Einkünfte aus Kapitalvermögen vorlagen. Zu diesen gehört nach § 20 Abs. 1 Nr. 10 Buchst. b EStG nur der nicht den Rücklagen zugeführte Gewinn eines BgA ohne eigene Rechtspersönlichkeit. Das FA und das FG erkannten demgegenüber die Gewinnvorträge nicht als Rücklage i. S. d. § 20 Abs. 1 Nr. 10 Buchst. b EStG an, sodass es zu einer Nachforderung von KapErtrSt kam.

Entscheidung

Der BFH hob das FG-Urteil und die angegriffenen Nachforderungsbescheide auf. Er entschied, dass Regiebetriebe eine Rücklage bilden dürfen, auch wenn ihre Gewinne – abweichend zu Eigenbetrieben – unmittelbar in den Haushalt der Trägerkörperschaft fließen. Denn das Gesetz sehe keine Differenzierung zwischen Eigen- und Regiebetrieben vor und die Ausschüttungsbesteuerung der BgA habe ohnehin nur fiktiven Charakter. Damit wendet sich der BFH gegen die Auffassung der Finanzverwaltung.[224] Danach sollte im Gegensatz zu Eigenbetrieben bei Regiebetrieben eine Rücklagenbildung nur zulässig sein, wenn die Zwecke des BgA ohne die Rücklagenbildung nicht erfüllt werden können. Nach dem Urteil des VIII. Senats ist dem nicht zu folgen, da hierfür keine gesetzliche Grundlage besteht.

---

[221] Vgl. auch BFH, PM Nr. 26 v. 23.5.2018.
[222] Vgl. auch BFH, PM Nr. 26 v. 23.5.2018.
[223] Vgl. auch BFH, PM Nr. 26 v. 23.5.2018.
[224] BMF, Schreiben v. 9.1.2015, IV C 2 – S 2706- a/13/10001, BStBl I 2015, S. 111.

Darüber hinaus kommt es auch nicht auf eine haushaltsrechtliche Mittelreservierung an. Für die steuerliche Anerkennung reicht vielmehr jedes „Stehenlassen" der handelsrechtlichen Gewinne als EK aus, sofern anhand objektiver Umstände nachvollzogen und überprüft werden kann, dass dem Regiebetrieb die entsprechenden Mittel weiterhin als EK zur Verfügung stehen. Kommt es in diesem Zusammenhang zu Liquiditätsabflüssen an die Trägerkörperschaft, sind die für Kapitalgesellschaften und deren Alleingesellschafter entwickelten Grundsätze über vGA entsprechend anwendbar.

Die Fortentwicklung der Rspr. zum KapErtrSt-Abzug bei BgA wird durch zwei weitere Urteile des VIII. Senats vom selben Tag ergänzt. Zum einen hat der BFH im Urteil mit dem Az. VIII R 75/13 entschieden, dass bei dem Regiebetrieb einer kommunalen Gebietskörperschaft die Gewinne des Jahres 2001 auch dann steuerfrei bleiben, wenn sie zunächst in die Rücklagen eingestellt, dann aber in einem späteren VZ wieder aufgelöst werden. Diese nur für die Gewinne des Jahres 2001 geltende Steuerfreiheit folge aus der Formulierung der zeitlichen Anwendungsregelung bei Einführung des § 20 Abs. 1 Nr. 10 Buchs. b EStG. Zum anderen hat der BFH im Urteil mit dem Az. VIII R 15/16 entschieden, dass die für Regiebetriebe kommunaler Gebietskörperschaften entwickelten Grundsätze zur Bildung von Rücklagen auch bei Regiebetrieben einer Verbandskörperschaft Anwendung finden.

1.2.16 Werbungskosten für Homeoffice bei Vermietung an Arbeitgeber

> **BFH, Urteil v. 17.4.2018[225], IX R 9/17, DB 2018, S. 2084;**
> **Vorinstanz: FG Köln, Urteil v. 3.8.2016, 5 K 2515/14, EFG 2017, S. 831**
>
> **Bei einer Einliegerwohnung des Steuerpflichtigen, die er zweckfremd als Homeoffice an seinen Arbeitgeber für dessen betriebliche Zwecke vermietet, ist stets im Einzelfall festzustellen, ob er beabsichtigt, auf die voraussichtliche Dauer der Nutzung einen Überschuss der Einnahmen über die Werbungskosten zu erzielen.**
>
> **Normen:** §§ 9 Abs. 1, 21 Abs. 1 S. 1 Nr. 1 EStG

Vermietet der Steuerpflichtige eine Einliegerwohnung als Homeoffice an seinen Arbeitgeber für dessen betriebliche Zwecke, kann er Werbungskosten nur geltend machen, wenn eine objektbezogene Prognose die erforderliche Überschusserzielungsabsicht belegt.

Nach der BFH-Rspr. wird bei der Vermietung zu gewerblichen Zwecken die Absicht des Steuerpflichtigen, auf Dauer einen Überschuss der Einnahmen über die Ausgaben erzielen zu wollen, nicht vermutet. Die zweckentfremdete Vermietung von Wohnraum an den Arbeitgeber zu dessen betrieblichen Zwecken hat der BFH nun erstmals als Vermietung zu gewerblichen Zwecken beurteilt. Er widerspricht insoweit der Auffassung der Finanzverwaltung.[226]

Sachverhalt

Die Kläger sind Eigentümer eines Gebäudes, das sie im Obergeschoss selbst bewohnen. Eine Einliegerwohnung mit Büro, Besprechungsraum, Küche und Bad/WC im Erdgeschoss vermieteten sie als Homeoffice des Klägers für 476 € monatlich an dessen Arbeitgeber. Der Mietvertrag war zeitlich an den Arbeitsvertrag des Klägers und an die Weisung des Arbeitgebers gebunden, die Tätigkeit in diesen Büroräumen zu betreiben. Die Kläger machten aus der Vermietung einen Werbungskostenüberschuss i. H. v. 29.900 € geltend. Enthalten waren hierin Aufwendungen i. H. v. 25.780 € für die behindertengerechte Renovierung des Badezimmers

---
[225] Vgl. auch BFH, PM Nr. 43 v. 20.8.2018.
[226] BMF, Schreiben v. 13.12.2005, IV C 3 – S 2253 – 112/05, BStBl I 2006, S. 4.

mit Dusche und Badewanne. Das FA ließ die Renovierungskosten nicht zum Abzug zu. Das FG hat der Klage teilweise stattgegeben.

Entscheidung

Demgegenüber hob der BFH das Urteil des FG auf und verwies die Sache an die Vorinstanz zurück. Aufgrund der im Mietvertrag vereinbarten Nutzung handele es sich nicht um die Vermietung von Wohnraum, sondern (zweckentfremdet) um die Vermietung zu gewerblichen Zwecken, da die Räume dem Arbeitgeber zur ausschließlichen Erfüllung von dessen betrieblichen Zwecken überlassen wurden und der Kläger hinsichtlich der Nutzung dem Weisungsrecht seines Arbeitgebers unterlag. Zu berücksichtigen war dabei auch die Koppelung des Mietvertrags an das Bestehen des Dienstverhältnisses. Das FG muss nun noch feststellen, ob der Kläger einen Gesamtüberschuss erzielen konnte.

> **Literaturhinweise:** *Böwing-Schmalenbrock*, nwb 2019, S. 142; *Pieske-Kontny*, nwb 2018, S. 2672; *Werth*, DB 2018, S. 2334

1.2.17 Ortsübliche Marktmiete bei der Überlassung möblierter Wohnungen

> **BFH, Urteil v. 6.2.2018[227], IX R 14/17, BStBl II 2018, S. 522;**
> **Vorinstanz: FG Düsseldorf, Urteil v. 3.11.2016, 11 K 3115/14 E, EFG 2017, S. 1277**
>
> **Bezieht sich ein Mietspiegel nicht auf möbliert oder teilmöbliert vermietete Wohnungen, ist für die Möblierung im Rahmen der Ermittlung der ortsüblichen Marktmiete i. S. d. § 21 Abs. 2 EStG ein Zuschlag zu berücksichtigen, soweit sich auf dem örtlichen Mietmarkt für möblierte Wohnungen hierfür ein Zuschlag ermitteln lässt.**
>
> **Ein solcher Möblierungszuschlag kann nicht aus dem Monatsbetrag der linearen AfA für die überlassenen Möbel und Einrichtungsgegenstände abgeleitet werden. Der Ansatz eines prozentualen Mietrenditeaufschlags ist nicht zulässig.**
>
> **Normen:** §§ 9 Abs. 1 S. 1 und S. 2, 21 Abs. 1 S. 1 Nr. 1 und Abs. 2 EStG

Bei der Vermietung möblierter oder teilmöblierter Wohnungen kann es zur Ermittlung der ortsüblichen Marktmiete erforderlich sein, einen Zuschlag für die Möblierung zu berücksichtigen. Ein solcher Möblierungszuschlag ist nach dem Urteil des BFH dann zu berücksichtigen, wenn er sich aus einem örtlichen Mietspiegel oder aus am Markt realisierbaren Zuschlägen ermitteln lässt. Eine Ermittlung in anderer Weise kommt nicht in Betracht.

Sachverhalt

Nach § 21 Abs. 2 EStG i. d. F. der Streitjahre 2006 bis 2010 war die Nutzungsüberlassung in einen entgeltlichen und einen unentgeltlichen Teil aufzuteilen, wenn das Entgelt für die Überlassung einer Wohnung zu Wohnzwecken weniger als 56 % der ortsüblichen Marktmiete betrug.

Im Streitfall vermieteten die Kläger ihrem Sohn eine 80 qm große Wohnung. Die Wohnung war mit einer neuen Einbauküche ausgestattet. Zudem wurden eine Waschmaschine und ein Trockner zur Nutzung überlassen. Die Kläger machten in ihren ESt-Erklärungen Werbungskostenüberschüsse aus Vermietung und Verpachtung geltend. Sie unterließen es, für die mitvermieteten Geräte die ortsübliche Vergleichsmiete gesondert zu erhöhen, berücksichtigten die

---
[227] Vgl. auch BFH, PM Nr. 36 v. 4.7.2018.

überlassenen Gegenstände jedoch nach dem Punktesystem des Mietspiegels. Das FA erkannte die Werbungskostenüberschüsse teilweise nicht an, weil es von einer verbilligten Vermietung ausging. Die Klage vor dem FG hatte überwiegend keinen Erfolg.

Entscheidung

Demgegenüber sah der BFH die Revision der Kläger als begründet an. Nach seinem Urteil ist für die Überlassung von möblierten oder teilmöblierten Wohnungen grds. ein Möblierungszuschlag anzusetzen, da derartige Überlassungen regelmäßig mit einem gesteigerten Nutzungswert verbunden sind, die sich häufig auch in einer höheren ortsüblichen Miete niederschlagen. Zur Ermittlung der ortsüblichen Miete ist der örtliche Mietspiegel heranzuziehen. Sieht der Mietspiegel z. B. für eine überlassene Einbauküche einen prozentualen Zuschlag oder eine Erhöhung des Ausstattungsfaktors über ein Punktesystem vor, ist diese Erhöhung als marktüblich anzusehen.

Lässt sich dem Mietspiegel hierzu nichts entnehmen, ist ein am örtlichen Mietmarkt realisierbarer Möblierungszuschlag zu berücksichtigen. Kann auch dieser nicht ermittelt werden, ist auf die ortsübliche Marktmiete ohne Möblierung abzustellen. Es kommt insb. nicht in Betracht, einen Möblierungszuschlag aus dem Monatsbetrag der linearen AfA für die überlassenen Möbel und Einrichtungsgegenstände abzuleiten. Auch der Ansatz eines prozentualen Mietrenditeaufschlags ist nicht zulässig.

Praxishinweis

Im Streitfall verwies der BFH die Sache an das FG zurück, damit es feststellt, ob die Überlassung einer Einbauküche zu den Ausstattungsmerkmalen des städtischen Mietspiegels gehört.

Literaturhinweis: *Rukaber*, nwb 2018, S. 2462

1.2.18 Entschädigung für die Überspannung eines Grundstücks mit einer Stromleitung

> **BFH, Urteil v. 2.7.2018[228], IX R 31/16, BStBl II 2018, S. 759;**
> **Vorinstanz: FG Düsseldorf, Urteil v. 20.9.2016, 10 K 2412/13 E, EFG 2016, S. 1877**
>
> **Eine einmalige Entschädigung, die für das mit einer immerwährenden Dienstbarkeit gesicherte und zeitlich nicht begrenzte Recht auf Überspannung eines zum Privatvermögen gehörenden Grundstücks mit einer Hochspannungsleitung gezahlt wird, zählt nicht zu den nach dem EStG steuerbaren Einkünften.**
>
> **Normen:** §§ 21 Abs. 1 S. 1 Nr. 1, 22 Nr. 3 EStG

Eine Entschädigung, die dem Grundstückseigentümer einmalig für die grundbuchrechtlich abgesicherte Erlaubnis zur Überspannung seines Grundstücks mit einer Hochspannungsleitung gezahlt wird, unterliegt nicht der ESt. Wird die Erlaubnis erteilt, um einer drohenden Enteignung zuvorzukommen, liegen weder Einkünfte aus Vermietung und Verpachtung noch sonstige Einkünfte vor.

---

[228] Vgl. auch BFH, PM Nr. 52 v. 10.10.2018.

Sachverhalt

Im Streitfall war der Steuerpflichtige Eigentümer eines selbstbewohnten Hausgrundstücks, das beim Bau einer Stromtrasse mit einer Hochspannungsleitung überspannt wurde. Der Steuerpflichtige nahm das Angebot des Netzbetreibers an, der ihm für die Erlaubnis, das Grundstück überspannen zu dürfen und die dingliche Absicherung dieses Rechts durch eine immerwährende beschränkt persönliche Grunddienstbarkeit, eine Entschädigung anbot. Die Höhe der Entschädigung bemaß sich nach der Minderung des Verkehrswerts des überspannten Grundstücks. Mit dem FA kam es zum Streit darüber, ob die gezahlte Entschädigung zu versteuern sei.

Entscheidung

Der BFH gab dem Steuerpflichtigen Recht. Der Steuerpflichtige erzielte keine Einkünfte aus Vermietung und Verpachtung, denn es wird nicht die zeitlich vorübergehende Nutzungsmöglichkeit am Grundstück vergütet, sondern die unbefristete dingliche Belastung des Grundstücks mit einer Dienstbarkeit und damit die Aufgabe eines Eigentumsbestandteils. Die Nutzung des Grundstücks war durch die Vereinbarung nicht eingeschränkt.

Es lagen aber auch keine Einkünfte aus sonstigen Leistungen vor. Von dieser Einkunftsart werden Vorgänge nicht erfasst, die Veräußerungen oder veräußerungsähnliche Vorgänge im privaten Bereich darstellen. Außerdem wäre der Steuerpflichtige wohl teilweise zwangsenteignet worden, wenn er der Überspannung seines Grundstücks nicht zugestimmt hätte. Wer seiner drohenden Enteignung zuvorkommt, erbringt jedoch keine Leistung i. S. d. Vorschrift.

Praxishinweis

Zur Beitrittsaufforderung an das BMF vgl. auch BFH vom 11.4.2017.[229]

Die Entscheidung ist nur für zum Privatvermögen gehörende Grundstücke von Bedeutung. Im betrieblichen Bereich ist eine Entschädigung immer steuerbar. Im Falle einer zeitlich nicht begrenzten Dauerleistung ist ein passiver Rechnungsabgrenzungsposten mit einer Laufzeit von 25 Jahren zu bilden.[230]

1.2.19 Einnahmen aus sog. Break Fee nicht steuerbar

> **BFH, Urteil v. 13.3.2018, IX R 18/17, BStBl II 2018, S. 531;**
> **Vorinstanz: FG Nürnberg, Urteil v. 26.10.2016, 5 K 490/15, EFG 2017, S. 291**
>
> Hat der Leistende nicht die Möglichkeit, durch seine Leistung das Entstehen des Anspruchs auf die Leistung des Vertragspartners positiv zu beeinflussen, genügt die Annahme der Leistung der Gegenseite nicht, um den fehlenden besteuerungsrelevanten Veranlassungszusammenhang zwischen Leistung und Gegenleistung herzustellen.
>
> **Normen:** §§ 2 Abs. 1 S. 1 Nr. 7, 22 Nr. 3 S. 1 EStG

Sachverhalt

Streitig war, ob Einnahmen des Klägers aus einer „Break Fee" nach § 22 Nr. 3 EStG als sonstige Einkünfte der Besteuerung unterliegen. Die „Break Fee" erhielt der Kläger neben anderen Aktionären einer börsennotierten AG von einem Mitgesellschafter (Bieter B) im Zusammen-

---

[229] BFH, Beschluss v. 11.4.2017, IX R 31/16, DB 2017, S. 1430.
[230] BFH, Urteil v. 9.12.1993, IV R 130/91, BStBl II 1995, S. 202.

hang mit einem öffentlichen Gebotsverfahren für ein „Exclusivity Agreement". Darin verpflichteten sich der Kläger und andere Aktionäre, während eines festgelegten Zeitraums sämtliche Verhandlungen über den Verkauf ihrer Aktien mit Dritten zu unterlassen, die Aktien weder zu veräußern noch zu übertragen, B weitere Informationen zur Verfügung zu stellen und das beabsichtigte Gebot anzunehmen. Die „Break Fee" wurde fällig, nachdem B das Angebot zum Verkauf seiner Aktien innerhalb der festgelegten Frist nicht abgab. Einspruch und Klage gegen die ESt-Festsetzung blieben erfolglos.

Entscheidung

Nach st. Rspr. des BFH ist eine (sonstige) Leistung i. S. v. § 22 Nr. 3 EStG jedes Tun, Dulden oder Unterlassen, das Gegenstand eines entgeltlichen Vertrags sein kann und eine Gegenleistung auslöst.[231]

Hinsichtlich der wirtschaftlichen Veranlassung der Gegenleistung durch die Leistung stellt der BFH in erster Linie auf die (objektivierte) Perspektive des Leistenden ab. Dies kommt z. B. in der Formulierung zum Ausdruck, wonach es sich um eine Leistung handeln muss, die „um des Entgelts willen" erbracht wird.[232] Preisgelder, Aufwandspauschalen sowie während des Aufenthalts in den Produktionsräumen gezahlte Verpflichtungsgelder für die Teilnahme an einer Fernsehshow stellen sich danach als Gegenleistung für die Teilnahme an der Show dar, auch wenn die Aussicht auf den Erhalt der Gegenleistung ex ante ungewiss ist.[233]

Grds. unerheblich ist dagegen die private Motivation im konkreten Einzelfall. Es kommt folglich nicht darauf an, aus welchen Gründen der Vertrag tatsächlich zustande gekommen ist und ohne welche Inhalte er mutmaßlich nicht zustande gekommen wäre (condicio sine qua non). Erforderlich ist eine objektivierende, wertende Betrachtung des wirtschaftlichen Zusammenhangs zwischen Leistung und Gegenleistung, wonach die Leistung die Gegenleistung „ausgelöst" haben muss.

Diesen Grundsätzen entsprach das angefochtene Urteil nicht. Aus Sicht des BFH hat die Vorinstanz die Einnahme des Klägers aus dem „Exclusivity Agreement" („Break Fee") zu Unrecht der Steuer unterworfen. Zwar haben der Kläger und die anderen verkaufsbereiten Aktionäre aufgrund des „Exclusivity Agreements" Leistungen erbracht, die Gegenstand eines entgeltlichen Vertrags sein können. Diese Leistungen haben jedoch die Gegenleistung nicht ausgelöst; sie sind nicht „um der Gegenleistung willen" erbracht worden. Anders als die Teilnehmer einer Fernsehshow konnten der Kläger und die anderen verkaufsbereiten Aktionäre durch ihr Verhalten nicht positiv beeinflussen, ob sich der Bieter B für oder gegen die Abgabe eines öffentlichen Angebots entscheiden würde.

Für beide denkbaren Ausgänge des Verfahrens war die Erfüllung der im „Exclusivity Agreement" von den Aktionären eingegangenen Verpflichtungen gleichermaßen Voraussetzung. Unabhängig davon, aus welchen Gründen B letztlich ein Angebot nicht abgegeben hat, haben die Aktionäre und der Kläger die „Break Fee" nicht durch ihre Leistungen ausgelöst.

Es handelt sich deshalb nicht um eine von FG und FA angenommene „Enthaltsamkeitsvergütung". Dass der Kläger und die anderen Aktionäre das „Exclusivity Agreement" erfüllen mussten, um die „Break Fee" zu erhalten (condicio sine qua non), begründet den erforderlichen Zusammenhang nicht. Es genügt insofern auch nicht, dass der Kläger die „Break Fee" entgegen genommen hat. Hat der Leistende nicht die Möglichkeit, durch seine Leistung das Entstehen des Anspruchs auf die Leistung des Vertragspartners positiv zu beeinflussen, genügt

---

[231] BFH, Urteil v.14.4.2015, IX R 35/13, BStBl II 2015, S. 795.
[232] BFH, Urteil v. 16.6.2015, IX R 26/14, BStBl II 2015, S. 1019.
[233] BFH, Urteil v. 28.11.2007, IX R 39/06, BStBl II 2008, S. 469; BFH, Beschluss v. 16.6.2014, IX B 22/14, BFH/NV 2014, S. 1540.

die Annahme der Leistung der Gegenseite nicht, um den fehlenden besteuerungsrelevanten Veranlassungszusammenhang zwischen Leistung und Gegenleistung herzustellen.

1.3 Sonstige Entscheidungen

1.3.1 Abfindungszahlung als Entschädigung – außerordentliche Einkünfte

> **BFH, Urteil v. 13.3.2018, IX R 16/17, BStBl II 2018, S. 709;**
> **Vorinstanz: FG Münster, Urteil v. 17.3.2017, 1 K 3037/14 E, EFG 2017, S. 1096**
>
> **Zahlt der Arbeitgeber einem Arbeitnehmer im Zuge der (einvernehmlichen) Auflösung des Arbeitsverhältnisses eine Abfindung, sind tatsächliche Feststellungen zu der Frage, ob der Arbeitnehmer dabei unter tatsächlichem Druck stand, regelmäßig entbehrlich.**
>
> **Normen:** §§ 24 Nr. 1 Buchst. a, 34 Abs. 1 und Abs. 2 Nr. 2 EStG

Sachverhalt

Der Kläger war als Verwaltungsangestellter bei einer Stadt beschäftigt. Dieses Arbeitsverhältnis beendeten er und seine Arbeitgeberin durch einen Auflösungsvertrag im gegenseitigen Einvernehmen und ohne Einhaltung einer Kündigungsfrist. In diesem Vertrag war auch die Zahlung einer Abfindung an den Kläger geregelt und zudem vereinbart, dass der Kläger keine weiteren rechtlichen Schritte etwaiger Höhergruppierungs- und Gleichbehandlungsbegehren unternehmen werde.

Das FA lehnte die vom Kläger begehrte ermäßigte Besteuerung der Abfindung nach der sog. Fünftelungsregelung ab, weil nicht erkennbar sei, dass er bei Abschluss des Abfindungsvertrags unter einem erheblichen wirtschaftlichen, rechtlichen oder tatsächlichen Druck gestanden habe. Das FG hatte der Klage stattgegeben, was der BFH nun bestätigte.

Entscheidung

Die Abfindungszahlung war unmittelbar zum Ausgleich des dem Kläger infolge des Wegfalls seiner Bezüge erlittenen Schadens bestimmt und beruhte auf dem Auflösungsvertrag als neuer Rechtsgrundlage. Der BFH pflichtete dem FG grds. bei, dass der Kläger bei Abschluss des Auflösungsvertrags unter tatsächlichem Druck stand. Hierbei könne jedoch offengelassen werden, so der IX. Senat, ob an dem Erfordernis der Druck-/Zwangssituation bei Zahlung einer Abfindung im Rahmen eines Über-/Unterordnungsverhältnisses festzuhalten ist.

Zahlt der Arbeitgeber dem Arbeitnehmer – wie hier geschehen – im Zuge der einvernehmlichen Auflösung des Arbeitsverhältnisses eine Abfindung, könne i. d. R. unterstellt werden, dass der Arbeitnehmer die Auflösung des Arbeitsverhältnisses nicht allein aus eigenem Antrieb herbeigeführt hat. Wäre dies der Fall, hätte der Arbeitgeber nämlich keine Veranlassung, eine Abfindung zu leisten. Stimmt der Arbeitgeber demgegenüber einer Abfindungszahlung an den Arbeitnehmer zu, könne grds. angenommen werden, dass dazu auch eine rechtliche Veranlassung bestand. Insofern sei ohne weiteres davon auszugehen, dass der Arbeitgeber zumindest auch ein erhebliches eigenes Interesse an der Auflösung des Arbeitsverhältnisses hatte. Dass der Arbeitnehmer unter solchen Umständen bei Abschluss des Vertrags über die Auflösung seines Arbeitsverhältnisses unter einem nicht unerheblichen tatsächlichen Druck stand, bedürfe dann keiner weiteren tatsächlichen Feststellungen mehr.

Praxishinweis

Das Urteil dürfte erhebliche Erleichterung bei der Einordnung von Arbeitnehmerabfindungen als tarifbegünstigte Entschädigungszahlung bringen und zu einer Umkehr der Beweislast führen. Das FA wird zukünftig nachweisen müssen, dass der Steuerpflichtige nicht unter tatsächlichem Druck gestanden, sondern das Arbeitsverhältnis von sich aus auflösen wollte und dennoch eine Abfindung erhalten hat.

Allerdings setzt die Tarifermäßigung weiterhin voraus, dass die Abfindung in einem Kalenderjahr zu erfassen ist und durch die Zusammenballung von Einkünften eine erhöhte steuerliche Belastung entsteht.

Vgl. in dem Zusammenhang auch das Urteil desselben Senats vom 9.1.2018[234] zur Abgrenzung von Entschädigung und Schadensersatz sowie zur Einheitsbetrachtung:

Verpflichtet sich der Arbeitgeber vertraglich, im Zusammenhang mit der Auflösung des Arbeitsverhältnisses mehrere Zahlungen an den Arbeitnehmer zu leisten, ist eine einheitliche Entschädigung nur anzunehmen, wenn tatsächliche Anhaltspunkte dafür festgestellt sind, dass sämtliche Teilzahlungen „als Ersatz für entgangene oder entgehende Einnahmen" i. S. d. § 24 Nr. 1 Buchst. a EStG gewährt worden sind. Bei den Einnahmen, deren Ausfall ersetzt werden soll, muss es sich um steuerbare Einnahmen handeln, die zu einer Einkunftsart gehören. Nicht steuerbare Schadensersatzleistungen oder Schmerzensgeldzahlungen gilt es dabei abzugrenzen.

Das nachfolgende Senatsurteil vom 20.7.2018[235] befasst sich ebenfalls mit der Abgrenzung von steuerbaren, steuerpflichtigen oder steuerfreien Leistungen. Und im Urteil vom 11.10.2017[236] ging es dann auch noch einmal um das Thema Zusammenballung.

Literaturhinweis: *Geißler*, nwb 2018, S. 2924

1.3.2 Aufwendungen für heterologe künstliche Befruchtung in gleichgeschlechtlicher Partnerschaft als außergewöhnliche Belastung

BFH, Urteil v. 5.10.2017[237], VI R 47/15, BStBl II 2018, S. 350;
Vorinstanz: FG Münster, Urteil v. 23.7.2015, 6 K 93/13 E, EFG 2015, S. 2071

Aufwendungen einer empfängnisunfähigen (unfruchtbaren) Frau für eine heterologe künstliche Befruchtung durch In-vitro-Fertilisation sind als außergewöhnliche Belastung (Krankheitskosten) auch dann zu berücksichtigen, wenn die Frau in einer gleichgeschlechtlichen Partnerschaft lebt.

Da die Aufwendungen dazu dienen, die Fertilitätsstörung der Steuerpflichtigen auszugleichen, sind sie als insgesamt – einschließlich der auf die Bereitstellung und Aufbereitung des Spendersamens entfallenden Koste – auf dieses Krankheitsbild abgestimmte Heilbehandlung darauf gerichtet, die Störung zu überwinden. Eine Aufteilung der Krankheitskosten kommt insoweit nicht in Betracht.

Norm: § 33 Abs. 1 EStG

---

[234] BFH, Urteil v. 9.1.2018, IX R 34/16, BStBl II 2018, S. 582.
[235] BFH, Urteil v. 20.7.2018, IX R 25/17, DB 2018, S. 2796.
[236] BFH, Urteil v. 11.10.2017, IX R 11/17, BStBl II 2018, S. 706.
[237] Erst in 2018 veröffentlicht; vgl. auch BFH, PM Nr. 2 v. 3.1.2018.

Sachverhalt

Die Klägerin, die im Streitjahr 2011 in einer gleichgeschlechtlichen Partnerschaft lebte, entschloss sich aufgrund ihrer Unfruchtbarkeit ihren Kinderwunsch durch eine künstliche Befruchtung mit Samen eines anonymen Spenders zu verwirklichen (heterologe künstliche Befruchtung). Die Behandlung ließ sie in einer dänischen Klinik durchführen. In ihrer ESt-Erklärung machte die Klägerin die Kosten dieser Behandlung von rund 8.500 € als außergewöhnliche Belastung i. S. d. § 33 Abs. 1 EStG geltend. Das FA ließ die Aufwendungen unter Hinweis auf die Richtlinien der ärztlichen Berufsordnungen nicht zum Abzug zu. So sah es im Ergebnis auch das FG.

Entscheidung

Demgegenüber hob der BFH das Urteil des FG auf und gab der Klage in vollem Umfang statt. Aufwendungen einer empfängnisunfähigen (unfruchtbaren) Frau für eine heterologe künstliche Befruchtung durch In-vitro-Fertilisation führen als Krankheitskosten zu einer außergewöhnlichen Belastung. Dem steht nach dem Urteil des BFH nicht entgegen, dass die Frau in einer gleichgeschlechtlichen Partnerschaft lebt. Der BFH begründet seine Entscheidung damit, dass die den Aufwendungen zugrunde liegende Behandlung mit der innerstaatlichen Rechtsordnung im Einklang stehen muss. Maßnahmen zur Sterilitätsbehandlung führen daher nur zu einer außergewöhnlichen Belastung, wenn sie in Übereinstimmung mit den Richtlinien der ärztlichen Berufsordnungen vorgenommen werden.

Dies bejaht der BFH für den Streitfall, da die Richtlinien der ärztlichen Berufsordnungen mehrerer Bundesländer der bei der Klägerin vorgenommenen Kinderwunschbehandlung nicht entgegenstanden. Der BFH geht zudem von einer Zwangslage zur Umgehung einer vorhandenen Sterilität aus. Diese könne auch bei gleichgeschlechtlichen Paaren nicht verneint werden. Der BFH sieht die Kosten dabei in vollem Umfang als abziehbar an. Eine Aufteilung komme nicht in Betracht, da die Aufwendungen insgesamt dazu dienten, die Fertilitätsstörung der Klägerin auszugleichen.

1.3.3 Alten- und Pflegeheimunterbringung von Ehegatten – Kürzung um Haushaltsersparnis für beide Ehegatten

> **BFH, Urteil v. 4.10.2017[238], VI R 22/16, BStBl II 2018, S. 179;**
> **Vorinstanz: FG Nürnberg, Urteil v. 4.5.2016, 3 K 915/15, EFG 2016, S. 1440**
>
> **Aufwendungen für die krankheitsbedingte Unterbringung in einem Alten- und Pflegeheim kommen als außergewöhnliche Belastung nur in Betracht, soweit dem Steuerpflichtigen zusätzliche Aufwendungen erwachsen.**
>
> **Dementsprechend sind Aufwendungen für die krankheitsbedingte Unterbringung im Grundsatz um eine Haushaltsersparnis zu kürzen, es sei denn, der Pflegebedürftige behält seinen normalen Haushalt bei.**
>
> **Die Haushaltsersparnis des Steuerpflichtigen ist entsprechend dem in § 33a Abs. 1 EStG vorgesehenen Höchstbetrag für den Unterhalt unterhaltsbedürftiger Personen zu schätzen.**
>
> **Sind beide Ehegatten krankheitsbedingt in einem Alten- und Pflegeheim untergebracht, ist für jeden der Ehegatten eine Haushaltsersparnis anzusetzen.**
>
> **Normen: §§ 33, 33a Abs. 1 EStG**

---

[238] Erst in 2018 veröffentlicht; vgl. auch BFH, PM Nr. 75 v. 6.12.2017.

Sachverhalt

Im Streitfall waren die verheirateten Kläger seit Mai 2013 krankheitsbedingt in einem Alten- und Pflegeheim untergebracht. Sie bewohnten ein Doppelzimmer (Wohnschlafraum mit einem Vorraum, Einbauschrank, Dusche und WC). Einen weiteren Haushalt unterhielten sie seither nicht mehr. Für die Unterbringung in dem Heim, Verpflegung und Pflegeleistungen entstanden den Eheleuten nach Abzug von Erstattungsleistungen anderer Stellen Kosten i. H. v. ca. 27.500 €. Diese minderten sie monatsanteilig um eine Haushaltsersparnis für eine Person und machten den Restbetrag in ihrer ESt-Erklärung als außergewöhnliche Belastung nach § 33 EStG geltend. Die Berechnung der ersparten Verpflegungs- und Unterbringungskosten erfolgte auf der Grundlage des in § 33a EStG geregelten Unterhaltshöchstbetrags, der sich im Streitjahr 2013 auf 8.130 € belief.

Das FA setzte hingegen eine Haushaltsersparnis für beide Eheleute an und kürzte die geltend gemachten Aufwendungen entsprechend. Die hiergegen erhobene Klage wies das FG zurück.

Entscheidung

Der BFH bestätigte die Vorinstanz weitgehend. Sind beide Ehegatten krankheitsbedingt in einem Alten- und Pflegeheim untergebracht, ist für jeden der Ehegatten eine Haushaltsersparnis anzusetzen, wenn daneben kein weiterer Haushalt geführt werde. Denn die Eheleute seien beide durch die Aufgabe des gemeinsamen Haushalts um dessen Fixkosten wie Miete oder Zinsaufwendungen, Grundgebühr für Strom, Wasser etc. sowie Reinigungsaufwand und Verpflegungskosten entlastet. Zudem sei der Ansatz einer Haushaltsersparnis i. H. d. ersparten Verpflegungs- und Unterbringungskosten für jeden Ehegatten zur Vermeidung einer Doppelbegünstigung geboten.

Bei den in den personenbezogenen Alten- und Pflegeheimkosten enthaltenen Aufwendungen für Nahrung, Getränke, übliche Unterkunft und Ähnliches handele es sich um typische Kosten der Lebensführung eines jeden Steuerpflichtigen, die bereits durch den in § 32a EStG geregelten Grundfreibetrag steuerfrei gestellt seien. Die Klage hatte daher nur im Hinblick auf die stufenweise Ermittlung der zumutbaren Belastung entsprechend dem BFH-Urteil vom 19.1.2017[239] Erfolg.

Literaturhinweis: *Geserich*, nwb 2018, S. 8

---

[239] BFH, Urteil v. 19.1.2017, VI R 75/14, BStBl II 2017, S. 684.

1.3.4 Höchstbetragsberechnung bei Anrechnung ausländischer Steuer

> **BFH, Urteil v. 18.4.2018, I R 37/16, DB 2018, S. 2218;**
> **Vorinstanz: FG München, Außensenate Augsburg, Urteil v. 11.5.2016, 6 K 2122/14, EFG 2016, S. 1363**
>
> Bei verzinslichen Wertpapieren, die eine Forderung i. H. ihres Nominalwerts verbriefen, ist eine Teilwertabschreibung unter den Nennwert allein wegen gesunkener Kurse regelmäßig nicht zulässig.[240]
>
> Ob Betriebsausgaben und Betriebsvermögensminderungen mit den den ausländischen Einkünften zugrunde liegenden Einnahmen i. S. d. § 34c Abs. 1 S. 4 EStG in wirtschaftlichem Zusammenhang stehen, bestimmt sich nach dem Veranlassungsprinzip.[241]
>
> In die Bemessung des Anrechnungshöchstbetrags nach § 34c Abs. 1 S. 4 EStG können auch Wertveränderungen des Vermögensstamms eingehen.
>
> **Normen:** §§ 6 Abs. 1 Nr. 1 S. 3 und Nr. 2, 34c Abs. 1 S. 4 und Abs. 6 S. 2, 34d Nr. 6 EStG; §§ 8 Abs. 1 S. 1, 26 Abs. 6 S. 1 KStG

Im Urteilsfall hat sich der BFH mit Details der Höchstbetragsberechnung zur Anrechnung ausländischer Steuern, konkret dem Abzug von Betriebsausgaben, die mit ausländischen Einkünften in Zusammenhang stehen, beschäftigt. Dabei hat der I. Senat einer pauschalen Schätzung von Verwaltungskosten eine Absage erteilt und die Berücksichtigung von Teilwertabschreibungen unter den Vorbehalt einer dauernden Wertminderung gestellt.

Sehen DBA die Anrechnung ausländischer Steuern auf die deutsche KSt/ESt vor, sind im ersten Schritt nach Maßgabe des jeweiligen DBA die ausländischen Einkünfte zu ermitteln, die zur Anrechnung führen. In einem zweiten Schritt ist nach deutschem Steuerrecht die Höhe der anzurechnenden Steuer festzustellen. Hier kommt es darauf an, in welcher Höhe ausländische Einkünfte in den gesamten Einkünften des Steuerpflichtigen enthalten sind. Je niedriger die ausländischen Einkünfte sind, desto geringer ist die Steueranrechnung.

Um genau diese Problematik ging es in dem vom BFH entschiedenen Fall, in dem die Klägerin (ein Kreditinstitut) Zinseinkünfte aus zum Nennbetrag zurückzuzahlenden portugiesischen (teilwertberichtigten) Anleihen erhalten hatte. Das FA hat bei der Höchstbetragsermittlung u. a. die auf die portugiesischen Einkünfte entfallende GewSt, die Teilwert-AfA und einen geschätzten Verwaltungskostenanteil je Anleihe Einkünfte mindernd abgezogen. Die Klage vor dem FG war hinsichtlich der Teilwert-AfA und des Verwaltungskostenanteils erfolgreich. Der BFH hat diese Entscheidung jedoch aufgehoben und den Fall an das FG zurückverwiesen. Und zwar aus folgenden Gründen bzw. mit folgender Aufgabenverteilung.

Das FG habe erstens nicht ausreichend geprüft, ob die von der Klägerin vorgenommenen Teilwert-AfA auf die Anleihen zulässig waren und insoweit eine „voraussichtlich dauernde" Wertminderung vorlag. Zweitens fehlten Feststellungen zum Bonitätsrisiko des Schuldners einer der Anleihen.

Der Abzug von Betriebsausgaben hänge davon ab, ob bzw. inwieweit diese mit den ausländischen Einkünften in wirtschaftlichem Zusammenhang stehen. Hier ist der sog. Veranlassungszusammenhang oder das „auslösende Moment" ausschlaggebend. Danach sind Aufwendungen

---
[240] Bestätigung des BFH, Urteil v. 8.6.2011, I R 98/10, BStBl II 2012, S. 716.
[241] Bestätigung des BFH, Urteil v. 6.4.2016, I R 61/14, BStBl II 2017, S. 48.

der Einkunftsart zuzuordnen, die im Vordergrund steht und die Beziehungen zu den anderen Einkünften verdrängt. Maßgebend sind die Gesamtumstände des jeweiligen Einzelfalls.

Nach Dafürhalten des BFH hat das FG die auf die ausländischen Einkünfte entfallende GewSt zu Recht abgezogen. Die Klägerin unterlag in den Streitjahren noch der als Betriebsausgabe abzugsfähigen GewSt, deren Höhe sich u. a. nach dem Gewerbeertrag richtete. Auslösendes Moment waren insoweit sowohl die inländischen Einkünfte als auch die im Gewerbeertrag ebenfalls enthaltenen ausländischen (Kapital-)Einkünfte.

Auch die finanzgerichtliche Ablehnung der Schätzung von Verwaltungskosten durch das FA i. H. v. pauschalen Beträgen je Anleihe findet die Zustimmung des I. Senats. Die gewonnenen Schätzungsergebnisse müssen schlüssig, wirtschaftlich möglich und vernünftig sein. Eine pauschale Schätzung der Verwaltungskosten allein auf die Anzahl der gehaltenen Anleihen bezogen und ohne Berücksichtigung des Umfangs der Erträge oder der Art der Investitionen entspreche dem nicht. Allerdings habe das FG keine Feststellungen dazu getroffen, ob neben den Depotgebühren noch weitere Verwaltungskosten bei der Klägerin angefallen sind, die ggf. im Rahmen der Ermittlung des Anrechnungshöchstbetrags zu berücksichtigen sind.

Literaturhinweis: *Tschatsch/Umlauff*, nwb 2018, S. 3079

1.3.5 Keine begünstigte Handwerkerleistung bei Baukostenzuschuss für öffentliche Mischwasserleitung

BFH, Urteil v. 21.2.2018[242], VI R 18/16, BStBl II 2018, S. 641;
Vorinstanz: Sächsisches FG, Urteil v. 12.11.2015, 8 K 194/15, EFG 2016, S. 1952

Der von § 35a Abs. 3 S. 1 i. V. m. Abs. 4 S. 1 EStG vorausgesetzte räumlich-funktionale Zusammenhang zum Haushalt des Steuerpflichtigen ist nicht gegeben, wenn für die Neuverlegung einer öffentlichen Mischwasserleitung als Teil des öffentlichen Sammelnetzes ein Baukostenzuschuss erhoben wird.

Norm: § 35a Abs. 3 S. 1 und Abs. 4 S. 1 EStG

Steuerpflichtige sind nach dem Urteil des VI. Senats nicht berechtigt, bei der Neuverlegung einer öffentlichen Mischwasserleitung als Teil des öffentlichen Sammelnetzes die Steuerermäßigung für Handwerkerleistungen in Anspruch zu nehmen.

Sachverhalt

Im Streitfall wurden die Kläger im Jahr 2011 an die öffentliche Abwasserentsorgungsanlage (zentrale Kläranlage) angeschlossen. Zuvor wurde das Abwasser über eine Sickergrube auf ihrem Grundstück entsorgt. Für die Herstellung der hierfür erforderlichen Mischwasserleitung als Teil des öffentlichen Sammelnetzes erhob der Abwasserzweckverband im Streitjahr 2012 einen als Baukostenzuschuss bezeichneten Betrag i. H. v. 3.896,60 €, von dem die Kläger einen geschätzten Lohnanteil i. H. v. 2.338,00 € als Handwerkerleistung geltend machten. Das FG gab – anders als zuvor das FA – diesem Begehren statt.

Entscheidung

Dem ist der BFH entgegengetreten und hat die Klage abgewiesen. Die tarifliche ESt ermäßigt sich nach § 35a Abs. 3 EStG um 20 % (max. 1.200 €) der Arbeitskosten für bestimmte in An-

---
[242] Vgl. auch BFH, PM Nr. 32 v. 13.6.2018.

spruch genommene Handwerkerleistungen. Dies gilt nach einer früheren Entscheidung desselben Senats auch für Handwerkerleistungen, die jenseits der Grundstücksgrenze auf öffentlichem Grund erbracht werden.[243] Die Handwerkerleistung muss dabei aber in unmittelbarem räumlichem Zusammenhang zum Haushalt durchgeführt werden und dem Haushalt des Steuerpflichtigen dienen.

In Abgrenzung zu seinem Urteil aus März 2014 hat der VI. Senat des BFH nun klargestellt, dass der von § 35a Abs. 3 S. 1 i. V. m. Abs. 4 S. 1 EStG vorausgesetzte räumlich-funktionale Zusammenhang zum Haushalt des Steuerpflichtigen nicht gegeben ist, wenn für die Neuverlegung einer öffentlichen Mischwasserleitung als Teil des öffentlichen Sammelnetzes ein Baukostenzuschuss erhoben wird. Denn im Unterschied zum Hausanschluss kommt der Ausbau des allgemeinen Versorgungsnetzes nicht nur einzelnen Grundstückseigentümern, sondern vielmehr allen Nutzern des Versorgungsnetzes zugute. Er wird damit nicht „im Haushalt" erbracht. Unerheblich ist, wenn der Baukostenzuschuss – wie im Streitfall – beim erstmaligen Grundstücksanschluss an die öffentliche Abwasserentsorgungsanlage erhoben wird.

Entscheidend ist somit allein, ob es sich um eine das öffentliche Sammelnetz betreffende Maßnahme handelt oder es um den eigentlichen Haus- oder Grundstücksanschluss und damit die Verbindung des öffentlichen Verteilungs- oder Sammelnetzes mit der Grundstücksanlage geht.

Praxishinweis

Beim BFH ist eine Revision anhängig, bei der es um die Frage geht, ob und in welchem Umfang die auf das öffentliche Straßenland vor dem Grundstück des Steuerpflichtigen entfallenden Kosten für den Ersatz einer unbefestigten Sandstraße durch eine asphaltierte Straße durch die zuständige Gemeinde als Handwerkerleistungen in einem Haushalt (räumlich-funktionaler Zusammenhang) zu berücksichtigen sind.[244]

Und in einem weiteren Revisionsverfahren wird darüber zu entscheiden sein, ob Handwerkerleistungen, die in einer Werkstatt des leistenden Unternehmers ausgeführt werden (hier: Reparatur eines Hoftores in einer Tischlerei), als Handwerkerleistungen in einem Haushalt (räumlich-funktionaler Zusammenhang) zu berücksichtigen sind, sowie des Weiteren ob Maßnahmen, die von der öffentlichen Hand oder einem von ihr beauftragten Dritten auf gesetzlicher Grundlage erbracht und mit dem Steuerpflichtigen nach öffentlich-rechtlichen Kriterien abgerechnet werden, im Rahmen des § 35a EStG begünstigt sein können (hier: Straßenreinigungsgebühr).[245]

Vgl. zum gesamten Themenbereich des § 35a EStG auch das ausführliche Anwendungsschreiben des BMF vom 9.11.2016.[246]

Literaturhinweis: *Dorn/Riel*, nwb 2018, S. 3376

---

[243] BFH, Urteil v. 20.3.2014, VI R 56/12, BStBl II 2014, S. 882: Für die Verbindung des Wasser-Verteilungsnetzes mit der Anlage des Grundstückseigentümers.
[244] Az. VI R 50/17; Vorinstanz: FG Berlin-Brandenburg, Urteil v. 25.10.2017, 3 K 3130/17, EFG 2018, S. 42.
[245] Az. BFH VI R 4/18; Vorinstanz: FG Berlin-Brandenburg, Urteil v. 27.7.2017, 12 K 12040/17; zum Stichwort „Werkstatt" vgl. auch ein weiteres unter Az. VI R 7/18 anhängiges Verfahren, Vorinstanz: FG des Landes Sachsen-Anhalt, Urteil v. 26.2.2018, 1 K 1200/17 EFG 2018, S. 1270.
[246] BMF, Schreiben v. 9.11.2016, IV C 8 – S 2296-b/07/10003:008, BStBl I 2016, S. 1213.

1.3.6 Betriebsstättenzurechnung und Abgeltungswirkung bei gewerblich geprägter KG im Nicht-DBA-Fall

> BFH, Urteil v. 29.11.2017[247], I R 58/15, DB 2018, S. 804;
> Vorinstanz: FG Bremen, Urteil v. 25.6.2015, 1 K 68/12 (6), EFG 2016, S. 88
>
> Eine nach § 15 Abs. 3 Nr. 2 EStG gewerblich geprägte (inländische) KG vermittelt ihren (ausländischen) Gesellschaftern eine Betriebsstätte i. S. v. § 49 Abs. 1 Nr. 2 Buchst. a EStG i. V .m. § 2 Nr. 1 KStG. Die Abgeltungswirkung für den KapErtrSt-Abzug (§ 32 Abs. 1 Nr. 2 KStG) ist insoweit ausgeschlossen.
>
> Normen: § 12 AO; §§ 15 Abs. 3 Nr. 2, 49 Abs. 1 Nr. 2 Buchst. a EStG; §§ 2 Nr. 1, 32 Abs. 1 Nr. 2 KStG

Sachverhalt

An der deutschen GmbH & Co. KG, deren Geschäftsgegenstand im Handel, dem Erwerb und der Verwaltung von europäischen Unternehmen bestand, waren u. a. zwei chilenische Kapitalgesellschaften beteiligt. Die KG erhielt Dividenden von einer verbundenen inländischen GmbH, die sie als Betriebseinnahmen berücksichtigte und entsprechende gesonderte und einheitliche Feststellungen unter Einbeziehung aller Gesellschafter, sowie die Feststellung und Verteilung der von der GmbH einbehaltenen Steuerabzugsbeträge beantragte. Dies lehnte das FA ab.

Entscheidung

Dies sah der I. Senat des BFH anders und hat eine für die Praxis der Besteuerung von Personengesellschaften im internationalen Steuerrecht bedeutsame Rechtsfrage beantwortet.

So kann nicht nur eine „gewerbliche", sondern auch eine vermögensverwaltend tätige, aber i. S. v. § 15 Abs. 3 Nr. 2 EStG „gewerblich geprägte" inländische KG ihren ausländischen Gesellschaftern (im Streitfall: chilenische Kapitalgesellschaften) eine inländische Betriebsstätte (§ 49 Abs. 1 Nr. 2 Buchst. a EStG i. V. m. § 2 Nr. 1 KStG) vermitteln. Damit ist beim Bezug von (inländischen) Dividenden durch die KG die Abgeltungswirkung für den KapErtrSt-Abzug (§ 32 Abs. 1 Nr. 2 KStG) insoweit ausgeschlossen. Folge hiervon ist, dass die ausländischen Gesellschafter der KG nach Maßgabe ihrer beschränkten Steuerpflicht veranlagt werden und auf die hierbei sich ergebende KSt- oder ESt-Schuld die auf die Dividenden erhobene KapErtrSt angerechnet und ggf. auch erstattet wird.

Allerdings gilt dies nicht uneingeschränkt: Übt der Gesellschafter einer solchen (inländischen) KG im Ausland eine (weitere) eigene unternehmerische Tätigkeit aus, ist zu prüfen, ob die Wirtschaftsgüter des Gesamthandsvermögens der inländischen Betriebsstätte der KG oder aber der durch die eigene Tätigkeit des Gesellschafters im Ausland begründeten ausländischen Betriebsstätte zuzuordnen sind. Maßstab hierfür ist das Veranlassungsprinzip. Dies gilt auch bei Sitz/Ansässigkeit der Gesellschafter in einem Staat, mit dem kein Abkommen zur Vermeidung einer Doppelbesteuerung abgeschlossen ist (z. B. Chile).

Diese Prüfung nach dem Veranlassungsprinzip (entscheidend ist das „auslösende Moment" für den Erwerb der Beteiligung) erfordert eine Abwägung, ob das Innehaben der Beteiligung, aus der die KG die Dividende erzielt hatte, überwiegend mit der branchenähnlichen (ausländischen) betrieblichen Tätigkeit der Gesellschafter im Zusammenhang stand. Dazu waren bis-

---

[247] Erst in 2018 veröffentlicht; vgl. auch BFH, PM Nr. 18 v. 4.4.2018.

her keine Feststellungen vom FG getroffen worden, sodass die Sache vom BFH an die Vorinstanz zurückverwiesen wurde.

> **Literaturhinweis:** *Hagemann*, nwb 2018, S. 1687

1.3.7 Ausbildungsende im Kindergeldrecht

BFH, Urteil v. 14.9.2017[248], III R 19/16, BStBl II 2018, S. 131;
Vorinstanz: FG Baden-Württemberg, Urteil v. 19.10.2016, 7 K 407/16, nwb 2017, S. 9

Eine Berufsausbildung endet nicht bereits mit der Bekanntgabe des Ergebnisses der Abschlussprüfung, sondern erst mit Ablauf der Ausbildungszeit, wenn diese durch Rechtsvorschrift festgelegt ist.

Norm: § 32 Abs. 4 S. 1 Nr. 2 Buchst. a EStG

Sachverhalt

Im Streitfall absolvierte die Tochter des Klägers eine Ausbildung zur staatlich anerkannten Heilerziehungspflegerin, die nach der einschlägigen landesrechtlichen Verordnung drei Jahre dauert. Der Ausbildungsvertrag hatte dementsprechend eine Laufzeit vom 1.9.2015 bis zum 31.8.2015. Die Tochter bestand die Abschlussprüfung im Juli 2015. In diesem Monat wurden ihr die Prüfungsnoten mitgeteilt.

Die Kindergeldgewährung setzte voraus, dass sich die Tochter in Berufsausbildung befand (§ 32 Abs. 4 S. 1 Nr. 2 Buchst. a EStG). Die Familienkasse ging davon aus, dass eine Berufsausbildung bereits mit Ablauf des Monats endet, in dem das Prüfungsergebnis bekanntgegeben wird, sodass es nicht auf das Ende der durch Rechtsvorschrift festgelegten Ausbildungszeit ankommt. Sie hob daher die Festsetzung des Kindergeldes ab August 2015 auf und verwies hierzu auf die Rspr. des BFH, der zufolge eine Ausbildung spätestens mit der Bekanntgabe des Prüfungsergebnisses endet.[249] Der Kläger wandte sich dagegen und erstritt vor dem FG das Kindergeld für den Monat August. Die Revision der Familienkasse hatte keinen Erfolg.

Entscheidung

Der BFH hat mit dem neuen Urteil seine Rspr. zur Dauer der Berufsausbildung präzisiert. In den bislang entschiedenen Fällen war die Bekanntgabe des Prüfungsergebnisses der späteste in Betracht kommende Zeitpunkt des Ausbildungsverhältnisses. Hiervon unterscheidet sich der Streitfall, weil hier das Ausbildungsende durch eine eigene Rechtsvorschrift geregelt ist. Nach § 2 Abs. 2 S. 1 der Heilerziehungspflegeverordnung des Landes Baden-Württemberg dauert die Fachschulausbildung zur Heilerziehungspflegerin drei Jahre.

Die Vorschrift des § 21 Abs. 2 des Berufsbildungsgesetzes (BBiG), der zufolge eine Berufsausbildung vor Ablauf der Ausbildungszeit mit der Bekanntgabe des Prüfungsergebnisses endet, war nicht einschlägig, da die Ausbildung an einer dem Landesrecht unterstehenden berufsbildenden Schule absolviert wurde, sodass das BBiG nicht anwendbar war. Damit endete die Berufsausbildung nicht im Juli 2015, sondern erst mit Ablauf des Folgemonats.

---

[248] Erst in 2018 veröffentlicht; vgl. auch BFH, PM Nr. 4 v. 10.1.2018.
[249] BFH, Urteil v. 24.5.2000, VI R 143/99, BStBl II 2000, S. 473.

1.3.8 Keine Verlängerung des Kindergeldanspruchs über die Vollendung des 25. Lebensjahrs hinaus wegen Dienst im Katastrophenschutz

> **BFH, Urteil v. 19.10.2017[250], III R 8/17, BStBl II 2018, S. 399;**
> **Vorinstanz: FG des Saarlandes, Urteil v. 15.2.2017, 2 K 1200/16, nwb 2017, S. 2163**
>
> Verpflichtet sich ein Kind zu einem mehrjährigen Dienst im Katastrophenschutz (hier: Dienst bei der freiwilligen Feuerwehr) und wird es deshalb vom Wehrdienst freigestellt, erwächst daraus keine Verlängerung der kindergeldrechtlichen Berücksichtigungsfähigkeit über das 25. Lebensjahr hinaus.
>
> **Normen:** §§ 32 Abs. 1 und Abs. 4 S. 1 Nr. 2 Buchst. a und Buchst. d sowie Abs. 5 S. 1, 62 Abs. 1, 63 Abs. 1 S. 1 Nr. 1 und S. 2 EStG

Sachverhalt

Im Streitfall absolvierte der im November 1987 geborene Sohn des Klägers ein Medizinstudium, das er 2013 kurz vor Vollendung des 26. Lebensjahrs abschloss. Bereits im Jahr 2005 wurde er wegen einer mindestens sechs Jahre umfassenden Verpflichtung im Katastrophenschutz (Freiwillige Feuerwehr) vom (früheren) Wehrdienst freigestellt. Die Familienkasse gewährte dem Kläger das Kindergeld nur bis November 2012, da der Sohn in diesem Monat sein 25. Lebensjahr vollendete.

Entscheidung

In seinem Urteil bestätigte der BFH diese Auffassung. Zwar können volljährige Kinder beim Kindergeldanspruch berücksichtigt werden, solange sie sich in Ausbildung befinden. Das Kindergeldrecht sieht insoweit aber eine Altersgrenze von 25 Jahren vor. Diese Altersgrenze wird zwar insb. dann, wenn das Kind den gesetzlichen Grundwehr- oder Zivildienst geleistet hat, um die Dauer dieses Dienstes hinausgeschoben. Der Dienst im Katastrophenschutz gehört aber nicht zu den im Gesetz genannten Fällen.

Der III. Senat des BFH lehnte es ab, die Regelung über die Verlängerung des Kindergeldanspruchs im Streitfall entsprechend anzuwenden. Denn der Gesetzgeber hat die Verlängerung des Kindergeldanspruchs bei Diensten wie dem gesetzlichen Grundwehr- und Zivildienst nur deshalb vorgesehen, weil diese häufig die Beendigung der Berufsausbildung verzögern. Der vom Sohn des Klägers geleistete Dienst im Katastrophenschutz ist dagegen kein Vollzeitdienst und kann typischerweise auch neben der Ausbildung durchgeführt werden. Die Ausbildung wird deshalb durch einen solchen Dienst, ebenso wie bei einem Engagement des Kindes in einem Sportverein oder einer Jugendorganisation, regelmäßig nicht verzögert.

Praxishinweis

→ Die Entscheidung hat auch Auswirkungen auf andere neben der Ausbildung geleistete Dienste im Katastrophenschutz, die eine Freistellung von der Wehrpflicht zur Folge hatten (z. B. Sanitätsdienste beim Deutschen Roten Kreuz, der Johanniter-Unfall-Hilfe oder dem Malteser Hilfsdienst, Technische Dienste beim Technischen Hilfswerk).

---

[250] Erst in 2018 veröffentlicht; vgl. auch BFH, PM Nr. 20 v. 18.4.2018.

1.3.9 Kindergeldanspruch eines Gewerbetreibenden bei fiktiver unbeschränkter Steuerpflicht

> BFH, Urteil v. 14.3.2018[251], III R 5/17, BStBl II 2018, S. 482;
> Vorinstanz: FG Berlin-Brandenburg, Urteil v. 18.1.2017, 3 K 3219/16
>
> Der Anspruch auf Kindergeld nach § 62 Abs. 1 Nr. 2 Buchst. b EStG besteht nur für die Monate, in denen der Steuerpflichtige inländische Einkünfte i. S. d. § 49 EStG erzielt.
>
> Aufgrund der kindergeldspezifischen monatsbezogenen Betrachtungsweise ist bei Einkünften aus gewerblicher Tätigkeit gem. § 15 EStG eines nach § 1 Abs. 3 EStG veranlagten Kindergeldberechtigten auf die ausgeübte inländische Tätigkeit abzustellen.
>
> **Normen:** §§ 1 Abs. 3, 15, 49, 62 Abs. 1 Nr. 2 Buchst. b EStG

Bei Gewerbetreibenden, die ohne Wohnsitz und ohne gewöhnlichen Aufenthalt im Inland nur monatsweise tätig sind und antragsgemäß als unbeschränkt einkommensteuerpflichtig behandelt werden, besteht der Anspruch auf Kindergeld für die Monate, in denen sie ihre inländische Tätigkeit ausüben. Der BFH hat klargestellt, dass es bei Einkünften aus gewerblicher Tätigkeit für die gebotene monatsweise Betrachtung nicht auf den Zufluss von Einnahmen ankommt.

Sachverhalt

Im Streitfall lebte der polnische Kläger mit seiner Familie in Polen. In Deutschland war er monatsweise selbstständig im Baugewerbe tätig. Für das Jahr 2012 beanspruchte der Kläger u. a. für den Monat Mai Kindergeld. In dieser Zeit arbeitete er auf einer Baustelle und erzielte gewerbliche Einkünfte. Das Entgelt erhielt er hierfür erst im August 2012. Aus diesem Grund war die Familienkasse der Ansicht, dass das Kindergeld nur für diesen Monat zu berücksichtigen sei. Allerdings hatte die Familienkasse das Kindergeld für den August bereits aus anderen Gründen gewährt. Der Kläger wandte sich dagegen und erstritt vor dem FG das Kindergeld auch für den Monat Mai. Die Revision der Familienkasse hatte keinen Erfolg.

Entscheidung

Der Kindergeldanspruch setzt in Fällen dieser Art u. a. die antragsgemäße Behandlung des Ausländers als fiktiv unbeschränkt steuerpflichtig und den Aufenthalt der Kinder im Inland oder im EU-Ausland voraus. Auch wenn der Ausländer regelmäßig für das ganze Jahr nach § 1 Abs. 3 EStG als fiktiv unbeschränkt steuerpflichtig behandelt wird und sich aus dem entsprechenden ESt-Bescheid nicht ergibt, in welcher Zeit er inländische Einkünfte erzielt hat, ist für den Kindergeldanspruch allein das in § 66 Abs. 2 EStG verankerte Monatsprinzip entscheidend.

Der BFH hatte bisher hierzu nur entschieden, dass es bei zeitweise nichtselbstständig tätigen Steuerpflichtigen wie z. B. Saisonarbeitern für den Kindergeldanspruch auf den Zufluss des Lohnes ankommt.

Demgegenüber stellt der BFH in dem jetzt veröffentlichten Urteil bei einem zeitweise selbstständig Tätigen auf die inländische Tätigkeit und nicht auf den Zufluss des Entgelts ab.

---

[251] Vgl. auch BFH, PM Nr. 29 v. 4.6.2018.

Damit wird sichergestellt, dass der Kindergeldanspruch nicht von Zufälligkeiten oder selbst gewählten Gestaltungsformen abhängt. Ob hieraus folgt, dass an der bisherigen zuflussorientierten Beurteilung bei Saisonarbeitnehmern nicht mehr festzuhalten ist, ließ der BFH ausdrücklich offen.

Literaturhinweis: *Avvento*, nwb 2018, S. 2994

2 Im Bereich der Körperschaftsteuer

2.1 Schädlicher Beteiligungserwerb

Kommissionsbeschluss zur Beihilferechtswidrigkeit der Sanierungsklausel gem. § 8c Abs. 1a KStG ist nichtig

> EuGH, Urteil v. 28.6.2018, C–203/16, *Andres (als Insolvenzverwalter der Heitkamp BauHolding GmbH – HBH)/Kommission*, BB 2018, S. 2079, mit Anm. *Korneev*; Vorinstanz: EuG, Urteil v. 4.2.2016, T – 287/11, GmbHR 2016, S. 384 (Ls.)
>
> Der EuGH hat den Beihilfebeschluss der EU-Kommission 2011/527/EU zur sog. Sanierungsklausel in § 8c KStG für nichtig erklärt und das erstinstanzliche Urteil des EuG aufgehoben. Aufgrund dieses Beschlusses mussten sämtliche Steuervorteile deutscher Unternehmen aus der Inanspruchnahme der im Zuge der Finanzkrise eingeführten Regelung zurückgefordert werden. § 8c Abs. 1a KStG war seither unanwendbar. Das Urteil des EuGH stellt eine Kehrtwende dieser Entwicklungen dar.
>
> **Norm:** § 8c Abs. 1a KStG

Sachverhalt

Die ab 2008 anwendbare Sanierungsklausel sieht vor, dass der Verlustwegfall nach § 8c Abs. 1 KStG bei schädlichen Beteiligungserwerben gem. § 8c Abs. 1a KStG unter bestimmten Voraussetzungen nicht erfolgt, wenn der Erwerb mit Sanierungsabsicht erfolgt. Die EU-Kommission sah in der Sanierungsklausel eine unionsrechtswidrige staatliche Beihilfe i. S. v. Art. 107 Abs. 1 AEUV und forderte nach förmlichem Prüfverfahren die Bundesrepublik am 26.1.2011 mit Beschluss 2011/527/EU zur Rückforderung der Beihilfe auf. In Deutschland wurde zunächst durch BMF-Schreiben vom 30.4.2010 und später durch § 34 Abs. 6 S. 2 ff. KStG die Anwendung der Sanierungsklausel suspendiert, bis die Nichtigkeit des Beihilfebeschlusses festgestellt wird oder die Kommission diesen zurücknimmt.

Die Nichtigkeitsklage der Bundesrepublik wurde wegen Überschreitens der Klagefrist als nicht zulässig abgewiesen. Nichtigkeitsklagen von Unternehmensseite wurden vom EuG abgewiesen und die Auffassung der Kommission zur Selektivität der Sanierungsklausel bestätigt (EuG-Urteile T-287/11, *Heitkamp Bauholding GmbH*; T-620/11, *GFKL Financial Services*). In der Folge hatten die Unternehmen Rechtsmittel beim EuGH eingereicht. Nach der mündlichen Verhandlung hatte Generalanwalt Wahl in seinen Schlussanträgen vom 20.12.2017 dem EuGH empfohlen, die zuvor vom EuG festgestellte Unionswidrigkeit aufgrund unzutreffender Bestimmung des Referenzsystems nicht aufrecht zu erhalten.

Die Klage beim EuGH war erfolgreich.

Entscheidung

Zunächst war zu entscheiden, ob die *Heitkamp Bauholding GmbH* klagebefugt war. Unternehmen können Beihilfebeschlüsse der Kommission nicht anfechten, wenn sie allein wegen ihrer sektoriellen Zugehörigkeit betroffen sind. Da die *Heitkamp Bauholding GmbH* nach Auffassung des EuGH tatsächlich Begünstigter einer Einzelbeihilfe und individuell betroffen war, konnte das Unternehmen nach Auffassung des EuGH Klage erheben.

Vor allem war aber streitig, ob der von der EU-Kommission erwogene Referenzrahmen zur Prüfung der Selektivität von § 8c Abs. 1a KStG (sog. Sanierungsklausel) zutreffend bestimmt worden war. Die Kommission war in ihrer Entscheidung von dem allgemein geltenden Grundsatz abgewichen, dass der Referenzrahmen nahezu immer in dem allgemeinen System der betreffenden Steuerart, hier der KSt zu sehen ist. Sie hatte vielmehr die Vorschriften über den Verlustuntergang bei schädlichem Beteiligungserwerb in § 8c Abs. 1 KStG zum Referenzrahmen bestimmt. Somit hatte sie in § 8c Abs. 1a KStG eine selektiv vorteilhafte Ausnahmeregelung für Sanierungsfälle gesehen. Anders nun die Entscheidung des EuGH: So könne die Selektivität einer steuerlichen Maßnahme anhand eines Referenzsystems, das aus einigen Bestimmungen besteht, die aus einem breiteren rechtlichen Rahmen künstlich herausgelöst wurden, nicht zutreffend beurteilt werden. Die Kommission habe den Referenzrahmen zu eng definiert; diesen bilde vielmehr die allgemeine Regelung des Verlustvortrags gem. § 8 Abs. 1 KStG i. V. m. § 10d Abs. 2 EStG. Von diesem Referenzrahmen ausgehend stellt die Verlustuntergangsregelung in § 8c Abs. 1 KStG die Ausnahmeregelung dar, welche jedoch nicht selektiv vorteilhaft wirkt. Wegen fehlerhafter Bestimmung der Selektivität hat der EuGH den Beschluss 2011/527/EU für nichtig erklärt.

Praxishinweis

Dem Vernehmen nach beabsichtigt die Finanzverwaltung, die Sanierungsklausel des § 8c Abs. 1a KStG infolge der Nichtigerklärung des Kommissionsbeschlusses durch den EuGH wieder anzuwenden. Nach § 34 Abs. 6 S. 3 KStG ist hierfür aber zunächst die Veröffentlichung des EuGH-Urteils im Bundesgesetzblatt erforderlich. Ist diese erfolgt, ist § 8c Abs. 1a KStG nach S. 4 der Vorschrift anzuwenden, soweit Steuerbescheide noch nicht bestandskräftig sind.

Literaturhinweise: *Bartosch*, BB 2018, 2199; *Kessler/Egelhof/Probst*, DStR 2018, S. 1945; *Denis Korneev*, BB 2018, S. 2079

2.2 Organschaft

Keine finanzielle Eingliederung bei sog. Stimmbindungsvertrag

> **FG Bremen, Urteil v. 14.12.2017, 3 K 12/17 (1), EFG 2018, S. 228, rkr.**
>
> 1. Für eine finanzielle Eingliederung i. S. d. § 14 Abs. 1 S. 1 Nr. 1 S. 1 KStG – hier: als Voraussetzung für eine gewerbesteuerliche Organschaft – genügt es nicht, wenn der bürgerlich-rechtlich zu genau 50 % an der vermeintlichen Organgesellschaft beteiligte „Organträger" nur aufgrund eines schuldrechtlichen Stimmbindungsvertrags zwischen ihm und dem Mitgesellschafter die Mehrheit der Stimmrechte in der Organgesellschaft hat, kraft der er die Feststellung des Jahresabschlusses und die Ergebnisverwendung in der Organgesellschaft maßgeblich bestimmen kann, und wenn er auch nicht wirtschaftlicher Eigentümer der von dem Mitgesellschafter gehaltenen Anteile an der Organgesellschaft ist (vgl. Rspr.-Nachweise zum wirtschaftlichen Eigentum an Kapitalgesellschaftsanteilen; Abgrenzung zur BFH-Rspr. zur finanziellen Eingliederung bei einer umsatzsteuerrechtlichen Organschaft).
>
> 2. Die Stimmrechte bei der Organgesellschaft müssen dem Organträger als aus seinem (bürgerlich-rechtlichen oder wirtschaftlichen) Eigentum an dem Anteil an der Organgesellschaft fließend zuzurechnen sein. Bloß schuldrechtlich vereinbarte Ausweitungen bzw. Einschränkungen hinsichtlich der Stimmrechtsausübung, z. B. eine Stimmrechtsvollmacht, eine Stimmrechtsvereinbarung, ein Stimmrechtsverzicht, eine Stimmrechtsleihe oder eine Stimmrechtsbindungsverpflichtung, sind für die Anwendung des § 14 Abs. 1 S. 1 Nr. 1 KStG unmaßgeblich (Anschluss an z. B. Niedersächsisches FG, Urteil v. 7.5.1990, VI 626/88; FG des Saarlandes, Gerichtsbescheid v. 16.6.2015, 1 K 1109/13). Es können auch nicht die Beteiligungen und Stimmrechte von Angehörigen i. S. d. § 15 AO zusammengerechnet werden.
>
> 3. Ein schuldrechtlicher Stimmbindungsvertrag betreffend eine GmbH führt regelmäßig zu einer Innengesellschaft bürgerlichen Rechts (§§ 705 ff. BGB), weil mit der koordinierten Ausübung der Stimmrechte ein gemeinsamer Zweck verfolgt wird (BSG, Urteil v. 11.11.2015, B 12 KR 13/14 R).
>
> **Norm:** § 14 Abs. 1 S. 1 Nr. 1 S. 1 KStG

Sachverhalt

An der Organgesellschaft waren eine GmbH und eine weitere Gesellschafterin zu je 50 % beteiligt. Die GmbH und C hatten für die Dauer des Ergebnisabführung-Vertrags (EAV) eine als Stimmbindungsvertrag bezeichnete Vereinbarung geschlossen, um der GmbH die Mehrheit der Stimmrechte zu sichern. Das FA lehnte dieses Konstrukt ab und erkannte die Organschaft nicht an. Dem folgte auch das FG.

Entscheidung

Die schuldrechtliche Übertragung der Stimmrechte des Mitgesellschafters aus dessen Anteilen an der Organgesellschaft auf den Organträger durch einen Stimmbindungsvertrag ist für sich genommen nicht geeignet, eine finanzielle Eingliederung zu begründen. Dies hat das FG Bremen in einem mittlerweile rechtskräftigen Urteil entschieden.

Die GmbH hatte nicht die Mehrheit der Stimmrechte aus den Anteilen an der Organgesellschaft. Denn sie war an ihr bürgerlich-rechtlich nur zu 50 % beteiligt, während die andere Hälfte C zustand. Eine Beteiligung mit genau 50 % genügt für sich genommen nicht, um die finanzielle Eingliederung zu gewährleisten, da hier zwar jeder ungewollte Beschluss der Gesellschafterversammlung verhindert, ein gewünschter Beschluss aber gegen den Willen des Mitgesellschafters nicht durchgesetzt werden kann. Bei dem vorliegenden Stimmbindungsvertrag handele es sich, so das FG, um eine außerhalb des Gesellschaftsvertrags auf Dauer eingegangene schuldrechtliche Abstimmungsverpflichtung zwischen der GmbH und C. Eine solche schuldrechtliche Abrede führt zu einer Innengesellschaft bürgerlichen Rechts, weil mit der koordinierten Ausübung der Stimmrechte ein gemeinsamer Zweck verfolgt wird. Eine Verpflichtung von C, einen Erwerber ihres Anteils an der Organgesellschaft zu verpflichten, in den Stimmbindungsvertrag mit der GmbH einzutreten, ist im Streitfall nicht vereinbart worden.

Das FG hat nach Würdigung aller Umstände des Streitfalls auch die Frage verneint, ob der zwischen der GmbH und C abgeschlossene Stimmbindungsvertrag in einer Gesamtschau mit dem EAV sowie den Regelungen in der Satzung der Organgesellschaft zur Veräußerung, Verpfändung, Einziehung und Bewertung von Geschäftsanteilen ausreicht, um vom Übergang wirtschaftlichen Eigentums an dem im bürgerlich-rechtlichen Eigentum von C stehenden Anteil an der Organgesellschaft auf die GmbH auszugehen.

Praxishinweis

Zur Frage der Auswirkungen von Stimmrechtsbindungsvereinbarungen auf die die finanzielle Eingliederung existiert für die ertragsteuerliche (im Gegensatz zur umsatzsteuerlichen) Organschaft – soweit ersichtlich – noch keine höchstrichterliche Rspr. Aus diesem Grund hatte das FG Bremen die Revision zugelassen, die aber nicht eingelegt wurde. Eine Würdigung dieser Frage durch den BFH steht damit weiterhin aus.

Literaturhinweise: *Manuel Brühl*, GmbHR 2018, S. 321; *Harald Schwetlik*, GmbH-StB 2018, S. 107; *Dr. Martin Weiss*, DStRK 2018, S. 86

2.3 Allgemein

2.3.1 Körperschaftsteuerbefreiung für Abgabe von Faktorpräparaten zur Heimselbstbehandlung

BFH, Urteil v. 18.10.2017, V R 46/16, BStBl II 2018, S. 672;
Vorinstanz: FG Köln, Urteil v. 17.3.2016, 10 K 775/15, DStRE 2017, S. 370

Die Abgabe von Medikamenten zur Blutgerinnung (sog. Faktorpräparate) an Hämophiliepatienten ist auch dann dem Zweckbetrieb Krankenhaus (§ 67 AO) zuzuordnen, wenn sich der Patient selbst das Medikament im Rahmen einer ärztlich kontrollierten Heimselbstbehandlung verabreicht.

Normen: Art. 108 Abs. 3 AEUV; §§ 14, 52 Abs. 1 und Abs. 2 Nr. 3, 67 AO; § 5 Abs. 1 Nr. 9 KStG; § 116b SGB V

Sachverhalt

Im Rahmen von ärztlich kontrollierten Heimselbstbehandlungen gab der Kläger (ein Universitätsklinikum) in 2007 Blutgerinnungsfaktoren an eigene Patienten ab. Hierzu kamen die Patienten zwischen zwei- und sechsmal jährlich sowie zusätzlich bei aufgetretenen Blutungen in das Behandlungszentrum des Klägers. Dabei wurden die Gerinnungsfaktoren unmittelbar von den behandelnden Ärzten an die Patienten abgegeben. Der jeweilige Arzt hatte die Abgabe für Zwecke der ärztlichen Behandlung der von der Anwendung betroffenen Personen und zur Risikoerfassung nach dem Arzneimittelgesetz zu dokumentieren. Im weiteren Verlauf der Behandlung dokumentierte der Patient die Einnahme der Präparate. Diese Dokumentation wurde von dem behandelnden Arzt überwacht und geprüft.

Das FA ging davon aus, dass die Abgabe der Faktorpräparate dem steuerpflichtigen wirtschaftlichen Geschäftsbetrieb des Klägers zuzurechnen sei und unterwarf den hieraus erzielten Gewinn der KSt. Das FG hatte der Klage stattgegeben.

Entscheidung

Der BFH wies die Revision des FA zurück und entschied, dass der Kläger auch insoweit von der KSt befreit ist, als er Faktorpräparate an Hämophile im Rahmen der ärztlich kontrollierten Heimselbstbehandlung abgibt.

Der Kläger dient sowohl nach seiner Verfassung als auch nach der tatsächlichen Geschäftsführung ausschließlich und unmittelbar gemeinnützigen Zwecken. Unter die Förderung der Allgemeinheit fällt auch die Förderung des öffentlichen Gesundheitswesens. Die Abgabe der Faktorpräparate zur Verabreichung im Rahmen der ärztlich begleiteten Heimselbstbehandlung von Hämophilen ist dem Zweckbetrieb „Krankenhaus" zuzurechnen.

Ausgehend von dem Ziel des § 67 AO (Zweckbetrieb), die Sozialversicherungsträger als Kostenträger für ihre Versicherten steuerlich zu entlasten handelt es sich jedenfalls solange um eine typischerweise gegenüber den Patienten erbrachte Leistung, als das Krankenhaus zur Sicherstellung seines Versorgungsauftrages von Gesetzes wegen zu dieser Leistung befugt ist und der Sozialversicherungsträger als Kostenträger für seine Versicherten deshalb grds. zahlen muss. Zum Katalog der in § 116b SGB V geregelten Behandlungen gehört auch die „Diagnose und Versorgung von Patienten mit Hämophilie". Wird dabei als Therapieform die sog. Heimselbstbehandlung gewählt, erfordert dies zwingend die Abgabe des entsprechenden Präparates. Denn neben der Therapieform ist auch die Präparatewahl der ambulanten Behandlung im Krankenhaus zugeordnet. Insofern handelt es sich bei der Abgabe der Faktorpräparate um einen integralen Bestandteil der Therapie. Der Zurechnungszusammenhang dieser ambulanten Behandlung zum Zweckbetrieb wird nicht dadurch gelöst, dass der Patient selbst einen Teil der Behandlung (Verabreichung der Präparate) zu Hause ausführt. Denn die Heimselbstbehandlung steht im Kontext einer fortbestehenden Krankenhausbehandlung. Diese Kosten der Behandlung werden auch von den Sozialversicherungsträgern übernommen.

Die Auffassung des dem Verfahren beigetretenen BMF, wonach es sich bei der Abgabe von Faktorpräparaten zur Heimselbstbehandlung nicht um eine ambulante Krankenhausbehandlung nach § 115b SGB V handele, sondern um eine ambulante spezialfachärztliche Versorgung i. S. v. § 116b SGB V, beruht nach Meinung des BFH auf einer Verkennung der maßgeblichen Gesetzeslage. Erst seit dem 1.1.2012 sei § 116b SGB V mit „Ambulante spezialfachärztliche Versorgung" überschrieben. In der bis zum 31.12.2011 und damit im Streitjahr geltenden Fassung trägt § 116b SGB V dagegen den Titel „Ambulante Behandlung im Krankenhaus". Abgesehen davon sei durch die Neufassung des § 116b SGB V keine Änderung der Zuordnung des Leistungsspektrums zu den ambulanten Krankenhausleistungen eingetreten.

> **Literaturhinweise:** *Karl-Heinz Günther*, EStB 2018, S. 55; *Andrea Kochenbach/Elisabeth Schechner*, DStRK 2018, S. 59

2.3.2 Keine Abzinsung der Rückstellung für Verpflichtungen einer steuerbefreiten Unterstützungskasse

> **BFH, Urteil v. 27.9.2017, I R 65/15, BFH/NV 2018, 437;**
> **Vorinstanz: FG Baden-Württemberg, Urteil v. 10.8.2015, 6 K 201/14, EFG 2015, S. 2219**
>
> **Verpflichtet sich eine steuerbefreite Unterstützungskasse dazu, nicht nur das von den Trägerunternehmen zugewendete Vermögen, sondern auch sämtliche aus den Zuwendungen erzielte Erträge für die Unterstützungsleistungen zu verwenden, ist die in der Steuerbilanz für diese Verpflichtung zu bildende Rückstellung nicht abzuzinsen.**
>
> **Normen:** § 6 Abs. 1 Nr. 3 S. 2, Nr. 3a Buchst. e EStG; Art. 28 EGHGB; §§ 5 Abs. 1 Nr. 3 Buchst. e, Abs. 2 Nr. 3, 6 Abs. 5 S. 1 und S. 2, 34 Abs. 16, 38 Abs. 4 Abs. 5 sowie Abs. 6 KStG 2002 i. d. F. des JStG 2008

Sachverhalt

In dem Verfahren war insgesamt zu klären, ob ein KSt-Erhöhungsbetrag gem. § 38 Abs. 5 KStG gegenüber einer von der KSt befreiten Unterstützungskasse festgesetzt bzw. ob in diesem Zusammenhang eine Rückstellung für ungewisse Verbindlichkeiten gebildet werden kann und ob Letztere abzuzinsen ist.

Entscheidung

Während die Bildung der Rückstellung vom BFH bestätigt wurde, wurde die Abzinsung verneint.

Das FA hatte in 2011 einen Bescheid über die Festsetzung des KSt-Erhöhungsbetrags aufgrund des Altbestands an EK02 erlassen, was zur Folge gehabt hätte, dass die Klägerin insoweit partiell steuerpflichtig ist. Über die partielle Steuerpflicht selbst brauchte der BFH jedoch nicht zu entscheiden. Dies deshalb, weil die Klägerin zum 31.12.2006 über kein (ausschüttbares) EK verfügte und insoweit die Festsetzung eines KöSt- Erhöhungsbetrags ausgeschlossen war. Der KSt-Erhöhungsbetrag beträgt 3/100 des festgestellten EK-Endbetrags und ist auf den Betrag begrenzt, der sich als KSt-Erhöhung ergeben würde, wenn die Körperschaft ihr am 31.12.2006 bestehendes EK laut Steuerbilanz für eine Ausschüttung verwenden würde. Dies lag hier nicht vor. Denn das EK (abzüglich des Nennkapitals) der Klägerin war durch den Ansatz einer Rückstellung für ungewisse Verbindlichkeiten zu mindern und diese Rückstellung war in nomineller Höhe auszuweisen, d. h. nicht abzuzinsen. Die aufgrund der zu erbringenden Renten- und Kapitalleistungen zu bildende Rückstellung für ungewisse Verbindlichkeiten war unstrittig. Zu den Leistungspflichten der Klägerin gehört es nicht nur, dass das Vermögen für die in der Satzung genannten Zwecke verwendet werden muss; entsprechendes gilt auch für sämtliche aus der Anlage der Zuwendungen der Trägerunternehmen erzielten Erträge.

Fazit des BFH: Die Verpflichtung der Klägerin gegenüber den Trägerunternehmen gehe damit über eine bloße Zweckbindung hinsichtlich der Verwendung der erhaltenen Zuwendungen hinaus mit der Folge, dass ihr keinerlei „Zinsvorteil" verbleibt, der es rechtfertigen könnte, die Verbindlichkeit nur in abgezinster Höhe auszuweisen.

2.3.3 Kein Verlustausgleich bei echten Daytrading-Geschäften

> BFH, Urteil v. 21.2.2018, I R 60/16, BStBl II 2018, S. 637;
> Vorinstanz: Thüringer FG, Urteil v. 10.3.2016, 1 K 738/14, EFG 2017, S. 415
>
> Verluste aus sog. echten (ungedeckten) Daytrading-Geschäften (hier: mit Devisen) mindern nach Maßgabe des § 15 Abs. 4 S. 3 EStG (i. V. m. § 8 Abs. 1 KStG) die körperschaftsteuerrechtliche Bemessungsgrundlage nicht.
>
> **Normen:** § 15 Abs. 4 S. 3 EStG; § 8 Abs. 1 KStG

Sachverhalt

Nach § 15 Abs. 4 S. 3 EStG sind Verluste aus Termingeschäften vom Verlustausgleich ausgeschlossen, durch die der Steuerpflichtige einen Differenzausgleich oder einen durch den Wert einer veränderlichen Bezugsgröße bestimmten Geldbetrag oder Vorteil erlangt. Ein Termingeschäft liegt vor, wenn ein Vertrag z. B. über Devisen geschlossen wird, der von beiden Seiten erst zu einem bestimmten späteren Zeitpunkt zu erfüllen ist und der eine Beziehung zu einem Terminmarkt hat, der es ermöglicht, jederzeit ein Gegengeschäft abzuschließen.

Entscheidung

Im Streitfall bejahte der BFH das Vorliegen eines derartigen Termingeschäfts und die Anwendbarkeit der Verlustausgleichsbeschränkung des § 15 Abs. 4 S. 3 EStG: Die Geschäfte wurden bei einer Spezial-Bank mit sog. Stop-Loss-Order sowie mit Take-Profit-Order abgeschlossen und entsprechend der vertraglichen Vereinbarung (zwingend) am selben Tag durch deckungsgleiche Gegengeschäfte „glattgestellt". Die Devisenkäufe und -verkäufe wurden dabei nicht effektiv durch den Austausch von Devisen und Kaufpreis durchgeführt; dies war weder der Klägerin mit eigenen Mitteln möglich noch Gegenstand der Geschäftsvereinbarungen mit der Bank (welche die Lieferung der Devisen ausgeschlossen haben). Die Geschäfte waren nur auf dem jeweiligen Kundenkonto bei der Bank verbucht und am Ende des Geschäftstages mit einem Differenzbetrag zugunsten oder zulasten des Kontos abgeschlossen worden. Diese sog. echten (ungedeckten) Daytrading-Geschäfte ermöglichen somit keinen Verlustausgleich.

> **Literaturhinweise:** *Dr. Eike Cornelius*, EStB 2018, S. 236; *Tobias S. H. Eggert*, DStRK 2018, S. 241; *Hess*, nwb 2018, S. 2546

2.3.4 Verdeckte Gewinnausschüttung bei Verschmelzung nach Forderungsverzicht mit Besserungsabrede

> BFH, Urteil v. 21.2.2018, I R 46/16, BFH/NV 2018, S. 893;
> Vorinstanz: FG Hamburg, Urteil v. 29.6.2016, 6 K 236/13, EFG 2016, s. 1721
>
> 1. Wird eine vermögenslose und inaktive Kapitalgesellschaft, deren Gesellschafter ihr gegenüber auf Darlehensforderungen mit Besserungsschein verzichtet hatten, auf eine finanziell gut ausgestattete Schwesterkapitalgesellschaft mit der weiteren Folge des Eintritts des Besserungsfalls und dem „Wiederaufleben" der Forderungen verschmolzen, so kann die beim übernehmenden Rechtsträger ausgelöste Passivierungspflicht durch eine außerbilanzielle Hinzurechnung wegen einer vGA zu korrigieren sein.
> 2. Weder umwandlungssteuerrechtliche Sonderregelungen noch der ursprünglich betriebliche Charakter der Darlehensverbindlichkeiten bei der übertragenden Körperschaft stehen der Annahme einer vGA entgegen.
>
> Normen: §§ 158 Abs. 2, 397 Abs. 1 BGB; § 8 Abs. 3 S. 2 KStG; §§ 11, 12 UmwStG 1995

Sachverhalt

Der Urteilsfall betraf die Verschmelzung zweier GmbHs mit jeweils denselben Gesellschaftern. Die übertragende (untergehende) G-GmbH war verlustträchtig und hatte in ihrem Jahresüberschuss einen außerordentlichen Ertrag ausgewiesen, der aus dem Verzicht zweier Gesellschafter auf Gesellschafterdarlehen herrührte. Nach erfolgter Verschmelzung sah die finanziell gut ausgestattete Übernehmerin (Klägerin) die Besserungsbedingungen aus diesem Verzicht als gegeben an – es kam zum Wiederaufleben der Verbindlichkeiten – und verbuchte für das Geschäftsjahr 1996 außerordentliche Aufwendungen aus der Passivierung der Verpflichtungen aus dem Besserungsschein.

Entscheidung

Vermögensminderung durch Gesellschaftsverhältnis veranlasst: Die Verschmelzung führte zu einer Vermögensminderung bei der Klägerin zugunsten ihrer beiden Gesellschafter und die Inkaufnahme dieses Nachteils für die Klägerin als nunmehrige Schuldnerin war insoweit durch das Gesellschaftsverhältnis veranlasst. Die Abtretung der Geschäftsanteile der Gesellschafter der G-GmbH an die Klägerin mit anschließender Verschmelzung der G-GmbH auf die Klägerin hob aus Sicht der Klägerin den ehemals für die G-GmbH betrieblichen Charakter der Verbindlichkeit auf.

Der BFH erachtet im Umfang der eingetretenen Gewinnminderung eine außerbilanzielle Korrektur wegen einer vGA für rechtsfehlerfrei – und zwar unabhängig von der Beantwortung der Frage, ob und in welcher Höhe die Klägerin Besserungsscheinverpflichtungen zu passivieren hatte.

Umwandlungssteuerliche Spezialregelungen kommen nicht zum Zug: Die Klägerin hatte u. a. argumentiert, dass die Spezialregelungen des UmwStG einem Rückgriff auf eine vGA entgegenstünden. Auch hier vertritt der BFH eine abweichende Ansicht. Denn: Die Verschmelzung war ausschließlich durch das Gesellschaftsverhältnis veranlasst. Insofern handelte es sich hier nicht um den Regelfall einer Umwandlung aus betriebswirtschaftlich sinnvollen Gründen. Das Instrumentarium des UmwStG wurde vielmehr genutzt, um die Werthaltigkeit der Gesellschafterdarlehensforderungen durch einen Schuldnerwechsel im Interesse und zum alleinigen

Vorteil der Gesellschafter zu erhöhen. Zum anderen, so der BFH abschließend, liege die vGA-auslösende Vermögensminderung zeitlich und gegenständlich außerhalb des Umwandlungsvorganges. Zwar ist die vGA, wie von der Klägerin ins Feld geführt, ohne den Verschmelzungsvertrag nicht denkbar, jedoch wird sie nicht durch den Geschäftsvorfall der Verschmelzung als solchen, sondern durch den „Eintritt des Besserungsfalls", also durch einen Umstand ausgelöst, welcher der Verschmelzung nachfolgt.

Abgrenzung zu früherem Urteil des BFH[252]: Auch den weiteren Einwand der Klägerin, dass die Wiedereinbuchung – und ggf. Erfüllung – der Verbindlichkeit nach Eintritt des Besserungsfalles betrieblichen Charakter hat, wenn auch die ursprüngliche Verbindlichkeit betrieblich veranlasst war, hielt der BFH für unbegründet. Die obersten Steuerrichter hatten zwar früher entschieden, dass weder der ursprüngliche Forderungsverzicht noch ein Wechsel des Gläubigers den betrieblichen Charakter der Verbindlichkeit ändert. Vorliegend hatte sich jedoch der Schuldner der Verbindlichkeit (vormals G GmbH, nunmehr die Klägerin) verändert, wodurch die betriebliche Veranlassung der Verbindlichkeit entfallen sei und die (Wieder-)Einbuchung der Verbindlichkeit als außerbilanziell zu korrigierende vGA qualifiziere.

Literaturhinweise: *Bodden*, NZG 2018, S. 932; *Gänsler*, BB 2018, S. 2539

---

[252] BFH, Urteil v. 12.7.2012, I R 23/11, BFH/NV 2012, S. 1901.

2.3.5 Keine Hinzurechnung passiver Einkünfte bei eigener wirtschaftlicher Tätigkeit

> **BFH, Urteil v. 13.6.2017, I R 94/15, DB 2018, S. 2610;**
> **Vorinstanz: FG Münster, Urteil v. 20.11.2015, 10 K 1410/12 F, EFG 2016, S. 453**
>
> 1. Bei der Ermittlung der dem Hinzurechnungsbetrag zugrunde liegenden Einkünfte (§ 10 Abs. 3 S. 1 AStG) sind im Falle von Geschäftsbeziehungen zwischen (Kapital-)Gesellschaft und Gesellschafter zu nicht fremdüblichen – d. h. durch das Gesellschaftsverhältnis bestimmten – Bedingungen die hierdurch veranlassten Einkünfteminderungen und verhinderten Einkünfteerhöhungen ebenso wie die Zuführungen zum Gesellschaftsvermögen in entsprechender Anwendung von § 8 Abs. 3 S. 2 bzw. S. 3 KStG – mithin durch den Ansatz von vGA und verdeckten Einlagen – zu korrigieren (Bestätigung der Rspr.).
>
> 2. Eine verdeckte Einlage, die auf der vGA einer dem Gesellschafter nahestehenden Person beruht und bei der Besteuerung des Gesellschafters nicht berücksichtigt wurde, kann zwar nach § 8 Abs. 3 S. 5 KStG das Einkommen der empfangenden Körperschaft erhöhen. An einer Nichtberücksichtigung i. S. v. § 8 Abs. 3 S. 5 KStG fehlt es jedoch, wenn die vGA bei der Veranlagung des Gesellschafters zwar nicht erfasst worden ist, jedoch nach Maßgabe von § 8b Abs. 1 KStG ohnehin hätte außer Ansatz bleiben müssen.
>
> 3. Die Grundsätze des EuGH-Urteils v. 12.9.2006, C–196/04, *Cadbury Schweppes* (EU:C:2006:544, DStR 2006, S. 1686) zur Rechtfertigung der britischen Hinzurechnungsbesteuerung sind auch im Bereich der §§ 7 ff. AStG zu beachten (Bestätigung der Rspr.).
>
> 4. Von der Hinzurechnungsbesteuerung ist hiernach jedenfalls dann abzusehen, wenn die der Hinzurechnung unterliegenden Einkünfte auf einer „wirklichen wirtschaftlichen Tätigkeit" und damit auf einer von der Zwischengesellschaft selbst ausgeübten Tätigkeit beruhen.
>
> **Normen:** Art. 49, Art. 63 AEUV; §§ 8 Abs. 1 Nr. 6 Buchst. a, 10 Abs. 3 S. 1, 14 AStG; § 8 Abs. 3 S. 2 bis S. 5, 8b Abs. 1 S. 1 und S. 2 KStG

Sachverhalt

Die §§ 7 bis 14 AStG regeln den inländischen Steuerzugriff auf Gewinne aus ausländischen Basis- oder Zwischengesellschaften ohne aktive Geschäftstätigkeit. Der EuGH hatte in seinem Urteil vom 12.9.2006 in der Rs. C–196/04, *Cadbury Schweppes*, in den britischen Regeln zur Hinzurechnungsbesteuerung einen Verstoß gegen EU-Recht gesehen, eine Beschränkung sei nur in Missbrauchsfällen zulässig. Die Klägerin im Streitfall war über eine B. V. in den Niederlanden an einer auf Zypern ansässigen Ltd. beteiligt. Letztere hatte auf Zypern Büroräume angemietet und beschäftigte eine dort ansässige Geschäftsführerin. Deren Tätigkeit bestand darin, den Schriftverkehr mit Kunden abzuwickeln, die Durchführung und Überwachung des Zahlungsverkehrs, die Verwaltung der Geschäftsunterlagen und die Buchführung. Ebenso betraut war die Geschäftsführerin damit, Buchlizenzen einzuholen, um an diesen Unterlizenzen zugunsten dreier, in Russland bzw. der Ukraine ansässigen Konzerngesellschaften der Klägerin zu bestellen, welche die Bücher auf dem russischsprachigen Markt vertrieben. Die hierdurch erzielten Lizenzeinnahmen der Ltd. rechnete das FA der Klägerin als niedrige besteuerte (KSt-Satz auf Zypern: 10 %) „passive Einkünfte" zu, da es u. a. an der erforderlichen „tatsächlichen wirtschaftlichen Tätigkeit" der Ltd. auf Zypern fehle.

Das FG lehnte die Klage ab.

Entscheidung

Der BFH gab der Revision soweit es die Zurechnung der Klägerin von „passiven Einkünfte" der Ltd. betrifft statt.

Keine Einkommenserhöhung beim Gesellschafter: Die der Hinzurechnung unterliegenden Einkünfte sind nach den Vorschriften des deutschen Steuerrechts zu ermitteln. Daraus folgt: Die an die Ltd. geleisteten Lizenzzahlungen der anderen Konzerngesellschaften sind eine vGA an die Klägerin und folgend von der Klägerin eine verdeckte Einlage über die B. V. in das Vermögen der Ltd. Eine verdeckte Einlage, die auf der vGA einer dem Gesellschafter nahestehenden Person beruht und bei der Besteuerung des Gesellschafters nicht berücksichtigt wurde, kann zwar entsprechend der Sperrwirkung in § 8 Abs. 3 S. 5 KStG das Einkommen der empfangenden Körperschaft erhöhen. Diese Sperrwirkung scheitert im Streitfall jedoch am Tatbestandsmerkmal der Nichtberücksichtigung der vGA beim Gesellschafter: Denn die vGA wäre, wenn sie bei der Veranlagung der Klägerin Berücksichtigung gefunden hätte, bei ihr als sonstige Bezüge gem. § 8b Abs. 1 KStG steuerfrei gewesen.

Dies führte im Ergebnis dazu, dass der Hinzurechnungsbetrag stark reduziert wurde, da – wie beschrieben – eine verdeckte Einlage das Einkommen nach § 8 Abs. 3 S. 3 KStG nicht erhöht und das Korrespondenzprinzip nach § 8 Abs. 3 Sätze 4 und 5 KStG der Anwendung von S. 3 nicht entgegenstand. Nur für den Restbetrag nach der Korrektur der verdeckten Einlage stellte sich dann noch die Frage, ob aus unionsrechtlichen Gründen eine Hinzurechnungsbesteuerung zu unterbleiben hat, was der BFH – wie nachfolgend geschildert – bejahte.

Wirtschaftliche Tätigkeit der Ltd. schließt Hinzurechnung aus: In der Rs. *Cadbury Schweppes* hatte der EuGH eine Hinzurechnungsbesteuerung dann nicht für gerechtfertigt erachtet, wenn die beherrschte ausländische Gesellschaft – ungeachtet eines Motivtests zur Frage, ob das Hauptziel oder eines der Hauptziele der gewählten Gestaltung nicht in einer Steuerminderung bestand – dort wirklichen wirtschaftlichen Tätigkeiten nachgeht.

Die Grundsätze des EuGH-Urteils in der Rs. *Cadbury Schweppes* sind nach Dafürhalten des BFH auch im Bereich des AStG zu beachten und im Streitfall anzuwenden. § 8 Abs. 2 AStG, der als Reaktion des Gesetzgebers auf die Entscheidung des EuGH in der Rs. *Cadbury Schweppes* eingefügt wurde und der den Nachweis einer wirtschaftlichen Tätigkeit vorsieht, war zwar im Streitjahr noch nicht anwendbar. Der BFH sieht hier jedoch den Anwendungsvorrang des Primärrechts der EU und damit der unionsrechtlichen Grundfreiheiten vor nationalem Recht. Für den BFH war es unstreitig, dass die Ltd. einer „wirklichen wirtschaftlichen Tätigkeit" nachging, und zwar mittels einer festen Einrichtung und dem Vorhandensein von Geschäftsräumen, Personal und Ausrüstungsgegenständen.

Literaturhinweis: *Kahlenberg/Weiss*, IStR 2018, S. 878

3 Im Bereich der Lohnsteuer

3.1 Kein Lohnzufluss bei einem GmbH-Fremd-Geschäftsführer durch Gehaltsumwandlung zwecks vorzeitigem Ruhestand

> **BFH, Urteil v. 22.2.2018, VI R 17/16, BFH/NV 2018, S. 768;**
> **Vorinstanz: FG Köln, Urteil v. 26.4.2016, 1 K 1191/12, EFG 2016, S. 1238**
>
> 1. Gutschriften auf einem Wertguthabenkonto zur Finanzierung eines vorzeitigen Ruhestands sind kein gegenwärtig zufließender Arbeitslohn.
> 2. Dies gilt auch für Gutschriften auf dem Wertguthabenkonto eines Fremd-Geschäftsführers einer GmbH (entgegen BMF-Schreiben vom 17.6.2009, BStBl I 2009, S. 1286, A.IV.2.b.).
>
> **Normen:** §§ 10d Abs. 4 S. 4, 11 Abs. 1 S. 4, 38a Abs. 1 S. 2 und S. 3 EStG

Sachverhalt

Der Kläger war Fremd-Geschäftsführer einer GmbH und erzielte aus dieser Tätigkeit Einkünfte aus nichtselbstständiger Arbeit. Er schloss mit seiner Arbeitgeberin eine Wertguthabenvereinbarung zur Finanzierung seines vorzeitigen Ruhestandes ab. Hierbei verzichtete er auf die Auszahlung laufender Bezüge i. H. v. monatlich 6.000 €, die ihm erst in der späteren Freistellungsphase ausgezahlt werden sollten. Voraussetzung für diese Vereinbarung war, dass der Kläger sein Amt als Geschäftsführer niederlegt und sein Ausscheiden als Geschäftsführer im Handelsregister eingetragen wird.

Zur Finanzierung des Deals schloss die GmbH als Versicherungsnehmerin eine Rückdeckungsversicherung ab, an der der Kläger zwecks Insolvenzsicherung ein Pfandrecht erwarb. Die Leistungspflicht der GmbH war in der Freistellungsphase auf die Höhe der Versicherungsleistung beschränkt. Die GmbH unterwarf die Zuführungen zu dem Wertguthaben des Klägers nicht dem LSt-Abzug. Das FA beurteilte den Sachverhalt anders und ging davon aus, dass die Wertgutschriften zum Zufluss von Arbeitslohn beim Kläger führten. In der Folge forderte das Amt im Streitjahr 2010 die LSt nach. Der hiergegen gerichteten Klage gab die Vorinstanz statt.

Entscheidung

Der BFH hat die Vorinstanz im Ergebnis bestätigt. Danach unterliegt nur zugeflossener Arbeitslohn der ESt und dem LSt-Abzug. Ein solcher Zufluss sei im Streitfall jedoch nicht gegeben. Richterliche Begründung: Der Kläger habe von der GmbH i. H. d. Gutschriften auf dem Wertguthabenkonto keine Auszahlungen erhalten und habe nach der mit der GmbH abgeschlossenen Wertguthabenvereinbarung weder das Recht, eine Auszahlung dieser Gutschriften zu verlangen, noch über die Gutschriften in anderer Weise zu verfügen.

Dem Kläger seien die Gutschriften auch nicht durch Novation zugeflossen. Denn obwohl die Verpflichtung zur Lohnzahlung durch die Verpflichtung zur Einzahlung auf dem Wertguthabenkonto ersetzt wurde, war die GmbH im Zeitpunkt der Zuführung auf dem Zeitwertkonto zu keiner Zahlung an den Kläger verpflichtet. Die Wertguthabenvereinbarung sei überdies keine Lohnverwendungsabrede, mittels der der Kläger im Voraus über seinen Arbeitslohn verfügt habe. Denn hiermit seien weder Verbindlichkeiten des Klägers gegenüber Dritten noch gegenüber der GmbH erfüllt worden, die einen Lohnzufluss im Zeitpunkt der Gutschriften bewirkt hätten. Dem Kläger sei durch die Zuführung zum Wertguthaben auch kein eigener unentziehbarer Anspruch gegen die Rückdeckungsversicherung verschafft worden, weil die GmbH Versicherungsnehmer war und die Bestellung des Pfandrechts zugunsten des Klägers nur der Sicherung der Ansprüche des Klägers gegen die GmbH im Insolvenzfall diente. Der Kläger habe mit der Wertguthabenvereinbarung somit lediglich auf die Auszahlung eines Teils seines Barlohns zugunsten einer Zahlung in der Freistellungphase verzichtet und dadurch die Fälligkeit des (fortbestehenden) Arbeitslohnanspruchs hinausgeschoben. Ein Lohnzufluss im Zeitpunkt der Zuführungen zum Wertguthabenkonto sei aus dargelegten Gründen dementsprechend zu verneinen.

Nach Auffassung des BFH gilt Vorgenanntes entgegen der Auffassung der Finanzverwaltung[253] auch für Fremd-Geschäftsführer einer Kapitalgesellschaft. Diese seien wie alle anderen Arbeitnehmer, die keine Organstellung innehaben, zu behandeln. Denn die bloße Organstellung als Geschäftsführer sei für das Vorliegen der Voraussetzungen, unter denen Arbeitslohn zufließt, ohne Bedeutung, weil die Erlangung der wirtschaftlichen Verfügungsmacht sich allein nach den tatsächlichen Verhältnissen richte. Folglich könne im Urteilsfall der Zufluss nicht fingiert werden. Die von der BFH-Rspr. entwickelten Grundsätze zur vGA bei beherrschenden Gesellschafter-Geschäftsführern greifen im vorliegenden Fall nicht. Die Rechtsauffassung des BFH wird dabei im Grundsatz auch von der Finanzverwaltung geteilt. Nach deren Ansicht löst nicht bereits die Wertgutschrift, sondern erst die Auszahlung eines Wertguthabens während der Freistellung Lohnzufluss und damit eine Besteuerung aus. Die seitens der Finanzverwaltung geforderten strengen Voraussetzungen für die Anerkennung eines solchen Modells, wie z. B. eine Vereinbarung nach § 7b SGB IV und die Gewährung einer Zeitwertkontengarantie, waren für den BFH nicht entscheidungserheblich.

3.2 Steuerpauschalierung für betrieblich veranlasste Zuwendungen

> **BFH, Urteil v. 21.2.2018, VI R 25/16, BFH/NV 2018, S. 678;**
> **Vorinstanz: Hessisches FG, Urteil v. 13.4.2016, 7 K 872/13, EFG 2016, S. 1705.**
>
> 1. Die Pauschalierung der ESt nach § 37b Abs. 1 S. 1 Nr. 1 EStG erfasst nur Zuwendungen, die bei den Zuwendungsempfängern zu einkommensteuerpflichtigen Einkünften führen.
> 2. Weiter setzt § 37b Abs. 1 S. 1 Nr. 1 EStG die betriebliche Veranlassung der Zuwendungen voraus und fordert darüber hinaus, dass diese Zuwendungen zusätzlich zur ohnehin vereinbarten Leistung oder Gegenleistung des Steuerpflichtigen erbracht werden.
> 3. Für das Zusätzlichkeitserfordernis in § 37b EStG reicht es deshalb nicht aus, dass die Zuwendung des Steuerpflichtigen zu einer Leistung eines Dritten an den Zuwendungsempfänger hinzutritt.
>
> Norm: § 37b EStG

---

[253] BMF, Schreiben v. 17.6.2009, IV C 5 – S 2332/07/0004, BStBl I 2009, S. 1286, Abschn. A.IV.2.b.

Sachverhalt

Die Klägerin vertreibt Fotokameras, Objektive und Blitzgeräte. In den Jahren 2006 bis 2010 führte sie ein Verkaufsförderungsprogramm namens „Bonussystem für Verkaufsprofis" durch. Teilnahmeberechtigt waren nicht bei der Klägerin beschäftigte Fachverkäufer im stationären Handel und damit selbstständige Betriebsinhaber sowie deren Mitarbeiter.

Jeder Fachverkäufer konnte durch den Verkauf bestimmter Produkte Bonuspunkte sammeln. Nach einer Registrierung konnte er die gesammelten Punkte einlösen und aus einem Prämienkatalog verschiedene Sachprämien und Gutscheine kostenfrei bestellen. Hiervon machten überwiegend angestellte Fachverkäufer Gebrauch. Die für die Prämien in Rechnung gestellten Aufwendungen pauschalierte die Klägerin nach § 37b Abs. 1 S. 1 Nr. 1 EStG.

Im Anschluss an eine LSt-Außenprüfung wandte sich die Klägerin erstmals im finanzgerichtlichen Verfahren gegen die Anwendung der Pauschalversteuerung. Unter anderem trug sie vor, dass es sich bezogen auf die Prämien um nach § 3 Nr. 51 EStG steuerfreie Trinkgelder handele bzw. dass jedenfalls der Freibetrag nach § 3 Nr. 38 EStG anwendbar sei. Hilfsweise wurde der Antrag auf Pauschalierung nach § 37b Abs. 1 EStG für Zuwendungen aus den Bonusprogrammen der streitigen Jahre zurückgenommen.

Entscheidung

In seiner Urteilsbegründung führt der BFH aus, dass die Pauschalierung nach § 37b Abs. 1 S. 1 Nr. 1 EStG nur solche Zuwendungen erfasse, die beim Empfänger zu steuerbaren und steuerpflichtigen Einkünften führen. Weitere Tatbestandvoraussetzung sei, dass die betrieblich veranlasste Zuwendung zusätzlich zur ohnehin vereinbarten Leistung oder Gegenleistung hinzukomme. Der BFH erkannte, dass die Prämien durch die von der Klägerin aufgelegten Verkaufsförderprogramme und somit durch den Betrieb der Klägerin veranlasst seien. Weiterhin bestätigte er die Ansicht des FG, dass die vereinbarten Prämien sowohl bei den selbstständigen Fachverkäufern als auch bei den angestellten Verkäufern zu steuerpflichtigen Einnahmen führten. Die Frage, zu welcher Einkunftsart diese Einnahmen zuzuordnen sind, hat der BFH offengelassen.

Anders als die Vorinstanz lehnt der BFH die Anwendung der Pauschalierung jedoch ab, weil es sich bei den Prämien nicht um zusätzliche Leistungen handelt. Die Prämien waren nach Ansicht der obersten Finanzrichter vielmehr Entgelt für den Verkauf bestimmter Produkte; mithin erfüllte die Klägerin mit den Prämien die von den Verkäufern im Rahmen des Programms erworbenen Ansprüche. Die BFH-Entscheidung bestätigt erstmals die Auffassung der Finanzverwaltung, dass für die Pauschalierung nach § 37b Abs. 1 S. 1 Nr. 1 EStG zunächst ein sog. Grundgeschäft zwischen dem Zuwendenden und dem Zuwendungsempfänger bestehen muss. Im Weiteren schränkt das aktuelle Urteil die großzügigere Auffassung der Finanzverwaltung jedoch ein, in dem der BFH betont, dass die Zuwendung darüber hinaus freiwillig erbracht werden muss. Die Verwaltung vertritt demgegenüber die Position, dass das Zusätzlichkeitserfordernis bereits dann erfüllt ist, wenn die Zuwendung auf vertraglichen Beziehungen zwischen dem Dritten und dem Arbeitnehmer beruhen. Überdies sei es für die Pauschalversteuerung unbeachtlich, ob der Empfänger einen Rechtsanspruch auf die Zuwendung hat oder die Zuwendung vom Zuwendenden freiwillig erbracht wird.

4 Im Bereich der Umsatzsteuer

4.1 Zur Frage der bewegten Lieferung im Reihengeschäft

> **EuGH, Urteil v. 21.2.2018, C–628/16, *Kreuzmayr GmBH*, UR 2018, S. 282, mit Anm. *Heinrichshofen***
>
> 1. Unter Umständen wie denen des Ausgangsverfahrens ist Art. 32 Abs. 1 MwStSystRL dahin auszulegen, dass er auf die zweite von zwei aufeinanderfolgenden Lieferungen derselben Ware anzuwenden ist, die zu nur einer innergemeinschaftlichen Beförderung geführt haben.
> 2. Wenn die zweite Lieferung einer Kette zweier aufeinanderfolgender Lieferungen, die zu einer einzigen innergemeinschaftlichen Beförderung geführt haben, eine innergemeinschaftliche Lieferung ist, ist der Grundsatz des Vertrauensschutzes dahin auszulegen, dass der Enderwerber, der zu Unrecht einen Vorsteuerabzug in Anspruch genommen hat, die von ihm nur auf der Grundlage der vom Zwischenhändler, der seine Lieferung falsch eingestuft hat, übermittelten Rechnungen an den Lieferanten gezahlte MwSt nicht als Vorsteuer abziehen kann.
>
> **Normen:** Art. 32 Abs. 1 MwStSystRL; § 3 Abs. 6 S. 5 UStG

Sachverhalt

A (Deutschland) verkaufte Waren an B (Österreich), der sich zum Transport der Waren von Deutschland nach Österreich verpflichtete. In Wirklichkeit verkaufte B die Waren weiter an den ebenfalls in Österreich ansässigen C (den Kläger des Ausgangsverfahrens), ohne allerdings A darüber in Kenntnis zu setzen. C veranlasste sodann den Transport der Waren von Deutschland nach Österreich. A rechnete über seine Lieferung als vermeintliche innergemeinschaftliche Lieferung gegenüber B steuerfrei ab, B gegenüber C unter Ausweis österreichischer Steuer. C zog die Vorsteuer ab, was von seinem österreichischen FA zunächst auch anerkannt wurde. Erst später erfuhr A, dass B den C mit dem Transport der Ware beauftragt hatte. Das deutsche FA erhob die Steuer nach, dafür machten die österreichischen Finanzbehörden den Vorsteuerabzug von C rückgängig. Es stellte sich heraus, dass B die ausgewiesene Steuer weder erklärt noch abgeführt hatte. B korrigierte die Rechnungen gegenüber C. Infolge der Insolvenz von B erhielt C den von ihm als Steuer gezahlten Betrag aber nicht zurück.

Entscheidung

Der EuGH sah die erste Lieferung (von A an B) als Inlandslieferung an und die zweite (von B an C) als innergemeinschaftliche Lieferung. Weil die zweite Übertragung der Befähigung, als Eigentümer über den Gegenstand zu verfügen, vor der innergemeinschaftlichen Beförderung stattfand, könne die Warenbewegung nicht der Erstlieferung an B zugeordnet werden: C habe wie ein Eigentümer über die Ware verfügt, bevor die innergemeinschaftliche Beförderung erfolgte. B und C sei bekannt gewesen, dass das Recht, wie ein Eigentümer über die Ware zu verfügen, vor der innergemeinschaftlichen Beförderung in Deutschland an C übertragen worden war. Unter solchen Umständen könne der Ort der zweiten Lieferung nicht bestimmt werden, ohne die objektiven, maßgeblichen Gesichtspunkte zu berücksichtigen, die dem Zwischenhändler und dem Enderwerber bekannt waren. Somit könne der Ort nicht nur von der vom Erstlieferanten A vorgenommenen Einstufung der ersten Lieferung abhängen, die allein auf der Grundlage der Informationen erfolgte, die ihm vom Zwischenhändler fälschlicherweise übermittelt worden waren. Nach Meinung des EuGH änderte daran auch der Umstand nichts, dass A nicht über einen Weiterverkauf vor der innergemeinschaftlichen Beförderung informiert worden war und B ihm gegenüber mit einer österreichischen Mehrwertsteuer-Identifikationsnummer aufgetreten war.

Praxishinweis

Im Kern dreht sich die Entscheidung um die Frage, welche Lieferung im Reihengeschäft als (in Deutschland sog.) „bewegte" Lieferung gelten soll. Nur eine einzige Lieferung im Reihengeschäft kann als „bewegte" Lieferung gelten – zugleich ist sie diejenige Lieferung, die im Reihengeschäft z. B. als innergemeinschaftliche Lieferung steuerfrei sein kann. Vorangehende Lieferungen sind im Ausgangsstaat steuerbar (und grds. steuerpflichtig), nachfolgende im Zielstaat.

Kriterium für die Bestimmung dieser „bewegten" Lieferung ist dem EuGH zufolge, ob die Verfügungsmacht an der Ware noch im Abgangsland (d. h. vor dem innergemeinschaftlichen Transport) übergeht oder erst im Zielstaat. Dabei geht der EuGH offenbar davon aus, dass grds. die erste Lieferung (d. h. des ersten Lieferers A an den ersten Abnehmer B) als bewegte Lieferung steuerfrei ist, wenn nicht ein solcher Übergang der Verfügungsmacht noch vor der innergemeinschaftlichen Warenbewegung erfolgt. Wenn z. B. der erste Lieferer an den ersten Abnehmer liefert und der erste Abnehmer ihm mitteilt, dass er noch im Abgangsstaat die Ware an einen Dritten zu verkaufen gedenke, kann diese erste Lieferung im Reihengeschäft nicht die „bewegte" Lieferung sein. In früheren Urteilen hatte der EuGH dieses Kriterium zur Bestimmung der „bewegten" Lieferung immer wieder betont, zumeist ohne dies mit praxisgerechten Hinweisen zu verbinden.

Auch dann, wenn der erste Lieferer von den Handlungen des zweiten nichts weiß und Konditionen vereinbart hat, die unter normalen Umständen eine innergemeinschaftliche Lieferung zur Folge gehabt hätten, wird das Reihengeschäft einheitlich beurteilt. Im Ergebnis bestätigt der EuGH den österreichischen Verwaltungsgerichtshof: Der hatte ausgeführt, der bloße Umstand, dass A seine Lieferungen an B irrtümlich, aber gutgläubig als innergemeinschaftliche Lieferungen eingestuft hat, könne nicht bewirken, dass C einen Anspruch auf Vorsteuerabzug aus den Rechnungen für die in Rede stehenden Lieferungen hat. Der Vorsteuerabzug des C war auch nicht aus Gründen des Vertrauensschutzes möglich, weil es sich um gesetzlich nicht geschuldete Steuer handelte.[254]

Zwar äußert der EuGH sich nicht zu einem Vertrauensschutz für A, allerdings war er nicht dazu veranlasst, sich zu A zu äußern. Zumindest wenn man dem BFH[255] folgt, hätte A die Steuernachzahlung eventuell durch die Anwendung der Grundsätze des Gutglaubensschutzes vermeiden können.

Weiterhin besteht aufgrund der unterschiedlichen Ansätze die Gefahr, dass Reihengeschäfte nach den Grundsätzen der deutschen Finanzverwaltung und denen des EuGH unterschiedlich behandelt werden. Inzwischen hat sich der Unionsgesetzgeber eingeschaltet: Zum 1.1.2020 wird ein Art. 36a in die MwStSystRL eingefügt, der sich offenbar an die deutsche Regelung anlehnt, allerdings wegen seiner offenbaren Regelungslücken in Hinblick auf eine Transportveranlassung durch den ersten Lieferer oder den letzten Abnehmer nicht allzu gelungen erscheint.[256] Auch der EuGH hat sich mit seinen letzten Urteilen (neben dem vorliegenden Urteil auch im Urteil *Hans Bühler*[257]) der Auffassung der deutschen Finanzverwaltung angenähert, wonach es weniger auf den Übergang der Verfügungsmacht als vielmehr (in erster Linie) da-

---

[254] Vgl. Rz. 43 im Urteil.
[255] BFH, Urteil v. 25.2.2015, XI R 15/14, UR 2015, S. 391, mit Anm. *Sterzinger*.
[256] RL (EU) 2018/1910 des Rates v. 4.12.2018, Abl. L 311 v. 7.12.2018, S. 3.
[257] Vgl. im vorliegenden Werk C.4.7.

rauf ankommt, wer für den Transport verantwortlich ist.[258] Besonders Gestaltungen, die eine Vielzahl von Reihengeschäften betreffen, sollten den Kriterien sowohl des EuGH als auch der Finanzverwaltung genügen, um im Ernstfall gerichtsfest zu sein. Die Beteiligten sollten dabei möglichst viel Transparenz an den Tag legen, was vor allem eine schriftliche Fixierung der Transportabsprachen, eindeutige Erklärungen, eine saubere Dokumentation in Übereinstimmung mit den Vorschriften und eine völlige Übereinstimmung von Transportabsprachen und ihrer praktischen Umsetzung voraussetzt. Soweit das nicht möglich ist oder nicht hinreichend kontrollierbar erscheint, sollten die ersten Lieferanten der Kette in Erwägung ziehen, selbst für den Transport zu sorgen.

Mit der Bestimmung der „bewegten Lieferung" im Reihengeschäft hat der EuGH sich für einen Fall der Lieferung verbrauchssteuerpflichtiger Waren in seinem Urteil „AREX"[259] befasst. Mit einem ähnlichen derartigen Fall wird sich der EuGH auch in dem anhängigen Verfahren in der Rs. *Herst*[260] zu befassen haben.

> **Literaturhinweise:** *Heinrichshofen*, Neue Tendenzen des innergemeinschaftlichen Reihengeschäfts aus europäischer Sicht, UVR 2018, S. 206; *Heuermann*, Reihengeschäfte im unionalen Mehrwertsteuerrecht – Einheitliche Zuordnungskriterien in methodisch kontrollierter Rechtsanwendung?, DStR 2018, S. 2078; *Hiller*, Die Verschaffung der Verfügungsmacht – ein Mysterium?, UR 2018, S. 582; *Nieskens*, Warenbewegte Lieferung im EU-grenzüberschreitenden Reihengeschäft bei Transport durch den letzten Abnehmer, EU-UStB 2018, S. 13; *Nieskens*, Praxisbaustelle grenzüberschreitende Reihengeschäfte – inwieweit können subjektive Kriterien die Zuordnung der Warenbewegung beeinflussen?, UR 2018, S. 261; *Reiß*: Das Kreuz mit dem Reihengeschäft und dem Glauben und den Absichten der Beteiligten, MwStR 2018, S. 296

4.2 Reiseleistungen: EuGH bekräftigt sog. Kundenmaxime

> **EuGH, Urteil v. 8.2.2018, C–380/16, *Kommission/Deutschland*, UR 2018, S. 290, mit Anm. *Dobratz***
>
> **Die Bundesrepublik Deutschland hat gegen ihre Verpflichtungen aus Art. 73 MwStSystRL sowie den Art. 306 bis 310 MwStSystRL verstoßen, indem sie Reiseleistungen, die gegenüber Steuerpflichtigen erbracht werden, die sie für ihr Unternehmen nutzen, von der Mehrwertsteuersonderregelung für Reisebüros ausschließt und indem sie Reisebüros, soweit diese Sonderregelung auf sie anwendbar ist, gestattet, die Mehrwertsteuerbemessungsgrundlage pauschal für Gruppen von Leistungen oder für die gesamten innerhalb eines Besteuerungszeitraums erbrachten Leistungen zu ermitteln.**
>
> **Normen:** Art. 73, 306 ff. MwStSystRL; § 25 Abs. 1 und Abs. 3 UStG

Die EU-Kommission hatte sich wegen Zweifeln an der Vereinbarkeit der § 25 Abs. 1 S. 1 sowie § 25 Abs. 3 S. 3 UStG mit der MwStSystRL an den EuGH gewandt. Die erste Vorschrift sieht u. a. vor, dass die Sondervorschriften für Reiseleistungen nur anwendbar sind, wenn sie nicht für das Unternehmen des Leistungsempfängers (also für Endverbraucher) bestimmt sind;

---

[258] S. dazu den Aufsatz von *Heinrichshofen* (vgl. Literaturverzeichnis).
[259] C–414/17, Urteil v. 19.12.2018, CELEX-Nr. 62017CJ0414; Schlussantrag der Generalanwältin v. 25.7.2018, CELEX-Nr. 62017CC0414.
[260] Az. C–401/18, ABl. C 294 v. 20.8.2018, S. 35 f.

die letztere erlaubt es, die Bemessungsgrundlage statt für jede einzelne Leistung gesondert entweder für Gruppen von Leistungen oder für die gesamten innerhalb des Besteuerungszeitraums erbrachten Leistungen zu ermitteln.

Nach Auffassung des EuGH hat Deutschland in Hinblick auf beide Vorschriften gegen seine Verpflichtungen aus der MwStSystRL verstoßen. Das Argument, die Anwendung der Sonderregelung auf den Verkauf von Reisen zwischen steuerpflichtigen Unternehmen verursache erhebliche praktische Schwierigkeiten, ließ das Gericht nicht zu: der Unionsgesetzgeber habe diese Sonderregelung gerade eingerichtet, um größeren praktischen Schwierigkeiten für Reisebüros zu begegnen. Findet sie keine Anwendung bei Leistungen an andere Unternehmer für deren Unternehmen, bevorzuge sie tendenziell die größeren Reiseveranstalter gegenüber den kleineren, die aufgrund geringerer Finanz-, Human- und Technologieressourcen weniger gut mit diesen Schwierigkeiten umgehen können. Der Grundsatz der Neutralität der MwSt sei nicht verletzt: Es handle sich um eine Ausnahme, die den besonderen Merkmalen der Tätigkeit der Reisebüros Rechnung tragen soll. Dieser Grundsatz könne nicht einer vom Gesetzgeber ausdrücklich vorgesehenen Ausnahme entgegenstehen. Die MwStSystRL sehe eine Bildung von Gruppen- oder Gesamtmargen nicht vor; die allerdings für steuerpflichtige Wiederverkäufer vorgesehene Sonderregelung, die eine solche pauschale Ermittlung zulässt, erfasse nur bestimmte Bereiche, zu denen derjenige der Reisebüros nicht gehört. Daher sei die Steuerbemessungsgrundlage auf individueller Basis und nicht pauschal zu ermitteln.

Praxishinweis

Das Urteil überrascht nicht, der EuGH hatte in einem Vertragsverletzungsverfahren gegen Spanien[261] bereits zugunsten der sog. „Kundenmaxime" (Anwendung der Sonderregelung auf alle Kunden) und gegen die „Reisendenmaxime" (Anwendung nur auf Umsätze an Reisende als Endverbraucher) entschieden – diese Begriffe gehen auf die verwendeten Ausdrücke in den einzelnen Sprachfassungen der MwStSystRL zurück.[262] Bereits vor Veröffentlichung des Urteils im Vertragsverletzungsverfahren gegen Deutschland hatte der BFH (besonders) das Urteil gegen Spanien herangezogen und in einem Entscheidungsfall i. S. d. Urteils die Vorschrift der MwStSystRL bereits unmittelbar angewendet.[263] Eine Änderung der beiden Vorschriften im deutschen Recht dürfte damit unumgänglich werden, da eine richtlinienkonforme Auslegung der bisherigen Regelung des UStG kaum möglich sein dürfte. Das BMF scheint eine solche Regelung bereits vorzubereiten. Einstweilen steht den betroffenen Unternehmern dem BFH zufolge ein Wahlrecht zu, ob sie die Sonderregelung in Anspruch nehmen oder nicht.

Eine Änderung der Rechtslage würde freilich eine nicht zu knapp bemessene Übergangsfrist erfordern. Ein Übergang von der Einzel- zur Gesamtmarge würde die Unternehmer vor vielfältige Probleme stellen, zudem müssen im Geschäft mit unternehmerischen Kunden die Preise wohl neu kalkuliert werden: So ist einerseits die Möglichkeit des Vorsteuerabzugs nicht mehr gegeben, andererseits könnten im Einzelfall Registrierungen im Ausland und die damit verbundene Pflicht zur Einreichung von Steuererklärungen usw. wegfallen.

Die erheblichen praktischen Schwierigkeiten, die Deutschland (wie im Urteil ausführlich wiedergegeben) nicht ohne Nachdruck geltend gemacht hatte, betreffen auch andere EU-Mitgliedsstaaten – zumal sich derzeit angeblich eine ganze Reihe anderer Mitgliedsstaaten nicht oder nicht vollständig an das Prinzip der Einzelmarge hält.[264] Daher scheint eine Lösung auf Ebene europäischen Rechts im Bereich des Möglichen zu liegen, freilich wurde abgesehen

---

[261] Urteil v. 26.9.2013, C–189/11, *Kommission/Spanien*, UR 2013, S. 835, mit Anm. *Sterzinger*.
[262] EuGH, Urteil v. 26.9.2013, C–189/11, Rz. 47 ff. *Kommission/Spanien*, UR 2013, S. 835, zusammenfassend BFH, Urteil v. 13.12.2017, XI R 4/16, UR 2018, S. 450, Rz. 30; vgl. im vorliegenden Werk C.4.10.
[263] Vgl. im vorliegenden Werk C.4.10.
[264] Dazu *Grambeck*, StuB 2018, S. 545, S. 546 f. (vgl. Literaturhinweis).

von einer 2017 veröffentlichten Studie zur Reform der Sonderregelung für Reisebüros[265] bisher nichts Konkretes bekannt.

> **Literaturhinweise:** *Friedrich-Vache/Reiß*, Margenbesteuerung bei Reiseleistungen – Einheitliche Leistungserbringung im B2B-Bereich durch Auslegung oder Extension des § 25 UStG?, UR 2018, S. 508; *Grambeck*, Umsatzsteuer bei Reiseleistungen: Von Wahlrechten und anderen Problemen, StuB 2018, S. 545; *Hartman*, Sonderregelung für Reiseleistungen gem. § 25 UStG ist unionsrechtswidrig, nwb 2018, S. 1444; *Jacobs*, Reiseleistungen: § 25 Abs. 1 und 3 UStG nicht unionsrechtskonform, nwb 2018, S. 608; *Nieskens*, Margenbesteuerung für Reiseleistungen in § 25 UStG unionsrechtswidrig, EU-UStB 2018, S. 1; *Sterzinger*, Besteuerung von Reiseleistungen in Deutschland europarechtswidrig, DStRK 2018, S. 75

4.3 Zur rückwirkenden Korrektur einer Rechnung ohne Steuerausweis

> **EuGH, Urteil v. 21.3.2018, C–533/16, *Volkswagen*, UR 2018, S. 359, mit Anm. *Maunz***
>
> **Das Unionsrecht ist dahin auszulegen, dass es der Regelung eines Mitgliedstaats entgegensteht, wonach u. U. wie den im Ausgangsverfahren in Rede stehenden, in denen die MwSt dem Steuerpflichtigen in Rechnung gestellt und von ihm mehrere Jahre nach der Lieferung der fraglichen Gegenstände entrichtet wurde, die Inanspruchnahme des Rechts auf Erstattung der MwSt mit der Begründung versagt wird, dass die in dieser Regelung vorgesehene Ausschlussfrist ab dem Zeitpunkt der Lieferung zu laufen begonnen habe und vor Stellung des Erstattungsantrags abgelaufen sei.**
>
> **Normen:** Art. 178 Buchst. a MwStSystRL; § 15 Abs. 1 Nr. 1 UStG

Sachverhalt

Zwischen 2004 und 2010 lieferten – offenbar in der Slowakei – slowakische und deutsche Zulieferer der Klägerin mit Sitz in Deutschland Formen zur Herstellung von Leuchtkörpern für Kfz. In den von ihnen dafür ausgestellten Rechnungen wurde keine MwSt ausgewiesen, weil sie annahmen, dass es sich nicht um Warenlieferungen, sondern um einen von der MwSt befreiten „finanziellen Ausgleich" handele. Im Jahr 2010 stellten diese Zulieferer fest, dass ihr Vorgehen nicht mit dem slowakischen Recht in Einklang stand, stellten Rechnungen mit MwSt-Ausweis aus, reichten ergänzende Steuererklärungen ein und führten die MwSt ab. Die Klägerin reichte einen Vorsteuervergütungsantrag ein und beantragte bei der zuständigen slowakischen Behörde die Erstattung der für diese Lieferungen ausgewiesenen MwSt. Die Behörde gab dem Antrag nur teilweise statt, denn für die Jahre bis 2006 waren die Erstattungsansprüche ihrer Meinung nach bereits wegen Zeitablaufs verjährt.

Entscheidung

Der EuGH erinnerte daran, dass das Recht auf Vorsteuerabzug der Einhaltung sowohl materieller als auch formeller Anforderungen und Bedingungen unterliege. Was die formellen Anforderungen anging, teilte er mit, dass der Steuerpflichtige eine gem. den Vorschriften der

---

[265] Study on the review of the VAT Special Scheme for travel agents and options for reform, TAXUD/2016/AO-05 v. Dezember 2017.

MwStSystRL ausgestellte Rechnung besitzen müsse. Die Ausübung des Rechts auf Vorsteuerabzug sei erst möglich, sobald der Steuerpflichtige im Besitz einer Rechnung ist. Der EuGH stellte nicht in Abrede, dass die Mitgliedsstaaten unter gewissen weiteren Voraussetzungen Ausschlussfristen für den Vorsteuerabzug vorsehen dürfen. Zudem seien sie berechtigt, weitere Pflichten vorzusehen, die sie für erforderlich erachten, um eine genaue Erhebung der Steuer sicherzustellen und um Steuerhinterziehung zu verhindern. Ein solcher Fall liege hier aber nicht vor. Unter diesen Umständen sei es der Klägerin objektiv unmöglich gewesen, ihr Erstattungsrecht vor dieser Berichtigung auszuüben, da sie vorher weder im Besitz der Rechnungen war noch von der MwSt-Schuld wusste.

Erst nach dieser Berichtigung lagen nämlich, so der EuGH, die materiellen und formellen Voraussetzungen des Rechts auf Vorsteuerabzug vor, sodass die Klägerin beantragen konnte, von der geschuldeten und entrichteten Steuerbelastung entlastet zu werden. Da Volkswagen keinen Mangel an Sorgfalt an den Tag legte und weder ein Missbrauch noch ein kollusives Zusammenwirken mit den Zulieferern zum Nachteil des Fiskus vorlag, könne eine Ausschlussfrist, die ab dem Zeitpunkt der Lieferung der Gegenstände zu laufen begonnen hätte und für bestimmte Zeiträume vor der besagten Berichtigung abgelaufen wäre, nicht wirksam gegen das Recht auf Erstattung der MwSt eingewandt werden.

Praxishinweis

Der EuGH äußert sich zunächst dahin, dass die Lieferer seit 2004 Rechnungen (damals ohne Steuerausweis) ausgestellt hätten. Allerdings teilt er sodann in Hinblick auf die von den Lieferern im Jahr 2010 vorgenommene „Umsatzsteuerberichtigung" mit, dass die Klägerin „vorher [nicht] im Besitz der Rechnungen war". Dieser vermeintliche Widerspruch könnte dahin aufzulösen sein, dass nur im letzteren Falle Abrechnungspapiere vorlagen, die als Rechnungen i. S. d. MwStSystRL gelten durften. Für diese Annahme spricht auch, dass offenbar die Korrektur der ursprünglichen Abrechnungspapiere nicht auf den Zeitraum der ursprünglichen Ausstellung zurückwirkt – wogegen im Fall *Senatex*[266], in dem den Rechnungen eine Steuernummer fehlte, von vornherein eine Rechnung (im eigentlichen Sinne) vorgelegen hätte, die darum auch rückwirkend berichtigungsfähig war. Eine solche Interpretation des Urteils würde mit der Rspr. des BFH[267] übereinstimmen: demnach erfordert ein Abrechnungspapier, das im umsatzsteuerlichen Sinne als „Rechnung" gelten soll, bestimmte Mindestangaben, unter die z. B. der Steuerausweis zählt, nicht aber z. B. die Steuernummer. Der EuGH teilt zudem mit, dass die Lieferer im Jahr 2010 „Rechnungen ausstellten", während sie im Urteil *Senatex* „berichtigt" wurden. Sollte diese Interpretation korrekt sein, muss sich erst noch weisen, ob der EuGH mit dem BFH in der Frage übereinstimmt, welche Rechnungsangaben als Mindestangaben erforderlich sind. Dem Urteil in der Rs. *Vădan*[268] könnte sich unter Umständen aber entnehmen lassen, dass auch der Erhalt einer Rechnung für die Ausübung des Vorsteuerabzugs nicht unbedingt erforderlich sei.

Hinzu kommt, dass es der Klägerin nach Meinung des EuGH im Falle *Volkswagen* „objektiv unmöglich" gewesen sei, „ihr Erstattungsrecht vor dieser Berichtigung auszuüben, da sie [nicht] von der MwSt-Schuld wusste". Wiewohl es selbstverständlich ist, dass die Ausübung des Vorsteuerabzugsrechts unter praktischen Gesichtspunkten zunächst einmal voraussetzt, dass der Leistungsempfänger davon auch Kenntnis hat, ist unklar, inwiefern es für eine Rückwirkung der Rechnungskorrektur relevant sein soll. Das Recht auf Vorsteuerabzug kann grds.

---

[266] EuGH, Urteil v. 15.9.2016, UR 2016, S. 800, mit Anm. *Maunz*.
[267] BFH, Urteil v. 20.10.2016, V R 26/15, UR 2017, S. 60, mit Anm. *Sterzinger*.
[268] Vgl. im vorliegenden Werk C.4.23.

ausgeübt werden, wenn die materiellen und formellen Voraussetzungen[269] vorliegen. Das „Wissen" jedoch lässt sich anscheinend in keine dieser beiden Kategorien sinnvoll einfügen.

Verständlicher wird die Äußerung des EuGH, wenn man annimmt, dass sich seine Ausführungen weniger auf den Vorsteuerabzug an sich als vielmehr um die Verjährung des Anspruchs auf Abzug dieser Vorsteuern beziehen. Mit dem Ablauf von Fristen können nicht hinreichend sorgfältige Steuerpflichtige sanktioniert werden[270] – im Umkehrschluss könnte das also für solche Steuerpflichtige nicht gelten, denen kein Sorgfaltsverstoß vorzuwerfen ist. Auch die im Urteil *Volkswagen* ebenfalls enthaltenen Ausführungen des EuGH, dass der Klägerin kein Mangel an Sorgfalt vorzuwerfen sei, passen zu dieser Auslegung – die im Übrigen auch deswegen naheliegt, weil sich bereits die Fragen des vorlegenden Gerichts auf eine solche Verjährung beziehen. Offenbar muss das nationale Recht des betreffenden Mitgliedstaats die Ausübung des Vorsteuerabzugsrechtes auch dann noch ermöglichen, wenn zunächst irrtümlich keine Steuer ausgewiesen, dieser Fehler aber später bemerkt und behoben wird und eine Zahlung erfolgt. In Deutschland könnte dies im Wege des § 175 Abs. 1 Nr. 2 AO (mit der Rechnungskorrektur als rückwirkendes Ereignis) gewährleistet werden. Der BFH hat in seinem Urteil vom 20.10.2016, V R 26/15[271], allerdings die Frage ausdrücklich offengelassen, ob eine Rechnungskorrektur im Wege dieser Berichtigungsnorm zu berücksichtigen ist. Die Antwort darauf wäre über den rückwirkenden Vorsteuerabzug hinaus für die Verzinsung nach § 233a Abs. 2a AO von Bedeutung. Ob sich eine solche Durchbrechung der Verjährung ggf. auch für den leistenden Unternehmer auswirkt, teilt der EuGH nicht mit.

In diesem Urteil geht der EuGH nicht weiter auf die Ausschlussfrist des Vorsteuer-Vergütungsverfahrens ein, obgleich seine Ausführungen dazu besonders interessant gewesen wären. Das FG Köln[272] hatte bereits einen Fall zu entscheiden, in dem Rechnungen mit inhaltlichen Fehlern Gegenstand eines Vergütungsantrags waren. Diese Rechnungen über Inlandslieferungen (die offenbar folgerichtig auch Steuer auswiesen) enthielten irreführende Angaben, die entgegen dem tatsächlichen Sachverhalt suggerierten, es hätten innergemeinschaftliche Lieferungen bzw. Ausfuhrlieferungen stattgefunden. Die korrigierten Rechnungen waren für den Zeitraum der Rechnungskorrektur in einem weiteren Antrag geltend gemacht worden. Hier bejahte das FG Köln eine Rechnungsberichtigung in Hinblick auf die Angabe der Steuerbefreiung nach § 14 Abs. 4 Nr. 8 UStG, ohne sich aber mit der *Senatex*-Rspr. zu beschäftigen. Das FG Köln ließ also den Vergütungsantrag für den genannten späteren Antrag zu – anstelle der früheren, bereits bestandskräftigen Anträge, in denen die Rechnungen ursprünglich geltend gemacht worden waren. Damit vermied das Gericht zugleich, in Zusammenhang mit der rückwirkenden Korrektur von Rechnungen infolge der *Senatex*-Rspr. über eine Änderung des Bescheids wegen rückwirkender Tatsachen i. S. d. § 175 Abs. 1 Nr. 2 AO entscheiden zu müssen. Allerdings ist das Urteil des FG Köln im Ergebnis auf seine Weise durchaus mit dem wenige Tage später ergangenen Urteil *Volkswagen* vereinbar: ist nämlich die Verjährung bereits eingetreten, dann könnte der Vorsteuerabzug auch dadurch geltend gemacht werden, dass er nicht im Zeitraum der Rechnungserstellung, sondern im Korrekturzeitraum geltend zu machen ist. Der EuGH zwingt in seinem Leitsatz nicht zu einem Verständnis, wonach eine Rückwirkung die Verjährung durchbricht: er sagt lediglich, dass der Vorsteuerabzug nicht mit der Begründung versagt werden darf, eine Verjährung sei bereits eingetreten.

Die bei Redaktionsschluss noch nicht entschiedene Rs. *Nestrade*[273] befasst sich besonders mit Fragen des Vorsteuer-Vergütungsverfahrens, darunter offenbar der Frage, ob die Anwendung der *Senatex*-Rspr. die Aufhebung eines entgegenstehenden Verwaltungsaktes verlangt. Im

---

[269] EuGH, Urteil v. 11.12.2014, C–590/13, *Idexx Laboratories Italia*, Rz. 41 f., UR 2015, S. 70; vgl. konkret *Senatex*, Rz. 28 f.
[270] EuGH, Urteil v. 28.7.2016, C–332/15, *Astone*, UR 2016, S. 683.
[271] UR 2017, S. 60, mit Anm. *Sterzinger*.
[272] Urteil v. 16.3.2018, 2 K 1050/17, EFG 2018, S. 1224, rkr.
[273] C–562/17, Abl. C 437 v. 18.12.2017, S. 19.

weitesten Sinne mit „fehlenden Rechnungsanforderungen" wird der BFH sich auch im Verfahren V R 48/17[274] befassen, wo er der Frage nachgeht, ob die Klägerin eine im Jahr 2005 ohne elektronische Signatur übermittelte Gutschrift durch die Übersendung einer Gutschrift in Papierform im Jahr 2011 berichtigen kann, sodass der Vorsteuerabzug für das Jahr 2005 vorgenommen werden kann.

Literaturhinweise: *Hartman*, Mehrwertsteuerausweis in Rechnungen als materielle Voraussetzung des Vorsteuerabzugs?, UR 2018, S. 392; *Sterzinger*, Keine Versagung des Vorsteuerabzugs wegen Verjährung bei erstmaligem Steuerausweis in berichtigter Rechnung, DStRK 2018, S. 141; *Tehler*, Keine Versagung der Vorsteuererstattung trotz Ablaufs der gesetzlichen Ausschlussfrist (Anm.), EU-UStB 2018, S. 34; *Reiß*, Vorsteuerabzugsrecht und Festsetzungsverjährung bei nachträglichen Rechnungskorrekturen, UR 2018, S. 457; *von Streit/Streit*, Nachträglicher Umsatzsteuerausweis bei Verfristung des Vorsteuerabzugs, UStB 2018, S. 140

4.4 Rückwirkende Korrektur einer Rechnung mit falschem Steuersatz oder Steuerbetrag

EuGH, Urteil v. 12.4.2018, C–8/17, *Biosafe vs. Flexipiso*, UR 2018, S. 399, mit Anm. *Heinrichshofen*

Die Art. 63, 167, 168, 178 bis 180, 182 und 219 MwStSystRL und der Grundsatz der steuerlichen Neutralität sind dahin auszulegen, dass sie der Regelung eines Mitgliedstaats entgegenstehen, aufgrund deren u. U. wie denen des Ausgangsverfahrens, in denen infolge einer steuerlichen Nacherhebung eine zusätzliche MwSt an den Staat gezahlt und mehrere Jahre nach der Lieferung der betreffenden Gegenstände in Dokumenten zur Berichtigung der ursprünglichen Rechnungen ausgewiesen wurde, das Recht auf Vorsteuerabzug mit der Begründung verweigert wird, dass die in dieser Regelung vorgesehene Frist für die Ausübung dieses Rechts zum Zeitpunkt der Ausstellung der ursprünglichen Rechnungen zu laufen begonnen habe und abgelaufen sei.

Normen: Art. 63, 167, 168, 178 bis 180, 182, 219 MwStSystRL; §§ 14 Abs. 4, 15 Abs. 1 Nr. 1 UStG

Im Zeitraum von Februar 2008 bis Mai 2010 verkaufte die Klägerin *Biosafe* aus recycelten Reifen hergestelltes Gummigranulat an das Unternehmen *Flexipiso*. *Biosafe* rechnete das Gummigranulat zum ermäßigten Steuersatz von 5 % ab. Bei einer Steuerprüfung im Jahr 2011 für die Steuerjahre 2008 bis 2010 stellte die portugiesische Steuerverwaltung fest, dass der normale Steuersatz von 21 % hätte angewandt werden müssen. *Biosafe* entrichtete die Nacherhebung und forderte die Erstattung von *Flexipiso* im Wege von an *Flexipiso* gerichteten Zahlungsaufforderungen. *Flexipiso* verweigerte die Zahlung mit der Begründung, dass sie diesen Betrag nicht zum Vorsteuerabzug bringen könne, da die vorgesehene nationale Frist von vier Jahren für bis zum 24.10.2008 bewirkte Umsätze abgelaufen sei, und dass sie nicht die Folgen eines Fehlers zu tragen habe, für den nur *Biosafe* verantwortlich sei.

---

[274] Vgl. Webauftritt des BFH, www.bundesfinanzhof.de; Vorinstanz: FG Baden-Württemberg, Urteil v. 24.5.2017, 1 K 605/17, EFG 2018, S. 244.

Biosafe erhob daraufhin Klage, welche vom erstinstanzlichen Gericht sowie dem Rechtsmittelgericht mit der Begründung abgewiesen wurde, dass der Erwerber die Steuer nur zu zahlen habe, wenn die Rechnungen oder gleichwertige Dokumente rechtzeitig, d. h. innerhalb von vier Jahren nach Ausführung der Leistung, empfangen wurden.

Der EuGH erinnerte, wie zuvor in der Entscheidung *Volkswagen*, daran, dass der Vorsteuerabzug ein Grundprinzip des durch das Unionsrecht geschaffenen gemeinsamen MwSt-Systems sei. Das Recht auf Vorsteuerabzug unterliege jedoch der Einhaltung sowohl materieller als auch formeller Anforderungen und Bedingungen. Der EuGH wiederholte, dass der Unternehmer als formelle Voraussetzung für den Vorsteuerabzug eine den Rechnungsvoraussetzungen entsprechende Rechnung besitzen müsse. Der EuGH räumte aber ein, dass ein Abzugsrecht ohne zeitliche Beschränkung dem Grundsatz der Rechtssicherheit zuwiderlaufen würde.

Jedoch hätten bei *Flexipiso* erst mit den Dokumenten zur Berichtigung der ursprünglichen Rechnungen die materiellen und formellen Voraussetzungen für den Vorsteuerabzug vorgelegen, sodass *Flexipiso* beantragen konnte, gem. der MwStSystRL und dem Grundsatz der steuerlichen Neutralität von der geschuldeten und entrichteten Steuerbelastung entlastet zu werden. Da *Flexipiso* vor dem Erhalt der Zahlungsaufforderungen keinen Mangel an Sorgfalt an den Tag gelegt hatte und weder ein Missbrauch noch ein kollusives Zusammenwirken mit *Biosafe* vorgelegen hatten, könne der Vorsteuerabzug auch nicht unter Berufung auf eine Frist, die ab dem Zeitpunkt der Ausstellung der ursprünglichen Rechnungen zu laufen begonnen hätte und für bestimmte Umsätze vor der besagten Berichtigung bereits abgelaufen wäre, wirksam versagt werden.

Praxishinweis

Der EuGH bekräftigt in diesem Urteil das nur kurze Zeit davor veröffentlichte Urteil in der Rs. *Volkswagen*[275]: Sowohl ein fehlender als auch ein zu niedriger Steuerausweis bewirken demnach, dass eine Korrektur der Rechnung nicht rückwirkend stattfinden kann.

Literaturhinweise: *Hartman*, Mehrwertsteuerausweis in Rechnungen als materielle Voraussetzung des Vorsteuerabzugs?, UR 2018, S. 392; *Korn*, Geltendmachung des Vorsteuerabzugs aufgrund berichtigter Rechnung erst im Jahr der Berichtigung, DStRK 2018, S. 142; *Reiß*, Vorsteuerabzugsrecht und Festsetzungsverjährung bei nachträglichen Rechnungskorrekturen, UR 2018, S. 457; *von Streit/Streit*, Nachträglicher Umsatzsteuerausweis bei Verfristung des Vorsteuerabzugs, UStB 2018, S. 140

---

[275] Vgl. im vorliegenden Werk C.4.3.

4.5 Vorsteuerabzug bei Nichteinreichung von Steuererklärungen

> **EuGH, Urteil v. 7.3.2018, C–159/17, *Dobre*, UR 2018, S. 565**
>
> **Die Art. 167 bis 169 und 179 MwStSystRL sowie Art. 213 Abs. 1, Art. 214 Abs. 1 und Art. 273 MwStSystRL sind dahin auszulegen, dass sie einer nationalen Regelung wie der im Ausgangsverfahren in Rede stehenden nicht entgegenstehen, nach der die Steuerverwaltung einem Steuerpflichtigen das Recht auf Vorsteuerabzug versagen kann, wenn feststeht, dass die Steuerverwaltung aufgrund der dem Steuerpflichtigen vorgeworfenen Pflichtverletzungen nicht über die Angaben verfügen konnte, die für die Feststellung erforderlich sind, dass die materiellen Anforderungen erfüllt sind, die ein Recht auf Abzug der von diesem Steuerpflichtigen entrichteten MwSt als Vorsteuer begründen, oder dass Letzterer betrügerisch gehandelt hat, um dieses Recht geltend machen zu können, was zu prüfen Sache des vorlegenden Gerichts ist.**
>
> **Normen:** Art. 167 ff., 179, 213 Abs. 1, 214 Abs. 1, Art. 273 MwStSystRL; § 15 Abs. 1 Nr. 1 UStG

Das rumänische Recht sieht vor, dass u. a. Steuerpflichtige, deren mehrwertsteuerliche Registrierung wegen Nichtabgabe von Steuererklärungen gelöscht wurde, während der Zeit ihrer Löschung grds. nicht berechtigt sind, MwSt auf Eingangsumsätze als Vorsteuer abzuziehen. Dennoch bleiben sie verpflichtet, vereinnahmte MwSt auf in diesem Zeitraum getätigte steuerbare Umsätze abzuführen. Im Ausgangsfall hatte der Steuerpflichtige mehrere MwSt-Erklärungen nicht abgegeben, weshalb die rumänischen Finanzbehörden ihn zunächst aus dem Register der registrierten Steuerpflichtigen strichen. Die Erklärungen wurden erst viel später nachgereicht – wonach die rumänischen Behörden unter Berufung auf die genannte Vorschrift für den Zeitraum, in dem der Kläger steuerlich nicht registriert war, den Abzug der darin geltend gemachten Vorsteuer verweigerten.

Der EuGH sah diese Regelung als mit der MwStSystRL vereinbar an. Zwar stellten die MwSt-Identifikation sowie die Pflicht des Steuerpflichtigen, die Aufnahme, den Wechsel und die Beendigung seiner Tätigkeit anzuzeigen, nur Kontrollzwecken dienende Formerfordernisse dar, die namentlich das Recht auf MwSt-Abzug nicht infrage stellen dürften, sofern die materiellen Voraussetzungen für die Entstehung dieses Rechts erfüllt sind. Anders verhalten könne es sich aber, wenn der Verstoß gegen die formellen Anforderungen den sicheren Nachweis verhindert, dass die materiellen Anforderungen erfüllt wurden. Hier sei zu prüfen, ob die Steuerverwaltung über die Angaben verfügte, die für die Feststellung erforderlich sind, dass die materiellen Anforderungen an das Vorsteuerabzugsrecht erfüllt sind, und zwar trotz der der Klägerin vorgeworfenen Nichteinhaltung formeller Anforderungen. Gleichzeitig könne aber das Recht auf Vorsteuerabzug verweigert werden, wenn aufgrund der objektiven Sachlage feststeht, dass dieses Recht in betrügerischer Weise oder missbräuchlich geltend gemacht wird. Auch wenn der Verstoß gegen formelle Pflichten nicht den sicheren Nachweis der materiellen Voraussetzungen verhindert, könnte dennoch der einfachste Fall der Steuerhinterziehung vorliegen, in dem der Steuerpflichtige seinen formellen Pflichten vorsätzlich nicht nachkommt, um der Entrichtung der Steuer zu entgehen. Insb. könne die Nichtabgabe einer MwSt-Erklärung – ihre Abgabe würde die MwSt-Erhebung und deren Kontrolle durch die Steuerbehörde ermöglichen – die genaue Erhebung der Steuer verhindern und demzufolge das ordnungsgemäße Funktionieren des gemeinsamen MwSt-Systems infrage stellen. Somit verwehre das Unionsrecht es nicht, solche Verstöße als Steuerhinterziehung anzusehen und in einem solchen Fall das Abzugsrecht zu versagen.

Praxishinweis

Eine mögliche Konsequenz aus diesem Urteil scheint zu sein: Wer seine Steuererklärungen vorsätzlich nicht oder nicht fristgerecht abgibt, um einer Entrichtung der Steuer zu entgehen, hat sich damit zugleich seines Rechts auf Vorsteuerbezug begeben. Es ließe sich aber wohl vertreten, dass sich das nicht auf die Vorsteuer schlechthin (als Rechnungsgröße, die zur Ermittlung der USt-Zahllast führt), sondern auf den Saldo bezieht.[276] Zwar bezieht sich der EuGH auf eine konkrete Regelung des rumänischen Rechts. Allerdings hat der EuGH im Urteil *Italmoda*[277] u. a. die Versagung des Vorsteuerabzugs wegen Beteiligung eines Steuerpflichtigen an einer MwSt-Hinterziehung zugelassen, „auch wenn das nationale Recht keine Bestimmungen enthält, die eine solche Versagung vorsehen".

Literaturhinweis: *von Streit*, Vorsteuerabzug bei Verstoß gegen formelle Pflichten, EU-UStB 2018, S. 44

4.6 Abschläge pharmazeutischer Unternehmer nach § 1 AMRabG

BFH, Urteil v. 8.2.2018, V R 42/15, BStBl II 2018, S. 676;
Vorinstanz: FG Rheinland-Pfalz, Urteil v. 24.9.2015, 6 K 1251/14, EFG 2015, S. 2242

Abschläge pharmazeutischer Unternehmer nach § 1 AMRabG mindern die Bemessungsgrundlage für die gelieferten Arzneimittel.[278]

Norm: § 10 Abs. 1 UStG

Der BFH hat sich in einem überaus kurzen Anschlussurteil zum EuGH-Urteil *Boehringer Ingelheim* darauf beschränkt, die Entscheidung des EuGH kurz wiederzugeben – die Anwendbarkeit auf weitere Sachverhalte bleibt bis auf Weiteres unklar.

Nach Auffassung der deutschen Finanzverwaltung waren bislang infolge von Unterschieden bei der Ausgestaltung der Leistungsbeziehungen zwischen der jeweiligen Krankenkasse, dem Apotheker bzw. Händler und der versicherten Person nur die gesetzlichen Krankenversicherungen Teil der Leistungskette, die privaten Krankenversicherungen hingegen nicht. Das führte dazu, dass den pharmazeutischen Unternehmen für bestimmte von Gesetzes wegen zu gewährende Rabatte eine Minderung der Bemessungsgrundlage der entsprechenden Ausgangsumsätze i. S. d. § 17 UStG nur zugestanden wurde, soweit diese Rabatte gesetzlichen Krankenkassen zugutekamen. Im Jahr 2017 veröffentlichte der EuGH sein Urteil in der Rs. *Boehringer Ingelheim*. Darin teilte er im Ergebnis mit, dass auch die gem. § 1 AMRabG an die privaten Krankenkassen gezahlten Rabatte bei den Pharmaherstellern zu einer Minderung der Bemessungsgrundlage zu führen hätten.

Ebenso wie vielen Stimmen in der Literatur scheint auch dem BFH die Begründung des EuGH nicht hinreichend klar zu sein. In seinem Anschlussurteil beschränkt er sich im Wesentlichen darauf, kurz auf das frühere Urteil des EuGH in der Rs. *Ibero Tours* einzugehen und im Übri-

---
[276] So offenbar *von Streit* (vgl. Literaturhinweis).
[277] EuGH, Urteil v. 18.12.2015, C–131/13, C–163/13 und C–164/13, UR 2015, S. 106.
[278] Folgeentscheidung zum EuGH-Urteil v. 20.12.2017, C–462/16, *Boehringer Ingelheim Pharma GmbH & Co. KG*, UR 2018, S. 166.

gen das Ergebnis wiederzugeben, zu dem der EuGH in seinem Urteil in der Rs. *Boehringer Ingelheim* gelangt ist. Dabei teilt er mit, dass Rabatte an Personen außerhalb der Leistungskette nicht steuerwirksam seien, was implizieren mag, dass die private Krankenkasse wenigstens im vorliegenden Fall auch nach Auffassung des BFH Teil der Leistungskette ist. Auch der Umstand, dass die Rabatte aufgrund einer nationalen Gesetzesregelung eingeräumt werden, wird erwähnt. Welche Folgerungen daraus zu ziehen sind, teilt das Gericht nicht mit.

Praxishinweis

Das BMF hat auf das Urteil bereits regiert und den UStAE in Hinblick auf Rabatte nach dem AMRabG entsprechend geändert.[279]

Eine rechtsdogmatische Einordnung und/oder Interpretation des Urteils in der Rs. *Boehringer Ingelheim* für die Verhältnisse des deutschen USt-Rechts ist leider (noch) unterblieben – so etwa in Hinblick auf die Frage, unter welchen Voraussetzungen und ggf. in welchen weiteren Fallgruppen die Person, die final mit der USt belastet ist, als „Endverbraucher" zu betrachten ist. Möglicherweise spielt es eine Rolle, dass es sich gerade um einen gesetzlich angeordneten Rabatt handelt. Gleichwohl fragte sich in diesem Fall, was ihn derart fundamental von einem zivilrechtlich vereinbarten Rabatt unterscheidet, dass er nach einer besonderen Rechtsfolge verlangt. Es scheint auch möglich, dass die deutsche umsatzsteuerliche Dogmatik einer Ergänzung in Form einer „Entgeltkette" bedarf, die entgegen der Leistungskette verläuft, aber in Hinblick auf die Beteiligten mit dieser nicht identisch zu sein braucht. Da zumindest der BFH ratlos zu sein scheint oder sich zumindest derzeit noch nicht festlegen möchte, muss einstweilen offen bleiben, auf welche anderen Sachverhalte die Grundsätze der Entscheidung *Boehringer Ingelheim* übertragen werden könnten. Bedauerlicherweise hat sich ein vor dem XI. Senat in derselben Frage anhängiges Verfahren[280] erledigt, sodass auf absehbare Zeit offenbleiben muss, ob dieser Senat eine pointiertere Auffassung vertreten würde.

> **Literaturhinweise:**[281] *Becker*, Entgeltminderung für Pharmaunternehmen – Eine kritische Würdigung der Auswirkungen des EuGH-Urteils „Boehringer Ingelheim", nwb 2018, S. 618; *Krieg*: Minderung der umsatzsteuerlichen Bemessungsgrundlage durch Rabattzahlungen im System der privaten Krankenversicherung, DStR 2018, S. 509; *Müller*, EuGH Boehringer Ingelheim Pharma – Eine Einordnung, offene Fragen und mögliche Folgen, MwStR 2018, S. 342; *Neeser*, 2 × 3 macht 4: Die EuGH-Entscheidung Boehringer Ingelheim vom 20.12.2017, UVR 2018, S. 114; *Polok*, Die umsatzsteuerrechtliche Behandlung der Gewährung eines Herstellerrabatts durch pharmazeutische Unternehmen – Zugleich Besprechung des EuGH-Urteils Boehringer Ingelheim Pharma, UR 2018, S. 147

---

[279] BMF, Schreiben v. 4.10.2018, III C 2 – S 7200/08/10005:002, BStBl I 2018, S. 1090; vgl. im vorliegenden Werk B.4.8.
[280] BFH, Beschluss v. 13.11.2018, XI R 14/15.
[281] Alle Literaturhinweise beziehen sich auf die EuGH-Entscheidung in der Rs. *Boehringer Ingelheim*.

4.7 Zu den Voraussetzungen der Vereinfachungsregelung für innergemeinschaftliche Dreiecksgeschäfte

> **EuGH, Urteil v. 19.4.2018, C–580/16, *Hans Bühler KG*, UR 2018, S. 404, mit Anm. *Nieskens***
>
> 1. Art. 141 Buchst. c MwStSystRL in der durch die RL 2010/45/EU des Rates v. 13.7.2010 geänderten Fassung ist dahin auszulegen, dass die dort genannte Voraussetzung erfüllt ist, wenn der Steuerpflichtige in dem Mitgliedstaat, von dem aus die Gegenstände versandt oder befördert werden, ansässig und für Mehrwertsteuerzwecke erfasst ist, aber für den konkreten innergemeinschaftlichen Erwerb die Mehrwertsteuer-Identifikationsnummer eines anderen Mitgliedstaats verwendet.
> 2. Die Art. 42 und 265 i. V. m. Art. 263 MwStSystRL in der durch die RL 2010/45 geänderten Fassung sind dahin auszulegen, dass sie die Steuerverwaltung eines Mitgliedstaats daran hindern, Art. 41 Abs. 1 MwStSystRL in der durch die RL 2010/45 geänderten Fassung mit der alleinigen Begründung anzuwenden, dass im Rahmen eines innergemeinschaftlichen Erwerbs, der für die Zwecke einer anschließenden Lieferung im Hoheitsgebiet eines Mitgliedstaats getätigt wurde, die Abgabe der zusammenfassenden Meldung i. S. d. Art. 265 MwStSystRL in der durch die RL 2010/45 geänderten Fassung von dem im ersten Mitgliedstaat für Mehrwertsteuerzwecke erfassten Steuerpflichtigen verspätet vorgenommen wurde.
>
> **Normen:** Art. 42, 141 Buchst. c, 265 MwStSystRL; §§ 18a, 25b UStG

Die sog. innergemeinschaftlichen Dreiecksgeschäfte für grenzüberschreitende Warenbewegungen innerhalb der EU basieren grds. auf einem Reihengeschäft mit drei Parteien: Der erste Lieferer (A) vollzieht eine innergemeinschaftliche Lieferung an seinen Abnehmer (B), der im Zielmitgliedsstaat eine Inlandslieferung an dessen Abnehmer (C) ausführt. Auf solche Dreiecksgeschäfte kann unter bestimmten Voraussetzungen eine Vereinfachungsregelung angewendet werden, wodurch B es vermeidet, sich im Zielmitgliedsstaat steuerlich erfassen lassen zu müssen. Wird diese Regelung korrekt angewendet, so bewirkt sie, dass der innergemeinschaftliche Erwerb des B als besteuert gilt und die Steuerschuld für seine Inlandslieferung auf C übergeht. In mancher Hinsicht gingen jedoch die Auffassungen der EU-Mitgliedsstaaten über die Voraussetzungen der Anwendung dieser Regel auseinander. Mit dem vorliegenden Urteil hat der EuGH zwei wichtige Fragen geklärt.

Klägerin war eine deutsche Firma, die Waren in Deutschland kaufte, sie an einen tschechischen Unternehmer weiterverkaufte und dabei die Vereinfachungsregelung in Anspruch nahm. Hierzu verwendete sie eine österreichische USt-ID-Nr. Die Klägerin reichte – verspätet – bei der österreichischen Finanzverwaltung Zusammenfassende Meldungen ein, in denen sie zwar die USt-ID-Nr. ihres tschechischen Abnehmers angab, ohne jedoch Angaben zum Vorliegen innergemeinschaftlicher Dreiecksgeschäfte zu machen – was sie später korrigierte. Die Korrektur erfolgte zu einem Zeitpunkt, an dem die österreichische USt-ID-Nr. der Klägerin bereits nicht mehr gültig war. Die österreichische Finanzverwaltung verneinte die Anwendung der Vereinfachungsregel und erhob wegen der Verwendung der österreichischen USt-ID-Nr. Erwerbsteuer.

Das vorlegende Gericht fragte zunächst, ob es eine Rolle spielt, dass die Klägerin im Ausgangsstaat (Deutschland) ansässig und für die MwSt erfasst war. Zu den Voraussetzungen der

Vereinfachungsregelungen gehört nach Art. 141 Buchst. c MwStSystRL, dass die „erworbenen Gegenstände [...] von einem anderen Mitgliedstaat aus als dem, in dem der Steuerpflichtige für Mehrwertsteuerzwecke erfasst ist, unmittelbar an die Person versandt oder befördert [werden], an die er die anschließende Lieferung bewirkt". Der EuGH ist der Auffassung, dass sich dies auf den EU-Mitgliedsstaat bezieht, der die USt-ID-Nr. ausgegeben hat, unter der der Mittelmann (hier also die Klägerin) seinen innergemeinschaftlichen Erwerb getätigt hat: Nur diese USt-ID-Nr. sei für die Beurteilung heranzuziehen, ob die genannte Voraussetzung der Vereinfachungsregel erfüllt ist. In anderen Worten: Für die Anwendung der Regelung war es nicht relevant, dass die Klägerin auch in Deutschland als dem Mitgliedsstaat des Beginns des Transports steuerlich erfasst war. Wie sich insb. aus dem ersten Leitsatz des EuGH zusätzlich ergibt, galt das insofern auch für ihre Ansässigkeit in Deutschland.

Was die verspätete Meldung der Transaktion als Inlandslieferung im Rahmen eines innergemeinschaftlichen Dreiecksgeschäfts anging, so handelte es sich nach Meinung des EuGH lediglich um eine formelle Anforderung, die die Anwendung der Vereinfachungsregelung nicht infrage stellen darf, wenn im Übrigen alle materiellen Voraussetzungen erfüllt sind. Dabei komme es darauf an, dass die USt-ID-Nr. des Klägers zum Zeitpunkt der Umsätze gültig gewesen ist, nicht aber darauf, ob sie zum Zeitpunkt der Abgabe der Zusammenfassenden Meldungen nicht mehr gültig war. Nur in zwei Ausnahmefällen könne die Nichteinhaltung der formellen Bestimmung zur Nichtanwendung der Vereinfachungsregelung führen: wenn sich der Steuerpflichtige vorsätzlich an einer Steuerhinterziehung beteiligt hat oder wenn der Verstoß gegen eine formelle Anforderung den sicheren Nachweis verhindert, dass die materiellen Anforderungen erfüllt wurden. Eine Beteiligung an einer Steuerhinterziehung lag hier nicht nahe, den anderen Ausnahmefall übertrug der EuGH dem vorlegenden Gericht zur Prüfung.

Praxishinweis

Mit dem vorliegenden Urteil hat der EuGH die Rechtslage in Deutschland bestätigt. Bedeutsam ist es in erster Linie für andere EU-Mitgliedsstaaten, soweit sie die MwStSystRL zu eng auslegen und damit Voraussetzungen aufstellen, wie sie der EuGH im vorliegenden Urteil verworfen hat. Künftig könnten daher auch in Sachverhalten innergemeinschaftliche Dreiecksgeschäfte zulässig sein, in denen sie unter der gegebenen Gestaltung zuvor nicht möglich waren. Das kann im Einzelfall bedeuten, dass umsatzsteuerliche Registrierungen in einzelnen EU-Mitgliedsstaaten samt dem damit verbundenen Aufwand entfallen und durch die Anwendung der Vereinfachungsregelung für innergemeinschaftliche Dreiecksgeschäfte abgelöst werden können. Der EuGH hat im Übrigen ausdrücklich nicht ausgeschlossen, dass der betreffende Mitgliedsstaat die Einreichung der Zusammenfassenden Meldung mit anderen Sanktionen erzwingen kann – in Deutschland ist u. a. die verspätete, unrichtige oder unvollständige Abgabe sowie eine nicht fristgerechte Berichtigung einer Zusammenfassenden Meldung bußgeldbewehrt.

Es sollte beachtet werden, dass sich der EuGH im vorliegenden Urteil mit dem Mitgliedsstaat befasst, dessen USt-ID-Nr. der Mittelmann (B) verwendet hat – für die Anwendung der Vereinfachungsregelung mindestens ebenso wichtig sind aber die Voraussetzungen, die der Mitgliedsstaat aufstellt, auf dessen Gebiet der Transport der Gegenstände endet. Werden die Vorschriften dieses Mitgliedsstaats missachtet, kann eine Steuerpflicht in diesem Staat (verbunden mit einer Registrierungspflicht), eine doppelte Besteuerung des innergemeinschaftlichen Erwerbs sowohl im Mittels- als auch im Zielstaat und noch weiteres Ungemach die Folge sein. Daher tun Unternehmer auch weiterhin gut daran, sich nach den genauen Voraussetzungen der Vereinfachungsregelung in den jeweils beteiligten Staaten zu erkundigen.

> **Literaturhinweise:** *Endres-Reich*, Innergemeinschaftliches Dreiecksgeschäft – Materiellrechtliche Wirkung der Rechnungsstellung?, UR 2018, S. 187; *Müller*, EuGH bestätigt Vereinfachungsregelung für Dreiecksgeschäfte auch bei Ansässigkeit im Abgangsstaat und formellen Mängeln, DStR 2018, S. 1215; *Reiß*, Innergemeinschaftliche Reihengeschäfte und Vereinfachungsmaßnahmen bei innergemeinschaftlichen Dreiecksgeschäften, MwStR 2018, S. 594; *Robisch*, Vereinfachungsregelung für Dreiecksgeschäfte auch bei Formfehlern, UR 2018, S. 389;

4.8 Vorsteuerabzug im Wege der Berichtigung bereits geprüfter Besteuerungszeiträume

> **EuGH, Urteil v. 26.4.2018, C–81/17, *Zabrus Siret*, UR 2018, S. 560**
>
> **Die Art. 167, 168, 179, 180 und 182 der MwStSystRL in der durch die RL 2010/45/EU des Rates vom 13.7.2010 geänderten Fassung sowie die Grundsätze der Effektivität, der Steuerneutralität und der Verhältnismäßigkeit sind dahin auszulegen, dass sie einer nationalen Regelung wie der im Ausgangsverfahren entgegenstehen, wonach es – in Abweichung von der für Berichtigungen von Mehrwertsteuererklärungen im nationalen Recht vorgesehenen Verjährungsfrist von fünf Jahren – einem Steuerpflichtigen u. U. wie denen des Ausgangsfalls nur deshalb verwehrt ist, zur Geltendmachung seines Vorsteuerabzugsrechts eine Berichtigung vorzunehmen, weil diese Berichtigung einen bereits geprüften Zeitraum betrifft.**
>
> **Normen:** §§ 164, 173 AO; Art. 167, 168, 179, 180, 182 MwSystRL; § 17 UStG

Bei der Klägerin wurde für 2014 eine MwSt-Prüfung durchgeführt. Im Folgejahr gab sie eine MwSt-Erklärung ab, in der sie die Erstattung zweier Beträge geltend machte – dem Urteilszusammenhang nach handelte es sich offenbar um Vorsteuerbeträge. In einer umgehend anberaumten Anschlussprüfung lehnte der Fiskus die Erstattung dieser Beträge ab, weil sie in den Zeitraum der ersten Prüfung gehörten. Die Voraussetzungen für eine Berichtigung der Umsätze bereits geprüfter Zeiträume lagen nach Meinung der rumänischen Finanzbehörde aber nicht vor.

Der EuGH führt aus: Das Vorsteuerabzugsrecht ist an die materiellen und formellen Anforderungen der MwStSystRL geknüpft. Grds. sei es in dem Zeitraum auszuüben, in dem es entstanden ist (d. h. wenn der Anspruch auf die Steuer entsteht). In Rumänien unterliege das Vorsteuerabzugsrecht im Allgemeinen einer Verjährungsfrist von fünf Jahren, im Fall einer Steuerprüfung komme jedoch eine kürzere Ausschlussfrist zur Anwendung. Im Prinzip könne der Steuerpflichtige seine MwSt-Erklärungen für bereits geprüfte Zeiträume nicht mehr berichtigen. Ihm werde die Ausübung des Vorsteuerabzugsrechts unmöglich oder jedenfalls übermäßig erschwert, weil es ihm – wie im Ausgangsverfahren – verwehrt ist, seine MwSt-Erklärung zu berichtigen, wenn die Steuerprüfung unmittelbar oder kurz nach der Abgabe der Steuererklärung beginnt.

Nach Meinung des EuGH standen zudem die Grundsätze der Steuerneutralität und der Verhältnismäßigkeit einer solchen Regelung entgegen: Zum einen vermöge die – behebbare – Nichtbeachtung formeller Anforderungen das Funktionieren des MwSt-Systems nicht zu beeinträchtigen. Zum anderen seien „Strafen" wie etwa Geldbußen möglich, um nachlässige Steuerpflichtige zur pünktlichen Beachtung ihrer Pflichten anzuhalten – doch sei eine „Strafe", die einer absoluten Verwehrung des Abzugsrechts entspricht, unangemessen, wenn kein Betrug und keine Schädigung des Staatshaushalts nachgewiesen wurden.

Das Argument, die beanstandete Regelung beruhe auf dem Grundsatz der Rechtssicherheit, ließ der EuGH nicht gelten. Sie gestatte eine Berichtigung nur im Rahmen einer Handlung der Steuerbehörde, der es erlaubt ist, bei Vorliegen neuer Informationen eine erneute Prüfung durchzuführen. Eine solche Regelung nütze in Wirklichkeit hauptsächlich der Wirksamkeit der Steuerprüfungen und dem Funktionieren der nationalen Verwaltung.

Praxishinweis

Vergleichbare Vorschriften gibt es auch im deutschen Recht. So ist der Vorbehalt der Nachprüfung nach einer Außenprüfung aufzuheben, wenn sich Änderungen gegenüber der Steuerfestsetzung unter Vorbehalt der Nachprüfung nicht ergeben (§ 164 Abs. 3 S. 3 AO). Wenn nicht eine andere Änderungsvorschrift eingreift, können neue Tatsachen und Beweismittel – gerade solche, die zu einer niedrigeren Steuerfestsetzung führen – grds. nur unter besonderen Voraussetzungen zu einer Änderung der Steuerfestsetzung führen (§ 173 Abs. 1 Nr. 2 AO). Das gilt besonders, soweit Steuerbescheide aufgrund einer Außenprüfung ergangen sind (§ 173 Abs. 2 AO). Das Urteil könnte hier im Einzelfall neue Spielräume schaffen. Der große Nachdruck, den der EuGH in fast jedem Urteil zum Vorsteuerabzugsrecht auf den Umstand legt, dass das Vorsteuerabzugsrecht grds. nicht eingeschränkt werden darf, sollte auf Vorschriften wie § 173 Abs. 1 Nr. 2 AO und das dort genannte „grobe Verschulden" nicht ohne Auswirkungen bleiben. Dass technisch keine Verkürzung der Festsetzungsverjährung vorliegt, sondern eben eine Änderungssperre, dürfte wohl keinen Unterschied machen.

Die Relevanz des Urteils sollte aber auch nicht überschätzt werden. Im Falle der USt stehen die Besteuerungszeiträume regelmäßig unter Vorbehalt der Nachprüfung, es sei denn, er ist z. B. aufgehoben oder weggefallen[282] – und längst nicht jede Steuerprüfung gilt schon als Außenprüfung. Instrumente wie USt-Sonderprüfung[283] oder USt-Nachschau[284] fallen nicht unter diesen Begriff.[285] Zudem stellt der EuGH zumindest in seinen Ausführungen zum Effektivitätsgrundsatz darauf ab, dass der Prüfungszeitraum nur sehr kurz „offen" war – in Deutschland ist das nicht die Regel, hier finden Prüfungen oft längere Zeit nach Ablauf der Prüfungszeiträume statt. Bei alldem bleibt jedoch der Umstand bemerkenswert, dass der EuGH Regelungen, die „in Wirklichkeit hauptsächlich der Wirksamkeit der Steuerprüfungen und dem Funktionieren der nationalen Verwaltung" nützen, neben dem Verhältnismäßigkeitsgrundsatz und Effektivitätsgrundsatz ausdrücklich auch den Neutralitätsgrundsatz entgegenhält.

Literaturhinweise: *Buge*, Anmerkung zu: EuGH v. 26.4.2018, C–81/17, EU-UStB 2018, S. 73; *Heinrichshofen*, Anmerkung zu: EuGH v. 26.4.2018, C–81/17, EU-UStB 2018, S. 39

---

[282] § 168 AO i. V. m. § 150 Abs. 1 S. 3 AO; man beachte aber besonders z. B. AEAO zu § 164, Tz. 6 S. 3.
[283] AEAO zu § 173, Tz. 8.2.3.
[284] Abschn. 27b.1 Abs. 7 S. 2 UStAE.
[285] Zum Begriff vgl. u. a. AEAO zu § 173, Tz. 8.4.

4.9 Vorsteuerabzug bei Aufhebung eines langfristigen Pachtvertrags

> BFH, Urteil v. 13.12.2017, XI R 3/16, BStBl II 2018, S. 727;
> Vorinstanz: FG München, Urteil v. 26.8.2015, 2 K 1687/14, UStB 2016, S. 141
>
> Der Verpächter ist bei vorzeitiger Auflösung einer steuerpflichtigen Verpachtung zum Abzug der ihm vom Pächter in Rechnung gestellten Steuer für dessen entgeltlichen Verzicht auf die Rechte aus einem langfristigen Pachtvertrag jedenfalls dann berechtigt, wenn die vorzeitige Auflösung zu einem Zeitpunkt erfolgt, in dem das Pachtverhältnis noch besteht und eine beabsichtigte (steuerfreie) Grundstücksveräußerung noch nicht festgestellt werden kann.
>
> **Norm:** § 4 Nr. 12 Buchst. a UStG

Der Kläger hatte sein Grundstück langfristig einer Pächterin überlassen, die das Grundstück ihrerseits unterverpachtete. Mit der Pächterin und der Unterpächterin schloss er eine Aufhebungsvereinbarung, weil er das Grundstück zum Zwecke einer künftig anderweitigen Nutzung zu veräußern plante, woran er durch die bestehenden Pachtverhältnisse gehindert war. Im Gegenzug verpflichtete sich der Kläger, der Pächterin und der Unterpächterin jeweils eine „Entschädigung" zu zahlen. Die Pächterin stellte dem Kläger (für sich selbst und die Unterpächterin) den vereinbarten Pachtverzicht zzgl. USt in Rechnung. Später veräußerte der Kläger das Grundstück umsatzsteuerfrei. Das FA ließ den Vorsteuerabzug aus dem Pachtverzicht nicht zu.

Nach Auffassung des BFH konnte der Kläger den Vorsteuerabzug geltend machen. Er habe den Pachtverzicht während der Verpachtungstätigkeit zu deren Beendigung bezogen. Auf die Verwendungsabsicht des Klägers komme es nicht an. Zwar müsse für die Berechtigung zum Vorsteuerabzug grds. ein direkter und unmittelbarer Zusammenhang zwischen einem bestimmten Eingangsumsatz und einem oder mehreren vorsteuerunschädlichen Ausgangsumsätzen bestehen. Dazu müssten die hierfür getätigten Ausgaben zu den Kostenelementen der besteuerten, zum Abzug berechtigenden Ausgangsumsätze gehören. Anders sei es aber, wenn die Kosten für die fraglichen Dienstleistungen zu den allgemeinen Aufwendungen des Steuerpflichtigen gehören und als solche Kostenelemente der von ihm gelieferten Gegenstände oder erbrachten Dienstleistungen sind. Derartige Kosten hingen nämlich direkt und unmittelbar mit der gesamten wirtschaftlichen Tätigkeit des Steuerpflichtigen zusammen – soweit sie ihren ausschließlichen Entstehungsgrund in dieser Tätigkeit haben.

So lag nach Auffassung des BFH der Fall auch hier. Zwar habe der Kläger die Leistung weder bezogen noch verwendet, um steuerpflichtige Verpachtungsumsätze auszuführen. Die Kosten gehörten aber zu den allgemeinen Aufwendungen seiner steuerpflichtigen Verpachtungstätigkeit, da sie ihren ausschließlichen Entstehungsgrund in der steuerpflichtigen Verpachtungstätigkeit des Klägers hatten und nicht entstanden wären, wenn mit dem Pächter kein langfristiger Pachtvertrag abgeschlossen worden wäre. Ausgaben zum Zwecke der Beendigung der wirtschaftlichen Tätigkeit seien wegen des Neutralitätsgrundsatzes zu berücksichtigen, um willkürlichen Unterscheidungen – u. a. zwischen Ausgaben für die Zwecke eines Unternehmens während seiner Tätigkeit und Ausgaben zum Zwecke der Beendigung dieser Tätigkeit – vorzubeugen. Dagegen bestehe kein direkter und unmittelbarer Zusammenhang zwischen der vom Kläger bezogenen Verzichtsleistung der Pächter auf langfristige Pacht und der beabsichtigten Grundstücksveräußerung.

Praxishinweis

Dem Leitsatz des Urteils zufolge soll die vorstehende Lösung „jedenfalls" dann Geltung beanspruchen, wenn die vorzeitige Auflösung zu einem Zeitpunkt erfolgt, in dem das Pachtverhältnis noch besteht und eine beabsichtigte (steuerfreie) Grundstücksveräußerung noch nicht festgestellt werden kann. Damit möchte der BFH die Grundsätze seiner Entscheidung zu denen einer früheren Entscheidung[286] abgrenzen: Dort war ein unmittelbarer Zusammenhang von Grundstückssanierungsleistungen mit einer späteren Grundstücksveräußerung damit begründet worden, dass einerseits die Aufwendungen erst entstanden waren, nachdem der Betrieb des Klägers bereits drei Jahre eingestellt worden war, und andererseits der Kläger von Beginn an die Sanierungsleistungen im Hinblick auf die beabsichtigte (steuerfreie) Grundstücksveräußerung bezogen hatte. Mit Schreiben vom 14.12.2018 hat das BMF das Urteil bereits in den UStAE überführt.[287]

Das Urteil ist ein Baustein für die Kasuistik der Zuordnung der Vorsteuer zu bestimmten Ausgangsumsätzen. Die Frage nämlich, welche Eingangsleistung ohne welche Vorbedingung nicht bezogen worden wäre (in anderen Worten: was mittelbarer und was unmittelbarer mit der Eingangsleistung verfolgter Zweck ist), wird häufig im Auge des Betrachters liegen. Ein anderes nicht unwichtiges jüngeres Urteil in diesem Sinne ist das EuGH-Urteil in der Rs. *Iberdrola*.[288] Hier konnte die Klägerin die von ihr zu errichtenden Gebäude, nur dadurch an das Abwassernetz anschließen, indem sie eine Pumpstation in Gemeindebesitz instand setzte. Hier stellte der EuGH einen direkten und unmittelbaren Zusammenhang zwischen der der Instandsetzung und den von der Klägerin verfolgten besteuerten Ausgangsumsatz her. Dagegen besteht die Lösung der deutschen Finanzverwaltung[289] offenbar auch weiterhin grds. in einer unentgeltlichen Wertabgabe an die Gemeinde, die den Vorsteuerabzug nicht zulässt. Das Schleswig-Holsteinische FG gelangte unlängst zur Auffassung, dass die Vorsteuer aus Abrisskosten nicht abziehbar sei, wenn zwar das vorherige Gebäude umsatzsteuerpflichtig genutzt wurde, aber der Abriss in unmittelbarem Zusammenhang mit beabsichtigten steuerfreien Ausgangsumsätzen steht.[290]

Literaturhinweis: *Greif*, Auflösung eines langfristigen Pachtvertrags gegen Entgelt, nwb 2018, S. 2766

---

[286] BFH, Urteil v. 14.3.2012, XI R 23/10, HFR 2012, S. 1094.
[287] Abschnitt 15.12 Abs. 1 S. 18 UStAE; BMF, Schreiben v. 14.12.2018, III C 3 – S 7015/17/10002, BStBl I 2018, S. 1402.
[288] EuGH, Urteil v. 14.9.2017, C–132/16, UR 2017, S. 928; vgl. *Robisch*, Vorsteuerabzug aus Erschließungskosten, UR 2018, S. 940.
[289] BMF, Schreiben v. 7.6.2012, IV D 2 – S 7300/07/10001:001, BStBl I 2012, S. 621.
[290] Urteil v. 10.7.2018, 4 K 10124/16, EFG 2018, S. 1761, rkr.

4.10 Bezug von Reisevorleistungen aus einem anderen EU-Mitgliedsstaat

> **BFH, Urteil v. 13.12.2017, IX R 4/16, UR 2018, S. 450;**
> **Vorinstanz: Niedersächsisches FG, Urteil v. 11.6.2015, 16 K 53/15, EFG 2016, S. 1307**
>
> **Ein inländischer Reiseveranstalter kann sich hinsichtlich der von ihm für sein Unternehmen bezogenen Reisevorleistungen eines in einem anderen Mitgliedstaat der EU ansässigen Unternehmers, für die er als Leistungsempfänger die Steuer schuldet, unmittelbar auf die unionsrechtlichen Bestimmungen über die Margenbesteuerung (Art. 306 ff. MwStSystRL) berufen mit der Folge, dass er entgegen dem nationalen Recht keine Steuer für die erbrachten Leistungen schuldet, weil diese danach im Inland nicht steuerbar sind.**
>
> **Norm:** § 25 UStG

Die Klägerin bezog von einem österreichischen Unternehmer Reisevorleistungen für Radtouren, die in Deutschland stattfanden – nämlich die Unterbringung, Verpflegung und Beförderung der Reisenden sowie die Vermietung von Fahrrädern. Über diese Leistungen rechnete der österreichische Unternehmer ohne USt ab. Die Klägerin, die gegenüber ihren Kunden als Reiseveranstalterin im eigenen Namen und für eigene Rechnung auftrat, versteuerte ihre Ausgangsumsätze gem. der Vorschriften für Reiseleistungen, zog aber keine steuerlichen Folgen aus ihren Eingangsleistungen. Das deutsche FA hingegen behandelte die Eingangsleistungen des österreichischen Unternehmers i. S. d. „Reisendenmaxime" nach den allgemeinen Grundsätzen, weil diese Leistungen für das Unternehmen der Klägerin erbracht worden waren. Demnach lag der Ort dieser Leistungen in Deutschland. Entsprechend setzte es die USt fest, wobei sie einen Übergang der Steuerschuldnerschaft auf die Klägerin zugrunde legte.

Dagegen zog der BFH die „Kundenmaxime" heran: Die Vorschriften für Reiseleistungen waren bereits auf die vom österreichischen Dienstleister erbrachten Leistungen anzuwenden. Somit galt die Leistung des österreichischen Unternehmers grds. als an dem Ort ausgeführt, von dem aus dieser Unternehmer sein Unternehmen betreibt – im vorliegenden Falle also Österreich. Dazu durfte die Klägerin sich der Auffassung des Gerichts zufolge gegenüber der richtlinienwidrigen Fassung des deutschen Rechts unmittelbar auf die MwStSystRL berufen. Wie das Gericht ausführte, könne sich nicht zulasten der Klägerin auswirken, wenn sie sich auf eine für sie günstigere Bestimmung des Unionsrechts beruft, während der österreichische Unternehmer an der für ihn – zumindest in den Streitjahren – günstigeren nationalen Regelung in Österreich festhalte.

Praxishinweis

Anfang dieses Jahrzehnts hatte die EU-Kommission gegen mehrere EU-Mitgliedsstaaten Vertragsverletzungsverfahren angestrengt. Nach Meinung der EU-Kommission durften lediglich an Endverbraucher erbrachte Leistungen der Sonderregelung für Reiseleistungen unterliegen (sog. Reisendenmaxime). Der EuGH entschied im Jahr 2013 allerdings i. S. d. sog. Kundenmaxime: Die Sonderregelung ist demnach auch dann anzuwenden, wenn Reiseleistungen an andere Unternehmer für deren Unternehmen erbracht werden. Eine Anpassung des deutschen Rechts steht noch aus; zu Details vgl. im vorliegenden Werk den Beitrag C.4.2. Anders als bislang der deutsche Gesetzgeber setzt der BFH diese Rspr. bereits um.

Die Möglichkeit, sich auf das Unionsrecht zu berufen, führt zu einem Wahlrecht des Steuerpflichtigen zwischen dem Unionsrecht und dem nationalen Recht; wie sich dem Urteil entnehmen lässt, geht eine unmittelbare Anwendung des Unionsrechts nicht auf Kosten des Unternehmers, der die Reisevorleistung erbringt. Möglicherweise ergeben sich aber Folgen für andere Unternehmer.[291]

> **Literaturhinweise:** *Friedrich-Vache/Reiß*, Margenbesteuerung bei Reiseleistungen – Einheitliche Leistungserbringung im B2B-Bereich durch Auslegung oder Extension des § 25 UStG?, UR 2018, S. 508; *Hartman*, Sonderregelung für Reiseleistungen gem. § 25 UStG ist unionsrechtswidrig, nwb 2018, S. 1444

4.11 Vorsteuerabzug aus Anzahlungsrechnungen, wenn die Leistung ausbleibt

> **EuGH, Urteil v. 31.5.2018, C–660/16, C–661/16, *Kollroß und Wirtl*, UR 2018, S. 519, mit Anm. *Billig***
>
> 1. **Die Art. 65 und 167 MwStSystRL sind dahin auszulegen, dass u. U. wie denen der Ausgangsverfahren das Recht auf Vorsteuerabzug hinsichtlich der Leistung einer Anzahlung dem potenziellen Erwerber der betreffenden Gegenstände nicht versagt werden darf, wenn diese Anzahlung geleistet und vereinnahmt wurde und zum Zeitpunkt dieser Leistung alle maßgeblichen Elemente der zukünftigen Lieferung als dem Erwerber bekannt angesehen werden konnten und die Lieferung dieser Gegenstände daher sicher erschien. Dem Erwerber darf ein solches Recht jedoch versagt werden, wenn anhand objektiver Umstände erwiesen ist, dass er zum Zeitpunkt der Leistung der Anzahlung wusste oder vernünftigerweise hätte wissen müssen, dass die Bewirkung dieser Lieferung unsicher war.**
>
> 2. **Die Art. 185 und 186 MwStSystRL sind dahin auszulegen, dass sie u. U. wie denen der Ausgangsverfahren nationalen Rechtsvorschriften oder Gepflogenheiten nicht entgegenstehen, nach denen die Berichtigung des Vorsteuerabzugs hinsichtlich einer für die Lieferung eines Gegenstands geleisteten Anzahlung voraussetzt, dass diese Anzahlung vom Lieferer zurückgezahlt wird.**
>
> **Normen:** Art. 65, 167, 185, 186 MwStSystRL; § 17 Abs. 2 Nr. 2 UStG

---

[291] Dazu insb. *Hartman*, nwb 2018, S. 1444, 1447 f. (s. Literaturverzeichnis).

Die Kläger der Ausgangsverfahren bestellten jeweils ein Blockheizkraftwerk und erhielten Vorausrechnungen, die sie beglichen. Der Lieferzeitpunkt stand jeweils noch nicht fest. Die Anlagen wurden aber nie geliefert; indessen wurden aufseiten der Anbieter einige Personen u. a. wegen Betrugs verurteilt. Als die Kläger den Vorsteuerabzug aus den Vorausrechnungen geltend machten, wurde er ihnen verweigert. Über das Vermögen der Anbieter war das Insolvenzverfahren eröffnet worden, die Anzahlungen wurden demgemäß nicht zurückgewährt.

Nach Meinung des EuGH entsteht die Steuer bei Anzahlungen nur, wenn die Bewirkung der Leistung zum Zeitpunkt der Anzahlung nicht unsicher ist. Das soll dann der Fall sein, wenn im Zeitpunkt der Anzahlung alle maßgeblichen Elemente der zukünftigen Leistung als dem Erwerber bekannt angesehen werden können. Ist das gewährleistet, darf dem EuGH zufolge auch der Vorsteuerabzug (unter den weiteren Voraussetzungen) nicht versagt werden. Der EuGH sieht einen im Zeitpunkt der Anzahlung noch nicht bekannten Leistungszeitpunkt nicht als „maßgebliches Element" an. Wenn allerdings anhand objektiver Umstände erwiesen sei, dass der Steuerpflichtige zum Zeitpunkt der Leistung der Anzahlung wusste oder vernünftigerweise hätte wissen müssen, dass diese Lieferung oder Dienstleistung voraussichtlich nicht bewirkt bzw. erbracht werden würde, sei jedoch das Vorsteuerabzugsrecht zu versagen. Das schien hier nicht der Fall zu sein. Die Frage nach einer (ebenso vorsteuerschädlichen) Beteiligung der Erwerber an einer Steuerhinterziehung stellte sich im vorliegenden Fall offenbar nicht.

Im nächsten Schritt stellte sich die Frage, ob der Vorsteuerabzug wieder rückgängig zu machen war, nachdem sich gezeigt hatte, dass eine Lieferung niemals erfolgen würde. Der BFH hatte den EuGH darum gefragt, ob es rechtens sei, wenn Deutschland die Minderung der Bemessungsgrundlage von der Rückgewähr der Anzahlung abhängig macht und dementsprechend USt-Schuld und Vorsteuerabzug zeit- sowie bedingungsgleich zu berichtigen sind.

Der Umstand, dass die von dem Lieferer geschuldete MwSt selbst nicht berichtigt werden wird, ändert dem EuGH zufolge grds. nichts daran, dass die Steuerverwaltung die Rückerstattung der Vorsteuer vom Erwerber verlangen kann. Der EuGH hilft dieser für den Erwerber unbefriedigenden Situation in anderer Weise ab. Gewöhnlich wird der Grundsatz der steuerlichen Neutralität dadurch gewahrt, dass der Erwerber in solchen Fällen die Anzahlung von seinem Lieferer zurückerhält. Hier aber wäre das für den Erwerber schwierig oder unmöglich gewesen. In diesem Zusammenhang erinnert der Gerichtshof daran, dass in ähnlich gelagerten Fällen der Erwerber seinen Antrag auf Erstattung unmittelbar an die Steuerbehörden richten können müsse. Es wäre nach Meinung des EuGH offenkundig unangemessen, die Erwerber zu verpflichten, diese Abzüge zu berichtigen und anschließend von den Steuerbehörden die Erstattung der auf die fraglichen Anzahlungen entrichteten MwSt einzuklagen.

Praxishinweis

Mit dem Urteil in der Rs. *Kollroß und Wirtl* hat der EuGH den in Deutschland gängigen Grundsatz, wonach eine Änderung der Bemessungsgrundlage erst bei Rückgewähr der Anzahlung erfolgt, weder bestätigt noch verworfen.[292] Dem Leitsatz ist zu entnehmen, dass die betreffenden Vorschriften der Richtlinie „nationalen Rechtsvorschriften oder Gepflogenheiten nicht entgegenstehen, nach denen die Berichtigung des Vorsteuerabzugs hinsichtlich einer für die Lieferung eines Gegenstands geleisteten Anzahlung voraussetzt, dass diese Anzahlung vom Lieferer zurückgezahlt wird". Allerdings teilt er auch mit, dass unter anderen Umständen – eben einem zahlungskräftigen leistenden Unternehmer – der Grundsatz der steuerlichen Neutralität bereits durch die zivilrechtliche Möglichkeit der Rückzahlung durch den Lieferer

---

[292] *Neeser* (s. Literaturverzeichnis) hält aber dafür, dass im Fall der Steuerehrlichkeit des Rechnungsausstellers das EuGH-Urteil eine Pflicht für jeden Mitgliedstaat bedeute, die Berichtigung des Vorsteuerabzugs aus einer Anzahlung bei Ausbleiben der Leistung von einer Rückzahlung der Anzahlung abhängig zu machen.

gewahrt wird (Rz. 64). Besteht eine solche Möglichkeit nicht, müsste der Neutralitätsgrundsatz also in anderer Weise gewahrt werden. Im vorliegenden Falle hatte der vermeintliche leistende Unternehmer immerhin die Steuer an das FA abgeführt. Offen bleibt aber, wer das Ausfallrisiko trägt, wenn der vermeintliche leistende Unternehmer die Steuer nicht an das FA abgeführt hat und der Leistungsempfänger gutgläubig ist.

Nach Meinung des EuGH bleibt unter engen Voraussetzungen eine Art „uneigentlicher" Vorsteuerabzug in der Form eines Direktanspruchs gegen den Fiskus. Es handelt sich dabei um den richterrechtlich entwickelten sog. „Reemtsma"-Anspruch. Seiner rechtlichen Natur nach ist der „Reemtsma"-Anspruch ein Anspruch auf Herausgabe ungerechtfertigter Bereicherung, der sich – was umsatzsteuerlich unüblich ist – nicht durch isolierte Betrachtung des Steuerschuldverhältnisses, sondern nur durch Betrachtung des gesamten Sachverhalts bestimmen lässt. Wo der „Reemtsma"-Anspruch – wie hier – verrechenbar einem Anspruch des FA auf Rückzahlung des Vorsteuerbetrags gegenübersteht, ist allerdings § 226 Abs. 3 AO zu beachten: Eine Aufrechnung kann nur mit unbestrittenen oder rechtskräftig festgestellten Gegenansprüchen erfolgen. Die Verwaltung hat sich mit „Reemtsma" aber soweit ersichtlich noch nicht befasst, wenn auch der BFH diesen Anspruch grds. anerkennt.[293] Noch ist die Frage ungeklärt, ob ein „Reemtsma"-Anspruch nur in einem eigenen Verfahren im Wege eines Billigkeitserlasses erfolgen kann[294], oder ob über ihn im allgemeinen Besteuerungsverfahren entschieden wird. Der BFH hatte für den Fall eines Vorsteuerabzugs aus Gründen des Vertrauensschutzes in einem Vorabentscheidungsersuchen[295] diese Frage zwar gestellt, es kam aber im Urteil des EuGH in der Rs. *Geissel und Butin* nicht mehr auf diese Frage an. Das vom BFH in seinem Vorabentscheidungsersuchen vorgebrachte Argument, dass die Verweisung auf ein Billigkeitsverfahren gegen den Effektivitätsgrundsatz verstößt, lässt sich aber hören. In aller Kürze darf diesem Grundsatz zufolge die Ausübung der von der Unionsrechtsordnung verliehenen Rechte nicht übermäßig erschwert werden. Außerdem ließe sich vertreten, dass das Erlassverfahren als solches fehl am Platze sein könnte: die Erlassvorschriften dienen nicht der Sanierung des Gesetzes in einer Vielzahl von Fällen. Es sind wohl solche und andere Überlegungen, die dazu beitragen, das vom Europarecht regierte und von den übrigen Einzelsteuergesetzen (vom Leasing über die öffentlichen Einrichtungen bis hin zum Betriebsstättenbegriff) immer weitgehender emanzipierte USt-Recht auch mit einem eigenen Verfahrensrecht zu versehen.

Die Folgeurteile des BFH mit den Az. V R 29/15 und XI R 44/14 aufgrund der EuGH-Entscheidung vom 31.5.2018 stehen noch aus[296]; mit einer ähnlichen Frage befassen sich die BFH-Verfahren mit den Az. V R 35/15[297] und XI R 10/16[298]. Im Verfahren mit dem Az. V R 33/16[299] wird der BFH der Frage nachgehen, ob ein Recht auf Vorsteuerabzug aus einer Anzahlungsrechnung besteht, wenn die Leistung zwar nicht unsicher ist, aber der leistende Unternehmer die Steuer nach § 14c Abs. 2 UStG (unberechtigter Steuerausweis) schuldet.

In den anhängigen Verfahren *PORR*[300] und *A PACK CZ*[301] wird der EuGH über Fälle entscheiden müssen, in denen nach der Rechtslage der betreffenden Mitgliedstaaten einer (auch teilweisen) Nichtzahlung eine Minderung der Bemessungsgrundlage ausgeschlossen ist.

---

[293] Vgl. nur BFH, Urteil v. 16.5.2018, XI R 28/16, UR 2018, S. 678; vgl. im vorliegenden Werk C.4.18; s. a. den Vorlagebeschluss des BFH v. 21.9.2016, V R 29/15, UR 2017, S. 66.
[294] So noch BFH, Urteil v. 30.6.2015, VII R 30/14, UR 2015, S. 802, der eine direkte Anwendung des § 37 Abs. 2 AO ablehnt.
[295] BFH, Beschluss v. 6.4.2016, XI R 20/14, UR 2016, S. 604.
[296] EuGH, Urteil v. 31.5.2018, C–660/16, C–661/16, *Kollroß und Wirtl*, UR 2018, S. 519, m. Anm. *Billig*.
[297] Vgl. Webauftritt des BFH, www.bundesfinanzhof.de; Vorinstanz: FG Münster, Urteil v. 9.12.2014, 15 K 4319/12 U, MwStR 2016, 320.
[298] Vgl. Webauftritt des BFH, www.bundesfinanzhof.de; Vorinstanz: FG München, Urteil v. 16.7.2015, 14 K 1376/12.
[299] Vgl. Webauftritt des BFH, www.bundesfinanzhof.de; Vorinstanz: FG München, Urteil v. 17.11.2015, 14 K 2223/13, DStRE 2018, S. 29.
[300] C–691/17, ABl. C 112 v. 26.3.2018, S. 18.
[301] C–127/18, ABl. C 152 v. 30.4.2018, S. 23.

Literaturhinweise: *Hartman*, Vorsteuerabzug bei geleisteten Anzahlungen und anschließend ausbleibender Leistung – EuGH-Urteil v. 31.5.2018 – Rs. C–660/16, Kollroß und C–661/16; *Neeser*, Nun also doch: Vorsteuerabzug aus Anzahlungen auch ohne Umsatz! Aber leider nicht in allen Fällen – Eine genaue Analyse der EuGH-Entscheidung Kollroß und Wirtl, UVR 2018, S. 298; *Reiß*, Vorsteuerabzug und Vorsteuerberichtigung bei Anzahlungen für nicht erbrachte Lieferungen, MwStR 2018, S. 643; *Schumann*, Glaube und Wahrheit beim Vorsteuerabzug aus Anzahlungen, DStR 2018, S. 1653; *Wirtl*, nwb 2018, S. 2242

4.12 Zur Steuerbefreiung der Einfuhr bei nachfolgender innergemeinschaftlicher Lieferung

EuGH, Urteil v. 20.6.2018, C–108/17, *Enteco Baltic*, UR 2018, S. 635

1. Art. 143 Abs. 1 Buchst. d und Art. 143 Abs. 2 Buchst. b MwStSystRL in der durch die RL 2009/69/EG des Rates v. 25.6.2009 geänderten Fassung sind dahin auszulegen, dass die zuständigen Behörden eines Mitgliedstaats die Befreiung von der EUSt nicht allein deshalb ablehnen dürfen, weil infolge einer nach der Einfuhr eingetretenen Änderung der Umstände die in Rede stehenden Waren an einen anderen Steuerpflichtigen als den geliefert wurden, dessen MwSt-ID-Nr. auf der Einfuhranmeldung angegeben war, obwohl der Importeur den zuständigen Behörden des Einfuhrmitgliedstaats sämtliche Informationen über die Identität des neuen Erwerbers mitgeteilt hat, sofern nachgewiesen wird, dass die materiellen Voraussetzungen der Befreiung der nachfolgenden innergemeinschaftlichen Lieferung tatsächlich erfüllt sind.

2. Art. 143 Abs. 1 Buchst. d i. V. m. Art. 138 und 143 Abs. 2 Buchst. c MwStSystRL in der durch die RL 2009/69 geänderten Fassung ist dahin auszulegen, dass

   – Dokumente, die die Beförderung von Gegenständen aus einem Steuerlager im Einfuhrmitgliedstaat nicht an den Erwerber, sondern in ein Steuerlager in einem anderen Mitgliedstaat bestätigen, als ausreichende Beweise für die Versendung oder Beförderung dieser Gegenstände in einen anderen Mitgliedstaat angesehen werden können;

   – Dokumente wie auf der Grundlage des am 19.5.1956 in Genf unterzeichneten Übereinkommens über den Beförderungsvertrag im internationalen Straßengüterverkehr i. d. F. des Protokolls v. 5.7.1978 ausgestellte Beförderungsdokumente und elektronische Verwaltungsdokumente, die die Beförderung verbrauchsteuerpflichtiger Waren unter Steueraussetzung begleiten, berücksichtigt werden können, um darzutun, dass die fraglichen Gegenstände zum Zeitpunkt der Einfuhr in einen Mitgliedstaat dazu bestimmt sind, gem. Art. 143 Abs. 2 Buchst. c MwStSystRL in geänderter Fassung in einen anderen Mitgliedstaat versandt oder befördert zu werden, sofern diese Dokumente zu diesem Zeitpunkt vorgelegt werden und alle notwendigen Angaben enthalten. Diese Dokumente sind ebenso wie elektronische Bestätigungen der Lieferung der Gegenstände und die am Ende einer Beförderung verbrauchsteuerpflichtiger Waren unter Steueraussetzung ausgestellte Eingangsmeldung geeignet, darzutun, dass diese Gegenstände tatsächlich gem. Art. 138 Abs. 1 MwStSystRL in geänderter Fassung nach einem anderen Mitgliedstaat versandt oder befördert wurden.

Im Bereich der Umsatzsteuer

> 3. Art. 143 Abs. 1 Buchst. d MwStSystRL in der durch die RL 2009/69 geänderten Fassung ist dahin auszulegen, dass die Behörden eines Mitgliedstaats einem Importeur das in dieser Bestimmung vorgesehene Recht auf Befreiung von der MwSt für die Einfuhren von Gegenständen, die er in diesen Mitgliedstaat vorgenommen hat und auf die eine innergemeinschaftliche Lieferung folgte, nicht mit der Begründung verweigern dürfen, dass diese Gegenstände nicht unmittelbar dem Erwerber übergeben wurden, sondern von Transportunternehmen und Steuerlagern, die dieser benannt hat, übernommen wurden, wenn die Befugnis, wie ein Eigentümer über diese Gegenstände zu verfügen, vom Importeur auf den Erwerber übertragen wurde. In diesem Rahmen ist der Begriff „Lieferung von Gegenständen" i. S. v. Art. 14 Abs. 1 dieser Richtlinie in geänderter Fassung genauso auszulegen wie im Kontext von Art. 167 dieser RL in geänderter Fassung.
>
> 4. Art. 143 Abs. 1 Buchst. d MwStSystRL in der durch die RL 2009/69 geänderten Fassung ist dahin auszulegen, dass er einer Verwaltungspraxis entgegensteht, wonach u. U. wie denen des Ausgangsrechtsstreits das Recht auf Befreiung von der MwSt dem gutgläubigen Importeur versagt wird, wenn die Voraussetzungen für die Befreiung der nachfolgenden innergemeinschaftlichen Lieferung wegen einer vom Erwerber begangenen Steuerhinterziehung nicht erfüllt sind, es sei denn, dass der Importeur nachweislich wusste oder hätte wissen müssen, dass der Umsatz im Zusammenhang mit einer vom Erwerber begangenen Steuerhinterziehung stand, und er nicht alle ihm zur Verfügung stehenden zumutbaren Maßnahmen ergriffen hat, um seine Beteiligung an dieser Steuerhinterziehung zu verhindern. Aufgrund der bloßen Tatsache, dass der Importeur und der Erwerber elektronische Kommunikationsmittel benutzt haben, kann nicht vermutet werden, dass der Importeur wusste oder wissen konnte, dass er sich an einer solchen Steuerhinterziehung beteiligte.
>
> 5. Art. 143 Abs. 1 Buchst. d MwStSystRL in der durch die RL 2009/69 geänderten Fassung ist dahin auszulegen, dass die zuständigen nationalen Behörden, wenn sie die Übertragung der Befugnis prüfen, wie ein Eigentümer über Gegenstände zu verfügen, nicht verpflichtet sind, Auskünfte einzuholen, die nur Behörden erteilt werden.
>
> **Normen:** Art. 138, 143 Abs. 1 Buchst. d und Abs. 2 MwStSystRL; §§ 5 Abs. 1 Nr. 3, 6a UStG

Die (litauische) Klägerin des Ausgangsverfahrens betrieb einen Treibstoffgroßhandel. Sie führte Treibstoffe aus Weißrussland nach Litauen ein, die nach dem Zollverfahren 42 unter Befreiung von der EUSt zum freien Verkehr abgefertigt wurden. In den Einfuhranmeldungen gab sie die MwSt-ID-Nr. der in einem anderen Mitgliedsstaat ansässigen Erwerber an, an die sie die Gegenstände zu liefern beabsichtigte. Sie lagerte die Treibstoffe in Steuerlager für verbrauchsteuerpflichtige Waren ein, die anderen litauischen Unternehmen gehörten. Die Klägerin verkaufte die Treibstoffe unter der Lieferklausel „ex works" an polnische, slowakische und ungarische Gesellschaften. Entsprechend hatte die Klägerin die Treibstoffe in Litauen zu übergeben, für die Weiterbeförderung in den Bestimmungsmitgliedsstaat waren ihre Abnehmer verantwortlich. In Hinblick auf den Transport der Gegenstände wurden elektronische Dokumente für die Beförderung von verbrauchsteuerpflichtigen Gegenständen sowie CMR-Frachtbriefe ausgestellt.

Nun verkaufte die Klägerin bisweilen aber Gegenstände an in anderen Mitgliedsstaaten ansässige Steuerpflichtige, die nicht mit denen identisch waren, deren MwSt-ID-Nrn. in den Einfuhranmeldungen angegeben waren. Angaben über diese Steuerpflichtigen einschließlich ihrer

MwSt-ID-Nrn. wurden der Inspektion immer in den monatlichen Berichten über die Lieferung der Gegenstände in andere Mitgliedsstaaten übermittelt. Abgesehen davon fanden die litauischen Zollbehörden heraus, dass es bei der Lieferung des Treibstoffs möglicherweise zu Missbräuchen gekommen war: Anscheinend waren zumindest einige Vertragspartner unter den angegebenen Geschäftsadressen nicht auffindbar, sie hatten auch keine MwSt für die mit der Klägerin getätigten Umsätze erklärt. Die Klägerin ersuchte vergebens das Zollamt, von ausländischen Steuerlagern Auskünfte einzuholen, die sie selbst nicht erhalten konnte. Das Zollamt machte die EUSt-Befreiung rückgängig.

Laut EuGH hängt die Steuerbefreiung der Einfuhr nach der hier gegenständlichen Vorschrift zwar davon ab, dass der Importeur anschließend eine steuerbefreite innergemeinschaftliche Lieferung ausführt. Weder die Steuerbefreiungsvorschrift für innergemeinschaftliche Lieferungen noch diejenige für die Einfuhr sähen jedoch eine Pflicht für den Importeur vor, die MwSt-ID-Nr. des Erwerbers anzugeben, der an der nachfolgenden innergemeinschaftlichen Transaktion beteiligt ist. Zumindest sofern der Importeur den zuständigen Behörden des Einfuhrmitgliedsstaats sämtliche Informationen über die Identität des neuen Erwerbers mitgeteilt hat und sofern nachgewiesen wird, dass die materiellen Voraussetzungen der Befreiung der nachfolgenden innergemeinschaftlichen Lieferung tatsächlich erfüllt sind, dürfe die Steuerbefreiung der Einfuhr daher nicht verweigert werden. Anders verhalte es sich in Fällen vorsätzlicher Beteiligung an einer Steuerhinterziehung oder wenn der Verstoß gegen eine formelle Anforderung den sicheren Nachweis verhindert hätte, dass die materiellen Anforderungen erfüllt wurden.

Hinsichtlich der Nachweise für die Steuerbefreiung der Einfuhr sowie der innergemeinschaftlichen Lieferung verweist der EuGH auf die Kontrollinstrumente des Zolls für verbrauchsteuerpflichtige Waren. So könne der Entwurf eines e-VD, wenn es ordnungsgemäß ausgefüllt und im Zeitpunkt der Einfuhr vorgelegt wird, ein Beweismittel dafür darstellen, dass der fragliche Gegenstand zu diesem Zeitpunkt dazu bestimmt ist, im Anschluss an die Einfuhr in einen anderen Mitgliedsstaat versandt oder befördert zu werden. Auf der anderen Seite sei die Eingangsmeldung, die beim Empfang verbrauchsteuerpflichtiger Waren den zuständigen Behörden des Bestimmungsmitgliedsstaats über den Eingang der Waren übermittelt und anschließend an den Versender weitergeleitet wird, als Nachweis für die innergemeinschaftliche Lieferung geeignet, denn sie enthalte u. a. einen Verweis auf das einschlägige e-VD. Dasselbe gelte für die sog. e-EB. Unter bestimmten weiteren Voraussetzungen könnten dem EuGH zufolge außerdem CMR-Frachtbriefe beim Nachweis sowohl der Steuerbefreiung der Einfuhr als auch der nachfolgenden innergemeinschaftlichen Lieferung berücksichtigt werden.

Praxishinweis

Wie stets bei der Rspr. des EuGH, die entgegen fehlender oder nicht korrekter formeller Voraussetzungen Steuerbefreiungen etc. gewährt, sollte man es vermeiden, von den vorgeschriebenen Meldungen und Abläufen abzuweichen. Denn die Antwort auf die Frage, ob der Verstoß gegen eine formelle Anforderung den sicheren Nachweis verhindert, dass die materiellen Anforderungen erfüllt wurden[302], steht unterschiedlicher Auslegung offen. Darum sind Unternehmer auch weiterhin gut beraten, die USt-ID-Nr. der Person bei Einfuhr anzugeben, an die anschließend die innergemeinschaftliche Lieferung ausgeführt wird, und sich bei der Nachweisführung in Hinblick auf die Voraussetzungen der Steuerbefreiung innergemeinschaftlicher Lieferungen an die Vorschriften vor allem der UStDV und der Finanzverwaltung zu halten. Urteile wie das vorliegende sind aber wertvoll in Hinblick auf mögliche Verteidigungsmöglichkeiten, wenn es dennoch bereits zum Konflikt mit der Finanzverwaltung

---

[302] Vgl. z. B. EuGH, Urteil v. 9.2.2017, C–21/16, *Euro Tyre*, UR 2017, S. 271.

gekommen ist. So scheinen im aktuellen Urteil Hinweise des Gerichts von besonderem Interesse, welche Tätigkeiten seiner Meinung nach unverfänglich sind: Auf elektronischem Wege abgewickelte Kommunikation soll für sich genommen weder die Annahme eines fehlenden guten Glaubens noch von Fahrlässigkeit noch die Vermutung gestatten, dass die Klägerin wusste oder hätte wissen müssen, dass sie sich an einer Steuerhinterziehung beteiligt hat. Im Übrigen bestätigt der EuGH das Urteil in der Rs. *Twoh* aus dem Jahr 2007[303], wonach der Nachweis dem Unternehmer obliegt und die Nachweisbeschaffung nicht auf die Behörden abgewälzt werden kann.

In der Rs. *Cartrans*[304] hat sich der EuGH erneut mit Fragen des Belegnachweises befasst – diesmal in Zusammenhang mit Ausfuhrlieferungen. Das Verfahren handelt davon, ob und unter welchen Bedingungen ein Carnet TIR anstelle einer Ausfuhrzollanmeldung als Nachweis für die Steuerbefreiung grenzüberschreitender Beförderungsleistungen an Gegenständen der Ausfuhr bzw. die Vermittlung solcher Dienstleistungen dienen kann.

Die Rs. *Vetsch*[305] wirft die Frage auf, ob die Steuerbefreiung für ein innergemeinschaftliches Verbringen aus einem Mitgliedstaat zu versagen ist, wenn der Steuerpflichtige im anderen Mitgliedstaat zwar den mit dem innergemeinschaftlichen Verbringen zusammenhängenden innergemeinschaftlichen Erwerb erklärt, dort jedoch bei einem späteren steuerpflichtigen Umsatz mit den betroffenen Gegenständen eine Steuerhinterziehung begeht, indem er zu Unrecht eine steuerfreie innergemeinschaftliche Lieferung aus diesem anderen Mitgliedstaat erklärt.

> **Literaturhinweis:** *Schrömbges*, Der EuGH zur innergemeinschaftlichen Anschlusslieferung nach Art. 143 Abs. 1 Buchst. d, Abs. 2 MwStSystRL, MwStR 2018, S. 820

4.13 Ermittlung des Leistungszeitpunkts durch Auslegung

> **BFH, Urteil v. 1.3.2018, V R 18/17, UR 2018, S. 516;**
> **Vorinstanz: FG München v. 29.3.2017, 3 K 2565/16, EFG 2017, S. 1037**
>
> **Die Angabe des Kalendermonats als Leistungszeitpunkt (§ 14 Abs. 4 S. 1 Nr. 6 UStG i. V. m. § 31 Abs. 4 UStDV) kann sich unter Beachtung der unionsrechtlichen Vorgaben aus dem Ausstellungsdatum der Rechnung ergeben, wenn nach den Verhältnissen des jeweiligen Einzelfalls davon auszugehen ist, dass die Leistung in dem Monat bewirkt wurde, in dem die Rechnung ausgestellt wurde.**
>
> **Norm:** § 14 Abs. 4 Nr. 6 Alternative 1 UStG

Die Klägerin nahm den Vorsteuerabzug aus einer Anzahl von Rechnungen über die Lieferung von Pkws in Anspruch. Diese Rechnungen wiesen keine Steuernummern auf; sie wurden insoweit später im Zuge einer Außenprüfung korrigiert. Das FA wollte den Vorsteuerabzug aber erst im Jahr der Korrektur gewähren. Die meisten dieser Rechnungen ergänzte der Kläger vor dem erstinstanzlichen FG mit weiteren Unterlagen. Einige weitere Rechnungen hatten verschiedene – in der Leistungsbeschreibung spärlich umschriebene – Dienstleistungen zum Gegenstand. Zu diesen Rechnungen reichte der Kläger auch im finanzgerichtlichen Verfahren keine Unterlagen ein.

---

[303] EuGH, Urteil v. 27.9.2007, C–184/05, UR 2007, S. 782.
[304] EuGH, Urteil v. 8.11.2018, C–495/17, UR 2018, S. 908, vgl. im vorliegenden Werk C.4.22.
[305] C–531/17, ABl. C 412 v. 4.12.2017, S. 15, Schlussanträge der Generalanwältin v. 6.9.2018, CELEX-Nr. 62017CC0531.

Das FA berief sich erst jetzt darauf, dass auch die berichtigten Rechnungen keinen Leistungszeitpunkt aufwiesen und die Rechnungen über die Dienstleistungen darüber hinaus keine hinreichende Leistungsbeschreibung enthielten. Das erstinstanzliche FG München dagegen schloss sich der Rspr. des EuGH und des BFH zur rückwirkenden Rechnungsberichtigung an. Mit den eingereichten Nachweisen gab das Gericht sich zufrieden. Es zeigte sich „aufgrund seiner im Rahmen einer Gesamtwürdigung aller Umstände gewonnenen Erkenntnis davon überzeugt", dass die materiellen Voraussetzungen für den Vorsteuerabzug für alle Leistungen einschließlich der sonstigen Leistungen des betreffenden leistenden Unternehmers vorlagen. In Hinblick auf die Dienstleistungsrechnungen führte das FG aus, dass das FA die Mängel zunächst nicht beanstandet und sie dem Steuerpflichtigen erst später entgegengehalten habe – ließ aber dahingestellt, ob in diesen Fällen der Vorsteuerabzug wegen Vertrauensschutzes zu gewähren sei. Den in den Streitjahren zu beachtenden Bestimmungen des Unionsrechts komme dabei Vorrang vor dem innerstaatlichen Recht zu, das vorsieht, dass eine Rechnung aus mehreren Dokumenten bestehen kann, in einem dieser Dokumente sich u. a. aber ein Verweis auf die anderen Dokumente finden muss. Weil das FG München die neuere EuGH-Rspr. zur rückwirkenden Rechnungskorrektur und der Ergänzung durch weitere Unterlagen extensiv herangezogen hatte, war der Ausgang des Revisionsverfahrens vor dem BFH mit Spannung erwartet worden.

Der BFH gab dem FA teilweise Recht. Die Rechnungen über die genannten Dienstleistungen akzeptierte er zwar nicht: Es sei erforderlich, Umfang und Art der erbrachten Dienstleistungen zu präzisieren (ohne dass dabei eine erschöpfende Beschreibung der konkret erbrachten Dienstleistungen erforderlich ist). Dieser Mangel war auch nicht behoben worden. Die Klägerin konnte sich auch nicht mit Erfolg auf den Grundsatz des Vertrauensschutzes berufen.

Was dagegen die Pkw-Rechnungen anging, waren die Rechnungen um die fehlende Angabe zur Steuernummer des Leistenden ergänzt worden. Weitere Rechnungsmängel gab es hier nach Meinung des BFH nicht – auch nicht aufgrund des Umstands, dass der Lieferzeitpunkt nicht explizit angegeben war. Die erforderliche Angabe des Kalendermonats als Leistungszeitpunkt könne sich aus dem Ausstellungsdatum der Rechnung ergeben, wenn nach den Verhältnissen des jeweiligen Einzelfalls davon auszugehen ist, dass die Leistung in dem Monat der Rechnungsausstellung bewirkt wurde. Denn nach dem EuGH-Urteil in der Rs. *Barlis 06*[306] dürfe sich die Steuerverwaltung nicht auf die Prüfung der Rechnung selbst beschränken, sondern habe auch die vom Steuerpflichtigen beigebrachten zusätzlichen Informationen zu berücksichtigen – und zwar auch im Wege einer Auslegung der Rechnung in Hinblick auf erforderliche Rechnungsangaben.

Im vorliegenden Fall war nach Meinung des BFH demnach der Schluss vom Rechnungsdatum auf das Leistungsdatum zulässig. Es sei unter Berücksichtigung der ergänzenden Angaben der Klägerin davon auszugehen, dass mit den Rechnungen über jeweils einmalige Liefervorgänge abgerechnet wurde, die branchenüblich mit oder im unmittelbaren Zusammenhang mit der Rechnungserteilung ausgeführt wurden. Mithin folge bei Auslegung aus dem Ausstellungsdatum, dass die jeweilige Lieferung im Kalendermonat der Rechnungserteilung ausgeführt wurde. Damit sei die Angabe des Ausstellungsdatums als Angabe i. S. v. § 31 Abs. 4 UStDV anzusehen. Das Urteil in der Rs. *Barlis 06* stehe dem nicht entgegen, da sich die dort für erforderlich gehaltene genaue Angabe des Leistungszeitpunkts auf zeitraumbezogene Leistungen bezog, die über einen längeren Zeitraum erbracht werden und an die daher strengere Anforderungen zu stellen sind.

---

[306] EuGH, Urteil v. 15.9.2016, C–516/14, UR 2016, S. 795, mit Anm. *Maunz*.

Praxishinweis

Nachdem es bislang zu den unumstößlichen Gewissheiten des deutschen USt-Rechts gehörte, dass eine Rechnung, an der nicht Punkt für Punkt jede einzelne Rechnungsangabe feststellbar ist, nicht zum Vorsteuerabzug berechtigt, hat der BFH unter dem Druck der EuGH-Rspr. nun einen fehlenden erforderlichen Rechnungsbestandteil im Auslegungswege ergänzt. Das sollte aber keinesfalls so verstanden werden, dass man es fortan mit den Rechnungsangaben weniger genau zu nehmen bräuchte – die Auslegungsfähigkeit der Rechnung kann keinesfalls einfach vorausgesetzt werden, vielmehr sollte wie bisher in geeigneter Weise das Leistungsdatum explizit angegeben werden. Abgesehen davon, dass eine bestimmte Auslegung häufig im Auge des Betrachters liegt, bleibt manches unklar, so etwa, in welchen Branchen oder unter welchen weiteren Voraussetzungen eine Ausstellung der Rechnung mit oder in unmittelbaren Zusammenhang mit der Leistung „branchenüblich" ist. Am Grundsatz eines besonderen Ausweises des Leistungsdatums hält der BFH fest; der erkennende V. Senat des BFH verweist in seinem Urteil dazu eigens auf das Urteil des XI. Senats aus dem Jahr 2008[307], von dem er nicht abweiche. Die Möglichkeiten besonders des Urteils *Barlis 06* sind mit diesem Urteil noch nicht ausgeschöpft.

Das erstinstanzliche Urteil des FG München[308] hatte den Verweis auf alle weiteren Dokumente mit Rechnungsangaben nach § 31 Abs. 1 UStDV für entbehrlich erklärt; mit der von ihm gefundenen Lösung musste der BFH auf diese Frage allerdings nicht erst eingehen. Zu einer interessanten – vom FG München offengelassenen – Frage, ob ein einmal vom FA akzeptierter Vorsteuerabzug einfach rückgängig gemacht werden kann oder ob ein Vertrauensschutz entgegenstehe, entschied der BFH, dass schutzwürdiges Vertrauen nicht erst entstanden sei.

Im anhängigen Verfahren V R 44/16[309] wird der BFH der Frage nachgehen, ob die Angabe des Leistungszeitpunkts in der Rechnung entbehrlich ist, wenn nicht feststeht, dass das Leistungsdatum dem Rechnungsdatum entspricht. Eine ähnliche Fragestellung ergibt sich aus dem Verfahren V R 65/17[310] – hier fragt sich, ob ein Steuerausweis nach § 14c Abs. 2 UStG wegen falscher Angabe des Leistungsempfängers dadurch geheilt wird, dass die Rechnung auf einen Vertrag Bezug nimmt, aus dem sich der korrekte Leistungsempfänger ergibt. Im Verfahren XI R 2/18[311] wird der BFH sich mit der Frage auseinandersetzen, wie detailliert die Leistungsbeschreibung auf Rechnungen über die Lieferung von Waren im Niedrigpreissegment zu sein hat. Schließlich liegt dem BFH das Verfahren V R 19/18[312] vor, wo sich die Frage stellt, ob eine eindeutige Bezugnahme in einer Rechnung auf nicht beigelegte Rechnungen, zu denen USt nachberechnet wurde, die formellen Voraussetzungen zur Ausübung des Vorsteuerabzugsrechts erfüllt.

> **Literaturhinweise:** *Kemper*, Rechnungsinhalt und Berichtigung von Rechnungen, UR 2018, S. 542; *Trinks*, Umsatzsteuer: Auslegung der Rechnungsanforderungen für den Vorsteuerabzug, nwb 2018, S. 1872

---

[307] BFH, Urteil v. 17.12.2008, XI R 62/07, BStBl II 2009, S. 432.
[308] FG München, Urteil v. 29.3.2017, 3 K 2565/16, EFG 2017, S. 1037, mit Anm. *Kemper*.
[309] Vgl. Webauftritt des BFH, www.bundesfinanzhof.de; Vorinstanz: FG Berlin-Brandenburg, Urteil v. 24.11.2015, 5 K 5187/15, vgl. *Esskandari/Bick* in UStB 2017, S. 15.
[310] Vgl. Webauftritt des BFH, www.bundesfinanzhof.de; Vorinstanz: FG München Urteil v. 10.10.2017, 14 K 1548/17, EFG 2018, S. 578.
[311] Vgl. Webauftritt des BFH, www.bundesfinanzhof.de; Vorinstanz: Hessisches FG, Urteil v. 12.10.2017, 1 K 2402/14, EFG 2018, S. 335.
[312] Vgl. Webauftritt des BFH, www.bundesfinanzhof.de; Vorinstanz: FG Köln, Urteil v. 15.2.2018, 2 K 1386/17, EFG 2018, S. 1840.

4.14 Eingriffe in die Verwaltung einer Holdinggesellschaft

> **EuGH, Urteil v. 5.7.2018, C–320/17, *Marle Participations*, UR 2018, S. 762**
>
> Die MwStSystRL ist dahin auszulegen, dass die Vermietung eines Gebäudes durch eine Holdinggesellschaft an ihre Tochtergesellschaft einen „Eingriff in die Verwaltung" der Tochtergesellschaft darstellt, der als wirtschaftliche Tätigkeit i. S. v. Art. 9 Abs. 1 der RL anzusehen ist und zum Abzug der MwSt auf die Ausgaben berechtigt, die der Gesellschaft aus Anlass des Erwerbs von Anteilen an dieser Tochtergesellschaft entstehen, vorausgesetzt, diese Dienstleistung ist nachhaltig, wird entgeltlich erbracht und wird besteuert, was bedeutet, dass die Vermietung nicht von der Steuer befreit ist und dass zwischen der erbrachten Dienstleistung und dem empfangenen Gegenwert ein unmittelbarer Zusammenhang besteht. Kosten, die von einer Holdinggesellschaft im Zusammenhang mit dem Erwerb von Beteiligungen an ihren Tochtergesellschaften getragen werden, an deren Verwaltung sie teilnimmt, indem sie ihnen ein Gebäude vermietet, sodass sie insoweit eine wirtschaftliche Tätigkeit ausübt, sind als Teil der allgemeinen Aufwendungen der Holdinggesellschaft anzusehen, und die auf diese Kosten entrichtete MwSt muss grds. vollständig abgezogen werden können.
>
> Kosten, die von einer Holdinggesellschaft im Zusammenhang mit dem Erwerb von Beteiligungen an ihren Tochtergesellschaften getragen werden, sind jedoch, wenn sie nur an der Verwaltung einiger von ihnen teilnimmt, hinsichtlich der übrigen dagegen keine wirtschaftliche Tätigkeit ausübt, nur teilweise als Teil der allgemeinen Aufwendungen der Holdinggesellschaft anzusehen, sodass von der auf diese Kosten entrichteten MwSt allein der Anteil abgezogen werden kann, der nach den von den Mitgliedstaaten festgelegten Aufteilungskriterien auf die der wirtschaftlichen Tätigkeit inhärenten Kosten entfällt. Bei der Ausübung dieser Befugnis müssen die Mitgliedstaaten Zweck und Systematik der MwStSystRL berücksichtigen und hierfür eine Berechnungsweise vorsehen, die objektiv widerspiegelt, welcher Teil der Eingangsaufwendungen der wirtschaftlichen und der nicht wirtschaftlichen Tätigkeit tatsächlich zuzurechnen ist; dies zu prüfen ist Sache des nationalen Gerichts.
>
> **Normen:** Art. 9 Abs. 1 MwStSystRL; §§ 2 Abs. 1, 15 Abs. 1 Nr. 1 UStG

Klägerin des Ausgangsverfahrens war die Holdinggesellschaft eines Konzerns, der orthopädische Implantate herstellte. Neben der Verwaltung der Anteile an mehreren Tochtergesellschaften vermietete sie diesen Gesellschaften ein Gebäude. Die Holding führte eine Umstrukturierung durch, im Zuge derer sie Wertpapiere veräußerte und erwarb. Die MwSt auf die verschiedenen Kosten im Zusammenhang mit dieser Umstrukturierung zog sie vollständig ab – was das FA aber nicht gestattete.

Für die Frage, ob der Vorsteuerabzug rechtens war, war zunächst zu klären, ob die Holding wirtschaftliche Tätigkeiten mit Bezug auf die Tochtergesellschaften erbrachte und als Steuerpflichtige gelten konnte. Grds. gilt: Besteht der einzige Zweck einer Holding im Erwerb (und Halten) von Beteiligungen an anderen Unternehmen, ohne dass sie – unbeschadet ihrer Rechte als Anteilseigner oder Gesellschafter – unmittelbar oder mittelbar in die Verwaltung dieser Gesellschaften eingreift, so ist sie kein Steuerpflichtiger, denn diese Tätigkeiten gelten nicht als wirtschaftliche Tätigkeit. Etwas anderes gilt aber, wenn der Erwerb bzw. das Halten der Beteiligung mit solchen Eingriffen einhergeht – wenn also die Holding (steuerbare) Tätigkeiten wie etwa administrative, buchführerische, finanzielle, kaufmännische, der Informatik zuzuordnende und technische Dienstleistungen an die Gesellschaft erbringt, an der sie Anteile hält.

Bei dieser Aufzählung der Tätigkeiten handle es sich aber nicht um eine abschließende Aufzählung, wie der EuGH klarstellt. Vielmehr seien alle Umsätze umfasst, die eine wirtschaftliche Tätigkeit i. S. d. MwStSystRL darstellen und von der Holding für ihre Tochtergesellschaft erbracht werden. Auch die Vermietung eines Gebäudes durch eine Holdinggesellschaft an ihre Tochtergesellschaft stelle einen Eingriff in deren Verwaltung dar, der als wirtschaftliche Tätigkeit anzusehen ist. Eine solche wirtschaftliche Tätigkeit könne unter weiteren im Urteil genannten Voraussetzungen zum Abzug der MwSt auf die Kosten berechtigen, die der Gesellschaft beim Erwerb von Anteilen an dieser Tochtergesellschaft entstehen. Ähnlich wie im früheren Urteil *Larentia + Minerva und Marenave*[313] unterscheidet der EuGH zwischen Fällen, in denen an alle oder nur an einige Tochtergesellschaften solche steuerpflichtigen Leistungen erbracht werden.

Praxishinweis

Die deutsche Finanzverwaltung teilt den Erwerb der Anteile und die an die Tochtergesellschaft erbrachten Leistungen in zwei Akte auf – die Leistungen wirken im Ergebnis auf die Anteile zurück, sie spricht davon, dass die Gesellschaftsanteile im unternehmerischen Bereich gehalten werden. Mit dem Urteil des EuGH sollten zumindest die Unklarheiten beseitigt sein, die mitunter deswegen entstanden, weil der „Eingriff in die Verwaltung der Tochtergesellschaften", verbunden mit einer recht spezifischen Aufzählung verschiedener Leistungen, in der Vergangenheit den Eindruck erwecken konnte, dass nicht jede Leistung bewirken konnte, dass die Anteile im unternehmerischen Bereich gehalten werden.

Das Urteil hat indirekt auch Auswirkungen auf den Bestand einer umsatzsteuerlichen Organschaft: Nach Meinung der Finanzverwaltung ist Voraussetzung für eine wirtschaftliche Eingliederung, dass die Beteiligung an der Kapitalgesellschaft dem unternehmerischen Bereich des Anteileigners zugeordnet werden kann.[314] Im Falle also, dass die organisatorische und finanzielle Eingliederung vorliegen, aber die wirtschaftliche Eingliederung allein deswegen verneint wird, weil die bislang von der Holding an die Tochter zugewendeten Leistungen bislang nicht als „Eingriff" im genannten Sinne gelten durften, könnten möglicherweise unerkannte Organschaften entstehen.

Allerdings fragt sich, ob die Bezeichnung „Eingriff einer Holding in die Verwaltung ihrer Tochtergesellschaft" als solche genommen ganz bedeutungslos ist und ohne alle Rücksicht auf den Wortlaut dieser Wendung jedwede Leistung der Holding an die Tochter umfasst – schon die Vermietung einer Immobilie als eigentlichen „Eingriff in die Verwaltung" zu klassifizieren fällt nicht ganz leicht. Der EuGH fasst alle Umsätze unter solche „Eingriffe", „die eine wirtschaftliche Tätigkeit i. S. d. MwStSystRL darstellen und von der Holding für ihre Tochtergesellschaft erbracht werden". Hier könnte die Formulierung den Ausschlag geben: Da der EuGH anstelle eines „an" das Wort „für" verwendet[315], ist es nicht ganz auszuschließen, dass Leistungen gemeint sind, die die Tochter selbst verbraucht. Wenn die Tochter von der Holding Dienstleistungen wie von einem Dritten bezieht und im Wege der Dienstleistungskommission an Dritte weiterverkauft, ohne dass sich die Holding um ihre „Verwaltung" kümmert, sollte zwar die Holding grds. nach allgemeinen Grundsätzen ebenfalls als Unternehmerin gelten, es könnte sich dann aber fragen, ob sie tatsächlich den Vorsteuerabzug aus Kosten hat, die mit der Akquisition der Anteile zusammenhängen.

Ein weiteres Mal bekräftigt der EuGH, dass das Vorsteuerabzugsrecht zu gewährleisten sei, ohne es an ein Kriterium wie das Ergebnis der Wirtschaftstätigkeit des Steuerpflichtigen zu

---

[313] EuGH, Urteil v. 16.7.2015, C–108/14, C–109/14, UR 2015, S. 671, mit Anm. *Hummel*.
[314] Abschn. 2.8 Abs. 6 S. 2 UStAE.
[315] Englische Fassung: „for the benefit of its subsidiary", französische Fassung: „au profit de sa filiale".

knüpfen – wie sich im Übrigen bereits aus dem Wortlaut der MwStSystRL selbst ergibt.[316] Das lässt sich gegen vom BFH bereits einmal ventilierte Auffassungen richten, wonach die abziehbare Vorsteuer in Fällen eines Missverhältnisses zwischen Eingangs- und Ausgangssteuer betraglich durch die Ausgangssteuer zu deckeln sein könnte[317], überhaupt gegen Argumentationen, die der Holding den Vorsteuerabzug deswegen beschneiden oder versagen möchten, weil in der Folgezeit angeblich zu wenig Ausgangssteuer zu erwarten ist.

Es steht zu hoffen, dass derartige Überlegungen, den Vorsteuerabzug aus hochpreisigen Eingangsleistungen einzuschränken, denen oft nur geringfügige Ausgangsleistungen gegenüberstehen, nunmehr an ein Ende kommen. Allerdings sollte man hier nicht zu optimistisch sein, zumal der EuGH im selben Urteil sich mit Bezug auf den Vorsteuerabzug überaus kryptisch einlässt. Er teilt mit, dass „bei der Bewertung des Abzugsrechts [...] weder der Umsatz, den diese Gesellschaft aus Vermietungsdienstleistungen an diese Tochtergesellschaften erbrachte, noch ihre Einkünfte aus ihrer Beteiligung am Kapital der Tochtergesellschaften berücksichtigt werden dürfen, um eine betrügerische oder missbräuchliche Geltendmachung dieses Rechts zu verhindern". Dieser nicht einfach verständliche Satz lässt sich in mehrere Richtungen deuten. Geht man von der Annahme aus, dass der EuGH sich nicht im gleichen Urteil selbst widersprechen möchte, könnte dieser Satz so auszulegen sein, dass er an die Adresse der Finanzverwaltung gerichtet ist. Dann würde er besagen, dass diese weder mit der Höhe des Ausgangsumsatzes aus der Vermietungsleistung (im Verhältnis zum Eingangsumsatz) argumentieren darf, um den Vorsteuerabzug einzuschränken, noch Dividenden aus der Beteiligung bei der Ermittlung des abziehbaren Steuerbetrags heranziehen kann. Andernfalls müsste der Satz so zu verstehen sein, dass insb. der Vermietungsumsatz des Streitfalls zur Ermittlung der abziehbaren Vorsteuer nicht zu berücksichtigen sei.

> **Literaturhinweise:** *Oldiges*, EuGH bestätigt volles Vorsteuerabzugsrecht für Holdinggesellschaften – Anmerkung zum EuGH-Urteil v. 5.7.2018 – Rs. C–320/17 „Marle Participations", nwb 2018, S. 2328; *Sterzinger*, Vorsteuerabzugsberechtigung von Holdinggesellschaften, UStB 2018, S. 260

---

[316] Art. 9 Abs. 1 MwStSystRL.
[317] BFH, Urteil v. 6.4.2016, V R 6/14, UR 2016, S. 770.

4.15 Nachträgliche Geltendmachung des Vorsteuerabzugs bei Nutzungsänderung

> **EuGH, Urteil v. 25.7.2018, C–140/17, *Gmia Ryjewo*, UR 2018, S. 687, mit Anm. *Küffner/Kirchinger* und *Sterzinger***
>
> **Die Art. 167, 168 und 184 MwStSystRL sind dahin auszulegen, dass sie dem nicht entgegenstehen, dass eine Einrichtung des öffentlichen Rechts ein Recht auf Berichtigung der auf eine als Investitionsgut erworbene Immobilie entrichteten Vorsteuer in einer Situation wie der im Ausgangsverfahren in Rede stehenden in Anspruch nimmt, in der beim Erwerb dieses Gegenstands dieser zum einen seiner Art nach sowohl für besteuerte als auch für nicht besteuerte Tätigkeiten verwendet werden konnte und zum anderen diese Einrichtung des öffentlichen Rechts ihre Absicht, diesen Gegenstand einer besteuerten Tätigkeit zuzuordnen, nicht ausdrücklich bekundet, aber auch nicht ausgeschlossen hatte, dass er zu einem solchen Zweck verwendet werde, sofern sich aus der Prüfung aller tatsächlichen Gegebenheiten, die vorzunehmen Sache des nationalen Gerichts ist, ergibt, dass die in Art. 168 MwStSystRL aufgestellte Voraussetzung, wonach der Steuerpflichtige zum Zeitpunkt der Vornahme dieses Erwerbs in seiner Eigenschaft als Steuerpflichtiger gehandelt haben muss, erfüllt ist.**
>
> **Normen:** Art. 167, 168, 184 MwStSystRL; § 15 Abs. 1 Nr. 1 UStG

Der EuGH hat sich zu der Frage geäußert, welche objektiven Anhaltspunkte als Beleg für die Absicht heranzuziehen sein könnten, dass eine Gemeinde bei der Anschaffung oder Herstellung von Investitionsgütern als Steuerpflichtiger gehandelt hat.

Eine seit 2005 als Mehrwertsteuerpflichtige registrierte Gemeinde ließ in den Jahren 2009 und 2010 ein Kulturhaus bauen, das nach Fertigstellung unentgeltlich dem gemeindlichen Kulturzentrum überlassen wurde. 2014 äußerte sie die Absicht, das Gebäude unmittelbar selbst zu verwalten. (Der Sachverhalt des Urteils spricht hier zwar von einer Überführung in das Eigentum der Gemeinde, doch das Urteil handelt von Nutzungsänderungen nach bereits zuvor erfolgter Anschaffung.) Anschließend wollte sie es sowohl unentgeltlich für die Gemeindebewohner als auch entgeltlich für die Vermietung zu kommerziellen Zwecken nutzen. Für diese entgeltliche Nutzung erklärte die Gemeinde ausdrücklich ihre Absicht, Rechnungen unter Ausweis der MwSt auszustellen. Die Vorsteuer auf die Baukosten hatte die Gemeinde zuletzt noch nicht geltend gemacht. Die Finanzbehörde war der Meinung, dass die Gemeinde das Kulturhaus zum Zweck der unentgeltlichen Überlassung an das Kulturzentrum, mithin nicht für die Zwecke einer wirtschaftlichen Tätigkeit erworben hat und lehnte eine Berichtigung des Vorsteuerabzugs ab.

Der EuGH führt aus: Nur eine Person, die die Eigenschaft eines Steuerpflichtigen besitzt und zum Zeitpunkt des Erwerbs eines Gegenstands als solcher handelt, ist berechtigt, die MwSt für diesen Gegenstand als Vorsteuer abzuziehen, wenn sie den Gegenstand für Zwecke ihrer besteuerten Umsätze verwendet. Handelt eine Einrichtung des öffentlichen Rechts zum Zeitpunkt des Erwerbs des Investitionsguts im Rahmen der öffentlichen Gewalt und demnach nicht als Steuerpflichtiger, so hat sie grds. auch kein Recht auf Berichtigung des Vorsteuerabzugs im Zusammenhang mit diesem Gegenstand, auch wenn dieser später einer besteuerten Tätigkeit zugeordnet wird.

Im Anschluss daran erörtert der EuGH die Frage, ob die Gemeinde bei Bezug der Eingangsleistungen als Steuerpflichtige gehandelt haben könnte. Das sei eine Tatsachenfrage, die unter Berücksichtigung aller Gegebenheiten des Sachverhalts zu beurteilen ist. Die Absicht, damit eine wirtschaftliche Tätigkeit auszuüben, müsse durch objektive Anhaltspunkte belegt sein. Hierbei zählt der EuGH eine Reihe von Indizien auf, die für und gegen ein Handeln als Steuerpflichtiger sprechen können. Neben der Art des betreffenden Gegenstands und dem Zeitraum zwischen Erwerb und Verwendung für Zwecke der wirtschaftlichen Tätigkeit des Steuerpflichtigen könne der Umstand zu berücksichtigen sein, dass die Gemeinde bei der Errichtung des Gebäudes aufgetreten ist, ohne Vorrechte der öffentlichen Gewalt in Anspruch zu nehmen. Außerdem sei sie bei Erwerb der Immobilie 2010 bereits mehrwertsteuerlich registriert gewesen. Es habe andererseits nicht festgestanden, ob die Leistungen für Zwecke einer wirtschaftlichen Tätigkeit bezogen worden waren; z. B. hatte die Gemeinde erst nach erfolgter Lieferung eine solche Absicht bekundet. Das Fehlen einer ausdrücklichen Erklärung bei Erwerb schließe jedoch nicht aus, dass diese Absicht implizit zum Ausdruck kommen kann. Die anfängliche Verwendung der Immobilie „zur Erfüllung öffentlicher Aufgaben durch die Gemeinde im Rahmen der ihr zustehenden Hoheitsgewalt", also für nicht besteuerte Zwecke, sei lediglich ein Indiz dafür, dass die Gemeinde nicht als Steuerpflichtige handelte.

Praxishinweis

Zusammengefasst lässt sich also sagen: Wenn eine Einrichtung des öffentlichen Rechts (die bereits die Eigenschaft eines Steuerpflichtigen besitzt) weder ausdrücklich die Absicht bekundet noch es ausgeschlossen hat, dass das betreffende unterschiedlich nutzbare Investitionsgut für besteuerte Tätigkeiten genutzt werden wird, kann nach einer Prüfung sämtlicher Umstände der Schluss gezogen werden, dass sie zu dem Zeitpunkt des Erwerbs dieses Gegenstands als Steuerpflichtiger gehandelt hat. In diesem Fall steht eine anfängliche Nutzung für nicht steuerbare Umsätze einer späteren Vorsteuerberichtigung nach Nutzungsänderung nicht entgegen.

Die Prüfung, ob diese Voraussetzung erfüllt ist, muss dem EuGH zufolge in jedem Einzelfall anhand eines weiten Verständnisses des Begriffs eines Erwerbs „als Steuerpflichtiger" erfolgen. Hierbei nimmt der EuGH ausdrücklich auf die Ausführungen der Generalanwältin Bezug, die in ihren Schlussanträgen v. 19.4.2018[318] „eine großzügige Beurteilung des Erwerbs ‚als Steuerpflichtiger'," vorgeschlagen hatte. In ihren weiteren Ausführungen hatte die Generalanwältin sogar eine Vermutung angesprochen, dass ein Steuerpflichtiger den Gegenstand auch dann mit der Absicht einer ggf. späteren wirtschaftlichen Verwendung erwirbt, wenn er eine spätere wirtschaftliche Verwendung nicht ausschließen kann. Das solle jedenfalls dann gelten, wenn er diesen Gegenstand nicht ausdrücklich seinem nicht wirtschaftlichen Bereich zugeordnet und ihn damit dem Anwendungsbereich des Mehrwertsteuerrechts entzogen hat. Auf diese weiteren Ausführungen verweist der EuGH freilich nicht mehr explizit. Dagegen, dass er sich diese Auffassung zu Eigen macht, spricht allerdings der Umstand, dass er gerade für den Fall einer fehlenden ausdrücklichen Bekundung des Unternehmers die Indizien für und wider ein Handeln als Steuerpflichtiger abhandelt, anstatt einfach einer Vermutung zu folgen.

Die Finanzverwaltung hat bislang für den Fall, dass ein von vornherein für eine dauerhafte unternehmerische Nutzung vorgesehener Gegenstand „zunächst und nur übergangsweise nichtunternehmerisch verwendet wird", unter Verweis auf das EuGH-Urteil X[319] aus dem Jahr 2012 „in Ausnahmefällen" einen Leistungsbezug für das Unternehmen anerkannt (Abschn. 15.2c Abs. 13 UStAE). Das nun veröffentlichte EuGH-Urteil könnte dazu beitragen, dass die von der Finanzverwaltung verfügten Einschränkungen auf den Prüfstand gestellt werden.

Das Urteil könnte sich für außerdem eine Argumentation, die starre Zuordnungsfrist sei nicht europarechtskonform, als nützlich erweisen: das Fehlen einer ausdrücklichen Bekundung der Absicht, den Gegenstand bei seinem Erwerb einer wirtschaftlichen Verwendung zuzuordnen, soll eine solche Zuordnung noch nicht ausschließen. Das kann man so verstehen, dass ledig-

---

[318] Schlussanträge der Generalanwältin v. 19.4.2018.
[319] Urteil v. 19.7.2012, C–334/10, UR 2012, S. 726.

lich die Bekundung, nicht als Steuerpflichtiger zu handeln, eine solche Zuordnung ausschließt – nicht aber ein bloßes Schweigen als solches. Die weitere Entwicklung wird zeigen, ob an einer förmlichen Zuordnungsentscheidung festgehalten werden kann.

Der Rechtssicherheit am dienlichsten wäre aber wohl auch dann, wenn diese Entwicklung tatsächlich eintreten sollte, ein möglichst unumstößlicher Nachweis der Absicht, als Steuerpflichtiger zu handeln, d. h. den zunächst nichtunternehmerisch genutzten Gegenstand für unternehmerische Tätigkeiten zu nutzen (Rz. 38). Denn nach Meinung der Finanzverwaltung gilt ein von Anfang an ausschließlich nicht unternehmerisch genutzter Gegenstand grds. nicht als für das Unternehmen bezogen; darauf, dass das FA selbst nach weiterer günstiger Entwicklung der Rspr. und anschließender Aufgabe der bisherigen Auffassung im Einzelfall der Beurteilung des Steuerpflichtigen stets klaglos folgen würde, bestimmte Indizien seien als Bekundung des Handelns als Steuerpflichtiger zu interpretieren, wird man sich kaum verlassen können. Wann und wie dem FA gegenüber eine vorübergehende nichtunternehmerische Nutzung kommuniziert werden sollte, ist eine Einzelfallfrage, die von zahlreichen Faktoren abhängt. Gerade bei Grundstücken können sich schwierige Fragen der Zuordnung zum Unternehmen ergeben, bei denen es entscheidend auf eine zeit- und formgerechte Dokumentation ankommen kann. Das gilt in besonderem Maße bei privater Nutzung. Um nicht die Möglichkeit eines Vorsteuerabzugs insgesamt zu gefährden, sollte in allen Fällen rechtzeitig professioneller Rat eingeholt werden.

Das Urteil erging zu einer öffentlichen Einrichtung, kann aber auch für private Unternehmer noch interessant werden: Der Vorsteuerabzug aus Sacheinlagen von bisher nichtunternehmerisch verwendeten Gegenständen (sog. Einlagenentsteuerung) ist bislang grds. nicht zulässig. Die hier formulierten Grundsätze eines Handels als Steuerpflichtiger bei Bezug der Eingangsleistungen ließen sich bei zunächst nichtunternehmerischer Verwendung möglicherweise auch auf private Unternehmer übertragen. Das könnte z. B. für Holdings interessant sein, die Beteiligungen an Tochtergesellschaften dadurch aus der nichtunternehmerischen in die unternehmerische Sphäre wechseln lassen, dass sie zu einem späteren Zeitpunkt entgeltlich in die Verwaltung dieser Tochtergesellschaften eingreifen. Sollte sich das bestätigen, würden freilich nicht alle vom EuGH formulierten Indizien sich auf private Unternehmer übertragen lassen (so haben private Unternehmer offensichtlich nicht die Möglichkeit, eine Eingangsleistung im Rahmen der öffentlichen Gewalt zu beziehen – ein Bezug „wie ein Privater" ist hier nicht aussagekräftig, schon eher aber z. B. eine bereits bestehende Registrierung als Steuerpflichtiger).

Das vorliegende Urteil sollte von Einrichtungen des öffentlichen Rechts vorsichtig angewendet werden, soweit es um die Indizwirkung einer umsatzsteuerlichen Registrierung geht. Denn obwohl inzwischen mit dem § 2b UStG die Besteuerung der Körperschaften des öffentlichen Rechts klar geregelt ist, wird aufgrund der großzügigen Übergangsregel in vielen Fällen noch nicht klar sein, ob und in welchem Umfang eine unternehmerische Tätigkeit vorliegt.

Zuletzt sei ergänzend auf Rz. 61 ff. des BMF-Schreibens v. 16.12.2016[320] zum spätestens ab dem 1.1.2021 anzuwendenden § 2b UStG verwiesen, wo zwischen einer erstmaligen Nutzung im Optionszeitraum und nach Ablauf dieses Zeitraums unterschieden wird – insb. auf den Fall einer unternehmerischen erstmaligen Verwendung einer während des Optionszeitraums bezogenen Leistung nach Ablauf des Optionszeitraums. In einem solchen Sachverhalt wird der Vorsteuerabzug grds. bereits im Zeitpunkt des Leistungsbezugs zugelassen. Selbst wenn sie den Optionszeitraum bis einschließlich 2020 ausschöpfen, kann es sich also für öffentliche Einrichtungen im Einzelfall lohnen, einen Vorsteuerabzug bereits für Besteuerungszeiträume vor Ende des Optionszeitraums prüfen zu lassen. Das Vorstehende gilt für Leistungsbezüge vor dem 1.1.2017 übrigens entsprechend. Hier kann es geboten sein, Schritte zu unternehmen, die ggf. eine Zuordnung zum Unternehmen und somit den Vorsteuerabzug sichern.

---

[320] BMF, Schreiben v. 16.12.2016, III C 2 – S 7107/16/10001, BStBl I 2016, S. 1451.

> **Literaturhinweise:** *Heuermann*, Gibt es jetzt eine Einlagenentsteuerung?, MwStR 2018, S. 1000; *Meurer*, EuGH gestattet (teilweise) Berichtigung nach § 15a UStG bei Einlagen in das Unternehmen, MwStR 2018, S. 859; *Sterzinger*, Vorsteuerabzug und Vorsteuerberichtigung der öffentlichen Hand – Auswirkungen der Entscheidung des EuGH v. 25.7.2018 in der Rs. C–140/17 – Gmina Ryjewo, UStB 2018, S. 295; *Röhrbein*, Nachträglicher Vorsteuerabzug der öffentlichen Hand bei nicht eindeutiger anfänglicher Zuordnung nur in engen Grenzen – Folgen des EuGH-Urteils in der Rechtssache Gmina Ryjewo –, UVR 2018, S. 333; *Widmann*, Vom Handeln eines Steuerpflichtigen als solchem, UR 2018, S. 666

4.16 Rechtsprechungsänderung zur Anschrift des leistenden Unternehmers auf der Rechnung

> **BFH, Urteil v. 21.6.2018, V R 25/15, UR 2018, S. 718, mit Anm.** *Zitzl*;
> **Vorinstanz: FG Köln, Urteil v. 28.4.2015, 10 K 3803/13, MwStR 2016, S. 41;**
> **BFH, Urteil v. 21.6.2018, V R 28/15, UR 2018, S. 721;**
> **Vorinstanz: FG Baden-Württemberg, Urteil v. 21.4.2016, 1 K 1158/14, EFG 2016, S. 1562**
>
> 1. Eine zum Vorsteuerabzug berechtigende Rechnung setzt nicht voraus, dass die wirtschaftlichen Tätigkeiten des leistenden Unternehmers unter der Anschrift ausgeübt werden, die in der von ihm ausgestellten Rechnung angegeben ist (Änderung der Rspr.).
> 2. Es reicht jede Art von Anschrift und damit auch eine Briefkastenanschrift, sofern der Unternehmer unter dieser Anschrift erreichbar ist.
> 3. Sind die materiellen und formellen Voraussetzungen für die Entstehung und Ausübung des Rechts auf Vorsteuerabzug erfüllt, ist es mit dem Unionsrecht nicht vereinbar, einen Steuerpflichtigen, der weder wusste noch wissen konnte, dass der betreffende Umsatz in eine vom Lieferer begangene Steuerhinterziehung einbezogen war oder dass in der Lieferkette bei einem anderen Umsatz, der dem vom Steuerpflichtigen getätigten Umsatz vorausgeht oder nachfolgt, MwSt hinterzogen wurde, durch die Versagung des Rechts auf Vorsteuerabzug zu sanktionieren.
>
> **Normen:** §§ 14 Abs. 4 Nr. 1, 15 Abs. 1 Nr. 1 UStG

Im September 2015 veröffentlichte der BFH[321] ein vom Juli desselben Jahres datiertes Urteil, in dem er den Vorsteuerabzug eines Unternehmers wie folgt verwarf: Nur mit der Angabe der zutreffenden Anschrift des leistenden Unternehmers, unter der er seine wirtschaftlichen Aktivitäten entfaltet, sei es möglich, dem Merkmal „vollständige Anschrift" in § 14 Abs. 4 Nr. 1 UStG nachzukommen. Das bedeutet: War auf der Rechnung lediglich eine Briefkastenadresse oder ein Postfach als Rechnungsadresse des leistenden Unternehmers vermerkt, so war der Leistungsempfänger nicht in Besitz einer vorschriftsmäßigen Rechnung und konnte daher grds. den Vorsteuerabzug nicht geltend machen. Dieses Urteil – das die Finanzverwaltung durch Veröffentlichung im BStBl für allgemein anwendbar erklärt hatte, ohne allerdings entgegenstehende Passagen im UStAE zu ändern – löste erhebliche Verunsicherung unter den Steuerpflichtigen aus. Bald schon richteten sich aber die Hoffnungen auf den EuGH, der in seinem Urteil in der Rs. *PPUH Stehcemp*[322] bereits im Monat nach Veröffentlichung des BFH-

---
[321] Urteil v. 22.7.2015, V R 23/14, BStBl II 2015, S. 914.
[322] EuGH, Urteil v. 22.10.2015, C–277/14, UR 2015, S. 917.

Urteils die Adresse eines unbenutzbaren Gebäudes als Rechnungsadresse nicht beanstandet und somit die Auslegung des BFH in Zweifel gezogen hatte. Infolgedessen legte der BFH die Frage dem EuGH vor, der im November 2017 mit seinem Urteil in der Rs. *Geissel und Butin*[323] die Auslegung des BFH ausdrücklich verwarf.

Erwartungsgemäß hat der BFH seine Rspr. in der genannten Frage geändert. Wie der BFH in den Leitsätzen beider Urteile ausdrücklich feststellt, reicht jede Art von Anschrift und damit auch eine Briefkastenanschrift aus, sofern der Unternehmer unter dieser Anschrift erreichbar ist. In beiden Urteilen sieht der BFH diese Voraussetzung als erfüllt an, da die jeweiligen leistenden Unternehmer unter dieser Adresse Post empfangen haben.

Praxishinweis

In seinem Leitsatz drückt der BFH sich zwar erfreulich undifferenziert aus: Jede Art von Anschrift soll ausreichen. Auch weiterhin dürfte es zur Sicherung des Vorsteuerabzugs ratsam sein, die Adresse des leistenden Unternehmers zu prüfen, wobei es dem Urteil des BFH zufolge aber genügt, sicherzustellen, dass der Vertragspartner unter der angegebenen Adresse tatsächlich Post empfängt. Nicht völlig geklärt ist, welche Anstrengungen der Geschäftspartner, der den Vorsteuerabzug geltend machen möchte, dazu auf sich nehmen muss. Die Grundsätze des Urteils dürften auf die Adresse des Leistungsempfängers übertragbar sein.

Die Finanzverwaltung hat diese Rspr. bereits in einem BMF-Schreiben[324] umgesetzt und dabei auch ihre bisherige restriktive Haltung zu c/o-Adressen aufgegeben.

Sollte es sich aber um eine Adresse handeln, unter der der Geschäftspartner tatsächlich nicht erreicht werden kann, könnte die Versagung des Vorsteuerabzugs nicht allein wegen mangelhafter formeller Voraussetzungen, sondern eventuell außerdem auf den schwerwiegenderen Umstand gestützt werden, dass der Leistungsempfänger wusste oder hätte wissen müssen, dass sie sich an einer Steuerhinterziehung beteiligt. Im Urteil in der Rs. *Enteco Baltic*[325] wurde bereits einmal für den Fall eines Klägers, der mit seinem Geschäftspartner offenbar ausschließlich elektronischen Kontakt hatte, die Frage aufgeworfen, ob dieser Umstand für eine solche Beteiligung an einer Steuerhinterziehung bedeutsam sei. Der EuGH hatte in diesem Fall den offenbar ausschließlich elektronischen Verkehr für sich genommen für unschädlich gehalten (er hatte allerdings nicht über den Vorsteuerabzug, sondern über eine Steuerbefreiung zu befinden).

Auch der XI. Senat hat sich der EuGH-Rspr. angeschlossen.[326] Am BFH sind mehrere Verfahren anhängig, die zur Fortentwicklung dieser Rspr. dienen könnten. Vom dem Vertrauensschutz bei Unrichtigkeit von Rechnungsangaben handelt das Verfahren XI R 22/14[327], im Verfahren V R 65/16[328] wird der BFH sich der Frage widmen, ob der Unternehmer Beweis dafür zu erbringen hat, dass ihm keine Anhaltspunkte für etwaige Ungereimtheiten in Bezug auf den Leistenden oder die Leistung vorlagen.

---

[323] EuGH, Urteil v. 15.11.2017, C–374/16, C–375/16, UR 2017, S. 970, mit Anm. *Jacobs/Zitzl*.
[324] BMF, Schreiben v. 7.12.2018 III C 2 – S 7280-a/07/10005:003, BStBl I 2018, S. 1401; vgl. im vorliegenden Werk B.4.10.
[325] EuGH, Urteil v. 20.6.2018, C–108/17, UR 2018, S. 635; s. o. im vorliegenden Werk C.4.12.
[326] BFH, Urteil v. 13.6.2018, XI R 20/14, UR 2018, S. 800.
[327] Vgl. Webauftritt des BFH, www.bundesfinanzhof.de; Vorinstanz: FG Köln, Urteil v. 12.3.2014, 4 K 2374/10, EFG 2014, S. 1442.
[328] Vgl. Webauftritt des BFH, www.bundesfinanzhof.de; Vorinstanz: FG Nürnberg, Urteil v. 8.12.2015, 2 K 82/15, MwStR 2017, S. 98.

> **Literaturhinweise:** *Heinrichshofen*, Was lange währt, wird endlich gut: Name und Anschrift des leistenden Unternehmers und des Leistungsempfängers in einer Rechnung, UVR 2018, S. 61 [zur Entscheidung des EuGH]; *Neeser*, Ein Briefkasten als taugliche Anschrift! – und trotzdem viele offene Fragen – Das EuGH-Urteil v. 15.11.2017, UVR 2018, S. 16 [zur Entscheidung des EuGH]

4.17 Vorsteuerabzug eines direkt registrierten Unternehmers mit Zweigniederlassung

> **EuGH, Urteil v. 7.8.2018, C–16/17, *TGE Gas Engineering*, UR 2018, S. 766**
>
> **Die Art. 167 und 168 MwStSystRL in der durch die RL 2010/45/EU des Rates vom 13.7.2010 geänderten Fassung sowie der Grundsatz der Neutralität sind dahin auszulegen, dass sie es der Steuerverwaltung eines Mitgliedstaats verwehren, eine Gesellschaft, die ihren Sitz in einem anderen Mitgliedstaat hat, und ihre Zweigniederlassung im erstgenannten Mitgliedstaat deshalb als zwei verschiedene Steuerpflichtige anzusehen, weil sie jeweils über eine eigene Steueridentifikationsnummer verfügen, und aus diesem Grund der Zweigniederlassung das Recht auf Abzug der MwSt zu versagen, die auf den von einer wirtschaftlichen Interessenvereinigung, zu deren Mitgliedern die Gesellschaft, nicht aber ihre Zweigniederlassung gehört, ausgestellten Belastungsanzeigen ausgewiesen ist.**
>
> **Normen:** Art. 167, 168 MwStSystRL; § 15 Abs. 1 Nr. 1 UStG

Ein deutscher Unternehmer ließ sich steuerlich in Portugal erfassen und erhielt eine Steuernummer. Bald darauf gründete er dort eine Zweigniederlassung, die ebenfalls eine (abweichende) Steuernummer erhielt. Zusammen mit einem portugiesischen Unternehmer gründete der deutsche Unternehmer zur Umsetzung eines Projekts eine Gesellschaft portugiesischen Rechts mit der Funktion einer Arge (Zusammenschluss). Dabei verwendete er seine eigene Steuernummer. Im Gründungsvertrag wurde die Verteilung der Kosten auf die beiden Gesellschafter festgelegt. Daneben schloss die Zweigniederlassung mit dem Zusammenschluss einen Subunternehmervertrag ab, der wechselseitige Leistungen vorsah, wobei der Zusammenschluss seine Kosten der Zweigniederlassung weiterberechnen musste. In seinen Belastungsanzeigen verwendete der Zusammenschluss die Steuernummer der Zweigniederlassung. Die Finanzverwaltung versagte den durch die Zweigniederlassung vorgenommenen Vorsteuerabzug mit dem Argument, dass der deutsche Unternehmer und die Zweigniederlassung zwei verschiedene Steuerrechtssubjekte seien. Da die Zweigniederlassung kein Gründungsmitglied des Zusammenschlusses sei, seien ihr diese Kosten nicht zuzuordnen.

Der EuGH betonte, dass eine in einem Mitgliedsstaat ansässige Gesellschaft und ihre Zweigniederlassung in einem anderen Mitgliedsstaat mehrwertsteuerrechtlich als ein einziger Steuerpflichtiger anzusehen seien – es sei denn, die Zweigniederlassung gehe einer selbstständigen Wirtschaftstätigkeit nach. Hierzu sei zu prüfen, ob eine solche Zweigniederlassung als selbstständig betrachtet werden kann, insb. ob sie das wirtschaftliche Risiko ihrer Tätigkeit trägt. Im Ausgangsverfahren sei es offensichtlich, dass die beiden Steuernummern ein und derselben Einheit zuzuordnen sind, nämlich dem deutschen Unternehmer. Im Ergebnis teilt der Gerichtshof mit, dass die Finanzverwaltung grds. keine zusätzlichen Voraussetzungen festlegen dürfe, die die Ausübung des Vorsteuerabzugsrechts vereiteln könnten.

Praxishinweis

Mit diesem Urteil bestätigt der EuGH frühere Rspr.[329]. Eine wichtige Ausnahme vom Grundsatz der Einheit des Unternehmens selbst bei einer im Verhältnis zum Stammhaus unselbstständigen Zweigniederlassung hat der EuGH in seinem Urteil in der Rs. *Skandia*[330] formuliert – ist die Zweigniederlassung im Zielstaat Teil einer Mehrwertsteuergruppe (in Deutschland: umsatzsteuerliche Organschaft), so ist die Zweigniederlassung grds. nicht mehr Teil des Stammhauses, sondern der Mehrwertsteuergruppe, die ein vom Stammhaus unterschiedlicher Steuerpflichtiger ist.

Die Generalanwältin hatte in ihren Schlussanträgen[331] den Vorsteuerabzug abgelehnt, weil ihrer Auffassung nach den weiterbelasteten allgemeinen Kosten des Zusammenschlusses keine konkrete Dienstleistung gegenübersteht. In einem solchen Fall läge keine gesetzlich geschuldete Steuer vor, sondern ein unrichtiger Steuerausweis, der nicht als Vorsteuer abziehbar, sondern durch den leistenden Unternehmer zu korrigieren ist. Der EuGH äußert sich zu dieser Frage zumindest nicht explizit. Es bleibt unklar, ob er damit die Auffassung der Generalanwältin zurückweist. Eventuell hat er lediglich der Versuchung widerstanden, das Urteil i. S. d. Generalanwältin zu formulieren, weil er die Fragestellung des vorlegenden Gerichts respektierte. Während er andeutet, dass der Ort der Leistung möglicherweise nicht in Portugal zu suchen ist, überlässt er es dem portugiesischen Gericht, die sonstigen Voraussetzungen des Vorsteuerabzugs zu prüfen. Außerdem hat der EuGH hat sich der in früherer Rspr. nicht in allen Fällen streng an logische Prüfungsfolgen gehalten, sodass sein Schweigen nicht unbedingt aussagekräftig ist.

4.18 Zur Korrektur eines unrichtigen Steuerausweises

> **BFH, Urteil v. 16.5.2018, XI R 28/16, UR 2018, S. 678:**
> **Vorinstanz: FG Münster, Urteil v. 13.9.2016, 5 K 412/13 U, EFG 2017, S. 72**
>
> **Die wirksame Berichtigung eines Steuerbetrags nach den §§ 14c Abs. 1 S. 2, 17 Abs. 1 UStG erfordert grds., dass der Unternehmer die vereinnahmte USt an den Leistungsempfänger zurückgezahlt hat.**
>
> **Normen:** Art. 203 MwStSystRL; §§ 14c Abs. 1, 17 Abs. 1 UStG

Die Klägerin verpachtete ein zunächst selbst betriebenes Pflegeheim an eine KG, an der sie (offenbar ohne dass eine Organschaft vorlag) selbst als Komplementärin beteiligt war, zum Betrieb einer vollstationären Pflegeeinrichtung. Daneben schloss sie einen Heimausstattungsmietvertrag ab, in dem sie sich verpflichtete, das Pflegeheim mit mobilen Einrichtungsgegenständen auszustatten und diese der KG als Betreiberin mietweise zur Verfügung zu stellen. Das erfolgte zunächst mit Steuerausweis in der Rechnung. Später beabsichtigte die Klägerin, sich ein ihr günstiges BFH-Urteil zunutze zu machen, das eine steuerfreie Vermietung der Einrichtung als Nebenleistung zur Grundstücksvermietung zuließ. Daher beantragte sie, die Einrichtungsvermietung der vergangenen Jahre steuerfrei zu stellen und die überzahlte Steuer zu erstatten. Zugleich berichtigte sie die bisherige Abrechnung gegenüber der KG.

---

[329] Vgl. z. B. EuGH, Urteil v. 23.3.2006, C–210/04, *FCE Bank*, UR 2006, S. 331, mit Anm. *Heinrichshofen*.
[330] EuGH, Urteil v. 17.9.2014, C–7/13, UR 2014, S. 847, mit Anm. *Maunz*.
[331] Schlussanträge v. 3.5.2018, CELEX-Nr. 62017CC0016.

Der BFH sprach sich gegen eine Erstattung aus. Zwar wurden die Rechnungen wirksam berichtigt. Allerdings hätte es zur Vermeidung einer ungerechtfertigten Bereicherung grds. außerdem einer Rückzahlung der vereinnahmten und abgeführten Steuer an den Leistungsempfänger bedurft. Da der leistende Unternehmer den berichtigten Steuerbetrag vom Leistungsempfänger im Regelfall bereits vereinnahmt habe, würde eine Erstattung durch das FA allein aufgrund der Rechnungsberichtigung ohne Rückzahlung der Steuer den Leistenden ungerechtfertigt bereichern: Einerseits habe er das Entgelt zzgl. USt regelmäßig bereits vereinnahmt und andererseits könnte er im Fall einer bedingungslosen Erstattung den berichtigten Steuerbetrag vom FA nochmals verlangen. Das gehe allein zulasten des Leistungsempfängers – gleichzeitig müsste der Fiskus befürchten, nach den „Reemtsma"- Grundsätzen des EuGH auch noch vom Leistungsempfänger auf Erstattung der USt in Anspruch genommen zu werden. Nur die Rückzahlung des berichtigten Steuerbetrags an den Leistungsempfänger führe i. d. R. zu einem gerechten Interessenausgleich im Dreiecksverhältnis zwischen FA, leistenden Unternehmer und Leistungsempfänger. Außerdem verhindere eine in diesem Sinne bedingte Berichtigung des Steuerbetrags, dass das FA z. B. in Fällen der Insolvenz des Rechnungsausstellers oder nicht erkannter Steuerschuldnerschaft des Leistungsempfängers doppelt erstattet oder auf Steuer verzichten muss.

Praxishinweis

Wie im (in mancher Hinsicht ähnlichen) EuGH-Urteil *Kollroß und Wirtl*[332] fragt sich auch hier, zu welcher Lösung der BFH käme, wenn der Leistungsempfänger das Geld eben nicht an das FA abgeführt hat.

Damit hat der BFH grds. die Verwaltungsauffassung bestätigt (Abschn. 14c.1 Abs. 5 S. 4 UStAE). Obgleich die Vorschriften des § 14c Abs. 1 UStG auch auf Gutschriften anzuwenden sind, verliert die Gutschrift die Wirkung als Rechnung, wenn der leistende Unternehmer ihr widerspricht – damit sollte aber auch die Steuerschuld nach § 14c Abs. 1 UStG entfallen (Abschn. 14c.1 Abs. 3 UStAE). Weil aber der Widerspruch erst in dem Besteuerungszeitraum wirksam werden soll, in dem er erklärt wird (Abschn. 14.3 Abs. 4 S. 5 UStAE), fragt sich, ob hier nicht ebenfalls i. S. d. Urteils eine Rückzahlung zu erfolgen hat.

Das Urteil ist zudem wohl nicht auf jedweden Fall auszudehnen, in dem gesetzlich nicht geschuldete USt auf der Rechnung ausgewiesen wird. Bleibt der Rechnungsbetrag in der berichtigten Rechnung unverändert, wie das im Fall einer Bruttoabrede erfolgt, dürfte die Berichtigung wohl auch weiterhin nicht von einer Rückzahlung abhängig gemacht werden (wie sich aus S. 4 und 5 des Beispiels in Abschn. 14c.1 Abs. 5 UStAE herleiten lassen könnte).

Es sollte außerdem beachtet werden, dass der BFH sich in diesem Urteil zu § 14c Abs. 1 UStG (unrichtiger Steuerausweis) äußert. Für den Fall eines unberechtigten Steuerausweises (§ 14c Abs. 2 UStG) verlangt die Finanzverwaltung (bislang) keine Rückzahlung. Hier wird sich wohl bereits in kurzer Zeit weisen, ob es bei dieser Rechtslage bleiben kann – ein einschlägiges Verfahren wird unter dem Az. XI R 5/18[333] beim BFH geführt. In dem Verfahren mit dem Az. V R 32/16[334] befasst sich der BFH mit der Frage, ob die für einen unberechtigten Steuerausweis entstandene Steuerschuld im Wege einer Billigkeitsmaßnahme ohne Rückzahlung der Vorsteuer und Rechnungskorrektur entfallen darf, wenn eine Gefährdung des Steueraufkommens nicht bestand.

---

[332] Vgl. im vorliegenden Werk C.4.11.
[333] Vgl. Webauftritt des BFH, www.bundesfinanzhof.de; Vorinstanz: FG Baden-Württemberg, Urteil v. 11.12.2017, 9 K 2646/16, EFG 2018, S. 513.
[334] Vgl. Webauftritt des BFH, www.bundesfinanzhof.de; Vorinstanz: FG Düsseldorf, Urteil v. 28.10.2015, 5 K 4098/11 U, AO, MwStR 2016, S. 923.

Bemerkenswert am Urteil ist schließlich, dass der BFH nicht – wie bei der USt verbreitet sonst üblich – nur das einzelne Steuerschuldverhältnis ansieht, sondern die Gesamtsituation betrachtet. Es wäre zu wünschen, dass er diese Perspektive auch z. B. in Sachverhalten wie etwa unerkannten oder tatsächlich nicht existenten Organschaften einnähme, in denen das Steueraufkommen zu keinem Zeitpunkt gefährdet war, beim Fiskus häufig aber dennoch ein Zinsgewinn hängen bleibt.[335]

Literaturhinweise: *Grambeck/Albrecht*, Berichtigung der Steuer nach § 14c Abs. 1 UStG nur mit Rückzahlung an den Leistungsempfänger (§ 14c Abs. 1 UStG), UR 2018, S. 865; *Heinrichshofen*, BFH klärt Probleme bei der Berichtigung eines zu hohen Steuerausweises i. S. v. § 14c Abs. 1 UStG, UVR 2018, S. 316; *Oldiges*, Berichtigung eines Steuerbetrags nach § 14c Abs. 1 S. 2 UStG – Rückzahlung der vereinnahmten Umsatzsteuer an den Leistungsempfänger, nwb 2018, S. 3074

4.19 Vorsteuerabzug und Weiterbelastungen einer Holding

FG Berlin-Brandenburg, Urteil v. 13.6.2018, 7 K 7227/15, EFG 2018, S. 1300, mit Anm. *Schumann*, Revision anhängig[336]

In einem Urteil hat das FG Berlin-Brandenburg in sehr detaillierter Weise zu zahlreichen Brennpunkten der Steuerpflicht und des Vorsteuerabzugs von Holdings Stellung genommen. Eine Bestätigung durch den BFH steht noch aus.[337]

Normen: §§ 2 Abs. 1, 15 Abs. 1 Nr. 1 UStG

Die Klägerin, eine GmbH & Co. KG und Zwischenholding eines Unternehmens, das geschlossene Fonds zum Investment in Solarparks im EU-Ausland vertrieb, erwarb die Anteile dreier italienischer Kommanditgesellschaften samt Komplementärgesellschaften (im Weiteren: ITT). Die ITT stiegen sodann in die Erzeugung von Solarstrom ein, wozu sie Verträge mit einem Generalunternehmer über die Errichtung von Solaranlagen (EPC-Verträge) und deren Instandhaltung (O&M-Verträge) abschlossen. Die Konzernmutter hatte zunächst einer Anwaltskanzlei den Auftrag zur Steuerberatung bezüglich der Strukturierung des Investitionsvehikels und der Akquisition des Projekts in Italien erteilt, was die Verträge für den Anteilskauf und der EPC- und O&M-Verträge einschloss. Später wurde eine schriftliche Ergänzungsvereinbarung abgeschlossen, wonach die Leistungen der Kanzlei auch für die Klägerin erbracht werden sollten, die zudem rückwirkend als Vertragspartnerin an die Stelle der Konzernmutter treten sollte. Die Kanzlei rechnete auch entsprechend ab; das erfolgte gegenüber der Klägerin und einer gleichartigen Schwestergesellschaft in der Weise, dass die Kanzlei die Rechnungssummen nach einem festen, nach dem Verhältnis der Nennleistungen der einzelnen Solarparks berechneten Prozentsatz auf diese beiden Gesellschaften aufteilte. In gleicher Weise teilte die Klägerin die Weiterbelastung des auf sie entfallenden Teils der Leistungen der Kanzlei auf ihre Tochtergesellschaften auf (auch soweit die betreffenden Leistungen nicht in Beratungsleistungen der Kanzlei bestanden, z. B., weil sie nur die eigene Verwaltung der Klägerin betrafen). Die Klägerin, die nicht über eigenes Personal verfügte, entrichtete für Verwaltungsleistungen ihrer Muttergesellschaft vergleichsweise geringe Entgelte. Sie machte die Vorsteuern aus ihren

---
[335] Vgl. aber immerhin OFD Frankfurt am Main, Verfügung v. 11.7.2017, S 7105 A – 22 – St 110, UR 2018, S. 179.
[336] Az. beim BFH: XI R 24/18.
[337] Revision beim BFH unter Az. XI R 24/18.

Eingangsrechnungen geltend, weil sie der Auffassung war, im Streitzeitraum Unternehmerin gewesen zu sein, da sie im Wege der Dienstleistungskommission an die ITT (in Italien steuerbare) Leistungen erbracht habe. Nach Auffassung des FA lagen aber lediglich nicht steuerbare bloße Kostenweiterbelastungen von der Klägerin an die ITT vor.

Das FG, das der Klägerin teilweise Recht gab, befasste sich zunächst mit zahlreichen Einwänden gegen die Unternehmereigenschaft von Holdings an sich: Z. B. komme es nach Meinung des Gerichts nicht darauf an, ob ein Unternehmer über eigene sachliche und personelle Ressourcen verfügt, um die betreffenden Leistungen erbringen zu können. Im Ergebnis sei die Klägerin während des gesamten Zeitraums, für den sie Vorsteuer geltend machte, eine Unternehmerin gewesen. Das gelte jedenfalls für die an die Tochtergesellschaften weiterberechneten Beratungsleistungen, welche – im Streitfall – „zweifelsfrei in deren Interesse erfolgt [...] und deshalb mit der Zuwendung eines verbrauchbaren Vorteils i. S. d. MwSt-Rechts einhergegangen sind". Hier nennt das Gericht insb. die EPC- und O&M-Verträge, an denen nur die ITT als Vertragspartner beteiligt gewesen sind. Zumindest die weiterberechneten Beratungsleistungen seien steuerbare Ausgangsleistungen gewesen, wobei das jeweilige Entgelt anhand eines sachgerechten Schlüssels geschätzt wurde. Daher konnte die Frage, ob die Klägerin den ITT daneben auch Kosten weiterberechnet hat, denen keine der jeweiligen Tochtergesellschaft konkret zuzuordnenden wirtschaftlichen Vorteile zugrunde lagen, nach Meinung des Gerichts im Streitfall jedenfalls für die Antwort auf die Frage der Unternehmereigenschaft dahinstehen.

Auch was die Tätigkeiten der Kanzlei vor Überleitung des Beratervertrags auf die Klägerin betraf, hielt das Gericht diese Überleitung für wirksam. Seiner Meinung nach sprach die Gesamtschau im Streitfall gegen die Annahme von Teilleistungen: Es habe sich um ein Gesamtpaket gehandelt, für das lediglich Anzahlungen auf eine einheitliche Gesamtleistung entrichtet worden waren. Einem Vorsteuerabzug stehe auch die Aufteilung der Leistungen der Kanzlei zwischen der Klägerin und ihrer Schwestergesellschaft nicht entgegen: Die Leistungen seien an beide Gesellschaften als Gemeinschafter erfolgt, weil die Gemeinschaft selbst nicht unternehmerisch tätig wurde.

Praxishinweis

Das Urteil stammt von einem erstinstanzlichen FG, was seinen Argumentationswert etwas einschränkt. Gegen die Entscheidung wurde jedoch Revision zum Bundesgerichtshof eingelegt.[338] Da in ähnlich gelagerten Sachverhalten ähnliche Argumentationen der Finanzbehörden keine Seltenheit sein dürften, kann es im Einzelfall u. U. geboten sein, auf ein Ruhen des Verfahrens bis zur Entscheidung des BFH hinzuwirken. Das Gericht zieht abgrenzungshalber auch die Stellungnahme der Generalanwältin am EuGH in der Rs. *TGE* heran, in der zwischenzeitlich auch das Urteil des EuGH vorliegt.[339] Darum ist es sogar denkbar, dass der BFH sich an einer Auslegung dieses EuGH-Urteils in Hinblick auf den Umstand versucht, dass der EuGH die Auffassung der Generalanwältin mit Schweigen übergeht. Die Generalanwältin hatte die Meinung geäußert, dass im Streitfall der Übernahme die allgemeinen Kosten der wirtschaftlichen Tätigkeit des Zusammenschlusses keiner Dienstleistung gegenüberstanden.

Im vorliegenden Fall konnte das Gericht keine Teilleistungen erkennen, die – einmal abgeschlossen – ein nachträgliches Austauschen des Leistungsempfängers nicht mehr zulassen. Ein Akquisitionsvorhaben wird aber nicht selten in mehrere Abschnitte untergliedert sein. Der Begleitung der Akquisition als solcher (z. B. in Form der Ausarbeitung der Akquisitionsverträge) kann z. B. eine Vorfeldberatung (z. B. die Erstellung einer Due Diligence) vorausgehen, auf deren Basis über eine Akquisition dem Grunde nach erst noch entschieden wird.

---

[338] Az. beim BFH XI R 24/18.
[339] Dazu vgl. im vorliegenden Werk C.4.17.

Hier kann sich die Gesamtleistung durchaus als eine nach wirtschaftlicher Betrachtungsweise teilbare Leistung darstellen, die unter den weiteren Voraussetzungen als Teilleistung zu beurteilen sein kann.

4.20 Vorsteuerabzug aus den Aufwendungen einer fehlgeschlagenen Akquisition

> **EuGH, Urteil v. 17.102018, C–249/17, *Ryanair*, UR 2018, S. 879, mit Anm. *Jacobs***
>
> Die Art. 4 und 17 der 6. RL 77/388/EWG sind dahingehend auszulegen, dass sie einer Gesellschaft wie der im Ausgangsverfahren in Rede stehenden, die beabsichtigt, die gesamten Anteile einer anderen Gesellschaft zu erwerben, um eine wirtschaftliche Tätigkeit in Gestalt der Erbringung mehrwertsteuerpflichtiger Geschäftsführungsleistungen gegenüber Letzterer auszuüben, das Recht, die für die Ausgaben für Beratungsdienstleistungen, die sie im Rahmen eines förmlichen Übernahmeangebots in Anspruch genommen hatte, entrichtete MwSt in vollem Umfang als Vorsteuer abzuziehen, auch dann verleihen, wenn diese wirtschaftliche Tätigkeit letztlich nicht ausgeübt wurde, sofern diese Ausgaben ausschließlich in der beabsichtigten wirtschaftlichen Tätigkeit begründet sind.
>
> **Normen:** Art. 4, 17 6. RL 77/388/EWG; §§ 2 Abs. 1, 15 Abs. 1 Nr. 1 UStG

Die Klägerin des Ausgangsverfahrens suchte die gesamten Anteile einer anderen Gesellschaft zu übernehmen. In Zusammenhang damit tätigte sie Ausgaben für Beratungs- und andere Dienstleistungen. Das Vorhaben ließ sich jedoch aus wettbewerbsrechtlichen Gründen nicht vollständig umsetzen, sodass sie nur einen Teil des Kapitals der Gesellschaft erwerben konnte. Sie machte die von ihr für die genannten Ausgaben entrichtete Vorsteuer geltend. Dabei berief sie sich auf ihre Absicht, dass sie im Erfolgsfalle mit steuerpflichtigen Geschäftsführungsleistungen in die Verwaltung der Gesellschaft eingegriffen hätte.

Der EuGH wiederholt eingangs seine st. Rspr.: Der bloße Erwerb und das bloße Halten von Gesellschaftsanteilen stellen für sich genommen keine wirtschaftliche Tätigkeit dar – anders aber, wenn die Beteiligung (von gesellschaftsrechtlichen Befugnissen abgesehen) mit unmittelbaren oder mittelbaren Eingriffen in die Verwaltung der betreffenden Gesellschaft einhergehe. Bereits die vorbereitenden Tätigkeiten seien dieser wirtschaftlichen Tätigkeit zuzurechnen. Darum müsse jeder, der die durch objektive Anhaltspunkte belegte Absicht hat, eine wirtschaftliche Tätigkeit selbstständig auszuüben, und erste Investitionsausgaben für diese Zwecke tätigt, als Steuerpflichtiger gelten. Der EuGH schloss daraus, dass auch die Klägerin des Ausgangsfalls als Steuerpflichtige anzusehen war.

Im nächsten Schritt folgte für den EuGH daraus, dass (unter den weiteren Voraussetzungen) der Vorsteuerabzug aus den Aufwendungen für die vorbereitenden Handlungen möglich sein muss. Zum einen würde sonst der Wirtschaftsteilnehmer mit den MwSt-Kosten seiner wirtschaftlichen Tätigkeit belastet und es würde willkürlich zwischen Investitionsausgaben, die für die Zwecke des Unternehmens vor der tatsächlichen Aufnahme seines Betriebs und denjenigen, die während seines Betriebs getätigt werden, unterschieden. Zum anderen bleibe ein einmal entstandenes Recht auf Vorsteuerabzug bestehen, selbst wenn die beabsichtigte wirtschaftliche Tätigkeit später nicht ausgeübt wurde oder die bezogenen Gegenstände oder Dienstleistungen ohne Willen des Unternehmers nicht im Rahmen steuerpflichtiger Umsätze verwendet werden konnten. Ein Recht auf Vorsteuerabzug werde zugunsten des Steuerpflichtigen auch bei Fehlen eines direkten und unmittelbaren Zusammenhangs zwischen einem bestimmten Eingangsumsatz und einem oder mehreren zum Abzug berechtigenden Ausgangsumsätzen angenommen, wenn die Kosten für die fraglichen Dienstleistungen zu den allgemeinen Aufwendungen des Steuerpflichtigen gehörten und – als solche – Kostenelemente der von ihm erbrachten Leistungen sind. Derartige Kosten hingen direkt und unmittelbar mit der wirtschaftlichen Gesamttätigkeit des Steuerpflichtigen zusammen.

Jedoch müssten, damit die entrichtete MwSt in vollem Umfang als Vorsteuer abgezogen werden kann, die Ausgaben grds. ausschließlich in der beabsichtigten wirtschaftlichen Tätigkeit begründet sein – hier also in der Erbringung mehrwertsteuerpflichtiger Geschäftsführungsleistungen gegenüber der Zielgesellschaft. Beträfen diese Ausgaben teilweise auch eine von der Steuer befreite oder eine nicht wirtschaftliche Tätigkeit, könne auch die darauf entrichtete Vorsteuer nur anteilig abgezogen werden.

Praxishinweis

Nach dem Urteil *Marle Participation*[340] stellt der EuGH in einem weiteren Urteil zur Besteuerung von Holdings klar: Für die Unternehmereigenschaft von Holdings gibt es gegenüber anderen umsatzsteuerlichen Unternehmern keine Besonderheiten. Hier bekräftigt er für einen weiteren typischen Sachverhalt, dass für die Unternehmereigenschaft einer unternehmerisch tätigen Holding grds. nichts anderes gilt als für andere Unternehmer auch. Indessen teilt er – wie in früheren Urteilen zur Fallgruppe der sog. „erfolglosen Unternehmer" – mit, dass „objektive Anhaltspunkte" die Absicht belegen müssen, eine wirtschaftliche Tätigkeit selbstständig auszuüben. Um ggf. den Vorsteuerabzug zu sichern, sollte im Zuge eines Akquisitionsprozesses diese Absicht darum sorgfältig dokumentiert werden. Das könnte z. B. dadurch erfolgen, dass zugleich mit den Akquisitionsverträgen bereits die Verträge mit den künftigen Tochtergesellschaften über die Erbringung genau bezeichneter entgeltlicher Leistungen wie etwa Geschäftsführungsleistungen aufgesetzt und umgehend nach erfolgter Übernahme der Anteile abgeschlossen werden – wonach die Leistungen auch tatsächlich erbracht werden.

4.21 Geschäftsveräußerung im Ganzen bei Übereignung des Gaststätteninventars

> **BFH, Urteil v. 29.8.2017, XI R 37/17, UR 2018, S. 870;**
> **Vorinstanz: FG Düsseldorf, Urteil v. 13.10.2017, 1 K 3395/15 U, EFG 2018, S. 881**
>
> **Die Übertragung des Inventars einer Gaststätte ist auch dann eine nicht der USt unterliegende Geschäftsveräußerung, wenn der Erwerber mit dem übertragenen Inventar die Gaststätte dauerhaft fortführen kann und selbst über die zur Fortführung der Tätigkeit erforderliche Immobilie verfügt, weil er diese von einem Dritten gepachtet hat.**[341]
>
> **Norm:** § 1 Abs. 1a UStG

Der Kläger des Ausgangsverfahrens übernahm einen seit Jahrzehnten eingeführten Gastronomiebetrieb von einem anderen Unternehmer (Übertragender). Die Räumlichkeiten mietete er im Wesentlichen zu denselben Konditionen vom Vermieter an, die dieser seinerzeit dem Über-

---
[340] C–320/17; vgl. im vorliegenden Werk C.4.14.
[341] Anschluss an das BFH-Urteil v. 18.1.2012, XI R 27/08, BFHE S. 235, S. 571, BStBl II 2012, S. 842; Abgrenzung vom BFH-Urteil v. 4.2.2015, XI R 42/13, BFHE S. 248, S. 472, BStBl II 2015, S. 616.

tragenden gewährt hatte. Die Gaststätteneinrichtung erwarb der Kläger vom Übertragenden zum Eigentum, dem lag eine Inventarliste zugrunde. Veräußert wurde die gesamte Einrichtung von Keller, Gastraum, Küche und Terrasse. Der Kläger machte die im Kaufvertrag über das Inventar ausgewiesene USt als Vorsteuer geltend.

Der BFH verweigerte den Vorsteuerabzug: Die Steuer war seiner Meinung nach auf der Rechnung unrichtig ausgewiesen und daher nicht abzugsfähig. Das folge daraus, dass die Lieferung des Inventars als Geschäftsveräußerung im Ganzen – in europarechtlicher Diktion „Übertragung eines Gesamt- oder Teilvermögens" – nicht der USt unterlag.

Das übertragene Inventar war im Streitfall (nach den Feststellungen des erstinstanzlichen FG, an denen der BFH nichts auszusetzen hatte), ein Teilvermögen i. S. d. MwStSystRL. Der Kläger habe nahezu das gesamte bewegliche und unbewegliche Inventar vom Übertragenden erworben und könne mit diesen Gegenständen das Unternehmen fortführen. Dass kein Warenbestand übertragen wurde, war nach Meinung des Gerichts für einen Schank- und Speisebetrieb unschädlich, wo er schnell verderblich sei und darum schnell verbraucht und in kurzer Zeit erneuert werde.

Was nun das Lokal als solches anging, verwies der BFH auf das Urteil des EuGH in der Rs. *Schriever*. Falls kein Lokal mit einer für die Fortführung der wirtschaftlichen Tätigkeit notwendigen festen Ladeneinrichtung erforderlich sei (Fallgruppe 1), könne eine Übertragung eines Gesamtvermögens auch ohne Übereignung einer unbeweglichen Sache vorliegen. Anders liege der Fall (Fallgruppe 2), wenn der Erwerber keinen Besitz an dem Geschäftslokal erhält und die betreffende wirtschaftliche Tätigkeit in der Nutzung einer untrennbaren Gesamtheit von beweglichen und unbeweglichen Sachen besteht. Davon sei insb. auszugehen, wenn das Ladenlokal mit einer festen Ladeneinrichtung ausgestattet ist, die für die Fortführung der wirtschaftlichen Tätigkeit notwendig ist. In diesem Fall müsse das unbewegliche Vermögen grds. mit übertragen werden.

Der EuGH selbst lasse in der Fallgruppe 2 aber zwei Ausnahmen zu. Entweder werde das Geschäftslokal dem Erwerber mittels eines Mietvertrags zur Verfügung gestellt, oder der Erwerber verfüge selbst über eine geeignete Immobilie, in die er sämtliche übertragenen Sachen verbringen und in der er die betreffende wirtschaftliche Tätigkeit weiterhin ausüben könne. Der Erwerber verfüge jedoch auch dann über eine „eigene" Immobilie, wenn er diese nur aufgrund eines eigenen Mietvertrags innehabe. Es komme nur auf den Besitz an.

Praxishinweis

Der BFH lässt eine Geschäftsveräußerung im Ganzen für einen Sachverhalt zu, in dem das Inventar und die Räumlichkeiten einer Gaststätte dem Übernehmer von verschiedenen Personen überlassen werden. Dabei grenzt er den Sachverhalt des Urteils von einem früher entschiedenen Fall ab, in dem nur ein Teil des Inventars dem bisherigen Pächter gehört hatte, der andere Teil aber dem Eigentümer der Gaststätte. Auch in diesem Falle hatte der Kläger keinen bestehenden Mietvertrag mit dem Eigentümer übernommen, sondern hatte mit dem Gaststätteneigentümer einen neuen abgeschlossen. Bereits damals teilte der BFH mit: Es ist nicht möglich, zwei Vorgänge zusammenzufassen, die erst in der Summe als Übertragung eines Gesamt- oder Teilvermögens angesehen werden könnten. Der BFH hatte damals ausdrücklich offengelassen, wie die Rechtslage zu beurteilen wäre, wenn die Klägerin im Rahmen eines umfassenden Vertrags mit dem Vorpächter (vollumfänglich) in dessen mit dem Eigentümer der Gaststätte bestehenden Pachtvertrag eingetreten wäre. In einem solchen Fall hätte der BFH sich mit der Frage zu befassen, ob schon die Übertragung eines Mietverhältnisses, das neben dem Lokal die Miete eines Teils des Inventars einschließt, i. V. m. der Lieferung des anderen Inventarteils als Geschäftsveräußerung im Ganzen gelten darf. Das neue Urteil legt dabei nahe, dass es grds. nicht entscheidend darauf ankommt, ob das übernommene Mietverhältnis auch die Miete über die Räumlichkeiten umfasst. Die zweite Ausnahme – der Übernehmer verfügt selbst über eine geeignete Immobilie, in die er die übertragenen Sachen verbringen kann – könnte also nicht in allen Sachverhalten zu einer Geschäftsveräußerung im Ganzen führen.

Hier sollte aber beachtet werden, dass die Immobilie abgesehen vom Gebäude selbst auch unbewegliche Gegenstände umfassen kann (und z. B. bei Restaurantbetrieben in aller Regel auch umfassen wird), die im Rahmen einer Geschäftsveräußerung im Ganzen auf die eine oder andere Weise übergehen müssen. Entsprechende Ausführungen finden sich im EuGH-Urteil in der Rs. *Mailat*[342] (aus dem sich ferner ergibt, dass die bloße Verpachtung eines Restaurants nicht als Veräußerung eines Gesamt- oder Teilvermögens anzusehen ist). Im Falle eines nicht oder nur wenig lageabhängigen Industriebetriebs wird diesem Umstand zwar vergleichsweise wenig Gewicht zukommen. Dennoch kann auch in diesen Fällen das unbewegliche Vermögen bedeutsam genug sein, dass es in geeigneter Weise mitsamt dem beweglichen Vermögen übertragen werden muss. Nicht zuletzt wegen der oftmals hohen Beträge empfiehlt es sich, bei Transaktionen dieser Art im Zweifel professionelle Hilfe und ggf. sogar eine verbindliche Auskunft einzuholen.

> **Literaturhinweis:** *Gehm*, Geschäftsveräußerung nach § 1 Abs. 1a UStG bei Kauf von Gaststätteninventar und Miete des Geschäftslokals von Drittem, NWB 2018, S. 3432

4.22 Steuerbefreiung von grenzüberschreitenden Beförderungen, die sich unmittelbar auf Gegenstände der Ausfuhr beziehen

> **EuGH, Urteil v. 8.11.2018, C–495/17, *Cartrans Spedition*, UR 2018, S. 908**
>
> **Nach alledem ist auf die Vorlagefragen zu antworten, dass Art. 146 Abs. 1 Buchst. e MwStSystRL auf der einen und diese Vorschrift i. V. m. Art. 153 der genannten RL auf der anderen Seite dahin auszulegen sind, dass sie einer Steuerpraxis eines Mitgliedstaats entgegenstehen, nach der die Befreiung von der MwSt für die unmittelbar mit der Ausfuhr von Gegenständen in Zusammenhang stehenden Beförderungsleistungen bzw. für die durch Vermittler, die bezüglich dieser Beförderungsleistungen tätig sind, erbrachten Dienstleistungen davon abhängig gemacht wird, dass der Steuerpflichtige die Ausfuhrzollanmeldung bezüglich der betreffenden Gegenstände vorlegt. Insoweit haben die zuständigen Behörden zum Zweck der Gewährung der genannten Steuerbefreiungen zu prüfen, ob die Erfüllung der Voraussetzung bezüglich der Ausfuhr der betreffenden Gegenstände mit einem hinreichend hohen Wahrscheinlichkeitsgrad aus der Gesamtheit der ihnen verfügbaren Nachweise abgeleitet werden kann. In diesem Kontext stellt ein von einer Zollstelle des Drittlands, für das die Gegenstände bestimmt sind, mit einem Sichtvermerk versehenes Carnet TIR, das der Steuerpflichtige vorgelegt hat, einen Nachweis dar, den diese Behörden grds. gebührend berücksichtigen müssen, es sei denn, sie haben konkrete Gründe für Zweifel an der Echtheit oder der Zuverlässigkeit dieses Dokuments.**
>
> **Normen:** Art. 146 Abs. 1 Buchst. e, 153 MwStSystRL; § 4 Nr. 3 Buchst. a Doppelbuchst. aa und Nr. 5 Buchst. a UStG

---

[342] C–17/18, Urteil v. 19.12.2018, CELEX-Nr. 62018CJ0017.

Die Klägerin des Ausgangsverfahrens ist eine Vermittlerin auf dem Gebiet der Güterkraftverkehrsdienste. Nach einer Steuerprüfung wurde die Steuer bezüglich sieben Warenbeförderungsleistungen im Zusammenhang mit Ausfuhren von Waren nacherhoben, weil die Klägerin bei dieser Prüfung keine Ausfuhrzollanmeldungen vorlegen konnte, mit denen die tatsächliche Ausfuhr der betreffenden Waren hätte belegt werden können. Die Klägerin legte die Carnets TIR und CMR-Frachtbriefe der betreffenden Ausfuhren vor, die ihrer Auffassung nach nachwiesen, dass diese Ausfuhren tatsächlich erfolgt seien. Die Carnets TIR enthielten die Angabe der betreffenden Waren und bescheinigten ein zollrechtliches Versandverfahren von einer Abgangszollstelle bis zu einer Zielzollstelle. Die Steuerbehörde stellte sich auf den Standpunkt, dass die vorgelegten Dokumente zwar den Nachweis erlaubten, dass für die Ausführer Beförderungsleistungen im Ausland erbracht worden seien, dass damit aber nicht erwiesen sei, dass die Waren tatsächlich ausgeführt worden seien. Ein solcher Beweis erfordere nach den geltenden steuerrechtlichen Vorschriften die Vorlage der Ausfuhrzollanmeldungen. Das vorlegende Gericht teilt allerdings mit, dass das innerstaatliche (rumänische) Recht keine Vorschrift vorsehe, die ausdrücklich regeln würde, welche Art von Dokumenten den Beweis erbrächten, dass die beförderten Gegenstände ausgeführt worden seien.

Dem EuGH war es nicht völlig klar, worin die Leistung der Klägerin bestand. Ihre Dienstleistung sei nicht näher beschrieben, andererseits aber sei Gegenstand der Vorlage die unmittelbar für Beförderungsdienstleistungen zum Zweck der Ausfuhr von Waren geschuldete MwSt. Ob nun die Beförderung selbst oder ihre die Vermittlung in Rede stehe, müsse das Gericht prüfen.

Der EuGH verweist auf seine st. Rspr.: Sind die materiellen Voraussetzungen erfüllt, erfordert der Grundsatz der steuerlichen Neutralität, dass die MwSt-Befreiung gewährt wird, selbst wenn der Steuerpflichtige bestimmten formellen Anforderungen nicht genügt hat. Es gebe nur zwei Fälle, in denen die Nichteinhaltung einer formellen Anforderung den Verlust des Rechts auf MwSt-Befreiung nach sich ziehen kann. Abgesehen von einer Steuerhinterziehung, für die es hier keine Anhaltspunkte gab, erfolge das, wenn der Verstoß gegen eine formelle Anforderung den sicheren Nachweis verhindert, dass die materiellen Anforderungen erfüllt wurden.

Damit eine Beförderungsleistung nach Art. 146 Abs. 1 Buchst. e der MwStSystRL bzw. nach Art. 153 der genannten Richtlinie von der MwSt befreit werden könne, sei es grds. erforderlich, dass die betreffenden Gegenstände nach Orten außerhalb der Union geliefert worden sind, was den zuständigen Steuerbehörden gegenüber hinreichend nachgewiesen werden müsse. Daraus folge jedoch nicht, dass zum Nachweis der tatsächlichen Ausfuhr eine Ausfuhranmeldung vorgelegt werden müsse und jedes andere Beweismittel ausgeschlossen werden dürfe. Der bloße Umstand, dass ein Beförderer oder ein entsprechend tätiger Vermittler nicht in der Lage sei, eine Ausfuhranmeldung vorzulegen, bedeute nicht, dass eine solche Ausfuhr nicht tatsächlich stattgefunden habe – die Ausfuhranmeldung einzureichen gehöre nicht zu den Pflichten der Beförderer bzw. Vermittler, sodass sie nicht zwingend über eine Ausfuhranmeldung verfügten. Stattdessen hätten die Finanzbehörden sämtliche ihnen verfügbare Nachweise zu prüfen, um zu bestimmen, ob daraus mit einem hinreichend hohen Wahrscheinlichkeitsgrad abgeleitet werden kann, dass die so in ein Drittland beförderten Gegenstände dorthin geliefert wurden.

Die Nachweispflichten eines Steuerpflichtigen bestimmten sich nach den im nationalen Recht dafür ausdrücklich vorgesehenen Voraussetzungen und nach der für ähnliche Geschäfte üblichen Praxis. Die (rumänische) nationale Regelung sehe lediglich die Vorlage von nicht näher bestimmten Dokumenten vor, die den Nachweis ermöglichen, dass die beförderten Gegenstände ausgeführt wurden. Das entspreche nicht den Anforderungen, die der Grundsatz der Rechtssicherheit stellt.

Was den möglichen Beweiswert des Carnet TIR für den Nachweis anbelange, dass die Voraussetzungen der Steuerbefreiung tatsächlich erfüllt sind, wies der EuGH darauf hin, dass dieses einheitliche Dokument gem. den einschlägigen Bestimmungen des TIR-Übereinkommens ausgestellt wird und sowohl die Union als auch ihre Mitgliedstaaten Parteien dieses Übereinkommens sind. Ein insb. von den Zollbehörden des Bestimmungsdrittlands ordnungsgemäß mit einem Sichtvermerk versehenes Carnet TIR stelle ein offizielles Dokument dar, mit dem grds. nachgewiesen werden könne, dass die betreffenden Gegenstände von der Union in ein Drittland gelangt sind. Ein vom Carnet TIR bescheinigter Grenzübertritt und das Eintreffen der Gegenstände im Bestimmungsdrittland stelle aber eines der Merkmale eines Ausfuhrumsatzes dar. Daraus folge, dass im Fall der Erbringung einer solchen Beförderungsleistung ein Carnet TIR (wenn keine Zweifel an der Echtheit oder Zuverlässigkeit vorliegen) für die Zuerkennung eines Anspruchs auf Steuerbefreiung besonders relevant sein könne. Darum sei für den hier gegenständlichen Zweck auch das Carnet TIR gebührend zu berücksichtigen.

Praxishinweis

Das Carnet TIR ist in Deutschland als Nachweis bei steuerfreien Leistungen, die sich auf Gegenstände der Ausfuhr beziehen, zumindest in Beförderungsfällen vorgesehen (§ 20 Abs. 1 UStDV i. V. m. § 9 Abs. 3 UStDV). Das Urteil ist insofern interessant, als ein konkreter „Irgendwie"-Nachweis geprüft wird; damit bietet es eine Argumentationshilfe auch im Falle eines angestrebten „Irgendwie"-Nachweises für andere Steuerbefreiungen auf Basis anderer Dokumente.

4.23 Vorsteuerabzug mit Hilfe eines Sachverständigengutachtens

> **EuGH, Urteil v. 21.11.2018, C–664/16, *Vădan*, UR 2018, S. 962, m. Anm. *Nücken***
>
> **Die MwStSystRL, insb. Art. 167, Art. 168, Art. 178 Buchst. a und Art. 179, sowie die Grundsätze der Neutralität der MwSt und der Verhältnismäßigkeit sind dahin auszulegen, dass unter Umständen wie denen des Ausgangsverfahrens ein Steuerpflichtiger, der nicht in der Lage ist, durch Vorlage von Rechnungen oder anderen Unterlagen den Betrag der von ihm gezahlten Vorsteuer nachzuweisen, nicht allein auf der Grundlage einer Schätzung in einem vom nationalen Gericht angeordneten Sachverständigengutachten ein Recht auf Vorsteuerabzug geltend machen kann.**
>
> **Normen:** Art. 167, 168, 178 Buchst. a, 179 MwStSystRL, § 15 Abs. 1 Nr. 1 UStG

Der Kläger errichtete eine Wohnanlage, außerdem tätigte er eine Reihe von Immobilienumsätzen und verkaufte Baugrundstücke. Eine mehrwertsteuerliche Registrierung erfolgte nicht, und Steuererklärungen wurden nicht abgegeben. Daher erließ das FA einen Steuerbescheid und setzte dazu Verspätungszinsen und Verspätungszuschläge fest. Der Kläger trug vor, er habe sich weder registrieren lassen noch irgendwelche Aufzeichnungen führen müssen, da er die MwSt bei den von ihm getätigten Erwerben gezahlt und seinen Erwerbern gegenüber niemals MwSt berechnet habe (offenbar hätte die damalige Verwaltungsauffassung eine Registrierung für die von ihm getätigten Transaktionen nicht zugelassen). Originalrechnungen über den Erwerb von Eingangsleistungen für die veräußerten Gebäude legte er nicht vor, weil ihm das nach seinen Angaben nicht möglich war – er habe keine Rechnungen, sondern nur Kassenzettel erhalten, die infolge schlechter Qualität inzwischen unleserlich seien. Es lagen zwei Sachverständigenurteile vor, aus denen eine Schätzung der Vorsteuer auf Basis der vorgenommenen Arbeiten hervorging; nun drehte sich die Frage darum, ob ein Vorsteuerabzug auf Basis dieser Gutachten möglich sei.

Der EuGH teilte mit: Zu den formellen Voraussetzungen des Abzugsrechts ergebe sich aus der MwStSystRL, dass es nur ausgeübt werden kann, wenn der Steuerpflichtige eine im Einklang mit Art. 226 der RL ausgestellte Rechnung besitze. Der Vorsteuerabzug sei aber zu gewähren, wenn die materiellen Voraussetzungen erfüllt sind, selbst wenn der Steuerpflichtige bestimmten formellen Voraussetzungen nicht genügt hat. Hinter Hinweis auf das Urteil *Barlis 06*[343] kommt der EuGH zum Schluss: die strikte Anwendung des formellen Erfordernisses, Rechnungen vorzulegen, verstoße gegen die Grundsätze der Neutralität und der Verhältnismäßigkeit, weil dadurch dem Steuerpflichtigen auf unverhältnismäßige Weise die steuerliche Neutralität seiner Umsätze verwehrt würde. Gleichwohl müsse ein Steuerpflichtiger, der einen Vorsteuerabzug vornehmen möchte, nachweisen, dass er die Voraussetzungen hierfür erfüllt. Er müsse also durch objektive Nachweise belegen, dass ihm andere Steuerpflichtige auf einer vorausgehenden Umsatzstufe tatsächlich Gegenstände oder Dienstleistungen geliefert bzw. erbracht haben, die seinen der MwSt unterliegenden Umsätzen dienten und für die er die MwSt tatsächlich entrichtet hat.

Diese Nachweise könnten u. a. Unterlagen im Besitz der Lieferer oder Dienstleistungserbringer umfassen, von denen der Steuerpflichtige die Gegenstände oder Dienstleistungen, für die er die MwSt entrichtet hat, bezogen hat. Eine Schätzung in einem von einem nationalen Gericht angeordneten Sachverständigengutachten könne diese Nachweise zwar ggf. ergänzen oder glaubwürdiger erscheinen lassen, nicht aber ersetzen. Der Kläger habe keine Rechnungen vorlegen können und habe daher andere Dokumente vorgelegt, die den Angaben des vorlegenden Gerichts zufolge jedoch unleserlich waren und nicht genügten, um zu bestimmen, ob und inwieweit ein Recht auf Vorsteuerabzug besteht. Angabegemäß habe der Sachverständige die Aufgabe gehabt, den Betrag der abzugsfähigen Vorsteuer auf der Grundlage des Umfangs der Arbeiten bzw. der Arbeitsleistung zu ermitteln. Freilich könne durch ein solches Sachverständigengutachten nicht nachgewiesen werden, dass der Kläger die MwSt für die Umsätze, die er auf der vorausgehenden Umsatzstufe für die Errichtung dieser Gebäude bewirkt habe, tatsächlich gezahlt hat.

Praxishinweis

Aus deutscher Sicht hätte sich als erstes die Frage gestellt, ob der Kläger des Ausgangsverfahrens jemals über eine Originalrechnung verfügt hat. Denn das Recht zum Vorsteuerabzug kann erst ausgeübt werden, wenn der Unternehmer im Besitz einer Rechnung ist; auf diesen Zeitpunkt wirkt nach Meinung des EuGH und BFH auch die Korrektur einer Rechnung zurück. Als Originalrechnungen im technischen Sinn kommen zwar die Kassenzettel in Frage: auch sie können schließlich eine Rechnung i. S. d. Mehrwertsteuerrechts sein. Sie waren inzwischen freilich unleserlich und konnten daher auch nicht mehr für den Beweis in Frage kamen, ob eine Originalrechnung (mit Mindestinhalt) je vorlag.

Nun bezeichnet aber der EuGH im vorliegenden Urteil (Rz. 46) die Kassenzettel als „andere Unterlagen" und unterscheidet sie dort von „Rechnungen". Die Frage nach den Originalrechnungen scheint ihn nicht anzufechten. In Rz. 42 des Urteils teilt der EuGH mit, dass „die strikte Anwendung des formellen Erfordernisses, Rechnungen vorzulegen" gegen Unionsrecht verstoße, was er auf das Urteil in der Rs. *Barlis 06* bezieht. Diesem Urteil zufolge darf die Steuerverwaltung das Recht auf Vorsteuerabzug nicht allein deshalb verweigern, weil eine Rechnung nicht die in Art. 226 Nr. 6 und Nr. 7 der MwStSystRL aufgestellten Voraussetzungen erfüllt, wenn sie über sämtliche Daten verfügt, um zu prüfen, ob die für dieses Recht geltenden materiellen Voraussetzungen erfüllt sind.

---

[343] C–516/14, Urteil v. 15.9.2016, UR 2016, S. 795 m. Anm. *Maunz*; vgl. Steueränderungen 2017, C.5.28, S. 338.

Man könnte hier argumentieren, dass es hier darum geht, dass Rechnungen eben nicht „vorgelegt" werden können, und dass der Nachweis der Voraussetzungen für den Vorsteuerabzug bereits nach geltender deutscher Rechtslage bei Verlust der Originalrechnungen grds. mit allen verfahrensrechtlichen Mitteln geführt werden kann.[344] Der EuGH hält sich hier aber offenkundig nicht wie in der Rs. *Barlis 06* mit einzelnen Rechnungsvoraussetzungen auf, sondern ist offenbar der Auffassung, dass zumindest u. U. wie denen des Ausgangsverfahrens Rechnungen für die Ausübung des Rechts auf Vorsteuerabzug insgesamt entbehrlich sein könnten. Für diese Auffassung spricht, dass der EuGH sich z. B. schon in der Rs. *Senatex*[345] wie folgt vernehmen lässt: „*Zu den formellen Voraussetzungen des Abzugsrechts ergibt sich aus Art. 178 Buchst. a der Richtlinie 2006/112, dass es nur ausgeübt werden kann, wenn der Steuerpflichtige eine im Einklang mit Art. 226 der Richtlinie ausgestellte Rechnung besitzt [...] der Besitz einer Rechnung, die die in Art. 226 der Richtlinie 2006/112 vorgesehenen Angaben enthält, [stellt] [...] eine formelle und keine materielle Bedingung für das Recht auf Vorsteuerabzug dar*"[346]. Nach st. Rspr. des EuGH verlangt das Grundprinzip der Mehrwertsteuerneutralität, dass der Vorsteuerabzug gewährt wird, wenn die materiellen Anforderungen erfüllt sind, selbst wenn der Steuerpflichtige bestimmten formellen Bedingungen nicht genügt hat.[347]

Es verbliebe dann der vom EuGH im Urteil nicht angesprochene Umstand, „*dass das Vorsteuerabzugsrecht für den Erklärungszeitraum auszuüben ist, in dem die beiden nach dieser Bestimmung erforderlichen Voraussetzungen erfüllt sind, dass die Lieferung der Gegenstände oder die Dienstleistung bewirkt wurde und dass der Steuerpflichtige die Rechnung oder das Dokument besitzt, das nach den von den Mitgliedstaaten festgelegten Kriterien als Rechnung betrachtet werden kann*".[348] Ohne Besitz der Rechnung bleibt unklar, für welchen Zeitraum das Recht zur Ausübung des Vorsteuerabzugs (das von der Entstehung des Vorsteuerabzugsrechts zu unterscheiden ist) in Anspruch genommen werden kann. Denn mit dem Besitz der Rechnung verbindet sich auch eine Bestimmung des Besteuerungszeitraums, für den das Vorsteuerabzugsrecht geltend gemacht werden kann – und auf den sich auch z. B. eine spätere Korrektur der Rechnung zurückbeziehen kann.

Welche Bedeutung die nationale Rechtsprechung diesem Urteil beimisst, wird sich erst noch weisen müssen.

> **Literaturhinweis:** *von Streit/Streit*, Anmerkungen zum Rechnungserfordernis beim Vorsteuerabzug unter Berücksichtigung der jüngsten Rechtsprechung, MwStR 2019, S. 13

---

[344] Vgl. Abschn. 15.11 Abs. 1 S. 3 UStAE.
[345] C–518/14, Urteil v. 15.9.2016, UR 2016, S. 800, m. Anm. *Maunz*; vgl. Steueränderungen 2017, C.5.28, S. 338.
[346] EuGH, Urteil v. 15.9.2016, C–518/14, *Senatex*, Rz. 29 und Rz. 38, UR 2016, S. 800.
[347] EuGH, Urteil v. 15.9.2016, C–518/14, *Senatex*, Rz. 38, UR 2016, S. 800.
[348] C–152/02, Urteil v. 29.4.2004, *Terra Baubedarf*, UR 2004, S. 323.

4.24 Vorsteuerabzug bei nicht durchgeführter Veräußerung von Anteilen einer Enkelgesellschaft

> **EuGH, Urteil v. 8. 11. 2018, C–502/17, *C&D Food Acquisitions*, UR 2018, S. 966, m. Anm. *Billig***
>
> **Die Art. 2, 9, 168 der MwStSystRL sind dahin auszulegen, dass eine geplante, aber nicht durchgeführte Veräußerung von Aktien wie die im Ausgangsverfahren fragliche, die nicht ihren ausschließlichen unmittelbaren Entstehungsgrund in der steuerbaren wirtschaftlichen Tätigkeit der betreffenden Gesellschaft hat oder nicht eine unmittelbare, dauerhafte und notwendige Erweiterung dieser wirtschaftlichen Tätigkeit darstellt, nicht in den Anwendungsbereich der MwSt fällt.**
>
> **Normen:** Art. 2, 9, 168 MwStSystRL

Die Klägerin des Ausgangsverfahrens hielt über eine Zwischenholding die Anteile an einer Enkelgesellschaft, die ihrerseits Eigentümerin der übrigen Gesellschaften des Konzerns war. Zwischen Klägerin und Enkelin bestand eine Vereinbarung über die Erbringung von Verwaltungs- und IT-Dienstleistungen, die die Klägerin monatlich auf der Grundlage ihrer Personalkosten zzgl. eines Aufschlags in Rechnung stellte. Als ein Darlehen des damaligen Eigentümers des Konzerns notleidend wurde, übernahm ein Kreditinstitut den Konzern (der Sache nach offenbar einschließlich der Klägerin) und versuchte, sämtliche Aktien der Enkelin zu veräußern, um – wie der EuGH sich ausdrückt – *„nicht mehr Gläubiger dieses Konzerns zu sein"*. Im Zusammenhang mit der geplanten Veräußerung schloss das Kreditinstitut für Rechnung der Klägerin zahlreiche Beraterverträge ab; zumindest für einige dieser Dienstleistungen war die Klägerin auch tatsächlich umsatzsteuerliche Leistungsempfängerin. Diese Verkaufsbemühungen wurden später eingestellt, weil sich kein Käufer fand. Die Klägerin zog die auf die Beraterverträge entfallende Vorsteuer ab.

Nach der Rspr. des EuGH fallen Umsätze, die sich auf Aktien oder Anteile an einer Gesellschaft beziehen, in den Anwendungsbereich der MwSt, wenn sie im Rahmen des gewerbsmäßigen Wertpapierhandels oder zum Zweck des unmittelbaren oder mittelbaren Eingreifens in die Verwaltung der Gesellschaften erfolgen, an denen die Beteiligung begründet worden ist – oder, wenn sie eine unmittelbare, dauerhafte und notwendige Erweiterung einer steuerbaren Tätigkeit darstellen. Der EuGH verwies darauf, eine solche Erweiterung in seinem Urteil in der Rs. *SKF*[349] für eine Veräußerung bejaht zu haben, die zur Umstrukturierung eines Konzerns durch die Muttergesellschaft erfolgte, weil dieser Vorgang eine direkte Verbindung zur Organisation der Tätigkeit aufgewiesen habe, die der Konzern ausübte. Dies habe als ein Vorgang betrachtet werden können, der darin bestand, nachhaltig Einnahmen aus Tätigkeiten zu erzielen, die über den bloßen Verkauf von Aktien hinausgingen.

Eine Aktienveräußerung fällt – wie der EuGH schließt – in den Anwendungsbereich der Mehrwertsteuer, wenn sie ihren ausschließlichen unmittelbaren Entstehungsgrund in der steuerbaren wirtschaftlichen Tätigkeit der fraglichen Muttergesellschaft hat oder eine unmittelbare, dauerhafte und notwendige Erweiterung dieser Tätigkeit darstellt. Das sei dann der Fall, wenn sie erfolgt, um den daraus erzielten Erlös direkt für die steuerbare wirtschaftliche Tätigkeit der Muttergesellschaft oder die wirtschaftliche Tätigkeit der Gruppe, deren Muttergesellschaft sie ist, zu verwenden. Allerdings habe der Zweck der Aktienveräußerung hier lediglich darin gelegen, den Erlös aus der Veräußerung zur Tilgung der gegenüber dem Kredit-

---
[349] Urteil v. 29.9.2009, C–29/08, UR 2010, S. 107.

institut bestehenden Verbindlichkeiten zu verwenden. Das stelle keinen Umsatz dar, der darin besteht, nachhaltig Einnahmen aus Tätigkeiten zu erzielen, die über den bloßen Verkauf von Aktien hinausgehen. Es bestand hier also offenbar kein wie auch immer gearteter Zusammenhang der Veräußerung mit der wirtschaftlichen Tätigkeit der Klägerin oder des Konzerns, somit war auch der Vorsteuerabzug zu versagen.

Praxishinweis

Die Generalanwältin[350] hatte in Hinblick auf die von der Klägerin an die Enkelin erbrachten Leistungen den Anteilsverkauf als wirtschaftliche Tätigkeit angesehen, obwohl dadurch die steuerpflichtigen Eingriffe in die Tochtergesellschaft beendet wurden. Ein direkter und unmittelbarer Zusammenhang der Beratungsleistungen mit der steuerbaren Anteilsveräußerung schien für sie „durchaus zu bestehen". Der EuGH ist ihr in diesem Punkt nicht gefolgt. Der EuGH teilt mit, dass die Ausgaben für die Dienstleistungen auch dann entstanden wären, wenn die Klägerin keine Verwaltungs- und IT-Dienstleistungen erbracht hätte. Die Beauftragung der Beratungsdienstleistungen könne daher nicht ihren ausschließlichen unmittelbaren Entstehungsgrund in der wirtschaftlichen Tätigkeit der Klägerin haben. Im Ergebnis kam es also insb. auch auf die Leistungen der Klägerin an die Enkelin nicht an.

Über die Verbindlichkeiten, die mit dem Erlös getilgt werden sollten, erfährt man aus dem Urteil nur, dass es sich um Schulden des damaligen Eigentümers handelte; es fragt sich, ob der EuGH anders entschieden hätte, wenn sie aus der wirtschaftlichen Tätigkeit der Klägerin oder des Konzerns erwachsen wären. Immerhin könnte aus dem EuGH-Urteil im Umkehrschluss folgen, dass sich der EuGH bei ähnlichen Ausgangslagen in Umstrukturierungsfällen zumindest prinzipiell einen Vorsteuerabzug vorstellen könnte – und zwar, als „Erweiterung der Tätigkeit" im genannten Sinne, auch ungeachtet eines an sich steuerfreien Anteilsverkaufs.

> **Literaturhinweis:** *Oldiges*, Vorsteuerabzug beim steuerfreien Beteiligungsverkauf – Anmerkung zum EuGH-Urteil v. 8.11.2018 - Rs. C–502/17, nwb 2018, S. 3712

4.25 Bauträger kann Umsatzsteuer ohne Zusatzbedingungen zurückfordern

> **BFH, Urteil v. 27.9.2018, V R 49/17, UR 2018, S. 959**
>
> **Hat ein Bauträger aufgrund der rechtsirrigen Annahme seiner Steuerschuld als Leistungsempfänger von ihm bezogene Bauleistungen nach § 13b UStG versteuert, kann er das Entfallen dieser rechtswidrigen Besteuerung geltend machen, ohne dass es darauf ankommt, dass er einen gegen ihn gerichteten Nachforderungsanspruch des leistenden Unternehmers erfüllt oder die Möglichkeit für eine Aufrechnung durch das FA besteht (entgegen BMF-Schreiben vom 26.7.2017, BStBl I 2017, 1001, Rz. 15a).**
>
> **Normen:** §§ 13b Abs. 2 Nr. 4, 27 Abs. 19 UStG

Die Klägerin errichtete in den Streitjahren 2011 bis 2013 Gebäude, die sie ganz überwiegend steuerfrei an Dritte veräußerte. In geringem Umfang behielt sie zudem Gebäudeteile für sich, die sie ebenfalls steuerfrei vermietete. Für die Errichtung der Gebäude bezog sie Bauleistungen von im Inland ansässigen Dritten, die mit der Klägerin übereinstimmend davon ausgingen,

---

[350] Schlussanträge der Generalanwältin *Kokott* vom 6.9.2018, UR 2018, S. 843 m. Anm. *Sterzinger*.

dass die Klägerin als Leistungsempfängerin Steuerschuldnerin sei, und ihr entsprechend Nettorechnungen ausstellten. Darum erklärte die Klägerin in ihren Steuererklärungen für die Streitjahre Ausgangssteuer nach § 13b UStG. Infolge des Urteils des BFH mit dem Az. V R 37/10 wandte sich die Klägerin jedoch gegen die Steuerfestsetzung mit der Begründung, sie sei nicht Steuerschuldnerin. Das FA stritt dies zwar nicht ab. Es war u. a. aber der Auffassung, dass das Erstattungsverlangen die Verpflichtung begründe, die Steuer an den leistenden Unternehmer zu zahlen. Ohne eine solche Zahlung verhalte die Klägerin sich treuwidrig, wenn sie die Erstattung der Steuer begehrt. Nach dem Neutralitätsprinzip sei eine ungerechtfertigte Bereicherung zu vermeiden.

Der BFH stimmte beiden Parteien darin zu, dass die Klägerin im Streitfall nicht Steuerschuldnerin nach § 13b UStG war. Habe jedoch ein Bauträger aufgrund der rechtsirrigen Annahme seiner Steuerschuld als Leistungsempfänger für von ihm bezogene Bauleistungen nach § 13b UStG versteuert, könne er das Entfallen dieser rechtswidrigen Besteuerung geltend machen, ohne dass es darauf ankommt, dass er einen gegen ihn gerichteten Nachforderungsanspruch des leistenden Unternehmers erfüllt oder die Möglichkeit für eine Aufrechnung durch das FA besteht. Das materielle Recht mache das Entfallen einer rechtswidrigen Besteuerung nach § 13b UStG nicht von weiteren Bedingungen abhängig.

Zum einen hänge der Anspruch auf Änderung der rechtswidrigen Steuerfestsetzung nicht von einer für das FA bestehenden Aufrechnungsmöglichkeit ab. Sinngemäß teilt der BFH mit: Erst komme die Steuerfestsetzung, dann die Steuererhebung. Eine Aufrechnung (§ 226 AO) betreffe das Erhebungsverfahren und sei somit für die Beurteilung der Rechtswidrigkeit einer Steuerfestsetzung ohne Bedeutung. Zum anderen sei es auch nicht Voraussetzung, dass der Bauträger dem Bauleister die Steuer nachentrichtet. Denn der Wunsch nach einer gesetzeskonformen Besteuerung ohne rechtsfehlerhafte Anwendung des § 13b UStG sei entgegen der Auffassung des FA weder treuwidrig noch eine unzulässige Rechtsausübung. Auch der Neutralitätsgrundsatz stehe nicht entgegen. Die nötige Rückzahlung wegen Berichtigung eines unrichtigen Steuerbetrags, die der BFH erst kürzlich infolge ungerechtfertigter Bereicherung des leistenden Unternehmers verlangt hatte, betreffe die Auslegung einer anderen Norm.

Praxishinweis

> Das Urteil ist der vorläufige Schlusspunkt einer rund fünfjährigen Entwicklung. Nachdem im Jahr 2013 der BFH mit seinem Urteil mit dem Az. V R 37/10[351] die Verwaltungsmeinung zum Übergang der Steuerschuldnerschaft bei Bauleistungen in mehreren Punkten zurückgewiesen hatte, forderten zahlreiche Bauträger – vor allem solche, die mit ihren Ausgangsleistungen nicht zum Vorsteuerabzug berechtigt waren – die von ihnen als vermeintlichen Steuerschuldnern entrichtete Steuer vom Fiskus zurück. Der Fiskus war darum bestrebt, sich an ihren Subunternehmern, von denen sie die in Rede stehenden Bauleistungen bezogen hatten (den Bauleistern), schadlos zu halten. Diese Bauleister aber konnten in den meisten Fällen auf die Vertrauensschutzvorschrift des § 176 AO verweisen, die einer Änderung bestehender Bescheide unter bestimmten weiteren Voraussetzungen einen Riegel vorschob. Im darauffolgenden Jahr fügte der Gesetzgeber daher die Vorschrift des § 27 Abs. 19 in das UStG ein, die den Vertrauensschutz nach § 176 AO beseitigte, sodass er der Änderung der Veranlagung der Bauleister nicht mehr entgegenstand. Dabei hatte der Gesetzgeber den Bauleistern die Möglichkeit eingeräumt, an Zahlungs statt einen zivilrechtlichen Anspruch gegen ihre Abnehmer auf nachträgliche Entrichtung der USt an das FA abzutreten. Der BFH hat in seinem Urteil vom 23.2.2017 mit den Az. V R 16/16[352] und V R 24/16 die genannte Vorschrift grds. unter der

---

[351] Urteil vom 22.8.2013, BStBl II 2014, S. 128.
[352] Urteil vom 23.2.2017, BStBl II 2017, S. 760.

Bedingung gutgeheißen, dass dem betreffenden Bauleister auch ein abtretbarer Anspruch auf Zahlung der gesetzlich entstandenen USt gegen den Leistungsempfänger zusteht.

Mit seinem neuen Urteil verwirft der BFH – wie er im Leitsatz klarstellt – ausdrücklich entgegenstehende Regelungen im BMF-Schreiben vom 26.7.2017.[353] Unternehmern, die als Bauträger zunächst als vermeintliche Steuerschuldner die Ausgangssteuer auf die an sie erbrachten Bauleistungen entrichtet haben, nach dem o. g. Urteil des BFH und den daraufhin ergangenen BMF-Schreiben aber die Rückzahlung der entrichteten Steuer beantragt haben, dürfte dieses Urteil sehr entgegenkommen. Im Allgemeinen wird sich der Bauträger aber einem zivilrechtlichen Anspruch des Bauleisters oder – nach erfolgter Abtretung an das FA – des Fiskus in gleicher Höhe gegenübersehen. U. U. könnte aber ein Anspruch auf Erstattungszinsen in Frage kommen.

> **Literaturhinweise:** *Hammerl/Fietz*, Bauträger haben einen Anspruch auf Korrektur der zu Unrecht abgeführten Umsatzsteuer, nwb 2018, S. 3579; *Körner*, Umsatzsteuer der Bauträger – BFH verwirft erneut die Verwaltungsansicht, MwStR 2019, S. 23

4.26 Zur Besteuerung von Ratenzahlungen

> **EuGH, Urteil v. 29.11.2018, C–548/17, *baumgarten sports & more GmbH*, UR 2019, S. 70, m. Anm. *Stadie***
>
> **Art. 63 i. V. m. Art. 64 Abs. 1 der MwStSystRL ist dahin auszulegen, dass er der Annahme entgegensteht, dass der Steuertatbestand und der Steueranspruch bezüglich einer von einem Vermittler erbrachten Dienstleistung der Vermittlung von Profifußballspielern wie die im Ausgangsverfahren in Rede stehende, die Gegenstand von unter einer Bedingung stehenden Ratenzahlungen über mehrere Jahre nach der Vermittlung ist, im Zeitpunkt der Vermittlung eintreten.**
>
> **Normen:** Art. 63, 64 Abs. 1 MwStSystRL

Die Klägerin des Ausgangsverfahrens erbrachte als Spielervermittlerin Dienstleistungen im Bereich des Profifußballs. Bei erfolgreicher Vermittlung eines Spielers an einen Verein erhielt die Gesellschaft von diesem Verein eine Provision, die halbjährlich an die Klägerin ausgezahlt wurde, solange der Spieler bei dem betreffenden Verein unter Vertrag blieb und seine Lizenz fortbestand. Das FA war der Auffassung, dass die Klägerin Provisionen, die befristete Spielerverträge betreffen, bereits im Jahr der Vermittlung der Spieler der USt hätte unterwerfen müssen. Die Klägerin meinte, dass im Jahr der Vermittlung die Provisionen nicht sicher gewesen seien und dass die USt erst zu dem Zeitpunkt fällig sein dürfe, zu dem diese Provisionen tatsächlich vereinnahmt werden.

Der EuGH gab der Klägerin Recht. Zwar träten nach Art. 63 MwStSystRL grds. der Steuertatbestand und der Steueranspruch zu dem Zeitpunkt ein, zu dem die Dienstleistung erbracht wird. Allerdings gälten Dienstleistungen, wenn sie zu aufeinanderfolgenden Zahlungen Anlass geben, nach Art. 64 Abs. 1 dieser Richtlinie als mit Ablauf des Zeitraums erbracht, auf den sich diese Zahlungen beziehen. Da das hier offenbar der Fall war, träten der Steuertatbestand und der Steueranspruch nicht zum Zeitpunkt der Vermittlung, sondern mit Ablauf des Zeitraums ein, auf den sich die vom Verein geleisteten Zahlungen beziehen.

---

[353] Az. III C 3 – S 7279/11/10002 – 09, BStBl I 2017, S. 1001.

Praxishinweis

Der deutsche Gesetzgeber hat den besagten Art. 64 Abs. 1 der Richtlinie nur in Hinblick auf sog. Teilleistungen umgesetzt. Sie liegen vor, wenn für bestimmte Teile einer wirtschaftlich teilbaren Leistung das Entgelt gesondert vereinbart wird. Diese Auffassung ist offenbar zu eng und setzt Art. 64 der Richtlinie nicht vollständig um: Auch dann, wenn die Leistung bereits zu Beginn vollständig erbracht ist, sollte es bei Ratenzahlung auf den Ablauf des Zeitraums ankommen, auf den sich eine Abrechnung oder Zahlung bezieht.

Indessen sieht Art. 64 Abs. 1 der Richtlinie wichtige Ausnahmen vor: Er gilt abgesehen von Dienstleistungen für *„Lieferungen von Gegenständen, die nicht die Vermietung eines Gegenstands oder den Ratenverkauf eines Gegenstands im Sinne des Artikels 14 Absatz 2 Buchstabe b betreffen"*. Dieser Vorschrift zufolge gilt als Lieferung auch *„die Übergabe eines Gegenstands aufgrund eines Vertrags, der die Vermietung eines Gegenstands während eines bestimmten Zeitraums oder den Ratenverkauf eines Gegenstands vorsieht, der die Klausel enthält, dass das Eigentum unter normalen Umständen spätestens mit Zahlung der letzten fälligen Rate erworben wird"*.

Von diesen Fällen abgesehen ist das Urteil für zahlreiche Unternehmer von erheblicher praktischer Bedeutung. Wie im Ausgangsfall könnte es besonders im Falle von Zahlungen auf Dienstleistungen, die keine Dauerleistungen sind, den Cashflow zu verbessern helfen, weil die USt nicht auf einmal entsteht, sondern sich auf mehrere Zeiträume verteilt. Auch in Leasingsachverhalten könnte sich im Einzelfall die Prüfung lohnen, ob eigentlich die Voraussetzungen der besagten Vorschrift des Art. 14 Abs. 2 Buchst. b MwStSystRL vorliegen – diese Vorschrift hat der EuGH zum Beispiel in seinem Urteil *Mercedes-Benz Financial Services*[354] ausgelegt. Ist das nicht der Fall, könnte Art. 64 Abs. 1 der Richtlinie anzuwenden sein. Noch steht allerdings das Anschlussurteil des BFH aus, erst recht eine Reaktion der Finanzverwaltung.

Literaturhinweis: *Lohmar/Klöttschen*, Neue Rechtsprechung des EuGH zur umsatzsteuerrechtlichen Behandlung von Leasingverträgen, UR 2018, S. 697

---

[354] Urteil vom 4.10.2017, C–164/16, UR 2018, S. 14.

4.27 Anzahlungen auf Reiseleistungen

> **EuGH, Urteil v. 19.12.2018, C–422/17, *Skarpa*, CELEX-Nr. 62017CJ0422**
>
> 1. Die Art. 65 und 306 bis 310 MwStSystRL in der durch die RL 2010/45/EU des Rates vom 13.7.2010 geänderten Fassung sind dahin auszulegen, dass der Mehrwertsteueranspruch im Einklang mit Art. 65 entsteht, wenn ein Reisebüro, das der Sonderregelung in den Art. 306 bis 310 unterliegt, eine Anzahlung auf touristische Dienstleistungen, die es dem Reisenden erbringen wird, vereinnahmt, sofern die zu erbringenden touristischen Dienstleistungen zu diesem Zeitpunkt genau bestimmt sind.
>
> 2. Art. 308 MwStSystRL in der durch die RL 2010/45 geänderten Fassung ist dahin auszulegen, dass die Marge des Reisebüros – und folglich seine Steuerbemessungsgrundlage – in der Differenz zwischen dem vom Reisenden zu zahlenden Gesamtbetrag ohne MwSt und den tatsächlichen Kosten besteht, die vom Reisebüro vorab für Lieferungen von Gegenständen und Dienstleistungen anderer Steuerpflichtiger verauslagt werden, soweit diese Umsätze dem Reisenden unmittelbar zugutekommen. Entspricht die Anzahlung dem Gesamtpreis der touristischen Dienstleistung oder einem erheblichen Teil davon, und sind dem Reisebüro noch keine tatsächlichen Kosten oder nur ein begrenzter Teil der individuellen Gesamtkosten für diese Dienstleistung entstanden oder können die vom Reisebüro zu tragenden tatsächlichen individuellen Kosten der Reise zum Zeitpunkt der Leistung der Anzahlung nicht bestimmt werden, dann kann die Gewinnmarge aufgrund einer Schätzung der tatsächlichen Gesamtkosten bestimmt werden, die dem Reisebüro letztlich entstehen werden. Bei einer solchen Schätzung hat das Reisebüro ggf. die Kosten zu berücksichtigen, die ihm zum Zeitpunkt der Vereinnahmung der Anzahlung bereits tatsächlich entstanden sind. Bei der Berechnung der Marge werden vom Gesamtpreis der Reise die geschätzten tatsächlichen Kosten in Abzug gebracht. Die Bemessungsgrundlage der bei Vereinnahmung der Anzahlung abzuführenden Mehrwertsteuer ergibt sich aus einer Multiplikation des Betrags der Anzahlung mit dem Prozentsatz, der vom Gesamtpreis der Reise auf die in dieser Weise bestimmte voraussichtliche Gewinnmarge entfällt.
>
> **Normen:** Art. 65, 306 bis 310 MwStSystRL; §§ 13 Abs. 1 Nr. 1 Buchst. a S. 4, 25 UStG

Die Klägerin des Ausgangsverfahrens unterlag der Sonderregelung für Reisebüros; sie vereinnahmte Anzahlungen auf ihre Reiseleistungen. Nach Meinung der polnischen Finanzverwaltung entstand auch für diesen Fall der MwSt-Anspruch bereits dann, wenn die Anzahlungen geleistet würden. Zur Ermittlung der Bemessungsgrundlage der MwSt in Form der erzielten Marge könne die Klägerin von ihrer Bruttomarge den geschätzten Betrag der von ihr zu tragenden Kosten für die betreffende Dienstleistung in Abzug bringen. Später könne sie ggf. die erforderlichen Korrekturen vornehmen, sobald sie in der Lage sei, den endgültigen Betrag der tatsächlich angefallenen Kosten zu bestimmen. Die Klägerin blieb bei ihrer Auffassung, dass der MwSt-Anspruch auf ihre Dienstleistungen erst dann entstehen könne, wenn sie in der Lage sei, ihre endgültige Gewinnmarge zu bestimmen. Sie machte geltend, sie müsse zur Bestimmung der einschlägigen Steuerbemessungsgrundlage nach Art. 308 der RL ihre tatsächliche Gewinnmarge berechnen, was jedoch unmöglich sei, ohne die tatsächlichen Kosten zu kennen, die sie für den Erwerb von Gegenständen und Dienstleistungen von anderen Steuerpflichtigen verauslagen müsse.

Der EuGH gab der Finanzverwaltung Recht. Die für Reisebüros geltende MwSt-Sonderregelung stelle als solche keine unabhängige und abschließende Steuerregelung dar, sondern enthalte lediglich Vorschriften, die von bestimmten Regeln des allgemeinen MwSt-Systems abwichen, sodass die übrigen Regeln dieses allgemeinen Systems auf mehrwertsteuerpflichtige Umsätze von Reisebüros anwendbar seien. Das gelte auch für die Anzahlungsbesteuerung vor Leistungserbringung: hier entsteht die Steuer zum Zeitpunkt der Vereinnahmung entsprechend dem vereinnahmten Betrag. Dazu müssten zwar alle maßgeblichen Elemente des Steuertatbestands, also der künftigen Dienstleistung, bereits bekannt sein; somit müssen insb. die Dienstleistungen zum Zeitpunkt der Anzahlung genau bestimmt sein. Das sei hier aber der Fall: Die Anzahlungen waren angabegemäß bei Vereinnahmung jeweils einer bestimmten Dienstleistung der Klägerin zuzuordnen, also z. B. einer Reise an einem bestimmten Datum und in ein bestimmtes Land.

Zur Frage, wie unter solchen Bedingungen die Marge zu berechnen sei, führte der EuGH aus: Die Steuerbemessungsgrundlage für die vom Reisebüro erbrachte einheitliche Dienstleistung sei deren Gewinnmarge – also die Differenz zwischen dem vom Reisenden zu zahlenden Gesamtbetrag ohne MwSt und den tatsächlichen Kosten, die dem Reisebüro für die Lieferungen von Gegenständen und die Dienstleistungen anderer Steuerpflichtiger entstehen, soweit diese Umsätze dem Reisenden unmittelbar zugutekommen. Seien nun zum Zeitpunkt der Anzahlung die tatsächlichen Kosten gar nicht oder nur zu einem begrenzten Teil bekannt, dann könne die alleinige Berücksichtigung der zum Zeitpunkt der Anzahlung tatsächlich entstandenen Kosten das Reisebüro in bestimmten Fällen daran hindern, alle diese Kosten oder einen Teil von ihnen vom Gesamtpreis ohne MwSt der Dienstleistung abzuziehen. Außerdem könne es sein, dass ein Reisebüro nicht in der Lage ist, zu dem Zeitpunkt, zu dem ein Reisender eine Anzahlung leistet, die tatsächlichen Kosten einer konkreten ihm erbrachten touristischen Dienstleistung zu bestimmen.

In solchen Situationen könne die Gewinnmarge des Reisebüros im Wege einer Schätzung der tatsächlichen Gesamtkosten bestimmt werden. Dabei habe das Reisebüro ggf. die Kosten zu berücksichtigen, die ihm zum Zeitpunkt der Vereinnahmung der Anzahlung bereits tatsächlich entstanden sind. Von einem mit durchschnittlicher Sorgfalt betriebenen Reisebüro könne bei vernünftiger Betrachtung erwartet werden, dass es eine relativ detaillierte Schätzung der individuellen Gesamtkosten einer Reise erstellt, um ihren Gesamtpreis zu bestimmen. Die geschätzten voraussichtlichen Kosten müssten mit der konkreten touristischen Dienstleistung in Zusammenhang stehen, für die die Anzahlung vom Reisebüro vereinnahmt wurde. Denn die Gewinnmarge und somit die Steuerbemessungsgrundlage sei für jede vom Reisebüro erbrachte einheitliche Dienstleistung zu bestimmen, d. h. in individueller Form und nicht pauschal für Gruppen von Dienstleistungen oder eine Gesamtheit von Dienstleistungen, die während eines bestimmten Zeitraums erbracht werden.

Praxishinweis

Der EuGH bekräftigt hier, dass die Gruppen- und Pauschalbesteuerung (§ 25 Abs. 3 S. 3 UStG) mit der RL nicht vereinbar ist (vgl. bereits sein Urteil in der Rs. C–380/16[355]).

Damit hat der EuGH im Ergebnis wohl die deutsche Finanzverwaltung bestätigt. Was die Besteuerung von Anzahlungen auch für Reiseleistungen anging, war die deutsche Finanzverwaltung schon bislang der Auffassung, dass die allgemeinen Grundsätze gelten.[356] In Abschn. 25.3 Abs. 7 UStAE lässt die deutsche Finanzverwaltung es zu, für Fälle, in denen die Höhe der Marge für die im Voranmeldungszeitraum bewirkten Umsätze noch nicht feststeht, in der Voranmeldung als Bemessungsgrundlage geschätzte Beträge zugrunde zu legen. Diese Beträge seien anhand der Kalkulation oder nach Erfahrungssätzen der Vorjahre zu ermitteln. Das gelte ausdrücklich auch im Fall, dass der Unternehmer zwar die Marge für jede einzelne Leistung ermittelt, ihm aber am Ende des Voranmeldungszeitraums die Höhe der Reisevorleistung für die in diesem Zeitraum bewirkten Leistungen noch nicht bekannt ist. Die Auffassung läuft darauf hinaus, dass es häufig zu Änderungen bereits abgegebener Steueranmeldungen kommt – was auch den EuGH nicht weiter zu stören scheint. Die deutsche Finanzverwaltung verlangt freilich, dass sich nach endgültiger Feststellung der Bemessungsgrundlage nicht regelmäßig höhere Abschlusszahlungen ergeben.[357]

Im Verfahren *Alpenchalets Resorts*[358] hat der EuGH bestätigt, dass eine Leistung, die im Wesentlichen in der Überlassung einer Ferienwohnung besteht und bei der zusätzliche Leistungselemente nur als Neben- zur Hauptleistung anzusehen sind, der Sonderregelung für Reisebüros unterliegt. In diesem Falle findet der ermäßigte Steuersatz für Beherbergungen keine Anwendung. Dieses Verfahren geht auf eine Vorlage des BFH[359] zurück, ein weiteres am BFH anhängiges Verfahren[360] mit ähnlicher Fragestellung dürfte in einem ähnlichen Sinne zu entscheiden sein.

---

[355] Vgl. C.4.2 im vorliegenden Werk.
[356] Abschn. 25.1 Abs. 15 UStAE.
[357] Abschn. 25.3 Abs. 7 S. 4 UStAE.
[358] C–552/17, Urteil v. 19.12.2018, MwStR 2018, S. 973.
[359] Beschluss v. 3.8.2017, V R 60/16, BStBl II 2018, S. 37.
[360] Az. V R 9/16; vgl. Webauftritt des BFH, www.bundesfinanzhof.de; Vorinstanz: FG Nürnberg, Urteil v. 7.7.2015, 2 K 261/13, EFG 2015, S. 2003.

5 Im Bereich der Erbschaft- und Schenkungsteuer

5.1 Nach Erbfall aufgetretener Gebäudeschaden – kein Abzug der Reparaturaufwendungen als Nachlassverbindlichkeit

> **BFH, Urteil v. 26.7.2017, II R 33/15, NJW-RR 2018, S. 11;**
> **Vorinstanz: FG Münster, Urteil v. 30.04.2015, 3 K 900/13 Erb, ZEV 2015, S. 488**
>
> Aufwendungen zur Beseitigung von Schäden an geerbten Gegenständen wie Grundstücken oder Gebäuden, deren Ursache vom Erblasser gesetzt wurde, die aber erst nach dessen Tod in Erscheinung treten, sind nicht als Nachlassverbindlichkeit abziehbar.
>
> **Norm:** § 10 Abs. 5 Nr. 1 ErbStG a. F.[361]

Sachverhalt

Der Kläger (K) ist Miterbe seines im April 2006 verstorbenen Onkels (E). Zum Nachlass des E gehörte ein Zweifamilienhaus, in dem er eine Wohnung selbst bewohnt und die andere vermietet hatte. Im Oktober 2006 stellte sich heraus, dass E noch vor seinem Tod Heizöl für die Ölheizung seines Hauses bezogen hatte, das eine veränderte Qualität aufwies. Aufgrund dessen war ein Großteil des Heizöls ohne Störmeldung aus dem Tank der Heizanlage ausgetreten und hatte sich im Ölauffangraum gesammelt. Eine von der Mieterin beauftragte Firma beseitigte das ausgetretene Öl, sodass die Heizung weiter genutzt werden konnte. Zu einem späteren Zeitpunkt ersetzte eine Firma die alten Öltanks und reinigte den Öllagerraum.

Das FA setzte gegen K ErbSt fest, ohne die von K geltend gemachten, anteiligen Reparaturaufwendungen für die Heizungsanlage zum Abzug zuzulassen.

Das FG wies die Klage mit der Begründung ab, allein der Umstand, dass E durch den Einkauf des nicht geeigneten Heizöls die Ursache für den Schadenseintritt und die zur Schadensbeseitigung erforderlichen Aufwendungen gesetzt habe, reiche für den Abzug der Aufwendungen als Nachlassverbindlichkeit nicht aus.

Entscheidung

Die Revision wurde als unbegründet zurückgewiesen. Das FG habe zu Recht entschieden, dass die von K geltend gemachten Aufwendungen für die Beseitigung der Schäden an der Heizungsanlage und dem Gebäude nicht als Nachlassverbindlichkeiten i. S. d. § 10 Abs. 5 Nr. 1 ErbStG abziehbar seien.

Gem. § 10 Abs. 5 Nr. 1 ErbStG sind von dem Erwerb des Erben die vom Erblasser herrührenden Schulden, soweit sie nicht mit einem zum Erwerb gehörenden Gewerbebetrieb oder Anteil an einem Gewerbebetrieb in wirtschaftlichem Zusammenhang stehen und bereits nach § 12 Abs. 5 und 6 ErbStG[362] berücksichtigt worden, als Nachlassverbindlichkeiten abzugsfähig.

Aufwendungen zur Beseitigung von Schäden an geerbten Gegenständen wie Grundstücken oder Gebäuden, deren Ursache vom Erblasser gesetzt wurde, die aber erst nach dessen Tod in Erscheinung treten, seien nicht als Nachlassverbindlichkeiten i. S. d. § 10 Abs. 5 Nr. 1 ErbStG abziehbar.

---

[361] In der im Jahr geltenden Fassung 2006.
[362] Berücksichtigung bereits im Rahmen der Bewertung.

Der BFH bestätigt seine st. Rspr.[363]

Der BFH habe bereits entschieden, dass Aufwendungen zur Beseitigung von Mängeln und Schäden an geerbten Grundstücken oder Gebäuden – etwa unter dem Gesichtspunkt eines aufgestauten Reparaturbedarfs – grds. keine Erblasserschulden i. S. d. § 10 Abs. 5 Nr. 1 ErbStG darstellen. Etwas anderes gelte nur dann, wenn schon zu Lebzeiten des Erblassers eine öffentlich-rechtliche oder privatrechtliche Verpflichtung (etwa gegenüber einem Mieter aus § 535 Abs. 1 S. 2 BGB) zur Mängel- oder Schadensbeseitigung bestand. Dabei setze das Bestehen einer öffentlich-rechtlichen Verpflichtung für Zwecke der ErbSt den Erlass einer rechtsverbindlichen, behördlichen Anordnung gegen den Erblasser voraus. Im Übrigen können – etwa aufgrund eines aufgestauten Reparaturaufwands bedingte – Wertminderungen eines Gebäudes allenfalls bei der Grundstücksbewertung und nicht im Verfahren über die ErbSt-Festsetzung berücksichtigt werden.

Diese Grundsätze gelten nicht nur für Mängel und Schäden, die bereits im Zeitpunkt des Erbfalls erkennbar waren, sondern erst recht für Mängel und Schäden, deren Ursache zwar vom Erblasser gesetzt wurde, die aber erst nach dessen Tod in Erscheinung treten.

Diese Auslegung des § 10 Abs. 5 Nr. 1 ErbStG in Bezug auf Schäden, die erst nach dem Tod des Erblassers in Erscheinung treten, verstoße nicht gegen das Bereicherungsprinzip. Als steuerpflichtiger Erwerb gelte die Bereicherung des Erwerbers, soweit sie nicht steuerfrei sei. Bei Erwerben von Todes wegen gelte dabei als Bereicherung der Betrag, der sich ergebe, wenn von dem nach § 12 ErbStG zu ermittelnden Wert des gesamten Vermögensanfalls die nach § 10 Abs. 3 bis 9 ErbStG abzugsfähigen Nachlassverbindlichkeiten (§ 10 Abs. 1 S. 2 ErbStG) abgezogen werden. Ausschlaggebender Stichtag für die Ermittlung der Bereicherung ist der Zeitpunkt der Entstehung der Steuer. Dies sei beim Erwerb durch Erbanfall grds. der Zeitpunkt des Todes des Erblassers. Nach den Verhältnissen zu diesem Zeitpunkt richten sich die Feststellungen des Umfangs und des Werts des Erwerbs. Spätere Ereignisse, die den Wert des Vermögensanfalls erhöhen oder vermindern, könnten sich erbschaftsteuerlich grds. nicht auswirken (sog. Stichtagsprinzip). Die Bereicherung sei damit stichtagsbezogen zu ermitteln. Das Stichtagsprinzip schränke das Bereicherungsprinzip insoweit ein.

Aus dem Bereicherungsprinzip lasse sich somit nicht ableiten, dass Aufwendungen für die Beseitigung von Mängeln und Schäden an geerbten Gegenständen, deren Ursache zwar vom Erblasser gesetzt wurde, die aber erst nach dessen Tod in Erscheinung treten, als Nachlassverbindlichkeit abziehbar seien, während ein solcher Abzug grds. ausgeschlossen sei, wenn die Mängel und Schäden bereits beim Eintritt des Erbfalls vorlagen und erkennbar waren.

Der BFH verneint weiter die Übertragbarkeit seiner Grundsätze aus dem Urteil v. 4.7.2012[364]. Der BFH hatte in diesem Urteil entschieden, dass vom Erblasser herrührende (Einkommensteuer-)Steuerschulden des Todesjahres als Nachlassverbindlichkeit abzugsfähig seien. Entscheidend für einen solchen Abzug sei dabei, dass der Erblasser in eigener Person und nicht etwa der Erbe als Gesamtrechtsnachfolger steuerrelevante Tatbestände verwirklicht habe und bereits im Todeszeitpunkt feststehe, dass mit Ablauf des VZ die Steuerschuld kraft Gesetzes entstehen wird. In Abgrenzung hierzu habe der BFH klargestellt, dass, soweit der Erbe selbst einkommensteuerrelevante Tatbestände verwirklicht habe, die darauf entfallenden ESt-Zahlungen keine Nachlassverbindlichkeiten nach § 10 Abs. 5 Nr. 1 ErbStG seien. Habe der Erblasser lediglich eine Schadensursache für Schäden an geerbten Gegenständen wie Gebäuden oder Grundstücken gesetzt, könne das Ausmaß des Schadens im Todeszeitpunkt ungewiss sein. Anders als die (Einkommen-)Steuerschulden des Todesjahres entstehen Reparaturauf-

---

[363] BFH, Urteil v. 11.7.1990, II R 153/87, BFH/NV 1991, S. 97; BFH, Beschluss v. 19.2.2009, II B 132/08, BFH/NV 2009, S. 966.
[364] BFH, Urteil v. 4.7.2012, II R 15/11, BStBl II 2012, S. 790.

wendungen zur Beseitigung solcher Schäden nicht zwangsläufig oder kraft Gesetzes in bestimmter Höhe zu einem bestimmten Zeitpunkt nach dem Ableben des Erblassers.

Auf das Erfordernis einer wirtschaftlichen Belastung des Erblassers im Todeszeitpunkt komme es daher bei Schulden, die erst nach dem Tod des Erblassers in Erscheinung treten, nicht an.

Nach diesen Grundsätzen sei das FG zutreffend zu dem Ergebnis gekommen, dass die von K geleisteten Aufwendungen zur Beseitigung des Ölschadens nicht als Nachlassverbindlichkeit i. S. d. § 10 Abs. 5 Nr. 1 ErbStG abziehbar seien. Eine öffentlich-rechtliche Verbindlichkeit des E zur Beseitigung des Ölschadens bestand nicht. Es sei zu Lebzeiten des E keine entsprechende behördliche Anordnung ergangen. Darüber hinaus sei er zum Zeitpunkt seines Ablebens auch nicht privatrechtlich verpflichtet gewesen, einen durch Ölaustritt verursachten Schaden zu beseitigen. Das Setzen einer Schadensursache durch E reiche für den Abzug der Reparaturaufwendungen als Nachlassverbindlichkeit nicht aus.

Literaturhinweis: *Königer*, ZEV 2018, S. 99

5.2 Steuerwert einer gemischten Schenkung

BFH, Beschluss v. 5.7.2018, II B 122/17, DStR 2018, S. 1709;
Vorinstanz: Hessisches FG, Beschluss v. 26.10.2017, 1 V 1165/17, EFG 2018, S. 60

Der Wert der Bereicherung ist bei einer gemischten Schenkung durch Abzug der – ggf. kapitalisierten – Gegenleistung vom Steuerwert zu ermitteln. Das gilt auch dann, wenn im Einzelfall der nach dem BewG ermittelte Steuerwert hinter dem gemeinen Wert zurückbleibt.

Normen: §§ 5 Abs. 2, 6, 14 Abs. 2 BewG; §§ 1 Abs. 1 Nr. 2, 7 Abs. 1 Nr. 1 ErbStG; § 96 FGO

Sachverhalt

Der Antragsteller (E) ist Erbe seines im Dezember 2014 im Alter von 83 Jahren verstorbenen Onkels (Übergeber). Mit notariellem Vertrag v. 30.7.2014 übertrug der Übergeber sein Grundstück auf E. Als Gegenleistung wurde eine monatlich zu zahlende Rente i. H. v. 300 € vereinbart, die ab dem 1.8.2014 monatlich im Voraus zu zahlen war. Zudem verpflichtete sich E, den Übergeber zu pflegen, zu verköstigen und erforderliche Gänge zum Arzt und/oder zur Apotheke vorzunehmen.

Der Übergeber behielt sich ein lebenslanges unentgeltliches Wohnrecht an der Wohnung im 1. Obergeschoss vor. Die Mieten aus seiner vermieteten Wohnung im Erdgeschoss sollten dem Übergeber bis zu seinem Tod bzw. bis zum Auszug der 94-jährigen Mieterin weiterhin zustehen.

Der Wert des übertragenen Grundbesitzes wurde mit Bescheid v. 27.3.2017 über die gesonderte und einheitliche Feststellung des Grundbesitzwerts auf den 30.7.2014 i. H. v. 251.212 € festgestellt.

Das FA vertrat die Auffassung, bei der Grundstücksübertragung handele es sich um eine gemischte Schenkung, und setzte mit Bescheid v. 4.4.2017 Schenkungsteuer i. H. v. 44.660 € fest. Den steuerpflichtigen Erwerb i. H. v. 223.300 € ermittelte das FA, indem es vom festgestellten Steuerwert des Grundstücks den Kapitalwert der Nutzungs- und Duldungsauflagen, den Kapitalwert der Leistungsauflage, die Erwerbsnebenkosten und den Freibetrag abzog. Die Kapitalwerte der Renten- und der Pflegeversicherung setzte das FA dabei mit insgesamt 3.790 € an. Es berücksichtigte monatliche Beträge 300 € (Rente) und 458 € (Pflege) und korrigierte den Kapitalwert nach § 14 Abs. 2 BewG für die tatsächliche Dauer von fünf Monaten. Den Kapitalwert des Wohnungsrechts und des Nießbrauchsrechts setzte es i. H. v. insgesamt 2.500 € an. Es berücksichtigte monatliche Beträge von jeweils 250 € für jede Wohnung, also insgesamt 500 € pro Monat, und korrigierte den Kapitalwert ebenfalls nach § 14 Abs. 2 BewG für die tatsächliche Dauer von fünf Monaten. Schließlich zog es Erwerbsnebenkosten i. H. v. insgesamt 1.568 € und den Freibetrag i. H. v. 20.000 € ab.

Den Antrag auf AdV lehnte das FA am 28.4.2017 ab. Das FG gab dem gerichtlichen Antrag auf AdV teilweise statt. Seiner Auffassung nach bestehen ernstliche Zweifel, ob der Wert der Bereicherung vom FA zutreffend ermittelt wurde. Vielmehr sei die gemischte Schenkung im Wege einer Verhältnismäßigkeitsrechnung in einen entgeltlichen und einen unentgeltlichen Teil aufzuteilen. Die Bereicherung habe unter Berücksichtigung der vereinbarten Gegenleistungen (gerundet) 78 % betragen. Dies führe zu einem Wert der Zuwendung i.H. v. 192.772,32 €. Nach Berücksichtigung des Freibetrags i. H. v. 20.000 € sei die Schenkungsteuer nach einem Wert der Bereicherung i. H. v. 172.700 € zu berechnen und daher der Schenkungsteuerbescheid v. 4.4.2017 i. H. v. 10.120 € von der Vollziehung auszusetzen.

E vertritt die Auffassung, bei der Übertragung handele es sich um einen voll entgeltlichen Vertrag, für den keine Schenkungsteuer festzusetzen sei.

Das FA beantragte u. a. die Vollziehung des Schenkungsteuerbescheids v. 4.4.2017 nur i. H. v. 9.060 € auszusetzen. Es vertritt nunmehr die Auffassung, dass die Kapitalwerte der Pflege- und der Rentenverpflichtung – anders als die Kapitalwerte für das Wohnrecht und den Nießbrauch an der vermieteten Wohnung – nicht nach § 14 Abs. 2 BewG zu korrigieren seien. Danach kommt das FA zu einem Wert der Bereicherung i. H. v. 178.000 €.

Entscheidung

Der BFH hielt die Beschwerde des E für unbegründet.

Im Streitfall bestünden über die gewährte AdV hinaus keine ernstlichen Zweifel an der Rechtmäßigkeit des mit dem Einspruch angefochtenen Schenkungsteuerbescheids.

Das FA habe zutreffend die Übertragung des Grundstücks als gemischte Schenkung angesehen. Im streitgegenständlichen Sachverhalt betrage der Wert der insgesamt durch den Antragsteller zu erbringenden Gegenleistung in Form von Leistungs- und Duldungsauflagen weniger als 30 % des festgestellten Grundstückswerts.

Entgegen der Auffassung des FG habe das FA zu Recht von einer gesonderten Verkehrswertberechnung abgesehen und den Wert der Bereicherung bei der gemischten Schenkung unter Berücksichtigung des Grundstückswerts unter Abzug des Kapitalwerts der Nutzungs- und Leistungsauflage ermittelt.

Nach geltender Verwaltungsauffassung[365] und weit überwiegender Ansicht in der Kommentarliteratur sei bei einer gemischten Schenkung, für die die Steuer nach dem 31.12.2008 entsteht, keine gesonderte Berechnung des Verhältnisses zwischen dem Verkehrswerts des zugewendeten Gegenstands und dem Wert der Gegenleistung mehr erforderlich. Dieser Auffassung schließt sich der erkennende Senat des BFH an.

---

[365] R E 7.4 ErbStR 2011.

Zutreffend habe das FA bei der Ermittlung der Gegenleistung den Kapitalwert der Nutzungsauflagen nach § 14 Abs. 2 BewG wegen des vorzeitigen Versterbens des Übergebers etwa fünf Monate nach der Übertragung gekürzt.

Es könne wegen des Verbots der Schlechterstellung des Antragstellers (reformatio in peius) dahinstehen, ob darüber hinaus auch hinsichtlich der Leistungsauflagen eine Kürzung vorzunehmen sei, da lediglich der Antragsteller, nicht jedoch das FA Beschwerde eingelegt habe.

Praxishinweis

Der Beschluss des BFH bestätigt die Verwaltungsauffassung in R E 7.4 Abs. 1 ErbStR 2011. Damit ist keine prozentuale Aufteilung nach dem Verhältnis der Steuerwerte der Leistung des Schenkers und der Gegenleistung des Beschenkten einschließlich der übernommenen Leistungs- Nutzungs- oder Duldungsauflagen vorzunehmen. Die Bereicherung i. S. d. § 10 ErbStG ergibt sich vielmehr im Subtraktionsverfahren unter Beachtung der Abzugsbeschränkungen des § 10 Abs. 6 S. 6 ErbStG.

Ob hinsichtlich der Berichtigung von lebenslänglichen Nutzungen und Leistungen unter den Voraussetzungen des § 14 Abs. 2 BewG zwischen Nutzungs- und Leistungsauflagen zu differenzieren ist, hat der BFH offen gelassen. Der Gesetzeswortlaut in § 14 BewG sieht jedoch keine unterschiedliche Behandlung dieser beiden Arten von Auflagen vor.

5.3 Keine Erbschaftsteuerbefreiung beim Erwerb eines Anspruchs auf Verschaffung des Eigentums am Familienheim

> **BFH, Urteil v. 29.11.2017, II R 14/16, DStR 2018, S. 671;**
> **Vorinstanz: FG München, Urteil v. 6.4.2016, 4 K 1868/15, ErbStB 2016, S. 225**
>
> 1. Der von Todes wegen erfolgte Erwerb eines durch eine Auflassungsvormerkung gesicherten Anspruchs auf Verschaffung des Eigentums an einem Familienheim durch den überlebenden Ehegatten ist nicht von der ErbSt befreit.
> 2. Die Steuerbefreiung nach § 13 Abs. 1 Nr. 4b S. 1 ErbStG setzt voraus, dass der verstorbene Ehegatte zivilrechtlicher Eigentümer oder Miteigentümer des Familienheims war und der überlebende Ehegatte das zivilrechtliche Eigentum oder Miteigentum an dem Familienheim von Todes wegen erwirbt.
>
> **Normen:** §§ 873, 925 BGB; § 13 Abs. 1 Nr. 4b S. 1 ErbStG

Sachverhalt

Die verstorbene Ehefrau (Erblasserin) des Klägers (K) erwarb mit notariell beurkundetem Vertrag v. 16.3.2007 eine noch zu errichtende Eigentumswohnung und vier Tiefgaragenstellplätze. Die Vertragsparteien erklärten zugleich die Auflassung. Am 28.1.2008 wurde zugunsten der Erblasserin eine Auflassungsvormerkung im Grundbuch eingetragen.

Im Dezember 2008 zogen K, die Erblasserin und die beiden Kinder in die Wohnung ein.

Mit privatschriftlichem Testament vom 9.7.2009 verfügte die Erblasserin, K solle bei ihrem Ableben die Eigentumswohnung allein erhalten. Für das restliche Vermögen ordnete sie die gesetzliche Erbfolge an.

Die Erblasserin verstarb am 16.7.2009. Zu diesem Zeitpunkt war sie nicht als Eigentümerin der Eigentumswohnung im Grundbuch eingetragen. Das Amtsgericht wies in einem gemeinsamen Erbschein den K zu 1/2 und die Kinder zu je 1/4 als Erben aus. Bezüglich der Eigentumswohnung gingen K und die Kinder davon aus, dass das Testament insoweit ein Vermächtnis zugunsten des K beinhalte. Mit notarieller Urkunde vom 24.11.2009 vereinbarten K und seine Kinder, dass er in Erfüllung dieses Vermächtnisses das Alleineigentum an der Eigentumswohnung erhalte. K wurde am 2.2.2010 als Eigentümer in Grundbuch eingetragen. K nutzt die Eigentumswohnung seit dem Einzug ununterbrochen zu eigenen Wohnzwecken.

In der ErbSt-Erklärung beantragte K für den Erwerb der Eigentumswohnung die Steuerbefreiung für ein Familienheim nach § 13 Abs. 1 Nr. 4b ErbStG.

Das beklagte FA setzte ErbSt fest und gewährte nicht die beantragte Steuerbefreiung. Es nahm an, K habe von der Erblasserin nicht das Eigentum am Familienheim, sondern einen mit dem Verkehrswert anzusetzenden Anspruch auf Übereignung des Grundstücks (Eigentumsverschaffungsanspruch) erworben. Dieser Eigentumsverschaffungsanspruch sei nicht als Erwerb eines Familienheims steuerbefreit.

Die Klage hatte keinen Erfolg. Das FG führte als Begründung aus, K habe einen Eigentumsverschaffungsanspruch verbunden mit einem Anwartschaftsrecht an der Eigentumswohnung erworben und nicht das Eigentum oder Miteigentum an der Wohnung erworben. Die Steuerbefreiung nach § 13 Abs. 1 Nr. 4b S. 1 ErbStG setze aber den Erwerb von Volleigentum voraus.

Mit seiner Revision rügt K eine Verletzung von § 13 Abs. 1 Nr. 4b S. 1 ErbStG. Das FA beantragt, die Revision als unbegründet zurückzuweisen.

Entscheidung

Der BFH wies die Revision als unbegründet zurück.

Der von Todes wegen erfolgte Erwerb eines durch eine Auflassungsvormerkung gesicherten Anspruchs auf Verschaffung des Eigentums an einem Familienheim durch den überlebenden Ehegatten sei nicht nach § 13 Abs. 1 Nr. 4b S. 1 ErbStG von der ErbSt befreit.

Nach ihrem Wortlaut setze die Vorschrift ausdrücklich den Erwerb von Eigentum oder Miteigentum an einem Familienheim durch den überlebenden Ehegatten voraus. Die Begriffe Eigentum und Miteigentum seien dabei im zivilrechtlichen Sinne zu verstehen. Der Erwerb eines anderen Anspruchs oder Rechts in Bezug auf die Immobilie, bspw. eines durch eine Auflassungsvormerkung gesicherten Eigentumsverschaffungsanspruchs oder eines dinglichen Wohnungsrechts genüge nicht den Anforderungen des § 13 Abs. 1 Nr. 4b S. 1 ErbStG.

Dem Zweck der Vorschrift entspreche es, seine Anwendung durch eine klare Abgrenzung auf den Erwerb von Eigentum oder Miteigentum an dem Familienheim zu beschränken und alle anderen Erwerbe von der Steuerbefreiung auszunehmen. Eine erweiterte Auslegung (teleologische Extension) der Vorschrift auf von ihrem Wortlaut nicht erfasste Sachverhalte komme nicht in Betracht.

Nach dem BFH enthalte die Vorschrift keine Regelungslücke, die Voraussetzung für eine teleologische Extension sei. Sinn und Zweck der Steuerbefreiung nach § 13 Abs. 1 Nr. 4b S. 1 ErbStG werden durch den Erwerb von Eigentum oder Miteigentum durch den überlebenden Ehegatten als gesicherte Rechtsposition erreicht. Der Erwerb anderer Rechte und Ansprüche, wie bspw. eines, durch Auflassungsvormerkung gesicherten Eigentumsverschaffungsanspruchs, stehe dem Erwerb von Eigentum oder Miteigentum nicht gleich. Durch die Auflassungsvormerkung entstehe zwar zugunsten des Käufers der Immobilie ein sog. vormerkungsgeschütztes Anwartschaftsrecht, wenn die Auflassung mit bindender Wirkung erklärt sei. Das

Anwartschaftsrecht begründe aber kein Eigentum im zivilrechtlichen Sinne. Es sei nur ein dem Volleigentum wesensähnliches Recht und werde deshalb in Teilbereichen wie das Vollrecht behandelt (Möglichkeit der Belastung mit einem Nießbrauch). Die ErbSt knüpfe grds. an das Zivilrecht an.

Dieser streng am Wortlaut orientierten Auslegung des § 13 Abs. 1 Nr. 4b S. 1 ErbStG stehe die BFH-Rspr. zur Frage des Zeitpunkts der Ausführung von Grundstücksschenkungen nicht entgegen. Danach sei eine Grundstücksschenkung i. S. d. § 9 Abs. 1 Nr. 2 ErbStG bereits ausgeführt, wenn die Auflassung beurkundet worden sei, der Schenker die Eintragung der Rechtsänderung in das Grundbuch bewilligt habe. Die Vorverlagerung des Ausführungszeitpunkts einer Grundstücksschenkung vor den Zeitpunkt der Eintragung der Rechtsänderung im Grundbuch sei im Hinblick darauf geschehen, dass der Schenker zu diesem Zeitpunkt alles zur Bewirkung der Leistung Erforderliche getan habe.

Die Rspr.-Grundsätze zum Zeitpunkt der Ausführung einer Grundstücksschenkung sind auf den Erwerb durch Erbanfall nicht übertragbar. Beim Erwerb von Todes wegen entstehe die Steuer grds. mit dem Tod des Erblassers (§ 9 Abs. 1 Nr. 1 ErbStG); nur die in diesem Zeitpunkt in der Person des Erblassers bestehende Rechtsposition könne auf den Erben übergehen.

Auch eine erweiterte Auslegung sei nicht im Hinblick auf die Regelung über die steuerbefreite Schenkung unter Ehegatten nach § 13 Abs. 1 Nr. 4a ErbStG geboten. § 13 Abs. 1 Nr. 4a ErbStG habe andere Voraussetzungen und eine andere Zielrichtung als § 13 Abs. 1 Nr. 4b ErbStG. Die Steuerbefreiung sei – anders als § 13 Abs. 1 Nr. 4b ErbStG – nicht auf den Erwerb des Eigentums beschränkt.

Auch handele es sich nicht bei dem Erwerb eines Eigentumsverschaffungsanspruchs um „Grundbesitz" i. S. d. § 19 BewG.

Literaturhinweise: *Wachter*, ZEV 2018, S. 290; *Ihle*, notar 2018, S. 399

5.4 Berücksichtigung einer zukünftigen Steuerbelastung bei den Wertfeststellungen für Zwecke der Erbschaftsteuer

BFH, Urteil v. 27.9.2017, II R 15/15, DStR 2018, S. 343;
Vorinstanz: FG Hamburg, Urteil v. 20.1.2015, 3 K 180/14, ErbStB 2015, S. 159

Die zukünftige ertragsteuerrechtliche Belastung aufgrund einer im Bewertungszeitpunkt lediglich beabsichtigten, aber noch nicht beschlossenen Liquidation der Kapitalgesellschaft ist bei der Ermittlung des Substanzwerts als Mindestwert nicht wertmindernd zu berücksichtigen.

Normen: §§ 11 Abs. 2, 95 Abs. 1, 103 Abs. 1 BewG, § 13b Abs. 2 S. 2, S. 3 ErbStG

Sachverhalt

Der Unternehmensgegenstand einer GmbH (Klägerin) war der Erwerb, die Verwaltung, die Veräußerung von Grundstücken und die Erstellung von Wohnungen. Geschäftsführer der GmbH waren der Kläger (K) und eine am 21.6.2012 verstorbene Verwandte (Erblasserin). Die Erblasserin war bis zu ihrem Tode Alleingesellschafterin der GmbH. Ihre Beteiligung ging im Wege der Erbfolge auf K über.

Schon lange vor dem Tod der Erblasserin verfügte die GmbH nicht mehr über einen operativen Geschäftsbetrieb. Ihr Anlagevermögen bestand allein aus einem von der Erblasserin bis zu ihrem Umzug in ein Alten- und Pflegeheim selbst bewohnten Hausgrundstück, das weder vermietet wurde noch vermietbar war. Das Hausgrundstück wurde mit einem Buchwert von 1,51 € bilanziert. Das Umlaufvermögen der GmbH bestand im Wesentlichen aus Bankguthaben und einer Forderung gegen die Erblasserin. K fasste am 25.6.2014 den förmlichen Beschluss, die GmbH zu liquidieren, und schüttete die Kapitalrücklage an sich aus.

Das zuständige FA stellte den Grundbesitzwert auf den 21.6.2012 mit Bescheid v. 22.11.2013 für Zwecke der Ermittlung des Werts des Betriebsvermögens mit 857.226 € gesondert fest. Der gegen diesen Bescheid zunächst eingelegte Einspruch wurde später zurückgenommen.

Den Wert der Anteile an der GmbH stellte das FA mit Bescheid v. 12.12.2013 für Zwecke der ErbSt nach § 151 Abs. 1 S. 1 Nr. 3 BewG auf 1.386.364 € fest. Dabei folgte es der Erklärung zur Feststellung des Bedarfswerts für die Anteile an Kapitalgesellschaften, setzte jedoch statt des erklärten Grundbesitzwerts den gesondert festgestellten Grundbesitzwert i. H. v. 857.226 € an. In demselben Bescheid stellte das FA den gemeinen Wert des Verwaltungsvermögens nach § 13b Abs. 2a ErbStG 2012 auf 857.226 € fest. Nachrichtlich errechnete das FA die Quote des Verwaltungsvermögens gem. § 13b Abs. 2 S. 1 ErbStG mit 61,8 %.

Die nach erfolglosem Einspruchsverfahren erhobene Klage gegen die gesonderte Feststellung des Anteilswerts und des Verwaltungsvermögenswerts, mit der ein Abzug der bei einer Liquidation anfallenden KSt, des SolZ zur KSt und der GewSt begehrt wurde, hatte keinen Erfolg. Nach Ansicht des FG hat das FA zu Recht die auf die stillen Reserven im Grundstücks-Buchwert entfallende latente Ertragsteuerbelastung nicht wertmindernd berücksichtigt.

Entscheidung

Der BFH wies die Revision als unbegründet zurück. Zutreffend sei das FG davon ausgegangen, dass die zukünftig anfallenden Steuern bei der gesonderten Feststellung des Werts der Anteile an der GmbH und des Verwaltungsvermögens nicht zu berücksichtigen seien.

Nach § 11 Abs. 2 S. 3 Halbs. 2 BewG darf die Summe der gemeinen Werte der zum Betriebsvermögen gehörenden Wirtschaftsgüter und sonstigen Wirtschaftsgüter und sonstigen aktiven Ansätze abzüglich der zum Betriebsvermögen gehörenden Schulden und sonstigen Abzüge (Substanzwert) der Gesellschaft nicht unterschritten werden. Dieser Substanzwert bilde bei der Bewertung von Anteilen an Kapitalgesellschaften die untere Grenze. Der sog. Liquidationswert stelle nur eine besondere Ausprägung des Substanzwerts dar. Er ist als Barwert aus dem erzielbaren Nettoerlös abzüglich Schulden und Liquidationskosten zu ermitteln und kann in den Fällen angesetzt werden, in denen feststeht, dass die Gesellschaft nicht weiter betrieben werden soll.

Die Rspr. des BGH, wonach bei der stichtagsbezogenen Bewertung von Vermögensgegenständen für Zwecke des Zugewinnausgleichs zukünftige Ertragsteuern aus der Veräußerung einer freiberuflichen Praxis unabhängig davon zu berücksichtigen seien, ob die Veräußerung tatsächlich beabsichtigt sei, stehe der Nichtberücksichtigung von zukünftig entstehenden Steuern im Rahmen der Ermittlung des Substanzwerts nach § 11 Abs. 2 S. 3 BewG nicht entgegen.

Die Bewertung von Anteilen an einer Kapitalgesellschaft für Zwecke der ErbSt stelle aber nicht auf den etwaig zu erzielenden Veräußerungsgewinn ab. Maßgeblich sei nach § 11 Abs. 2 S. 3 BewG als Mindestwert die Summe der gemeinen Werte der zum Betriebsvermögen gehörenden Wirtschaftsgüter abzüglich Schulden. Auf den bei einer Veräußerung erzielbaren Gewinn stelle die Vorschrift nicht ab. Die Bewertung von Anteilen an Kapitalgesellschaften nach dem BewG erfolge somit nach anderen Maßstäben als bei der Berechnung des Zugewinnausgleichs.

Die Berücksichtigung etwaiger zukünftiger Steuerschulden sei auch nicht aus Verfassungsgründen geboten. Einen Verfassungsrechtssatz des Inhalts, dass alle Steuern zur Vermeidung von Lücken oder von Mehrfachbelastung aufeinander abgestimmt werden müssten, gebe es nicht.

Ein niedrigerer Wert als der vom FA bei der gesonderten Feststellung des Werts der Anteile an der Klägerin und bei der Feststellung des Verwaltungsvermögens zugrunde gelegte Substanzwert kann nicht angesetzt werden. Ob die Erblasserin die Fortführung oder die Liquidation der GmbH beabsichtigte, wirke sich ebenso wenig auf die Bewertung aus wie eine (etwaige) bereits beim Eintritt des Erbfalls bestehende Liquidationsabsicht des Klägers.

Praxishinweis

Die Entscheidung des BFH bestätigt erneut das für die Erbschaft- und Schenkungsteuer geltende Stichtagsprinzip, das nur bei ausdrücklicher gesetzlicher Anordnung, etwa im Rahmen der sog. Investitionsklausel gem. § 13 Abs. 5 ErbStG, durchbrochen wird.

Im Rahmen der Gestaltungsberatung, sei es für Vermögensübertragungen durch Schenkung unter Lebenden, sei es bei sich abzeichnenden Erbfällen, sollte daher abgewogen werden, ob eine gezielte Verwirklichung ertragsteuerlicher Realisationstatbestände im Rahmen der Gesamtbetrachtung steuerliche Vorteile bringt

5.5 Kein Nachweis eines niedrigeren Grundstückswerts durch den Bilanzansatz oder durch Ableitung aus dem Kaufpreis für einen Gesellschaftsanteil

> **BFH, Urteil v. 25.4.2018, II R 47/15, DStR 2018, S. 2147;**
> **Vorinstanz: FG Münster Urteil v. 12.2.2015, 3 K 336/14 F, DStRE 2016, S. 1505**
>
> 1. **Für den Nachweis eines niedrigeren gemeinen Werts eines zum Vermögen einer Gesellschaft gehörenden Grundstücks reicht der Wertansatz des Grundstücks in der Bilanz der Gesellschaft nicht aus.**
> 2. **Der Nachweis eines niedrigeren Grundstückswerts kann regelmäßig auch nicht durch Ableitung aus dem Kaufpreis für einen Gesellschaftsanteil geführt werden.**
>
> **Normen:** §§ 99 Abs. 1 Nr. 1, 151 Abs. 1 S. 1 Nr. 1 und Abs. 5 S. 1, 157 Abs. 1 bis Abs. 3, 181 Abs. 1 Nr. 4 und Abs. 6, 182 Abs. 3 Nr. 2, 198 BewG, § 8 Abs. 2 S. 1 Nr. 3 GrEStG

Sachverhalt

Der Kläger (K) war zusammen mit A zu je 50 % an einer GbR beteiligt. Im Gesamthandsvermögen der GbR befand sich ein vermietetes Grundstück.

Das bebaute Grundstück war in der Bilanz der GbR zum 31.12.2010 einschließlich der Betriebsvorrichtungen mit 2.810.254,90 € aktiviert.

Darüber hinaus waren K und A zu je 50 % am Stammkapital einer GmbH beteiligt.

Mit notariellem Vertrag v. 23.12.2010 verkaufte und übertrug A seine Anteile an der GbR i. H. v. 44 % an K sowie 6 % an die GmbH. Gleichzeitig verpflichtete sich A, seine Anteile an der GmbH auf K zu übertragen.

Das beklagte FA ging aufgrund dieser Vereinbarung von einer Vereinigung der GbR-Anteile in der Person des K zum 23.12.2010 aus. In der Erklärung zur Feststellung des Bedarfswerts für das Grundstück der GbR beantragte K, den bilanzierten Buchwert von 2.810.254,90 € als nachgewiesenen niedrigeren Wert des Grundstücks anzusetzen.

Mit Bescheid v. 6.12.2013 über die gesonderte Feststellung des Grundbesitzwerts auf den 23.12.2010 für Zwecke der GrESt ermittelte das FA den Wert des Grundstücks nach dem Ertragswertverfahren und stellte ihn mit 3.493.000 € fest. Der Einspruch gegen die Höhe des festgestellten Grundbesitzwerts blieb erfolglos.

Mit seiner Klage machte K geltend, er habe über den GbR-Anteil das Grundstück erworben. Der Wert des Grundstücks ergebe sich aus dem Bilanzansatz bei der GbR ohne Betriebsvorrichtungen. Im Rahmen des Revisionsverfahrens hat das FA wegen der Neufassung des § 8 Abs. 2 GrEStG am 8.3.2016 einen geänderten Bescheid über die gesonderte Feststellung des Grundbesitzwerts auf den 23.12.2010 für Zwecke der GrESt erlassen und nunmehr einen Grundbesitzwert von 3.380.164 € festgestellt.

Mit der Revision rügt K eine Verletzung von § 198 BewG. Er beantragt u. a. den Grundbesitzwert auf 2.788.865 € festzustellen.

Das FA beantragt, die Revision zurückzuweisen.

Entscheidung

Der BFH wies die Revision als unbegründet zurück. Der Grundbesitzwert i. H. v. 3.380.164 € sei zutreffend nach dem Ertragswertverfahren ermittelt worden, da ein niedrigerer Grundbesitzwert nicht nachgewiesen worden sei.

Für den Nachweis, dass der gemeine Wert der wirtschaftlichen Einheit am Bewertungsstichtag niedriger sei als der nach den §§ 182 bis 196 BewG ermittelte Wert, seien gem. § 198 S. 2 BewG grds. die aufgrund des § 199 Abs. 1 BauGB erlassenen Vorschriften maßgeblich.

§ 198 BewG regele nicht, wie der Nachweis eines niedrigeren gemeinen Werts zum maßgeblichen Bewertungsstichtag zu führen sei. Nach der Begründung zur Einführung der Bedarfsbewertung[366] solle der Nachweis eines niedrigeren tatsächlichen Grundstückswerts regelmäßig durch ein Gutachten eines vereidigten Bausachverständigen oder eines Gutachterausschusses erbracht werden können. Ein niedrigerer gemeiner Wert könne auch durch einen im gewöhnlichen Geschäftsverkehr zeitnah zum maßgeblichen Besteuerungsstichtag erzielten Kaufpreis für das zu bewertende Grundstück nachgewiesen werden.

Der Bilanzansatz allein sei weder Indiz noch Nachweis für den gemeinen Wert eines Wirtschaftsguts. Bilanzwerte gerade von Grundstücken lägen regelmäßig deutlich unter dem Verkehrswert.

Der erforderliche Nachweis sei auch nicht gegeben, wenn beim Erwerb von Gesellschaftsanteilen der gemeine Wert eines zum Gesellschaftsvermögen gehörenden Grundstücks aus dem Kaufpreis für die Gesellschaftsanteile abgeleitet werde. Dies gelte insb., wenn das Vermögen der Gesellschaft nicht nur aus dem zu bewertenden Grundstück bestehe, sondern weitere Gegenstände umfasse. Rechtlich und tatsächlich seien der Erwerb eines Grundstücks und der Erwerb von Anteilen einer grundbesitzenden Gesellschaft nicht gleichzusetzen.

---

[366] BT-Drs 13/4839, S. 38, S. 61.

Der Verkauf des GbR-Anteils i. V. m. der Bilanz der GbR sei nicht geeignet, einen niedrigeren gemeinen Wert des Grundstücks nachzuweisen, zumal das Grundstück einschließlich der darin enthaltenen Betriebsvorrichtungen – mit einem Bilanzansatz i. H. v. 2.810.254,90 € – nicht das einzige Wirtschaftsgut der GbR sei.

Praxishinweis

Die Entscheidung des BFH ist nachvollziehbar. Im Rahmen von Anteilsverkäufen, die grunderwerbsteuerbare Tatbestände verwirklichen, sollte zum einen der nach § 8 Abs. 2 GrEStG i. V. m. §§ 151 Abs. 1 S. 1 Nr. 1, 157 BewG maßgeblichen Bemessungsgrundlage ggf. durch Einholung eines entsprechenden Wertgutachtens gem. § 198 BewG Rechnung getragen werden. Zum anderen sollte in den entsprechenden Kaufvertragsvereinbarungen im Hinblick auf die gem. § 13 GrEStG angeordnete Gesamtschuldnerschaft für die anfallende GrESt eine entsprechende Regelung zur Übernahme der Steuer im Innenverhältnis der Gesamtschuldner aufgenommen werden.

Bemerkenswert ist die Entscheidung auch vor dem Hintergrund, dass schenkungsteuerlich durchaus eine freigebige Zuwendung nach § 7 Abs. 1 Nr. 1 ErbStG wegen des um ca. 570.000 € geringeren Wertansatzes für das Grundstück einschließlich Betriebsvorrichtungen im Rahmen der Kaufpreisbemessung in Betracht käme. Diese Frage war jedoch offenkundig nicht Gegenstand des Verfahrens.

Literaturhinweis: *Broemel*, DStRK 2018, S. 315

5.6 Erbschaftsteuerrechtlich begünstigtes Vermögen bei einer Wohnungsvermietungsgesellschaft

BFH, Urteil v. 24.10.2017, II R 44/15, BStBl II 2018, S. 358;
Vorinstanz: FG Düsseldorf, Urteil v. 24.6.2015, 4 K 2086/14 Erb, ZEV 2015, S. 602

Wohnungen, die eine Wohnungsvermietungsgesellschaft an Dritte zur Nutzung überlässt, gehören nur zum begünstigten Vermögen i. S. d. § 13b Abs. 2 S. 2 Nr. 1 S. 2 Buchst. d ErbStG 2009, wenn die Gesellschaft neben der Vermietung im Rahmen eines wirtschaftlichen Geschäftsbetriebs Zusatzleistungen erbringt, die das bei langfristigen Vermietungen übliche Maß überschreiten. Auf die Anzahl der vermieteten Wohnungen kommt es dabei nicht an.

Normen: § 14 AO; §§ 13a, 13b Abs. 2 S. 1 und S. 2 Nr. 1 S. 2 Buchst. d ErbStG

Sachverhalt

Der Kläger (K) ist befreiter Vorerbe seines am 17.5.2011 verstorbenen Vaters (V). Zum Nachlassvermögen gehörte u. a. eine Kommanditbeteiligung an der D-KG. Gegenstand der D-KG war die Verwaltung der in ihrem Eigentum stehenden 5 Mietwohngrundstücke mit insgesamt 37 Wohnungen und 19 Garagen.

Das beklagte FA gewährte für den Erwerb des Anteils an der D-KG keine Steuerbefreiung nach § 13a i. V. m. § 13b Abs. 2 S. 2 Nr. 1 S. 2 Buchst. d ErbStG, weil zur Vermietung der Wohnungen kein wirtschaftlicher Geschäftsbetrieb erforderlich gewesen sei. Einspruch und Klage blieben erfolglos.

Mit seiner Revision macht K geltend, für die Steuerbefreiung sei bereits ausreichend, dass für die Erfüllung des Hauptzwecks des Betriebs ein wirtschaftlicher Geschäftsbetrieb eingerichtet sei. § 13c Abs. 2 S. 2 Nr. 2 Buchst. d ErbStG sei verfassungskonform auszulegen. Eine Gewährung der Steuerbefreiung für große Wohnungsunternehmen ab einem Bestand von 300 Wohnungen ohne weitere Prüfung – wie dies die Finanzverwaltung vorsehe – benachteilige kleine Wohnungsunternehmen.

Entscheidung

Der BFH wies die Revision als unbegründet zurück. Das FG habe zu Recht entschieden, dass K die Steuerbefreiung nach § 13a i. V. m. § 13b Abs. 2 S. 2 Nr. 1 S. 2 Buchst. d ErbStG nicht zu gewähren sei. Die Vermietung der Wohnungen durch die D-KG erfordere keinen wirtschaftlichen Geschäftsbetrieb.

Für den Erwerb von Betriebsvermögen sehe § 13a i. V. m. § 13b ErbStG unter bestimmten Voraussetzungen Steuerbefreiungen vor. Ausgenommen von der Steuerbefreiung des § 13a ErbStG bleibe Betriebsvermögen, wenn es zu mehr als 50 % aus Verwaltungsvermögen bestehe. Zum Verwaltungsvermögen gehören Dritten zur Nutzung überlassene Grundstücke und Grundstücksteile, also z. B. an Dritte vermietete Wohnungen und Garagen.

Eine Nutzungsüberlassung an Dritte sei nach § 13b Abs. 2 S. 2 Nr. 1 S. 2 Buchst. d ErbStG nicht anzunehmen, wenn die überlassenen Grundstücke und Grundstücksteile zum gesamthänderisch gebundenen Betriebsvermögen einer Personengesellschaft gehören und der Hauptzweck des Betriebs in der Vermietung von Wohnungen i. S. d. § 181 Abs. 9 BewG bestehe, dessen Erfüllung einen wirtschaftlichen Geschäftsbetrieb erfordere.

Ein wirtschaftlicher Geschäftsbetrieb liege vor, wenn die Gesellschaft neben dem Überlassen der Wohnungen Zusatzleistungen erbringe, die das bei langfristigen Vermietungen übliche Maß überschreiten und der Vermietungsgesellschaft einen originär gewerblichen Charakter i. S. d. § 15 Abs. 1 S. 1 Nr. 1, Abs. 2 EStG verleihen. Es genüge nicht, dass sich die Wohnungen im Betriebsvermögen der Gesellschaft befinden.

Nach § 14 S. 1 AO sei ein wirtschaftlicher Geschäftsbetrieb, eine selbstständige nachhaltige Tätigkeit, durch die Einnahmen oder andere wirtschaftliche Vorteile erzielt werden und die über den Rahmen einer Vermögensverwaltung hinausgehen. Aus der gesetzlichen Definition ergebe sich, dass ein wirtschaftlicher Geschäftsbetrieb i. d. R. durch die Erzielung von Einkünften aus Gewerbebetrieb i. S. d. § 15 EStG begründet werde. Denn dabei sei begrifflich auch der Rahmen einer Vermögensverwaltung i. S. d. § 14 S. 3 AO überschritten. Dies gelte ebenso für die Beteiligung an einer gewerblich tätigen Personengesellschaft. Einkünfte aus Gewerbebetrieb und Vermögensverwaltung schließen einander im Grundsatz aus.

Eine gewerblich geprägte Personengesellschaft nach § 15 Abs. 3 Nr. 2 S. 1 EStG, die keine originär gewerbliche Tätigkeit i. S. d. § 15 Abs. 1 S. 1 Nr. 1 EStG ausübe, sondern lediglich vermögensverwaltend tätig sei, unterhalte keinen wirtschaftlichen Geschäftsbetrieb i. S. d. § 14 S. 1 AO, auch wenn sie ertragsteuerrechtlich Einkünfte aus Gewerbebetrieb erziele und buchführungspflichtig sei.

In materiell-rechtlicher Hinsicht erzielen gewerblich geprägte Personengesellschaften konstitutiv nur aufgrund der Fiktion des § 15 Abs. 3 Nr. 2 EStG Einkünfte aus Gewerbebetrieb. Tatsächlich ausgeübt werde hingegen eine vermögensverwaltende und nicht eine gewerbliche Tätigkeit.

Demzufolge begründe die gewerbliche Prägung allein bei einer vermögensverwaltenden Wohnungsvermietungsgesellschaft ebenfalls keinen wirtschaftlichen Geschäftsbetrieb i. S. d. § 13b

Abs. 2 S. 2 Nr. 1 S. 2 Buchst. d ErbStG. Die Vorschrift stelle ausdrücklich auf einen wirtschaftlichen Geschäftsbetrieb ab und verweise zu dessen Definition auf § 14 AO.

Für die im Rahmen des § 13b Abs. 2 S. 2 Nr. 1 S. 2 Buchst. d ErbStG vorzunehmende Prüfung, ob die Vermietung von Wohnungen einen wirtschaftlichen Geschäftsbetrieb erfordere, seien die ertragsteuerrechtlichen maßgebenden Abgrenzungskriterien zur Einstufung einer Vermietungstätigkeit als private Vermögensverwaltung oder als gewerbliche Tätigkeit heranzuziehen. Sei die Wohnungsvermietung nach dem Gesamtbild der Verhältnisse als private Vermögensverwaltung einzustufen, liege kein wirtschaftlicher Geschäftsbetrieb vor.

Die Nutzung von Grundbesitz i. S. einer Fruchtziehung aus zu erhaltenden Substanzwerten sei im Regelfall private Vermögensverwaltung und kein Gewerbebetrieb.

Die Vermietung von Grundstücken oder Grundstücksteilen wie etwa Wohnungen sei danach regelmäßig bloße Vermögensverwaltung i. S. einer Fruchtziehung. Dies gelte auch, wenn es sich um einen großen Wohnungsbestand handele. Entscheidend sei der Zweck, der in der Einkünfteerzielung in Form von Vermögensanlage und -nutzung liege. Je größer der vermietete Besitz werde, umso umfangreicher werde zwar die mit der Verwaltung verbundene Tätigkeit. Die die Einkunftsart charakterisierende Relation zwischen Vermögen und Tätigkeit bleibe aber erhalten.

Die Grundstücksvermietung habe dagegen einen gewerblichen Charakter, wenn besondere Umstände gegeben seien. Solche besonderen Umstände liegen vor, wenn bei der Vermietung eine Tätigkeit entfaltet werde, die über das normale Maß einer Vermietertätigkeit hinausgehe. Von einer gewerblichen Vermietungstätigkeit sei auszugehen, wenn der Vermieter bei der Vermietung von Räumen nicht übliche Sonderleistungen – wie z. B. die Übernahme der Reinigung der vermieteten Wohnungen oder der Bewachung des Gebäudes erbringe oder wegen eines besonders schnellen Wechsels der Mieter eine Unternehmensorganisation erforderlich sei. Sonderleistungen des Vermieters lägen bspw. vor, wenn die Räume in der mit dem Mieter vereinbarten Weise ausgestattet werden, Bettwäsche überlassen und monatliche gewechselt werden, ein Aufenthaltsraum mit Fernsehapparat und ein Krankenzimmer bereitgehalten werde sowie ein Hausmeister bestellt werde.

Auf die Zahl der vermieteten Wohnungen komme es dagegen nicht an.

Ferner führt der BFH aus, dass soweit die Finanzverwaltung in R E 13.b. 13 Abs. 3 ErbStR 2011 eine andere Auslegung des § 13b Abs. 2 S. 2 Nr. 1 S. 2 Buchst. d ErbStG vertrete, indem sie insb. auf den Umfang der Geschäfte und eine umfangreiche Organisationstruktur zur Durchführung der Geschäfte abstelle und das Vorliegen eines wirtschaftlichen Geschäftsbetriebes regelmäßig annehme, wenn das Unternehmen mehr als 300 eigene Wohnungen halte, könne dem nicht gefolgt werden. Verwaltungsvorschriften, zu denen die ErbStR 2011 gehören, seien keine die Gerichte bindenden Rechtsnormen.

Praxishinweis

Das Urteil des BFH hat enorme Auswirkungen für die Nachfolgeberatung. Der BFH hat strenge Voraussetzungen an die erbschaft- bzw. schenkungsteuerliche Begünstigung sog. Wohnungsunternehmen gestellt, die in der Praxis häufig nicht zu erfüllen sein werden.

Die Finanzverwaltung hat mit einem Nichtanwendungserlass auf das Urteil des BFH reagiert und hält insb. an der typisierenden Betrachtungsweise in R E 13b.13 Abs. 3 ErbStR 2011 fest, wonach anhand von vorliegenden Indizien auf einen wirtschaftlichen Geschäftsbetrieb geschlossen werden kann und insb., dass das Vorliegen eines wirtschaftlichen Geschäftsbetriebs regelmäßig anzunehmen sei, wenn das Unternehmen mehr als 300 eigene Wohnungen halte.

Aufgrund der seitens des BFH bereits im Urteil geäußerten verfassungsrechtlichen Bedenken an der 300-Objekte-Grenze bleibt abzuwarten, ob der Gesetzgeber durch eine Änderung des § 13b Abs. 4 Nr. 1 Buchst. d ErbStG reagiert und auf den enthaltenen Verweis auf § 14 AO verzichtet.

Für die Praxis dürfte bis auf weiteres für Wohnungsunternehmen, die die 300-Objekte-Grenze nicht überschreiten und damit von der typisierenden Betrachtungsweise der Finanzverwaltung Gebrauch machen können, eine erbschaft- bzw. schenkungsteuerliche Begünstigung i. S. d. §§ 13a, 13b ErbStG ausgeschlossen sein.

Literaturhinweis: *Escher/Viskorf*, ZEV 2018, S. 219

5.7 Feststellung der Ausgangslohnsumme und der Zahl der Beschäftigten für Zwecke der Schenkungsteuer

> **BFH, Urteil v. 5.9.2018, II R 57/15, DStR 2018, S. 2522;**
> **Vorinstanz: FG Düsseldorf, Urteil v. 28.10.2015, 4 K 269/15 F, DStRE 2016, S. 1248**
>
> 1. Die Feststellung der Ausgangslohnsumme und die Feststellung der Anzahl der Beschäftigten i. S. d. § 13a Abs. 1a S. 1 ErbStG sind zwei getrennte Feststellungen, die jeweils eigenständig einer Überprüfung im Einspruchs- und Klageverfahren zugänglich sind.
> 2. Allein aus der Feststellung einer Ausgangslohnsumme lässt sich regelmäßig nicht herleiten, ob der Betrieb mehr als 20 Beschäftigte hat und die Steuerbefreiung daher nach § 13a Abs. 1 ErbStG der Lohnsummenbeschränkung unterliegt.
>
> **Norm:** § 13a Abs. 1 und Abs. 1a sowie Abs. 4 ErbStG 2012

Sachverhalt

Die Klägerin und Revisionsbeklagte (Klägerin) ist eine GmbH, die nach ihren Angaben im Kalenderjahr 2012 weniger als 20 Beschäftigte hatte. Sie war zu jeweils mehr als 25 % an verschiedenen Kapitalgesellschaften mit Sitz im Inland und in anderen Mitgliedsstaaten der EU beteiligt.

Durch Vertrag vom 18.10.2012 übertrug der beigeladene Vater der Klägerin einen Geschäftsanteil im Nominalwert von 97.000 € auf die Klägerin.

Auf Aufforderung des Beklagten übersandte der Beigeladene eine Erklärung zur Feststellung des Bedarfswerts für den übertragenen Geschäftsanteil. Er vertrat die Auffassung, dass eine

Ausgangslohnsumme wegen der geringen Anzahl der Beschäftigten der Klägerin nicht festzustellen sei. Für den Fall, dass das FA dies anders sehe, sei die Ausgangslohnsumme unter Berücksichtigung der Beschäftigten der Gesellschaften, an denen die Klägerin beteiligt ist, festzustellen. Das FA stellte mit Bescheid v. 5.12.2013 den Wert des übertragenen Geschäftsanteils auf den 18.10.2012 – der Höhe nach erklärungsgemäß – auf 6.867.600 € und die Ausgangslohnsumme auf 47.608.821 € fest.

Gegen diesen Bescheid legten die Klägerin und der Beigeladene Einspruch ein mit der Begründung, eine Ausgangslohnsumme sei mangels Bedeutung für die Schenkungsteuer nicht festzustellen. Eine Hinzurechnung von Beschäftigten nachgeordneter Gesellschaften sehe das Gesetz für den streitigen Besteuerungszeitpunkt nicht vor.

Das FA wies die Einsprüche mit Einspruchsentscheidung v. 21.1.2015 als unbegründet zurück. Seiner Auffassung nach ist eine Ausgangslohnsumme festzustellen. § 13a Abs. 4 S. 5 ErbStG sei bei der Prüfung der Frage, ob die Mindestarbeitnehmerzahl erreicht werde, entsprechend anzuwenden.

Die Klage hatte Erfolg. Das FG hat den Bescheid über die Feststellung der Ausgangslohnsumme aufgehoben. Zwar sei nach § 13a Abs. 1 S. 2 ErbStG Voraussetzung für die Inanspruchnahme des Verschonungsabschlags, dass die Summe der maßgebenden jährlichen Lohnsummen des Betriebs innerhalb von fünf Jahren nach dem Erwerb insgesamt 400 % der Ausgangslohnsumme nicht unterschreite. Das Erfordernis des Nichtunterschreitens dieser Mindestlohnsumme gelte nach § 13a Abs. 1 S. 4 ErbStG jedoch nicht, wenn der Betrieb nicht mehr als 20 Beschäftigte habe. § 13 Abs. 4 S. 5 ErbStG könne nicht entsprechend angewendet werden.

Dagegen richtet sich die Revision des FA. Seiner Ansicht nach muss § 13a Abs. 1 S. 4 ErbStG über seinen Wortlaut hinaus dahingehend ausgelegt werden, dass die Anzahl der Arbeitnehmer, die bei nachgeordneten Beteiligungsgesellschaften beschäftigt seien, einbezogen werde. Dies folge aus einer systematischen Auslegung im Zusammenhang mit dem Verweis in § 13a Abs. 1 S. 2 ErbStG auf § 13a Abs. 4 ErbStG. Entgegen der Auffassung des FG sei eine solche Auslegung trotz des Wortlauts des § 13a Abs. 1 S. 4 ErbStG möglich und teleologisch geboten. Mit § 13a Abs. 4 S. 5 ErbStG habe der Gesetzgeber die Einbeziehung der Lohnsummen der nachgeordneten Beteiligungsgesellschaften geregelt. Damit habe der Gesetzgeber insgesamt eine Konzernbetrachtung beabsichtigt.

Entscheidung

Der BFH gab der Revision des FA statt.

Das FA habe die Ausgangslohnsumme sowohl dem Grunde als auch der Höhe nach zutreffend festgestellt. Da der Feststellungsbescheid keine Feststellung zur Anzahl der Beschäftigten im Betrieb der Klägerin enthalte, könne dahinstehen, ob bei dieser Feststellung auch die Anzahl der Beschäftigten im Betrieb von Gesellschaften, an denen die Klägerin beteiligt ist, einzubeziehen wären.

Nach dem Wortlaut des § 13a Abs. 1 S. 1 ErbStG hat das FA, das die Feststellungen trifft, sowohl die Ausgangslohnsumme als auch die Anzahl der Beschäftigten festzustellen. Dabei handele es sich um zwei getrennte Feststellungen, die jeweils eigenständig einer Überprüfung im Einspruchs- und Klageverfahren zugänglich sind. Die Feststellung einer Ausgangslohnsumme enthalte nicht inzident die Anzahl der Beschäftigten und mache daher die Feststellung der Anzahl der Beschäftigten nicht entbehrlich. Das für die Steuerfestsetzung zuständige FA müsse anhand der Feststellungen zweifelsfrei erkennen können, ob und wenn ja in welcher Höhe die Lohnsumme der weiteren Beobachtung bedürfe. Allein aus der Feststellung einer Ausgangslohnsumme lasse sich aber regelmäßig nicht herleiten, ob der Betrieb mehr als 20 Beschäftigte habe und die Steuerbefreiung daher nach § 13a Abs. 1 ErbStG der Lohnsummenbeschränkung unterliege. Das gelte selbst dann, wenn eine hohe Ausgangslohnsumme festgestellt werde; denn es sei möglich, dass diese auch mit wenigen Beschäftigten erreicht werde. Fehle die Feststellung der Anzahl der Beschäftigten, wären Nachfragen oder weitere Ermittlungen des für die Steuerfestsetzung zuständigen FA erforderlich. Diese sollen durch die Feststellung jedoch gerade vermieden werden.

Im Streitfall sei die Ausgangslohnsumme nach § 13a Abs. 4 ErbStG erklärungsgemäß festgestellt worden und zwischen den Beteiligten unstreitig.

Der Feststellungsbescheid enthalte keine Feststellung der Anzahl der im Betrieb der Klägerin Beschäftigten. Unter der Überschrift „*D. Feststellung der Ausgangslohnsumme und der Anzahl der Beschäftigten (§ 13a Abs. 1a ErbStG)*" finde sich in einer Zeile nur die Feststellung der Ausgangslohnsumme. Diese Feststellung beinhalte nicht zugleich die Feststellung, dass die Anzahl der Beschäftigten der Klägerin über 20 betrage und damit der Verschonungsabschlag von der Einhaltung der Mindestlohnsumme abhängig sei.

Die Feststellung der Ausgangslohnsumme könne auch nicht im konkreten Fall dahin ausgelegt werden, dass mit ihr zugleich eine Beschäftigtenanzahl von mehr als 20 festgestellt sei.

Da gerade bei Holdinggesellschaften Vergütungen an deren Beschäftigte hoch sein können, könne allein aus der Ausgangslohnsumme nicht auf die Anzahl der Beschäftigten geschlossen werden. Zudem habe das FA die Ausgangslohnsumme auch feststellen müssen, wenn es davon ausgegangen wäre, dass die Anzahl der Beschäftigten im Betrieb der Klägerin nicht mehr als 20 beträgt und diese Angabe für die Schenkungsteuer von Bedeutung sei.

Die Feststellungen der Ausgangslohnsumme und der Anzahl der Beschäftigten seien Grundlage für die Gewährung des Verschonungsabschlags und müssten daher klar und eindeutig dem Feststellungsbescheid zu entnehmen sein. Aus diesem Grund könne trotz des Umstands, dass die Klägerin – mangels Feststellung der Anzahl der Beschäftigten – die Feststellung der Ausgangslohnsumme angefochten habe, obwohl sie diese der Höhe nach für zutreffend halte, nicht von einer Feststellung der Anzahl der Beschäftigten ausgegangen werden. Die von der Klägerin und dem Beigeladenen begehrte Feststellung, dass der Betrieb der Klägerin nicht mehr als 20 Beschäftigte habe, könne mit der erforderlichen Klarheit für die nachfolgende Steuerfestsetzung nur durch eine entsprechende Feststellung zur Zahl der Beschäftigten erreicht werden.

Praxishinweis

Die Entscheidung des BFH verdeutlicht noch einmal die rechtliche Selbstständigkeit der verschiedenen, im Rahmen der erbschaft- bzw. schenkungsteuerlichen Begünstigungen gem. §§ 13a, 13b ErbStG zu treffenden Feststellungen.

Im Rahmen der Verteidigungsberatung ist daher besonders sorgfältig zu prüfen, gegen welchen Verwaltungsakt unter Berücksichtigung des jeweiligen Einspruchs-/Klagebegehren vorzugehen ist.

Aufgrund dieser folgerichtigen Entscheidung des BFH blieb die zwischen den Beteiligten eigentlich streitige Rechtsfrage der Einbeziehung der Beschäftigten von nachgeordneten Gesellschaften bei mehr als 25 % Beteiligungsquote für die Bestimmung der maßgeblichen Beschäftigtenanzahl unbeantwortet.

Aufgrund der Änderungen des § 13a ErbStG durch das Erbschaftsteuerreformgesetz 2016 ist nunmehr die Einbeziehung von Beschäftigten aus nachgeordneten Gesellschaften für die Bestimmung der maßgeblichen Beschäftigtenanzahl in § 13a Abs. 3 S. 11 und S. 12 ErbStG ausdrücklich geregelt.

5.8 Schenkungsteuer bei Veruntreuung von Geldbeträgen zugunsten eines Dritten

> **FG Düsseldorf, Urteil v. 25.4.2017, 4 K 1652/16, EFG 2018, S. 1911**
>
> 1. Die Überweisung veruntreuter Geldbeträge aus dem Vermögen ihres Arbeitgebers durch eine angestellte Buchhalterin auf der freien Verfügungsgewalt eines mit ihr kollusiv zusammenwirkenden Dritten unterliegende Bankkonten ist als freigebige Zuwendung der Schenkungsteuer zu unterwerfen.
> 2. Die Buchhalterin ist in diesem Fall als Zuwendende der Zahlungen anzusehen, da der Verfügung zugunsten des Dritten notwendig eine rechtswidrige Aneignung der Geldbeträge durch sie vorausgehen musste.
> 3. Das Bestehen von Rückforderungsansprüchen des Arbeitgebers gegenüber dem Zahlungsempfänger steht dessen Bereicherung im Innenverhältnis zu der zuwendenden Person nicht entgegen.
> 4. Das Versprechen des Empfängers, die Zahlungen später zur Deckung der Fehlbeträge zurückzuführen, und der Umstand, dass Zahlungen zur Förderung einer in Aussicht gestellten Eheschließung erfolgt sein sollen, schließen das Bewusstsein der Unentgeltlichkeit der Leistungen nicht aus.
>
> **Norm:** § 7 Abs. 1 Nr. 1 ErbStG

Sachverhalt

Die mit dem Kläger (K) bekannte A war bei der B GmbH & Co. KG (B) als Buchhalterin angestellt. In dieser Eigenschaft gelang es ihr, in dem Zeitraum vom 9.9.2014 bis zum 5.2.2015 Überweisungsaufträge über insgesamt 225.42,79 € zu erteilen, die zu entsprechenden Abbuchungen auf die für B oder konzernangehöriger Unternehmen geführter Bankkonten führten und denen keine Verbindlichkeiten der B oder konzernangehöriger Unternehmen gegenüberstanden. Stattdessen wurden die Beträge auf Bankkonten Dritter gutgeschrieben, die der K ihr zuvor bezeichnet hatte. Anschließend erhielt K die Beträge zu eigener Verwendung.

Das beklagte FA ging davon aus, dass K aufgrund der von A begangenen Taten, von dieser die überwiesenen Beträge (insgesamt 17 Beträge) zugewendet erhalten habe. Es setzte deshalb gegen K mit 17 Steuerbescheiden insgesamt 61.620 € Schenkungsteuer fest.

Der hiergegen eingelegte Einspruch blieb erfolglos.

K trägt mit seiner Klage vor, A habe die Geldbeträge ganz überwiegend von für B geführten Bankkonten auf die von ihm bezeichneten Bankkonten überwiesen. Nur in einem Fall habe sie einen Geldbetrag zunächst auf ein für sie geführtes Bankkonto überwiesen, bevor sie ihm den Betrag übergeben habe. Sie sei deshalb durch die Zahlungen nicht entreichert gewesen. Allenfalls B sei durch die Zahlungen entreichert worden. Dieser habe aber das erforderliche Zuwendungsbewusstsein gefehlt. Er selbst sei auch nicht bereichert worden, da der B gegen ihn zivilrechtliche Ersatzansprüche zustehen würden, falls die gegen ihn erhobenen Vorwürfe zutreffen sollten.

K beantragt, die 17 Schenkungsteuerbescheide in Gestalt der Einspruchsentscheidung aufzuheben.

Das FA beantragt, die Klage abzuweisen.

Entscheidung

Das FG wies die Klage als unbegründet zurück.

Welche Person als Zuwendende an einer freigebigen Zuwendung beteiligt sei, bestimme sich ausschließlich nach der Zivilrechtslage. Grds. sei Zuwendender derjenige, der Vermögen zugunsten eines anderen aus seinem Vermögen hingebe.

A sei die Zuwendende der fraglichen Zahlungen gewesen. Zwar befanden sich die Geldbeträge zunächst im Vermögen der B und konzernangehöriger Unternehmen, gleichwohl sei A im Verhältnis zu K als Zuwendende anzusehen. Der Zuwendung der Gelbeträge durch A habe notwendig eine rechtswidrige Aneignung der Geldbeträge durch sie vorausgehen müssen. Sie konnte die fraglichen Geldbeträge K nur zukommen lassen, nachdem sie diese zunächst wie eigenes Vermögen behandelte, über das sie – wenn auch verbotswidrig – verfügt habe.

Der Umstand, dass sich K Rückforderungsansprüchen der B oder anderer konzernangehöriger Unternehmen ausgesetzt sehe, schließe die Annahme schenkungsteuerpflichtiger freigebiger Zuwendungen i. S. d. § 7 Abs. 1 Nr. 1 ErbStG nicht aus. Eine Bereicherung des Empfängers einer Zuwendung fehle, wenn der Empfänger dem Zuwendenden gegenüber zur Rückgewähr verpflichtet sei. Es sei weder ersichtlich noch dargelegt worden, dass K der A gegenüber zur Rückgewähr der erhaltenen Geldbeträge verpflichtet sei.

Die Revision ist beim BFH unter dem Az. II R 25/18 anhängig.

5.9 Abzugsfähigkeit von Vorfälligkeitsentschädigungen für Darlehensablösung im Rahmen einer Nachlasspflegschaft

> **FG Münster, Urteil v. 12.4.2018, 3 K 3662/16, ZEV 2018, S. 420**
>
> Vorfälligkeitsentschädigungen, die durch die Nachlasspflegerin für die Ablösung von Darlehen angefallen sind, können als Nachlassverbindlichkeiten von der erbschaftsteuerlichen Bemessungsgrundlage abgezogen werden (n. amtl. Ls.).
>
> **Normen:** §§ 1960, 2042, 2046 BGB; § 10 Abs. 5 Nr. 3 ErbStG

Sachverhalt

Streitig ist, ob die Vorfälligkeitsentschädigungen, welche im Rahmen einer Nachlasspflegschaft für die vorzeitige Ablösung von Darlehen angefallen sind, als Nachlassverbindlichkeiten zu berücksichtigen sind.

2013 verstarb die Erblasserin (E). Da Erben nicht bekannt waren und sicherungsbedürftiger Nachlass vorlag, wurde Nachlasspflegschaft angeordnet. Zudem wurde ein Verfahrenspfleger bestellt, wobei als Gegenstand des Verfahrens die Vertretung der unbekannten Erben im Verfahren über die Erteilung einer nachlassgerichtlichen Genehmigung u. a. zur „evtl. Veräußerung des (…) Grundbesitzes der E" angegeben war.

Die Nachlasspflegerin veräußerte die vier Nachlassgrundstücke zwischen dem 29.1. und dem 27.2.2014. Nach Anhörung des Verfahrenspflegers genehmigte das Nachlassgericht die Kaufverträge. Die Nachlasspflegerin löste die bestehenden Darlehen teilweise vorzeitig ab. Dadurch fielen im April 2014 Vorfälligkeitsentschädigungen an.

Aufgrund zweier gemeinschaftlicher Teil-Erbscheine von 2015 wurde E von insgesamt 29 Erben beerbt. Der Kläger (K) war Erbe zu 1/8. Daraufhin wurde die Nachlasspflegschaft aufgehoben.

Das beklagte FA setzte gegenüber K. ErbSt fest. Mit seinem – erfolglosen – Einspruch machte K geltend, dass aufgrund der – ohne Rücksprache mit den Erben erfolgten – Grundstücksveräußerungen Darlehen vorzeitig zurückgezahlt worden seien. Die dadurch angefallenen Vorfälligkeitsentschädigungen seien im Umfang von 90 % als Nachlassverbindlichkeit zu berücksichtigen.

Dies verfolgt K auch mit seiner erhobenen Klage.

Entscheidung

Das FG hält die Klage für begründet. Das FA habe die Vorfälligkeitsentschädigungen zu Unrecht nicht als Nachlassverbindlichkeit anerkannt.

Gem. § 10 Abs. 5 Nr. 3 S. 1 ErbStG seien als sonstige Nachlassverbindlichkeiten u. a. die Kosten, die dem Erwerber unmittelbar im Zusammenhang mit der Abwicklung, Regelung oder Verteilung des Nachlasses oder mit der Erlangung des Erwerbs entstehen, abzugsfähig. Der Begriff der Nachlassregelungskosten sei grds. weit auszulegen. Gemeinsam sei diesen Aufwendungen, dass sie erst nach dem Erbfall entstehen. Das Gesetz sehe insofern eine Ausnahme von dem sonst im ErbSt-Recht geltenden Stichtagsprinzip vor. Abzugsfähig seien die Aufwendungen allerdings nur, wenn ein unmittelbarer Zusammenhang mit den genannten Maßnahmen festgestellt werden kann. Zu den Kosten für die Verteilung des Nachlasses gehören insb. die Aufwendungen für die Auseinandersetzung einer Erbengemeinschaft gem. § 2042 BGB.

Die vorstehenden Aufwendungen seien abzugrenzen von den Kosten für die Verwaltung des Nachlasses, welche nach § 10 Abs. 5 Nr. 3 S. 3 ErbStG nicht abzugsfähig seien. Zur Verwaltung gehören alle Maßnahmen, durch die der Nachlass erhalten, genutzt oder vermehrt werde. Ferner seien Kosten der Nachlassverwertung grds. nicht abzugsfähig. Etwas anderes gelte allerdings für die Versilberung des Nachlasses zum Zweck der Erbauseinandersetzung in den Fällen der § 2042 Abs. 2 i. V. m § 753 und § 2046 Abs. 3 BGB sowie für Verwertungshandlungen, die zum Vollzug letztwilliger Anordnungen des Erblassers erforderlich seien.

Nach diesen Grundsätzen stellten die im Rahmen der Nachlasspflegschaft angefallenen Vorfälligkeitsentschädigungen Nachlassverbindlichkeiten gem. § 10 Abs. 5 Nr. 3 S. 1 ErbStG dar.

Wenn nach der Rspr. des BFH der weit auszulegende Begriff der Nachlassregelungskosten alle Kosten umfasse, die – wie z. B. bei gerichtlicher Sicherung des Nachlasses – aufgewendet werden müssen, um die Erben in den Besitz der ihnen aus der Erbschaft zukommenden Güter zu setzen, so können auch Aufwendungen für Maßnahmen eines Nachlasspflegers als Nachlassregelungskosten anzusehen sein. Die Hauptaufgabe eines Nachlasspflegers bestehe nach § 1960 BGB darin, die Erben zu ermitteln und bis dahin den Nachlass zu sichern. Im Ergebnis sei die Anordnung einer Nachlasspflegschaft damit eine Maßnahme, um die Erben in den Besitz der ihnen aus der Erbschaft zukommenden Güter zu setzen. Demnach seien auch die hier streitbefangenen Vorfälligkeitsentschädigungen als Nachlassregelungskosten abzugsfähig.

Einem Abzug stehe auch nicht entgegen, dass durch eine Vorfälligkeitsentschädigung wirtschaftlich der dem Darlehensgeber entgehende Zinsgewinn ausgeglichen werden soll. Es sei zwar zutreffend, dass Vorfälligkeitsentschädigungen als Nutzungsentgelt für das auf die verkürzte Laufzeit in Anspruch genommene Fremdkapital und daher ertragsteuerlich als Schuldzinsen anzusehen seien; ein Abzug sei aber möglich, wenn der Erbe kein Interesse an der Gegenleistung habe oder sie für ihn keinen wirtschaftlichen Wert habe.

Die Revision ist beim BFH unter dem Az. II R 17/18 anhängig.

> Literaturhinweis: NJW-Spezial 2018, S. 456

5.10 Rückwirkendes Erlöschen der Schenkungsteuer wegen Anrechnung von Zuwendungen auf einen Zugewinnausgleich

> **FG Köln, Urteil v. 18.1.2018, 7 K 513/16, ZEV 2018, S. 610**
>
> Gem. § 29 Abs. 1 Nr. 3 S. 2 ErbStG erlischt die Schenkungsteuer mit Wirkung für die Vergangenheit, wenn unentgeltliche Zuwendungen bei der Berechnung des nach § 5 Abs. 1 ErbStG steuerfreien fiktiven Zugewinnausgleichs berücksichtigt werden. Bei der Ermittlung der fiktiven Zugewinnausgleichsforderung kann eine Schenkung als Vorausempfang nach § 1380 BGB anzurechnen sein.
>
> **Normen:** §§ 1371 Abs. 2, 1380 BGB; §§ 3, 5 Abs. 1, 29 Abs. 1 Nr. 3 ErbStG

Sachverhalt

Die Klägerin (K) lebte mit ihrem 2010 verstorbenen Ehemann (E) im Güterstand der Zugewinngemeinschaft.

Das Vermögen der K hatte im Zeitpunkt der Eheschließung einen Wert von 186.911 €, im Zeitpunkt des Todes des E einen Wert von 13.360.217 €. E verfügte im Zeitpunkt der Eheschließung über ein Vermögen im Wert von 9.345.550 € und im Zeitpunkt seines Todes über ein Vermögen im Wert von 18.169.550 €. Diese Werte sind zwischen den Beteiligten unstreitig.

Zu seinen Lebzeiten hatte E der K Vermögenswerte i. H. v. insgesamt 12.432.334 € ohne Gegenleistung zugewendet.

Für eine der Schenkungen setzte das beklagte FA auf Grundlage der abgegebenen Schenkungsteuererklärung Schenkungsteuer fest.

Hiergegen legte K Einspruch ein mit der Begründung, ihr Zugewinnausgleichsanspruch gegenüber E i. H. v. 10.619.457 € führe dazu, dass die Vorschenkungen, die unter die Anrechnung auf den Zugewinnausgleich fallen würden, nicht als Erwerb von Todes wegen gelten würden. Die Schenkungsteuer würde damit rückwirkend erlöschen.

Das FA erließ zunächst einen geänderten Bescheid, den es erstmals mit einem Vorbehalt der Nachprüfung versah und setzte die Schenkungsteuer auf 0 € fest. Die streitgegenständliche Schenkung berücksichtigte es mit 0 €.

Das FA erließ einen weiteren Änderungsbescheid, der inhaltlich dem Erstbescheid entsprach und hob den Vorbehalt der Nachprüfung auf. Der hiergegen gerichtete Einspruch blieb erfolglos.

Mit der Klage begehrt K die Steuerfreistellung der streitgegenständlichen Schenkung nach § 29 Abs. 1 Nr. 3 ErbStG.

Das FA beantragt, die Klage abzuweisen.

Entscheidung

Das FG gab der Klage statt.

Das FA habe zu Unrecht die Anwendbarkeit der §§ 5 Abs. 1, 29 Abs. 1 Nr. 3 ErbStG auf die hier streitgegenständliche Schenkung abgelehnt. Die unentgeltliche Zuwendung des E an die Klägerin (§ 7 Abs. 1 Nr. 1 ErbStG) sei zunächst zutreffend der Schenkungsteuer unterworfen worden. Die Steuer sei jedoch gem. § 29 Abs. 1 Nr. 3 S. 2 i. V. m. § 5 Abs. 1 ErbStG mit Wirkung für die Vergangenheit erloschen.

Nach § 29 Abs. 1 Nr. 3 S. 1 ErbStG erlösche die Schenkungsteuer auf unentgeltliche Zuwendungen i. S. v. § 7 ErbStG mit Wirkung für die Vergangenheit, soweit in den Fällen des § 5 Abs. 2 ErbStG unentgeltliche Zuwendungen nach § 1380 Abs. 1 BGB auf die Ausgleichsforderung angerechnet worden sind. § 5 Abs. 2 ErbStG regele für die Fälle, in denen der Güterstand der Zugewinngemeinschaft in anderer Weise als durch den Tod eines Ehegatten beendet oder der Zugewinn nach § 1371 Abs. 2 BGB ausgeglichen wird, also für Fälle des tatsächlichen, güterrechtlichen Zugewinnausgleichs, dass die Zugewinnausgleichsforderung i. S. d. § 1378 BGB nicht zum Erwerb i. S. d. § 3 und § 7 ErbStG gehört.

Entsprechendes gelte gem. § 29 Abs. 1 Nr. 3 S. 2 ErbStG, wenn unentgeltliche Zuwendungen bei der Berechnung des nach § 5 Abs. 1 ErbStG steuerfreien Betrags berücksichtigt werden. § 5 Abs. 1 S. 1 ErbStG behandele die Fälle des fiktiven Zugewinnausgleichs. Danach gelte, wenn der Güterstand der Zugewinngemeinschaft durch den Tod eines Ehegatten beendet und der Zugewinn nicht – güterrechtlich – nach § 1371 Abs. 2 BGB ausgeglichen werde, bei dem überlebenden Ehegatten der Betrag, den er nach Maßgabe des § 1371 Abs. 2 BGB als Ausgleichsforderung geltend machen könnte, nicht als Erwerb i. S. d. § 3 ErbStG.

Bei der Ermittlung der fiktiven Zugewinnausgleichsforderung der K nach § 5 Abs. 1 ErbStG sei die hier streitgegenständliche Schenkung als Vorausempfang nach § 1380 BGB anzurechnen. Sie mindere den Betrag, der der K güterrechtlich nach § 1371 Abs. 2 BGB als Ausgleichsanspruch zugestanden hätte und der gem. § 5 Abs. 1 ErbStG im Rahmen der ErbSt nach E steuerfrei zu stellen war. Diese Anrechnung führe zu einem Erlöschen der Schenkungsteuer für die streitgegenständliche Schenkung gem. § 29 Abs. 1 Nr. 3 ErbStG.

Da im Streitfall zu Lebzeiten Zuwendungen des E an K erfolgt seien, sei hierfür die Anrechnungsregelung des § 1380 BGB zu beachten. Diese bestimme in Abs. 1, dass auf die Ausgleichsforderung eines Ehegatten angerechnet werde, was ihm vom anderen Ehegatten durch Rechtsgeschäft unter Lebenden mit der Bestimmung zugewendet wurde, dass es angerechnet werden soll.

Wie im Falle solcher Vorabzuwendungen die Ausgleichsforderung zu berechnen sei, regele § 1380 Abs. 2 BGB: Danach seien bei der Berechnung der Ausgleichsforderung i. S. v. § 1380 Abs. 1 BGB die bis dahin nach den §§ 1373 ff. BGB ermittelten Zugewinne dergestalt zu korrigieren, dass Vorausempfänge dem Zugewinn des Zuwendenden hinzugerechnet und – im Umkehrschluss – aus dem Zugewinn des Zuwendungsempfängers herausgerechnet werden.

Praxishinweis

Der Urteilsfall betrifft eine in der Praxis häufig anzutreffende Konstellation der sog. überhöhten Vorwegzuwendungen, in der die Zuwendungen eines Ehegatten den sich ergebenden Zugewinnausgleichsanspruchs des anderen Ehegatten, sofern die Zuwendungen nicht stattgefunden hätten, übersteigen.

Folgt man in diesen Fällen der Auffassung des FA, so würde die Überschreitung des Zugewinnausgleichsvolumens durch Vorwegzuwendungen dazu führen, dass weder im Zeitpunkt der Zuwendungen noch bei Beendigung des ehelichen Güterstands eine erbschaft- bzw. schenkungsteuerliche Freistellung des Zugewinnausgleichsvolumens erfolgt.

Das FG weist zutreffend daraufhin, dass dies mit der Intention des Gesetzgebers bei der Schaffung des § 29 Abs. 1 Nr. 3 ErbStG nicht vereinbar ist und zu völlig zufälligen Ergebnissen führen würde. Demgegenüber zeigt das Urteil des FG anschaulich die gesetzestechnische Systematik der §§ 5, 29 Abs. 1 Nr. 3 ErbStG auf, wonach im Ergebnis i. d. R. vorzeitige Zuwendungen eines Ehegatten insoweit steuerfrei bleiben bzw. die darauf angefallene Schenkungsteuer rückwirkend erlischt, als ein Zugewinnausgleichsanspruch des anderen Ehegatten bestanden hätte, wenn die Zuwendungen nicht bereits während des Bestehens des Güterstands, sondern erst mit dessen Beendigung vorgenommen worden wären.

Literaturhinweis: *Thonemann-Micker*, ZEV 2018, S. 613

5.11 Keine Schenkungsteuer bei gemeinsamer Luxus-Kreuzfahrt

> **FG Hamburg, Urteil v. 12.6.2018, 3 K 77/17, DStRE 2018, S. 1260**
>
> 1. **Wird unter Kostenübernahme ein echter Vertrag zugunsten Dritter geschlossen (hier: Buchung einer gemeinsamen Luxusreise), ist die Verschaffung des eigenen Forderungsrechts im Valutaverhältnis nur dann eine freigebige Zuwendung gem. § 7 Abs. 1 Nr. 1 ErbStG, wenn das Forderungsrecht für den Dritten rechtlich und tatsächlich frei verfügbar ist. Das Forderungsrecht des Dritten ist regelmäßig nicht rechtlich und tatsächlich frei verfügbar, wenn nach der Abrede im Valutaverhältnis die Leistung lediglich im Rahmen eines gemeinsamen Konsums erbracht werden soll (hier: allein bei Reisebegleitung).**
>
> 2. **Wird die Leistung im Vollzugsverhältnis tatsächlich an den Dritten erbracht (hier: Durchführung einer gemeinsamen Luxusreise), kann im Valutaverhältnis eine freigebige Zuwendung gem. § 7 Abs. 1 Nr. 1 ErbStG nur darin liegen, dass auf einen Wertersatzanspruch gegen den Dritten verzichtet wird. Ein solcher Wertersatzanspruch besteht nur, soweit der Dritte durch die Leistung eigene Aufwendungen erspart, und ist daher ausgeschlossen, wenn der Dritte die Leistung sonst nicht mit eigenen Mitteln erwirkt hätte (sog. Luxusaufwendungen).**
>
> **Norm:** § 7 Abs. 1 Nr. 1 ErbStG

Sachverhalt

Der Kläger (K) unternahm mit seiner Lebensgefährtin eine Weltreise. Im August 2014 hatte der Kläger die Reise für sich und seine Lebensgefährtin gebucht und sodann sich und seine Lebensgefährtin angemeldet.

Mit Rechnungen vom 10.02.2015 und 29.9.2015 stellte der Reiseveranstalter K die Kosten der Kreuzfahrt in der höchsten Kategorie mit insgesamt 500.000 € in Rechnung. Darin enthalten sind die Kosten für die Anreise beider Personen. Der Preis der Luxuskabine war nach der Angebotsgestaltung des Reiseveranstalters unabhängig von der angemeldeten Personenanzahl. Daneben entstanden während der Reise Kosten für beide Personen durch einen Flug sowie durch Ausflüge und Verpflegung an Bord i. H. v. 45.000 €. Die Kosten wurden sämtlich von K getragen. Seine Lebensgefährtin wäre aus eigenen Mitteln zur Unternehmung einer solchen Reise finanziell nicht in der Lage gewesen.

Während der Reise informierte K das beklagte FA über die Reise und bat um Mitteilung, ob das FA den dargestellten Sachverhalt als eine steuerpflichtige Schenkung beurteile. Das FA forderte daraufhin K zur Abgabe einer Schenkungsteuererklärung auf.

Am 24.6.2016 gab K eine Schenkungsteuererklärung ab, in der er eine Zuwendung an seine Lebensgefährtin i. H. v. rund 25.000 € erklärte. K erklärte, er werde die Schenkungsteuer übernehmen.

Mit Schenkungsteuerbescheid v. 5.7.2016 setzte das FA für die freigebige Zuwendung „zum 10.02.2015" gegenüber K eine Steuer i. H. v. rund 100.000 € fest. Den Wert des Erwerbs ermittelte das FA durch die Halbierung der Gesamtreisekosten zzgl. Kosten für Ausflüge und Verpflegung unter Abzug der Steuerberatungskosten.

Zur Begründung führte das FA im Bescheid aus, als Zeitpunkt der Zuwendung sei die früheste Rechnung des Reiseveranstalters vom 10.2.2015 genommen worden. Gegenstand der Zuwendung sei die gemeinsame Weltreise. Da die Lebensgefährtin von allen Kosten freigehalten worden sei und K die Reise gezahlt habe, sei der Wert der Schenkung im hälftigen Betrag der Gesamtreisekosten zu sehen.

Entscheidung

Das FG hielt die Klage für begründet. Das beklagte FA habe die Mitnahme auf eine Weltreise zu Unrecht der Schenkungsteuer unterworfen.

Die Mitnahme auf die Kreuzfahrt sei keine freigebige Zuwendung gem. § 7 Abs. 1 Nr. 1 ErbStG. Im Streitfall sei durch die konkrete Mitnahme auf die Kreuzfahrt keine Vermögensverschiebung eingetreten, da K seiner Lebensgefährtin zwar ein eigenes, aber kein frei verfügbares Forderungsrecht auf Durchführung der Reise verschafft habe. Es sei auch nicht dadurch eine Vermögensverschiebung eingetreten, dass die Lebensgefährtin bei Durchführung der Reise eigenen Aufwendungen erspart und K insoweit auf einen bereicherungsrechtlichen Wertersatz verzichtet hätte. Es liege ein sog. gemeinsamer Konsum vor.

Das FA habe zu Recht die Verschaffung der Forderung nicht als Gegenstand der Schenkung behandelt. Bei Familienreisen, bei denen regelmäßig nur ein Familienmitglied, sei es der Haushaltsvorstand, sei es das zahlende Familienmitglied, als Vertragspartei auftritt, liege ein Vertrag zugunsten Dritter vor, sodass die übrigen Mitreisenden Begünstigte nach § 328 Abs. 1 BGB seien. Bei einem Vertrag zugunsten Dritter sei das dem Dritten eingeräumte Forderungsrecht – und nicht erst das zu seiner Erfüllung Erhaltene – Zuwendungsgegenstand, soweit die weiteren Voraussetzungen einer freigebigen Zuwendung vorliegen.

Eine Bereicherung der Lebensgefährtin sei indes zu verneinen. Ihr Recht gegenüber dem Reiseveranstalter war für sie im Innenverhältnis nicht tatsächlich und rechtlich frei verfügbar. Inwieweit bei gemeinsamen Reisen eine Bereicherung i. S. d. § 7 Abs. 1 Nr. 1 ErbStG eintrete, sei danach zu beurteilen, ob im Innenverhältnis die tatsächliche und rechtliche freie Verfügbarkeit über den Zuwendungsgegenstand eingeräumt worden sei. Dies bedürfe auch dann der

Prüfung im Einzelfall, wenn – wie hier – das Bestehen eines eigenen Forderungsrechts der mitreisenden Person gegenüber dem Reiseveranstalter festgestellt worden sei.

Das eigene Forderungsrecht auf die Reiseleistung sei ausnahmsweise dann nicht frei verfügbar, wenn nach zivilrechtlicher Würdigung der Abrede im Valutaverhältnis (zwischen Zuwendenden und Bedachten) eine Verfügungsbeschränkung bestand.

Das sei nach Ansicht des erkennenden Senats anzunehmen, wenn die Leistung gegenüber dem Reisenden und dem Mitreisenden nur gemeinsam erbracht werden sollte. Dann komme es dem Reisenden gerade darauf an, dem Mitreisenden die Reiseleistung – wenn auch aus eigenem Recht – nur unter der konkreten Voraussetzung zukommen zu lassen, dass der Mitreisende die Reise – wenn auch mit umfassenden Genuss der Reiseleistung – „nur" als Begleitung des Reisenden erhält. Ob der Mitreisende die Reise im Innenverhältnis mit dem Reisenden antreten dürfe, so wie er es im Außenverhältnis zum Reiseveranstalter könne, hänge allein von der Billigung des Reisenden ab.

Nach den Umständen des Streitfalls kam allein der gemeinsame Reiseantritt in Betracht. Der erkennende Senat ist überzeugt, dass der Lebensgefährtin nach dem Innenverhältnis dabei allein die „Mitnahme" auf die Kreuzfahrt, d. h. die tatsächliche Begleitung des Klägers, eingeräumt werden sollte.

Im Valutaverhältnis zwischen K und seiner Lebensgefährtin sieht der Senat keine Schenkung i. S. d. § 516 Abs. 1 BGB, sondern eine im überwiegend eigenen Interesse des K liegende reine Gefälligkeit zugunsten der Lebensgefährtin.

Weiter führt das FG aus, dass eine Vermögensverschiebung auch nicht durch einen Verzicht des K auf Wertausgleich für den tatsächlichen Erhalt der Reiseleitung eintrete. Ein Wertersatz gem. § 818 Abs. 2 BGB für die erhaltene Reiseleistung wäre auf die ersparten Aufwendungen gerichtet. Dieser scheitere aber hier daran, dass die Lebensgefährtin entreichert i. S. d. § 818 Abs. 3 BGB sei, da die Aufwendungen weder zu einer Vermehrung ihres Vermögens oder zu einer Verminderung ihrer Verbindlichkeiten geführt haben.

Es lägen sog. Luxusaufwendungen vor, d. h. solche Aufwendungen, die allein mit Hilfe des bzw. durch das Erlangte vorgenommen werden und die sich der Empfänger sonst nicht geleistet hätte. Dem stehe wegen § 814 BGB auch nicht die erweiterte Haftung gem. § 819 Abs. 1 BGB entgegen. Dies sei hier durch § 814 BGB ausgeschlossen. Danach könne das zum Zwecke der Erfüllung einer Verbindlichkeit Geleistete dann nicht zurückgefordert werden, wenn der Leistende gewusst habe, dass er zur Leistung nicht verpflichtet war. Dies sei hier der Fall.

Das Zusammenspiel von § 819 Abs. 1 und § 814 Alt. 1 BGB im Bereicherungsrecht sorge dann auch im Schenkungsteuerrecht dafür, dass bei beidseitiger Kenntnis über den fehlenden Rechtsgrund für den unentgeltlichen Erhalt einer Reiseleistung im Valutaverhältnis eine Bereicherung des Mitreisenden nur i. H. d. tatsächlich ersparten Aufwendungen eintrete, also ausgeschlossen sei, soweit Luxusaufwendungen vorlägen.

Der gemeinsame Konsum bestehe also darin, die Dienstleistung im ersten Schritt nicht durch ein tatsächlich und rechtlich frei verfügbares Recht, sondern nur in Begleitung des Verfügungsberechtigten, in Anspruch nehmen zu können und im zweiten Schritt durch den tatsächlichen Erhalt der (Luxus-)Dienstleistung angesichts ihres Verbrauchscharakters und mangels eigener ersparter Aufwendungen im Rechtssinne nicht bereichert zu sein. Dass der so verstandene Konsum im Ergebnis nicht der Schenkungsteuer unterliege, sei nach Ansicht des Senats deshalb gerechtfertigt, weil eine Verschiebung von Vermögenssubstanz weder im Rechtssinne noch wirtschaftlich zugunsten der bedachten Person eintrete.

Es ergäben sich darüber hinaus erhebliche Zweifel, ob im Hinblick auf die Prüfungsbedürftigkeit jedes Einzelfalls bei Besteuerung des gemeinsamen Konsums ein verfassungswidriges Erhebungsdefizit gegeben wäre.

Die Revision ist beim BFH unter dem Az. II R 24/18 anhängig.

Praxishinweis

Der BFH wird sich in diesem Fall mit dem sog. gemeinsamen Konsum auseinandersetzen. Diese Entscheidung wird sowohl für die Beraterseite auch als die Finanzverwaltung von erheblicher Bedeutung sein. Grund hierfür ist vor allen Dingen, dass gleichgelagerte Fälle überwiegend nicht in den Kenntnisbereich der Finanzverwaltung gelangen. In den meisten Fällen ist die Finanzverwaltung auf die freiwillige Anzeige eines solchen Sachverhalts angewiesen.

Auch überrascht die Entscheidung des FG vor dem Hintergrund, dass eine Zuwendung der notwendigen Barmittel für die Reise durchaus eine Schenkung dargestellt hätte. Insoweit vermag die Entscheidung des FG nicht zu überzeugen.

Literaturhinweise: *Lange*, ZEV 2018, S. 475; *Mensch*, DStRK 2018, S. 259

5.12 Einordnung von Wertpapieren im Rahmen von Umschichtungen als junges Verwaltungsvermögen

Da – soweit ersichtlich – vier Entscheidungen von Finanzgerichten[367] zur selben Thematik beim BFH anhängig sind, werden diese finanzgerichtlichen Entscheidungen hier gemeinsam dargestellt.

In allen finanzgerichtlichen Entscheidungen ging es im Kern um die Rechtsfrage, ob zum nicht begünstigten jungen Verwaltungsvermögen i. S. v. § 13 b Abs. 2 S. 3 ErbStG auch innerhalb des Zweijahreszeitraums in einem bestehenden Wertpapierdepot umgeschichtete Wertpapiere (sog. Umschichtungsfälle/Aktivtausch) gehören.

---

[367] Vgl. im vorliegenden Werk B.5.15.

5.12.1 Gerichtsbescheide des FG München (Parallelentscheidungen)

> **FG München, Gerichtsbescheid v. 7.5.2018, 10 K 468/17, ErbStB 2018, S. 295**
>
> 1. Für die Nichtbegünstigung von Verwaltungsvermögen kommt es allein darauf an, ob dieses dem Betrieb im Besteuerungszeitpunkt weniger als zwei Jahre zuzurechnen war.
> 2. Zum nicht begünstigten sog. „jungen Verwaltungsvermögen" i. S. v. § 13b Abs. 2 S. 3 ErbStG gehört nicht nur das innerhalb des Zweijahreszeitraums eingelegte Verwaltungsvermögen, sondern auch das innerhalb dieses Zeitraums in einem bestehenden Wertpapierdepot umgeschichtete oder zugekaufte Verwaltungsvermögen (sog. Umschichtungsfälle).
> 3. In Anbetracht des in der Gesetzeshistorie erkennbaren Willens des Gesetzgebers ist für eine teleologische bzw. enge Auslegung, wie sie überwiegend von der Literatur befürwortet wird, nach Auffassung des Senats kein Raum.
>
> **Normen:** § 13b Abs. 2 S. 3 ErbStG; R 13b.19 Abs. 1 S. 2 ErbStR 2011

Sachverhalt

Mit Anteilsabtretungsvertrag v. ... 2012 trat A, die Mutter des Klägers (K), an K schenkweise einen Kommanditanteil an der B-KG nebst Guthaben auf ihrem bei der Gesellschaft geführten Festkonto sowie Guthaben auf ihrem Gesellschafterkonto mit Wirkung zum 31.12.2012 ab.

Mit Bescheid stellte das beklagte FA entsprechend den Angaben in den Feststellungserklärungen auf den Bewertungsstichtag 31.12.2012 den Wert des von K erworbenen Anteils am Betriebsvermögen sowie die Summe der gemeinen Werte des Verwaltungsvermögens fest. Zur Summe der gemeinen Werte der Wirtschaftsgüter des jungen Verwaltungsvermögens erfolgte keine Feststellung. Die Quote des Verwaltungsvermögens betrug 26,14 %. Der Bescheid erging unter dem Vorbehalt der Nachprüfung.

Mit Prüfungsanordnung v. ... 2016 ordnete das FA eine Außenprüfung bei der B-KG nach § 156 BewG i. V. m. §§ 193 ff. AO an. Gegenstand der Prüfungsanordnung war die gesonderte Feststellung des Werts der Anteile am Betriebsvermögen des Klägers zum 31.12.2012 aufgrund der Mitunternehmeranteilsübertragung durch Vertrag v. ... 2012.

Im Rahmen einer durchgeführten Betriebsprüfung ermittelte der Betriebsprüfer unter Bezugnahme auf R E 13b.19 Abs. 1 S. 2 ErbStR junges Verwaltungsvermögen, da zum Betriebsvermögen der B-KG ein Wertpapierdepot gehörte, in dem regelmäßige Umschichtungen stattfanden. Das FA stellte anschließend u. a. das junge Verwaltungsvermögen sowie eine Quote des Verwaltungsvermögens mit nunmehr 24,59 % fest.

Mittels Sprungklage begehrte der Kläger, dass es sich bei den in den letzten beiden Jahren vor dem jeweiligen Besteuerungszeitpunkt von der B-KG erworbenen Wertpapieren nicht um junges Verwaltungsvermögen i. S. d. § 13b Abs. 2 S. 3 ErbStG a. F. handele. Im vorliegenden Fall bestehe die Besonderheit, dass die laut Betriebsprüfungsbericht in den Jahren 2011 und 2012 erworbenen Wertpapiere im Wert von ... € lediglich im Rahmen der Umschichtung des im Betriebsvermögen der B-KG befindlichen Wertpapierdepots angeschafft worden seien, indem die Anschaffungskosten für die neu erworbenen Wertpapiere mit den Veräußerungserlösen der aus dem Depot veräußerten Wertpapiere finanziert worden seien.

Das FA beantragte, die Klage abzuweisen.

Entscheidung

Das FG wies die Klage als unbegründet zurück.

Das FA habe das streitige Wertpapiervermögen zu Recht als junges Verwaltungsvermögen i. S. v. § 13b Abs. 2 S. 3 ErbStG in der im Streitfall geltenden Fassung qualifiziert.

Nach R 13b.19 Abs. 1 S. 2 ErbStR 2011 gehöre zum nicht begünstigten Verwaltungsvermögen nicht nur innerhalb des Zweijahreszeitraums eingelegtes Verwaltungsvermögen, sondern auch Verwaltungsvermögen, das innerhalb dieses Zeitraums aus betrieblichen Mitteln angeschafft oder hergestellt worden sei.

Im Streitfall sei auch das innerhalb des Zweijahreszeitraums aus betrieblichen Mitteln angeschaffte Verwaltungsvermögen als nicht begünstigtes sog. „junges Verwaltungsvermögen" nach § 13b Abs. 2 S. 3 ErbStG zu qualifizieren.

Schon nach dem Wortlaut der Vorschrift komme es für die Nichtbegünstigung von Verwaltungsvermögen allein darauf an, ob dieses dem Betrieb im Besteuerungszeitpunkt weniger als zwei Jahre zuzurechnen war. Nach dem Wortlaut sei nicht danach zu unterscheiden, ob es sich um Umschichtungen innerhalb eines bestehenden Wertpapierdepots oder ob es sich um Neuanschaffungen aus Betriebsmitteln der Gesellschaft handele.

Das FG begründet seine Auslegung mit der Entstehungsgeschichte der Norm, insb. mit der Beschlussempfehlung des Finanzausschusses des Bundesrates.[368] Diese habe vorgesehen, dass nicht zum begünstigten Vermögen i. S. d. Abs. 1 Verwaltungsvermögen gehöre, welches innerhalb von zwei Jahren vor dem Besteuerungszeitpunkt in den Betrieb eingelegt worden ist. Zur Begründung wurde ausgeführt: *„Um die Regelung des § 13b Abs. 2 S. 3 ErbStG zum jungen Verwaltungsvermögen auf Gestaltungsfälle auszurichten, soll eine schädliche Zuführung jungen Verwaltungsvermögens nur in Form der Einlage von Verwaltungsvermögen innerhalb der Zweijahresfrist angenommen werden. Mit dieser Änderung wird gewährleistet, dass Gewinne als Liquiditätsreserve rentabel im Unternehmen angelegt werden können und damit die EK-Basis gestärkt wird."*

Der Gesetzgeber sei dieser Beschlussempfehlung nicht gefolgt. Er habe sich nicht für die Einlage in den Betrieb entschieden, sondern formuliert, dass nicht zum begünstigten Vermögen gehöre, *„welches dem Betrieb im Besteuerungszeitpunkt weniger als zwei Jahre zuzurechnen war"*. Bei der Neufassung der Vorschrift sei dem Gesetzgeber damit bewusst gewesen, dass das junge Verwaltungsvermögen auch Fälle der Umschichtung innerhalb des Verwaltungsvermögens erfassen könne.

Unter dem Datum vom 7.5.2018 erging vom FG München zum Az. 10 K 470/17 eine im Ergebnis gleiche Entscheidung.

Zu beiden Entscheidungen ist die Revision beim BFH anhängig.[369]

---

[368] BR-Drs. 318/1/10 v. 28.6.2010, BGBl I 2010, S. 1768.
[369] Vgl. im vorliegenden Werk B.5.15.

5.12.2 Entscheidung des FG Rheinland-Pfalz

> **FG Rheinland-Pfalz, Urteil v. 14.3.2018, 2 K 1056/15, EFG 2018, S. 1378**
>
> 1. Verwaltungsvermögen, das dem Betrieb im Besteuerungszeitpunkt weniger als zwei Jahren zuzurechnen war (sog. junges Verwaltungsvermögen), liegt nicht nur dann vor, wenn es zuvor eingelegt wurde, sondern auch dann, wenn das Verwaltungsvermögen aus betrieblichen Mitteln angeschafft oder hergestellt worden ist (sog. Aktivtausch).
> 2. Dies gilt auch dann, wenn im Einzelfall – Umschichtung eines Wertpapierdepots – keine Missbrauchsgefahr vorliegt.
>
> Norm: § 13b Abs. 2 S. 3 ErbStG

Sachverhalt

Auch dieser Entscheidung liegt eine Anteilsübertragung zugrunde.

Am 12.12.2011 erhielten der Kläger zu 2. (K 2) und die Klägerin zu 3. (K 3) von ihrem Vater jeweils 1.328.000 Stückaktien der Firma N Holding GmbH Co. KGaA schenkweise übertragen.

Im Schreiben vom 15.5.2013 wurde von der Klägerin zu 1. (K 1), der Rechtsnachfolgerin der KGaA, eine gesonderte Feststellung für den Wert von Anteilen an Kapitalgesellschaften angefordert. In ihrer Feststellungserklärung vom 29.4.2013 bezifferte die K 1 – gestützt auf ein eingeholtes Wertgutachten – den gemeinen Wert des Betriebsvermögens auf einen Betrag i. H. v. x Mio. € und den gemeinen Wert des Verwaltungsvermögens auf einen Gesamtbetrag i. H. v. x Mio. €; junges Verwaltungsvermögen wurde nicht erklärt.

Das beklagte FA folgte den Erklärungsangaben insoweit zunächst. Im Bescheid vom 13.12.2013 stellte es u. a. die Summe des gemeinen Werts des jungen Verwaltungsvermögens auf einen Betrag i. H. v. 0 € gesondert fest. Der Feststellungsbescheid erging gem. § 164 Abs. 1 AO unter dem Vorbehalt der Nachprüfung.

Die im Jahr 2014 bei K 1 durchgeführte Betriebsprüfung gelangte u. a. zu dem Ergebnis, dass junges Verwaltungsvermögen i. H. v. insgesamt 9.955.978 € vorliege. Nach Auffassung der BP gehöre nicht nur innerhalb der 2-Jahresfrist eingelegtes Verwaltungsvermögen, sondern auch Verwaltungsvermögen, das innerhalb dieses Zeitraums aus betrieblichen Mitteln angeschafft oder hergestellt worden sei, zum jungen Verwaltungsvermögen.

Unter dem Datum vom 2.10.2014 erließ das FA gegen die Kläger einen nach § 164 Abs. 2 AO entsprechend geänderten Feststellungsbescheid und stellte darin die Summe des gemeinen Werts des jungen Verwaltungsvermögens auf einen Betrag i. H. v. x Mio. € gesondert fest; zugleich hob das FA den Vorbehalt der Nachprüfung auf.

Der Einspruch gegen den Feststellungbescheid blieb ohne Erfolg.

Mit der Klage begehren die Kläger weiterhin die Feststellung des jungen Verwaltungsvermögens auf 0 €. Zur Begründung tragen sie im Wesentlichen vor:

Die weite Auslegung des Begriffs des jungen Verwaltungsvermögens durch die Finanzverwaltung in R E 13b. 19 Abs. 1 ErbStR werde von der herrschenden Literaturmeinung überwiegend abgelehnt. Mit der Neufassung des aktuell gültigen ErbStG und den Regelungen zum jungen Verwaltungsvermögen habe der Gesetzgeber verhindern wollen, dass durch kurzfristige Einlage von nicht zwangsläufig betriebsnotwendigem Vermögen (Verwaltungsvermögen) in ein erbschaft- und schenkungsteuerlich begünstigtes Betriebsvermögen Steuervorteile bei Vererbung bzw. Schenkung erzielt würden, die es ansonsten im Privatvermögen nicht gäbe. Zum jungen Verwaltungsvermögen könnten demnach nur solche Wirtschaftsgüter zählen, die „*außerhalb eines Austauschgeschäfts aus dem Gesellschaftervermögen in das Gesellschaftsvermögen aus gesellschaftsrechtlichen Gründen übertragen bzw. eingelegt werden*".

Das FA beantragt, die Klage abzuweisen und beruft sich im Wesentlichen auf den ausdrücklichen Wortlaut des Gesetzestextes. Danach stelle der Gesetzgeber eben nicht ausschließlich auf „*innerhalb von zwei Jahren vor dem Bewertungsstichtag eingelegte Wirtschaftsgüter*" ab. Der Begriff des zuzurechnenden Vermögens gehe deutlich weiter und erfasse sämtliche neu erworbenen Vermögensgegenstände unabhängig von der Mittelherkunft.

Entscheidung

Auch das FG Rheinland-Pfalz wies die Klage als unbegründet zurück.

Das FA habe zu Recht die zugegangenen Wertpapiere als junges Verwaltungsvermögen erfasst. Zur Begründung der angeführten Auslegung des Gesetzes stützt sich das FG ebenfalls auf den Wortlaut, die Gesetzeshistorie sowie den Sinn und Zweck der Vorschrift.

Maßgebend für die Auslegung einer Gesetzesbestimmung sei der in dieser zum Ausdruck kommende objektivierte Wille des Gesetzgebers, so, wie er sich aus dem Wortlaut der Gesetzesbestimmung und dem Sinnzusammenhang ergebe, in den diese hineingestellt worden sei. Dem Ziel, den objektivierten Willen des Gesetzgebers zu erfassen, dienen die grammatische, die systematische, die teleologische und die historische Auslegung.

An diesen Grundsätzen gemessen entspreche es dem objektivierten Willen des Gesetzgebers, auch dasjenige Verwaltungsvermögen als junges Verwaltungsvermögen i. S. d. § 13b Abs. 2 S. 3 ErbStG zu erfassen, welches innerhalb eines Zweijahreszeitraums auf einem Tausch von Aktivvermögen basiere.

Hinsichtlich der Gesetzeshistorie setzt sich das FG Rheinland-Pfalz ebenfalls mit der Beschlussempfehlung des Finanzausschusses[370] auseinander und stellt ebenfalls fest, dass der Gesetzgeber dies nicht berücksichtigt habe.

Zudem lege der Sinn und Zweck des § 13b Abs. 2 S. 3 ErbStG die Zurechnung zum jungen Verwaltungsvermögen in den Fällen des Tausches von Aktivvermögen nahe. Aufgabe des § 13b Abs. 2 S. 3 ErbStG 2011 sei die Verhinderung missbräuchlicher Gestaltungen. Dabei komme es nach dem erkennbaren Willen des Gesetzgebers indes nicht auf einen konkreten Missbrauch im Einzelfall an. Vielmehr genüge eine abstrakte Missbrauchsgefahr, um Verwaltungsvermögen dem jungen Verwaltungsvermögen „zuzurechnen".

Richtig sei zwar, dass die Umschichtung von (Alt-)Verwaltungsvermögen in neues Verwaltungsvermögen, insb. die Umschichtung eines Wertpapierdepots regelmäßig keine Missbrauchsgefahr erkennen lässt, wenn sich – wie hier – das Verwaltungsvermögen dem Wert nach bereits länger als zwei Jahre im Betriebsvermögen befand.

Im Wege der Auslegung dürfe das Gericht aber nicht das gesetzgeberische Ziel der Norm selbst in einem wesentlichen Punkt verfehlen oder verfälschen, an die Stelle der Gesetzesvorschriften inhaltlich eine andere setzen oder den Regelungsgehalt erstmals schaffen.

Hiergegen würde jedoch nach Ansicht des erkennenden Senats verstoßen werden, würde man den § 13b Abs. 2 S. 3 ErbStG 2011 wegen Fehlens eines konkreten Missbrauchs einengend auslegen. Denn der Gesetzgeber habe den § 13b Abs. 2 S. 3 ErbStG 2011 bewusst als abstrak-

---
[370] BR-Drs. 318/1/10 v. 28.6.2010, BGBl I 2010, S. 1768.

te Missbrauchsvorschrift ausgestaltet. Insoweit sei den Fachgerichten eine einengende Auslegung i. S. einer konkreten Missbrauchsvorschrift verwehrt. Eine Interpretation, die als richterliche Rechtsfortbildung den klaren Wortlaut des Gesetzes hintanstelle, keinen Widerhall im Gesetz finde und vom Gesetzgeber nicht ausdrücklich oder – bei Vorliegen einer erkennbar planwidrigen Gesetzeslücke – stillschweigend gebilligt werde, greife nämlich unzulässig in die Kompetenzen des demokratisch legitimierten Gesetzgebers ein.

Die Revision ist beim BFH unter dem Az. II R 13/18 anhängig.

5.12.3 Entscheidung des FG Münster

> **FG Münster, Urteil v. 30.11.2017, 3 K 2867/15, ZEV 2018, S. 227**
>
> Junges Verwaltungsvermögen ist Verwaltungsvermögen, das dem Betrieb im Zeitpunkt der Entstehung der Steuer weniger als zwei Jahre zuzurechnen war. Dies umfasst nicht nur in den Betrieb eingelegtes Verwaltungsvermögen, sondern auch Verwaltungsvermögen dass innerhalb des Zweijahreszeitraums aus betrieblichen Mitteln angeschafft oder hergestellt worden ist (hier: Umschichtung von Wertpapieren); (n. amtl. Ls.).
>
> **Norm:** § 13b Abs. 2 S. 3 ErbStG

Sachverhalt

In 2010 verstarb die Erblasserin (E). Die Klägerin (K) und ihr Bruder sind zu gleichen Teilen Erben geworden. Zum Nachlass der E gehörte u. a. eine Kommanditbeteiligung an der V GmbH & Co. KG (KG). Zum Betriebsvermögen der KG gehörten im Zeitpunkt des Erbfalls Wertpapiere. Innerhalb der letzten beiden Jahre vor dem Stichtag fanden in dem Wertpapierdepot der KG in Form von Verkäufen und Zukäufen einige Umschichtungen und weitere Erwerbe statt.

In der ErbSt-Erklärung ist das nach § 13b Abs. 1 ErbStG begünstigte Vermögen mit X Euro angegeben, das nicht begünstigte Vermögen i. S. d. § 13b Abs. 2 S. 3 ErbStG mit 0 €. Die Quote des Verwaltungsvermögens betrug nach der Erklärung 22,21 %. In einer der ErbSt-Erklärung beigefügten Anlage ist zum jungen Verwaltungsvermögen angegeben, dass in dem Zweijahreszeitraum vor dem Tag der Steuerentstehung nach § 9 ErbStG im Wertpapierdepot der KG Wertpapiere i. H. v. X € hinzugekommen und i. H. v. X € abgegangen seien. Somit sei per Saldo das Wertpapierdepot um X € gestiegen. Es sei die Vermögensumschichtung innerhalb des Depots i. H. v. X € und die zusätzliche Vermögensumschichtung auf der Aktivseite i. H. v. X € (Aktivtausch) zu unterscheiden. Beide seien bei zutreffender Gesetzesauslegung nicht als sog. junges Verwaltungsvermögen zu qualifizieren. Die auf die E entfallenden Zugänge innerhalb des Zweijahreszeitraums werden in der Erklärung mit X € angegeben.

Nach der Mitteilung des FA über die gesonderte Feststellung des Werts des Anteils am Betriebsvermögen auf den Todestag für Zwecke der ErbSt vom 29.10.2013 ist der Wert des Anteils am Betriebsvermögen festgestellt auf X € und die Quote des Verwaltungsvermögens mit 15,05 % angegeben. Der Mitteilung sind nachrichtliche Angaben u. a. zum jungen Verwaltungsvermögen beigefügt. Danach betrug das junge Verwaltungsvermögen X €, das zu gleichen Teilen auf K und ihren Bruder entfiel. Das FA, das die Betriebsprüfung bei der KG durchgeführt hat, führt aus, dass gem. § 13b Abs. 2 S. 3 ErbStG solches Verwaltungsvermögen nicht zum begünstigten Vermögen gehöre, welches dem Betrieb im Besteuerungszeitpunkt weniger als zwei Jahre zuzurechnen gewesen sei. Dies ergebe sich aus R E 13b.19 ErbStR.

Das beklagte FA änderte nach Erhalt dieser Mitteilung den ErbSt-Bescheid und berücksichtigte den um den Anteil des jungen Verwaltungsvermögens (X €) geminderten Wert des begünstigten Betriebsvermögens (X €).

K legte Einspruch gegen den Bescheid ein. Die Wertpapiere, die von der KG in den zwei Jahren vor dem Erbfall angeschafft worden seien, seien kein Verwaltungsvermögen gem. § 13b Abs. 2 S. 3 ErbStG, soweit deren Anschaffung auf einer reinen Umschichtung innerhalb des Wertpapierdepots der KG beruhe.

Im Rahmen des Einspruchsverfahrens änderte der Beklagte den Bescheid vom 22.11.2013 und hob den Vorbehalt der Nachprüfung auf. Es verblieb bei der Festsetzung der ErbSt.

Den Einspruch wies das beklagte FA als unbegründet zurück. Das Betriebsvermögen sei um das sog. junge Verwaltungsvermögen zu kürzen. Zum Verwaltungsvermögen gehörten Wertpapiere und vergleichbare Forderungen. Nach Auffassung der Finanzverwaltung gehöre zum jungen Verwaltungsvermögen nicht nur das innerhalb des Zweijahreszeitraums eingelegte Verwaltungsvermögen, sondern i. d. R. auch Verwaltungsvermögen, das innerhalb dieses Zeitraums aus betrieblichen Mitteln angeschafft oder hergestellt worden sei.

K beantragte, den Bescheid über ErbSt i. d. F. des Änderungsbescheids und die Einspruchsentscheidung dahingehend zu ändern, dass im Rahmen der Berechnung der Begünstigung nach § 13a ErbStG der Wert des begünstigten Vermögens – ungekürzt – i. H. v. X € angesetzt wird.

Das FA beantragt, die Klage abzuweisen. U. a. lägen die Voraussetzungen für eine teleologische Reduktion des § 13b Abs. 2 S. 3 ErbStG nicht vor. Als Gegenteil zur Analogie, bei der eine Planwidrigkeit der Regelungslücke festgestellt werden müsse, habe auch die teleologische Reduktion den erkennbaren Willen des Gesetzgebers zu beachten. Die teleologische Beschränkung des Tatbestands setze also voraus, dass der Tatbestand dem Gesetzgeber planwidrig zu weit geraten sei. Aus der Entstehungsgeschichte der Norm sei ersichtlich, dass genau das nicht der Fall sei.

Entscheidung

Das FG wies die Klage als unbegründet zurück.

Das FA habe das Wertpapiervermögen zu Recht als junges Verwaltungsvermögen i. S. v. § 13b Abs. 2 S. 3 ErbStG in der im Streitfall geltenden Fassung qualifiziert.

Nach § 13b Abs. 2 S. 3 ErbStG gehöre in den Fällen, in denen § 13b Abs. 2 S. 1 ErbStG nicht zur Anwendung komme, solches Verwaltungsvermögen i. S. d. § 13b Abs. 1 S. 2 Nr. 1 bis Nr. 5 ErbStG nicht zum begünstigten Vermögen i. S. d. Abs. 1, welches dem Betrieb im Besteuerungszeitpunkt weniger als zwei Jahre zuzurechnen war.

Nach Auffassung des Senats gehöre zu diesem sog. jungen Verwaltungsvermögen nicht nur das innerhalb des Zweijahreszeitraums eingelegte Verwaltungsvermögen, sondern auch das Verwaltungsvermögen, das innerhalb dieses Zeitraums aus betrieblichen Mitteln angeschafft oder hergestellt worden sei. Nach dem Wortlaut der Vorschrift sei nicht danach zu unterscheiden, ob es sich um Umschichtungen und Zukäufe innerhalb eines bestehenden Wertpapierdepots oder ob es sich um Neuanschaffung aus Liquiditätsreserven der Gesellschaft handele. Allein maßgeblich sei nach dem Wortlaut der Vorschrift der Bestand im Besteuerungszeitpunkt. Wenn zu dem Verwaltungsvermögen gehörende Wertpapiere im Zeitpunkt des Erbfalls weniger als zwei Jahre der KG zuzurechnen waren, seien sie danach als junges Verwaltungsvermögen zu bewerten.

Auch das FG Münster stützt sich im Wesentlichen darauf, dass der Gesetzgeber der Beschlussempfehlung des Finanzausschusses[371] nicht gefolgt sei.

Er habe sich nicht für die Einlage in den Betrieb entschieden, sondern dafür, ob das Verwaltungsvermögen dem Betrieb am Besteuerungszeitpunkt zuzurechnen sei. Bei der Neufassung der Vorschrift sei dem Gesetzgeber damit bewusst gewesen, dass das junge Verwaltungsvermögen auch Fälle der Umschichtung innerhalb des Verwaltungsvermögens erfassen könne.

Wie ggf. zukünftig die Regelung durch den Gesetzgeber erfolge, sei für die Beurteilung zum Besteuerungsstichtag jedenfalls dann ohne Bedeutung, wenn sich aus dem Gesetzentwurf und dessen Begründung nicht ergebe, dass die geplante Änderung darauf beruhe, dass die ursprüngliche Regelung zu weit geraten sei. Anhaltspunkte dafür lägen nicht vor. Dass eine Gesetzesänderung für die Zukunft ggf. den Tatbestand so fasst, wie die Klägerin ihn schon jetzt verstanden haben will, hätte im Übrigen auch keine Auswirkungen auf den Besteuerungszeitpunkt.

Die Revision ist beim BFH unter dem Az. II R 8/18 anhängig.

Praxishinweis

Die Entscheidungen des FG München, des FG Rheinland-Pfalz und des FG Münster kommen insgesamt entgegen der herrschenden Meinung im Schrifttum zu dem Ergebnis, dass auch bei der Anschaffung oder Herstellung von Verwaltungsvermögen aus betrieblichen Mitteln, insb. also bei der Umschichtung betrieblicher Wertpapierdepots und beim Erwerb von Wertpapieren aus betrieblich nicht benötigter Liquidität, junges Verwaltungsvermögen entsteht, soweit der jeweilige Erwerbsvorgang innerhalb von zwei Jahren vor dem Tag der Entstehung der Steuer liegt.

Auch die jeweiligen Entscheidungsbegründungen enthalten in weiten Teilen ähnliche Argumentationen.

Der Gesetzgeber hat im Rahmen der Erbschaftsteuerreform 2016 auf das seinerzeit schon bekannte Problem nicht reagiert und insoweit keine Gesetzesänderung vorgenommen.

Es bleibt abzuwarten, wie der BFH diese Rechtsfrage entscheiden wird. Aufgrund des Gesetzeswortlauts und der gesetzgeberischen Intention ist es nicht ausgeschlossen, dass auch diese Frage zukünftig das BVerfG beschäftigen wird.

In der Praxis sollten einschlägige Fälle in jedem Fall offen gehalten werden.

Literaturhinweise: *Thonemann-Micker/Kanders*, DB 2018, S. 603; *Troll/Gebel/Jülicher/Gottschalk/Jülicher*, ErbStG 55. EL Mai 2018 § 13b ErbStG, Rn. 391; *Wachter*, ZEV 2018, S. 227

---

[371] BR-Drs. 318/1/10 v. 28.6.2010, BGBl I 2010, S. 1768.

5.13 Einheitlicher Schenkungswille bei der Übertragung von Anteilen an drei Kapitalgesellschaften am selben Tag

> **FG Münster, Urteil v. 9.7.2018, 3 K 2134/17 Erb, ZEV 2018, S. 674**
>
> 1. Eine einheitliche Schenkung kann in zwei Akten vollzogen werden, wenn ein einheitlicher Schenkungswille vorliegt. Ob ein einheitlicher Schenkungswille vorlag, ist Gegenstand tatrichterlicher Feststellungen.
> 2. Die Übertragung von Anteilen an drei Kapitalgesellschaften am selben Tag in direkt aufeinanderfolgenden Urkunden rechtfertigt die Annahme eines einheitlichen Schenkungswillens nicht, wenn weder ein rechtlicher noch ein wirtschaftlicher Zwang bestanden hat, die Anteile an einem bestimmten Stichtag zu übertragen, im Übrigen keine Einheitlichkeit der Verträge besteht (unterschiedliche Personenkreise, Zustimmung unterschiedlicher Gesellschafter erforderlich, mal Nießbrauchsvorbehalt, mal keiner) und die Beteiligten subjektiv von getrennten Zuwendungen mit unterschiedlichen Zuwendungsgegenständen ausgegangen sind.
>
> **Normen:** §§ 7 Abs. 1 Nr. 1, 9, 13a ErbStG

Sachverhalt

Mit Verträgen vom 16.10.2015 sind dem Kläger (K) von seinem Vater (V) in aufeinander folgenden Urkundennummern Gesellschaftsanteile an der A GmbH (URNr. 170/2015), der B GmbH (URNr. 171/2015) und der C GmbH (URNr. 172/2015) geschenkt worden. Am übertragenen Anteil der A GmbH hielt sich V ein lebenslanges Nießbrauchsrecht zurück.

Die A GmbH ist eine reine Handelsgesellschaft, in der V aktiv unternehmerisch tätig war und dessen Nachfolge auch in unternehmerischer Hinsicht K mit der Übertragung der Anteile angetreten hat. Die A GmbH vertreibt Bauelemente für Dächer und Fassaden. Die C GmbH produziert Förderbandabdeckungen und ist weltweit tätig und sehr stark exportorientiert. Die B GmbH baut Hochregallager und erbringt dort hauptsächlich die Montageleistungen. In geringem Umfang bezieht sie bei der A GmbH Materialien. Die A GmbH wird von den anderen beiden Gesellschaften nicht beliefert. Weder V noch K hatte bzw. hat bei der B GmbH oder bei der C GmbH Positionen inne, durch die ein Einfluss auf die Geschäftsführung besteht.

K reichte drei Schenkungsteuererklärungen ein, in der die Übertragung jeweils eines Geschäftsanteils erklärt wurde.

Betreffend die B und C GmbH beantragte K die sog. Optionsverschonung.

Das beklagte FA ging nicht von drei Schenkungen aus, sondern fasste alle drei Übertragungen unter einem Stichtag und einer Steuernummer zu einer Schenkung zusammen und gewährte für alle drei Kapitalgesellschaften lediglich die Regelverschonung und damit nur eine Steuerbefreiung i. H. v. 85 %. Grund hierfür war das zu hohe Verwaltungsvermögen der A GmbH.

Der Einspruch blieb erfolglos, da es sich nach Ansicht des FA um einen einheitlichen Schenkungsvorgang handelte.

K beantragt, den geänderten Schenkungsteuerbescheid und die Einspruchsentscheidung aufzuheben.

Das FA beantragt, die Klage abzuweisen.

Entscheidung

Das FG hielt die Klage für begründet.

V habe keinen einheitlichen Schenkungswillen, mit der Folge, dass es sich nicht um eine Schenkung handele, sondern verschiedene Schenkungen vorliegen, die jede für sich zu besteuern sei.

Ob bei Schenkung mehrerer selbstständiger Gegenstände in einem (notariellen) Vertrag oder in mehreren (notariellen) Verträgen eine einheitliche Schenkung vorläge, bestimme sich nach dem Parteiwillen.

Zur Begründung des Nichtvorliegens eines einheitlichen Schenkungswillens führt das FG an:

An keiner der drei Kapitalgesellschaften war V als alleiniger Gesellschafter beteiligt. Für die Übertragungen war die Zustimmung jeweils aller Mitgesellschafter zwingend notwendig. Bei den Mitgesellschaftern handelte es sich jeweils um unterschiedliche Personenkreise, sodass auch hier keine Einheitlichkeit vorliegt. Bei der Schenkung des Anteils an der A GmbH habe sich V im Übrigen den Nießbrauch vorbehalten, bei den anderen beiden Gesellschaften war dies nicht der Fall, sodass auch insoweit keine Einheitlichkeit vorläge.

Dass die jeweiligen Übertragungen unabhängig voneinander zu betrachten und nicht als einheitliche Schenkung behandelt werden können, zeige sich auch an den Regelungen in den Schenkungsverträgen. Denn sie enthalten Rücktrittsklauseln, die es erlauben, von jeder einzelnen Schenkung unabhängig von den anderen Schenkungen zurückzutreten. Durch die Rücktrittsklauseln werde der Wille dokumentiert, dass nicht eine einheitliche Übertragung gewollt sei.

Praxishinweis

Das FG hatte im vorliegenden Fall über die häufig anzutreffende Konstellation der Übertragung mehrerer wirtschaftlicher Einheiten zu entscheiden. Nach Auffassung der Finanzverwaltung kann – ein einheitlicher Schenkungswille vorausgesetzt – bei Übertragung mehrerer wirtschaftlicher Einheiten der Antrag auf Optionsverschonung nur einheitlich für alle wirtschaftlichen Einheiten gestellt werden. Wird die maßgebliche Quote des Verwaltungsvermögens in den verschiedenen wirtschaftlichen Einheiten teilweise überschritten, teilweise eingehalten und wird ein Antrag auf Optionsverschonung gestellt, so gewährt die Finanzverwaltung nur für die wirtschaftliche Einheit die Optionsverschonung, bei der die Voraussetzungen erfüllt sind, im Übrigen soll weder Options- noch Regelverschonung zu gewähren sein (R E 13a.13 Abs. 3 ErbStR 2011).

Die Rechtsfrage zu dieser in der Literatur heftig umstrittenen sog. Optionsfalle konnte das FG in seiner Entscheidung unbeantwortet lassen, da es von mehreren selbstständigen Schenkungen ausging.

Für die Gestaltungspraxis eröffnet die Entscheidung Spielraum, um Streitigkeiten im Zusammenhang mit der Optionsfalle zu verhindern, in dem durch entsprechende Vertragsgestaltung die Zusammenfassung der Übertragungen aufgrund eines einheitlichen Schenkungswillens vermieden wird.

5.14 Einkommensteuervorauszahlung als Nachlassverbindlichkeit

> **FG Münster, Urteil v. 31.8.2017, 3 K 1641/17 Erb, DStRE 2018, S. 1109**
>
> Eine festgesetzte ESt-Vorauszahlung ist auch dann als Nachlassverbindlichkeit i. S. d. § 10 Abs. 5 Nr. 1 ErbStG zu berücksichtigen, wenn sie erst nach dem Todestag entsteht (gegen R E 10.8 Abs. 4 ErbStR 2011).
>
> **Normen:** § 10 Abs. 5 Nr. 1 ErbStG; §§ 36 Abs. 4, 37 Abs. 1 EStG

Sachverhalt

2014 verstarb der Erblasser (E). Alleinerbe und Gesamtrechtsnachfolger wurde sein Sohn, der Kläger (K).

In der ErbSt-Erklärung beantragte K die mit Bescheid v. 25.11.2013 festgesetzten ESt-Vorauszahlungen für das III. und IV. Quartal 2014 als Schulden des E bei den Nachlassverbindlichkeiten zu berücksichtigen.

Das beklagte FA vertrat die Auffassung, dass ein Abzug der ESt-Vorauszahlungen für das III. Quartal 2014 möglich sei, nicht jedoch für das IV. Quartal 2014. Die ESt-Vorauszahlungen für das IV. Quartal 2014 gehörten nicht zu den berücksichtigungsfähigen Schulden, da ihre Entstehung nach dem Todestag liege. Es werde auf R E 10.8 Abs. 4 ErbStR 2011[372] Bezug genommen.

Das FA erließ am 28.8.2015 einen unter dem Vorbehalt der Nachprüfung nach § 164 Abs. 1 AO stehenden ErbSt-Bescheid, in dem nur die ESt-Vorauszahlungen für das III. Quartal 2014 mit X € berücksichtigt sind.

K legte gegen diesen Bescheid Einspruch ein. Es ergingen mehrere Änderungsbescheide aus hier nicht streitigen Gründen.

Den Einspruch wies das FA als unbegründet zurück.

Entscheidung

Das FG hielt die Klage für begründet.

Das beklagte FA habe die ESt-Vorauszahlungen für das IV. Quartal 2014 zu Unrecht nicht als Nachlassverbindlichkeiten berücksichtigt.

Nach der BFH-Rspr. gehören zu den abzugsfähigen Nachlassverbindlichkeiten i. S. d. § 10 Abs. 5 Nr. 1 ErbStG nicht nur die Steuerschulden, die zum Zeitpunkt des Erbfalls bereits rechtlich entstanden waren, sondern auch die Steuerverbindlichkeiten, die der Erblasser als Steuerpflichtiger durch die Verwirklichung von Steuertatbeständen begründet hat und die mit dem Ablauf des Todesjahres entstehen. Als Nachlassverbindlichkeit abzugsfähig sei nach dieser Rspr. die ESt-Abschlusszahlung i. S. d § 36 Abs. 4 S. 1 EStG, also diejenige ESt, die sich nach Anrechnung der vom Erblasser entrichteten ESt-Vorauszahlungen und der durch Steuerabzug erhobenen anrechenbaren ESt ergebe.

Nach Auffassung des FG könne nichts anderes für festgesetzte ESt-Vorauszahlungen gelten und zwar auch dann nicht, wenn sie zum Todeszeitpunkt noch nicht entstanden seien.

---

[372] Wortlaut der Richtlinie: „*1Die Einkommensteuer-Vorauszahlungen entstehen jeweils mit Beginn des Kalendervierteljahres, in dem die Vorauszahlungen zu entrichten sind. 2Soweit bis zum Todeszeitpunkt des Erblassers festgesetzte und entstandene Vorauszahlungsbeträge in diesem Zeitpunkt noch nicht entrichtet sind, sind diese abzugsfähig.*"

Wenn die ESt, die erst mit Ablauf des Todesjahres entsteht (§ 36 Abs. 1 EStG), als Nachlassverbindlichkeit zu berücksichtigen sei, weil die Schuld vom Erblasser herrühre (§ 10 Abs. 5 Nr. 1 ErbStG), müsse dies auch für festgesetzte ESt-Vorauszahlungen gelten, die nach § 37 Abs. 1 S. 2 EStG jeweils mit Beginn des Kalendervierteljahres entstehen, in dem die Vorauszahlungen zu entrichten seien.

Die Revision ist beim BFH unter dem Az. II R 5/18 anhängig.

> **Literaturhinweis:** *Troll/Gebel/Jülicher/Gottschalk*, ErbStG, 55. EL Mai 2018, § 10 ErbStG, Rn. 140

5.15 Trotz Vorläufigkeitsvermerk kein Antrag auf Vollverschonung nach Unanfechtbarkeit

> **FG Münster, Urteil v. 14.2.2018, 3 K 565/17 Erb, ZEV 2018, S. 352**
>
> Der Vorläufigkeitsvermerk „Die Festsetzung ist ... im Hinblick auf die durch das Urteil des BVerfG vom 17.12.2014 – 1 BvL 21/12[373]) angeordnete Verpflichtung zur Neuregelung in vollem Umfang vorläufig" ermöglicht es nicht, nach Unanfechtbarkeit des Steuerbescheids einen Antrag auf Vollverschonung zu stellen.
>
> **Normen:** § 165 Abs. 1 S. 2 Nr. 2 und Nr. 3 AO; §§ 13a, 13b Abs. 1 Nr. 2 und Abs. 4 ErbStG

Sachverhalt

Der in 2012 verstorbene Erblasser (E) wurde vom Kläger (K) als Alleinerbe beerbt. Zum Nachlass gehörten u. a. Kommanditbeteiligungen an drei GmbH & Co. KGs.

K reichte 2014 eine ErbSt-Erklärung ein. Einen Antrag auf vollständige Steuerbefreiung nach § 13a Abs. 8 ErbStG (nunmehr § 13a Abs. 10 ErbStG) stellte er zunächst nicht.

Dementsprechend gewährte das beklagte FA im ErbSt-Bescheid vom 29.7.2015 einen Verschonungsabschlag i. H. v. 85 % für die vorgenannten Beteiligungen. Der Bescheid erging unter dem Vorbehalt der Nachprüfung und enthielt einen Vorläufigkeitsvermerk mit folgendem Wortlaut: *„Die Festsetzung der Erbschaftsteuer (Schenkungsteuer) ist gem. § 165 Abs. 1 S. 2 Nr. 2 AO im Hinblick auf die durch das Urteil des BVerfG vom 17.12.2014 – 1 BvL 21/12 (BStBl II 2015, S. 50) angeordnete Verpflichtung zur gesetzlichen Neuregelung in vollem Umfang vorläufig. Sollte aufgrund der gesetzlichen Neuregelung dieser Steuerbescheid aufzuheben oder zu ändern sein, wird die Aufhebung oder Änderung von Amts wegen vorgenommen"*.

Das FA änderte später die Steuerfestsetzung nach § 164 Abs. 2 AO aus hier nicht streitbefangenen Gründen und hob den Vorbehalt der Nachprüfung auf. Der Vorläufigkeitsvermerk blieb bestehen.

Am 9.11.2016 beantragte K die vollständige Steuerbefreiung für Betriebsvermögen gem. § 13a Abs. 8 ErbStG a. F. Das FA lehnte den Antrag ab. Der Antrag auf Vollverschonung könne nur bis zum Eintritt der materiellen Bestandskraft gestellt werden. Der Vorbehalt der Nachprüfung sei bereits mit Bescheid vom 2.2.2016 aufgehoben worden. Auf der Grundlage des Vorläufig-

---

[373] BStBl II 2015, S. 50.

keitsvermerks nach § 165 Abs. 1 S. 2 Nr. 2 AO könne die Vollverschonung nicht nachträglich gewährt werden.

Der Einspruch des K blieb erfolglos.

Entscheidung

Das FG wies die Klage als unbegründet zurück.

Die ErbSt-Festsetzung sei nicht aufgrund des Antrags auf Vollverschonung zu ändern gewesen.

Das Gesetz regele nicht, bis wann der Erwerber den Antrag auf Vollverschonung stellen könne. Insb. ergebe sich aus dem Gesetz nicht, ob die Steuerfestsetzung im Falle eines Vorläufigkeitsvermerks nach § 165 Abs. 1 S. 2 Nr. 2 bzw. Nr. 3 AO geändert werden könne. Auch die Gesetzesbegründung[374] enthalte zu dieser Frage nichts. Dort hieße es lediglich, dass der Erwerber die Erklärung bis zur (formellen) Bestandskraft der Steuerfestsetzung abgeben könne.

Das FG befasst sich dann mit den unterschiedlichen Auffassungen, die zu dieser Frage vertreten werden:

- Die Finanzverwaltung vertrete in den ErbStR 2011 die Auffassung, dass der Erwerber den Antrag grds. bis zum Eintritt der materiellen Bestandskraft der Festsetzung der Erbschaft- oder Schenkungsteuer stellen könne.[375] Dabei bleibe offen, wann ein Bescheid materiell bestandskräftig werde.

  Nach Auffassung der OFD Karlsruhe[376] eröffne ein Vorläufigkeitsvermerk nach § 165 Abs. 1 S. 2 Nr. 3 AO dem Steuerpflichtigen die Möglichkeit, auch noch nach Unanfechtbarkeit der Steuerfestsetzung einen Antrag auf Vollverschonung zu stellen.

- Auch in der Literatur werde teilweise angenommen, dass ein Vorläufigkeitsvermerk nach § 165 Abs. 1 S. 2 Nr. 2 bzw. Nr. 3 AO dem Steuerpflichtigen ermögliche, nachträglich einen Antrag auf Optionsverschonung zu stellen.

  Andere Literaturstimmen äußerten sich zu dieser Lösung eher zurückhaltend.

Nach Auffassung des FG liegen die Voraussetzungen für eine Änderung der Steuerfestsetzung im vorliegenden Fall nicht vor. Da das Gesetz nicht regele, bis wann ein Antrag auf Vollverschonung zu stellen sei, richte sich diese Frage nach den allgemeinen Grundsätzen.

Änderungen nach § 165 Abs. 2 AO seien nach Art und Umfang nur in dem durch die Vorläufigkeit wirksam gesteckten Rahmen zulässig.

Im Streitfall ergebe sich aus dem gewählten Vorläufigkeitsvermerk hinreichend klar, dass das FA die Bestandskraft nur für den Fall offenhalten wollte, dass sich die für den Streitfall geltende Rechtslage durch die gesetzliche Neuregelung, die aufgrund der Entscheidung des BVerfG vom 17.12.2014 erforderlich geworden war, ändere. Auch aus dem Zusatz, dass die Festsetzung „in vollem Umfang" vorläufig sei, könne nach dem „objektiven Empfängerhorizont" nicht geschlossen werden, dass die Festsetzung unabhängig von einer gesetzlichen Neuregelung offengehalten werden sollte. Der Zusatz „in vollem Umfang" ergebe sich vielmehr daraus, dass zum damaligen Zeitpunkt nicht klar war, in welchem Umfang der Gesetzgeber eine Neuregelung schaffen würde.

---

[374] BT-Drs. 16/11107, BGBl I 2008, S. 3018.
[375] R E 13a.13 Abs. 2 S. 2 ErbStR 2011.
[376] OFD Karlsruhe, Verfügung v. 7.8.2014, S 381.2a/50 – St 341, DStR 2014, S. 1721.

5.16 Maßgeblichkeit des zivilrechtlichen Grundstücksbegriffs für die Erbschaftsteuerbefreiung bei mit einem Familienheim bebauten Grundstück

> **FG Düsseldorf, Urteil v. 16.5.2018, 4 K 1063/17 Erb, ZEV 2018, S. 488**
>
> 1. Die Erbschaftsteuerbefreiung für mit einem Familienheim bebaute Grundstücke knüpft nicht an den Begriff der wirtschaftlichen Einheit i. S. d. § 2 Abs. 1 S. 1 und § 3 BewG an, sondern bezieht sich im zivilrechtlichen Sinn auf das im Bestandsverzeichnis eines Grundbuchblatts auf einer eigenen Nummer eingetragene Grundstück, dessen wesentlicher Bestandteil das Gebäude gem. § 94 Abs. 1 S. 1 BGB ist.
> 2. Ein unbebautes Flurstück, das an ein mit einem Familienheim bebautes Grundstück angrenzt und im Grundbuch auf einer eigenen Nummer eingetragen ist, ist daher auch dann nicht nach § 13 Abs. 1 Nr. 4b S. 1 ErbStG begünstigt, wenn es nach der Verkehrsanschauung eine wirtschaftliche Einheit mit dem bebauten Grundstück bildet.
>
> **Normen:** §§ 2 Abs. 1, 181 Abs. 1 BewG; § 94 Abs. 1 S. 1 BGB; § 13 Abs. 1 Nr. 4b ErbStG

Sachverhalt

Die Klägerin (K) ist die Ehefrau des Erblassers (E).

E war u. a. Eigentümer des von ihm bewohnten und mit einem Einfamilienhaus, einem Schwimmbad sowie einer Doppelgarage bebauten Grundstücks Gemarkung Z Flur 1 Flurstück 1. Das Grundstück mit einer Größe von 1.810 qm war im Grundbuch von Z Blatt 1 eingetragen. E war ferner Eigentümer des unbebauten Grundstücks Gemarkung Z Flur 1 Flurstück 2. Dieses Grundstück mit einer Größe von 1.722 qm grenzt nordöstlich an das Grundstück Gemarkung Z Flur 1 Flurstück 1 und war im Grundbuch von Z Blatt 10 eingetragen.

E verstarb am 11.10.2014 und wurde von K allein beerbt.

K nutzte die Grundstücke Gemarkung Z Flur 1 Flurstücke 1 und 2 zu eigenen Wohnzwecken und machte für beide Grundstücke die Steuerbefreiung nach § 13 Abs. 1 Nr. 4b S. 1 ErbStG (Familienheim) geltend.

Das beklagte FA setzte gegen K erstmals mit Bescheid v. 16.11.2015 unter dem Vorbehalt der Nachprüfung ErbSt fest und gewährte dabei die Steuerbefreiung für beide Grundstücke.

K legte wegen nicht mehr streitiger Punkte gegen diesen Bescheid Einspruch ein.

In der Folgezeit erließ das FA einen Änderungsbescheid v. 31.5.2016 und setzte unter dem Vorbehalt der Nachprüfung die ErbSt auf 220.913 € fest, indem es aber immer noch für beide Grundstücke die Steuerbefreiung berücksichtigte.

Mit Einspruchsentscheidung v. 21.3.2017 setzte das beklagte FA die ErbSt gegen K auf 329.213 € neu fest. Dabei berücksichtigte es die Steuerbefreiung des § 13 Abs. 1 Nr. 4b S. 1 ErbStG nur noch für das Grundstück Gemarkung Z Flur 1 Flurstück 1. Die Steuerbefreiung könne nicht für Grundstücke gewährt werden, bei denen es sich um selbstständige wirtschaftliche Einheiten handele und die nicht bebaut seien. Bei dem Grundstück Gemarkung Z Flur 1 Flurstück 2 handele es sich um eine selbstständige wirtschaftliche Einheit, die nicht bebaut sei.

Mit der Klage begehrt K die Berücksichtigung der Steuerbefreiung auch für das zweite Grundstück und den Steuerbescheid vom 31.5.2016 in der Gestalt der Einspruchsentscheidung vom 21.3.2017 aufzuheben, soweit mehr als 220.913 € ErbSt festgesetzt worden ist.

Das FA beantragt, die Klage abzuweisen.

Entscheidung

Die Klage ist unbegründet.

Das beklagte FA habe es zu Recht abgelehnt, für das unbebaute Grundstück Gemarkung Z Flur 1 Flurstück 2 die Steuerbefreiung gem. § 13 Abs. 1 Nr. 4b S. 1 ErbStG zu berücksichtigen.

K könne diese Steuerbefreiung nicht für das unbebaute Grundstück Gemarkung Z Flur 1 Flurstück 2 in Anspruch nehmen. Hierbei handele es sich nicht um ein mit einem Familienheim bebautes Grundstück i. S. d. § 13 Abs. 1 Nr. 4b S. 1 ErbStG.

Es komme nicht darauf an, ob die Grundstücke Gemarkung Z Flur 1 Flurstücke 1 und 2 nach den Anschauungen des Verkehrs als eine wirtschaftliche Einheit anzusehen seien, was als zutreffend unterstellt werden könne.

Der Begriff des mit einem Familienheim bebauten Grundstücks sei nach Auffassung des Senats in einem zivilrechtlichen Sinn zu verstehen, da auch die Begriffe des Eigentums und des Miteigentums in § 13 Abs. 1 Nr. 4b S. 1 ErbStG in einem zivilrechtlichen Sinn zu verstehen seien.

Ein Grundstück im zivilrechtlichen Sinn sei der räumlich abgegrenzte Teil der Erdoberfläche, der im Bestandsverzeichnis eines Grundbuchblatts auf einer eigenen Nummer eingetragen sei. Daher sei ein Flurstück, das an ein mit einem Familienheim bebautes Grundstück angrenze und im Grundbuch auf einer eigenen Nummer eingetragen sei, nicht nach § 13 Abs. 1 Nr. 4b S. 1 ErbStG begünstigt. Daher scheide eine Steuerbefreiung für das zweite Grundstück aus.

Literaturhinweise: NJW-Spezial 2018, S. 424; *Troll/Gebel/Jülicher/Gottschalk,* ErbStG 55. EL Mai 2018, § 13 ErbStG, Rn. 59

5.17 Abschmelzmodell bei Eröffnung des Insolvenzverfahrens

> **FG Nürnberg, Urteil v. 26.4.2018, 4 K 571/16, ZEV 2018, S. 476**
>
> Der Beschluss über die Eröffnung des Insolvenzverfahrens über das Vermögen einer Personengesellschaft stellt eine schädliche Verfügung i. S. d. § 13a Abs. 5 S. 1 Nr. 1 ErbStG und den für die zeitliche Abgrenzung maßgebenden Stichtag im Rahmen des Abschmelzungsmodells dar.
>
> Norm: § 13a Abs. 5 S. 1 Nr. 1 ErbStG a. F.

Sachverhalt

Am 2.6.2010 verstarb der Erblasser (E).

Er wurde von dem Kläger (K) und A als Miterben je zu 1/2 beerbt.

E war als Hauptgesellschafter bei einer Unternehmensgruppe (GmbH & Co. KG) tätig. Im Rahmen einer Sanierungsvereinbarung hatte E zusammen mit weiteren Gesellschaftern am 31.8.2009 den wesentlichen Bestand seiner Gesellschaftsanteile auf ein Treuhandunternehmen übertragen. Für die Gesellschafter bestand ein Anspruch auf Rückübertragung der Gesellschaftsanteile unter der aufschiebenden Bedingung eines Erfolgs der Sanierung.

Das FA forderte A zur Abgabe einer ErbSt-Erklärung auf. Diese ging 2013 beim FA ein. Am 18.9.2013 ermittelte das FA aus einem Erwerb von 13.131.846 € unter Berücksichtigung u. a. des Verschonungsabschlags nach § 13a Abs. 1 ErbStG i. H. v. 11.058.525,08 € einen steuerpflichtigen Erwerb i. H. v. 1.791.200 € und setzte ErbSt i. H. v. 340.328 € unter dem Vorbehalt der Nachprüfung fest. Am 28.11.2013 setzte das FA die ErbSt auf 357.086 € herauf, der Vorbehalt der Nachprüfung blieb bestehen. Es ergingen noch weitere Änderungsbescheide.

Am 11.4.2014 meldete sich Steuerberater F telefonisch beim FA und fragte an, wann bei Insolvenz der Betrieb als aufgegeben gelte. Der Insolvenzantrag sei bereits gestellt. Die Eröffnung des Insolvenzverfahrens erfolgte am 1.6.2014.

Am 31.7.2014 erfasste das FA den Anteil am Betriebsvermögen i. H. v. 4.793.676 € und gewährte den Verschonungsabschlag nach § 13a Abs. 1 ErbStG lediglich anteilig für 3 Jahre i. H. v. (4.793.676 € × 85 % × 3/5 =) 2.444.774,76 €. Aus diesem steuerpflichtigen Erwerb setzte es die ErbSt auf 432.231 € (bisher 357.086 €) herauf. Der Vorbehalt der Nachprüfung wurde aufgehoben.

K legte – ohne Erfolg – Einspruch ein mit der Begründung, den Verschonungsabschlag zeitlich bis zu einer späteren Veräußerung der Geschäftsanteile in voller Höhe zu gewähren. Der gesetzlichen Regelung sei nicht zu entnehmen, dass als Veräußerung auch die Eröffnung des Insolvenzverfahrens gelte. Diese habe keine Auswirkungen auf den laufenden Geschäftsbetrieb des Unternehmens besessen. Es seien bislang weder Gesellschaftsanteile noch wesentliche Betriebsgrundlagen veräußert worden.

Mit seiner Klage begehrt K einen Verschonungsabschlag nach § 13a Abs. 1 ErbStG i. H. v. 3.259.700 € für 4 Jahre zu berücksichtigen.

Entscheidung

Das FG wies die Klage als unbegründet zurück.

Die Eröffnung des Insolvenzverfahrens über das Vermögen einer Personengesellschaft stelle eine schädliche Verfügung i. S. d. § 13a Abs. 5 S. 1 Nr. 1 ErbStG a. F.[377] dar.

Die Eröffnung des Insolvenzverfahrens über eine Personengesellschaft stelle die Betriebsaufgabe i. S. d. § 13a Abs. 5 S. 1 Nr. 1 ErbStG dar. Maßgebender Zeitpunkt i. S. d. § 13a Abs. 5 S. 2 ErbStG sei der Beschluss über die Eröffnung des Insolvenzverfahrens.

Das FG begründet seine Auffassung u. a. damit, dass § 13a Abs. 5 S. 1 Nr. 4 S. 2 ErbStG als sog. Nachversteuerungstatbestand ausdrücklich die Auflösung der Kapitalgesellschaft anführe. Eine Kapitalgesellschaft werde durch Eröffnung des Insolvenzverfahrens gem. § 60 Abs. 1 Nr. 4 GmbHG bzw. § 262 Abs. 1 Nr. 4 AktG aufgelöst.

Auch eine OHG bzw. KG werde mit Eröffnung des Insolvenzverfahrens gem. §§ 131 Abs. 1 Nr. 3, 161 Abs. 2 HGB aufgelöst und auf Ebene der Gesellschafter das Vermögensergebnis der Personengesellschaft – im Falle der Insolvenz regelmäßig ein Vermögensverlust – realisiert.

Insolvenzrechtlich werde grds. nicht zwischen Personengesellschaften und juristischer Person differenziert, die Trennlinie sei dort im Umfang der persönlichen Haftung der Gesellschafter – unbeschränkt oder begrenzt – gezogen.

Mit Eröffnung des Insolvenzverfahrens sei der vom Gesetzgeber mit § 13a Abs. 5 ErbStG begünstigte Zweck der unveränderten Betriebsfortführung für die Personengesellschaft obsolet geworden. Insoweit liege eine Zuführung wesentlicher Betriebsgrundlagen zu anderen betriebsfremden Zwecken – der bestmöglichen und gleichmäßigen Gläubigerbefriedigung im Insolvenzverfahren – vor (§ 13a Abs. 5 S. 1 Nr. 1 S. 2 ErbStG).

Die Revision ist beim BFH unter dem Az. II R 19/18 anhängig.

---

[377] Die entsprechenden Regelungen sind nunmehr in § 13a Abs. 6 ErbStG enthalten.

D Neuentwicklungen im internationalen Steuerrecht

1 Einleitung

Das Jahr 2018 war aus Sicht des internationalen Steuerrechts in vielerlei Hinsicht bemerkenswert.

Den Auftakt machten die USA mit der größten Steuerreform seit 30 Jahren. Die Reform versteht sich als „game changer", soll sie doch den Standort USA aus steuerlicher Sicht deutlich attraktiver machen. Dieses Ziel stand bislang nicht oben auf der Liste der meisten US-amerikanischen Politiker, verstanden sich die USA doch als starkes Industrieland, welches Standortvorteile wie Innovationskraft, Flexibilität oder Marktgröße in die Waagschale werfen kann. Nunmehr steigen die USA ein in den globalen Steuerwettbewerb – ein Vorhaben, das die USA geschätzt 2,2 Billionen Dollar (netto) über 10 Jahre kosten soll. Während die Kritiker von Milliardengeschenken an die Konzerne sprechen, konstatieren andere Stimmen eine Anpassung des Steuerrechts an die Realität des Gebarens vor allem der US-Konzerne. Unzweifelhaft ist die Senkung des Bundessteuersatzes für Körperschaften auf 21 % ein starkes Signal in Zeiten von Anti-BEPS und wirft einmal mehr die Frage auf, wie zeitgemäß die Mindestbesteuerungsquote von 25 % für Zwecke der Hinzurechnungsbesteuerung noch ist.

Im Gegensatz dazu war auf der anderen Seite des Atlantiks die steuerpolitische Debatte geprägt von der Kontrolle und Regulierung des Steuerwettbewerbs. Die EU beschäftige zum einen die Meldepflichten für grenzüberschreitende Steuergestaltungen, zum anderen die Besteuerung der digitalen Wirtschaft.

Die RL zu Anzeigepflichten bei grenzüberschreitenden Steuergestaltungen (DAC 6) war dabei wohl die unangenehmste Überraschung des Jahres. Zu Beginn der Beratungen war dieses Instrument dafür gedacht, (Steuer-)Berater dazu anzuhalten, aggressive Steuermodelle zu melden. Der Anwendungsbereich erschien daher eng, das Interesse am Entstehungsprozess der RL von Seiten der Interessenverbände war relativ gering. Im Ergebnis weitete sich die RL enorm aus und verpflichtet nunmehr die Nutzer („Steuerpflichtige"), umfangreiche Prozesse vorzuhalten, um auch teilweise alltägliche und vor allem gesetzlich abgesicherte Transaktionen zu prüfen, dokumentieren und u. U. zu melden bzw. die Meldungen anderer Parteien nachzuhalten. Zur Umsetzung der RL in nationales Recht siehe Teil A.3.3.2 dieses Jahrbuchs.

Die Leichtigkeit, mit der die Politik der Wirtschaft eine derartige administrative Belastung aufbürdet, lässt auch für das zweite große EU-Projekt nichts Gutes erahnen: Im Zuge der Ausgestaltung von OECD Anti-BEPS Maßnahme 1 zur Besteuerung der digitalen Wirtschaft nahm die Debatte auf OECD- und EU-Ebene im Laufe des Jahres an Fahrt auf. Vor allem die EU-Kommission und die Finanzminister der Mitgliedstaaten konkretisierten zunehmend die Fragen rund um die Besteuerung digitaler Geschäftsmodelle.

Interessant war das Agieren Deutschlands in diesem Zusammenhang. Trotz aller Sonntagsreden deutscher Politiker zur Ungerechtigkeit des derzeitigen Besteuerungssystems hinsichtlich digitaler Geschäftsmodelle trat die Bundesregierung für die Interessen der deutschen Wirtschaft ein. Deutschland ist ein (auch digitales) Exportland und hat daher wenig Interesse, Besteuerungsrechte zur Quelle hin zu verschieben. Soweit erkennbar wirkte die deutsche Seite darauf hin, eine globale (und damit möglichst verzögerte) Lösung zu erreichen, nationale Alleingänge zu vermeiden und Vorschläge auf EU-Ebene im Anwendungsbereich zu beschränken.

Die zzt. diskutierten Ansätze zur Einführung einer Digital Services Tax (DST) als Interimslösungen wiegen vorerst in Sicherheit, scheinen doch die Hauptadressaten Google, Facebook, Amazon und Apple zu sein. Inwieweit eine derartige Eingrenzung künftig aufrechterhalten wird, ist fraglich. Dagegen sprechen politische Argumente, da die USA die DST in ihrer zzt. diskutierten Fassung als Instrument der EU im Handelsstreit versteht und mit Reaktionen droht. Zudem gilt die alte Weisheit, dass eine einmal eingeführte Steuer nur schwerlich abzuschaffen ist und üblicherweise mit der Zeit eher einen weiteren Anwendungsbereich erhält. Die Entstehungsgeschichte von DAC6 sollte hierbei eine Lehre sein, wie schnell sich der Anwendungsbereich einer Maßnahme bereits im Entstehungsprozess erweitern kann.

In diesem Klima der Verschärfung der Besteuerung lesen sich die Beschlüsse des EuGH zu § 50d Abs. 3 EStG geradezu wohltuend. Für insgesamt drei Fälle hatte der EuGH die Unionsrechtswidrigkeit der deutschen Missbrauchsvermeidungsvorschrift festgestellt. Klar betont der EuGH dabei Zielrichtung des freien Marktes, der Mutter-Tochter-Richtlinie und der Unionsfreiheiten und stellt Anti-Missbrauchserwägungen hinten an. Pauschal wirkende Missbrauchsvermeidungsvorschriften ohne die Möglichkeit des Gegenbeweises werden speziell für die deutsche Norm als übermäßig beurteilt, dürften es aber allgemein schwierig haben vor den Luxemburger Richtern. Einmal mehr wirkt die Judikative als Gegenpol und stellt sich gegen den Trend, Steuerpflichtige unter einen Generalverdacht zu stellen.

Spannend und bis Mitte Dezember 2018 unklar bleibt die Ausgestaltung des Brexit. Zwischen einer Verlängerung der Austrittsfrist bis Ende 2020 über einen harten Brexit bis hin zum „Exit vom Brexit" scheint vieles möglich. Der Ball lag dabei zuletzt im britischen Feld, während die EU-Mitgliedstaaten eine einheitliche Front bildeten. Deutschland mildert zwar mit einem Brexit-Steuerbegleitgesetz (Stand Mitte Dezember in der Fassung eines Gesetzentwurfs, mehr dazu unter Teil A 3.1.2) einige Härten ab, die sich durch das Ausscheiden des Vereinigten Königreichs aus der EU ergeben. Solange allerdings Unklarheit über die genauen Modalitäten des Brexit herrscht, fehlt der Wirtschaft die nötige Sicherheit in essentiellen Bereichen wie z. B. dem Zollrecht.

Die Vielfalt der aktuellen Themen im internationalen Steuerrecht bleibt also groß und so verspricht auch das Jahr 2019 spannend zu bleiben.

2 Tax Cuts and Jobs Act: Die US-Steuerreform

2.1 Überblick

Am 22.12.2017 machte US-Präsident Donald Trump mit seiner Unterschrift unter den „Tax Cuts and Jobs Act" (im Folgenden „US-Steuerreform") den Weg frei für die im Auge vieler Beobachter tiefgreifendste Neuordnung des Steuerrechts der Vereinigten Staaten seit der Steuerreform Ronald Reagans 1986. Die US-Steuerreform kann als „Game Changer" bezeichnet werden, bricht sie doch im Bereich der Unternehmenssteuern mit dem Anspruch der Vereinigten Staaten auf (unmittelbare) Besteuerung des Welteinkommens und katapultiert mit der gleichzeitigen Steuersatzsenkung die USA im OECD-Ranking von einem der hinteren Plätze in das solide Mittelfeld.

Mit Wirkung vom 1.1.2018 traten die meisten Änderungen in Kraft. Nachfolgend werden einige wesentlichen Elemente der Steuerreform dargestellt, wobei der Fokus auf den steuerlichen Auswirkungen für die Unternehmenstätigkeit deutscher Unternehmen in den USA liegt. Die Darstellungen beschränken sich auf das KSt-Recht.

2.2 Maßnahmen zur Reduzierung der Steuerlast und Vereinfachung der Besteuerung

2.2.1 Steuersatzsenkung

2.2.1.1 Änderungen

In den USA unterliegen Kapitalgesellschaften mit ihrem Einkommen der KSt, die auf Bundesebene in Gestalt der „Federal Corporate Income Tax", auf Bundesstaatenebene als „State Income Tax" und teilweise zusätzlich auf Gemeindeebene als „Local Income Tax" erhoben wird.

Der bisherige Stufengrenzsatztarif der KSt auf Bundesebene zeichnete sich durch Steuersätze zwischen 15 % und 35 % aus. Im Zuge der Reform wurde er durch einen einheitlichen Steuertarif von 21 % ab 1.1.2018 ersetzt.

Neben der Senkung des Tarifs der Bundeskörperschaftsteuer stellt die Abschaffung der „Alternative Minimum Tax" (AMT) eine zusätzliche Tarifentlastung dar. Die AMT war bislang auf Basis einer angepassten Bemessungsgrundlage zusätzlich zur normalen KSt zu berechnen und führte i. S. einer Mindestbesteuerung dann zu Mehrsteuern, wenn 20 % dieser Bemessungsgrundlage die reguläre KSt überstiegen. In Höhe dieser Differenz entstand eine in zukünftige Steuerjahre vortragsfähige Steuergutschrift („AMT credit"). Überstieg in späteren Jahren die reguläre KSt die AMT, konnten ein vorgetragener AMT credit von der regulären KSt-Schuld abgezogen werden.

Bis zum 31.12.2017 noch nicht verrechnete AMT credits werden ab 2018 vorrangig auf Steuerschulden angerechnet. In Steuerjahren, die nach 2017 und vor 2022 beginnen, wird ein nach erfolgter Anrechnung noch verbleibender AMT credit jährlich i. H. v. 50 % erstattet. In Steuerjahren, die 2021 beginnen, wird ein nach Anrechnung noch verbleibender AMT credit zu 100 % erstattet. Hieraus ergeben sich dann weitere Auswirkungen auf die tatsächliche Steuerquote der US-Unternehmen.

Weitere, teils gegenläufige Effekte auf die tatsächliche Steuerquote können sich des Weiteren aus den unten dargestellten Instrumenten „BEAT", „GILTI" und „FDII" ergeben.

2.2.1.2 Implikationen

Lag die niedrigstmögliche Tarifbelastung vor der US-Steuerreform noch bei 35 %, beträgt sie nach neuem Recht 21 %.

Deutsche Outbound-Investitionen in den USA drohen folglich von der deutschen Hinzurechnungsbesteuerung erfasst zu werden, wenn der Steuersatz unter 25 % sinkt. Nach § 8 Abs. 3 AStG sind in die Prüfung des Unterschreitens der Niedrigbesteuerungsschwelle sämtliche ausländischen Ertragsteuern einzubeziehen, demnach auch etwaige KSt auf Ebene der Bundesstaaten und Gemeinden. Damit kommt der Frage, in welchem US-Bundesstaat eine Steuerpflicht besteht, entscheidende Bedeutung zu. Gleichzeitig macht die komplexe Steuerbelastungsberechnung nach § 8 Abs. 3 AStG eine Prüfung jedes Sachverhaltes im Einzelfall erforderlich, und diverse Instrumente wie „BEAT" dürften dabei Effekte auf die tatsächliche Steuerquote zeigen.[378]

Praxishinweis

Als Tendenz dürfte gelten, dass deutsche Unternehmen mit Tochtergesellschaften in Bundesstaaten ohne (z. B. Nevada, Ohio, South Dakota, Texas, Washington, Wyoming) oder mit niedriger State Income Tax (z. B. Arizona, Colorado, North Carolina, North Dakota) künftig wahrscheinlich einer „niedrigen Besteuerung" i. S. d. § 8 Abs. 3 AStG unterliegen werden.

Für betroffene Gesellschaften wird im Zweifel der Nachweis einer aktiven Tätigkeit nach § 8 Abs. 1 AStG zu führen sein, um nicht die Hinzurechnungsbesteuerung auszulösen. Soweit diese Prüfung nicht bereits aus planerischer Sicht erfolgt ist, sollten für die teilweise mühselige Prüfung und Dokumentation der Sachverhalte genügend Zeit und Ressourcen im Rahmen der Steuererklärungsprozesse eingeplant werden. Erste Erfahrungen zeigen hier insb. bei Vertriebsgesellschaften nicht selten eine schädliche Mitwirkung der deutschen Muttergesellschaft bei der Erzielung der Einkünfte in den USA.

2.2.2 Sofortabschreibung

2.2.2.1 Änderungen

Zur Förderung von Investitionen und Wachstum wurde eine Sofortabschreibung bestimmter Wirtschaftsgüter („qualified property") eingeführt. Dies umfasst insb. nach dem 27.9.2017 angeschaffte bewegliche Wirtschaftsgüter mit einer regulären Nutzungsdauer von bis zu 20 Jahren sowie bestimmte Software. Auch die Anschaffungskosten bereits genutzter Wirtschaftsgüter sind vom Anwendungsbereich der Vorschrift erfasst, es sei denn, das Unternehmen hat die betreffenden Wirtschaftsgüter bereits in vergangenen VZ genutzt oder sie von verbundenen Unternehmen erworben.

2.2.2.2 Implikationen

Im Rahmen der Prüfung der Anwendbarkeit der Hinzurechnungsbesteuerung nach § 8 AStG ist gem. § 8 Abs. 3 AStG eine Belastungsrechnung durchzuführen, bei der die ausländische Belastung mit Ertragsteuern ins Verhältnis zu den Einkünften der ausländischen Gesellschaft

---
[378] *Loose*, PIStB 2018, S. 51.

gesetzt wird. Dabei richtet sich die Berechnung der Einkünfte für Zwecke der deutschen Hinzurechnungsbesteuerung nach den Vorschriften des deutschen Steuerrechts, sodass insb. vorteilhaftere US-Abschreibungsvorschriften nicht maßgeblich sind.

Die Vornahme von Sofortabschreibungen kann zu einer signifikanten Schmälerung der steuerlichen Bemessungsgrundlage führen und die Ertragsteuerbelastung ebenso deutlich mindern. Da die Anschaffungskosten der betreffenden Wirtschaftsgüter nach deutschem Steuerrecht jedoch nicht sofort in voller Höhe gewinnmindernd zu behandeln wären, wird regelmäßig eine niedrige tatsächliche Ertragsteuerbelastung ins Verhältnis zu relativ hohen (nach deutschem Recht ermittelten) Einkünften der ausländischen Gesellschaft zu setzen sein. Es sind daher durchaus Fälle denkbar, in denen der sich ergebende Quotient die 25%-Grenze unterschreitet und die Annahme einer „niedrigen Besteuerung" naheliegt.

Allerdings ist zu berücksichtigen, dass unterschiedliche Abschreibungsregeln lediglich zeitliche Differenzen zwischen nach deutschem Steuerrecht einerseits und US-Vorschriften andererseits ermittelten Einkünften zur Folge haben, die sich über die Totalperiode ausgleichen. Somit ergibt sich, gleichbleibende Steuersätze vorausgesetzt, über die Totalperiode auch keine tatsächliche Steuerentlastung. In diesem Sinne entschied der BFH mit Urteil v. 9.7.2003[379], dass es bei der Ermittlung der Belastung mit Ertragsteuern, der die ausländische Gesellschaft „unterliegt", gem. § 8 Abs. 3 AStG zulässig sein kann, Besonderheiten des ausländischen Steuerrechts zu berücksichtigen. Dies sei ausdrücklich bei „bestimmten Abweichungen in den Bemessungsgrundlagen (z. B. unterschiedlichen Abschreibungssätzen)" der Fall. Die Finanzverwaltung führt im Anwendungserlass zum AStG in Bezug auf die bei der Ermittlung der Ertragsteuerbelastung einzubeziehenden Gewinnermittlungsvorschriften aus, dass *„bloße zeitliche Verlagerungen der Steuerpflicht durch im Ausland allgemein übliche Abschreibungssätze oder ähnliche Regelungen, die sich in überschaubarer Zeit ausgleichen, ... außer Ansatz bleiben [können]."*[380]

Hierbei bleibt zwar fraglich, wann eine „überschaubare Zeit" noch vorliegt. Allerdings sprechen auch bei Wirtschaftsgütern mit einer Nutzungsdauer von 20 Jahren gute Gründe dafür, dass die Vornahme von Sonderabschreibungen aufgrund bloßer zeitlicher Verschiebungseffekte nicht zu einer die Hinzurechnungsbesteuerung auslösenden niedrigen Besteuerung führen wird.[381]

2.2.3 Änderungen des Verlustabzugs

2.2.3.1 Änderungen

Unter dem bisherigen Verlustabzugsregime standen Unternehmen ein 2-jähriger Verlustrücktrag und ein auf 20 Jahre begrenzter Verlustvortrag zur Verfügung, um nicht ausgeglichene Verluste eines VZ mit Gewinnen aus anderen VZ zu verrechnen. Eine Beschränkung der Verlustverrechnung der Höhe nach („Mindestgewinnbesteuerung") bestand im alten Recht nur unter dem separaten Sonderregime der AMT. Während für Zwecke der Ermittlung des regulären zu versteuernden Einkommens Verlustvorträge aus Vorjahren betragsmäßig uneingeschränkt genutzt werden konnten, war ein vorhandener Verlustvortrag im AMT-Regime bis max. 90 % des AMT-Einkommens vor Verlustabzug abzugsfähig.

Nunmehr gilt, dass Verluste, die nach dem 31.12.2017 entstehen, zeitlich unbegrenzt vorgetragen werden können. Im Gegenzug wurde der Verlustrücktrag grds. abgeschafft; ausgenommen

---
[379] BFH, Urteil v. 9.7.2003, I R 82/01, BStBl II 2004, S. 4.
[380] BMF, Schreiben v. 14.5.2004, IV B 4 – S 1340 – 11/04, BStBl I 2004, Sondernummer 1/2004, S. 3, Tz. 8.3.1.1.
[381] So *Loose*, PIStB 2018, S. 51 f.; *Schümmer/Leusder/Weinrich*, IStR 2018, S. 399.

sind lediglich Unternehmen des Agrar- und Versicherungssektors. Mit der Reform wurde zudem eine Mindestgewinnbesteuerung eingeführt. Ab dem 1.1.2018 neu entstehende Verlustvorträge können demnach in einem Steuerjahr nur noch bis zur H. v. 80 % des zu versteuernden Einkommens genutzt werden.

2.2.3.2 Implikationen

Die neuen Verlustnutzungsregeln dürften in den Bilanzen deutscher Konzernen insb. bei der Berechnung der aktiven latenten Steuern auf Verlustvorträge Bedeutung haben.

2.3 Systemwechsel bei der Besteuerung von Dividenden und Veräußerungsgewinnen

2.3.1 Änderungen

Dividenden, die US-Unternehmen von ihren ausländischen Tochtergesellschaften beziehen, waren nach bisheriger Rechtslage dem Welteinkommensprinzip folgend voll steuerpflichtige Betriebseinnahmen, die zum regulären US-Steuersatz zu versteuern waren. Im Ausland auf die Ausschüttungen einbehaltene Quellensteuern wurden auf die US-Steuerschuld angerechnet.

Mit der US-Steuerreform wechseln die USA zu einem territorialen Besteuerungssystem. Ab dem 1.1.2018 gezahlte Dividenden werden auf Ebene der empfangenden US-Muttergesellschaft grds. freigestellt. Ausländische Quellensteuern sind nicht länger anrechenbar. Gewinne aus der Veräußerung von Schachtelbeteiligungen an Auslandsgesellschaften, die mindestens 1 Jahr lang gehalten wurden, werden wie Vollausschüttungen behandelt und können folglich gleichfalls steuerfrei vereinnahmt werden. Für „hybride" Dividenden, die bei der ausschüttenden Auslandsgesellschaft als Betriebsausgabe abzugsfähig sind wird, die Steuerbefreiung dagegen ebenso wenig gewährt wie für Dividenden passiv tätiger Investitionsgesellschaften.

Um zu verhindern, dass es durch diesen Übergang auf das Territorialprinzip zu einer endgültigen Nichtbesteuerung von Gewinnen ausländischer Tochtergesellschaften kommt, die von diesen bislang thesauriert und damit dem Steuerzugriff der USA entzogen waren, fingiert das neue Recht eine Vollausschüttung der auf Ebene der ausländischen Tochtergesellschaften einbehaltenen und noch nicht in den USA besteuerten Gewinne („previously untaxed earnings and profits (E&P)").[382] Betroffen sind nur Schachtelbeteiligungen (Beteiligungsquote von mindestens 10 %).

Soweit die E&P auf liquide Mittel (Bargeld und Guthaben bei Kreditinstituten, bestimmte Wertpapiere und Forderungen) entfallen, werden sie mit 15,5 % besteuert. Reinvestierte E&P, also solche, die auf sonstige Aktiva entfallen, unterliegen einem Steuersatz von 8 % („Toll Tax"). Im Ausland auf die Altgewinne gezahlte Steuern sind in begrenztem Umfang auf die „Toll Tax" anrechenbar. Auf Antrag kann die resultierende Steuerschuld nach einem festgelegten Schema über 8 Jahre gestreckt gezahlt werden, wobei jährliche Mindesttilgungen (8 % jeweils in den ersten 5 Jahren, 15 % im 6. Jahr, 20 % im 7. Jahr, 25 % im 8. Jahr) zu beachten sind.[383]

---

[382] Altgewinne von Auslandsgesellschaften, die aus US-Sicht infolge des Check-the-Box-Wahlrechts als steuerlich transparent angesehen werden, wurden in der Vergangenheit bereits in den USA versteuert und fallen damit nicht in den Anwendungsbereich dieser Vorschrift, vgl. *Loose*, PIStB 2018, S. 48.

[383] Zu ersten Detailfragen s. u. a. IRS, Guidance under Section 965, Notice 2018-07; IRS, Additional Guidance Under Section 965 and Guidance Under Sections 863 and 6038 in Connection with the Repeal ab Section 958(b)(4), Notice 2018-13.

2.3.2 Implikationen

Deutsche Konzerne, in denen US-Gesellschaften als Zwischenholding fungieren, sind durch den Übergang zum Freistellungssystem mehrfach betroffen.

Zum einen sind ausländische Quellensteuern nicht mehr anrechnungsfähig und lösen damit eine definitive Steuerbelastung der Dividende aus. Infolgedessen sollte die Konzernstruktur aus Quellensteuersicht geprüft und u. U. angepasst werden.

Des Weiteren sind Strukturen auf hybride Beteiligungsformen hin zu untersuchen. Angesichts der Versagung der Steuerfreistellung für „hybride" Dividenden in den USA, können sich Qualifikationskonflikte und in der Folge Doppelbesteuerungen ergeben. Dies gilt insb. dann, wenn der deutsche Fiskus unter Bezugnahme auf eigene Anti-Hybrid-Regelungen einen Betriebsausgabenabzug in der irrigen Annahme einer Steuerfreiheit auf Ebene der vereinnahmenden US-Gesellschaft verwehrt. Umgekehrt sind Situationen denkbar, in denen in den USA die Freistellung der Beteiligungserträge in der fälschlichen Annahme einer Abzugsfähigkeit auf Ebene der ausschüttenden Tochtergesellschaft versagt wird.[384]

Für notwendige Restrukturierungen unterhalb von US-Gesellschaften bietet die Toll Tax i. V. m. der künftigen Steuerfreistellung nunmehr einen u. U. günstigen Anlass. Da bei Tochtergesellschaften etwa vorhandene Gewinne aus Vorjahren versteuert sind, ist der Zeitpunkt für Ausschüttungen oder Unternehmensverkäufe aus US-Steuersicht durchaus günstig.

2.4 Zins- und Lizenzabzugsbeschränkungen

2.4.1 Änderungen

Neu eingeführt wurde eine Zinsschranke deutschen Vorbilds, die grds. rechtsformunabhängig Anwendung findet und sowohl konzerninterne als auch externe Darlehensbeziehungen erfasst. Betroffen sind Steuerpflichtige, deren Bruttoerträge im 3-Jahresdurchschnitt mind. 25 Mio. US $ pro Jahr betragen.

Die die Zinserträge übersteigenden Zinsaufwendungen (Nettozinsaufwendungen) eines Unternehmens sind demnach für Steuerjahre nach dem 31.12.2017 nur noch abziehbar bis zu einem Betrag von 30 % des „adjusted taxable income". Dieses wird für Steuerjahre, die nach dem 31.12.2017 und vor dem 1.1.2022 beginnen, ähnlich zum EBITDA definiert. Für Steuerjahre nach dem 31.12.2021 dürfen Abschreibungen nicht mehr hinzugerechnet werden, es gilt also eine EBIT-ähnliche Definition.

Nicht abziehbare Zinsaufwendungen können im Wege eines Zinsvortrags in künftige Steuerjahre übertragen werden. Bestimmte als schädlich erachtete Umstrukturierungen im Konzern führen zu einem Wegfall eines Zinsvortrags.

Anders als in Deutschland existiert weder ein Freibetrag, bis zu dem der Nettozinsaufwand abzugsfähig wäre, noch eine Escape-Klausel, die an einen Vergleich mit der Konzerneigenkapitalquote anknüpfen würde. Auch ein nicht genutztes „adjusted taxable income" eines Steuerjahres kann nicht in Folgejahre vorgetragen werden (kein EBITDA-Vortrag).

Zudem gilt für Steuerjahre, die nach dem 31.12.2017 beginnen, eine sog. Anti-Hybrid-Regel. Danach dürfen Aufwendungen aus der Zahlung von Zins- oder Lizenzgebühren von US-Unternehmen an nahestehende Personen nicht mehr als Betriebsausgaben abgezogen werden,

---

[384] *Loose*, PIStB 2018, S. 47.

soweit die Zahlungen beim Empfänger entweder nicht besteuert oder ebenfalls steuerlich als Betriebsausgabe abgezogen werden. Es bestehen keine Größenbegrenzungen.

2.4.2 Implikationen

Im Zusammenhang mit der Beteiligung an US-Gesellschaften waren verhältnismäßig große Fremdfinanzierungsanteile nicht unüblich. Auch bestimmte hybride Finanzierungsformen erfreuten sich einer gewissen Beliebtheit (z. B. REPO- oder PPL-Strukturen).

Durch die Einführung einer Zinsschranke in Kombination mit der Senkung des tariflichen KSt-Satzes büßt die Fremdfinanzierung US-amerikanischer Tochtergesellschaften deutlich an Attraktivität ein. Dies gilt aufgrund der Anti-Hybrid-Regel umso mehr für hybride Finanzierungsformen.

2.5 Maßnahmen zur Verhinderung von Gewinnverlagerungen ins Ausland

2.5.1 Base Erosion and Anti-Abuse Tax (BEAT)

2.5.1.1 Änderungen

Mit der Einführung einer „Base Erosion and Anti-Abuse Tax" (BEAT; sinngemäß: Steuer gegen Unterbewertung der Bemessungsgrundlage und zur Verhinderung von Steuermissbrauch) verfolgt der US-Steuergesetzgeber das Ziel einer Verhinderung von Gewinnverlagerungen ins Ausland aufgrund von konzerninternen Transaktionen. Die BEAT kann als „Verrechnungspreissteuer" bezeichnet werden, die von US-Unternehmen zu zahlen ist, deren US-Bemessungsgrundlage unverhältnismäßig stark durch „base erosion tax benefits" gemindert wurde.

Zu diesem Zweck ist ein Mindestbesteuerungstest durchzuführen, bei dem eine alternative Bemessungsgrundlage ermittelt wird. Dabei werden bestimmte Aufwendungen an verbundene Unternehmen dem zu versteuernden Einkommen hinzugerechnet. Auf die alternative Bemessungsgrundlage wird ein eigener Steuersatz angewendet (5 % in 2018, 10 % ab 2019, 12,5 % ab 2026). Wenn die so berechnete Steuer höher ist als die reguläre US-Steuer nach Berücksichtigung bestimmter Anrechnungsbeträge, ist die Differenz zusätzlich zu zahlen.

Als Aufwendungen an verbundene Unternehmen sind grds. solche Aufwendungen zu berücksichtigen, welche die US-Bemessungsgrundlage mindern (inkl. Aufwendungen, die aus der Anschaffung eines abnutzbaren Wirtschaftsguts entstehen). Zinsaufwendungen sind insoweit erfasst, als deren Abzug nicht bereits unter dem neuen Regime der Zinsschranke verwehrt wird. Wareneinsatz („costs of goods sold"), bestimmte Serviceentgelte, die ohne Gewinnzuschlag erhoben werden und Aufwendungen für bestimmte Derivate werden nicht erfasst.

Soweit auf Zahlungen die volle US-Quellensteuer von 30 % entrichtet wird, sollen diese grds. nicht zu berücksichtigungspflichtigen Aufwendungen zählen. Insoweit der US-Quellensteuersatz aufgrund DBA reduziert wird, erfolgt eine proportionale Kürzung des nicht zu berücksichtigenden Betrags.

Die Regelung findet keine Anwendung, wenn die „base erosion tax benefits" weniger als 3 % der gesamten „Betriebsausgaben" betragen (2 % bei bestimmten Finanzunternehmen). Sie findet zudem nur Anwendung bei bestimmten Körperschaften, deren durchschnittliche jährliche Bruttoeinnahmen in den drei vorangehenden Jahren mindestens 500 Mio. US $ betragen.

Zur Bestimmung der Größenkriterien werden US-Gesellschaften, die Teil einer „controlled group" sind, zusammen betrachtet. Auch ausländische Körperschaften können für diese Zwecke Teil der „controlled group" sein, soweit die Einnahmen bzw. Ausgaben im Zusammenhang mit in den USA steuerpflichtigen Einkünften („effectively connected income") stehen.

Die US-Steuerbehörde wird explizit dazu ermächtigt, Zahlungen umzuqualifizeren.

2.5.1.2 Implikationen

Von der BEAT dürften allgemein eher solche US-Unternehmen betroffen sein, deren reguläres Einkommen, das als Vergleichsgröße für die Berechnung der BEAT dient, niedrig ist oder deren reguläre Steuerlast durch genutzte Verlustvorträge oder angerechnete ausländische Steuern gemindert ist.

Deutsche Unternehmen mit Tochtergesellschaften in den USA sollten bestehende Finanzierungs-, Lizenz- und Dienstleistungsstrukturen auf mögliche Anpassungen hin untersuchen, um steuerliche Zusatzlasten zu vermeiden oder wenigstens zu mildern. Dabei ist allerdings Vorsicht geboten: Nicht nur sind mögliche Wechselwirkungen der BEAT mit anderen Einkünfteermittlungsvorschriften des US-Steuerrechts oder Exit-Besteuerungsregelungen in anderen Staaten in die Überlegungen einzubeziehen; es ist insb. auch im Blick zu behalten, dass eine etwaige Neuzuordnung von Wirtschaftsgütern im Konzern nicht in Widerspruch zum Funktions- und Risikoprofil der beteiligten Gesellschaften tritt. Daher wird in jedem Fall eine ganzheitliche Betrachtung auf Konzernebene notwendig sein, um ungewollte negative Steuerfolgen auszuschließen.[385]

Aufgrund des Ertragsteuercharakters der BEAT sollten resultierende Mehrbelastungen einer US-Tochtergesellschaft im Rahmen der Prüfung einer „niedrigen Besteuerung" i. S. d. deutschen Hinzurechnungsbesteuerung zu berücksichtigen sein.[386]

2.5.2 Global Intangible Low-Taxed Income (GILTI)

2.5.2.1 Änderungen

Die USA haben mit der Einführung der Besteuerung von „Global Intangible Low-Taxed Income" (GILTI) eine Ausweitung ihrer bestehenden Regelungen zur Hinzurechnungsbesteuerung vorgenommen. Nach dieser Neuregelung unterliegt eine kalkulatorische Überrendite aus annahmegemäß von ausländischen Tochtergesellschaften gehaltenen immateriellen Wirtschaftsgütern, nämlich das GILTI, auf Ebene der US-Muttergesellschaft zusätzlich der Besteuerung. Die Vorschrift ist unabhängig von der Unternehmensgröße anwendbar.

Aufgrund des mehrstufigen und komplizierten Ermittlungssystems für das GILTI greift die Regelung im Allgemeinen nur, wenn der durchschnittliche Steuersatz im Ausland kleiner ist als 13,125 %. Im Ergebnis handelt es sich bei GILTI um eine Art Mindestbesteuerung ausländischer Einkommen, die eine Routinerendite übersteigen und dabei weder in den USA besteuert wurden, noch im Ausland in ausreichendem Umfang der Besteuerung unterlegen haben.

2.5.2.2 Implikationen

Sollte für US-Tochtergesellschaften von deutschen Unternehmen das GILTI greifen, ist zu beachten, dass die auf das GILTI entfallende Steuer als US-Hinzurechnungssteuer gelten sollte[387]

---

[385] *Faßbender/Goulet*, IWB 2018, S. 265; *Krüger/von Einem*, IWB 2018, S. 594.
[386] So auch *Loose*, PIStB 2018, S. 51; *Schümmer/Leusder/Weinrich*, IStR 2018, S. 399.

und daher für Zwecke der Prüfung einer Niedrigbesteuerung i. S. d. § 8 Abs. 3 AStG unbeachtlich ist.[388]

2.5.3 Foreign-Derived Intangible Income (FDII)

2.5.3.1 Änderungen

Mit dem neuen Sonderabzug für „Foreign-Derived Intangible Income" (FDII) soll nach dem Willen des US-Gesetzgebers ein Anreiz zur Ansiedlung von immateriellen Vermögenswerten in die USA geschaffen werden. Für nach dem 31.12.2017 beginnende Steuerjahre können US-Unternehmen von ihrer Bemessungsgrundlage pauschal 37,5 % ihres FDII steuerwirksam in Abzug bringen, wodurch sich die Steuerbelastung auf diesen Teil der Einkünfte in den USA auf effektiv 13,125 % mindert. Der persönliche Anwendungsbereich dieser Vergünstigung umfasst dabei auch US-Tochterkapitalgesellschaften (z. B.) deutscher Konzerne, eine Größenbegrenzung besteht nicht.

Wie im Fall des GILTI, handelt es sich auch beim FDII um eine kalkulatorische Größe, die sowohl unabhängig davon ist, ob die US-Gesellschaft überhaupt über immaterielle Wirtschaftsgüter verfügt wie auch davon unberührt ist, ob eine Verwertung solcher Wirtschaftsgüter im Ausland erfolgt.

Das FDII ermittelt sich vereinfacht ausgedrückt als der auf das Ausland entfallende Anteil des fiktiv aus immateriellen Wirtschaftsgütern generierten Einkommens („deemed intangible income") eines US-Unternehmens. Das „deemed intangible income" entspricht dabei grds. dem Überschuss der Bruttoeinkünfte des Unternehmens über eine pauschale 10%ige Routinerendite auf die Summe der Buchwerte seiner abschreibbaren **materiellen** Wirtschaftsgüter. Der ebenso fiktiv auf das Ausland entfallende Teil des „deemed intangible income" bestimmt sich nach dem Verhältnis der Summe der Einkünfte aus dem Verkauf oder der Lizensierung von Wirtschaftsgütern bzw. der Erbringung von Dienstleistungen an ausländische Personen zu den Gesamteinkünften des Unternehmens.

Einkünfte aus Transaktionen mit verbundenen Unternehmen werden nur erfasst, wenn das Wirtschaftsgut von dem verbundenen Unternehmen am Markt abgesetzt oder verwertet wird. An verbundene Unternehmen erbrachte Dienstleistungen werden nur erfasst, wenn das verbundene Unternehmen seinerseits nicht ähnliche Dienstleistungen an in den USA ansässige Personen oder Unternehmen erbringt.

2.5.3.2 Implikationen

Aus deutscher Sicht ist bislang ungeklärt, ob das FDII-Regime zum Eingreifen der Lizenzschranke gem. § 4j EStG führen kann. Eine Beschränkung der Abziehbarkeit von Aufwendungen für Rechteüberlassungen einer deutschen Gesellschaft würde hiernach eingreifen, wenn die an eine US-Konzerngesellschaft gezahlten Lizenzgebühren bei der US-Gesellschaft einer Vorzugsbesteuerung von weniger als 25 % unterliegen und diese Präferenzregelung nicht die Voraussetzungen des Nexus-Ansatzes gem. Aktionspunkt 5 des BEPS-Projekts erfüllt.

Das Tatbestandsmerkmal einer Niedrigbesteuerung der Einnahmen beim Empfänger von unter 25 % scheint erfüllt, da eine effektive Steuerbelastung von 13,125 % erreicht werden kann.

Im OECD-BEPS-Bericht zu Aktionspunkt 5 wurde vereinbart, dass Präferenzregime dann nicht als schädlich anzusehen sind, wenn der Lizenzgeber tatsächlich Forschungs- und Ent-

---

[387] *Schönfeld/Zinowsky/Rieck*, S. 133; *Loose*, PIStB 2018, S. 52.
[388] BMF, Schreiben v. 14.5.2004, IV B 4 – S 1340 – 11/04, BStBl I 2004, Sondernummer 1/2004, S. 3, Tz. 14.1.5.

wicklungstätigkeiten in dem jeweiligen Land durchgeführt und für diese Aktivitäten auch tatsächlich Ausgaben getätigt hat. Es muss somit eine örtliche Verknüpfung von wirtschaftlicher Aktivität und Begünstigung bestehen. Das FDII-Regime sieht eine derartige Einschränkung nicht vor.

Es ist allerdings streitig, ob überhaupt eine präferenzielle Besteuerung von Lizenzeinnahmen vorliegt i. S. eines Abweichens von der Regelbesteuerung. So gehen die Lizenzeinnahmen in voller Höhe in die Bemessungsgrundlage ein und unterliegen anschließend dem regulären US-KSt-Satz auf Bundes- und Staatenebene. Das FDII greift erst danach durch einen formelmäßig ermittelten Pauschalabzug und begünstigt darüber hinaus nicht nur Lizenzeinnahmen, sondern sämtliche Einkünfte, die aus dem Einsatz immaterieller Wirtschaftsgüter erwirtschaftet werden. Da der FDII-Abzug schließlich nur (fiktive) ausländische Einkunftsteile begünstigt, stellt diese Regelung wohl bereits dem Konzept nach eher einen allgemeinen Exportanreiz für US-Unternehmen und weniger eine Lizenzbox dar.[389]

Die deutsche Finanzverwaltung hat sich hierzu noch nicht geäußert, ebenso steht noch eine Stellungnahme durch die OECD aus.

Relevant wird diese Frage nicht zuletzt auch unter DAC6: Wenn Lizenzzahlungen von z. B. Deutschland in die USA fließen und die Lizenzeinnahmen dort einem präferentiellen Steuerregime unterliegen, kann bei Erfüllen des Main Benefit Tests eine Meldepflicht gegeben sein.

2.6 Zusammenfassung

Ohne in Superlative verfallen zu müssen, lässt sich festhalten, dass die US-Steuerreform tief greifende Veränderungen der steuerlichen Landschaft verursacht. International agierende Gruppen sind daher gehalten, ihre Strukturen mit US-Bezug zu überdenken. Dies gilt nahezu allumfassend, denn die US-Steuerreform hat Auswirkungen auf Finanzierung, Holdingstrukturen, grenzüberschreitende Lizenz- und Dienstleistungsentgelte, die Allokation von immateriellen und die Abschreibung von materiellen Wirtschaftsgütern. Die Senkung des Steuersatzes dürfte aber tendenziell für eine gestiegene Vorteilhaftigkeit des Standorts USA sorgen.

Genau dadurch gewinnt gleichzeitig die Hinzurechnungsbesteuerung des AStG bei US-Investitionen an Bedeutung. Deutsche Muttergesellschaften sollten diese Flanke nicht aus den Augen lassen. Dabei gilt es, sich mit den diversen Auswirkungen auf den US-Steuersatz sowie die Berechnung der Niedrigbesteuerung vertraut zu machen, welche die US-Steuerreform durch Zinsschranke, Sonderabschreibung und Co. mit sich bringen. Mit einer Entschärfung dieser Situation, vor allem durch eine Senkung des Mindeststeuersatzes unter 25 %, ist auch für 2019 noch nicht zu rechnen. Eine Reform des AStG wird zwar für 2019 diskutiert, die Anwendung neuer Vorschriften wird dann jedoch aller Voraussicht nach erst für VZ vorgesehen werden, die nach dem 31.12.2019 enden.

---

[389] *Loose*, PIStB 2018, S. 46; *Pinkernell*, IStR 2018, S. 254.

3 § 50d Abs. 3 EStG – quo vadis?

3.1 Einleitung

Zu den Zielen der EU gehört, die grenzüberschreitende wirtschaftliche Tätigkeit im Unionsgebiet von Hürden zu befreien. Gemeinhin geht es der EU darum sicherzustellen, dass die wirtschaftliche Tätigkeit eines Unternehmens aus einem Mitgliedstaat im anderen Mitgliedstaat frei von Diskriminierung ist im Vergleich zu der Tätigkeit von Unternehmen im selben Mitgliedstaat. Der Zugang zu Subventionen und die regulatorische Benachteiligung stehen dabei üblicherweise im Fokus. Anders als die harmonisierte USt fallen direkte Steuern zwar nicht in den Regelungsbereich der EUV, aber inzwischen ist nahezu unstrittig, dass auch diese Marktzutrittshindernisse darstellen und diskriminierend wirken können. Die Mutter-Tochter-Richtlinie ist ein Beispiel für den Anspruch auch der Mitgliedstaaten, derartige Hemmnisse direkt auszuräumen. Gleichzeitig wirken die Grundfreiheiten des EUV (vor allem die Niederlassungsfreiheit und Kapitalverkehrsfreiheit). Insofern mussten sich in den vergangenen Jahren die Nationalstaaten der EU daran gewöhnen, dass immer häufiger und in immer kürzeren Abständen der EuGH angerufen wird, um über die Ausgestaltung des Steuerrechts im Bereich der direkten Steuern zu urteilen.

Ein eindrückliches Beispiel dafür liefert der § 50d Abs. 3 EStG. Hier hatte der EuGH gleich zwei Mal innerhalb weniger Monate die Gelegenheit, die Unionsrechtswidrigkeit festzustellen, und zwar für zwei verschiedene Fassungen der Vorschrift. Die Auswirkungen der EuGH-Beschlüsse sind noch nicht abzusehen, dürften aber über die entschiedenen Fälle ausstrahlen.

3.2 § 50d Abs. 3 EStG im Überblick

3.2.1 Regelungszweck

Das erklärte Ziel des Abbaus von Hürden steht grds. Maßnahmen der Mitgliedstaaten zur Vermeidung von Missbrauch nicht entgegen. Dabei dürfen auch Grundfreiheiten beschränkt werden, soweit die eingesetzten Mittel verhältnismäßig sind und nicht diskriminierend wirken.

Der deutsche Gesetzgeber sah eine Missbrauchsgefahr u. a. im Bereich der Erstattung von KapErtrSt, vor allem durch Treaty-Shopping unter Einbindung von Zwischenholdings in Staaten, mit denen Deutschland eine niedrige(re) Quellenbesteuerung vereinbart hat. Gegenmittel sollte daher der Ausschluss der völligen oder teilweisen Erstattung von KapErtrSt an bestimmte „zwischengeschaltete" ausländische Gesellschaften sein.

3.2.2 Entwicklung

§ 50d EStG wurde dafür erstmalig 1988 eingeführt und ersetzte § 73h EStDV, der bis zu diesem Zeitpunkt den Steuerabzug auf Kapitalerträge und Vergütungen regelte. Mit Wirkung ab VZ 2002 erhielt § 50d EStG durch eine vollständige Überarbeitung seine aktuelle Form. Da die BFH-Rspr. von Anfang an eingrenzend auf die Anwendung von § 50d Abs. 3 EStG gewirkt hat, wurde Abs. 3 durch das JStG 2007 mit Geltung ab VZ 2007 völlig neu gefasst (im Folgenden „§ 50d Abs. 3 EStG (2007)").

Nach dieser Vorschrift wird einer ausländischen Gesellschaft der Anspruch auf Entlastung von Quellensteuer aufgrund einer RL oder eines DBA versagt, soweit deren Anteilseigner bei (gedachtem) Direktbezug der Zahlungen keinen Anspruch auf DBA- oder Richtlinienvorteile hätten und die ausländische Gesellschaft mindestens eine folgender drei Substanzanforderungen nicht erfüllt:

- Existenz wirtschaftlicher oder sonst beachtlicher Gründe für ihre Einschaltung,
- die Erzielung von mehr als 10 % ihrer gesamten Bruttoerträge aus eigener Wirtschaftstätigkeit, die nicht die Verwaltung von Wirtschaftsgütern (Vermögensverwaltung) umfasst, und
- die Teilnahme am allgemeinen Geschäftsverkehr mit einem für ihren Geschäftszweck angemessen eingerichteten Geschäftsbetrieb.

Bei der Prüfung dieser Voraussetzungen sind ausschließlich die Verhältnisse der ausländischen Gesellschaft maßgebend. Organisatorische, wirtschaftliche oder sonst beachtliche Merkmale der Unternehmen, die der ausländischen Gesellschaft nahestehen, bleiben außer Betracht.

Insbesondere bezüglich der 10%-Quote bestanden Bedenken zur Vereinbarkeit der Vorschrift mit Unionsrecht – so drohte die EU-Kommission Deutschland bereits 2010 mit einem Vertragsverletzungsverfahren.[390]

Um dieses Verfahren abzuwenden, reagierte der Gesetzgeber mit der Einführung der aktuell geltenden Fassung des § 50d Abs. 3 ab VZ 2012. Die absolute Grenze von 10 % wurde aus dem Gesetz entfernt. Stattdessen kommt es zu einer quotalen Versagung der Entlastung, soweit „schädliche" Erträge vorliegen. Im Kern werden die (weltweit erzielten) Erträge der ausländischen Gesellschaft in „schädliche" und „unschädliche" unterteilt. Das geschieht anhand der Kriterien „Erträge aus eigener Wirtschaftstätigkeit" bzw. anhand der Gründe für die Einschaltung der ausländischen Gesellschaft und des Vorhandenseins eines angemessenen Geschäftsbetriebs.

3.3 Entscheidung zu § 50d Abs. 3 EStG (2007)

Mit seinem Urteil vom 20.12.2017 (C–504/16 und C–613/16) hat der EuGH aufgrund zweier Vorlagen des FG Köln entschieden: Der in § 50d Abs. 3 EStG (2007) geregelte Ausschluss der völligen oder teilweisen Erstattung von KapErtrSt an bestimmte „zwischengeschaltete" ausländische Gesellschaften ist unionsrechtlich nicht haltbar.

3.3.1 Sachverhalt

Beide Vorlagebeschlüsse des FG Köln betrafen § 50d Abs. 3 EStG (2007) und die damit einhergehende Versagung der Entlastung von KapErtrSt auf von inländischen Kapitalgesellschaften bezogene Gewinnausschüttungen nach Art. 5 der Mutter-Tochter-Richtlinie. Klägerin im Fall C–504/16 war die niederländische *Deister Holding*, die an einer deutschen GmbH mit 26,5 % beteiligt war. Alleingesellschafter der Klägerin war eine in Deutschland ansässige natürliche Person. Die Klägerin verfügte zwar über Büroräume und Personal, übte jedoch keine eigene Wirtschaftstätigkeit aus. Klägerin im Fall C–613/16 war die in Dänemark ansässige zu 100 % an einer deutschen Tochter-GmbH beteiligte *Juhler Holding*. Die Holding selbst war an zahlreichen europäischen Tochtergesellschaften beteiligt. Bei ihr waren keine Arbeitnehmer beschäftigt, sie verfügt auch über keine Geschäftsräume, war aber mit Kontrollaufgaben im Konzern betraut.

---

[390] EU-Kommission v. 18.3.2010, 2007/4435.

3.3.2 Entscheidung

Der EuGH sah in der deutschen Vorschrift einen Verstoß gegen die Mutter-Tochter-Richtlinie, da sie zu einseitig und restriktiv ausgerichtet sei. Die Kritikpunkte:

- § 50d Abs. 3 EStG (2007) ist zu weit und erfasst generell jede Situation, in der Personen an einer gebietsfremden Muttergesellschaft beteiligt sind, die selbst die Befreiung nach der Mutter-Tochter-Richtlinie nicht für sich beanspruchen können. Damit fehlt die gebotene Beschränkung auf rein künstliche und auf die ungerechtfertigte Nutzung des Steuervorteils ausgerichtete Konstruktionen.

- Dies ändert sich auch nicht durch Einbeziehung der drei Substanzanforderungen. Diese unterstreichen nur die allgemeine Missbrauchsvermutung und sind, ob einzeln oder zusammen betrachtet, nicht geeignet, einen Missbrauch der Mutter-Tochter-Richtlinie zu begründen. Die Prüfung eines Missbrauchs muss als Ganzes und individuell geprüft werden.

- Diese Prüfung muss auch einen Gegenbeweis durch den Steuerpflichtigen zulassen.

- Im Rahmen dieser Prüfung sind auch Gesichtspunkte außerhalb der Gesellschaft, wie der Aufbau und die Strategie des Konzerns, einzubeziehen.

- Hinsichtlich der Anforderung an eine eigene wirtschaftliche Tätigkeit weist der EuGH darauf hin, dass die Richtlinie keine Anforderungen an die Tätigkeit der Muttergesellschaft und die Höhe ihrer Einnahmen aufstellt.

Des Weiteren sahen die Luxemburger Richter in § 50d Abs. 3 EStG (2007) eine ungerechtfertigte Ungleichbehandlung und damit einen Verstoß gegen die Niederlassungsfreiheit.

3.4 Entscheidung zu § 50d Abs. 3 EStG (aktuelle Fassung)

In einem weiteren Beschluss vom 14.6.2018[391] hat der EuGH entschieden, dass auch § 50d Abs. 3 EStG in der aktuellen Fassung ab VZ 2012 sowohl gegen die Mutter-Tochter-Richtlinie als auch gegen die Niederlassungsfreiheit verstößt. Erneut war es das FG Köln, welches mit Beschluss vom 17.5.2017 (2 K 773/16) das Vorabentscheidungsersuchen hinsichtlich des aktuellen Rechts vorgelegt hatte.

3.4.1 Sachverhalt

Im vorgelegten Fall war streitig, ob der niederländischen Klägerin im Hinblick auf Dividendenausschüttungen ihrer in Deutschland ansässigen Tochtergesellschaft in 2013 ein Anspruch auf Erstattung von KapErtrSt zusteht. Die niederländische Gesellschaft (*GS*) übte drei Geschäftstätigkeiten aus: Finanz- und Verwaltungsholding, Finanzierung für nicht in Deutschland ansässige Konzerngesellschaften und Handel mit Rohstoffen im eigenen Namen und für eigene Rechnung. Für die Ausübung dieser Tätigkeiten verfügte GS über zwei angemietete Büroräume mit technischer Ausrüstung und hatte drei Angestellte. Das FA versagte die Entlastung u. a. mit Hinweis darauf, dass die ausgeübte Tätigkeit für die Gruppe und damit nicht unter Teilnahme am allgemeinen wirtschaftlichen Verkehr stattfände.

---

[391] EuGH, Beschluss v. 14.6.2018, C–440/17, *GS*, IStR 2018, S. 543.

3.4.2 Entscheidung

Die Europarichter sahen die vom FG Köln vorgebrachten Zweifel als berechtigt und begründeten ihre Entscheidung zur aktuellen Gesetzesfassung im Wesentlichen unter Verweis auf die oben erwähnten Urteile. Danach gilt auch hier:

- Die Mutter-Tochter-Richtlinie schreibe nicht vor, welche Wirtschaftstätigkeit die von ihr erfassten Gesellschaften ausüben müssen oder wie hoch die Einkünfte aus ihrer eigenen Wirtschaftstätigkeit zu sein haben.

- § 50d Abs. 3 EStG stellt eine allgemeine Hinterziehungs- und Missbrauchsvermeidungsvermutung auf und ist damit zu weit gefasst. Gefordert ist eine individuelle Missbrauchsprüfung.

- Diese Prüfung muss auch einen Gegenbeweis durch den Steuerpflichtigen zulassen.

- Im Rahmen dieser Prüfung sind auch Gesichtspunkte außerhalb der Gesellschaft, wie der Aufbau und die Strategie des Konzerns, einzubeziehen.

Ebenso lag eine ungerechtfertigte Ungleichbehandlung und damit einen Verstoß gegen die Niederlassungsfreiheit vor.

3.5 Die Reaktion – BMF-Schreiben vom 4.4.2018

In einem eigens herausgegebenen Anwendungsschreiben[392] befasst sich das BMF mit dem Urteil des EuGH aus Dezember 2017. Dabei bezieht das Ministerium auch Stellung zu ausgewählten Bestimmungen in der aktuellen Fassung des Gesetzes und regelt alle noch offenen Fälle.

§ 50d Abs. 3 EStG (2007) wird danach als nicht anwendbar erklärt, allerdings ausschließlich bei Anträgen auf Entlastungsanspruch nach § 43b EStG für Fälle der Mutter-Tochter-Richtlinie.

Für **§ 50d Abs. 3 EStG in der aktuellen Fassung** modifiziert die Finanzverwaltung ihr Anwendungsschreiben vom 24.1.2012[393] punktuell: Das BMF sieht gewisse Einschränkungen bezüglich der Substanzanforderungen vor, die sich sowohl auf Nummer 1 („wirtschaftliche oder sonst beachtliche Gründe") als auch auf Nummer 2 („Teilnahme am allgemeinen wirtschaftlichen Verkehr") des § 50d Abs. 3 S. 1 EStG beziehen.

Nach den Ausführungen im früheren BMF-Schreiben vom 24.1.2012 fehlte es an einer eigenen Wirtschaftstätigkeit, wenn die ausländische Gesellschaft ihre Bruttoerträge aus der Verwaltung von eigenen und/oder fremden Wirtschaftsgütern erzielt, etwa bei bloßem Erwerb von Beteiligungen. Eine eigene Wirtschaftstätigkeit lag also nur dann vor, wenn Beteiligungen von einigem Gewicht erworben wurden (aktive Beteiligungsverwaltung). Nunmehr gilt die Auffassung, dass eine Gesellschaft auch insoweit am allgemeinen wirtschaftlichen Verkehr teilnimmt, als sie ihre Bruttoerträge aus der Verwaltung von Wirtschaftsgütern erzielt. Bei einer sog. passiven Beteiligungsverwaltung ist das aber nur dann anzunehmen, wenn die Gesellschaft ihre Rechte als Gesellschafterin auch tatsächlich ausübt.

Für den Geschäftszweck der „Verwaltung von Wirtschaftsgütern" setzt nach neuem Verständnis der Finanzverwaltung ein „angemessen eingerichteter Geschäftsbetrieb" nicht zwingend

---

[392] BMF, Schreiben v. 4.4.2018, IV B 3 – S 2411/07/10016 – 14, IStR 2018, S. 324.
[393] BMF, Schreiben v. 24.1.2012, IV B 3 – S 2411/07/10016, IStR 2012, S. 234.

voraus, dass die Gesellschaft im Ansässigkeitsstaat für die Ausübung ihrer Tätigkeit ständig sowohl geschäftsleitendes als auch anderes Personal beschäftigt.

An dem Umstand, dass für die Prüfung der Entlastung oder der Ausschlussgründe einer funktionslosen Konzerngesellschaft nicht auf Struktur und Strategiekonzepte des Konzerns zurückgegriffen werden darf, wird nicht mehr festgehalten; § 50d Abs. 3 S. 2 EStG wird insofern als nicht anwendbar erklärt.

3.6 Praktische Folgen

3.6.1 Auswirkungen

Für Erstattungsansprüche im Rahmen der Mutter-Tochter-Richtlinie steht nach den Urteilen des EuGH fest, dass § 50d Abs. 3 EStG praktisch keinen Anwendungsbereich mehr hat.[394] Das BMF-Schreiben vom 4.4.2018 bleibt in dieser Hinsicht für die aktuelle Fassung der Norm hinter dem Beschluss des EuGH zurück.

Trotz des vom EuGH festgestellten Verstoßes auch gegen die Niederlassungsfreiheit ist das BMF-Schreiben vom 4.4.2018 nicht anzuwenden u. a. auf folgende Quellensteuerreduktionen:

- Dividenden nach DBA,
- für Kapitalerträge ausländischer Körperschaften auf den Tarifsatz nach § 44a Abs. 9 EStG,
- Lizenz- und Zinszahlungen nach § 50g EStG.

Hier ist allerdings im Einzelfall zu prüfen, ob Grundfreiheiten einschlägig sind – der Logik des EuGH nach sprechen guten Argumente dafür, dass § 50d Abs. 3 EStG auch im Zusammenhang mit den o. g. Normen eine höchstens eingeschränkte Wirkung entfaltet.

Interessant ist dies insb. für die Kapitalverkehrsfreiheit. Der EuGH hatte nur einen Verstoß gegen die Niederlassungsfreiheit zu prüfen und hat insofern kein obiter dictum geäußert. Das BMF scheint sich seiner Sache insoweit sicher, als dass es den § 50d Abs. 3 EStG (2007) nur für Fälle der Mutter-Tochter-Richtlinie für nichtanwendbar erklärte und auch alle weiteren Einschränkungen nur auf derartige Fälle bezog. Damit bleibt die Regelung (auch die aktuelle) anwendbar auf alle Drittstaatsfälle sowie innergemeinschaftliche Fälle, in denen die Beteiligungsquote keinen beherrschenden Einfluss vermittelt. Zwingend ist diese Ansicht nicht.[395]

Fraglich ist schließlich, ob die vom EuGH aufgestellten bzw. bekräftigten Grundsätze Auswirkungen zeigen auf die Unionsrechtskonformität weiterer steuerrechtlicher Normen (z. B § 8 Abs. 2 AStG).[396]

3.6.2 Ausblick

Im internationalen Kontext ist der § 50d Abs. 3 EStG einzureihen in die Maßnahmen zur Vermeidung von Abkommensmissbrauch. Vor dem Hintergrund der aktuellen Debatte in diesem Bereich (Anti-BEPS Aktionsplan der OECD, Maßnahme 6) sowie der weltweit zu beobachtenden Verschärfung von Anforderungen an „wirtschaftliche Berechtigte" bzw. „Nutzungsberechtigte" von Zahlungen sind die Beschlüsse des EuGH beachtlich. Der EuGH scheint sich von der Debatte nicht vereinnahmen zu lassen und stellt die Grundfreiheiten bzw. den Zweck der Mutter-Tochter-Richtlinie in den Mittelpunkt seiner Argumentation.

---

[394] So *Schnitger*, IStR 2018, S. 169.
[395] *Weiss/Brühl*, ISR 2018, 238; *Schnitger*, IStR 2018, S. 169.
[396] *Schnitger*, IStR 2018, S. 169.

Dies gilt umso mehr, als dass die Mutter-Tochter-Richtlinie nach den letzten Änderungen (Fassung vom 28.1.2015) nunmehr selbst verschärfte Regelungen zur Vermeidung von Missbrauch enthält. So heißt es dort in Art. 1:

„(2) Liegt – unter Berücksichtigung aller relevanten Fakten und Umstände – eine unangemessene Gestaltung oder eine unangemessene Abfolge von Gestaltungen vor, bei der der wesentliche Zweck oder einer der wesentlichen Zwecke darin besteht, einen steuerlichen Vorteil zu erlangen, der dem Ziel oder Zweck dieser Richtlinie zuwiderläuft, so gewähren die Mitgliedstaaten Vorteile dieser Richtlinie nicht. Eine Gestaltung kann mehr als einen Schritt oder Teil umfassen.

(3) Für die Zwecke von Abs. 2 gilt eine Gestaltung oder eine Abfolge von Gestaltungen in dem Umfang als unangemessen, wie sie nicht aus triftigen wirtschaftlichen Gründen vorgenommen wurde, die die wirtschaftliche Realität widerspiegeln."

Aus den Begründungen zu den Beschlüssen lässt sich nicht herauslesen, dass der EuGH diese Ergänzungen aufgreift oder darin einen Grund für den Wandel seiner Rspr. sieht. Obwohl die entschiedenen Fälle vor dem Anwendungszeitpunkt der Neufassung liegen, dürften die Aussagen des EuGHs daher auch unter der neuen Fassung der Mutter-Tochter-Richtlinie gelten.[397]

3.6.3 Fazit

Das BMF-Schreiben vom 4.4.2018 konnte nur einen Teil der Kritikpunkte des EuGH aus dem Weg räumen und ist daher in Teilen bereits wieder hinfällig. Nach dem Hin und Her der vergangenen Monate stellt sich die Frage, wie es mit § 50d Abs. 3 EStG weitergeht.

Unbestritten ist, dass eine spezielle Missbrauchsvermeidungsvorschrift im Interesse des Schutzes des deutschen Steueraufkommens liegt – in Fällen echten Missbrauchs. Nach den Urteilen des EuGH steht aber genauso fest, dass zumindest im innergemeinschaftlichen Kontext und im Anwendungsbereich der Mutter-Tochter-Richtlinie der § 50d Abs. 3 EStG praktisch keinen Anwendungsbereich mehr hat. Eine einfache Ausweitung des Anwendungsbereichs auch auf nationale Sachverhalte erscheint dabei weder zielführend noch ausreichend.[398]

Auch mit einer weiteren Verwaltungsanweisung wird dieses Problem nicht zu kitten sein – ein Gesetzentwurf bleibt abzuwarten. Die Forderung des EuGH nach einer konkreten Prüfung des Einzelfalls unter Beachtung der organisatorischen, wirtschaftlichen oder sonst beachtlichen Merkmale der Unternehmensgruppe scheint dabei im Widerspruch zu stehen zu einer Kodifizierung allgemeiner Tatbestandsmerkmale. Der Gesetzgeber ist gehalten, einen Spagat vorzunehmen zwischen einer handhabbaren und rechtssicheren Regelung auf der einen Seite und der vorbehaltlosen Unterstellung von Missbrauch auf der anderen Seite. Schon jetzt dürfte zumindest feststehen, dass die Möglichkeit zum Gegenbeweis integraler Bestandteil einer derartigen gesetzlichen Neufassung wird.

---

[397] *Schnitger*, IStR 2018, S. 169.
[398] *Schnitger*, IStR 2018, S. 169.

4 Besteuerung der digitalen Wirtschaft

Bereits Ende 2017 nahm die Debatte um die Besteuerung der digitalen Wirtschaft Fahrt auf. Zu unterscheiden sind dabei Debatten auf Ebene der OECD, der EU[399] und in den Nationalstaaten. Im Folgenden werden die Ebenen in Ausschnitten beleuchtet und auf ihre Auswirkungen hin bewertet.

4.1 Politische Diskussion auf internationaler Ebene

4.1.1 OECD: Erarbeitung eines international abgestimmten Maßnahmenpakets

4.1.1.1 Anti-BEPS Maßnahme 1

Im Rahmen des von der OECD und G20 gemeinsam betriebenen Anti-BEPS-Projekts gegen Gewinnverkürzung und Gewinnverlagerung multinationaler Unternehmen adressierte gleich die erste Maßnahme die Herausforderungen der Besteuerung der digitalen Wirtschaft.

Unternehmen dieses Wirtschaftszweigs erbringen weltweit digitale Leistungen auf Grundlage „entmaterialisierter" Geschäftsmodelle.[400] Die OECD beschreibt derartige Geschäftsmodelle anhand dreier Kennzeichen:

- Erstens können Unternehmen der digitalen Wirtschaft durch den Einsatz moderner Informations- und Kommunikationstechnologien grds. weltweit umfassend wirtschaftlich tätig werden, ohne am Ort des wirtschaftlichen Tätigwerdens eine physische Präsenz unterhalten zu müssen.

- Zweitens sind ihre Geschäftsmodelle in hohem Maße von immateriellen Vermögenswerten, insb. von der Nutzung geistigen Eigentums, abhängig.

- Drittens sind digitale Geschäftsmodelle geprägt durch Datengenerierung und -nutzung, Nutzerbeteiligung und Netzwerkeffekte.

Vor diesem Hintergrund stellt der Abschlussbericht zu Maßnahme 1 vom Oktober 2015 ganz grds. infrage, ob die bisher geltenden allgemein anerkannten Besteuerungsgrundsätze geeignet sind, die genannten Besonderheiten der Geschäftsmodelle digitaler Unternehmen zu erfassen. Das bisherige Betriebsstättenkonzept des Art. 5 OECD-MA setzt nämlich eine physische Präsenz von Unternehmen in einem Staat voraus, um diesem Besteuerungsrechte zuzuweisen. Eine bloße „digitale Präsenz" von Unternehmen genügt dafür nicht. Digitale Unternehmen können folglich in erheblichem Maße digitale wirtschaftliche Tätigkeiten in einem Staat entfalten, ohne dort steuerpflichtig zu werden. Es wurde daher in Zweifel gezogen, ob Gewinne digitaler Unternehmen wertschöpfungsgerecht besteuert werden können, wenn die Zuweisung von Besteuerungsrechten nur an die physische Präsenz des Unternehmens geknüpft wird.

Allgemein stellte die OECD im Abschlussbericht 2015 fest, dass sich Unternehmen der digitalen Wirtschaft nicht trennscharf vom Rest der Wirtschaft abgrenzen lassen. Deshalb sprach sich der Bericht gegen eine systematische Neuausrichtung zur Schaffung ertragsteuerlicher Sonderregelungen für die Besteuerung solcher Unternehmen aus. Gleichwohl wurde den Mitgliedstaaten zur Bekämpfung von BEPS freigestellt, im Einzelnen Gegenmaßnahmen zu ergreifen, um den veränderten Umständen durch die zunehmende Bedeutung der digitalen Wirt-

---

[399] Zu einem Überblick über die Debatte s. a. z. B. *Benz/Böhmer*, DB 2018, S. 1237.
[400] *Kofler/Mayr/Schlager*, BB 2017, S. 1752.

schaft zu begegnen. Da unilaterale Maßnahmen aber regelmäßig zu wirtschaftlichen Verzerrungen, Doppelbesteuerungen und erhöhter Unsicherheit führen, wurde die Einführung derartiger Maßnahmen nicht empfohlen. Der Katalog der von der OECD evaluierten langfristigen Lösungsansätze beinhaltete daher

- eine Quellensteuer auf bestimmte digitale Transaktionen,
- eine Ausgleichssteuer auf bestimmte digitale Dienstleistungen,
- eine Ausweitung des Betriebsstättenkonzepts auf Tatbestände „digitaler" Betriebsstätten.

Zur Erarbeitung einer international abgestimmten Lösung im Bereich der Ertragsbesteuerung digitaler Unternehmen wurde vereinbart, die weitere Entwicklung in der digitalen Wirtschaft zunächst zu beobachten und die Auswirkungen der übrigen BEPS-Maßnahmen zu evaluieren, ehe über weitergehende Maßnahmen entschieden wird.

4.1.1.2 Aktueller Diskussionsstand

Im März 2017 wurde die OECD von den G20-Finanzministern mit der Fortführung der Arbeiten zur Entwicklung einer internationalen Konsenslösung beauftragt.

Die inhaltliche Schwerpunktsetzung des mit den Arbeiten betrauten „Inclusive Framework on BEPS" (IF, ein Zusammenschluss von Vertretern aus 113 Staaten) lag zunächst darauf, ein tieferes Verständnis über die Funktionsweise digitaler Geschäftsmodelle zu gewinnen und deren Wertschöpfung zu verstehen.

Am 16.3.2018 veröffentlichte die OECD einen ersten Zwischenbericht des IF über die steuerlichen Herausforderungen der digitalen Wirtschaft. Darin wird betont, dass die zwischenzeitliche Umsetzung des BEPS-Pakets multinationale Unternehmen mit digitalen Geschäftsmodellen tatsächlich bereits wirksam zu beabsichtigten Umstrukturierungen veranlasst habe. Weniger offensichtlich sei jedoch, dass die im Abschlussbericht zu Aktionspunkt 1 genannten umfassenderen Herausforderungen mittlerweile angegangen wurden.

Im Kern erfolgt eine Überprüfung der beiden Elemente des gegenwärtigen internationalen Steuerrechts: Anknüpfungspunkt für eine Besteuerung (Nexus) und Gewinnallokationsregeln. Unter dem Nexus-Ansatz können Unternehmensgewinne ausschließlich im Wohnsitzstaat besteuert werden, es sei denn, das Unternehmen führt in einem anderen Staat Geschäfte durch eine dort belegene Betriebsstätte. Im Rahmen der Gewinnallokation wird bestimmt, welchem Unternehmensteil welcher Anteil an den steuerpflichtigen Einkünften des Unternehmens zuzuordnen ist. Da im Falle digitaler Unternehmen regelmäßig ein Auseinanderfallen von Wertschöpfung und physischer Präsenz angenommen wird, steht die Eignung der bewährten Besteuerungsansätze in der Diskussion.

Während sich die IF-Mitglieder über die grds. Charakterisierung digitaler Geschäftsmodelle einig sind, besteht kein Konsens über deren Bedeutung für den Ort der Wertschöpfung und die Identität des den Wertschöpfungsbeitrag Leistenden. Uneinigkeit entbrennt vor allem an der Frage, ob und, wenn ja, in welchem Umfang Daten und nutzergenerierte Beiträge zur Wertschöpfung im Ansässigkeitsstaat des Nutzers beitragen.

- Ein Teil der Staaten sieht Daten und Nutzerpartizipation als entscheidend für die Wertschöpfung in digitalen Unternehmen an. Eine Besteuerung lediglich im Ansässigkeitsstaat dieser Unternehmen sei mit der tatsächlichen Wertschöpfungskette nicht in Einklang zu bringen. Stattdessen müsse am Ort des Nutzers besteuert werden, da dort die Wertschöpfung stattfinde. Zu diesem Zweck sei jedoch keine systematische Neuordnung der Besteuerungsgrundsätze vonnöten. Ausreichend sei, nur für hoch digitalisierte Geschäftsmodelle zielgerichtete Lösungen zu entwickeln.

- Eine zweite Gruppe von Staaten vertritt die Ansicht, Digitalisierung stelle einen mehr generellen Trend dar, der die bestehenden Besteuerungsgrundsätze ganz grds. infrage stellt. Infolgedessen seien etwaige Lösungen nicht speziell auf digitale Geschäftsmodelle zuzuschneiden, sondern insgesamt weiter zu fassen.

- Die übrigen Staaten sind der Auffassung, dass die bislang eingeleiteten Maßnahmen gegen BEPS ausreichten und es darüber hinaus keiner wesentlichen Änderungen der bestehenden internationalen Besteuerungsregeln bedürfe.

Für 2019 ist ein Update dieses OECD-Zwischenberichts angekündigt und bis 2020 soll eine international abgestimmte Lösung entwickelt werden, die dann im finalen Report 2020 veröffentlicht werden soll. Bis dahin spricht die OECD im Zwischenbericht keine Empfehlung für die Einführung einer Zwischenlösung aus. Sie führt als Argumente dagegen an, dass eine Zwischenlösung zu höheren Kosten für die Unternehmen führe und damit deren Wachstum hemme. Außerdem sei eine Überwälzung dieser Kosten auf die Verbraucher zu erwarten. Zwischenlösungen würden zudem stets die Gefahr einer Überbesteuerung von Unternehmen bergen und seien oft schwierig wieder abzuschaffen. Schließlich führten Zwischenlösungen auch zu einem Anstieg der Verwaltungskosten.

Falls Staaten dennoch die Einführung von Zwischenlösungen in Betracht ziehen, sollten diese im Zuge ihrer Überlegungen zur Ausgestaltung solcher Maßnahmen darauf achten, dass sie mit internationalen Verpflichtungen vereinbar sind, vorläufig sind, zielgerichtet sind, Überbesteuerung möglichst vermeiden, keine negativen Auswirkungen auf neu gegründete und kleine Unternehmen haben sowie mit möglichst wenig Komplexität und geringen Kosten einhergehen.

4.1.2 Maßnahmenpaket der EU-Kommission

4.1.2.1 Hintergrund

Auch die EU-Finanzminister und die EU-Kommission streben die Schaffung eines Regelwerks für eine „faire Besteuerung der digitalen Wirtschaft" an, unter dem Unternehmensgewinne dort körperschaftsteuerlich erfasst werden, wo die Wertschöpfung erfolgt.[401] Obwohl die Kommission die OECD in ihrem Bestreben unterstützt, eine global koordinierte Lösung für die Besteuerung digitaler Unternehmen zu erarbeiten, erachtet sie es angesichts des langwierigen Abstimmungsprozesses als erforderlich, bereits vor der für 2020 geplanten Umsetzung des OECD-Maßnahmenbündels eigene Initiativen auf EU-Ebene zu ergreifen. Auf diese Weise soll nationalen Alleingängen der EU-Mitgliedstaaten zuvorgekommen und der Binnenmarkt geschützt werden.

Wenige Tage nach Veröffentlichung des Zwischenberichts der OECD legte die Kommission am 21.3.2018 zwei eigene Richtlinienentwürfe vor, die bis 31.12.2019 in nationale Regelungen überführt und somit ab 1.1.2020 zur Anwendung kommen sollen. Ihre Lösungsvorschläge sieht sie als Konkretisierung und Impuls für die weitere Diskussion auf OECD-Ebene an, da *„sie konkret verdeutlichen, wie die auf internationaler Ebene diskutierten Grundsätze in einen*

---

[401] Grds. auch *Kroppen/van der Ham*, IWB 2018, S. 329.

modernen, fairen und effizienten Rahmen für die Unternehmensbesteuerung, der an das digitale Zeitalter angepasst ist, münden können."[402]

Das Maßnahmenpaket zur Besteuerung der digitalen Wirtschaft enthält neben einem Richtlinienentwurf zur Besteuerung „signifikanter digitaler Präsenzen" einen zweiten Richtlinienentwurf für eine europäische Digitalsteuer. Während die Kommission den erstgenannten Richtlinienentwurf als umfassende langfristige Lösung ansieht, verspricht sie sich, mit einer Digitalsteuer den identifizierten Problemen kurzfristig beggnen zu können.

4.1.2.2 Richtlinienentwurf zur Besteuerung digitaler Betriebsstätten

Der erste Richtlinienentwurf soll einer umfassenden Langfristlösung im Rahmen der bestehenden KSt-Systeme der Mitgliedstaaten dienen. In ihm werden die Tatbestandsvoraussetzungen festgelegt, unter denen eine nicht-physische kommerzielle Präsenz eines Unternehmens, die sog. „signifikante digitale Präsenz", einen Anknüpfungspunkt für die Besteuerung begründen soll.

Eine signifikante digitale Präsenz (digitale Betriebsstätte) soll demnach vorliegen, wenn die Geschäftstätigkeit eines Unternehmens ganz oder teilweise aus der Bereitstellung digitaler Dienstleistungen über eine digitale Schnittstelle[403] besteht und eine oder mehrere der folgenden Bedingungen im Hinblick auf die Bereitstellung dieser Dienstleistungen durch das Unternehmen erfüllt sind:

1. der Anteil der Gesamteinnahmen aus der Bereitstellung dieser digitalen Dienstleistungen an Nutzer in dem betreffenden Mitgliedstaat und Steuerzeitraum übersteigt 7 Mio. €,

2. die Anzahl der Nutzer einer oder mehrerer dieser digitalen Dienstleistungen in dem betreffenden Mitgliedstaat und Zeitraum übersteigt 100.000 oder

3. die Zahl der Geschäftsverträge über die Erbringung solcher digitalen Dienstleistungen, die in dem betreffenden Steuergebiet ansässige Nutzer in dem betreffenden Steuerzeitraum abgeschlossen haben, übersteigt 3.000. Nur B2B-Verträge werden erfasst.

Zentrales Anknüpfungsmerkmal für die digitale Betriebsstätte ist somit der Nutzer, der einem Mitgliedstaat zugerechnet werden muss. Hierbei bedient sich die EU-Kommission einer vereinfachten Annahme: Sie will einen Nutzer als in demjenigen Land ansässig betrachten, aus dem durch Benutzung eines Geräts auf die digitale Schnittstelle zugegriffen wird, über welche die digitalen Dienstleistungen bereitgestellt werden. Die Bestimmung des Orts der Gerätenutzung soll dabei grds. über die IP-Adresse erfolgen, es sei denn, eine andere Methode der Geolokalisierung ermöglicht eine genauere Zuordnung.[404] Abweichend werden Geschäftsverträge behandelt; in diesen Fällen soll die Ansässigkeit für KSt-Zwecke maßgebend für die Ortsbestimmung werden.

Darüber hinaus regelt der Richtlinienvorschlag vage und nur sehr allgemein die Grundsätze der Allokation von Gewinnen zu digitalen Betriebsstätten. Die Einkünftezurechnung soll – angelehnt an die Selbstständigkeitsfiktion der Betriebsstätte unter dem Konzept des AOA – auf Grundlage einer Funktionsanalyse erfolgen, in deren Rahmen die wirtschaftlich signifikanten Aktivitäten zu identifizieren sind, die über eine digitale Schnittstelle in der digitalen Betriebs-

---

[402] EU-Kommission v. 21.3.2018, COM(2018) 146 final, online abrufbar unter: https://ec.europa.eu/transparency/regdoc/rep/1/2018/DE/COM-2018-146-F1-DE-MAIN-PART-1.PDF, abgerufen am 14.11.2018.
[403] Als digitale Schnittstelle gilt jede Art von Software, darunter auch (Teile von) Websites und (mobile) Anwendungen, auf die Nutzer zugreifen können, Art. 2 Nr. 3 RL-E.
[404] *Kroppen/van der Ham*, IWB 2018, S. 340.

stätte abgewickelt werden. Darunter sollen laut Richtlinienentwurf folgende Tätigkeiten zu fassen sein:

- Erhebung, Speicherung, Verarbeitung, Analyse, Bereitstellung und Verkauf von Daten auf Nutzerebene,
- Erhebung, Speicherung, Verarbeitung und Anzeige nutzergenerierter Inhalte,
- Verkauf von Online-Werbeflächen,
- Bereitstellung von Inhalten Dritter auf einem digitalen Marktplatz,
- Bereitstellung anderer digitaler Dienstleistungen.

Standardmäßig soll für die Ermittlung des der digitalen Betriebsstätte zuzuweisenden Gewinns die geschäftsvorfallbezogene Gewinnaufteilungsmethode (Profit Split) anzuwenden sein, es sei denn, der Steuerpflichtige kann nachweisen, dass eine alternative Methode (basierend auf international anerkannten Grundsätzen) unter Berücksichtigung der Ergebnisse der Funktionsanalyse zu angemesseneren Ergebnissen führt. Denkbare Aufteilungsschlüssel könnten bspw. F&E-Kosten, Marketingaufwendungen oder die Anzahl von Nutzern oder Daten sein. Ein so der digitalen Betriebsstätte zugewiesener Gewinn kann dann im Quellenstaat besteuert werden.

Zusammenfassend zielt der Richtlinienvorschlag darauf ab, die KSt-Bestimmungen so zu reformieren, dass Gewinne dort erfasst und besteuert werden, wo Unternehmen über digitale Kanäle in signifikante Interaktion mit den Nutzern treten. Den Mitgliedstaaten würde ermöglicht, Gewinne, die in ihrem Hoheitsgebiet erwirtschaftet werden, zu besteuern, auch wenn ein Unternehmen dort keine physische Präsenz unterhält. So soll gewährleistet werden, dass Online-Unternehmen in dem gleichen Maße zur Finanzierung öffentlicher Güter beitragen wie traditionelle Unternehmen.

Die digitale Betriebsstätte soll grds. für alle Unternehmen gelten, unabhängig davon, wo das Unternehmen ansässig ist. Ausnahmen sollen nur für die Fälle gelten, in denen ein DBA zwischen einem Mitgliedstaat und einem Drittstaat in Kraft ist, das keine dem Richtlinienvorschlag vergleichbaren Regelungen zur digitalen Betriebsstätte und Gewinnallokation enthält.

Die Kommission signalisierte im Zusammenhang mit diesem Richtlinienentwurf ihre Bereitschaft zur Prüfung, wie die Bestimmungen des Richtlinienentwurfs in die Vorschläge für eine gemeinsame konsolidierte KSt-Bemessungsgrundlage (GKKB) einbezogen werden können.

4.1.2.3 Richtlinienentwurf für eine europäische Digitalsteuer

Der zweite Richtlinienentwurf zielt auf die Einführung einer EU-weiten digitalen Dienstleistungssteuer („Digital Service Tax", DST) als kurzfristige Übergangslösung ab. Die DST versteht sich als indirekte Steuer, die EU-Kommission stützt sich daher bei der Begründung auf Art. 113 AEUV. Die DST würde als indirekte Steuer neben die USt treten. Bei dieser erfasst das Bestimmungslandprinzip entgeltliche Leistungen ohnehin bereits, auch im digitalen Bereich. Es geht bei der DST also darum, für den Endkunden bislang als „unentgeltlich" erbrachte sonstige Leistungen zu besteuern. Theoretisches Gedankengerüst dafür ist, dass die Nutzer als Gegenleistung ihre Daten, Inhalte sowie die Freigabe zum Zugang für Werbung erbringen.

Im Einzelnen sieht die DST folgendes vor: Die steuerbaren Bruttoerträge eines Unternehmens sollen mit einem Steuersatz von 3 % besteuert werden. Zu den steuerbaren Bruttoerträgen zählen Erträge aus folgenden innerhalb der EU erbrachten Dienstleistungen:

- Platzierung von Werbung auf einer digitalen Schnittstelle, die auf die Nutzer dieser Schnittstelle abzielt,
- Bereitstellung mehrseitiger digitaler Schnittstellen, die es den Nutzern erlauben untereinander zu agieren und die den Verkauf von Gegenständen und Dienstleistungen zwischen den Nutzern ermöglichen,
- Weitergabe von Daten, die aus den Aktivitäten der Nutzer auf digitalen Schnittstellen generiert werden.

Die Besteuerung soll dort erfolgen, wo der Nutzer zum Zugriff auf eine digitale Schnittstelle ein Gerät nutzt,

- auf welchem die Werbung angezeigt wird,
- um eine Transaktion auf dieser Schnittstelle durchzuführen oder
- auf dem er Daten generiert hat.

Somit kommt es, anders als bei der USt, nicht auf den Ort des zahlenden Leistungsempfängers an. Die DST erfasst auch reine Inlandsfälle innerhalb eines EU-Mitgliedstaats.

Die Digitalsteuerschuld eines Unternehmens soll auf Basis der gesamten innerhalb der EU erzielten steuerbaren Umsätze ermittelt werden[405], die Berechnung ist von den Unternehmen selber vorzunehmen. Die Digitalsteuererklärung soll dann binnen 30 Arbeitstagen nach Ablauf des Besteuerungszeitraums einzureichen sein. Für Unternehmen, die in einem oder mehreren EU-Mitgliedstaaten der DST-Pflicht unterliegen, sieht der Richtlinienvorschlag administrative Vereinfachungen dahingehend vor, dass die Steuererklärung und Steuerzahlung für die gesamte EU nur gegenüber einem Mitgliedstaat erfolgen soll (sog. „One-Stop-Shop"). Die DST wird am ersten Werktag nach Ablauf eines Steuerjahrs fällig. Um mögliche Fälle der Doppelbesteuerung von Erträgen mit KSt und DST zu vermeiden, sollen die Mitgliedstaaten den Unternehmen die Möglichkeit einräumen, gezahlte DST von der Bemessungsgrundlage der KSt abzuziehen, und zwar unabhängig davon, ob beide Steuern in demselben Mitgliedstaat oder in verschiedenen Mitgliedstaaten gezahlt werden.

In den persönlichen Anwendungsbereich der DST sollen nur juristische Personen fallen, deren weltweite Umsätze die Schwelle von 750 Mio. € überschreiten und deren Erträge aus steuerbaren Dienstleistungen in der EU sich auf mindestens 50 Mio. € belaufen. Konzernverbundene Unternehmen werden zusammen betrachtet: Zum einen wird ein Überschreiten der Schwellenwerte konzernbezogen geprüft, zum anderen sollen konzerninterne Erträge von der DST ausgenommen werden, wenn die digitale Dienstleistung von einer anderen konzernangehörigen Gesellschaft erbracht wird als derjenigen, die die Erträge erwirtschaftet.

4.1.2.4 Aktueller Diskussionsstand

4.1.2.4.1 Auf Ebene der EU

Zurzeit werden beide Richtlinienentwürfe vom Rat und dem Europäische Parlament beraten. Die Entwürfe müssen vom Rat nach Anhörung des Europäischen Parlaments und des Wirtschafts- und Sozialausschusses einstimmig förmlich angenommen werden. Aufgrund der unterschiedlichen politischen Interessen der einzelnen Länder scheint derzeit aber fraglich, ob die erforderliche Einstimmigkeit erreicht werden kann.

---

[405] Die Verteilung des Gesamtaufkommens aus der Digitalsteuer auf die Mitgliedstaaten soll anhand verschiedener Schlüssel erfolgen.

Gegenstände kontroverser Debatten sind derzeit insb. die Fragen,

- ob auf EU-Ebene eine Digitalsteuer als Übergangslösung eingeführt werden soll,
- welche Erträge einer Digitalsteuer unterworfen werden sollen; sowie
- ob eine derartige Übergangslösung auslaufen soll, und unter welchen Bedingungen („sunset-clause").

Schon in Bezug auf die Grundsatzfrage der Einführung einer Digitalsteuer herrscht Uneinigkeit. Die Stellungnahmen der Vertreter der EU-Mitgliedstaaten im Rahmen der Sitzung des ECOFIN-Rates am 6.11.2018 lassen vier verschiedene Grundhaltungen erkennen. Strikt ablehnend stehen vier Mitgliedstaaten (Dänemark, Irland, Schweden und Zypern) einer EU-Digitalsteuer gegenüber. In Zurückhaltung üben sich daneben Litauen und Malta. Eine neutrale Position lassen Deutschland, Finnland, Luxemburg, die Niederlande, Tschechien, Ungarn und das Vereinigte Königreich erkennen. Die übrigen 15 Mitgliedstaaten befürworten den Kommissionvorschlag.

Unter den 24 Mitgliedstaaten, die eine EU-weite Digitalsteuer zumindest nicht grundlegend ablehnen, bestehen unterschiedliche Auffassungen zu der Frage, ob Erträge aus dem Verkauf nutzerbezogener Daten steuerlich erfasst werden sollen. Dafür sprechen sich derzeit 16 Mitgliedstaaten (Belgien, Bulgarien, Deutschland, Estland, Griechenland, Italien, Litauen, Kroatien, Malta, Polen, Portugal, Rumänien, Slowakei, Slowenien, Spanien und Ungarn) aus. Eine ablehnende Position nimmt Finnland ein, da es die Einbeziehung als zu komplex ansieht. Die übrigen Staaten haben noch keine eindeutige Meinung geäußert. Die Fürsprecher begründen ihre Haltung mit der Befürchtung, Unternehmen der Werbebranche könnte sich ein Steuerschlupfloch bieten, wenn Erträge aus dem Verkauf nutzerbezogener Daten aus dem Anwendungsbereich einer Digitalsteuer auszunehmen wären.

Während Einigkeit darüber besteht, dass eine Digitalsteuer angesichts ihres Charakters als Zwischenlösung mit Wirksamwerden eines globalen Maßnahmenpakets auslaufen soll, sind die Vorstellungen unterschiedlich darüber, wie das Außerkrafttreten („sunset-clause") geregelt werden soll. Für ein automatisches Auslaufen der Digitalsteuer im Zeitpunkt des Inkrafttretens einer international abgestimmten Lösung sprechen sich Bulgarien, Estland, Griechenland, Italien, die Niederlande, Polen, Portugal, Rumänien und Slowenien aus. Auch Lettland, Litauen und Belgien fordern ein Außerkrafttreten, sobald eine globale Lösung greift; diese Staaten favorisieren aber ergänzend die Verankerung eines fixen Auslaufdatums. Malta und Ungarn vertreten die Ansicht, die Digitalsteuer dürfe nur auslaufen, wenn eine wirkungsvollere Lösung zur Umsetzung gelangt und lehnen es daher ab, ein unbedingtes fixes Ablaufdatum festzuschreiben. Gegen die Bestimmung eines Auslaufdatums bezieht Kroatien Position. Zu den Staaten, die einer Digitalsteuer im Gegensatz dazu nur unter der Bedingung eines fixen Auslaufdatums zustimmen wollen, zählen Finnland, Luxemburg und Tschechien. Deutschland vertrat als einziges die Position, eine EU-Regelung solle (in 2020) nur in Kraft treten, falls auf OECD-Ebene keine Lösung gefunden werde („sunrise-clause").

Der Rat der EU veröffentlichte seinen Richtlinienentwurf über die EU-Digitalsteuer am 29.11.2018. Der Entwurf entspricht dem Kommissionsvorschlag und berücksichtigt die Diskussionsergebnisse aus der ECOFIN-Sitzung vom 6.11.2018. Anders als erhofft konnte der ECOFIN-Rat in seiner Sitzung am 4.12.2018 jedoch keine Einigung bezüglich des Richtlinienentwurfs erzielen. Die Arbeiten daran werden fortgesetzt und sollen auch die Aspekte einer am selben Tag veröffentlichten gemeinsamen Erklärung Frankreichs und Deutschlands enthalten, wonach insb. eine Einschränkung des Anwendungsbereichs der EU-Digitalsteuer auf Werbeleistungen erfolgen soll. Frankreich und Deutschland drängen den Rat der EU zu einer Umsetzung des Entwurfs bis spätestens März 2019. Das Inkrafttreten der RL ist demnach für den 1.1.2021 avisiert, sofern bis zu diesem Zeitpunkt kein global abgestimmtes Konzept vorliegt. Kommt es hingegen zu einer Einigung auf internationaler Ebene, soll der Richtlinienentwurf zurückgestellt und ggf. durch einen neuen Vorschlag ersetzt werden. In der gemeinsamen Erklärung werden die EU-Kommission und der Rat der EU ferner aufgefordert, Vorschläge bezüglich einer Besteuerung der digitalen Wirtschaft und eines Mindestbesteuerungsregimes zu entwickeln, die im Einklang mit den Arbeiten der OECD stehen.

4.1.2.4.2 Auf nationaler Ebene (Beispiele)

Grds. präferiert Deutschland, eine auf OECD-Ebene abgestimmte Lösung in EU-Recht zu überführen und hierfür erforderlichenfalls bis (Ende) 2020 abzuwarten. Konkrete Pläne der Regierung zur Einführung einer Digitalsteuer sind aus Deutschland derzeit nicht bekannt.[406]

Diverse Staaten preschen dagegen bereits mit eigenen Plänen für nationale Digitalsteuern vor.[407] Dazu zählen u. a. Italien[408], Israel, Indien, Spanien, Frankreich und Ungarn. Auch von Österreich wird ein nationaler Gesetzentwurf bereits Anfang 2019 erwartet. Die angegangenen Maßnahmen umfassen dabei verschiedenste Ansätze.

Beispielhaft genannt sei hier das Vereinigte Königreich, das plant, ab April 2020 eine eigene Digitalsteuer einzuführen. In den persönlichen Anwendungsbereich der Steuer sollen Unternehmen mit einem weltweiten Umsatz von mindestens 500 Mio. £ und einem Umsatz im Vereinigten Königreich von mindestens 25 Mio. £ fallen. In Abgrenzung zum Konzept der EU-Kommission werden 2 % auf die steuerbaren Umsätze fällig. Steuerbar sind diesbezüglich Umsätze aus der Platzierung von an Nutzer im Vereinigten Königreich gerichteter Werbung auf Social Media-Plattformen und Suchmaschinen sowie Umsätze im Zusammenhang mit der Bereitstellung von Online-Marktplätzen, die eine Interaktion zwischen im Vereinigten Königreich ansässigen Nutzern ermöglichen. Der sachliche Anwendungsbereich ist folglich deutlich enger gefasst als im Kommissionsentwurf. Insb. werden Umsätze im Zusammenhang mit der Weitergabe nutzerbezogener Daten nicht von der Digitalsteuer im Vereinigten Königreich erfasst. Zur Vermeidung von Doppelbesteuerung wird die Digitalsteuer von der Bemessungsgrundlage der KSt abgezogen werden können.

Allein dieses Beispiel aus einem (noch) EU-Mitgliedstaat zeigt, in wie vielen Bereichen Abweichungen zu der EU-Lösung der DTS (im Entwurf) bestehen. Es ist damit zu rechnen, dass nationale Alleingänge eine Vielzahl an teilweisen nicht miteinander harmonisierenden Normen schaffen. Neben einem administrativen Kraftakt für die Steuerpflichtigen erscheint eine Doppelbesteuerung unausweichlich.

4.2 Folgen einer Umsetzung der Reformpläne für die steuerliche Behandlung ausgewählter Geschäftsmodelle

4.2.1 Grundsätzliches

Wie bereits von der OECD im Abschlussbericht zu Maßnahme 1 des BEPS-Projekts angemerkt, ist es im Licht des Megatrends Digitalisierung kaum möglich, den Wirtschaftszweig „Digitalwirtschaft" von anderen Branchen abzugrenzen und einer steuerlichen Sonderbehand-

---

[406] Z. B. Stellungnahme des Bundesrats v. 27.04.2018, BR-Drs. 94/18: Vorzug einer Lösung auf OECD-Ebene gegenüber einer isolierten Lösung nur für die EU.
[407] Für eine Kurzübersicht s. *Benz/Böhmer*, Der Betrieb 2018, S. 1237.
[408] Der im Dezember 2018 verabschiedete Haushalt Italiens sieht die Einführung einer DST nach Maßgabe der Vorschläge der EU-Kommission vor. Einführung ist 60 Tage nach Erlass eines Anwendungsschreibens durch das FinMin und wird für Mitte 2019 erwartet.

lung zu unterwerfen. Trotzdem wird von diversen Parteien am Ziel festgehalten, Gewinne aus digitalen Geschäftsmodellen, die als nach geltendem Steuerrecht unzureichend besteuert angesehen werden, am Ort ihrer Wertschöpfung angemessen zu versteuern. Die in der Diskussion befindlichen Vorschläge greifen zu diesem Zweck auf recht abstrakt gefasste Beschreibungen spezifischer (Dienst-)Leistungen zurück, die als klassicherweise von digitalen Unternehmen erbracht oder bereitgestellt angesehen werden.

Im Folgenden sollen praktische Fragen aufgeworfen und am Beispiel einzelner Geschäftsmodelle die steuerlichen Konsequenzen für Unternehmen verdeutlicht werden, die mit einer Umsetzung der auf EU-Ebene diskutierten Reformentwürfe verbunden wären. Die Darstellungen beschränken sich auf die Skizzierung der unmittelbar die unternehmerische Praxis berührenden Steuerfolgen und können aufgrund des Vorläufigkeitscharakters der Entwürfe nur ansatzweise erfolgen. Gleichwohl eignen sie sich für eine Veranschaulichung.

4.2.2 Signifikante digitale Präsenz

4.2.2.1 Anwendungsbereich

Nach den Vorstellungen der EU-Kommission soll die „signifikante digitale Präsenz" als auslösendes Merkmal für eine Betriebsstätte in Drittstaatsfällen keine Anwendung finden, wenn diese nicht durch ein entsprechendes DBA abgesichert ist. Dies dürfte zzt. für ausnahmslos alle DBA gelten. Nachverhandlungen zu den DBA sollen diesen Umstand beheben, so die EU-Kommission. Höchst fraglich sind hierbei die Erfolgsaussichten. Solange der betreffende Drittstaat nicht selber das Konzept der „digitalen Betriebsstätte" implementiert hat, würde dieser sonst einseitig auf Besteuerungssubtrat verzichten. Als Folge dürfte es erfolgreiche Nachverhandlungen wohl nur in den Fällen geben, in denen politischer Druck seitens der EU-Staaten ausgeübt werden kann. Ob Staaten, die sich einem derartigen Druck beugen müssen, zeitgleich „digitale Exporteure" sind, lässt sich zumindest anzweifeln. Diese Zweifel gelten gleichzeitig für Nicht-DBA-Staaten. Im Ergebnis dürfte das von der EU-Kommission angedachte Konstrukt auf absehbare Zeit ein innereuropäisches Projekt bleiben.

Der Begriff der „digitalen Dienstleistungen", deren Bereitstellung zur Annahme einer digitalen Betriebsstätte in einem Mitgliedstaat führen soll, bezieht sich auf sämtliche „*Dienstleistung[en], die über das Internet oder ein elektronisches Netzwerk erbracht [werden] und deren Erbringung aufgrund ihrer Art im Wesentlichen automatisiert und nur mit minimaler menschlicher Beteiligung erfolgt*"[409]. Während der aktuelle Betriebsstättenbegriff des § 12 AO erfordert, dass die Betriebsstätte „*[...] der Tätigkeit des Unternehmens dient*", also zur Leistungserstellung beiträgt, käme es unter dem Richtlinienvorschlag der Kommission auf einen (nicht einmal vermuteten oder fingierten) Nutzerbeitrag zur Wertschöpfung gar nicht an. Insofern ist davon auszugehen, dass eine Umsetzung des Kommissionsentwurfs in geltendes Recht eine erhebliche Ausweitung der Zahl steuerlicher Anknüpfungspunkte bewirkt.

Besonders hervorzuheben ist in diesem Zusammenhang, dass in Zeiten von Industrie 4.0 nicht nur Unternehmen mit originär digitalen Geschäftsmodellen betroffen wären. Vielmehr läuft grds. jedes Unternehmen Gefahr, eine signifikante digitale Präsenzen zu begründen, welches sich Informations- und Kommunikationstechnologien zur Vernetzung von Maschinen und Abläufe bedient.

---

[409] EU-Kommission v. 21.3.2018, COM(2018) 147 final, online abrufbar unter:
https://ec.europa.eu/taxation_customs/sites/taxation/files/proposal_significant_digital_presence_21032018_de.pdf, S. 8, abgerufen am 14.11.2018.

Bei Umsetzung des Richtlinienentwurfs in geltendes Recht könnten digitale Betriebsstätten künftig beispielhaft in folgenden Fällen begründet werden:

- Beim „Community-based Parking" melden mit dem Internet vernetzte Fahrzeuge im laufenden Betrieb Informationen zu Parklücken über Kommunikationsschnittstellen an den Fahrzeughersteller. In einer Cloud wird aus diesen Daten eine digitale Parkplatzkarte generiert, die den Fahrzeugherstellern zur Verfügung gestellt wird. Die Hersteller leiten die Information über freie Parkplätze schließlich an alle vernetzten Fahrzeuge weiter. Infolge der Nutzung von Cloud Computing durch Hersteller der Automobilindustrie würde jedes vernetzte Fahrzeug für sich genommen als (Teil einer) signifikanten digitalen Präsenz des Herstellers im Mitgliedstaat der Nutzung qualifizieren.

- Im Rahmen des „Additive Manufacturing" greift ein Unternehmen über eine Remote-Steuerung auf einen im Ausland belegenen 3D-Drucker zu, um auf diesem ein Ersatzteil zu fertigen. Der internetbasierte Druck stellt eine andere digitale Dienstleistung i. S. d. Richtlinienentwurfs dar, folglich eine wirtschaftliche signifikante Tätigkeit, die über die digitale Remote-Schnittstelle erbracht wird.

Im Ergebnis erfordert es nicht viel Fantasie, um in Zeiten der allgemeinen Digitalisierung für nahezu jede Branche Anknüpfungspunkte für eine digitale Betriebsstätte zu finden.

4.2.2.2 Praktische Herausforderungen

Die zusätzlichen administrativen Lasten bei einer Erweiterung des Betriebsstättenbegriffs um Sachverhalte signifikanter digitaler Präsenzen lassen sich derzeit nur erahnen.

Es ist bereits unklar, wie eine Überprüfung der Schwellenwerte, deren Überschreiten zur Begründung einer signifikanten digitalen Präsenz in einem Staat führen würde, erfolgen soll.[410] Dabei dürfte sich vor allem die Erhebung der Anzahl der Nutzer derartiger Dienstleistungen als herausfordernd erweisen.

Wesentliche Umsetzungsfragen stellen sich in Bezug auf die Bestimmung des einer digitalen Betriebsstätte der Höhe nach zuzurechnenden Gewinnanteils. Der Katalog der im Rahmen der durchzuführenden Funktions- und Risikoanalyse zu berücksichtigenden wirtschaftlich signifikanten Tätigkeiten bezieht solche im Zusammenhang mit nutzerbasierten Daten und nutzergenerierten Inhalten ein. Wie im Einzelnen der Wertschöpfungsbeitrag dieser Daten und Inhalte zu bestimmen wäre, ist offen. Ein Konflikt tut sich insb. dann auf, wo gewonnene Daten und Nutzerbeiträge erst durch die Aufbereitung und Verwertung durch das Personal an ökonomischem Wert gewinnen, das wiederum seine Funktion nicht am Ort der digitalen Betriebsstätten ausübt.[411] Die für die Einkünftezurechnung mittels der geschäftsvorfallbezogenen Gewinnaufteilungsmethode erforderliche Identifikation der relevanten Transaktionen zwischen Stammhaus und digitaler Betriebsstätte wird betroffene Unternehmen gleichsam vor Herausforderungen stellen.

Nicht diskutiert ist zzt. auch noch, wie sich im B2C-Bereich die mit der Erfassung und Berechnung von Betriebsstättengewinnen einhergehende notwendige Datenerfassung mit Vorschriften zum Schutz von Verbraucherdaten verträgt.

---

[410] *Kahle/Braun*, Die Unternehmensbesteuerung 2018, S. 369.
[411] *Pinkernell*, Die Unternehmensbesteuerung 2018, S. 147.

4.2.3 Digitale Dienstleistungssteuer (DST)

4.2.3.1 Anwendungsbereich

Die EU-Kommission hat mit ihrem Vorschlag einer digitalen Dienstleistungssteuer vorgeblich die „großen Internetkonzerne" im Blick: Google, Apple, Facebook und Amazon („GAFA"). Prominent dafür ist die Rede von der „GAFA-Steuer". Tatsächlich aber zielt die DST auf sämtliche Unternehmen in dem Umfang, wie sie eine der definierten Dienstleistungen erbringen:

- zielgruppenspezifische Platzierung von Werbung auf digitalen Schnittstellen,
- Betrieb mehrseitiger Schnittstellen, die Möglichkeiten zur Nutzerinteraktion und Durchführung von Transaktionen zwischen den Nutzern bieten und
- Übermittlung gesammelter Daten aus den Aktivitäten der Nutzer an digitalen Schnittstellen.

Selbst wenn man den Eintritt der Rechtsfolgen einer Digitalsteuer vom Erreichen oder Überschreiten hoher Ertragsschwellenwerte abhängig macht, unterliegen dem Grunde nach sämtliche – und gerade nicht nur „digitale" – Unternehmen der Steuerpflicht. Jedes der drei angedachten Tatbestandsmerkmale könnte angesichts heutiger Standards internetbasierter Firmenpräsentation für Unternehmen jeder Branche schnell als erfüllt anzusehen sein, wie nachstehende Beispiele zeigen:

- Eine Spezialverlag, der auf seiner Website Ausschnitte aus einer Zeitschrift gratis bereitstellt und gleichzeitig Werbung anderer Unternehmen schaltet, dürfte den Tatbestand der Platzierung zielgruppenspezifischer Werbung auf einer digitalen Schnittstelle, hier der eigenen Website, erfüllen und mit seinen Werbeerträgen der DST unterliegen.
- Ein Hersteller hochwertiger Kinderbetten, der auf seiner Homepage Verkäufer und Käufer gebrauchter Betten zusammenbringt, betreibt eine mehrseitige Schnittstelle, auf der Anbieter und Nachfrager zusammentreffen und Transaktionen zwischen den Nutzern ermöglicht werden. Mit etwaigen von den Nutzern vereinnahmten Provisionen unterläge der Hersteller grds. der Digitalsteuer.

Auch die „Übermittlung gesammelter Daten" wirft Fragen auf:

- Ein Medizingerätehersteller sammelt im Rahmen des therapeutischen Einsatzes medizinischer Hilfsgeräte patientenbezogene Daten zu Vitalparametern wie Blutdruck, Herz- oder Atemfrequenz. Er nutzt diese Patienten- oder Nutzerdaten zur Weiterentwicklung seiner Produkte und generiert in Folge über den Absatz der verbesserten Produkte höhere Erträge. Diese Daten gibt der Hersteller zudem in aggregierter und anonymisierter Form („Metadaten") an private Krankenkassen weiter.

Über das Tatbestandsmerkmal der Weitergabe von Nutzerdaten sollen vorrangig wohl Betreiber sozialer Netzwerke zur Besteuerung herangezogen werden. Abgrenzungsschwierigkeiten dürften sich aber regelmäßig hinsichtlich der Frage auftun, wann eine Weitergabe im Regelungssinne des Richtlinienentwurfs vorliegen soll. Erträge aus dem Verkauf von Nutzerdaten an Drittunternehmen dürften unzweifelhaft der Steuerpflicht einer DST unterliegen. Sammeln die Hersteller derartige Nutzerdaten nur für interne Zwecke, liegt zwar keine Datenweitergabe vor; es stellt sich aber die Frage, ob ein auf die Datenverwertung (in Gestalt der Nutzung für technische Weiterentwicklung) entfallender Wertschöpfungsbeitrag zu ermitteln und der Digitalsteuer zu unterwerfen ist.

Ist die DST erst einmal eingeführt, erwächst die Gefahr laufend abgesenkter Schwellenwerte, womit neben „GAFA" auch schnell Industrieunternehmen in die Steuerpflicht geraten dürften. Darüber hinaus ist derzeit zu beobachten, dass immer mehr „traditionelle" Branchen wie der Maschinenbau oder die Automobilbranche auf eine Digitalisierung ihrer Geschäftsmodelle zielen. Es ist nicht ausgeschlossen, dass in wenigen Jahren digitale Geschäftsmodelle auch in diesen Branchen kritische Schwellenwerte überschreiten.

4.2.3.2 Praktische Herausforderungen

Vor dem Hintergrund der beabsichtigten Verpflichtung der Unternehmen zur Selbstberechnung der DST könnten sich aus den Vorschriften zur Bestimmung des Nutzerstandorts digitaler Zugriffe hohe administrative Bürden für die Unternehmen ergeben. Als Standardmethode der Geolokalisierung ist die Verwendung von IP-Adressen vorgesehen, es sei denn, andere Methoden liefern genauere Ergebnisse. Wegen der einfachen Manipulierbarkeit von IP-Adressen ist davon auszugehen, dass es regelmäßig andere Methoden geben wird, die eine präzisere Ortsbestimmung gewährleisten. Der Richtlinienentwurf lässt diesbezüglich unbeantwortet, wie mit Fällen umzugehen ist, in denen Unternehmen keinen Zugriff auf präzisere Messmethoden haben.

Mangels Anrechenbarkeit der lokalen KSt auf die DST bedeutet die zusätzliche Steuerpflicht erhebliche Mehrbelastungen für Unternehmen. Bei einer angenommenen Umsatzrendite von 10 % entspricht die tarifliche Steuerlast der DST von 3 % auf die Bruttoumsätze einer tariflichen Gewinnsteuerlast von 30 %, die zusätzlich zur ohnehin fälligen Ertragsteuerbelastung anfällt. Die kombinierte relative tarifliche Gewinnsteuerbelastung aus DST und lokaler Ertragsteuer fällt dabei umso höher aus, je geringer die Umsatzrendite ist.[412] Die vorgesehene Abzugsfähigkeit der DST im Rahmen der KSt ist da nur ein Tropfen auf den heißen Stein.

Zuletzt können Fälligkeitstermine von DST und KSt auseinanderfallen. Für Unternehmen führt dies zu einem Liquiditätsnachteil, wenn zwar der Gesamtbetrag der geschuldeten und auf die einzelnen Mitgliedstaaten entfallenden DST bekannt ist, gleichzeitig aber über die Höhe der in den betroffenen Mitgliedstaaten geschuldeten KSt noch Unklarheit herrscht.

4.3 Einordnung und Ausblick

Die Diskussionen um die Besteuerung digitaler Leistungen sind auch im größeren Kontext der internationalen Steuerdiskussionen zu sehen. Eine ständige Konfliktlinie ist dabei die Frage der Allokation von Besteuerungsrechten zwischen den kapitalintensiven Produktionsländern und den konsumstarken Marktländern. Bislang gilt zumindest im Grundsatz, dass die Ertragsteuern den Exportländern zufallen, während die Importländer ihre Konsumkraft über die USt in Steueraufkommen ummünzen.

Eine „digitale Betriebsstätte" oder eine „digitale Dienstleistungssteuer" wirken hier wie Fremdkörper im Gefüge des internationalen Steuerrechts. Dennoch waren in 2018 genau diese Steuern Gegenstand vieler Arbeitsgruppen, Eingaben und Diskussionen. Vordergründig geht es dabei um den Sonderfall der „digitalen Wirtschaft" und des vage wahrgenommenen steuerlichen Ungleichgefüges, welches namhafte Unternehmen dieser Industrie auslösen. Unterschwellig lässt sich die o. g. Konfliktlinie erkennen, sodass sich die Debatte um Digitalsteuern einreiht in Diskussionen um die Dienstleistungsbetriebsstätte oder auch die Ausweitung der Transferpreisregeln zugunsten von Märkten.

---

[412] Hierzu ausführlich *Spengel*, Gastkommentar in DB 2018, Heft 15, S. M4–M5.

Die Debatte über digitale Besteuerung erfasst damit grds. Fragen der Allokation der Besteuerungsrechte. Während dies wertungsfrei hingenommen werden kann, stellt sich zumindest die Frage, ob eine generelle Frage anhand eines Sonderfalls entschieden werden soll.

Die Implementierung explizit „digitaler" Steuern würde jedenfalls einen Präzedenzfall schaffen, der den Weg hin zu einer Ausrichtung der Besteuerung am Verbrauchsort ebnet. Eine generelle Besteuerung des Exportgeschäfts im Marktstaat dürfte derweil nicht im Interesse großer Exportnationen wie Deutschland sein, da der mit einer Abkehr vom Prinzip der Besteuerung am Ansässigkeitsstaat des Unternehmens einhergehende Verlust von Besteuerungssubstrat kaum durch möglicherweise neu entstehende Anknüpfungspunkte in Gestalt des Gewinns digitaler Betriebsstätten in Deutschland wird kompensiert werden können.

In Zeiten des Megatrends Digitalisierung (Stichwort Industrie 4.0 und Digitalisierung von Geschäftsmodellen) droht eher das Gegenteil: Schon bald dürften weit mehr Industrien und auch deutsche Unternehmen von Digitalsteuern und digitalen Betriebsstätten betroffen sein als nur die derzeit Handvoll Internet-Giganten. Aus dem Sonderfall könnte somit bald die Regel werden.

Vor diesem Hintergrund streben Staaten wie Deutschland eine global abgestimmte Lösung an. Wegweisend wird die Frage, ob die Lösung im Bereich der direkten oder indirekten Steuern gefunden wird. Ob mit einer indirekten Dienstleistungssteuer als „Interimslösung" bereits Pflöcke eingeschlagen werden, bleibt abzuwarten. Die USA zumindest verstehen die DST in ihrer zzt. diskutierten Fassung als Instrument der EU im Handelsstreit und drohen bei ihrer Einführung bereits mit Reaktionen. Gleichzeitig ist angesichts der widerstreitenden politischen Interessen und des Einstimmigkeitserfordernisses auf Ebene der Mitgliedstaaten nicht davon auszugehen, dass die von der EU-Kommission unterbreiteten Vorschläge für eine umfassende Digitalsteuer und eine Erweiterung des Betriebsstättenbegriffs um signifikante digitale Präsenzen (zeitnah) zur Umsetzung gelangen. Eine Chance, und sei es als Drohkulisse mit sunset-clause, könnte allenfalls der deutsch-französische Vorstoß zu einer eingeschränkten DST haben. Gleichwohl könnten auch die Gedanken in Bezug auf die Präzisierung des Konstrukts der digitalen Betriebsstätte Eingang in die Diskussionen auf globaler Ebene finden. Bedeutend bleibt damit die weitere Entwicklung auf OECD-Ebene. Die Vielzahl der dort versammelten Akteure stimmt für eine schnelle Einigung nicht optimistisch.

Dennoch bleibt zu hoffen, dass dort zeitnah abgestimmte Lösungen erarbeitet werden, bevor ein steuerlicher Flickenteppich nationaler Insellösungen entsteht. Die Zeit dafür scheint mit zwei, höchstens drei Jahren, knapp bemessen.

E Verrechnungspreise

Die vergangenen Monate waren unverändert durch die BEPS-Initiative der OECD geprägt. So hat die OECD weitere Empfehlungen zu einzelnen BEPS-Aktionspunkten veröffentlicht, sowie Ergebnisse ihrer Reviews zu BEPS-Implementierungsmaßnahmen der OECD-Staaten herausgegeben.

Die EU hat konsequent ihre an die BEPS-Initiative angelehnte Strategie zur Umsetzung von Maßnahmen zu einer konsistenten Besteuerung unter Vermeidung von Double Dips oder weißen Einkünften ebenso wie zur Verringerung von Doppelbesteuerungsrisiken verfolgt. Dies zeigt sich nicht zuletzt in der EU-Richtlinie zu Meldepflichten bei grenzüberschreitenden Gestaltungen und zur geplanten Einführung einer Digitalsteuer. Auch die Überlegungen zur Einführung einer gemeinsamen (konsolidierten) KSt-Bemessungsgrundlage wurden wieder aufgenommen.

In Deutschland wurde das BMF-Schreiben zu konzerninternen Umlageverträgen in Anpassung an die entsprechende Überarbeitung der OECD-Verrechnungspreisrichtlinien aufgehoben.

Außerdem gab es Urteile des EuGH mit signifikanter Bedeutung für Verrechnungspreissachverhalte.

1 Aktuelles zur OECD BEPS-Initiative (Stand November 2018)

Die Veröffentlichung der finalen OECD Berichte zu den 15 Aktionspunkten im Oktober 2015 liegt nunmehr über drei Jahre zurück. Die Tätigkeiten der OECD hatten in den vergangenen Monaten nach entsprechender Überarbeitung der OECD-Verrechnungspreisrichtlinien (2017) einen Schwerpunkt in der Ausarbeitung detaillierterer Handlungsempfehlungen zu einzelnen Aktionspunkten sowie der Überprüfung der nationalen Implementierung der Mindeststandards in den OECD-Ländern. Dies betrifft vor allem die folgenden Punkte:

- Empfehlungen zur Gewinnaufteilungsmethode
- Empfehlungen zu Hard-to-Value Intangibles (HTVI)
- Empfehlungen zu Finanztransaktionen (Entwurf)
- Implementierungsbericht zum Country-by-Country-Reporting (CbCR)
- Implementierungsbericht zur Verbesserung von Streitbeilegungsmechanismen

1.1 OECD Empfehlungen zur Gewinnaufteilungsmethode

Die OECD hat am 21.6.2018 ihren finalen Bericht zur Gewinnaufteilungs- bzw. Profit-Split-Methode (Aktionspunkt 10 der BEPS-Initiative) veröffentlicht.[413] Die hierin enthaltenen Empfehlungen zur Anwendung und Durchführung der Profit-Split-Methode stellen eine Erweiterung des OECD-Berichtes zur „Gewährleistung der Übereinstimmung zwischen Verrechnungspreisergebnissen und Wertschöpfung" zu den BEPS-Aktionspunkten 8–10 aus Oktober 2015 dar.[414] Die überarbeiteten Empfehlungen folgen dem Grundgedanken des Berichts aus 2015, wonach die Profit-Split-Methode nur dann zur Anwendung kommen soll, wenn sie die am besten geeignete Methode ist, die Wertschöpfungsbeiträge mit dem Verrechnungspreissystem in Einklang zu bringen. Gegenüber dem Bericht aus 2015 führen sie näher aus, unter welchen Voraussetzungen dies als gegeben angenommen werden darf, und wie die Methode dann praktisch umgesetzt werden kann, insb. zur Frage geeigneter Parameter zur Gewinnaufteilung. Dies ist mit zahlreichen Beispielen unterlegt.

So soll die transaktionsbezogene Profit-Split-Methode insb. in folgenden Situationen anwendbar sein:

- Jede der beteiligten Parteien leistet einzigartige und wertvolle Beiträge (z. B. immaterielle Werte)

- Es handelt sich um ein integriertes Geschäft, aus dem sich keine Einzeltransaktionen wirtschaftlich sinnvoll herauslösen lassen

- Die Parteien tragen gemeinsam wirtschaftlich signifikante Risiken.

Der Bericht stellt klar, dass die Profit-Split-Methode bei Vorliegen eines verlässlichen Fremdvergleichspreises nicht zur Anwendung kommen kann. Dies entspricht der Sichtweise der deutschen Finanzverwaltung, wonach die Profit-Split-Methode den traditionellen Standardmethoden zur Verrechnungspreisbestimmung prinzipiell nachgeordnet ist.

Die Grundsätze des Berichtes wurden in die OECD-Verrechnungspreisrichtlinien übernommen werden und ersetzen dort den bisherigen Wortlaut in Kapitel II Teil III Abschn. C.[415]

1.2 OECD Empfehlungen zu Hard-to-Value Intangibles (HTVI)

Ebenfalls mit Datum 21.6.2018 hat die OECD einen finalen Bericht mit Empfehlungen zur Verrechnungspreisbestimmung bei Hard-to-Value Intangibles (schwer zu bewertenden immateriellen Vermögensgegenständen) veröffentlicht.[416] Auch dieser Bericht führt die zugehörigen Grundsätze aus dem OECD-Bericht 2015 zur „Gewährleistung der Übereinstimmung zwischen Verrechnungspreisergebnissen und Wertschöpfung" fort, der bereits in der Überarbeitung der OECD-Verrechnungspreisrichtlinien 2017 seinen Niederschlag gefunden hat.[417] Die Empfehlungen des Berichts aus 2018 sind insb. darauf ausgerichtet, eine hohe Konsistenz

---

[413] OECD (2018), *Revised Guidance on the Application of the Transactional Profit Split Method: Inclusive Framework on BEPS: Action 10*, OECD/G20 Base Erosion and Profit Shifting Project, OECD Paris, abrufbar unter: www.oecd.org/tax/beps/revised-guidance-on-the-application-of-the-transactional-profit-split-method-beps-action-10.pdf.

[414] OECD (2015), *Aligning Transfer Pricing Outcomes with Value Creation, Actions 8-10 – 2015 Final Reports*, OECD/G20 Base Erosion and Profit Shifting Project, OECD Publishing, Paris; abrufbar unter: http://dx.doi.org/10.1787/9789264241244-en.

[415] OECD (2018), *OECD-Verrechnungspreisleitlinien für multinationale Unternehmen und Steuerverwaltungen 2017*, OECD Publishing, Paris, abrufbar unter:https://doi.org/10.1787/9789264304529-de.

[416] OECD (2018), Guidance for Tax Administrations on the Application of the Approach to Hard-to-Value Intangibles – BEPS Actions 8–10, OECD/G20 Base Erosion and Profit Shifting Project, OECD, Paris; abrufbar unter: www.oecd.org/tax/beps/guidance-for-tax-administrations-on-the-application-of-the-approach-to-hard-to-value-intangibles-BEPS-action-8.pdf.

[417] Vgl. OECD (2018), *OECD-Verrechnungspreisleitlinien für multinationale Unternehmen und Steuerverwaltungen 2017*, OECD Publishing, Paris, abrufbar unter: https://doi.org/10.1787/9789264304529-de, Kapitel VI.

der Herangehensweise durch die Finanzverwaltungen und eine Reduzierung von Doppelbesteuerung zu erreichen.

Der im Zuge der OECD-BEPS-Initiative eingeführte Begriff der Hard-to-Value Intangibles ist auf Fälle gerichtet, bei denen sich ein immaterielles Wirtschaftsgut im Zeitpunkt der Übertragung noch in der Entwicklung befindet, sodass der endgültige Wert noch stark von künftigen Ereignissen abhängig und daher noch sehr unsicher ist. Ein Beispiel hierfür sind medizinische Wirkstoffe, die in einem frühen Stadium der Entwicklung übertragen werden. Hier bestehen in frühen Entwicklungsstadien regelmäßig große Unsicherheiten z. B. darüber, ob der Wirkstoff überhaupt die gewünschte Wirksamkeit erreicht, ob die für eine Vermarktung notwendigen Marktzulassungen erlangt werden können, und welche Absatz- und Gewinnmöglichkeiten sich letztlich ergeben.

Neben diesem hohen Grad an Unsicherheit im Übertragungszeitpunkt hat gerade in solchen Fällen die Informations-Asymmetrie zwischen dem Steuerpflichtigen und den Finanzbehörden eine besondere Bedeutung. Die Bewertung der Risiken ebenso wie der Chancen im Übertragungszeitpunkt erfordert eine profunde Kenntnis zahlreicher interner wie externe Parameter, über die der Steuerpflichtige – anders als die Finanzverwaltung – regelmäßig verfügen wird.

Der durch die OECD empfohlene Ansatz trägt diesen Besonderheiten Rechnung, indem er grds. davon ausgeht, dass das Ex-post Ergebnis als Indiz für die Ex-ante Bewertung eines HTVI herangezogen werden soll. Dem Steuerpflichtigen wird die Möglichkeit eröffnet, nachzuweisen, dass die Ex-ante Bewertung verlässlich und die spätere Ergebnisabweichung nicht vorhersehbar war. Der OECD-Bericht enthält außerdem Empfehlungen zur praktischen Umsetzung anhand zweier Beispiele.

Der deutsche Gesetzgeber hat den Grundsatz der Ex-post Betrachtung bereits vor geraumer Zeit kodifiziert und mit § 1 Abs. 3 S. 11 f. AStG eine Regelung geschaffen, die unter bestimmten Bedingungen eine Verrechnungspreiskorrektur zulasten des Steuerpflichtigen ermöglicht, wenn innerhalb eines Zeitraumes von 10 Jahren nach der Übertragung immaterieller Vermögensgegenstände die Ergebnisse der wirtschaftlichen Verwertung deutlich von den Erwartungen im Übertragungszeitpunkt abweichen.

Ein besonderes Augenmerk legt der OECD-Bericht auf den Zugang zu Verständigungsverfahren und Vorabverständigungsverfahren (APA) zu Fragen der Bewertung von HTVI. Dies ist insb. deswegen zu begrüßen, weil sich hieraus Doppelbesteuerungsrisiken in signifikanter Höhe ergeben können.

Der OECD-Bericht wurde als Anlage 6 in die OECD-Verrechnungspreisrichtlinien aufgenommen.

1.3 OECD Empfehlungen zu Finanztransaktionen (Entwurf)

Am 3.7.2018 hat die OECD einen Diskussionsentwurf („Entwurf") zu konzerninternen Finanztransaktionen vorgelegt.[418] Zwar handelt es sich hier nur um einen Entwurf, aufgrund der Relevanz soll an dieser Stelle dennoch auf die wesentlichen Grundsätze eingegangen werden. Auch diese Grundsätze stellen eine Fortführung des OECD-Berichts 2015 zur „Gewährleistung der Übereinstimmung zwischen Verrechnungspreisergebnissen und Wert-

---

[418] OECD (2018), *Base Erosion and Profit Shifting (BEPS) Public Discussion Draft, BEPS Actions 8–10 – Financial transactions*; abrufbar unter:
http://www.oecd.org/tax/transfer-pricing/BEPS-actions-8-10-transfer-pricing-financial-transactions-discussion-draft-2018.pdf.

schöpfung" dar, der bereits in der Überarbeitung der OECD-Verrechnungspreisrichtlinien 2017 seinen Niederschlag gefunden hat.[419]

Der Entwurf adressiert insb. folgende Aspekte:

- Abgrenzung von Finanztransaktionen/Darlehen

- Relevanz aller Konditionen für die Beurteilung der Fremdüblichkeit: neben dem Zinssatz u. a. auch die Fremdfinanzierungsquote und die Fähigkeit, das Darlehen zu bedienen

- Bedeutung der Preisvergleichsmethode bei der Methodenwahl

- Substanzerfordernisse beim Darlehensgeber

- Bedeutung von Konzernrückhalt, Nachrangigkeit und Sicherheiten bei der Zinssatzbestimmung

- Bepreisung von Garantien

- Cash-Pool: Zinssatzsystematik und Vergütung des Cash-Pool-Leaders

Besonders hervorzuheben ist hier die Positionierung zur Preisvergleichsmethode: Der Entwurf verweist auf die breite Verfügbarkeit von Finanzmarktdaten, namentlich zu Darlehen und Anleihen, die in vielen Fällen die Anwendung dieser Methode zur Zinssatzermittlung ermöglichen sollte. Diese Klarstellung ist insb. deswegen hilfreich, da sich die deutsche Rspr. hier bislang uneinheitlich und z. T. in klarem Widerspruch zu diesem Ansatz darstellt.[420]

Der Entwurf folgt hingegen der Auffassung des BMF-Schreibens vom 29.3.2011[421] insoweit, dass eine Besicherung von Darlehen regelmäßig nicht notwendig sei, jedenfalls soweit der Darlehensgeber aufgrund der Konzernverbundenheit ohnehin einen Zugriff auf die Wirtschaftsgüter des Darlehensnehmers hat. Die OECD weist dabei zutreffend darauf hin, dass Wirtschaftsgüter allerdings nur insoweit berücksichtigt werden können, wie sie nicht bereits durch anderweitige Rechte belastet sind.[422]

Die OECD spricht sich für die Berücksichtigung gesetzlicher Nachrangigkeit in der Zinssatzbestimmung aus. Zudem erkennt sie die Verwendung von Ratings zur Bonitätseinschätzung des Darlehensnehmers an, wobei der Rückhalt im Konzern ggf. Berücksichtigung finden muss.

Die Substanzerfordernisse beim Darlehensgeber, die auch bereits in Kapitel I der OECD-Verrechnungspreisrichtlinien 2017 postuliert werden, sind im Entwurf näher ausgeführt und nennen als relevante Kriterien insb. die Entscheidungsbefugnis sowie die Fähigkeit, die zugehörigen Risiken zu kontrollieren und zu tragen.

Für eine Entgeltfähigkeit von Garantien wird darauf abgestellt, dass diese einen expliziten Nutzen stiften, also z. B. einen niedrigeren Zinssatz am Kapitalmarkt ermöglichen, der allein aus der Zugehörigkeit zum Konzern nicht zu erlangen wäre. Weiter ist danach zu differenzieren, ob die Garantie eine bloße Ausweitung der Verschuldungskapazität oder eine Verbesserung externer Finanzierungskonditionen ermöglicht.

Zur Frage der Vergütung eines Cash-Pool-Leaders führt der Entwurf aus, dass dieser grds. als Routine-Dienstleister zu vergüten ist und die Vorteile des Cash-Pools im Übrigen zwischen den Teilnehmern aufzuteilen sind. Die OECD räumt jedoch auch die Möglichkeit ein, einem

---

[419] Vgl. OECD-Verrechnungspreisrichtlinien 2017, Kapitel I.
[420] So z. B. FG Münster, Urteil v. 7.12.2016, 13 K 4037/13, K, F, IStR 2017, S. 622, Revision eingelegt, Az. beim BFH I R 4/17, mit einer Priorisierung der Kostenaufschlagsmethode.
[421] BMF, Schreiben v. 29.3.2011, IV B 5 – S 1341/09/10004, BStBl I 2011, S. 277,
[422] So auch FG Köln, Urteil v. 29.6.2017, 10 K 771/16, EFG 2017, S. 1812, Revision eingelegt, Az. beim BFH I R 62/17.

funktionsstarken Cash-Pool-Leader einen signifikanten Teil des Cash-Pool-Vorteils zuzuordnen.

1.4 OECD Implementierungsberichte zur BEPS-Initiative

Um darauf hinzuwirken, dass die als besonders dringend eingeschätzten Maßnahmen auch möglichst zeitnah umgesetzt werden, hat die OECD einen sog. Rahmenplan („Inclusive Framework") erarbeitet.[423] Dieser Rahmenplan setzt Standards für die zeitliche Umsetzung der Empfehlungen, und gibt Hilfestellungen für eine möglichst konsistente inhaltliche Ausgestaltung. Ein besonderer Fokus liegt hierbei auf den vier sog. BEPS-Mindeststandards, also den Maßnahmen gegen schädliche Steuerpraktiken und Abkommensmissbrauch, zur Einführung des CbCR sowie der Verbesserung der Abläufe und Erfolgsaussichten von Verständigungsverfahren.

Außerdem sieht er eine Überprüfung vor, inwieweit zu bestimmten Zeitpunkten bestimmte Maßnahmen in nationales Recht umgesetzt worden sind. Diese sog. „Peer Reviews" werden je Aktionspunkt entwickelt, und nennen jeweils die Staaten, die bis zu einem bestimmten Datum die betreffende Maßnahme in nationales Recht umgesetzt haben müssen. I. d. R. sind dabei die Industriestaaten, darunter auch Deutschland, zu einer zeitnahen Umsetzung innerhalb von ein oder zwei Jahren verpflichtet, andere Staaten haben hingegen zum Teil mehrere Jahre Zeit.

Der Rahmenplan wird kontinuierlich weiterentwickelt, auch wurden die bisher vorgesehenen peer reviews plangemäß durchgeführt und die entsprechenden Ergebnisse veröffentlicht.[424]

Die aktuellsten Peer Review-Veröffentlichungen betreffen die Implementierung des CbCR sowie der Maßnahmen zur Verbesserung der Abläufe und Erfolgsaussichten von Verständigungsverfahren (Streitbeilegungsmechanismen).

1.4.1 OECD Implementierungsbericht zum Country-by-Country-Reporting

Alle Mitglieder des Rahmenplanes haben sich verpflichtet, an einem jährlichen Peer Review teilzunehmen, der folgende Kernthemen untersucht:

- Teil A: Die rechtliche und administrative Implementierung
- Teil B: Der rechtliche Rahmen für den Informationsaustausch
- Teil C: Die Gewährleistung der Vertraulichkeit und des angemessenen Gebrauchs von Informationen

Am 23.5.2018 wurde der Bericht zum Peer Review der ersten Stufe veröffentlicht.[425] Der deutschen Finanzverwaltung attestiert der Bericht generell eine hohe Übereinstimmung mit den OECD Anforderungen. Allein zu den Vorschriften in § 138a Abs. 4 AO wird eine Anpassung an die OECD Vorgaben empfohlen. Die deutschen Regelungen etablieren inländische CbCR Vorlagepflichten für den Fall, dass das BZSt entgegen der gedachten Vorgehensweise kein CbCR aus dem Ausland erhalten hat.

---

[423] Mit Stand Oktober 2018 waren 123 Staaten dem Rahmenplan beigetreten, abrufbar unter: http://www.oecd.org/tax/beps/inclusive-framework-on-beps-composition.pdf.

[424] Einen guten Überblick zum Stand der Arbeiten sowie der bisherigen Ergebnisse der peer reviews gibt der jährliche Progress Report zum Inclusive Framework on BEPS, zuletzt veröffentlicht am 22.7.2018, OECD (20), *Inclusive Framework on BEPS – Progress report July 2017-June 2018*; abrufbar unter: www.oecd.og/tax/beps/inclusive-framework-on-beps-progress-report-july-2017-june-2018.pdf.

[425] OECD (2018), *Country-by-Country Reporting – Compilation of Peer Review Reports (Phase 1): Inclusive Framework on BEPS: Action 13*, OECD/G20 Base Erosion and Profit Shifting Project, OECD Publishing, Paris; abrufbar unter: https://doi.org/10.1787/9789264300057-en.

1.4.2 OECD Implementierungsbericht zur Verbesserung von Streitbeilegungsmechanismen

Die Einhaltung der verpflichtenden OECD Vorgaben zur Verbesserung von Verständigungsverfahren wird durch einen zweistufigen Peer Review in allen betreffenden Ländern überprüft. Die Verpflichtungen betreffen einerseits die Implementierung gewisser verfahrensbezogener Mindeststandards in der nationalen Gesetzgebung, andererseits die Beseitigung praktischer Vollzugsdefizite.

Die Besonderheit des Peer Reviews zu Streitbeilegungsmechanismen liegt darin, dass nicht nur die Staaten zu ihren DBA und ihrer Verständigungspraxis befragt wurden, sondern auch Steuerpflichtige ihre Erfahrungen aus der Praxis beisteuern konnten. Im Dezember 2017 wurde der Bericht zum Peer Review Stufe 1 für Deutschland veröffentlicht.[426]

Grds. attestiert der Bericht Deutschland, dass es bereits die meisten der Minimumstandards zur Streitbeilegung 14 erfüllt, und bestehende Defizite bereits in Bearbeitung sind. Positiv vermerkt wird insb. der Umstand, dass alle der mehr als 90 DBA eine MAP-Klausel enthalten, und die meisten dieser Klauseln analog zur Art. 25 OECD-MA 2014 ausgestaltet sind. Erwähnt wird außerdem Deutschlands APA-Programm zur Prävention von Doppelbesteuerung samt der Möglichkeit sog. Rollbacks auf vergangene Steuerjahre. Auch die den Steuerzahlern in Deutschland gebotene Anleitung zur Einleitung und Durchführung von Verständigungsverfahren wird im Bericht lobend erwähnt.

Verbesserungsbedarf wird darin gesehen, dass mehr als ein Viertel aller deutschen DBA keine Klausel zur Durchbrechung etwaiger nationaler Verjährungsfristen vorsehen. Dies ist ein erhebliches Manko, da sich hier zwar aus deutscher Sicht aufgrund des § 175a AO grds. keine Schwierigkeiten ergeben sollten, das Verfahren aber dennoch scheitern wird, wenn der andere Staat keine vergleichbaren nationalen Regelungen getroffen hat. Kritisiert wird zudem, dass etwa ein Neuntel aller deutschen DBA keine mit Art. 25 Abs. 1 OECD-MA konforme Regelung enthält, wonach eine Antragsfrist von mindestens drei Jahren ab Entstehen der Doppelbesteuerung zur Beantragung eines Verständigungsverfahrens vorgesehen ist.

Deutschland ist aufgerufen, binnen eines Jahres einen Bericht zu erstellen, aus dem die Umsetzung der in Stufe 1 identifizierten Optimierungsfelder ersichtlich ist. Daraufhin wird in Stufe 2 des Peer Reviews untersucht werden, inwieweit die identifizierten Mängel tatsächlich behoben wurden.

---

[426] OECD (2017), *Making Dispute Resolution More Effective – MAP Peer Review Report, Germany (Stage 1): Inclusive Framework on BEPS: Action 14*, OECD/G20 Base Erosion and Profit Shifting Project, OECD Publishing, Paris; abrufbar unter: https://doi.org/10.1787/9789264285804-en.

2 Die BEPS-Initiative auf Ebene der EU

Die EU ist auch in den vergangenen Monaten ihrem Grundsatz treu geblieben, die Umsetzung der Ergebnisse der BEPS-Initiative der OECD in ihren Mitgliedsstaaten zu beschleunigen bzw. zu unterstützen und dabei insb. einen hohen Grad an Homogenität zu erreichen. Zu diesem Zweck hat sie ein Bündel von Maßnahmen initiiert. An die Maßnahmen aus Vorjahren, insb. die Überarbeitung der EU-Amtshilferichtlinie[427], die Richtlinie zur Bekämpfung von Steuervermeidungspraktiken[428] sowie die Richtlinie über Verfahren zur Beilegung von Doppelbesteuerungsstreitigkeiten[429] knüpfen sich weitere Maßnahmen:

- Einführung der Digitalsteuer
- Meldepflichten bei grenzüberschreitenden Gestaltungen
- Einführung einer gemeinsamen (konsolidierten) KSt-Bemessungsgrundlage

2.1 Besteuerung digitaler Dienstleistungen und signifikanter digitaler Präsenzen in der EU

Am 21.3.2018 hat die EU-Kommission zwei Richtlinien-Vorschläge veröffentlicht, die eine angemessenere Besteuerung digitaler Wertschöpfung sicherstellen sollen. Hierbei wird zum einen auf bestimmte digitale Dienstleistungen, zum anderen auf signifikante digitale Präsenzen abgestellt. Für beide Richtlinien ist eine Gültigkeit ab dem 1.1.2020 vorgesehen.

Der Richtlinienvorschlag für eine Digitalsteuer auf Erträge aus der Erbringung bestimmter digitaler Dienstleistungen[430] knüpft insb. an die folgenden Erträge an:

- aus der Platzierung von Werbung auf digitalen Schnittstellen, die sich an die Nutzer dieser Schnittstelle richten,
- aus der Bereitstellung mehrseitiger digitaler Schnittstellen, die es den Nutzern ermöglichen, andere Nutzer zu finden und mit diesen zu interagieren, und die zudem eine Lieferung von Gegenständen oder Dienstleistungen unmittelbar zwischen den Nutzern ermöglichen, oder
- aus der Übermittlung gesammelter Nutzerdaten, die aus den Aktivitäten der Nutzer digitaler Schnittstellen generiert werden.

Die Digitalsteuer beträgt dem Entwurf zufolge 3 % auf die betreffenden Erträge. Sie ist nur dann zu entrichten, wenn durch die Dienstleistungen global Erträge von mehr als 750 Mio. € p. a. erzielt werden und die relevanten Erträge, die innerhalb der EU erzielt werden, mehr als 50 Mio. € p. a. betragen.

Der Richtlinienvorschlag zur Besteuerung signifikanter digitaler Präsenz[431] ist darauf ausgerichtet, den steuerlichen Betriebsstättenbegriff um „digitale Betriebsstätten" zu erweitern. Da-

---

[427] Council Directive (EU) 2016/881;
abrufbar unter: http://eur-lex.europa.eu/legal-content/EN/TXT/PDF/?uri=CELEX:32016L0881&from=EN.
[428] Council Directive (EU) 2016/1164;
abrufbar unter: http://eur-lex.europa.eu/legal-content/DE/TXT/PDF/?uri=CELEX:32016L1164&from=EN.
[429] Council Directive (EU) 2017/1852;
abrufbar unter: https://eur-lex.europa.eu/legal-content/EN/TXT/PDF/?uri=CELEX:32017L1852&from=EN.
[430] Proposal for a Council Directive (EU) COM(2018) 148 final; abrufbar unter:
https://ec.europa.eu/taxation_customs/sites/taxation/files/proposal_common_system_digital_services_tax_21032018_en.pdf.
[431] Proposal for a Council Directive (EU) COM(2018) 147 final; abrufbar unter:
https://ec.europa.eu/taxation_customs/sites/taxation/files/proposal_significant_digital_presence_21032018_en.pdf.

mit löst sich die Definition der Betriebsstätte insoweit gänzlich vom Erfordernis einer physischen Präsenz.

Anwendung soll dies nur auf bestimmte digitale Dienstleistungen finden. Für die Abgrenzung ist ein Positiv- ebenso wie ein Negativkatalog im Vorschlag enthalten. Anknüpfungspunkt für die digitale Betriebsstätte ist der jeweilige Nutzer dieser Dienstleistung. Er begründet eine digitale Betriebsstätte des Unternehmens im jeweiligen Mitgliedsstaatwenn mindestens eine der folgenden Voraussetzungen im jeweiligen Steuerjahr erfüllt ist:

- die Einnahmen aus den digitalen Dienstleistungen betragen im betreffenden Mitgliedsstaat mehr als 7 Mio. €,

- die Anzahl der Nutzer der digitalen Dienstleistungen im betreffenden Mitgliedsstaat übersteigt 100.000, oder

- über die digitalen Dienstleistungen wurden im betreffenden Mitgliedsstaat mehr als 3.000 Verträge abgeschlossen.

Für die Zuordnung eines Nutzers zu einem Mitgliedsstaat soll auf das Gerät abgestellt werden, über das er auf die digitale Schnittstelle zugreift, ermittelt anhand der vom Gerät übermittelten IP-Adresse.

Die Zuordnung steuerlicher Gewinne zu digitalen Betriebsstätten soll grds. dem zweistufigen Prozess des Authorised OECD Approach („AOA") folgen. Abweichend hiervon soll im ersten Schritt jedoch nicht auf wesentliche Personalfunktionen, sondern auf die sog. DEMPE Funktionen abgestellt werden, also die fünf Haupt-Funktionen im Rahmen der Wertschöpfung durch immaterielle Vermögensgegenstände. Dabei werden diese nicht an die zugehörigen Personalfunktionen geknüpft, sondern es wird unterstellt, dass diese jedenfalls zum Teil durch die digitale PE als solche verwirklicht werden. Hieraus ergibt sich ein Funktions- und Risikoprofil, aufgrund dessen im zweiten Schritt die Gewinnallokation vorgenommen werden soll. Der Entwurf hat hier eine klare Präferenz für die Anwendung von Profit-Split-Methoden, z. B. auf Basis von Nutzerzahlen oder Datenmengen.

2.2 Meldepflichten bei grenzüberschreitenden Gestaltungen in der EU

Überlegungen zur Einführung von Meldepflichten für bestimmte steuerliche Gestaltungsmodelle sind kein Novum der letzten Jahre. Die nunmehr erfolgte Anpassung der EU-Amtshilferichtlinie zur Anzeigepflicht von bestimmten, grenzüberschreitenden Steuergestaltungen steht aber sicher nicht zuletzt auch unter dem Einfluss der OECD BEPS-Initiative.

Die RL wurde am 25.5.2018[432] veröffentlicht und ändert bzw. ergänzt die EU Richtlinie 2011/16/EU. Die Richtlinie verpflichtet nicht nur den betroffenen Steuerpflichtigen selbst, sondern auch die an der Gestaltung beteiligten „Intermediäre", bestimmte grenzüberschreitende Steuergestaltungen an die jeweilige nationale Finanzbehörde zu melden.

Intermediär i. S. d. RL ist jede Person, die Leistungen im Zusammenhang mit der Besteuerung gegenüber dem Steuerpflichtigen erbringt und dabei die Verantwortung für die Konzeption, Vermarktung, Organisation oder das Management der Umsetzung der steuerlichen Aspekte eines meldepflichtigen grenzüberschreitenden Modells trägt, also insb. Rechtsanwälte und StB. Mitgliedsstaaten müssen Intermediäre von der Meldepflicht befreien, wenn diese nach

---

[432] Council Directive (EU) 2018/822; abrufbar unter:
https://eur-lex.europa.eu/legal-content/DE/TXT/?uri=uriserv:OJ.L_.2018.139.01.0001.01.DEU&toc=OJ:L:2018:139:TOC.

dem Recht des Mitgliedsstaats über „Privilegien der Angehörigen von Rechtsberufen" verfügen. In diesem Fall geht die Meldepflicht auf den Steuerpflichtigen oder einen anderen Intermediär über; der originäre Intermediär ist aber verpflichtet, den Steuerpflichtigen auf den Wechsel der Meldepflicht hinzuweisen.[433]

Die Anzeigepflicht bezieht sich auf grenzüberschreitende Modelle, die mindestens ein vordefiniertes „Kennzeichen" erfüllen. Der neue Anhang IV zur EU-Richtlinie 2011/16/EU listet die meldepflichtigen Modelle auf und differenziert dabei nach „allgemeinen" (Kategorie A des Anhangs) und „besonderen" (Kategorie B bis E des Anhangs) Kennzeichen.

Die allgemeinen Kennzeichen (Kategorie A) umfassen u. a. solche Modelle, bei denen der Steuerpflichtige oder ein an dem Modell Beteiligter sich verpflichten, Vertraulichkeit über das Modell zu wahren, oder für das der Intermediär einen Anspruch auf eine im Verhältnis zum Betrag des Steuervorteils bemessene Gebühr hat.[434] Kategorie B bezieht sich auf solche Modelle, bei denen Unternehmen ohne aktive Geschäftstätigkeit erworben werden mit dem Ziel, bestehende Verlustvorträge zu nutzen. Kategorie C betrifft grenzüberschreitende Transaktionen im Konzern, die ganz oder teilweise sog. Double Dips oder „weiße Einkünfte" ermöglichen. Unter Kategorie D fallen Modelle, die die Anforderungen aus den OECD Common Reporting Standards, Offenlegungspflichten oder Antigeldwäschegesetze berühren. Kategorie E umfasst Verrechnungspreisgestaltungen in besonderen Fällen, z. B. im Zusammenhang mit der Übertragung von schwer zu bewertenden immateriellen Wirtschaftsgütern (HTVI) oder Funktionsverlagerungsfällen.

Die Meldepflichten für Kategorie A und B sowie Teile von Kategorie C greifen nur dann, wenn die Erlangung eines Steuervorteils der oder einer der Hauptvorteile der Gestaltung ist (sog. Main-Benefit-Test).

Die Meldung erfolgt durch den jeweils Verpflichteten an die national zuständige Behörde. Im Anschluss daran sieht die Richtlinie einen obligatorischen automatischen Informationsaustausch sämtlicher gemeldeter Modelle zwischen den Mitgliedsstaaten vor. Die Meldung hat innerhalb einer Frist von 30 Tagen zu erfolgen, der Fristbeginn knüpft an den Zeitpunkt der Nutzbarkeit des Modells bzw. den Beginn der Umsetzung. Die Richtlinie verpflichtet die Mitgliedsstaaten dazu, bei nationaler Implementierung der Vorgaben auch Sanktionen für Fälle der Nichterfüllung vorzusehen.

Eine Implementierung hat bis zum 31.12.2019 zu erfolgen und eine Anwendung der betreffenden Vorschriften ist ab dem 1.7.2020 vorzusehen. Zu berücksichtigen ist die Verpflichtung zur Nachmeldung, nach der zwischen dem 1.7. und dem 31.8.2020 sämtliche Modelle nach zu melden sind, deren erster Umsetzungsschritt nach dem Inkrafttreten der Richtlinie (20 Tage nach Veröffentlichung im Amtsblatt am 5.6.2018) und vor dem 30.6.2020 erfolgt ist.

---

[433] Gegenwärtig ist unser Verständnis, dass die Bundesrepublik Deutschland sich im Rahmen der ECOFIN-Beratungen für ein *legal professional privilege* neben Rechtsanwälten auch bei Steuerberatern und Wirtschaftsprüfern in Deutschland ausgesprochen hat.

[434] Ein solches Erfolgshonorar wäre in Deutschland für Steuerberater und Wirtschaftsprüfer regelmäßig nicht zulässig, vgl. § 9a Abs. 1 StBerG, § 55a Abs. 1 WPO.

2.3 Einführung einer gemeinsamen (konsolidierten) Körperschaftsteuer-Bemessungsgrundlage

Auch die aktuellen Überlegungen der EU zur Einführung einer gemeinsamen (konsolidierten) KSt-Bemessungsgrundlage (GKKB) haben einen Bezug zur OECD BEPS-Initiative, da sie nicht zuletzt auf die Vermeidung von Nicht-Besteuerung ebenso wie die Beseitigung von Doppelbesteuerungsrisiken gerichtet sind. Nach der Rücknahme des ursprünglichen GKKB-Vorschlags aus dem Jahr 2011 in 2015 machte die Kommission am 25.10.2016 einen neuerlichen Vorschlag in Form zweier Richtlinienentwürfe:

- Die Richtlinie über eine gemeinsame KSt-Bemessungsgrundlage (GKB)[435] und
- die Richtlinie über eine gemeinsame konsolidierte KSt-Bemessungsgrundlage (GKKB).[436]

Die Vorschläge wurden vom Europäischen Parlament am 15.3.2018 allerdings mit signifikanten Änderungswünschen angenommen. Der Rat müsste nun den Richtlinien mit Einstimmigkeit zustimmen, damit GKB und GKKB ab 2019 bzw. 2020 zur Anwendung kommen. Auch wenn dies unwahrscheinlich ist, sollen im Folgenden aufgrund der signifikanten Konsequenzen einer möglichen Implementierung die wesentlichen Punkte der Richtlinien dargestellt werden.

Die GKB sieht ein EU-einheitliches System der Gewinnermittlung für KSt-Zwecke vor sowie die Abgabe der zugehörigen Steuererklärung bei nur einer Finanzverwaltung. Durch die Möglichkeit, kalkulatorische EK-Zinsen einkommensmindernd anzusetzen, soll die steuerliche Vorteilhaftigkeit von Fremdkapitalfinanzierungen reduziert werden. Zudem sieht der Vorschlag erhöhte Abzugsmöglichkeiten für Forschungs- und Entwicklungsaufwand vor (50 % bis 20 Mio. € Aufwand, 25 % bei darüber hinaus gehendem Aufwand, doppelter Ansatz des Aufwands bei Start-up Unternehmen). Ein grenzüberschreitender Verlustausgleich soll möglich sein.

Verpflichtend soll die GKB für alle Unternehmen sein, deren Gruppenumsatz im Vorjahr mindestens 750 Mio. € betrug.

In einem zweiten Schritt sollen durch die GKKB die Konsolidierung der Gruppeneinkünfte auf Ebene der Muttergesellschaft und eine formelbasierte Gewinnaufteilung auf die verschiedenen Mitgliedsstaaten folgen. Über die Konsolidierung werden sämtliche konzerninterne Transaktionen zwischen den Gruppengesellschaften der Mitgliedsstaaten eliminiert, Verrechnungspreise würden insoweit keine Auswirkung auf die Besteuerung mehr haben.

Die Änderungswünsche des Europäischen Parlaments betreffen vor allem den Wunsch nach einem zeitgleichen Inkrafttreten beider Richtlinien, die Senkung der Anwendungsschwelle von 750 Mio. € auf Null über einen Zeitraum von sieben Jahren sowie eine stärkere Berücksichtigung der derzeitigen Diskussion über die Besteuerung digitaler Präsenz.

Es darf bezweifelt werden, dass der EU-Rat sich hier einstimmig für die betreffenden Richtlinien ausspricht. Dies wäre ein erheblicher Eingriff in die Kompetenzen der Mitgliedsstaaten und wird auch innerhalb des EU Parlaments von Vielen als Verstoß gegen fundamentale Prinzipien der EU, wie das Prinzip der Subsidiarität und der Proportionalität gesehen.

---

[435] Proposal for a Council Directive on a Common Corporate Tax Base COM(2016) 0685, abrufbar unter: https://ec.europa.eu/taxation_customs/sites/taxation/files/com_2016_685_en.pdf.
[436] Proposal for a Council Directive on a Common Consolidated Corporate Tax Base COM(2016) 0683, abrufbar unter: https://ec.europa.eu/taxation_customs/sites/taxation/files/com_2016_683_en.pdf.

3 BMF-Schreiben zu Umlageverträgen

Das aus Verrechnungspreissicht relevanteste BMF-Schreiben der vergangenen Monate regelt die geänderte Handhabung bei Umlageverträgen.

Mit Schreiben vom 5.7.2018 hat das BMF die bisherigen Verwaltungsgrundsätze für Umlageverträge in internationalen Konzernen (BMF-Schreiben vom 30.12.1999)[437] mit Wirkung zum 31.12.2018 aufgehoben.[438] Es gelten Übergangsfristen bis zum 31.12.2019 für bestehende Kostenumlageverträge. Diese Änderung war erwartet worden, da im Rahmen der OECD BEPS-Initiative auch die entsprechenden Passagen der OECD-Richtlinien angepasst wurden, und sich dadurch einige, z. T. signifikante Inkonsistenzen mit den bisherigen deutschen Regelungen ergaben.

Das Schreiben stellt klar, dass explizite nationale Verwaltungsgrundsätze zu diesem Thema nicht geplant sind. Vielmehr wird auf die Regelungen in Kapitel VIII der OECD-Verrechnungspreisrichtlinien 2017 verwiesen. Damit sind zukünftig die Beiträge der Unternehmen bei Entwicklungs- oder Dienstleistungsumlagen zu Fremdvergleichspreisen zu bewerten. Bei Verrechnung auf Basis der Kosten – in Abweichung zu den bisherigen deutschen Regelungen – sind im Regelfall auch Gewinnaufschläge zu berücksichtigen. Analog zu Tz. 8.28 der OECD-Verrechnungspreisrichtlinien 2017 ist nur noch in Ausnahmefällen eine reine Kostenverrechnung zulässig, wenn nämlich der Wert der eingebrachten Leistung zumindest nahezu deren Kosten entspricht.

Auch zur Dokumentation solcher Verträge und Verrechnungen sind die bisher ausführlichen Regelungen des BMF-Schreibens vom 30.12.1999 aufgehoben. Es sind künftig allein die betreffenden Vorschriften der aktualisierten Gewinnabgrenzungsaufzeichnungsverordnung maßgeblich, die weitgehend mit den OECD-Verrechnungspreisrichtlinien 2017 konsistent sind.

4 Rechtsprechung mit Verrechnungspreisbezug

Auch die Rspr. der vergangenen Monate reflektiert die stetig zunehmende Bedeutung von Verrechnungspreisfragen. Nachfolgend werden EuGH-Entscheidungen aus diesem Bereich vorgestellt.

4.1 EuGH Urteil zu § 1 AStG vom 31.5.2018

Am 31.5.2018 wurde das EuGH-Urteil zur Vereinbarkeit des § 1 AStG mit der Niederlassungsfreiheit veröffentlicht, was signifikante Auswirkungen auf die Bedeutung des Fremdvergleichsgrundsatzes hat.[439]

Dem sog. *Hornbach*-Fall liegt der folgende Sachverhalt zugrunde: Eine grenzüberschreitend tätige Baumarktkette betreibt ihre Geschäfte auch über Tochtergesellschaften im Ausland, u. a. in den Niederlanden. Die dort ansässigen, operativ tätigen Gesellschaften waren zur Finanzierung eines Baumarkts sowie allgemein zur Fortführung ihres Geschäftsbetriebs auf die Zuführung von Kapital angewiesen. Die angesprochene Bank machte die Darlehensvergabe von der Abgabe einer Patronats- und Garantieerklärung der deutschen Muttergesellschaft abhängig. Letztere gab eine solche Erklärung ab, ohne hierfür ein Entgelt von den niederländischen Ge-

---
[437] BMF, Schreiben v. 30.12.1999, IV B 4 – S 1341 – 14/99, BStBl I 1999, S. 1122.
[438] BMF, Schreiben v. 5.7.2018, IV B 5 – S 1341/0:003, BStBl I 2018, S. 743.
[439] EuGH, Urteil v. 31.5.2018, C–382/16, ECLI:EU:C:2018:366, IStR 2018, S 461.

sellschaften zu fordern. Dies nahmen die deutschen Betriebsprüfer zum Anlass, eine entsprechende Einkünftekorrektur nach § 1 AStG vorzunehmen.

Der Steuerpflichtige vertrat die Auffassung, das FA habe gegebene wirtschaftliche Gründe für ein fremdunübliches Verhalten zu Unrecht nicht berücksichtigt, außerdem stehe § 1 Abs. 1 AStG nicht im Einklang mit der Niederlassungsfreiheit in der EU, da der Anwendungsbereich auf grenzüberschreitende Transaktionen beschränkt ist. Das befasste FG Rheinland-Pfalz legte dem EuGH den Fall zur Vorabentscheidung vor.[440]

Der EuGH erkennt in § 1 Abs. 1 AStG zwar eine Beschränkung der Niederlassungsfreiheit, da grenzüberschreitender und inländischer Sachverhalt ungleich behandelt werden. Allerdings sieht der Gerichtshof diese grds. als gerechtfertigt, da die Vorschrift der „ausgewogenen Aufteilung der Besteuerungsbefugnis zwischen den Mitgliedsstaaten" diene. Hiernach stehe es Steuerpflichtigen sinngemäß nicht frei, sich den Besteuerungsort nach Gutdünken auszusuchen. Allerdings dürfen Korrekturnormen nicht über das zur Erreichung des Ziels Erforderliche hinausgehen, sondern müssen sich auf den nicht fremdüblichen Teil beschränken. Überdies müsse es dem Steuerpflichtigen ermöglicht werden, „wirtschaftliche Gründe" für sein fremdunübliches Verhalten darzulegen. Der EuGH postuliert damit, dass eine Verletzung des Fremdvergleichsgrundsatzes gerechtfertigt sein kann, wenn es hierfür wirtschaftliche Gründe gibt, auch wenn sie ihre Ursache in der Gesellschafterstellung haben. Eine Einkünftekorrektur nach § 1 Abs. 1 AStG wäre demnach in solchen Fällen nicht zulässig.

Die Anwendung dieses Grundsatzes auf den *Hornbach*-Fall ist nun durch das FG Rheinland-Pfalz vorzunehmen, an das die Sache zurückverwiesen wurde.

Diese EuGH-Entscheidung ist deshalb von großer Relevanz, weil sie den Anwendungsbereich des § 1 Abs. 1 AStG gravierend einschränkt. Bislang galt der unbedingte Grundsatz, dass ein nicht fremdübliches Verhalten durch entsprechende Einkünftekorrekturen seitens der Finanzbehörden sanktioniert werden kann. Dieser Grundsatz findet nun jedenfalls beim Vorliegen wirtschaftlicher, im Gesellschaftsverhältnis liegender Gründe eine Beschränkung. Ob eine solche Beschränkung auch aus anderen Gründen angenommen werden darf, bleibt abzuwarten. Jedenfalls stellt das Urteil eine deutliche Relativierung der Bedeutung der „Fremdüblichkeit" bei konzerninternen Transaktionen dar.

4.2 EuGH Urteil zur Zollwertermittlung bei nachträglichen Verrechnungspreisanpassungen vom 20.12.2017

Am 20.12.2017 wurde ein wichtiges EuGH-Urteil zur Bedeutung nachträglicher Verrechnungspreisanpassungen bei der Zollwertermittlung veröffentlicht.[441]

Dem Fall liegt folgender Sachverhalt zugrunde: Die in Deutschland ansässige *Hamamatsu Photonics Deutschland GmbH* gehört zum weltweit agierenden japanischen Konzern *Hamamatsu Photonics*. Die deutsche Gesellschaft bezieht von der japanischen Konzernmutter regelmäßig Waren, wobei auf Grundlage einer Vorabverständigungsvereinbarung (APA) mit der deutschen Finanzverwaltung konzernintern auf der Restgewinnaufteilungsmethode basierende Verrechnungspreise angewendet werden. Die beiden involvierten verbundenen Unternehmen erhalten jeweils eine Mindestrendite und der Restgewinn wird nach vereinbarten Faktoren aufgeteilt. Sofern die Umsatzrendite der deutschen Gesellschaft am Jahresende nicht innerhalb einer angemessenen Bandbreite liegt, erfolgt eine pauschale Gutschrift oder Nachbelastung. In den Jahren 2009 und 2010 lag die erzielte Umsatzrendite unterhalb der vereinbarten Bandbrei-

---

[440] FG Rheinland-Pfalz, Beschluss v. 28.6.2016, 1 K1472/13, EFG 2016, S. 1678.
[441] EuGH v. 20.12.2017, C–529/16, ECLI:EU:C:2017:984.

te, weshalb eine Gutschrift zur Anpassung der Verrechnungspreise ausgestellt wurde. Da die *Hamamatsu Photonics Deutschland GmbH* unterjährig für die eingeführten Waren den jeweils in Rechnung gestellten Preis als Zollwert angegeben hatte, beantragte die Gesellschaft eine teilweise Erstattung der unterjährig gezahlten Zölle, ohne hierbei die erhaltene Gutschrift auf einzelne Warenlieferungen zu beziehen. Der Antrag der *Hamamatsu Photonics Deutschland GmbH* auf Erstattung der überzahlten Einfuhrabgaben wurde vom Hauptzollamt (HZA) insb. deshalb abgelehnt, weil dies Art. 29 Abs. 1 des Zollkodex (ZK) widerspreche; Art. 29 Abs. 1 ZK beziehe sich auf den Transaktionswert einzelner Waren, nicht aber gemischter Sendungen.

Der Fall wurde durch das befasste FG München dem EuGH zur Vorabentscheidung vorgelegt.[442] Dies bezog sich insb. auf die Frage, ob Art. 28 ff. ZK es zuließen, einen vereinbarten Verrechnungspreis, der sich aus einem zunächst in Rechnung gestellten und angemeldeten Betrag und einer pauschalen Berichtigung nach Ablauf des Abrechnungszeitraums zusammensetzt, unter Anwendung eines Aufteilungsschlüssels als Zollwert zugrunde zu legen, und zwar unabhängig davon, ob am Ende des Abrechnungszeitraums eine Nachbelastung oder eine Gutschrift an den Beteiligten erfolgt.

Der EuGH hat in seiner Entscheidung klargestellt, dass Art. 28 bis 31 ZK zufolge das Zollrecht nicht vorsieht, dass der Zollwert auf einem vereinbarten Transaktionswert beruht, der sich zu einem Teil aus einem zunächst in Rechnung gestellten und auch angemeldeten Betrag und zum anderen Teil aus einer pauschalen Berichtigung nach Ablauf des Abrechnungszeitraums zusammensetzt, deren Richtung vorab nicht bekannt ist. Der EuGH verweist darauf, dass die primär anzuwendende Transaktionswertmethode zur Feststellung des Zollwerts eingeführter Waren nur in Betracht kommt, wenn bei einem Verkauf zur Ausfuhr in das Zollgebiet der Union der tatsächlich gezahlte oder zu zahlende Preis eindeutig bestimmbar ist, ein „variabler" Transaktionswert, dessen Höhe sich erst unter Berücksichtigung nachträglicher Verrechnungspreisanpassungen ergibt, sei nicht zulässig. Die Transaktionsmethode sei daher im vorliegenden Fall nicht anwendbar, nachrangige Methoden könnten hingegen ggf. zur Anwendung kommen.

Das FG München ist nunmehr gehalten, diese Grundsätze auf den betreffenden Fall anzuwenden. Vieles spricht dafür, dass in der Folge auch Zollerstattungen bei nachträglichen, pauschalen Verrechnungspreisminderungen zulässig sein könnten.

---

[442] FG München, Beschluss v. 15.9.2016, 14 K 1974/15, BB 2017, S. 995.

F Rechtsprechung im allgemeinen Wirtschaftsrecht aus 2018

1 Kaufrecht

Anforderungen an Art und Umfang einer Wareneingangsuntersuchung

> BGH, Urteil v. 6.12.2017, VIII ZR 246/16, NJW 2018, S. 1957;
> Vorinstanzen: OLG Schleswig, Urteil v. 29.9.2016, 11 U 6/16;
> LG Itzehoe, Urteil v. 10.12.2015, 10 O 149/14

Sachverhalt

Der VIII. Zivilsenat des BGH hatte sich in seinem obigen Urteil vom 6.12.2017 mit folgendem Sachverhalt zu beschäftigen:

Die Allgemeinen Geschäftsbedingungen des Deutschen Verbandes des Großhandels mit Ölen, Fetten und Ölrohstoffen e. V. sahen zu Art und Umfang einer gebotenen Untersuchung durch den Käufer vor, dass dieser bei Mängeln, die bei einer kaufmännischen sensorischen Prüfung nicht festzustellen seien, insb. bei Abweichungen von vereinbarten Spezifikationen, nach beendeter Entladung unverzüglich, spätestens aber binnen 2 Geschäftstagen, die Proben einem neutralen Sachverständigen zum Zwecke der Untersuchung zu übermitteln habe. Das Ergebnis der Untersuchung habe er spätestens am nächsten Geschäftstag nach Kenntnisnahme/Erhalt dem Verkäufer fernschriftlich mitzuteilen. Bei Nichteinhaltung der Frist gelte die Ware als genehmigt.

Entscheidung

Für die Untersuchungsobliegenheit nach § 377 Abs. 1 HGB ist darauf abzustellen, welche in den Rahmen eines ordnungsgemäßen Geschäftsgangs fallenden Maßnahmen einem ordentlichen Kaufmann im konkreten Einzelfall unter Berücksichtigung auch der schutzwürdigen Interessen des Verkäufers zur Erhaltung seiner Gewährleistungsrechte zugemutet werden können.

Dabei ist einerseits zu berücksichtigen, dass die Vorschriften über die Mängelrüge in erster Linie den Interessen des Verkäufers dienen, der nach Möglichkeit davor geschützt werden soll, sich längere Zeit nach der Lieferung oder nach der Abnahme der Sache etwaigen, dann nur schwer feststellbaren oder durch die Untersuchung vermeidbaren Gewährleistungsansprüchen ausgesetzt zu sehen. Andererseits dürfen die Anforderungen an eine ordnungsgemäße Untersuchung nicht überspannt werden, weil ansonsten der Verkäufer, aus dessen Einflussbereich der Mangel kommt, in die Lage versetzt werden könnte, dass aus seinen eigenen fehlerhaften Leistungen herrührende Risiko über das Erfordernis der Mängelrüge auf den Käufer abzuwälzen.

Anhaltspunkte für die Grenzen der Zumutbarkeit bilden vor allem der für eine Überprüfung erforderliche Kosten- und Zeitaufwand, die dem Käufer zur Verfügung stehenden technischen Prüfungsmöglichkeiten, das Erfordernis eigener technischer Kenntnisse für die Durchführung der Untersuchung bzw. die Notwendigkeit, die Prüfung von Dritten vornehmen zu lassen.[443]

Die von § 377 Abs. 1 HGB geforderte Untersuchung muss nicht von derartigem Umfang und solcher Intensität sein, dass sie nach Art einer „Rundum-Untersuchung" alle irgendwie in Betracht kommenden Mängel der Ware erfasst. Für die schlüssige Darstellung eines Handelsbrauchs genügt nicht die bloße Behauptung, in einem bestimmten Geschäftsbereich werde üblicherweise etwas in einer bestimmten Weise gehandhabt. Unerlässlich ist vielmehr der Vortrag konkreter Anknüpfungstatsachen, die den Schluss auf eine in räumlicher, zeitlicher und personeller Hinsicht ausreichende einheitliche, auf Konsens der beteiligten Kreise hindeutende Verkehrsübung in Bezug auf einen bestimmten Vorgang zulassen.

Art und Umfang einer gebotenen Untersuchung können durch AGB zwar in bestimmter Weise, etwa hinsichtlich der zu untersuchenden Eigenschaften und der dabei vorzugsweise anzuwendenden Methoden, konkretisiert und ggf. auch generalisiert werden, sofern dies durch die Umstände veranlasst oder durch eine in dieser Richtung verlaufende Verkehrsübung vorgezeichnet ist und die Konkretisierung oder Generalisierung eine hinreichende Rücksichtnahme auf die beiderseitigen Interessen erkennen lässt. Unangemessen benachteiligend ist es aber, wenn die Klausel ohne nähere Differenzierung nach Anlass und Zumutbarkeit stets eine vollständige Untersuchung der Ware auf ein Vorhandensein aller nicht sofort feststellbarer Mängel fordert und keinen Raum für Abweichungen lässt, in denen eine Untersuchung vernünftigerweise unangemessen ist oder dem Käufer sonst billigerweise nicht mehr zugemutet werden kann.

Mit dem Zweck der Untersuchungsobliegenheit, eine im Falle der Mangelhaftigkeit erforderliche Mängelrüge vorzubereiten, also etwaige Mängel zu erkennen und über die dabei gewonnenen Erkenntnisse eine danach gebotene Mängelrüge hinreichend konkret zu formulieren, ist es nicht zu vereinbaren, dem Käufer in AGB die Untersuchung der Ware durch einen neutralen Sachverständigen vorzuschreiben.

Rechtliche Würdigung

Grds. unterliegen AGB Klauseln, die von § 377 HGB abweichen, ebenso wie verallgemeinernde Konkretisierungen der Untersuchungsobliegenheit der AGB Inhaltskontrolle gem. § 307 ff. BGB

Die hier in Rede stehende Klausel konkretisierte die Untersuchungsobliegenheit des Käufers. Der VIII. Zivilsenat ging daher im Rahmen der Auslegung der Klausel auf die Frage nach der Inhaltskontrollfähigkeit der Klausel gem. § 307 Abs. 3 S. 1 BGB nicht ein. Stattdessen setzte er sich konzentriert mit der Frage auseinander, ob die Klausel den Käufer unangemessen i. S. v. § 307 Abs. 1 S. 1 BGB benachteiligt.

Der Urteilsbegründung lässt sich entnehmen, dass der Verkäufer diese Klausel in dem Sinne verstanden wissen wollte, dass der Käufer jede Lieferung durch einen Sachverständigen untersuchen lassen muss (Tz. 13, 34). Diese i. S. v. § 305c Abs. 2 BGB anwenderfeindlichste Auslegung legte der VIII. Zivilsenat seiner Inhaltskontrolle zugrunde. Darüber hinaus legte die Formulierung *„Das Ergebnis der Untersuchung hat er ... dem Verkäufer ... mitzuteilen."* dahingehend, dass die Untersuchung und die Übermittlung des dabei gewonnenen Untersuchungsergebnisses Wirksamkeitserfordernisse für die Mängelrüge seien.

---

[443] Bestätigung des Senats, BGH, Urteil v. 24.2.2016, VIII ZR 38/15, NJW 2016, S. 2645 = WM 2016, S. 1899, Rn. 20 ff. m. w. N.

Denn die so vom BGH verstandene Klausel benachteiligt den Käufer in mehrfacher Hinsicht unangemessen:

Verstoß gegen Leitgedanken des § 377 HGB

Der BGH sieht den Normzweck von § 377 Abs. 1 HGB einerseits (und vorrangig) darin, den Verkäufer davor zu schützen, sich längere Zeit nach der Lieferung etwaigen Gewährleistungsansprüchen ausgesetzt zu sehen. Andererseits soll dem Käufer keine unbotmäßige Untersuchung auferlegt werden, um zu verhindern, dass der Verkäufer das Risiko, das aus seinen eigenen fehlerhaften Leistungen herrührt, über das Erfordernis der Mängelrüge auf den Käufer abwälzt.

Dementsprechend dürfe es nicht Zweck der Untersuchungsobliegenheit sein, die Beschaffenheit der gelieferten Ware schon vorab und ohne konkreten Anlass gleichsam gerichtsfest zu klären (Tz. 38). Es reiche vielmehr aus, wenn der Käufer den Verkäufer darüber unterrichtet, in welchem Punkt und in welchem Umfang er die gelieferte Ware als nicht vertragsgemäß beanstandet. Hierdurch würde der Verkäufer in die Lage versetzt, den Beanstandungen nachzugehen und deren Berechtigung zu prüfen und notwendige Dispositionen – vor allem zur Schadensabwendung – zu treffen.[444] Eine hierüber hinaus und in alle Einzelheiten gehende, genaue und fachlich richtig bezeichnete Rüge könne dabei vom Käufer nicht verlangt werden.[445] Folglich könne dem Käufer nicht auferlegt werden, die Lieferung stets durch einen Sachverständigen untersuchen zulassen und die dabei gewonnenen Untersuchungsergebnisse dem Verkäufer unverzüglich mitzuteilen.

In diesem Zusammenhang weist der erkennende Senat weiter darauf hin, dass zum Erhalt der Gewährleistungsrechte nur die Erhebung der Mängelrüge, nicht hingegen die Untersuchung der Ware erforderlich ist (Tz. 40 m. w. N.). Eine ordnungsgemäße Mängelrüge setzt wiederum keine Untersuchung der Ware voraus. Insofern könne selbst eine fristgemäße, mit dem Gebot kaufmännischer Sorgfalt (§ 346 Abs. 1 HGB) freilich kaum zu vereinbarende, weil ins „Blaue hinein" erhobene Mängelrüge, rechtsbewahrend sein, sofern sie zufälligerweise das Richtige trifft.[446]

Verstoß gegen Transparenzgebot

Die hier in Rede stehende Klausel sei weiter grds. dazu geeignet, Käufer davon abzuhalten, ihre Gewährleistungsrechte geltend zu machen. Denn sie würden über ihre Rechtsstellung getäuscht. Dies sei (ohne nähere Begründung) mit dem Transparenzgebot gem. § 307 Abs. 1 S. 2 BGB nicht vereinbar.[447]

Fazit

Für die ordnungsgemäße Mängelrüge kommt es nicht auf die Untersuchung der Ware an. Die Wirksamkeit der Mängelrüge ist insb. nicht von der Beachtung von Vorgaben des Verkäufers zu Ort, Art und Umfang der Untersuchung der Ware abhängig (Tz. 40).

---

[444] BGH, Urteil v. 14.5.1996, X ZR 75/94, NJW 1996, S. 2228; OLG Hamm, Urteil v. 21.1.2010, I – 28 U 178/09, NJW-RR 2010, S. 930, S. 932.
[445] BGH, Urteil v. 18.6.1996, VIII ZR 195/85, NJW 1986, S. 3136, S. 3137.
[446] Oetker/Koch, HGB, 5. Aufl. 2017, § 377 Rn. 33; Müller, in Ebenroth/Boujong/Joost/Strohn, HGB, 3. Aufl. 2015, § 377 Rn. 56; Staub/Brüggemann, HGB, 5. Aufl. 2013, § 377 HGB, Rn. 70.
[447] BGH, Urteil v. 25.2.2016, VII ZR 156/13, NJW 2016, S. 1575 Rn. 31; LG Frankfurt am Main, Urteil v. 16.12.1986, 2/13 O 335/86, NJW-RR 1987, S. 1003; s. a. BGH, Urteil v. 19.7.2017, VIII ZR 278/16, NJW 2017, S. 2758, Rn. 31.

Solchen Klauseln, die den Ort der Untersuchung und/oder das Untersuchungsverfahren betreffen, haben in AGB regelmäßig eine grundlegende Bedeutung:

- Ersten markieren Sie den Beginn und die Dauer der Gesamtrügefrist, die sich aus der Frist für die Untersuchung und für die daran anschließende (Abfassung der) Mängelanzeige zusammensetzt.

- Zweitens dienen sie der Festlegung, ob es sich um einen „offenen" oder „verdeckten" Mangel handelt, die bedeutsam für die Rechtzeitigkeit der Mängelrüge ist.

- Drittens bestimmt sich nach Inhalt und Umfang der Untersuchungsobliegenheit, inwieweit der Käufer befugt ist, die Ware zum Zwecke der Prüfung zu gebrauchen oder zu verbrauchen und in ein etwa noch bestehendes Eigentum des Verkäufers einzugreifen.

Entsprechende Sorgfalt ist bei der Formulierung von AGB-Klauseln geboten, die den Ort der Untersuchung und/oder das Untersuchungsverfahren betreffen. Jedenfalls dürfte künftig die Aufnahme eines klarstellenden Hinweises, dass die Wirksamkeit der Mängelrüge nicht von der Beachtung der Vorgaben für die Untersuchung abhängig ist, geboten sein.

2 Mietrecht

2.1 Vermieterpfandrecht bei Insolvenz des Mieters

> BGH, Urteil v. 6.12.2017, XII ZR 95/16, NJW 2018, S. 1083;
> Vorinstanzen: OLG Düsseldorf, Urteil v. 9.8.2016, I – 24 U 1/16;
> LG Duisburg, Urteil v. 18.12.2015, 10 O 11/15

Sachverhalt:

Nach § 562 Abs. 1 S. 1 BGB hat der Vermieter für seine Forderungen aus dem Mietverhältnis ein Pfandrecht an den eingebrachten Sachen des Mieters. Hierzu zählen nach allgemeiner Ansicht auch die regelmäßig auf dem Mietgrundstück abgestellten Kfz. Voraussetzung ist lediglich, dass das Abstellen der Fahrzeuge der bestimmungsgemäßen Nutzung der Mietsache entspricht. Wenn ein gewerblicher Mieter seine Fahrzeuge auf dem gemieteten Betriebsgrundstück abstellt. Nach § 562a S. 1 BGB erlischt das Pfandrecht des Vermieters mit der Entfernung der Sachen von dem Grundstück. Üblicherweise wird ein Fahrzeug tagsüber genutzt und während der Nachtzeit auf dem Grundstück geparkt. Dies führt zu der Frage, ob das Pfandrecht an einem Fahrzeug fortbesteht, wenn es vorübergehend aus dem Grundstück entfernt wird. Der BGH hatte diese Frage im Zusammenhang mit der Insolvenz des Mieters zu entscheiden.

Ein bestehendes Vermieterpfandrecht in der Insolvenz des Mieters berechtigt den Vermieter zur abgesonderten Befriedigung aus den Pfandgegenständen (§ 50 Abs. 1 InsO). Der Insolvenzverwalter darf diese Gegenstände verwerten (§ 166 Abs. 1 InsO) und hat den Vermieter aus dem Erlös abzüglich Feststellungs- und Verwertungskosten zu befriedigen (§ 170 Abs. 1 InsO). Dies gilt auch hinsichtlich der Forderungen aus der Zeit vor der Insolvenzverfahrenseröffnung. Erlischt das Pfandrecht dagegen mit der Entfernung der Fahrzeuge vom Grundstück so entsteht es neu, wenn diese nach Insolvenzeröffnung wieder auf das Grundstück gebracht werden.

Fraglich war nun, ob das neu entstandene Pfandrecht nur zur Sicherung von Masseschulden des Mieters aus dem nach der Insolvenzeröffnung fortbestehenden (§§ 108, 109 InsO) Mietverhältnis dienen könne und dann nicht mehr die Forderungen aus der Zeit vor der Insolvenzeröffnung absichern kann.

Entscheidung

Der XII. Zivilsenat des BGH hat in seinem Urteil entschieden:

4. Das Vermieterpfandrecht umfasst auch Fahrzeuge des Mieters, die auf dem gemieteten Grundstück regelmäßig abgestellt werden.

5. Das Pfandrecht erlischt, wenn das Fahrzeug für die Durchführung einer Fahrt von dem Mietgrundstück – auch nur vorübergehend – entfernt wird. Es entsteht neu, wenn das Fahrzeug später wieder auf dem Grundstück abgestellt wird.

Rechtliche Würdigung

Die oben geschilderte Fragestellung war in der Praxis stark umstritten:

- Teilweise wurde vertreten, eine von vornherein lediglich vorübergehend geplante Wegschaffung der Sachen reiche für das Erlöschen des Vermieterpfandrechts nicht aus. Danach erlösche das Pfandrecht erst, wenn die eingebrachten Gegenstände vollständig aus dem Zugriffsbereich des Vermieters entfernt werden.[448]

- Nach anderer Ansicht führe jede auch nur vorübergehende Entfernung der Sachen zum Erlöschen des Vermieterpfandrechts. Dieses entsteht jedes Mal neu, wenn das Fahrzeug erneut auf dem Grundstück abgestellt wird.[449]

Der BGH schließt sich nun der letztgenannten Ansicht an und begründet dies im Wesentlichen mit dem Wortlaut des § 562a BGB:

- Der Gesetzestext spreche ohne Einschränkung von einer „Entfernung", insb. ohne auf ein Zeitmoment abzustellen.

- Der historische Gesetzgeber habe sich bewusst für die gewählte Gesetzesfassung entschieden. Er sei nämlich davon ausgegangen, dass auch die nur vorübergehende Entfernung von Sachen zum (vorübergehenden) Erlöschen des Vermieterpfandrechts führt. An diesem Verständnis habe sich nichts geändert.

- Aus einem systematischen Vergleich mit rechtsähnlichen Vorschriften ergebe sich nichts Anderes. Zwar sei in § 856 Abs. 2 BGB geregelt, dass Besitz durch eine *„vorübergehende Verhinderung in der Ausübung der Gewalt"* nicht beendigt werde. Dies sei auf das Vermieterpfandrecht aber nicht zu übertragen, weil es sich dabei um ein besitzloses Recht handele. Ebenso sei die Regelung des § 1122 Abs. 1 BGB, wonach der Hypothekenverband erhalten bleibt, wenn Bestandteile des Grundstücks lediglich *„zu einem vorübergehenden Zwecke"* entfernt werden, nicht auf das Vermieterpfandrecht zu übertragen, weil die genannte Vorschrift nur die Entfernung im Zusammenhang mit der Veräußerung des Grundstücks regelt.

- Ein solcher Zusammenhang bestehe bei § 562a BGB nicht. Schließlich spreche auch der Gesichtspunkt der Rechtssicherheit für das Festhalten am Wortlaut der Regelung, weil konkrete Kriterien für die Abgrenzung der vorübergehenden und der dauerhaften Entfernung fehlen.

Fazit

Das Erlöschen des Vermieterpfandrechts in Folge der vorübergehenden Entfernung eines Fahrzeugs vom Grundstück zum Zwecke der Belieferung von Kunden etc. kann durch vertragliche Regelungen nicht verhindert werden. Der Vermieter von Gewerberaum hat aber die Möglichkeit entsprechende Sicherheit über die Kautionshöhe risikogerecht zu erlangen. Ebenso könnte er sich die Fahrzeuge zur Sicherheit übereignen lassen.

---

[448] So OLG Frankfurt am Main, Urteil v. 25.8.2006, 2 U 247/05, ZMR 2006, S. 609 = BeckRS 2006, 06298; NJW-RR 2007, S. 230 [231] = NZM 2007, S. 103; LG Neuruppin, NZM 2000, S. 962 [963]; *Lammel,* in Schmidt-Futterer, MietR, § 562a BGB, Rn. 8 ff.; *von der Osten* in Bub/Treier, HdB d. Geschäfts- und Wohnraummiete, Kap. III A Rn. 2230 ff.; *Riecke,* in Klein-Blenkers/Heinemann/Ring, Miete/WEG Nachbarschaft, § 562a BGB, Rn. 4; *Sternel,* MietR aktuell, Kap. III Rn. 226; *Wolf/Eckert/Ball,* HdB d. gewerblichen Miet-, Pacht- und LeasingR, Rn. 767; *Moeser,* in Lindner-Figura/Oprée/Stellmann/Moeser, Geschäftsraummiete, Kap. 12, Rn. 303.

[449] OLG Karlsruhe, Urteil v. 3.2.1971, 1 U 159/70, NJW 1971, S. 624 [625]; OLG Hamm, Urteil v. 11.12.1980, MDR 1981, S. 407; *Geldmacher,* in Ghassemi-Tabar/Guhling/Weitemeyer, Gewerberaummiete, § 562a BGB, Rn. 13 ff.; *Staudinger/Emmerich,* BGB, § 562a BGB, Rn. 5; MüKoBGB/*Artz,* § 562a BGB, Rn. 5; *Blank,* in Blank/Börstinghaus, § 562a BGB, Rn. 4; *Dickersbach,* in Lützenkirchen, MietR, § 562a BGB Rn. 9; *Palandt/Weidenkaff,* BGB, § 562a BGB Rn. 4; *Kellendorfer,* in Spielbauer/Schneider/Kellendorfer, MietR, § 562a BGB, Rn. 6; *Herrlein,* in Herrlein/Kandelhard, MietR, § 562a BGB Rn. 4; *Gramlich,* MietR, § 562a BGB; *Schach,* in Kinne/Schach/Bieber, Miet- und MietprozessR, § 562a BGB Rn. 2.

Der XII. Zivilsenat hatte die Rechtsfrage für die Gewerberaummiete zu entscheiden. Von dem für die Wohnraummiete zuständigen VIII. Zivilsenat liegen zu diesem Rechtsproblem keine Entscheidungen vor. Da aber keine speziellen Gesichtspunkte des (Wohnraum-)Mieterschutzes für die Entscheidung des Rechtsproblems ersichtlich eine Rolle spielen, ist davon auszugehen, dass die Grundsätze dieser Entscheidung übertragbar sind.

2.2 Verlängerung der Verjährungsfrist für Ansprüche des Vermieters wegen Beschädigung der Mietsache

> BGH, Urteil v. 8.11.2017, VIII ZR 13/17, NZM 2017, S. 84;
> Vorinstanzen: LG Berlin, Urteil v. 26.10.2016, 65 S 305/16;
> AG Berlin-Neukölln, Urteil v. 15.6.2016, 9 C 244/15

Nach der gesetzlichen Regelung in § 548 Abs. 1 BGB verjähren die Ersatzansprüche des Vermieters wegen Veränderungen oder Verschlechterungen der Mietsache in sechs Monaten, wobei die Verjährung mit dem Zeitpunkt beginnt, in dem er die Mietsache zurückerhält.

Leitsatz

Der vom VIII. Zivilsenats des BGH formulierte Leitsatz lautet:

Die in einem von dem Vermieter verwendeten Formularmietvertrag enthaltene Bestimmung *„Ersatzansprüche des Vermieters wegen Veränderungen oder Verschlechterungen der Mietsache und Ansprüche des Mieters auf Ersatz von Aufwendungen oder Gestattung der Wegnahme einer Einrichtung verjähren in zwölf Monaten nach Beendigung des Mietverhältnisses."* ist mit wesentlichen Grundgedanken des § 548 Abs. 1 S. 1, Abs. 2 BGB unvereinbar und benachteiligt den Mieter deshalb entgegen den Geboten von Treu und Glauben unangemessen; sie ist daher nach § 307 Abs. 1 S. 1, Abs. 2 Nr. 1 BGB unwirksam.

Von der Regelung des § 548 Abs. 1 BGB weicht die im Leitsatz wiedergegebene Formularklausel in zweifacher Hinsicht ab:

- Zum einen wird die gesetzliche Verjährungsfrist von sechs Monaten auf zwölf Monate verlängert.

- Zum anderen beginnt die Verjährungsfrist nicht mit der Rückgabe, sondern mit dem rechtlichen Ende des Mietverhältnisses.

Rechtliche Würdigung

Der BGH hat bei seiner Entscheidung folgenden Meinungsstand berücksichtigt:

- In der instanzgerichtlichen Rspr. und Literatur wurde vertreten, dass eine formularmäßige Verlängerung der Verjährungsfrist von sechs auf zwölf Monate unbedenklich sei, wenn diese Verlängerung sowohl für Schadensersatzansprüche des Vermieters wegen Veränderungen und Verschlechterungen der Mietsache als auch für Ansprüche des Mieters auf Verwendungsersatz und Wegnahme von Einrichtungen gleichermaßen gilt.[450]

---

[450] LG Frankfurt am Main, Beschluss v. 24.2.2011, 2/11 S 309/10, NZM 2011, S. 546; *Streyl,* in Schmidt-Futterer, MietR, § 548 BGB, Rn. 62; MüKoBGB/*Bieber*, § 548 BGB, Rn. 26; *Hau,* NZM 2006, S. 561 [567]; *Kandelhard*, NZM 2002, S. 929 [931]; *Fritz,* NZM 2002, S. 713 [719].

- Nach anderer Ansicht sei eine vertragliche Verlängerung der Verjährungsfrist grds. unwirksam.[451]

Der BGH folgte nun der letztgenannten Meinung und begründete dies damit, dass die Klausel gegen §§ 307 Abs. 1, 307 Abs. 2 Nr. 1 BGB verstößt. Danach sei eine Formularklausel unwirksam, wenn sie den Vertragspartner des Verwenders entgegen den Geboten von Treu und Glauben unangemessen benachteiligt. Dies sei im Zweifel anzunehmen, wenn eine Bestimmung mit wesentlichen Grundgedanken der gesetzlichen Regelung, von der abgewichen wird, nicht zu vereinbaren ist. Hierbei komme es maßgeblich darauf an, ob die betreffende gesetzliche Regelung auf Gerechtigkeitserwägungen beruht oder reinen Zweckmäßigkeitserwägungen folgt.

Nach Auffassung des BGH sollen die gesetzlichen Verjährungsregeln sicherstellen, dass die jeweiligen Anspruchsberechtigten ihre Ansprüche innerhalb einer angemessenen Frist geltend machen. Sie dienen mithin der Herstellung des Rechtsfriedens und der Rechtssicherheit und weisen so einen „hohen Gerechtigkeitsgehalt" auf. Deshalb setze eine von § 548 BGB abweichende Vertragsregelung konkrete Sachgründe voraus.

Fazit

Der VIII. Zivilsenat sieht einen Verstoß gegen § 307 BGB und damit in einer Regelung, die nicht nur mit dem speziellen Schutz von Wohnraummietern befasst ist, sondern mit den Grundsätzen, die allgemein für Formularklauseln gelten, die von einer gesetzlichen Regelung abweichen. Für die Gewerbemiete dürfte deshalb nichts anderes als für die Wohnraumiete gelten.

Eine Verlängerung der Verjährungsfrist ist in beiden Fällen nicht schlechthin ausgeschlossen. Nach der Ansicht des BGH setzt eine solche Vereinbarung voraus, dass sie sachlich gerechtfertigt ist und maßvoll erfolgt, wobei es für die Ausgewogenheit einer Klausel spricht, wenn die Begünstigung des Verwenders durch Vorteile für dessen Vertragspartner kompensiert wird.

- Bei der Gewerbemiete sind Sachgründe durchaus vorstellbar, die eine Verlängerung der Verjährungsfrist zulässig werden lassen könnten. So kann es bei der Vermietung von Gewerberäumen sinnvoll sein, wenn die Parteien vereinbaren, dass der Zustand des Mietobjekts durch einen Sachverständigen festgestellt wird und dass in diesem Fall eine verlängerte Verjährungsfrist gelten soll. Aus der Natur der Sache folgt, dass solche Vereinbarungen individualvertraglich erfolgen müssen.

- Bei der Wohnraummiete dürften i. d. R. keine Sachgründe für eine von § 548 BGB abweichende Regelung sprechen. Von einer Vertragsregelung, wonach (auch) die Verjährung der Ansprüche des Vermieters mit der rechtlichen Beendigung des Mietverhältnisses beginnt, ist abzuraten. Das gilt insb. in den Fällen der Nichterfüllung der Rückgabepflicht durch den Mieter, weil hier die Verjährung der Ersatzansprüche möglich ist, bevor der Vermieter den Zustand der Mietsache feststellen kann.

---

[451] *Blank/Börstinghaus*, Miete, § 548 BGB, Rn. 86; Staudinger/*Emmerich*, § 548 BGB, Rn. 46; *Köhn*, NZM 2007, S. 348 [353]; *Gruber*, WuM 2002, S. 252 [255].

2.3 Unwirksamkeit von Schriftformheilungsklauseln in Mietverträgen

> BGH, Urteil v. 27.9.2017, XII ZR 114/16, NJW 2017, S. 3722;
> Vorinstanzen: OLG Karlsruhe, Urteil v. 26.10.2016, 6 U 97/15;
> LG Mannheim, Urteil v. 18.5.2015, 5 O 209/14

Sachverhalt

Im Mittelpunkt dieser Entscheidung steht die Frage der Wirksamkeit sog. Schriftformheilungsklauseln, in denen die Mietvertragsparteien sich verpflichten, alle Handlungen vorzunehmen und Erklärungen abzugeben, um dem gesetzlichen Schriftformerfordernis gem. § 550 BGB Genüge zu tun.

Vorliegend waren Gewerberäume für mehrere Jahre vermietet worden, wobei die Nachträge zum Ausgangsmietvertrag Schriftformheilungsklauseln enthielten. Später erwarb die Klägerin das betreffende Grundstück, vereinbarte mit dem beklagten Mieter ohne Bezugnahme auf den Ausgangsvertrag und die Nachträge eine Mietänderung und erklärte sodann vorzeitig die ordentliche Kündigung des Mietvertrags.

Voraussetzung für die (umstrittene) Wirksamkeit der Kündigung ist, dass der (geänderte) Mietvertrag nicht formgerecht abgeschlossen wurde und der Wirksamkeit der Kündigung weder die Schriftformheilungsklauseln noch die Tatsache entgegensteht, dass die Mietänderung für die Kläger günstig war.

Entscheidung

Der XII. Senat hat entschieden:

1. Sog. Schriftformheilungsklauseln sind mit der nicht abdingbaren Vorschrift des § 550 BGB unvereinbar und daher unwirksam. Sie können deshalb für sich genommen eine Vertragspartei nicht daran hindern, einen Mietvertrag unter Berufung auf einen Schriftformmangel ordentlich zu kündigen.[452]

2. Es verstößt gegen Treu und Glauben, wenn eine Mietvertragspartei eine nachträglich getroffene Abrede, die lediglich ihr vorteilhaft ist, allein deshalb, weil sie nicht die schriftliche Form wahrt, zum Anlass nimmt, sich von einem ihr inzwischen lästig gewordenen langfristigen Mietvertrag zu lösen.[453]

Rechtliche Würdigung

Der Vertrag über die Änderung der Miete zwischen der Klägerin, die gem. § 566 BGB in den Mietvertrag eingetreten war und dem Mieter genügt nicht dem Schriftformerfordernis des § 550 BGB. Denn die Vertragsparteien nahmen bei Vereinbarung der Mietänderung nicht Bezug auf den Ursprungsvertrag samt Nachträgen zu diesem Mietvertrag, sodass es insofern an der Einheitlichkeit der Urkunde fehlt.[454] Folge einer solchen formunwirksam vereinbarten Änderung des Mietvertrags ist i. d. R., dass der Vertrag für unbestimmte Zeit gelte (§ 550 S. 1 BGB), sodass die Klägerin den Mietvertrag ordentlich kündigen können.

---

[452] Fortführung des Senatsurteils des BGH, Urteil v. 22.1.2014, XII ZR 68/10, BGHZ 200, S. 98 = NJW 2014, S. 1087 = NZM 2014, S. 239; BGH, Urteil v. 30.4.2014, XII ZR 146/12, NJW 2014, S. 2102 = NZM 2014, S. 471.
[453] Im Anschluss an Senatsurteil des BGH, Urteil v. 25.11.2015, XII ZR 114/14, NJW 2016, S. 311 = NZM 2016, S. 98; BGH, Urteil v. 9.9.2007, XII ZR 198/05, NJW 2008, S. 365 = NZM 2008, S. 84.
[454] Vgl. MüKoBGB/*Einsele*, 7. Aufl. 2015, § 126 BGB, Rn. 8 f.

Allerdings stellt sich die Frage, welche rechtliche Bedeutung den in Nachträgen zum Ausgangsmietvertrag vereinbarten Schriftformheilungsklauseln zukommt. Hält man diese Klauseln für wirksam, wäre im Grundsatz auch ein Grundstückserwerber gem. § 566 BGB hieran gebunden, seine Kündigung des Mietvertrags könnte daher treuwidrig sein.[455] Diese Rechtsfolge würde indes dem (vorrangigen) Formzweck des § 550 S. 1 BGB zuwiderlaufen. Denn das Schriftformerfordernis des § 550 BGB soll in erster Linie dem Erwerber, der gem. § 566 BGB in den Mietvertrag eintritt, die Möglichkeit verschaffen, sich über den Umfang und Inhalt der auf ihn übergehenden (langfristigen) Verpflichtungen zu informieren.[456]

Demgemäß hielt der BGH bereits in früheren Entscheidungen die Kündigung eines formunwirksamen, langfristigen Mietvertrags durch den Grundstückserwerber nicht etwa deshalb für treuwidrig, weil der Erwerber aufgrund einer zwischen dem Veräußerer und dem Mieter vereinbarten Schriftformheilungsklausel zur Nachholung der Schriftform verpflichtet wäre.[457] Damit war vorliegend eigentlich geklärt, dass die Kündigung des Mietvertrags durch die Klägerin jedenfalls nicht aufgrund der Schriftformheilungsklauseln treuwidrig sein konnte.

Der BGH begnügt sich jedoch nicht mit dieser Feststellung, sondern erörtert generell die Frage, ob Schriftformheilungsklauseln wirksam vereinbart werden können. So sollen Schriftformheilungsklauseln generell – also nicht nur im Verhältnis zum Grundstückserwerber, sondern auch zwischen den Parteien, die diese Klauseln vereinbaren – fortan unwirksam sein. Dies hat der BGH damit begründet, dass es dem Schutzzweck des Schriftformerfordernisses gem. § 550 BGB zuwiderlaufe, den er vorranging in der Information des Grundstückserwerbers über den Umfang und Inhalt der auf ihn übergehenden Verpflichtungen in der Beweisbarkeit langfristiger Abreden auch zwischen den ursprünglichen Vertragsparteien sieht. Weiter läge darin auch ein Schutz vor der unbedachten Eingehung langfristiger Bindungen.[458]

Wenn das Schriftformerfordernis des § 550 BGB gerade auch die ursprünglichen Vertragsparteien vor Übereilung schütze, müssen Schriftformheilungsklauseln konsequenterweise auch zwischen diesen als unwirksam gelten. Die Pflichten, die sich aus der Schriftformheilungsklausel ergeben, dürfen also auch nicht als wirksamer Vorvertrag zum Abschluss der bisher formunwirksam vereinbarten Änderung des Mietvertrags gedeutet werden. Denn bei Formvorschriften, die dem Schutz vor Übereilung dienen, muss zur Wahrung dieses Formzwecks auch ein Vorvertrag unter Beachtung der Formerfordernisse des Hauptvertrags abgeschlossen werden.

Fazit

Gleichwohl ist die Rechtsfolge des § 550 S. 1 BGB bei Nichtbeachtung der Schriftform ist m. E. schwerlich vereinbar mit der Annahme, das Schriftformerfordernis diene dem Schutz vor Übereilung.[459]

Die Geltung des Mietvertrags für unbestimmte Zeit entspricht typischerweise nicht dem Willen der Vertragsparteien, die im Zeitpunkt des Vertragsschlusses im Zweifel beide nur einen langfristigen Mietvertrag eingehen wollten. Demgemäß ist die regelmäßige Rechtsfolge der Nichtbeachtung von Formerfordernissen (mit Warnfunktion) die Nichtigkeit des betreffenden Rechtsgeschäfts (§ 125 S. 1 BGB) und nicht dessen Aufrechterhaltung mit anderem Inhalt.

---

[455] BGH, LM Nr. 11 § 566 BGB.
[456] BGH, Urteil v. 7.5.2008, XII ZR 69/06, BGHZ 176, S. 301 = NJW 2008, S. 2178 = NZM 2008, S. 482.
[457] BGH, Urteil v. 22.1.2014, XII ZR 68/10, BGHZ 200, S. 98 = NJW 2014, S. 1087 = NZM 2014, S. 239, Rn. 27.
[458] Tz. 35; bei Bezeichnung des Erwerberschutzes als vorrangiger Formzweck auch bereits BGH, Urteil v. 17.6.2015, XII ZR 98/13, NJW 2015, S. 2648 = NZM 2015, S. 662, Rn. 33; BGH, Urteil v. 7.5.2008, XII ZR 69/06, BGHZ 176, S. 301 = NJW 2008, S. 2178 = NZM 2008, S. 482, Rn. 17.
[459] So auch *Bieber*, MüKoBGB, 7. Aufl. 2016, § 550 BGB, Rn. 2.

§ 550 BGB lässt sich daher nur sinnvoll erklären, wenn man den Zweck des Schriftformerfordernisses allein im Schutz des Grundstückserwerbers sieht. Dass trotz dieses Schutzzwecks auch die ursprünglichen Mietvertragsparteien den formunwirksamen, auf unbestimmte Zeit geltenden Mietvertrag regelmäßig ordentlich kündigen können verhindert eine Benachteiligung des Mieters gegenüber dem Grundstückserwerber und dient damit der „Waffengleichheit" der Mietvertragsparteien.

Im Ergebnis zutreffend hält aber der BGH die (ordentliche) Kündigung durch den Grundstückserwerber für treuwidrig. Hierfür sollte allein maßgeblich sein, ob dem jeweiligen Formzweck Genüge getan wurde.[460]

Ausgehend von dieser Entscheidung sind Schriftformheilungsklauseln in Mietverträgen insgesamt unwirksam und damit sinnlos. Insb. können danach auch die ursprünglichen Vertragsparteien keine (Schadensersatz-)Ansprüche mit der Begründung geltend machen, die jeweils andere Vertragspartei habe ihre Pflichten zur Abgabe der zur Einhaltung der Schriftform erforderlichen Erklärungen verletzt.

2.4 Umlage der Betriebs- und Heizkosten nach tatsächlicher Fläche

> **BGH, Urteil v. 30.5.2018; VIII ZR 220/17, MDR 2018, S. 984;**
> **Vorinstanzen: LG Köln, Urteil v. 21.9.2017, 1 S 185/16;**
> **AG Köln, Urteil v. 5.8.2016, 210 C 84/16**

Entscheidung

Der VIII. Zivilsenat hat entschieden:

Sofern und soweit Betriebskosten nach gesetzlichen Vorgaben (vgl. etwa § 556a Abs. 1 BGB, § 7 Abs. 1 HeizkostenV) ganz oder teilweise nach Wohnflächenanteilen umgelegt werden, ist für die Abrechnung im Allgemeinen der jeweilige Anteil der Wirtschaftseinheit tatsächlich vorhandenen Gesamtwohnfläche maßgebend (insoweit Aufgabe von BGH, Urteil vom 31.10.2007, VIII ZR 261/06, NJW 2008, S. 142).

Sachverhalt

Bei der Betriebskostenabrechnung geht es regelmäßig um Verteilungsprobleme, da die Gesamtbetriebs- und -nebenkosten auf die verschiedenen Mieter umgelegt werden müssen.

Nach der Mietrechtsreform von 2001 regelt § 556a Abs. 1 BGB den Flächenmaßstab als Auffangtatbestand, wenn die Parteien keinen anderen Umlagemaßstab vereinbart haben. Damit ist zwar der Maßstab bestimmt, aber nicht der Wert an sich.

In Mietverträgen sind regelmäßig Flächenangaben zu finden und maßgeblich für Betriebskostenabrechnungen. Den Flächenangaben dürften i. d. R. Schätzungen unterliegen.

Für das Gewährleistungsrecht hat der BGH bekanntlich seine 10%-Rspr. entwickelt, wonach erst bei einer Flächenabweichung von mehr als 10 % ein Mangel vorliegt. Diesen Wert hatte der BGH dann in der Folgezeit auch auf das Mieterhöhungsverfahren und die Betriebskostenabrechnung übertragen. Auch dort sollten die – falschen – vereinbarten Flächen maßgeblich sein, wenn die Abweichung max. 10 % betrug.

---

[460] So auch *Einsele*, MüKoBGB, 7. Aufl. 2015, § 125 Rn. 6–67.

Während es bei der Gewährleistung um eine Bewertung geht, nämlich wann eine Gebrauchsbeeinträchtigung vorliegt, was bei kleineren Abweichungen noch nicht der Fall ist, geht es bei Mieterhöhungen und Betriebskostenabrechnung um Berechnungen.

Nach entsprechender Kritik an der 10%-Rspr. hat der BGH im November 2015 seine Rspr. zunächst zur Mieterhöhung abgeändert, sodass dort nur noch die tatsächlichen Flächen maßgeblich. Der BGH ändert folgerichtig nun auch seine Rspr. zu den Betriebskosten.

Im vorliegenden Fall ging es um einen Mietvertrag über eine tatsächlich 78,22 m² große Wohnung, die im Mietvertrag mit 74,59 m² beschrieben war. Der Vermieter hatte die Heizkostenabrechnung nach der tatsächlichen Größe erstellt, der Mieter war der Auffassung, dass er 42,46 € für 2 Jahre weniger zahlen musste, wenn entsprechend der älteren BGH-Rspr. die vereinbarte Fläche in Ansatz gebracht würde. Der Senat hat dem Vermieter Recht gegeben und festgestellt, dass Betriebskosten nach einem objektiven Abrechnungsmaßstab umgelegt werden müssen, der eine in der gebotenen Gesamtschau angemessene und nach allen Seiten hin interessengerechte Verteilung vornehme und gleichermaßen für alle zur Wirtschaftseinheit zählenden Nutzer gelte.

Rechtliche Würdigung

Die Entscheidung ist im Ergebnis richtig, hilft aber in der Praxis kaum weiter. So bleibt weiterhin offen, wie die vermeintlich richtige tatsächliche Fläche denn ermittelt wurde. Es gibt im preisfreien Wohnungsbau grds. keine und für das Betriebskostenrecht erst recht zwingenden Berechnungsvorschriften. Der BGH hat deshalb eine Drei-Stufentheorie entwickelt[461]:

1. Maßgeblich sind zunächst ausdrückliche oder konkludente Vereinbarungen der Vertragsparteien über das anzuwendende Regelwerk.

2. Wenn hierzu keine Feststellungen getroffen werden können, ist eine eventuelle Ortssitte maßgeblich,

3. und erst wenn auch diese nicht ermittelt werden kann, ist auch im preisfreien Wohnungsbau die Fläche *nach den zum Zeitpunkt des Vertragsschlusses* geltenden Vorschriften für den preisgebundenen Wohnungsbau zu ermitteln.

Hiernach läge zwar keine subjektive Flächenvereinbarung vor, aber evtl. eine subjektive Vereinbarung der Berechnungsvorschrift. Zudem kommt man nach der oben dargestellten Stufentheorie teilweise zu unterschiedlichen Berechnungsregeln für einzelne Wohnungen, denn mal wurde der Balkon mit 50 % mal mit 25 % angerechnet, mal wurde ein Putzabzug von 2 % gemacht und mal auch nicht.

Fazit

Die Entscheidung ist ein erster Schritt in die richtige Richtung. Geltende Flächenvereinbarungen im Mietvertrag dürften generell angreifbar sein. Gleichwohl stellt sich immanent die Frage, nach Konsequenzen, die u. U. aus Sicht des Mieters unterblieben könnten, wenn sich nämlich der Flächenmaßstabsfehler in allen Wohnungen wiederholt.

---

[461] BGH, Urteil v. 22.4.2009, VIII ZR 86/08, NJW 2009, S. 2295 = NZM 2009, S. 477 = MietPrax-AK § 536 BGB Nr. 23, mit Anm. *Eisenschmid*; dazu *Wassermann*, jurisPR-BGHZivilR 12/2009, Anm. 3; *Lammel*, jurisPRMietR 14/2009, Anm. 1; *Lehmann-Richter*, MietRB 2009, S. 221.

3 Urheberrecht

Auskunft bei Filesharing – Benutzerkennung

> BGH, Urteil v. 13.7.2017, I ZR 193/16, NJW 2018, S. 781;
> Vorinstanzen: LG Frankenthal (Pfalz), Endurteil v. 23.8.2916, 6 S 149/15;
> AG Frankenthal, Endurteil v. 23.11.2015, 3b C 323/15

Leitsatz

Der Leitsatz der Entscheidung des I. Zivilsenats lautet:

Fallen Netzbetreiber und Endkundenanbieter auseinander, so betrifft allein die vom Netzbetreiber erteilte Auskunft über die Zuordnung der dynamischen IP-Adresse zu einer für den Endkundenanbieter vergebenen Benutzerkennung und nicht die Auskunft des Endkundenanbieters über Namen und Anschrift des Inhabers des der Benutzerkennung zugeordneten Anschlusses die Verwendung von Verkehrsdaten i. S. d. § 101 Abs. 9 UrhG.

Sachverhalt

Jedes Gerät, das mit dem Internet verbunden ist, besitzt eine dynamische oder statische IP-Adresse. Statische IP-Adressen sind fest bestimmt und ändern sich nicht. Dynamischen IP-Adressen sind demgegenüber nicht gleich, sondern können sich stetig ändern, bspw. wenn sich der Router eines Internetbenutzers mit dem Internet neu verbindet. Spätestens bei der nächsten Einwahl ins Internet erhält der Router wieder eine neue IP-Adresse.

Mit einer Ermittlungssoftware lässt sich grds. aber nur die sog. IP-Adresse des Computers ermitteln, von dem aus das betreffende Werk (Film, Musik oder Programm) des Verletzten zum Tausch angeboten wurde.

Bei Urheberrechtsverletzungen im Internet, insb. Rechtsverletzungen im Zusammenhang mit Tauschbörsen, stellte sich für den Verletzten also i. d. R. das Problem, dass er den Namen und die Anschrift desjenigen, der sich hinter der IP-Adresse verbirgt. in Erfahrung bringen musste, um gegen diesen vorgehen zu können.

Zu diesem Zweck geht der Verletzte aktuell zunächst gegen den Netzbetreiber vor, der den Verletzer anhand der ermittelten IP-Adresse identifizieren kann. Der in Anspruch genommene Netzbetreiber steht aber dann in keinem vertragsrechtlichen Verhältnis zum Verletzer und kennt diesen auch nicht, wenn zwischen Netzbetreiber und Internetbenutzer ein sog. Reseller fungiert. Dann kann der Netzbetreiber nur angeben, dass die betreffende IP-Adresse zu einem bestimmten Zeitpunkt dem Reseller zugewiesen war und dass eine bestimmte Nutzerkennung verwendet wurde. In solchen Fällen weiß nur der Reseller, welcher Person die betreffende Benutzerkennung zugeordnet war.

Damit stellt sich die Frage, ob das Gestattungsverfahren mit Blick auf die sich nach Auskunftserteilung des Netzbetreibers herausstellende Beteiligung eines Resellers nunmehr gegenüber diesem Reseller zu wiederholen ist oder ob der Reseller sonst wie im ersten Verfahren zu beteiligen ist.

Der Gesetzgeber hat mit § 101 Abs. 2 Nr. 3 UrhG einen Auskunftsanspruch des Verletzten gegen den Provider geschaffen, mit dem der Verletzte den Namen und die Anschrift des Verletzers in Erfahrung bringen kann. Hierfür muss er zunächst das Verfahren nach § 101 Abs. 9

UrhG durchlaufen und einen richterlichen Beschluss erwirken, in dem die Zulässigkeit der Auskunftserteilung über die gewünschten Verkehrsdaten i. S. d. § 3 Nr. 30 TKG festgestellt wird.

Die genannte Vorschrift enthält die einfachgesetzliche Eingriffsermächtigung für den Eingriff in die über Art. 10 Abs. 1 GG geschützte Vertraulichkeit der näheren Umstände eines Kommunikationsvorgangs wie etwa die Uhrzeit sowie die Länge des Vorgangs.

Beide Vorinstanzen des vorliegenden Verfahrens hielten eine Beteiligung des Resellers für notwendig und vertraten die Auffassung, dass eine vom Reseller erteilte Auskunft, die ohne ein gegen ihn gerichtetes Gestattungsverfahren gegeben wurde, dazu führt, dass hinsichtlich der preisgegebenen Informationen über den Internetbenutzer ein Beweisverwertungsverbot eingreift.

Rechtliche Würdigung

Nach § 3 Nr. 30 TKG liegen Verkehrsdaten vor, wenn die Daten bei der Erbringung eines Telekommunikationsdienstes erhoben, verarbeitet oder genutzt werden. Der BGH vertritt die Auffassung, dass allein die Auskunft des Netzbetreibers über die Zuordnung der dynamischen IP-Adresse zu einer für den Reseller vergebenen Benutzerkennung eine Verwendung von Verkehrsdaten i. S. v. § 3 Nr. 30 TKG darstellt. Demgegenüber handele es sich bei dem Namen und der Anschrift des Internetnutzers lediglich um Bestandsdaten i. S. d. § 3 Nr. 3 TKG handeln, die für die Begründung, inhaltliche Ausgestaltung, Änderung oder Beendigung eines Vertragsverhältnisses über Telekommunikationsdienste erhoben würden.

Für eine Auskunft über Bestandsdaten bedarf es aber keines Gestattungsverfahrens gem. § 101 Abs. 9 UrhG. Denn allgemeine Informationen, die das Telekommunikationsverhalten oder Beziehungen zwischen Diensteanbieter und Kunde betreffen, unterfielen nicht dem Schutzbereich des Art. 10 Abs. 1 GG, weil hiervon nur die Umstände konkreter Telekommunikationsvorgänge erfasst wären.

Allein auf die nicht erfassten allgemeinen Informationen beziehe sich aber die Auskunft des Resellers. Der BGH erkennt zwar an, dass die Auskunft des Resellers für den Verletzten nur sinnvoll ist, wenn zuvor vom Netzbetreiber Auskunft über Verkehrsdaten gegeben worden sei, jedoch sei diese Auskunft durch das richterliche Gestattungsverfahren legalisiert und diese Legalisierungswirkung erfasse auch die Nennung von Namen und Anschrift des Internetnutzers durch den Reseller.

Fazit

Diese Entscheidung ist im Interesse der Rechtssicherheit und Rechtsklarheit zu begrüßen. Zu befürworten ist auch, dass nur ein Gestattungsverfahren durchgeführt werden muss, denn es war ohnehin nicht ersichtlich, welche abweichenden Kriterien in einem zweiten Verfahren hätten geprüft werden sollen und wie es jemals zu einem abweichenden Ergebnis hätte kommen sollen.

Es ist zu erwarten, dass es zu einer Beschleunigung dieser Urheberrechtsverletzungsverfahren kommt, und damit auch eine Durchsetzung effizienter wird.

4 Insolvenzrecht

4.1 Bei der Feststellung der Zahlungsunfähigkeit sind die sog. Passiva II einzubeziehen

> BGH, Urteil v. 19.12.2017, II ZR 88/16, NJW 2018, S. 1089;
> Vorinstanzen: OLG Frankfurt am Main, Urteil v. 8.3.2016, 5 U 96/15;
> LG Wiesbaden, Urteil v. 1.7.2015, 12 O 84/13

Sachverhalt

Nach der Grundsatzentscheidung des BGH vom 24.5.2005[462] ist die bloße Zahlungsstockung von einer Zahlungsunfähigkeit abzugrenzen. Beträgt eine innerhalb von drei Wochen nicht zu beseitigende Liquiditätslücke des Schuldners weniger als 10 % seiner fälligen Gesamtverbindlichkeiten, ist danach regelmäßig von einer Zahlungsfähigkeit auszugehen, es sei denn, es ist bereits absehbar, dass die Lücke demnächst mehr als 10 % erreichen wird.[463]

Gero Fischer hat die Auffassung vertreten, dass aufgrund dieser Rspr. des IX. Zivilsenats der Schuldner nur zahlungsunfähig ist, wenn die binnen drei Wochen zu aktivierenden Mittel – Aktiva II – voraussichtlich nicht ausreichen werden, um die ohne Einbeziehung der Passiva II errechnete Deckungslücke auf unter 10 % zu drücken (sog. Bugwellentheorie[464]).

Die Bugwellentheorie stieß von Anfang an auf viel Kritik.[465] Es war nicht recht ersichtlich, wieso für die Prognoseentscheidung unter Missachtung der allgemeinen Grundsätze der Erstellung einer Liquiditätsbilanz die sog. Passiva II ausgeblendet werden sollten.[466]

Entscheidung

Nunmehr hat der BGH entschieden, dass um die Zahlungsunfähigkeit festzustellen, *"im Rahmen einer Liquiditätsbilanz die aktuell verfügbaren und kurzfristig verfügbar werdenden Mittel in Beziehung gesetzt zu den an demselben Stichtag fälligen und eingeforderten Verbindlichkeiten ..."* werden.[467]

Fazit

Der nicht für das Insolvenzrecht zuständige II. Zivilsenat hatte die Gelegenheit, mit der herrschenden Meinung in Literatur und Praxis (Urteil Tz. 40 m. w. N.) die Bugwellentheorie abzulehnen, die auf eine Art „Schneeballsystem" hinauslief und insgesamt eine Insolvenzverschleppung begünstigte (Tz. 50 m. w. N.).

Dies bringt einerseits mehr Rechtssicherheit, insb. für die Rechtsberater, da der Maßstab nun klar ist. Gleichwohl dürfte es auch zur Folge haben, dass einige Unternehmen nun als zahlungsunfähig bewertet werden müssen, die es nach der Bugwellentheorie nicht waren. Dies dürfte eine Erhöhung der Insolvenzverfahrenszahlen nach sich ziehen.

---

[462] BGH, Urteil v. 24.5.2005, IX ZR 123/04, BGHZ 163, S. 134 = NJW 2005, S. 3062 = NZI 2005, S. 547.
[463] BGH, Urteil v. 24.5.2005, IX ZR 123/04, BGHZ 163, S. 134 = NJW 2005, S. 3062 = NZI 2005, S. 547 Ls. 2.
[464] *Fischer*, FS Ganter, 2010, 153 [159]; a. A. ausführlich *Ganter*, ZInsO 2011, S. 2297 m. w. N.; *Karsten Schmidt*, in Karsten Schmidt, 19. Aufl. 2016, § 17 InsO, Rn. 36 m. w. N.
[465] *Baumert*, NZI 2013, S. 919 m. w. N.
[466] *Baumert*, NZI 2013, S. 919.
[467] BGH, Urteil v. 24.5.2005, IX ZR 123/04, BGHZ 163, S. 134 = NJW 2005, S. 3062 = NZI 2005, S. 547–548.

4.2 Haftung des Geschäftsleiters bei Eigenverwaltung gem. §§ 60, 61 InsO analog

> BGH, Urteil v. 26.4.2018, IX ZR 238/17, NJW 2018, S. 2125;
> Vorinstanzen: OLG Düsseldorf, Urteil v. 7.9.2017, I – 16 U 33/17;
> LG Düsseldorf, Urteil v. 4.8.2016, 1 O 79/16

Entscheidung

Der 9. Senat des BGH hat geurteilt:

Wird im Insolvenzverfahren über das Vermögen einer Gesellschaft Eigenverwaltung angeordnet, haftet der Geschäftsleiter den Beteiligten analog §§ 60, 61 InsO.

Bisherige Lösungsansätze

Im Vordergrund der Diskussion stand insb. die sog. Kombinationshaftung.[468] Danach sind die Organe einer Innenhaftung (§ 43 Abs. 2 GmbHG, § 93 Abs. 2 S. 1 AktG) kombiniert mit einer Außenhaftung der Schuldnerin gem. §§ 270 Abs. 1 S. 2, 60, 61 InsO ausgesetzt. Neben weiteren diskutierten Lösungen[469] vertritt insb. *Schaal*, die Außenhaftung der Organe analog §§ 60, 61 InsO. Die Organe seien faktische Eigenverwalter, dessen Haftung mit der Haftung eines Insolvenzverwalters grds. gleichlaufend sein sollte.[470]

Das Vorliegen einer für die analoge Anwendung von §§ 60, 61 InsO erforderlichen planwidrigen Regelungslücke war jedoch in der Literatur umstritten.[471]

Der BGH hat nunmehr die Voraussetzungen einer Analogie zu §§ 60, 61 InsO für die Haftung des Geschäftsleiters, insb. eine planwidrige Regelungslücke, bejaht (BGH, Rn. 14 ff.).

Wertung

Die Ausdehnung der Haftung gem. §§ 60, 61 InsO analog auf die Eigenverwalter erscheint grds. sachgerecht, schließlich sollte die Haftung des Eigenverwalters grds. mit der Haftung eines Insolvenzverwalters gleichlaufen. Die Entscheidung des BGH hat, soweit ersichtlich, im Grundsatz auch in der Literatur Zustimmung gefunden.[472]

Selbst wenn die Entscheidung nicht ohne Kritik bleibt und man dem BGH unterstellen könnte, er habe eine Planwidrigkeit hier erzwingen wollen,[473] ist das Ergebnis begrüßenswert. Für den Gesetzgeber (und nicht für den BGH) bleibt vor dem Hintergrund der nicht ganz unberechtigten Kritik also Regelungs-bzw. Reformbedarf. Insb. ist weiterhin offen, wie bspw. der vorläufige Eigenverwalter im Rahmen haften soll.

---

[468] *Thole/Brünkmans*, ZIP 2013, S. 1097, S. 1108.
[469] Z. B. *Jacoby*, FS Vallender, 2015, S. 261 ff. über § 270 Abs. 1 BGB und § 64 GmbHG ab Insolvenzantragstellung; instruktiver Gesamtüberblick bei *Bitter*, ZInsO 2018, S. 557, S. 565 f.
[470] *Schaal*, Die Haftung der Geschäftsführungsorgane einer insolvenzrechtlich eigenverwaltenden GmbH oder AG, 2017; a. A. z. B. *Spliedt* in Karsten Schmidt/Uhlenbruck, Die GmbH in Krise, Sanierung und Insolvenz, 5. Aufl. 2016, S. 9136.
[471] Vgl. z. B. *Uhlenbruck/Zipperer*, InsO, 14. Aufl. 2015, § 70 InsO, Rn. 19; *Rein,* in Nerlich/Römermann, InsO, 31. EL Januar 2017, § 60 InsO, Rn. 9; *Braun/Baumert*, InsO 2017, § 60 InsO, Rn. 14; *Baumert*, NZI 2017, S. 710–711.
[472] *Bitter*, ZIP 2018, S. 986; *Thole*, EWiR 2018, S. 339; *Nassall*, jurisPR-BGHZivilR 13/2018 Anm. 2; *Cranshaw*, jurisPR-InsR 13/2018 Anm. 1; *Swierczok/Baron von Hahn*, BB 2018, S. 1359; *Weber*, NZI 2018, S. 553; *Ludwig/Rühle*, GWR 2018, S. 221; wohl i. E. auch *Bachmann/Becker*, NJW 2018, S. 2235; *Hofmann*, ZIP 2018, S. 1429; *Taras/Jungclaus* NJW-Spezial 2018, S. 405.
[473] Vgl. *Baumert* in LMK 2018, 407918.

5 Europarecht

Niederlassungsfreiheit erlaubt isolierte Verlegung des Satzungssitzes

> EuGH, Urteil v. 25.10.2017, C–106/16, *Polbud/Wykonawstwo sp. z o. o.*, NJW 2017, S. 3639

Diese Entscheidung betrifft die Reichweite der Niederlassungsfreiheit bei einem identitätswahrenden[474] Satzungssitzwechsel bzw. grenzüberschreitenden Rechtsformwechsel. Die Besonderheit des Falls besteht darin, dass der Verwaltungssitz im Herkunftsstaat verbleiben sollte (sog. isolierten Satzungssitzwechsel).[475]

In der Rs. *Vale* hatte der EuGH über eine Kombination von Satzungs- und Verwaltungssitzwechsel zu entscheiden, in dem der Zuzugsstaat der Umwandlung Schranken auferlegte.[476] In der Rs. *Polbud*[477] ging es dagegen um die Vorgaben des Wegzugsstaats, hier also polnisches Recht.

Dieses sieht bei einem grenzüberschreitenden Formwechsel zwingend eine Liquidation der Gesellschaft vor. Es handelt sich somit um die Beschränkungen des Wegzugsstaats im Fall einer Satzungssitzverlegung ohne Verwaltungssitzverlegung.

Offen war nach der bisherigen Rspr. des EuGH – insb. in den Rs. *Cartesio*[478] und *Vale*, ob ein isolierter Satzungssitzwechsel unter die Niederlassungsfreiheit fällt. Dies bejaht der EuGH nun auch für die Rechtsanwendung im Wegzugsstaat und entschied:

Die Art. 49 und 54 AEUV sind dahin auszulegen, dass die Niederlassungsfreiheit für die Verlegung des satzungsmäßigen Sitzes einer nach dem Recht eines Mitgliedstaats gegründeten Gesellschaft in einen anderen Mitgliedstaat gilt, durch die diese unter Einhaltung der dort geltenden Bestimmungen ohne Verlegung ihres tatsächlichen Sitzes in eine dem Recht dieses anderen Mitgliedstaats unterliegende Gesellschaft umgewandelt werden soll.

Die Art. 49 und 54 AEUV sind dahin auszulegen, dass sie der Regelung eines Mitgliedstaats entgegenstehen, die die Verlegung des satzungsmäßigen Sitzes einer nach dem Recht eines Mitgliedstaats gegründeten Gesellschaft in einen anderen Mitgliedstaat, durch die sie unter Einhaltung der dort geltenden Bestimmungen in eine dem Recht dieses anderen Mitgliedstaats unterliegende Gesellschaft umgewandelt werden soll, von der Auflösung der ersten Gesellschaft abhängig macht.

Rechtliche Würdigung

Der EuGH trifft in seinem Urteil zentrale Aussagen zum „Schutzbereich" sowie zur Rechtfertigung der Beschränkung der Niederlassungsfreiheit. Von größerer Brisanz sind jedoch die Feststellungen zur Reichweite derselben.

Auf den ersten Blick überrascht es kaum, dass der isolierte Satzungssitzwechsel unter die Niederlassungsfreiheit fällt. Der EuGH hatte bereits in der Rs. *Cartesio* in einem *obiter dictum* in-

---

[474] *Weller*, LMK 2012, 336113.
[475] *Verse*, ZEuP 2013, S. 458, S. 478.
[476] EuGH, Urteil v. 12. 7.2012, C–378/10, ECLI:EU:C:2012:440 = NJW 2012, S. 2715.
[477] EuGH, Urteil v. 25.10.2017, C–106/16, NZG 2017, S. 1308.
[478] EuGH, Urteil v. 16.12.2008, C–210/06, ECLI:EU:C:2008:723 = NJW 2009, S. 569.

zident erklärt, dass der Wegzugsstaat dürfe den grenzüberschreitende Formwechsel nicht verhindern.[479] Allerdings hatte er sich in der Rs. *Cartesio* nicht dazu geäußert, welchen Umfang die Tätigkeit der Gesellschaft im Zuzugsstaat haben muss. In der Rs. *Polbud* wird nun entschieden, was in Deutschland umstritten, ob ein Realbezug zu dem Wegzugsstaat bestehen musste.[480] Unter Hinweis auf die Rs. *Factortame, Cadbury Schweppes*[481] und insb. *Vale*[482] hatte auch Generalanwältin Kokott in ihren Schlussanträgen in *Polbud* darauf hingewiesen, dass sich die Gesellschaft nur auf die Niederlassungsfreiheit berufen könne, wenn sie einer tatsächlichen wirtschaftlichen Tätigkeit im Zuzugsstaat nachgehe.[483]

Dem Erfordernis eines solchen „genuine link" hat der EuGH nun eine endgültige Absage erteilt, denn er hält es für unerheblich, ob die Gesellschaft ihren Verwaltungssitz oder ihre wirtschaftliche Tätigkeit in den Zuzugstaat verlegen wollte (Rn. 37–41). Auf einen Realbezug zum Zuzugsstaat komme es nicht an. Zur Begründung beruft er sich vor allem auf sein Präjudiz aus *Centros*, bei der allein die dänische Zweigniederlassung einer englischen Gesellschaft die wirtschaftliche Tätigkeit entfaltete.[484] Dies sei mit dem isolierten Satzungssitzwechsel zu einem späteren Zeitpunkt vergleichbar.

Fazit

Diese Lösung überzeugt im Ergebnis. Der EuGH hat festgestellt, dass eine Auslandsgesellschaft mit wirtschaftlicher Tätigkeit im Inland unter die Niederlassungsfreiheit fällt. Es kann daher nicht auf den konstruktiven Weg (Gründung einer Auslandsgesellschaft, grenzüberschreitende Verschmelzung oder grenzüberschreitender Formwechsel), sondern nur auf den Endzustand ankommen.[485] Damit wird die anfängliche Rechtswahlfreiheit der nachträglichen Rechtswahlfreiheit gleichgestellt.

Weiter scheint der EuGH die tatsächliche Ausübung der wirtschaftlichen Tätigkeit eher als Frage der Rechtfertigung unter dem Aspekt des Rechtsmissbrauchs zu werten.[486]

Polbud enthält im Hinblick auf die Rechtfertigung der Einschränkung keine Überraschungen: denn ein generelles Erfordernis der Liquidation im Fall der Satzungssitzverlegung kann nicht pauschal gerechtfertigt werden. Denkbar bleiben demgegenüber Beschränkungen des Wegzugs zum Schutz der Gläubiger, Minderheitsgesellschafter und Arbeitnehmer, zur Wahrung der Wirksamkeit steuerlicher Kontrollen oder der Lauterkeit des Handelsverkehrs.[487]

Für Gesellschafter bedeutet *Polbud* eine zeitliche Erweiterung der Rechtswahlfreiheit über das Gründungsstadium hinaus. Die Entscheidung stellt die Rechtswahlfreiheit im Gründungsstadium (*Centros*)[488] und im Fall späterer grenzüberschreitender Verschmelzung (*SEVIC*)[489] mit dem grenzüberschreitenden Formwechsel gleich. Das Urteil stärkt die Unternehmensmobilität als wesentliches Binnenmarktziel. Ob die nachträgliche Rechtswahlfreiheit bspw. auch ein Abstreifen der unternehmerischen Mitbestimmung für deutsche Gesellschaften ermöglichen

---

[479] EuGH, Urteil v. 16.12.2008, C–210/06, ECLI:EU:C:2008:723 = NJW 2009, S. 569, S. 571 Rn. 110 f.
[480] Vgl. *v. Hein*, MüKoBGB, Art. 3 EGBGB Rn. 106–109.
[481] EuGH, Urteil v. 5.3.1996, verb. Rs. C–46/93 u. C–48/93, *Factortame*, ECLI:EU:C:1990:257 = NJW 1991, S. 2271; EuGH, Urteil v. 12.9.2006, C–196/04, *Cadbury Schweppes*, ECLI:EU:C:2006:544 = EuZW 2006, 633 [636] = NZG 2006, S. 835 Rn. 54.
[482] EuGH, Urteil v. 12.7.2012, C–378/10, ECLI:EU:C:2012:440 = NJW 2012, S. 2715 = EuZW 2012, S. 621 = NZG 2012, S. 871 Rn. 34.
[483] Generalanwältin *Kokott*, Schlussantrag v. 4.5.2017, C–106/16, BeckRS 2017, S. 108853 Rn. 38.
[484] EuGH, Urteil v. 9.3.1999, C–212/97, *Centros*, ECLI:EU:C:1999:126 = NJW 1999, 2027 = NZG 1999, S. 298.
[485] *Schön*, ZGR 2013, S. 333, S. 359 f.
[486] So schon *Bayer/J. Schmidt*, ZIP 2012, S. 1481, S. 1486 f.
[487] So bereits EuGH, Urteil v. 2.7.2012, C–378/10, *Vale*, ECLI:EU:C:2012:440 = NJW 2012, S. 2715 [2717] = EuZW 2012, S. 621 = NZG 2012, S. 871, Rn. 39.
[488] EuGH, Urteil v. 9.3.1999, C–212/97, *Centros*, ECLI:EU:C:1999:126 = NJW 1999, S. 2027 = NZG 1999, S. 298.
[489] EuGH, Urteil v. 13.12.2005, C–411/03, NJW 2006, S. 425.

wird, ist derzeit offen. Hier scheint eine Auseinandersetzung seitens des nationalen Gesetzgebers angezeigt.

Nunmehr steht fest, dass ein grenzüberschreitender Formwechsel – auch ohne Verwaltungssitzverlegung – von der Niederlassungsfreiheit geschützt wird. Der Gestaltungsspielraum der Mitgliedstaaten verlagert sich auf die Ebene der Rechtfertigung. Ihre Aufgabe besteht in der grundfreiheitskonformen Ausgestaltung der beschränkenden Vorschriften.[490] Dennoch gilt: Anders als Deutschland nach § 4a GmbHG und § 5 AktG können die Mitgliedstaaten weiterhin die reine Verwaltungssitzverlegung mit der Auflösung und Liquidation sanktionieren (Rn. 34, 38).

Die nachträgliche Rechtswahlfreiheit wird den Wettbewerb der Gesellschaftsrechte, auf den der deutsche Gesetzgeber bereits mit dem MoMiG reagierte, weiter antreiben. Zudem verdeutlicht *Polbud* erneut den Nutzen und vor allem die Notwendigkeit einer (seit längerem geforderten) Sitzverlegungsrichtlinie, denn die konkrete Ausgestaltung der Sitzverlegung bedarf einer rechtlichen Regelung.[491] Eine entsprechende Studie liegt dem Europäischen Parlament vor.[492] Der Ball liegt nun in Brüssel.

---

[490] Vgl. dazu *Hübner*, IPRax 2015, S. 134, S. 138.
[491] *Kiem*, ZHR 2016, S. 289.
[492] *J. Schmidt*, Cross-border mergers and divisions, transfers of seat: Is there a need to legislate?, Juni 2016, PE 556.960.

Stichwortverzeichnis

§

§ 50d Abs. 3 EStG
- Anti-BEPS Aktionsplan der OECD 334
- DBA 330
- Dividende 334
- EuGH 330
- EUV 330
- Grundfreiheit 330
- KapErtrSt 330
- Kapitalertrag 334
- Kapitalverkehrsfreiheit 334
- Lizenzzahlung 334
- Mutter-Tochter-Richtlinie 330
- Niederlassungsfreiheit 332
- Vermeidung von Missbrauch 330
- Zinszahlung 334

§ 6b-Rücklage
- Nachverzinsung 29
- Übertragung 98
- Zweifelsfrage 98

A

Abfindung
- Zusammenballung von Einkünften 195

Abfindungszahlung
- Besteuerungsrecht 181
- Entschädigung 194

Abgabe der Faktorpräparate
- wirtschaftlicher Geschäftbetrieb 210

Abgeltungsteuer
- Änderung 106

Abgeltungswirkung für den KapErtrSt-Abzug
- Betriebsstättenzurechnung 201

Ablaufhemmung
- Erbschaftsteuerzahllast 74

Ablösungsbescheid
- Erbschaftsteuer 139

Ablösungsbetrag
- Erbschaftsteuer 139

Abschlag
- Pharmaindustrie 132

Abschmelzmodell
- Erbschaftsteuer 316

Absinken der Immobilienquote
- Entstrickungsbesteuerung 37

Abzahlungskauf 272

Abzinsung
- Angehörigendarlehen 155

Abzugsverbot
- Ansparabschreibung 160
- betriebliche Schuldzinsen 152

Abzugsverfahren
- Anzahlung 129
- Bauträgerfall 270

Aktienfonds
- Investmentsteuer 61
- Verlust der Eigenschaft 61

Aktien-Kapitalbeteiligungsquote
- Folgen der Unterschreitung 62

Aktienteilfreistellung
- Investmentertrag 61
- Investmentfonds 61

Aktienverkauf
- Verlustberücksichtigung 182

Aktivtausch
- junges Verwaltungsvermögen 304

Aktivvermögen
- Ermittlung der Höhe 63

Allokation von Gewinnen
- digitale Betriebsstätte 340

Alt-Anteil
- Anschaffungsfiktion 65
- Veräußerungsfiktion 65

Alten- und Pflegeheimunterbringung
- außergwöhnliche Belastung 197

Alterseinkünfte
- Rechner 109

Altersteilzeit
- Nachteilausgleich 95

AMRabG
- private Krankenkasse 132

Angehörigendarlehen
- Abzinsung 155

Anlagebedingung
- inländischer Investmentfonds 61

Anlagebetrug
- Verlustabzug 175

Anrechnung ausländischer Steuern
- Höchstbetragsrechnung 198

Anschrift des leistenden Unternehmers
- Rechnung 133

Anschrift des Leistungsempfängers
- Rechnung 133

Ansparabschreibung
- Abzugsverbot 160

Anteil an Kapitalgesellschaft
- Bewertung für Zweck der Erbschaftsteuer 285

Anteilserwerb
- Vorsteuerabzug 259
- Weiterbelastung 259

Anteilsveräußerung
- Vorab-Gewinnverteilungsbeschluss 177

Anti-BEPS Aktionsplan der OECD
- § 50d Abs. 3 EStG 334

Anti-BEPS Maßnahme 1
- Besteuerung der digitalen Wirtschaft 336

Antrag auf Vollverschonung
- bestandskräftoger ErbSt-Bescheid 312

Anzahlung
- Übergang der Steuerschuldnerschaft 129
- Umsatzsteuer 259

Anzahlungsrechnung
- Vorsteuerabzug 239

Anzeigepflicht
- grenzüberschreitende Steuergestaltung 84
- Grunderwerbsteuer 71
- Sanktion 89
- Verletzung 89

Arbeitgeberleistung
- Förderung der Gesundheit 32
- Steuerbegünstigung 30

Arbeitnehmerfreizügigkeit
- Sonderausgabenabzug 33

Arbeitsverhältnis
- Abfindung 194

Aufteilung Gesamtkaufpreis
- bebautes Grundstück 98

Aufzeichnungspflicht
- Betreiber eines elektronischen Marktplatzes 57

Ausbildungsende
- Kindergeld 202

Auseinandersetzung einer Erbengemeinschaft
- Nachlasskosten 295

Ausfuhrlieferung
- Beförderungsleistung 264

Ausgangslohnsumme
- Ermittlung 290
- Schenkungsteuer 290

Ausgleichszahlung
- ertragsteuerliche Organschaft 43

ausländische Gesellschaft
- Kapitalertragsteuerabzug 111

außergewöhnliche Belastung
- heterologe künstliche Befruchtung 196
- Unterbringungskosten im Heim 197

B

Baudenkmal
- Bindungswirkung der Bescheinigung 99

Baukostenzuschuss für öffentliche Mischwasserleitung
- Handwerkerleistung 199

Baumschulkultur
- Bewertung mehrjähriger Kulturen 96

Bauträgerfall
- Abzugsverfahren 270

bebautes Grundstück
- Kaufpreisaufteilung 98

Bedarfsbewertung
- Gutachten 286

Beförderungsleistung
- Steuerfreiheit 264

begünstigungsfähiges Vermögen
- Erbschaftsteuer 138

Beihilferechtswidrigkeit
- Sanierungsklausel 206

Beihilfeträger
- Rabatt 132

Beilegung von Doppelbesteuerungsstreitigkeiten
- EU-Richtlinie 355

Beitragserstattung
- Krankenversicherungsbeitrag 161

Beitragsrückerstattung
- Aufwand 46
- berufsständisches Versorgungswerk 149
- Bezugsgröße 47
- Direktgutschrift 47
- Höchstbetragsberechnung 47
- Höhe der Rückstellung 46
- Rückstellung 46
- Sonderausgabenabzug 164

Bemessungsgrundlage
- Umsatzsteuer 230

Benutzerkennung
- Filesharing 375

BEPS-Initiative
- EU-Ebene 355, 356, 358
- OECD 349
- OECD Implementierungsbericht 353
- Vermeidung von Double Dips 349

BEPS-Mindeststandards
- Abkommensmissbrauch 353

Berechnungsbestandteil
- Feststellungsverfahren für Alt-Anteile 69

berufsständisches Versorgungswerk
- Beitragsrückerstattung 149

beschränkt steuerpflichtige Einkünfte
- Betriebsstätte 39
- Betriebsvermögen 39
- Einkünfte aus Gewerbebetrieb 39

beschränkte Steuerpflicht
- Anteil an ausländischer Kapitalgesellschaft 35
- Erbschaftsteuer 141

Beschränkung des Besteuerungsrechts
- Voraussetzung des Ausschlusses 38

Besteuerung digitaler Unternehmen
- global koordinierte Lösung 338

Besteuerungsrecht
- Signing Bonus 180

Betreiber des Marktplatzes
- Definition 60

Betrieb gewerblicher Art
- Dauerverlustgeschäft 116
- Organträger 116

betrieblich veranlasste Zuwendung
- Pauschalversteuerung 219

betriebliche Altersvorsorge
- steuerliche Förderung 101

betriebliche Schuldzinsen
- Abzugsverbot 152

betrieblicher Alt-Anteil
- Feststellungsverfahren 69

betrieblicher Anleger
- Feststellungsverfahren 69

betriebliches Fahrrad
- geldwerter Vorteil, Steuerfreiheit 30

betriebliches Vermögen
- Steuerbegünstigung bei der Erbschaftsteuer 287

Betriebsausgabe
- Schuldzinsen 92

Betriebskosten
- Umlagenschlüssel 373

Betriebsstättenzurechnung
- Abgeltungswirkung Kapitalertragsteuerabzug 201

Betriebsvermögen
- Steuerbefreiung bei der ErbSt 288

bewegte Lieferung
- Reihengeschäft 220

Bewertung des GmbH-Anteils
- Substanzwert 284

Bewertungsstichtag
- Grundbesitzwert 286

Bewertungstag
- Investmentfonds 62

Bitcoin
- privates Veräußerungsgeschäft 108
- virtuelle Währung 125

Bonusleistung
- Sonderausgabenabzug 165

Break Fee
- Einnahme 192

Brennstoffzellenfahrzeug
- Lohnsteuer 121

Brexit
- Auswirkung auf Finanzmärkte 78
- Gesetzgebung 75
- Steuerbegleitgesetz 76

Bruttomethode
- DBA-Schachtelprivileg 45
- Investmentertrag 45

Bürgschaftsinanspruchnahme
- Gesellschaftereinlage 179

C

Carnet TIR
- Umsatzsteuer 264

Cash-Pool
- Zinssatzsystematik 352

Cash-Pool-Leader
- Vergütung 352

Cloud Computing
- Automobilindustrie 345

Country-by-Country-Reporting
- OECD Implementierungsbericht 353

Crowdfunding
- spendenrechtliche Beurteilung 102

Cum/Ex und Cum/Cum-Gestaltung
- Kapitalertragsteuer 40

D

DAC 6-Richtlinie
- Informationaustausch 84
- Ziel 85

Dach-Investmentfonds
- Anlagebedingung 62
- Kapitalbeteiligungsquote 62

dauerdefizitäre Tätigkeit
- Organgesellschaft 117

Daytrading-Geschäft
- Verlustausgleich 212

DBA
- § 50d Abs. 3 EStG 330
- passive Entstrickung 118

DBA-Schachtelprivileg
- Bruttomethode 45

degressive Gebäude-AfA
- Wechselverbot 159

Dienst im Katastrophenschutz
- Kindergeld 203

Stichwortverzeichnis 385

Dienstwagenbesteuerung
- Leasing 119

digitale Betriebsstätte
- Besteuerung 339
- Gewinnaufteilungsmethode 340
- Nutzer als Anknüpfungsmerkmal 339
- Praxis-Beispiel 345
- Unabhängigkeit vom Unternehmensitz 340

digitale Dienstleistung
- Begriff 344
- Beispiel zur digitale Dienstleistung 340
- Besteuerung 356

digitale Dienstleistungssteuer
- europäische Digitalsteuer 340
- indirekte Steuer 340
- Internetkonzern 346
- praktische Herausforderung 347
- Steuersatz 340

digitale Präsenz
- praktische Herausforderung 345
- Voraussetzung 339

digitale Wertschöpfung
- Besteuerung 355

digitale Wirtschaft
- Besteuerung 336

digitales Geschäftsmodell
- Charakterisierung 337
- Leistender der Wertschöpfung 337
- Ort der Wertschöpfung 337

digitales Unternehmen
- Besteuerung 338

Digitalisierung
- Megatrend 344

Digitalsteuer
- Auffassung der Mitgliedsstaaten 342
- Einführung 349
- EU-Kommission 355
- Fälligkeit 341
- Grundsatzfrage der Einführung 342
- Haltung der deutsche Regierung 343
- Höhe 355
- persönlicher Anwendungsbereich 341

Digitalsteuererklärung
- Abgabe 341

Digitalsteuerschuld
- Gesamtumsatz des Unternehmers in der EU 341

Direktgutschrift
- Beitragsrückerstattung 47

Dividende
- § 50d Abs. 3 EStG 334

Dividendenschein
- Anrechnung der Kapitalertragsteuer 40

Drittland-Unternehmer
- MOSS-Verfahren 55

E

E-Bilanz
- Taxonomie 96

Eigengesellschaft
- Organträger 116

Eigenkapitalersatzrecht
- Wegfall 179

eigenkapitalersetzende Finanzierungshilfe
- nachträgliche Anschaffungskosten 104

Eigentumsanwartschaftsrecht
- Erbschaftsteuerbefreiung 281
- Familienheim 281

Eigenverwalter
- Haftung 378

Eigenverwaltung
- Insolvenzverfahren 378

Einfuhrumsatzsteuer
- innergemeinschaftliche Lieferung 242

Einheit des Unternehmens
- Vorsteuerabzug 256

einheitliche Schenkung
- Vollzug in mehreren Akten 309

einheitlicher Schenkungswille
- Schenkung in mehreren Akten 309

Einkommensteuererklärung
- Abgabepflicht, Befreiung 27

Einkommensteuertarif
- Neufassung 26

Einkommensteuer-Vorauszahlung
- Nachlassverbindlichkeit 311

Einkünfte aus Kapitalvermögen
- privater Darlehensausfall 105

Einkünfte aus Leistung
- Break Fee 192

Einkünftezurechnung
- digitale Schnittstelle 340

Einlagekonto
- Verwendungsreihenfolge 216

Einnahmenüberschussrechnung
- Vordruck 92

Einzweck-Gutschein
- Umsatzsteuer 51

Elektro- und Elektrohybridfahrzeug
- pauschaler Nutzungswert 121

Elektro- und Hybridelektrofahrzeug
- Überlassung an Arbeitnehmer 119

Elektromobilität
- steuerliche Förderung 31

elektronische Dienstleistung
- Erbringung an Nichtunternehmer 53
- Schwellenwert 49

elektronischer Markplatz
- Begriff 60

elektronischer Marktplatz
- Betreiberpflicht 57
- Haftung des Betreibers 56
- Umsatzsteuer 49
- Umsatzsteuerhaftung 56
- Umsatzsteuerhinterziehung 56

Entfernungspauschale
- Jobticket 30

Entgelt
- Umsatzsteuer 49

Entgeltbegriff
- Umsatzsteuer 55

Entlastungsbetrag
- Pflegegrad 1 33

entmaterialisiertes Geschäftsmodell
- Kennzeichen 336
- OECD 336

Entschädigung
- außerordentliche Einkünfte 194

Entstehung der Umsatzsteuer
- Mehrzweck-Gutschein 51

Entstrickungsbesteuerung
- Absinken der Immobilienquote 37

Erblasserschuld
- Mangelbeseitigungpflicht 278

Erbschaft- und Schenkungsteuer
- Verwaltungsanweisung 137
- Zusammenarbeit der Finanzbehörden 137

Erbschaftsteuer
- Famlienheim mit gesondertem Garten 314
- Stundung 73, 139
- Verschonungsbedarfsprüfung 73

Erbschaftsteuerbegünstigung
- Wohnungsvermietungsgesellschaft 287

Erbschaftsteuerbescheid
- Umfang des Vorläufigkeitsvermerks 312

Erbschaftsteuerfall
- Überwachungsliste 138

Erbschaftsteuerschuld
- Erlass 74

Erfindung
- gemeiner Wert 134

erfolgloser Unternehmer 261

Erfüllungsübernahme
- Verbindlichkeit 94

erhöhte Absetzung
- Baudenkmal 99
- Gebäude in Sanierungsgebiet 99

Erlass
- Erbschaftsteuerschuld 74

Eröffnung des Insolvenzverfahrens
- Abschmelzmodell (Erbschaftsteuer) 316
- schädliche Verfügung 316

Ersatzanspruch des Vermieters
- Verjährung 369

Ersatzerbschaftsteuer
- Anzeigepflicht 136, 137
- Entsteheung 136

ertragsteuerliche Organschaft
- Ausgleichszahlung 43
- Gewinnabführung 43

EU-Austritt
- Brexit 75

EuGH
- § 50d Abs. 3 EStG 330

EU-Richtlinie
- Verfahren zur Beilegung von Doppelbesteuerungsstreitigkeiten 355

europäische Digitalsteuer
- Richtlinienentwurf 339

EUV
- § 50d Abs. 3 EStG 330

Existenzminimum
- Unterhaltsleistung 27

F

Fahrzeug
- Repräsentationsaufwendung 161

Fahrzeug des Mieters
- Vermieterpfandrecht 367

Fahrzeugpool
- Überlassung an Arbeitnehmer 120

Faktorpräparat
- Körperschaftsteuerbefreiung 210

Familienentlastungsgesetz
- Maßnahme zur steuerlichen Entlastung 26

Familienheim
- Begriff 315
- Erbschaftsteuerbefreiung 282
- Umfang 315

Familienlastenausgleich
- Kindergeld 113

Feststellung des Bedarfswerts
- Grundbesitz 286

Feststellungserklärung
- Abänderung 70

Feststellungsverfahren
- betriebliche Anleger 68
- Steueranmeldung 70

fiktive Zugewinnausgleichsforderung
- Ermittlung 296
- Schenkungsteuer 296

fiktiver Veräußerungsgewinn
- Feststellungsverfahren 68

Filesharing
- Benutzerkennung 375

Finanzierungshilfen
- nachträgliche Anschaffungskosten 179

Fondsetablierungskosten
- Betriebsausgabe 176

Förderung der Mobilität
- Maßnahme zur Förderung der Mobilität 29

Forderungsausfall
- Kapitaleinkünfte 105

Forderungsverzicht
- Besserungsabrede 213

formelle Voraussetzung
- Vorsteuerabzug 224, 227, 245

Formularmietvertrag
- AGB 369

Forstwirtschaft
- Besteuerung 103

freigebige Zuwendung
- Mitnahme auf Kreuzfahrt 299

Fremd-Geschäftsführer
- Gehaltsumwandung 217

Fußballschiedsrichter
- Einkunftsart 172
- Gewerbesteuer 172

G

Gartengrundstück neben Familienheim
- Steuerbefreiung bei der ErbSt 314

Gebäudesachwert
- Regelherstellungskosten 135

Gehaltsumwandlung für vorzeitigen Ruhestand
- Lohnzufluss 217

Geldleistung
- Kinderpflege 91

Gemeinnützigkeit
- Sportdachverband 71

gemeinsame Reise
- Bereicherung 300

gemischte Schenkung
- Ermittlung der Gegenleistung 281
- Steuerwert 279

Gerätenutzung
- Bestimmung des Orts 339

Geschäftsveräußerung im Ganzen
- Umsatzsteuer 262

Gesellschafterdarlehen
- Refinanzierung 186
- Verzicht 186, 213

Gesellschaftereinlage
- Bürgschaftsinspruchnahme 179

Gewerbeertrag
- Verkauf Mitunternehmeranteil 168

Gewerbesteuerbefreiung
- Altenheim 48

Gewerbesteuerfreiheit
- Sanierungsgewinn 48

Gewinnabführung
- ertragsteuerliche Organschaft 43

Gewinnaufteilungsmethode
- OECD Empfehlung 350

Globalbeitrag
- staatenbezogene Aufteilung 101

GmbH-Beteiligung
- Wertaufholung 157

Grenzgängerregelung
- Einmalzahlung 181

grenzüberschreitende Beförderungsleistung
- Umsatzsteuerfreiheit 264

grenzüberschreitende Gestaltung
- Begriff 85
- Intermediär 85
- Meldepflicht 85
- Meldeverfahren 88
- Nutzer 86

grenzüberschreitende Leistung
- Umsatzsteuer 53

grenzüberschreitende Personenbeförderung
- Luftverkehr 126

grenzüberschreitende Steuergestaltung
- Anzeigepflicht 84
- Mitteilungspflicht 90

Grundbesitzwert
- Ertragswertverfahren 286

Grunderwerbsteuer
- zu übermittelnde Daten 71

Grundfreiheit
- § 50d Abs. 3 EStG 330

Grundstücksbewertung zwecks Erbschaftsteuer
- Bilanzansatz 285

grundstücksbezogene Leistung
- Ort 127

Grundstücksentnahme
- Anschaffungskosten 150

Grundstückstausch
- Entnahmewert 150

Gutschein
- Neuregelung 51

Gutschein-Richtlinie
- Umsatzsteuer 49
- Umsetzung 50

Gutscheinwert
- Bemessung 56

Gutschrift auf Wertguthabenkonto
- Lohnzufluss 217

H

Haftungsbescheid
- elektronischer Marktplatz 60

Haftungsinanspruchnahme
- elekronischer Marktplatz 60
- Ermessen 60

Handwerkerleistung
- Baukostenzuschuss für öffentliche Mischwasserleitung 199

Hard-to-Value Intangibles
- OECD Empfehlung 350

Haushaltsersparnis
- Heimunterbringung 197

Heimselbstbehandlung
- Faktorpräparat 210

heterologe künstliche Befruchtung
- außergewöhnliche Belastung 196

Heubeck-Richttafeln 2018 G
- Pensionsrückstellung 97

Höchstbetragsberechnung
- Anrechung ausländischer Steuern 198
- Mindestzuführungsverordnung 47

Holding
- Unternehmer 261
- Vorsteuerabzug 259, 261, 269

Homeoffice
- Vermietung an Arbeitgeber 189

I

Immobilienquote
- beschränkte Steuerpflicht 35

inländische Tätigkeit
- Kindergeldanspruch 204

innergemeinschaftliche Lieferung
- Konsignationslager 123, 132
- Reihengeschäft 220
- Steuerbefreiung 242

innergemeinschaftliches Dreiecksgeschäft
- Vereinfachungsregelung 232

Insolvenz des Mieters
- Vermieterpfandrecht 367

Insolvenzverfahren
- Eigenverwaltung 378

Intermediär
- Begriff 85
- Mitteilungspflicht 85

internationales Steuerrecht
- neue Entwicklung 319

internetbasierter Druck
- digitale Dienstleistung 345

Investmentanteil
- Abschreibungsbeginn 65
- Abschreibungspotenzial 65
- Alt-Anteil 64

Investmenteinkünfte
- Organträger 45

Investmentertrag
- Organschaft 44

Investmentfonds
- Besteuerung 113
- Bewertungstag 62
- Nettoinventarwert 64
- Rechnungslegung 63

Investmentfondsanteil
- Bewertung 143

Investmentsteuergesetz
- Änderung 60

Investmentsteuerreformgesetz
- Feststellungsverfahren 68

Investmentvermögen
- Teilfreistellungsqoute 60

Irgendwie-Nachweis
- Umsatzsteuer 264

J

Jobticket
- Entfernungspauschale 30
- steuerfreie Arbeitgeberleistung 29

junges Verwaltungsvermögen
- Aktivtausch 304
- Qualifizierung 147
- Umschichtung 147

juristische Grundstücksdienstleistung
- Ort 127

K

KapErtrSt
- § 50d Abs. 3 EStG 330

Kapitalbeteiligungsquote
- Aktivvermögen 63
- Dach-Investemendfonds 62
- Ermittlung 63
- Investmentfonds 61
- Prüfung 62
- Veröffentlichung 63
- Wiederherstellung 62

Kapitalertrag
- § 50d Abs. 3 EStG 334
- Steuerbescheinigung 110

Kapitalertragsteuer
- Anrechenbarkeit 110
- Begrenzung der Erstattung 40
- Entlastung 111
- Rücklage bei Regiebetrieb 188

Kapitalertragsteuerabzug
- ausländische Gesellschaft 111
- Begrenzung der Abstandsnahme 40
- Erstattung 40

Kapitalgesellschaft als Anteilseigner
- Entstrickung 37

Kapitalisierungszinssatz
- Erbschaftsteuer 134

Kapitalverkehrsfreiheit
- § 50d Abs. 3 EStG 334
- Erbschaftsteuer 141

Kaufkraftschwund
- Wertsteigerung 134

Kaufrecht
- Untersuchungsobliegenheit 363

Kfz-Überlassung an Arbeitnehmer 119
- Lohnsteuer 119

Kinderfreibetrag
- Erhöhung 26

Kindergeld
- Ausbildungsende 202
- Erhöhung 26
- Familienlastenausgleich 113

Kindergeldanspruch
- Gewerbetreibender im Ausland 204

Kinderpflege
- Geldleistung 91

Kommanditist
- verrechenbarer Verlust 174

Konsignationslager
- Direktlieferung 132
- grenzüberschreitende Lieferung 123

konsolidierte KSt-Bemessungsgrundlage
- Einführung 358

Konzernbetrachtung
- Lohnsummenregelung 291

konzerninterne Finanztransaktion
- OECD 351

Korrektur
- unrichtiger Steuerausweis 257

Krankenversicherungsbeitrag
- Basisabsicherung 163
- Unterhalt 166

Krankheitskosten
- Selbstbeteiligung 161

Kryptowährung
- Fremdwährungsgeschäft 108
- Mining 108
- Rechnungseinheit 108
- Wallet 125

Kundenmaxime
- Reiseleistung 222
- Umsatzsteuer 238

L

Leasingvertrag
- Steuerentstehung 272

lebenslängliche Leistung
- Bewertung 138

lebenslänglicher Nutzung
- Bewertung 138

Lebenspartnerschaft
- Umwandlung in Ehe 71

Leistung
- Zusammenhang mit einem Grundstück 127

Leistung an Gesellschafter
- Schenkungsteuer 143

Leistung an Kapitalgesellschaft
- Schenkungsteuer 143

Leistung zwischen Kapitalgesellschaften
- Schenkungsteuer 145

Lieferung von Gegenständen
- Konsignationslager 123, 132

lineare AfA
- Auschluss nach degressiver AfA 159

Liquiditätsbilanz
- Zahlungsunfähigkeit 377

Lizenzzahlung
- § 50d Abs. 3 EStG 334

Lohnsteuer
- Kfz-Überlassung an Arbeitnehmer 119

Lohnzufluss
- Gutschrift auf Wertguthabenkonto 217

Luftfahrt
- Steuerbefreiung auf Vorstufe 130

Luftverkehr
- Steuerfestsetzung 126

Luxus-Kreuzfahrt
- Schenkungsteuer 298

M

Mängelrüge
- Handelskauf 363

Margenbesteuerung
- Reiseleistung 222, 274

marktgängige Steuergestaltung
- Aktualisierungspflicht des Intermediärs 89

Mehrzweck-Gutschein
- Entstehung der Umsatzsteuer 51

Meldepflicht
- steuerliches Gestaltungsmodell 356

Mietspiegel
- ortsübliche Miete 190

Mietvertrag
- Schriftformheilungsklausel 371

Mietwohnungsneubau
- Kritik 83
- Sonderabschreibung 79

Minderung
- Bemessungsgrundlage 230

Mindestbeitragsrückerstattung
- Mindestzuführungsverordnung 47

Mining
- virtuelle Währung 125

Missbrauchsvermeidungsvorschrift
- Unionsrechtswidrigkeit 320

Mitteilungspflicht
- Intermediär 85

Mitunternehmeranteil
- wirtschaftliches Eigentum 171

möblierte Wohnung
- ortsübliche Miete 190

Möblierungszuschlag
- Mietspiegel 190

MoMiG
- nachträgliche Anschaffungskosten 104

MOSS-Verfahren
- Drittland-Unternehmer 55
- Rechnungstellung 54
- Registrierungsmitgliedstaat 49

Mutter-Tochter-Richtlinie
- § 50d Abs. 3 EStG: 330

N

Nachlasspflegschaft
- Darlehensablösung 294

Nachlassregelungskosten
- Umfang 295

Nachlassverbindlichkeit
- Einkommensteuer-Vorauszahlung 311
- Reperaturkosten wegen Gebäudeschadens 277
- Zahlung einer Vorfälligkeitsentschädigung 294

Nachteilsausgleich bei Altersteilzeit
- Rückstellung 95

nachträgliche Anschaffungskosten
- Finanzierungshilfen 179
- MoMiG 104

Name und Anschrift
- leistender Unternehmer 254

negative Einkünfte
- gewerbliche Tätigkeit 169

Nettoinventarwert
- Investmentfonds 64

Nichtabgabe der Steuererklärung
- Steuerhinterziehung 229

Niederlassungsfreiheit
- § 50d Abs. 3 EStG 332
- Berichtigung von Einkünften 360
- Rechtsformwechsel 379
- Satzungssutzwechsel 379

niedrig verzinsliches Darlehen
- Nutzungsvorteil 135

Nutzungsvorteil
- Bewertung 135

O

objektiver Abrechnungsmaßstab
- Betriebskosten 374

OECD
- konzerninterne Finanztransaktion 351
- Lösung zur Besteuerung digitaler Unternehmen 337
- Verrechnungspreisrichtlinie 349

OECD BEPS-Initiative
- aktueller Stand 349

OECD-Zwischenbericht
- digitales Geschäftsmodell 338

öffentliche Einrichtung
- Vorsteuerabzug 251

Organgesellschaft
- dauerdefizitäre Tätigkeit 117
- Finanzunternehmen 45
- Versicherungsunternehmen 45

Organschaft
- Investmentertrag 44
- Spartentrennung 117
- Stimmbindungsvertrag 208

Organträger
- Anleger 45
- Betrieb gewerblicher Art 116
- Eigengesellschaft 116

P

Pachtvertrag
- Aufhebung 236

passive Einkünfte von Zwischengesellschaft
- Hinzurechnung 215

passive Entstrickung
- Beschränkung des Besteuerungsrechts 37
- DBA 118

pauschaler Nutzungswert
- Kfz-Überlassung an Arbeitnehmer 119

Pauschalversteuerung
- betriebliche Veranlassung der Zuwendung 219
- zusätzliche Leistung 219

Pensionsrückstellung
- Bewertung 97

persönlicher Freibetrag
- Erbschaftsteuer 141

Pflegeheim
- Gewerbesteuerbefreiung 48

Pflegeversicherungsbeitrag
- Unterhalt 166

pharmazeutischer Unternehmer
- Rabatt 230

Prämiengewährung
- verminderter Sonderausgabenabzug 164

Prämienzahlung
- Beitragsrückerstattung 164

private Altersvorsorge
- steuerliche Förderung 101

private Darlehensforderung
- Ausfall 105

private Krankenversicherung
- Rabatt 132, 230

privates Veräußerungsgeschäft
- Aktienverkauf 108
- Bitcoin 108

Profit-Split-Methode
- Anwendungsbereich 350

Provisionsanspruch
- aufschiebende Bedingung 154

Provisionsvorschuss
- erhaltene Anzahlung 154

Provisionszahlung
- Bilanzierung 154

Q

Quellensteuerabzug
- Neuregelung 40

R

Rabatt
- Pharmaindustrie 132

Ratenkauf 272

Rechnung
- Anschrift des leistenden Unternehmers 133
- Anschrift des Leistungsempfängers 133
- Vorsteuerabzug 266

Rechnungskorrektur
- Auslegung 245
- falscher Steuersatz 227
- Rückwirkung 224

Rechnungsvoraussetzung
- Vorsteuerabzug 254

Rechteüberlassung
- schädliche Steuerpraktik 25

Rechtsanwalt
- Grundstücksdienstleistung 127

Refinanzierungskosten
- Gesellschafterdarlehen 186

Regiebetrieb
- Rücklage 188

Reihengeschäft
- bewegte Lieferung 220

Reisebüro
- Sonderregelung 222, 238

Reiseleistung
- Bezug aus EU-Mitgliedstaat 238
- Kundenmaxime 222
- Vorauszahlung 274

Reisemaxime
- Umsatzsteuer 238

Reisendenmaxime 222

Repräsentationsaufwendung
- Abzugsverbot 161

Reverse-Charge-Verfahren
- Anzahlung 129
- Bauträgerfall 270

Rückstellung
- Beitragsrückerstattung 46
- Nachteilsausgleich bei Altersteilzeit 95

Rückstellung für ungewisse Verbindlichkeiten
- steuerbefreite Unterstützungskasse 211

rückwirkende Rechnungskorrektur
- Rechnung ohne Steuerausweis 224
- Vorsteuerabzug 227

S

Sachgutschein
- Umsatzsteuer 50

Sanierungserträge
- Steuerbefreiung 34

Sanierungsgewinn
- Gewerbesteuerfreiheit 49
- Steuerbefreiung 45

Sanierungsklausel
- Beihilferechtswidrigkeit 206
- Nichtigkeit 43
- Wiederanwendung 43

Satzungssitzwechsel
- Niederlassungsfreiheit 379

Schachtelstrafe
- inländische Betriebsstätte 36

schädliche Steuerpraktik
- Rechteüberlassung 25

Schenkungsteuer
- Ausgangslohnsumme 290
- Leistung an Kapitalgesellschaft 143
- Lesitung an Gesellschafter 143
- Luxus-Kreuzfahrt 298
- rückwirkendes Erlöschen 296

Schneeballsystem
- Verlustabzug 175

Schriftformheilungsklausel
- Mietvertrag 371
- Wirksamkeit 371

Schuldbeitritt
- Verbindlichkeit 94

Schuldzinsen
- Betriebsausgabe 92
- Finanzierung Einkommensteuernachzahlung 185
- Überentnahme 92

Schuldzinsenabzug
- steuerpflichtige Erstattungszinsen 185

schwebendes Geschäft
- Bilanzierung 154

Schwellenwert
- elektronische Leistung an Nichtunternehmer 53

Seeschifffahrt
- Steuerbefreiung auf Vorstufe 130

selbst getragene Krankheitskosten
- Beitragserstattung 161

Selbstbeteiligung
- Sonderausgabenabzug 161

Signing Bonus
- Arbeitslohn 181
- Besteuerungsrecht 181

Sonderabschreibung
- Mietwohnungsneubau 79

Sonderausgabenabzug
- Vorsorgeaufwendung 33

Sonderregelung
- Reisebüro 222, 238
- Reiseleistungen 274

Spartentrennung
- Organschaft 117

Spezial-Investmentfonds
- ertragsteuerliche Organschaft 44

Sportdachverband
- Gemeinnützigkeit 71

Steuerausweis
- fehlender Steuerausweis 224
- zu niedriger Steuerausweis 227

steuerbefreite Unterstützungskasse
- Abzinsung der Rückstellung 211

Steuerbefreiung
- Einfuhrumsatzsteuer 242
- innergemeinschaftliche Lieferung 242
- Sanierungsertrag 45

Steuerberater
- Grundstücksdienstleistung 127

Steuerentstehung
- Umsatzsteuer 272

Steuererklärung
- Nichtabgabe der Steuererklärung 229

Steuergestaltung
- Begriff 86
- Gesetzesinitiative 84
- Inhalte 86
- Meldeereignis 89
- Meldefrist 89
- Steuervorteil 87

Steuerhinterziehung
- Gesetzesinitative 84
- Nichtabgabe der Steuererklärung 229

steuerliches Gestaltungsmodell
- Meldepflicht 356

Steuernachzahlung
- erzwungene Kapitalüberlassung 185

Steuerpflichtiger
- Handeln als Steuerpflichtiger 251

Steuerreform
- USA 319

Steuerstundungsmodell
- Verlust 177

Steuertatbestand
- Umsatzsteuer 272

Steuervermeidung
- Gesetzesintiative 84

Steuervorteil
- Steuergestaltung 87

Steuerwert
- gemischte Schenkung 279

Stichtagsprinzip
- Erbschaftsteuer 285

Stimmbindungsvertrag
- finanzielle Eingliederung 208
- Organschaft 208

T

tarifbegünstigte Entschädigungszahlung
- Arbeitnehmerabfindung 195

Tax Cuts and Jobs Act
- USA-Steuerreform 321

Teilleistung
- Vorsteuerabzug 259

Teilwert-AfA
- GmbH-Beteiligung 157

Termingeschäft
- Begriff 212

Transaktionskosten
- Vorsteuerabzug 261

Transparenzgebot
- AGB 365

U

Übergang der Steuerschuldnerschaft
- Anzahlung 129
- Bauträgerfall 270

Übermittlung gesammelter Daten
- digitale Dienstleistungssteuer 346

Überspannung eines Grundstücks mit Stromleitung
- Entschädigung 191

Übertragung
- § 6b-Rücklage 98

Übertragung des Grundstücks
- gemischte Schenkung 280

Übertragung eines Vermögens
- Umsatzsteuer 262

Überwachungsliste
- Erbschaftsteuerfall 138

Übungsleiter
- Freibetrag 34

Umlagenschlüssel
- Betriebskosten 373

Umsatzsteuer
- Einzweck-Gutschein 51
- elektronischer Marktplatz 49
- Entgeltbegriff 55
- Gutschein 51
- Gutschein-Richtlinie 49
- MOSS-Verfahren 54
- Schuldner 56
- verschärfte Haftung 59

Umsatzsteuerhaftung
- Betreiber eines elekronischen Marktplatzes 58

Umsatzsteuerhinterziehung
- elektronischer Marktplatz 56

Umsatzsteuer-Identifikationsnummer
- Einfuhr 242

Umschichtung von Wertpapieren
- junges Verwaltungsvermögen 301, 306

Umtausch
- Wandelschuldverschreibung 107

Umzugskosten
- Höchstbetrag 100
- steuerliche Anerkennung 100

unbefugte Privatnutzung
- Kfz-Überlassung 120

unrichtiger Steuerausweis
- Korrektur 257

Unterhalt
- Krankenversicherungsbeitrag 166
- Pflegeversicherungsbeitrag 166

Unterhaltsleistung
- Existenzminimum 27

Unternehmenseinheit
- Zweigniederlassung 256

Unternehmensgewinne
- Nexus-Ansatz 337

unverzinsliches Darlehen
- nutzungsvorteil 135

Urheber
- Umsatzsteuer 50

Urheberrecht
- gemeiner Wert 134

US-Steuerreform
- Auswirkung für deutsche Unternehmen 329
- Hinzurechnungsbesteuerung 327
- Körperschaftsteuer 321
- Lizenzeinnahmen 329
- Mindestgewinnbesteuerung 324
- Sofortabschreibung 322
- Steuersatzsenkung 321
- territoriales Besteuerungssystem 324
- Verhinderung von Gewinnverlagerung 326
- Verlustrücktrag 323
- Verlustvortrag 323
- Zinsschranke 325

USt-Vorauszahlung
- Fälligkeit 167
- wirtschaftliche Zugehörigkeit 167

V

Veräußerung Mitunternehmeranteil
- Gewerbertrag 168

Veräußerungsgewinn
- Anteil an Kapitalgesellschaft 35
- beschränkte Steuerpflicht 35
- Wertansatz bei Verstrickung 38

Verbesserung von
　　Streitbeilegungsmechanismen
　　– OECD Implementierungsbericht 354
verbleibender Verlustvortrag
　　– Feststellung 102
verdeckte Einlage
　　– Dreiecksverhältnis 215
verdeckte Gewinnausschüttung
　　– Verschmelzung nach Forderungsverzicht
　　　mit Besserungsschein 213
Verhinderung von Gewinnverlagerungen
　　– US-Steuerreform 326
Verjährung
　　– Ersatzanspruch des Vermieters 369
Verlustabzug
　　– Anlagebetrug 175
Verlustabzugsbeschränkung
　　– Kapitalgesellschaft 41
　　– Verfassungswidrigkeit 41
Verlustausgleich
　　– Steuerstundungsmodell 177
　　– Termingeschäft 212
Verlustberücksichtigung
　　– Aktienverkauf 182
Verluste
　　– Abfärbung 169
Verlustfeststellungbescheid
　　– Anfechtbarkeit 103
Vermeidung von Missbrauch
　　– § 50d Abs. 3 EStG 330
Vermieterpfandrecht
　　– eingebrachte Sachen 367
　　– Erlöschen 368
Vermietung
　　– gewerblicher Zweck 189
Vermittlung einer Ausfuhr-
　　Beförderungsleistung
　　– Umsatzsteuer 264
vermögensverwaltende Einkünfte
　　– Gesellschaft bürgerlichen Rechts 169
Verpflichtungsübernahme
　　– Verbindlichkeit 94
verrechenbarer Verlust
　　– Kommanditist 174
Verrechnungspreis
　　– Rechtsprechung 359
　　– Umlagevertrag 359
Verrechnungspreisanpassung
　　– Zollwertermittlung 360
Verrechnungspreisbezug
　　– Finanzverwaltung 359
Verrechnungspreissachverhalte
　　– EuGH-Rspr. 349

Verschonungsabschlag
　　– Lohnsummenregelung 291
Verschonungsregel
　　– Verwaltungsvernögen 142
Vertragsverletzungsverfahren
　　– Reiseleistung 222
Veruntreuung von Geldbeträgen
　　– Schenkungsteuer 293
Verwaltungsvermögen
　　– Erbschaftsteuer 142
　　– Nichtbegünstigung 301
　　– Überlassung von Grundstücken 142
　　– Verschonungsregel 142
Verwertungsgesellschaft
　　– Umsatzsteuer 50
Verzicht auf die Rückzahlung eines Darlehens
　　– Betriebsvermögen 39
virtuelle Währung
　　– Mining 125
　　– steuerliche Behandlung 108
　　– Umsatzsteuer 125
Vorab-Gewinnverteilungsbeschluss
　　– Anteilsveräußerung 177
Vorauszahlung
　　– Reiseleistung 274
Vorfälligkeitsentschädigung
　　– Nachlassverbindlichkeit 294
Vorläufigkeitsvermerk
　　– Erbschaftsteuerbescheid 312
Vorsorgeaufwendung
　　– Sonderausgabenabzug 33
　　– steuerliche Berücksichtigung 101
Vorsteuerabzug
　　– allgemeine Aufwendung 236
　　– andere Unterlage 266
　　– Anteilserwerb 259
　　– Anzahlungsrechnung 239
　　– Aufhebung Pachtvertrag 236
　　– Berichtigung geprüfter
　　　Besteuerungszeiträume 234
　　– Geschäftsveräußerung im Ganzen 263
　　– Holding 259, 261, 269
　　– Leistungszeitpunkt 245
　　– Name und Anschrift des leistenden
　　　Unternehmers 254
　　– nicht mehr ausgeführte Leistung 239
　　– Nichtabgabe der Steuererklärung 229
　　– Nutzungsänderung 251
　　– Rechnung ohne Steuerausweis 224
　　– Rechnungsanschrift 133
　　– Rechnungsvoraussetzung 254
　　– rückwirkende Korrektur 227
　　– Sachverständigengutachten 266
　　– Transaktionskosten 261

- Unternehmer 261
- Verjährung 224
- Zweigniederlassung 256

Vorsteuervergütung
- Verjährung 224

Vorstufenbefreiung
- Luftschifffahrt 130
- Seeschifffahrt 130

W

Wallet
- Kryptowährung 125

Wandelschuldverschreibung
- Umtausch 107

Wareneingangsuntersuchung
- Kaufrecht 363

Wasserfahrzeug
- Steuerbefreiung auf Vorstufe 130

Weitergabe von Nutzerdaten
- digitale Dienstleistungsteuer 346

Wert der Bereicherung
- gemischte Schenkung 280

Wertaufholung
- Teilwert-AfA 157

Wertgutschein
- Umsatzsteuer 50

Wertpapier
- junges Verwaltungsvermögen 147

Wertpapiervermögen
- Qualifizierung als junges Verwaltungsvermögen 303

Wertveränderung
- Begriff 39

wirtschaftliches Eigentum
- Mitunternehmeranteil 171
- Veräußerungsgewinn 171

Wohnungsvermietungsgesellschaft
- begünstigtes Vermögen 287
- erbschaftsteuerlich begünstigtes Vermögen 140

X

Xetra-Gold Inhaberschuldverschreibung
- börsenfähige Wertpapiere 183
- Einlösung 183
- Veräußerung 184

Z

Zahlungsstockung
- Abgrenzung zur Zahlungsunfähigkeit 377

Zahlungsunfähigkeit
- Passiva II 377

Ziel-Investmentfonds
- Häufigkeit der Bewertung 62

zinslose Stundung
- Reinvestition 29

Zinszahlung
- § 50d Abs. 3 EStG 334

zivilrechtliche Auslegung des Grundstücksbegriffs
- Erbschaftsteuer 314

Zugewinnausgleichsforderung
- Kaufkraftschwund 134

zukünftige Steuerbelastung
- Wertfeststellung für Zwecke der Erbschaftsteuer 283

Zuordnung von Gegenständen zum Unternehmen
- Vorsteuerabzug 251

zusammenfassende Meldung
- innergemeinschaftliches Dreiecksgeschäft 232

Zuwendung durch verbotswidrige Verfügung
- Schenkungsteuer 293

Zwangsrabatt
- pharmazeutisches Unternehmen 230

Zweigniederlassung
- Vorsteuerabzug 256

Zwischengesellschaft
- passive Einkünfte 215

PwC-Standorte (Steuerberatung)

Standort	Straße	PLZ/Ort	Telefon-Nr.	Fax-Nr.
PwC Berlin	Kapelle-Ufer 4	10117 Berlin	(030) 2636-0	(030) 2636-3798
PwC Bielefeld	Kreuzstraße 35	33602 Bielefeld	(0521) 96497-0	(0521) 96497-912
PwC Bremen	Domshof 18–20	28195 Bremen	(0421) 8980-0	(0421) 8980-4298
PwC Düsseldorf	Moskauer Straße 19	40227 Düsseldorf	(0211) 981-0	(0211) 981-1000
PwC Erfurt	Bahnhofstraße 38	99084 Erfurt	(0361) 5586-0	(0361) 5586-300
PwC Essen	Friedrich-List-Straße 20	45128 Essen	(0201) 438-0	(0201) 438-1000
PwC Frankfurt	Friedrich-Ebert-Anlage 35–37	60327 Frankfurt am Main	(069) 9585-0	(069) 9585-1000
PwC Hamburg	Alsterufer 1	20354 Hamburg	(040) 6378-0	(040) 6378-1030
PwC Hannover	Fuhrberger Straße 5	30625 Hannover	(0511) 5357-0	(0511) 5357-5100
PwC Kassel	Monteverdistraße 2	34131 Kassel	(0561) 9358-0	(0561) 9358-222
PwC Kiel	Lorentzendamm 43	24103 Kiel	(0431) 9969-0	(0431) 9969-366
PwC Köln	Konrad-Adenauer-Ufer 11	50668 Köln	(0221) 2084-0	(0221) 2084-210
PwC Leipzig	Käthe-Kollwitz-Straße 21	04109 Leipzig	(0341) 9856-0	(0341) 9856-153
PwC Mannheim	Augustaanlage 66	68165 Mannheim	(0621) 40069-0	(0621) 40069-125
PwC München	Bernhard-Wicki-Str. 8	80636 München	(089) 5790-50	(089) 5790-5999
PwC Nürnberg	Business Tower Ostendstraße 100	90482 Nürnberg	(0911) 94985-0	(0911) 94985-200
PwC Osnabrück	Niedersachsenstraße 14	49074 Osnabrück	(0541) 3304-0	(0541) 3304-100
PwC Saarbrücken	Europaallee 31	66113 Saarbrücken	(0681) 9814-100	(0681) 9814-101
PwC Schwerin	Werderstraße 74b	19055 Schwerin	(0385) 59241-0	(0385) 59241-80
PwC Stuttgart	Friedrichstraße 14	70174 Stuttgart	(0711) 25034-0	(0711) 25034-1616